金融犯罪司法精要与合规指引

刘静坤 郝方昉 徐继华 等 著

法律出版社
LAW PRESS·CHINA

图书在版编目（CIP）数据

金融犯罪司法精要与合规指引 / 刘静坤等著. -- 北京：法律出版社，2023

ISBN 978-7-5197-7380-9

Ⅰ. ①金… Ⅱ. ①刘… Ⅲ. ①金融犯罪-研究-中国 Ⅳ. ①D924.334

中国版本图书馆 CIP 数据核字（2022）第 238111 号

金融犯罪司法精要与合规指引
JINRONG FANZUI SIFA JINGYAO YU HEGUI ZHIYIN

刘静坤　郝方昉　徐继华　等著

策划编辑　李　群
责任编辑　陈昱希　赵雪慧
装帧设计　汪奇峰

出版发行　法律出版社	开本　710 毫米×1000 毫米　1/16
编辑统筹　法规出版分社	印张　42.75　　字数　602 千
责任校对　杨锦华	版本　2023 年 2 月第 1 版
责任印制　耿润瑜	印次　2023 年 2 月第 1 次印刷
经　　销　新华书店	印刷　北京中科印刷有限公司

地址：北京市丰台区莲花池西里 7 号（100073）
网址：www.lawpress.com.cn　　　　　　　销售电话：010-83938349
投稿邮箱：info@lawpress.com.cn　　　　　客服电话：010-83938350
举报盗版邮箱：jbwq@lawpress.com.cn　　　咨询电话：010-63939796
版权所有·侵权必究

书号：ISBN 978-7-5197-7380-9　　　　　　定价：128.00 元

凡购买本社图书，如有印装错误，我社负责退换。电话：010-83938349

《金融犯罪司法精要与合规指引》

作者团队及分工

序　言	刘静坤
第一章	袁登明
第二章	胡洪春　李　睿
第三章	李　睿
第四章	郝方昉　万志尧　田　曳　黄江东
第五章	徐继华　肖　波　赵春雨
第六章	刘静坤　李　睿
第七章	赵春雨

作者简介

刘静坤

法学博士，博士后，剑桥大学法学硕士。曾任最高人民法院刑三庭法官，曾挂职云南省公安厅厅长助理，现为中国政法大学教授，曾参与推进以审判为中心的诉讼制度改革、严格实行非法证据排除规则改革、量刑规范化改革等中央司法改革项目。出版《证据审查规则与分析方法》《刑事程序的权利逻辑》《公正何以难行》《刑事诉讼法注释书》《犯罪心理学》《犯罪重建》《司法错误论》《The Exclusionary Rule of Illegal Evidence In China》等著作、译著10余部，在《法学研究》《中外法学》《政法论坛》《人民日报》《光明日报》《法治日报》等报刊发表文章百余篇。

郝方昉

法学博士，先后在国家法官学院、天津市高级人民法院、最高人民法院研究室、金融监管部门工作。参与起草《最高人民法院关于适用〈中华人民共和国刑事诉讼法〉的解释》《关于依法适用正当防卫制度的指导意见》等多部重要司法解释、规范性文件。主要专著有《刑罚现代化研究》《理想主义的社区矫正法》等，主要译著有《中国的规制与惩罚——从父权本位到人民本位》《恢复性司法：理念、价值与争议》《酷刑简史》等。

徐继华

北京大学光华管理学院金融学博士后，中国人民大学经济学院经济学博士。曾在中央办公厅、国务院办公厅、北京市委办公厅等多岗位历练工作，现就职于中国银行保险监督管理委员会。有着新闻、法律、经济等多学科背景。著有《智慧政府——大数据治国时代的来临》《网络时代的中国文化精神》《传媒经济学》等畅销书籍，在《人民日报》《光明日报》《经济日报》《科技日报》《宏观经济管理》等国家级核心刊物发表文章20余篇，参与多个国家级、省部级重点课题，累计出版发表各类作品30余万字。

袁登明

法学博士，国家法官学院教授，中国应用法学研究所博士后合作导师。曾先后在北京市第二中级人民法院、云南省公安厅、最高人民法院第二巡回法庭、中国应用法学研究所任（挂）职，出版有《行刑社会化研究》《刑罚适用疑难问题精解》等学术专著，在《法学家》《法律适用》等学术刊物上发表学术论文50余篇，主持或参与12项省部级以上课题项目。

胡洪春

华东政法大学刑法博士，现系上海市第一中级人民法院刑庭三级高级法官、上海市法院审判业务骨干，曾在最高人民法院挂职，主审过全国首例操纵期货市场案、首例跨境沪港通内幕交易案等。出版专著《我国存贷款犯罪研究》，参与出版《体系刑法学》等，在全国核心期刊等发表多篇学术文章、公报案例等。

李 睿

法学博士，上海财经大学法学院实验与实践教学中心主任、副教授、博士生导师。芝加哥大学法学院、悉尼大学法学院访问学者，中国科学技术法学会理事，上海市法治研究会理事、上海市法学会刑法学会、公司法务理事会、徐汇分会理事，上海交通大学网络安全治理中心特邀研究员，互联网企业反腐败与合规研究院研究员。出版《Science of Chinese Criminal Law》《自由贸易视域下反洗钱问题研究》《中国信用卡产业和犯罪规制研究》等多部专著；主持国家社科基金等多项国家级、省部级课题，在《政治与法律》等核心学术期刊发表论文多篇。

肖 波

复旦大学法学博士，上海定达律师事务所执行主任，曾在法院从事刑事审判工作13年，参与最高人民法院证券犯罪、刑事诉讼法司法解释、量刑规范等多个法律文件的起草和论证工作。主要从事证券、银行、信托等资本金融领域和其他经济领域的经济犯罪、白领犯罪案件处理，以及相关的合规和反腐败、法律咨询、危机管理、争议解决业务，在《法学》等核心期刊上发表专业论文数十篇，出版专著和参编法学著作5部。

黄江东

法学博士，国浩律所金融证券合规业务委员会主任，国浩上海办公室合伙人。华东政法大学兼职教授，上海仲裁委员会仲裁员、上海国际仲裁中心仲裁员、深圳国际仲裁院仲裁员。中国法学会证券法学研究会理事，上海市涉案企业合规第三方监督评估机制专业人员名录库首批成员，上海市人民检察院第一分院听证员，上海证券交易所、深圳证券交易所、资本市场学院、中国上市公司协会培训讲师。原某证券监管部门处长，曾在证监系统工作近15年。自2019年加入国浩以来，专注于证券合规及争议业务领域，担任多家上市公司、私募机构常年或专项法律顾问。发表专业文章40余篇，开展各类讲座百余次，出版专著《证券法治新图景——新〈证券法〉下的监管与处罚》。

万志尧

法学博士,国浩律所上海办高级合伙人,曾系最高人民法院、上海市高级人民法院、第一中级人民法院、基层人民法院法官,上海市犯罪学学会内控与反舞弊研究会理事、上海市律师协会刑法与刑事辩护业务研究委员会委员、上海市涉案企业合规第三方监督评估机制专业人员首批成员、北京外国语大学法学院校外导师,曾参与中央司法改革及证券犯罪等司法解释论证等项目。在《政治与法律》《华东政法大学学报》等期刊发表文章。出版专著和合著等。

田 曳

华东政法大学金融法学博士,上海市汇业律师事务所高级合伙人,兼任华东政法大学硕士研究生导师、华东师范大学法学院研究员、上海股份制与证券研究会理事,曾在上海市人民检察院第一分院公诉处办案15年,系上海检察机关金融及知识产权专门人才,曾主办过最高人民检察院指导性案例(操纵证券市场罪)、全国首例操纵期货市场案和全国十大利用未公开信息交易案等,在全国核心、知名期刊发表理论研究文章50余篇。

赵春雨

律师,中国政法大学法学硕士,北京市盈科律师事务所高级合伙人,现任盈科全国刑事法律专业委员会主任、盈科刑辩学院院长;兼任中华全国律师协会刑事专业委员会委员、北京市律师协会刑法专业委员会副主任,中国刑事诉讼法学研究会理事、北京市犯罪学研究会常务理事,北京大学、中国人民大学等高校法律硕士兼职导师。出版《"盈"的秘密——有效辩护的47个制胜思维》《"盈"的秘密——有效辩护的53个证据突破》系列专业书籍。

缩略语表

序号	简称	全称	发文字号
1	《伪造货币案件解释（二）》	《最高人民法院关于审理伪造货币等案件具体应用法律若干问题的解释（二）》	法释〔2010〕14号
2	《伪造货币案件解释》	《最高人民法院关于审理伪造货币等案件具体应用法律若干问题的解释》	法释〔2000〕26号
3	《立案追诉标准（二）》	《最高人民检察院、公安部关于公安机关管辖的刑事案件立案追诉标准的规定（二）》	公通字〔2010〕23号，公通字〔2022〕12号修订
4	《民间借贷司法解释》	《最高人民法院关于审理民间借贷案件适用法律若干问题的规定》	法释〔2015〕18号，法释〔2020〕6号第一次修正，法释〔2020〕17号第二次修正
5	《九民纪要》	《全国法院民商事审判工作会议纪要》	法〔2019〕254号
6	《金融犯罪纪要》	《全国法院审理金融犯罪案件工作座谈会纪要》	法〔2001〕8号
7	《民法典担保解释》	《最高人民法院关于适用〈中华人民共和国民法典〉有关担保制度的解释》	法释〔2020〕28号
8	《金融犯罪决定》	《全国人民代表大会常务委员会关于惩治破坏金融秩序犯罪的决定》	中华人民共和国主席令第52号
9	《非法集资案件解释》	《最高人民法院关于审理非法集资刑事案件具体应用法律若干问题的解释》	法释〔2010〕18号，法释〔2022〕5号修正

续表

序号	简称	全称	发文字号
10	《贪污贿赂案件解释》	《最高人民法院、最高人民检察院关于办理贪污贿赂刑事案件适用法律若干问题的解释》	法释〔2016〕9号
11	2014年《非法集资意见》	《最高人民法院、最高人民检察院、公安部关于办理非法集资刑事案件适用法律若干问题的意见》	公通字〔2014〕16号
12	2019年《非法集资意见》	《最高人民法院、最高人民检察院、公安部关于办理非法集资刑事案件若干问题的意见》	高检会〔2019〕2号
13	《妨害信用卡管理案件解释》	《最高人民法院、最高人民检察院关于办理妨害信用卡管理刑事案件具体应用法律若干问题的解释》	法释〔2009〕19号,法释〔2018〕19号修正
14	《内幕交易案件解释》	《最高人民法院、最高人民检察院关于办理内幕交易、泄露内幕信息刑事案件具体应用法律若干问题的解释》	法释〔2012〕6号
15	《利用未公开信息交易案件解释》	《最高人民法院、最高人民检察院关于办理利用未公开信息交易刑事案件适用法律若干问题的解释》	法释〔2019〕10号
16	《操纵市场案件解释》	《最高人民法院、最高人民检察院关于办理操纵证券、期货市场刑事案件适用法律若干问题的解释》	法释〔2019〕9号
17	《虚假陈述民事赔偿规定》	《最高人民法院关于审理证券市场虚假陈述侵权民事赔偿案件的若干规定》	法释〔2022〕2号
18	《诈骗案件解释》	《最高人民法院、最高人民检察院关于办理诈骗刑事案件具体应用法律若干问题的解释》	法释〔2011〕7号
19	《洗钱案件解释》	《最高人民法院关于审理洗钱等刑事案件具体应用法律若干问题的解释》	法释〔2009〕15号

序 言

审慎对待金融领域的罪与罚

刘静坤

金融是国家经济的支柱。一旦金融体系出现重大风险，特别是系统性风险，就将严重影响经济秩序乃至社会稳定。金融违法犯罪是金融风险的特殊表现形式，尤其是涉众型金融违法犯罪，极易触发系统性金融风险。由于金融违法犯罪通常涉及复杂的专业问题，有效预防、准确识别和依法惩治金融违法犯罪，始终是司法领域的重点和难点。

现阶段，我国的金融犯罪数量居高不下，犯罪手段、方式不断变化，严重危害金融管理秩序，危害国家经济金融安全。据最高人民法院公布的司法数据，2017 年至 2022 年 8 月，全国法院审结破坏金融管理秩序罪、金融诈骗罪一审刑事案件 11.71 万件，18.63 万名被告人被判处刑罚。① 近年来，为依法惩治金融犯罪，《刑法》作出针对性的修改完善，最高司法机关陆续出台相关司法解释和规范性文件。为加强司法案例指导，最高人民法院于 2022 年 9 月发布了"人民法院依法惩治金融犯罪典型案例"；② 最高人民检察院 2020 年 2 月专门针对金融犯罪

---

① 《最高法：依法惩治金融犯罪 切实防范化解重大金融风险》，载光明网，https://m.gmw.cn/baijia/2022-09/22/1303150985.html。

② 《最高法发布人民法院依法惩治金融犯罪工作情况暨典型案例》，载微信公众号"最高人民法院"2022 年 9 月 22 日。最高人民法院发布的人民法院依法惩治金融犯罪典型案例包括：1."e 租宝"集资诈骗、非法吸收公众存款案，2."昆明泛亚"非法吸收公众存款案，3. 上海"阜兴"集资诈骗案，4. 沈阳"老妈乐"集资诈骗案，5. 江西"老庆祥"非法吸收公众存款执行案，6. 丹东欣泰电气股份有限公司、温德乙等欺诈发行股票、违规披露重要信息案，7. 张家港保税区伊世顿国际贸易有限公司、金文献等操纵期货市场案，8. 远大石化有限公司、吴向东操纵期货市场案，9. 袁钢志洗钱案，10. 周张成洗钱案。

发布了第十七批指导性案例,① 并于 2022 年 11 月发布了 5 件检察机关惩治洗钱犯罪典型案例。②

在金融犯罪领域,如何准确划定法律政策界限,统一法律适用标准,实现监管执法司法有序衔接,值得认真研究。

一、金融犯罪所涉法益的综合性和牵连性

金融犯罪是一个包容性很强的概念,在国际上并无通行的界定。我国《刑法》第三章第四节、第五节分别规定了破坏金融管理秩序罪、金融诈骗罪,除此之外,还在其他章节规定了与金融机构、金融活动相关的犯罪。同时,最高司法机关还针对常见类型的金融犯罪,出台了专门的司法解释和规范性文件。

关于金融犯罪的保护法益,我国学术界的理论学说比较多元,主要包括金融管理秩序、金融消费者(投资者)权益、金融交易利益(金融交易以及交易中的信用利益)和金融安全等观点。基于总体国家安全观,有学者主张,金融犯罪的保护法益需作适时调整,应从秩序法益转向安全法益,将维护金融安全作为金融刑法的首要目标。③ 也有学者对传统的财产权益理念进行反思,并以金融诈骗罪为例,主张该类犯罪的法益主要不是为了保护金融机构的财产,也不是泛泛地防止金融资金的安全风险,而是为了防止逆向选择现象损害市场运作机制,避免由此而引发整个经济系统的功能失调;金融机构的财产权益只是保护相应运作机制

---

① 《最高人民检察院发布第十七批指导性案例》,载微信公众号"最高人民检察院"2020 年 3 月 25 日。最高人民检察院发布的第十七批指导性案例包括:1. 杨卫宁等人非法吸收公众存款案,2. 王鹏等人利用未公开信息交易案,3. 博元投资股份有限公司、余蒂妮等人违规披露、不披露重要信息案。

② 《最高检:依法惩治洗钱犯罪 维护国家金融安全》,载光明网,https://m.gmw.cn/baijia/2022-11/03/36135791.html。最高人民检察院发布的 5 个典型案例分别是:黄某洗钱案;丁某环、朱某洗钱,鹿某掩饰、隐瞒犯罪所得收益案;李某华洗钱案;马某益受贿、洗钱案;冯某才等人贩卖毒品、洗钱案。其中,他洗钱案件 4 件,自洗钱案件 1 件。

③ 孙国祥:《金融犯罪的保护法益》,载《国家检察官学院学报》2022 年第 6 期。

后产生的附随效果，充其量只能作为附属法益而存在。①

与普通的财产犯罪或秩序类犯罪相比，我国《刑法》规定的金融犯罪，涉及非法集资，操纵证券、期货市场，内幕交易，洗钱等犯罪类型，实际上涉及财产权益保护、金融机构管理、金融交易利益保障、金融资产保护、金融市场管理秩序和金融安全维护等不同领域。这意味着，金融犯罪所涉的法益具有综合性，并非单一性的法益。针对特定类型的金融犯罪进行法益分析时，需要注意该类犯罪所涉法律关系的复杂性，既不能简单地按照犯罪数额评估社会危害，也不能泛泛地提及金融管理秩序或金融安全。

同时，特定类型的金融犯罪，如信息披露、内部交易等领域的犯罪行为，也被称为无被害人的犯罪，很难确定具体的被害人和犯罪造成的损失。不过，鉴于金融犯罪的危害不同于传统的财产犯罪，其所造成的危害不仅限于个体的财产权益，还涉及金融机构的公信力，金融交易的稳定性，甚至对金融秩序乃至国家经济产生冲击。在司法过程中，需要注意金融犯罪所涉的各类法益之间的牵连关系，进而从证据收集、事实认定和法律定性等方面予以综合考量。

之所以强调金融犯罪所涉法益的综合性和牵连性，一方面是为了理性认识各类金融犯罪的特点和规律，注重各类犯罪的类型化分析，实现个罪研究的专门化和精细化；另一方面是为了准确把握各类金融犯罪之间的牵连关系，进而在犯罪事实提炼、此罪彼罪辨析等方面更加有章可循，体现金融司法的专业性和权威性。

二、金融逻辑与法律逻辑的差异性和互补性

通俗地讲，金融的本质就是通过金融机构、金融工具和金融交易等载体，实现资本的创造、融通和使用，进而实现资源的优化配置。资本能够提高劳动生产率和创造财富，是国家经济发展的基础。尽管人们通常将财产和资本相提并论，

---

① 劳东燕：《金融诈骗罪保护法益的重构与运用》，载《中国刑事法杂志》2021年第4期。

但两者并不是一回事。如果不能将财产转化为资本，这些"财产"（assets）就将是"死的资本"（dead capital），不能进入经济领域创造财富。① 认识到这一点，有助于更好理解金融的本质和价值。

财产和法律规则，是资本的两个基本要素；通过适当的法律规则，各类财产得以转化为资本，进而创造财富。② 我们所讲的各种金融工具，包括现代金融体系本身，实际上都可被视为法律规则的产物，甚至可以说仅存在于法律制度之中。无论是知识产权，还是金融市场的各种衍生工具，都是这方面的典型例证。从政治经济学角度看，资本与法律和国家权力紧密相关，如果没有法律和国家权力的支撑，资本的法律地位将不复存在。③

金融机构、金融工具和金融交易等的有序运行，得益于法律制度提供的外部保障。但归根结底，金融体系和金融活动需要遵循市场经济的基本规律。例如，为了向投资者提供长期金融工具，需要发展债券等市场；为了应对市场利率波动等市场风险，需要金融衍生工具作为风险控制手段；为了转移风险和满足资本充足率要求，需要建立资产证券化的交易安排，等等。金融市场活动的长期性、风险性和创新性等特点，形成了自成一体的金融逻辑，总体目标是最大限度地创造资本和财富。

为了保障金融市场有序发展，合同法、公司法、证券法、破产法、刑法等一系列法律制度为之建立了基本的法律框架。但毫无疑问，与注重资本和财富积累的金融逻辑相比，法律制度具有自身的逻辑体系，即，通过法律制度有效控制金融市场的资金期限错配、财务杠杆过高等市场风险、机构风险和制度风险，特别是系统性金融风险，并有效预防和惩治各类金融犯罪，包括以金融创新为名实施

---

① Hernando de Soto, *The mystery of Capital: Why Capitalism Triumphs in the West and Fails Everywhere Else*, Basic Book, 2000. pp. 5-7.
② Katharina Pistor, *The Code of Capital: How the Law Creates Wealth and Inequality*, Princeton University Press, 2019. p. 2.
③ *Ibid*, p. 205.

的新型犯罪。简言之，金融法律制度在创造资本的同时，也在规训资本，将资本运作和财富积累纳入法治轨道。

法律对资本的规训，突出体现在金融监管领域。为了提高金融监管效能，基于国际货币基金组织的监管政策，荷兰中央银行提出了良好监管的基本指标，即："介入性"（intrusive）、"预先性"（proactive）、"综合性"（comprehensive）、"适应性"（adaptive）和"终局性"（conclusive）。[①] 这种更加注重事先介入和风险预防的理念，催生了所谓的穿透式监管模式。基于对金融危机的反思，金融监管必须更加前瞻和深入，进而有效识别和解决金融风险的根本致因，避免情况恶化到不可收拾的地步。[②] 同时，各国普遍注重对金融犯罪的预防和惩治，并将金融刑法作为规制金融风险的重要手段。

市场经济是法治经济。金融和法律，是支撑市场经济的重要基石。两者的运行逻辑既有差异性，也有互补性。法律是金融体系的基础和保障，但金融法律制度的设计，也需要尊重金融市场的内在规律。同时，尽管金融是经济的支柱，但金融市场的运行和演进，也需要在法律框架内进行。简言之，法律对金融主体、金融交易和金融工具等进行确认时，需要理性评估其潜在的风险，并建立相应的规制框架。对于金融市场的创新模式，法律既不能无视严重风险而简单予以认可，也不能为求绝对安全而僵化予以否定。良好的金融法律制度，应当寻求金融逻辑与法律逻辑的有机融合。

三、金融监管和刑事规制的协同性与异质性

科学合理的金融法律制度，是在统一的规制秩序之下，由相关的法律组成的有机衔接、协调适配的法律体系。其中，金融监管作为行政规制措施，也有处置

[①] A. Joanne Kellermann et al., *Financial Supervision in the 21st Century*, Springer, 2013, pp. 7-8.
[②] *Ibid*, p. 5.

行政违法行为的法定职责。相比之下，针对金融犯罪的刑事规制，则是金融治理的最后手段。

对于金融风险的预防和规制，需要理清行政监管和刑事规制的职责，划定行政违法与刑事违法的边界。有学者指出，刑法维护金融安全，是通过刑法将风险控制在一定范围之内，将那些容易制造严重的、难以控制的风险的行为纳入刑法规制，将那些虽有一定风险但可加以行政监管的行为排除在刑法规制之外。① 毫无疑问，尽管我们强调金融风险的规制，但不能不加区分地一律将此类风险纳入刑事范畴，而是有必要区分风险的类型和等级，采取针对性的法律应对措施。同时，也有学者强调，金融犯罪属于行政犯，兼具行政违法与刑事违法的特点；在金融犯罪领域内，应追求刑事违法与行政违法的一致，避免行政法上具有合法性的行为受到刑罚处罚，并进一步明确何种程度的行政不法应当纳入刑事领域予以制裁。② 理性认识金融监管与规制的法律边界，既有助于促进相关法律的协调完善，也有助于规范金融领域的执法司法行为。

金融犯罪通常涉及专业的金融知识，尤其是以金融创新为名实施的犯罪行为，还涉及许多尚且缺乏定论的专门性问题。同时，一些金融犯罪由公职人员或专业人员实施，此类主体拥有特定的职权或知识，往往会利用职权或知识掩盖犯罪行为，或者为犯罪行为提供正当化依据。③ 这意味着，无论是金融犯罪法益的识别，金融违法与金融犯罪法律边界的认定，还是案件事实证据的归纳整理，以及此罪与彼罪的甄别，依据一般法律知识作出的常识性法律判断都并不足够。就像检察机关的专家指出的那样，当遇到新类型金融犯罪案件时，对于没有该类案件办理经验的检察官而言，客观上存在哪些种类的证据、应引导公安机关收集哪

---

① 孙国祥：《金融犯罪的保护法益》，载《国家检察官学院学报》2022年第6期。
② 卢建平：《完善金融刑法 强化金融安全——〈刑法修正案（十一）〉金融犯罪相关规定评述》，载《中国法律评论》2021年第1期。
③ Barry Rider, *Research Handbook on International Financial Crime*, Edward Elgar Publishing Limited, 2015, pp. 51-53.

些证据、如何构建证明体系、如何应对被告人及其辩护人的辩护意见等都是全新课题，不再是将小前提适用于大前提的简单三段论，而是要求办案人员组织运用证据对涉案金融活动的本质进行分析，再进一步识别其法律性质。①

为准确理解金融法律政策，统合金融监管和刑事规制，提高金融司法和合规质量，我们组织编写了这本《金融犯罪司法精要与合规指引》。本书以问题为导向，力图兼顾法理与学理，整合理论与实践，主要具有以下特色：

第一，基于金融犯罪的法益类型划分，确定了货币管理类犯罪，金融机构设立和存款管理类犯罪，金融票证、有价证券管理类犯罪，证券、期货市场类犯罪，金融诈骗类犯罪，洗钱罪和外汇类犯罪等专章，并专门针对具体罪名进行精细化分析，系统地阐释了金融刑法的规范体系。

第二，基于金融犯罪预防和惩治并重的理念，针对金融犯罪领域的常见罪名，分别设置了罪名解析、司法精要、合规指引、监管政策和规范等板块。在罪名解析部分，梳理各个罪名的创设背景、修改变化和构成要件；在司法精要部分，探讨了司法实践中常见的疑难复杂问题，并结合典型案例加以说明；在合规指引部分，聚焦金融领域的特点，提出了金融合规的初步意见；在监管政策和规范部分，整理了主要的金融监管政策和相关法律规范。

第三，基于提高金融司法和合规质量的考量，本书侧重金融司法和合规实务，各位作者分别从事金融刑法和合规领域的政策制定、监管执法、案件起诉、司法审判、刑事辩护等工作，在相关领域有深厚的理论功底和丰富的实践经验，在写作过程中统一体例、规范和要求，注重相关内容的准确性、实用性和可参考性。

本书由中国政法大学刘静坤教授、金融监管机构的郝方昉博士和徐继华博士

---

① 贝金欣：《金融犯罪检察指导性案例的挖掘、编写和运用——以第64号检察指导性案例为例》，载《人民检察》2022年第14期。

牵头组织编写，各位作者研究确定基本的结构和体例，各自负责本章内容的撰写，全书由刘静坤教授统稿。由于水平有限，如有不当之处，还请读者批评指正。

本书的立项、写作、编辑和出版，得到了法律出版社李群分社长和陈昱希、赵雪慧编辑的大力支持，在此表示感谢！

目录

1 第一章 货币管理类犯罪　　001

第一节　伪造货币罪　　003

第二节　出售、购买、运输假币罪与金融工作人员购买假币、以假币换取货币罪　　012

第三节　持有、使用假币罪　　021

第四节　变造货币罪　　026

2 第二章 金融机构设立和存款管理类犯罪　　033

第一节　背信损害上市公司利益罪　　035

第二节　擅自设立金融机构罪，伪造、变造、转让金融机构经营许可证、批准文件罪　　055

第三节　高利转贷罪　　084

第四节　骗取贷款、票据承兑、金融票证罪　　098

第五节　非法吸收公众存款罪　　128

第六节	挪用资金罪、挪用公款罪	156
第七节	背信运用受托财产罪、违法运用资金罪	183
第八节	违法发放贷款罪	202
第九节	吸收客户资金不入账罪	221

第三章 金融票证、有价证券管理类犯罪　　237

第一节	伪造、变造金融票证罪	239
第二节	妨害信用卡管理罪,窃取、收买、非法提供信用卡信息罪	255
第三节	伪造、变造国家有价证券罪,伪造、变造股票、公司、企业债券罪	273
第四节	擅自发行股票、公司、企业债券罪	285
第五节	违规出具金融票证罪	305
第六节	对违法票据承兑、付款、保证罪	322

第四章 证券、期货市场类犯罪　　335

第一节	欺诈发行证券罪	337
第二节	违规披露、不披露重要信息罪	357
第三节	背信损害上市公司利益罪	377
第四节	内幕交易、泄露内幕信息罪,利用未公开信息交易罪	398
第五节	操纵证券、期货市场罪	427
第六节	非法经营罪	448
第七节	提供虚假证明文件罪、出具证明文件重大失实罪	469

第五章　金融诈骗类犯罪　493

第一节　集资诈骗罪　495
第二节　贷款诈骗罪　515
第三节　票据诈骗罪、金融凭证诈骗罪　527
第四节　信用证诈骗罪　544
第五节　信用卡诈骗罪　554
第六节　有价证券诈骗罪　575
第七节　保险诈骗罪　585

第六章　洗钱罪　599

第一节　洗钱罪　601

第七章　外汇类犯罪　625

第一节　逃汇罪　627
第二节　骗购外汇罪　648

货币管理类犯罪

第一百七十条　　　【伪造货币罪】
第一百七十一条　　【出售、购买、运输假币罪】
　　　　　　　　　【金融工作人员购买假币、
　　　　　　　　　　以假币换取货币罪】
第一百七十二条　　【持有、使用假币罪】
第一百七十三条　　【变造货币罪】

第一节 伪造货币罪

第一百七十条 【伪造货币罪】伪造货币的,处三年以上十年以下有期徒刑,并处罚金;有下列情形之一的,处十年以上有期徒刑或者无期徒刑,并处罚金或者没收财产:

(一)伪造货币集团的首要分子;

(二)伪造货币数额特别巨大的;

(三)有其他特别严重情节的。

罪名解析

货币犯罪损害了货币的公共信用,对国家金融秩序造成了极其严重的破坏。其中,伪造货币是假币犯罪的源头,有必要通过相关的法律措施予以规范。《刑法》第170条规定的伪造货币罪,是指仿造货币的图案、形状、色彩、防伪技术等特征,采用机制、手工等方法,非法制造假货币,冒充真货币的行为。本罪的犯罪构成要件如下。

(1)本罪的客体

本罪侵犯的客体是国家的货币金融管理制度以及货币的公信力。随着商品交换、经济交易的发展,货币的公共信用日益增强,刑法通过保护货币的公共信用,从法律维度保障交易活动的安全。伪造货币的行为侵犯了货币的公共信用,导致公众对货币的信任度降低,由此导致商品交换、经济交易的安全和发展速度受限,进而对金融秩序造成严重破坏。本罪的直接犯罪对象是货币。所谓"货币"，是指可以在国内市场流通或者兑换的人民币和境外货币。之所以将"境外货币"作为伪造货币罪的对象，主要是基于世界主义的立场和经济全球化的现状，各国关于伪造货币罪的犯罪对象所作的规定并不限于本国的货币，还包括其他国家的货币，据以维护法定货币的公信力，减少市场交易成本。鉴于此，只要是在我国可以流通或者兑换的货币，均属于我国刑法保护的范围，并可以成为伪造货币罪的犯罪对象。同时，根据2010年《伪造货币案件解释（二）》第5条的规定，以使用为目的，伪造停止流通的货币，或者使用伪造的停止流通的货币的，依照《刑法》第266条的规定，以诈骗罪定罪处罚。根据这一规定，停止流通的货币不能成为伪造货币罪的对象，鉴于伪造此种货币的行为不会侵犯真实货币的公共信用，所以如果行为人据此欺骗他人财物、数额较大的，可以诈骗罪论处。

（2）本罪的客观方面

本罪的客观方面表现为仿造人民币或者外币的图案、形状、色彩、防伪技术等特征，盗用或者以非货币所用的纸张、油墨等材料，采用机制、手工等各种制造方法，非法制造假货币的行为。所谓"伪造"，是指制造外观上足以使一般人误认为是真货币的假货币的行为。根据2010年《伪造货币案件解释（二）》第1条第1款的规定，仿照真货币的图案、形状、色彩等特征非法制造假货币，冒充真货币的行为，应当认定为《刑法》第170条规定的"伪造货币"。行为人不论采用何种方法伪造人民币或者外币等货币，冒充真货币的，均属本罪规范的行为。本罪属于行为犯，只要行为人实施了伪造货币行为，无论是否完成全部印制工序，均构成伪造货币罪。

（3）本罪的主体

本罪的犯罪主体为一般主体，凡是年满16周岁，具有相应的刑事责任能力的人，无论是中国人还是外国人，抑或无国籍人，均可构成本罪的主体。本罪是自然人犯罪，单位不构成本罪主体。如果是公司、企业等单位组织员工实施伪造货币行为的，根据2014年《全国人民代表大会常务委员会关于〈中华人民共和国刑法〉第三十条的解释》的规定，应当以伪造货币罪直接追究组织、策划、实施伪造货币行为的相关责任人的刑事责任。

（4）本罪的主观方面

本罪的主观方面由故意构成。我国刑法并没有对本罪规定特定的犯罪目的，因此，从解释论的角度看，伪造货币罪不需要以使用为目的。但问题是，如果行为人不以使用为目的，伪造的货币就不会进入流通，也就不会对真货币的信用造成影响。有学者指出，在不将"以使用为目的"作为本罪的责任要素的情况下，要求行为人明知该行为的内容、社会意义与结果，并且在主观上希望或者放任结果的发生。因此，行为人虽不具有使用的目的，但明知伪造的货币会落入他人之手并进入流通，就应当认定为本罪。反之，如果行为人不但没有使用的目的，而且还没有认识到伪造的货币会落入他人之手，则不存在伪造货币的故意，不能以本罪论处。① 我们认为，为缩小打击面，限制刑法处罚范围，并与伪造货币罪的保护客体保持一致，应当将伪造货币罪视为目的犯，即行为人主观上应当具有使伪造的货币进入流通的目的。只要行为人基于流通的意图而实施伪造货币的行为，无论客观上是否实际将所伪造的货币投入流通，都将侵犯国家的货币信用和货币发行权，因此此类行为构成本罪。因此，只有将本罪界定为目的犯，并将这种目的的内容限定为意图流通，才能将那些不具有这种目的并且不具有处罚必要性的伪造行为从本罪的归罪范围中排除出来。例如，有的行为人伪造货币是为了作为学校的教材或者陈列标本，有的行为人是为了将伪造的货币作为演出道具等，这类行为显然不构成伪造货币罪。即便作为演出道具的假币因其他原因流入社会、被人使用等，只要伪造者在制作时并无流通的故意（含放任心态），就不

---

① 参见张明楷：《刑法学》，法律出版社2016年版，第768页。

能认定为伪造货币罪，但可以以出售假币罪或者使用假币罪等追究后续流通的使用者的刑事责任。

1. 区分罪与非罪的界限

本罪是行为犯。一般来说，行为人只要出于故意，实施了伪造货币的行为，就可构成本罪。但这并不是说该行为一定构成犯罪，理由在于，任何违法行为包括伪造货币的行为，只有达到一定危害程度时才能构成犯罪。本罪的具体认定标准，可依据2022年最高人民检察院、公安部联合发布的《立案追诉标准（二）》第14条的规定，伪造货币行为具有如下情形之一的，应当以伪造货币罪追究刑事责任：一是总面额在2000元以上或者币量在200张（枚）以上的；二是总面额在1000元以上或者币量在100张（枚）以上，2年内因伪造货币受过行政处罚，又伪造货币的；三是制造货币版样或者为他人伪造货币提供版样的；四是其他伪造货币应予追究刑事责任的情形。

2. 伪造货币行为产生的半成品能否计算为犯罪数额

如前所述，伪造货币罪属于行为犯，行为人只要实施了伪造行为，无论是否完成全部印制工序，即构成伪造货币罪。对于尚未制造出成品，无法计算伪造、销售假币面额的，或者制造、销售用于伪造货币的版样的，不认定犯罪数额，而是依据犯罪情节决定其刑事责任及严重程度。实践中较有争议的是半成品的认定，即半成品能否计算为犯罪数额。典型的案例如被告人刘某根伪造货币案：刘某根为制造假币获利，从他处获取大量100元、50元面额不等的假币图片模板，在网上购买了打印机、低温铜版墨水、证券纸、烫金机、铂金纸等设备和材料，在租用的房间内伪造人民币并通过朋友及网上出售。经查，刘某根制作完全的假币面额共计 201,780 元，制作的只有一面的假币共计 1504 张、面值 22,680 元。经法定机构鉴定，所查获的货币均为伪造币。① 本案的主要争议焦点包括：第一，只有一面图案的假币是否算成品。第二，已经印刷好但是没有剪裁分开的假币是否属于成品。我们认为，伪造货币的目的是使之在社会上流通，而能够在社会上流通、侵害国家货币公信力的假币，应当是一般公众看来在外观、形式及面额上与真币无差异、足以以假乱真的伪造品。伪造假币的工序相对复杂，另外一面的印刷还需大量工序，因此，只有一面图案的假币流入社会，尚不足以以假乱真，正常人凭借肉眼即可发现，不具备流通的可能性，故此不能算作成品。而对于已经印刷好，只是没有裁剪分开的假币，由于此时假币已经成型，只差一道简单的裁剪工序，相对简易，因此可认定为成品，并计算为伪造货币的金额。

3. 伪造纪念币的行为是否构成本罪

纪念币是否属于刑法意义上的货币，能否成为伪造货币罪的法定对象，在理论上和实践中一直存在争议。对于非法制作贵金属纪念币的行为，曾有伪造货币罪、非法经营罪等处理意见。② 根据 2010 年《伪造货币案件解释（二）》第 4 条的规定，以中国人民银行发行的普通纪念币和贵金属纪念币为对象的假币犯罪，依照《刑法》第 170 条至第 173 条的规定定罪处罚。假普通纪念币犯罪的数额，以面额计算；假贵金属纪念币犯罪的数额，以贵金属纪念币的初始发售价格计算。据此，中国人民银行发行的普通纪念币和贵金属纪念币也是伪造货币罪的对象。之所以将其作为伪造货币罪的对象，主要考虑如下：贵金属纪念币作为国家货币具有法定性。《人民币管理条例》第 18 条第 2 款规定，纪念币是具有特定主题的

---

① 参见最高人民检察院法律政策研究室组织编写：《金融犯罪指导性案例实务指引》，中国检察出版社 2018 年版，第 161—162 页。

② 参见袁登明等：《"金币与黄金画卷"背后是否存在犯罪》，载《人民检察》2009 年第 8 期。

限量发行的人民币，包括普通纪念币和贵金属纪念币。贵金属纪念币具备货币的基本要素和基本属性，根据《中国人民银行法》、《人民币管理条例》以及《人民币、纪念币立项、设计、生产、发行暂行规定》等法律法规，纪念币的发行要素规范，发售行为严格，与发行、发售其他形式的人民币并无两样。同时，贵金属纪念币尽管没有流通性，但是具有法偿性，即货币发行机构对贵金属纪念币的面额负有法偿义务，制售假贵金属纪念币的行为符合货币犯罪的本质特征。此类行为同样侵害了国家货币的发行权和货币的公共信用，制售假贵金属纪念币的行为具有多重社会危害性，除了侵害国家货币管理秩序、扰乱钱币市场秩序之外，因贵金属纪念币具有特定主题性，对外方面代表国家形象，还有可能危害到我国的形象和声誉，故对之以假币犯罪处理，不存在罪刑失衡问题。①

4. 伪造的货币是否需要有与真货币相对应的面值货币

关于伪造货币罪是否需要有与真货币相对应的货币，如行为人根据人民币的形状、基本特征等自行设计制作出面额为200元的假币，该种情况下，因不存在与伪造的货币相对应的真货币，该行为是否属于刑法意义上伪造货币的行为存在一定的争议。2010年《伪造货币案件解释（二）》第1条第1款规定，仿照真货币的图案、形状、色彩等特征非法制造假币，冒充真币的行为，应当认定为《刑法》第170条规定的"伪造货币"。根据这一规定，特定的行为成立伪造货币罪，伪造的对象必须有与其相对应的真货币。根据该司法解释的起草人员对此所作的解读，该司法解释坚持伪造货币需以"仿照真货币"为前提条件，主要考虑如下：就字面而言，"伪"相对于"真"而存在，在真货币不存在的情况下，难言伪造货币；就行为实质而言，伪造货币罪不仅侵犯了货币发行权，同时还侵犯了货币的公共信用和流通秩序，不以真货币为样本，行为人仅凭主观臆想而制造出

---

① 参见刘为波：《假币犯罪相关法律适用问题》，载《中国检察官》2011年第5期。

来的"货币"（臆造币），不至于破坏货币的公共信用和流通秩序；就使用方式而言，伪造的货币侧重于"正常"使用，臆造币侧重于虚构事实，骗取他人钱财，对于后者以诈骗罪处理更为妥当。① 但理论界对此有不同意见，认为将伪造货币的行为限定于仿照真币制作假币，不利于打击形形色色的伪造货币及相关犯罪行为。如有学者认为，自行设计制作足以使一般人误认为是真货币的假货币，如上述的制作面额为 200 元假币的行为，即便不存在与伪造的货币相当的真货币，也应认为是伪造货币。同时，行为人完全可能设计制作所谓的外国货币，以侵犯货币的公共信用，这种情形也应以伪造货币罪论处。② 域外也有不少学者持此观点，如日本刑法学者大谷实教授认为，对于伪造外国货币或预计将来要发行的货币的行为，因为有可能使一般人误认为是真货币，因此，不要求有对应的真货币的存在。③ 我们认为，在现行司法解释已经作出规定的情况下，伪造货币应需要有与真货币相对应的货币存在。虽然伪造没有相对应的真货币的行为，也会对整体的货币信用造成一定影响，但毕竟比伪造真货币的行为造成的影响要小很多。例如，如果我国出现了伪造的 3 元面值的人民币，这种情形对市场秩序、货币秩序虽有一定影响，但普通公众基于基本常识就应该知道，该种货币是假币，不会妨害人们使用真货币。对于此种行为以伪造货币罪论处，与该罪的保护法益是货币的公共信用这一要求也是不符合的。基于刑法的谦抑性原则，对此种行为不以伪造货币罪论处是妥当的。当然，这种制作本不存在的货币欺诈对方出售、使用的行为，是行为人用虚构事实、隐瞒真相的手法来达到非法占有他人财物的目的，而这正是诈骗罪的根本特征所在。

---

① 参见刘为波：《假币犯罪相关法律适用问题》，载《中国检察官》2011 年第 5 期。
② 参见张明楷：《刑法学》，法律出版社 2016 年版，第 767 页。
③ 参见［日］大谷实：《刑法各论》，黎宏译，法律出版社 2003 年版，第 310 页。

5. 关于本罪的一罪与数罪的认定

行为人实施伪造货币犯罪行为后，通常还会继续实施其他相关行为，从而触犯其他罪名。例如，行为人出售或运输其伪造的货币，使用其伪造的货币骗购财物，或者走私其伪造的货币等，其行为又分别触犯了出售、购买、运输假币罪、诈骗罪、走私假币罪等。对此应当认定为一罪，还是认定为数罪然后实行数罪并罚呢？根据《刑法》第171条第3款的规定，伪造货币并出售或者运输伪造的货币的，以伪造货币罪从重处罚。出售、运输的货币，此处指的应当是伪造者自己伪造的货币，即出售或运输的假币与伪造的假币乃是同一宗假币。只有在这种情况下，伪造行为与出售或运输行为才存在吸收与被吸收的关系。相应地，出售或运输行为属于伪造行为的继续，是伪造行为的一种后继行为，这种后继行为是前行为即伪造货币的行为发展的自然结果。伪造者要实现其预期目的，一般要有运输或出售的过程，因此，对这种后继行为，应当被主行为即伪造货币的行为吸收，不再有其独立的意义，只认定为伪造货币罪，在量刑上则作为两个从重情节予以考虑。如果伪造货币的行为人运输或者出售的不是自己伪造的那宗货币，此时，运输、出售假币的行为与伪造货币的行为没有必然的联系，从而不存在吸收与被吸收关系，对此，应当分别定罪，再实行并罚。

合规指引

结合《刑法》关于伪造货币罪的犯罪构成解析及相关监管政策、规范，在涉及相关金融业务时，公民个人及企业经营者通常知晓禁止伪造货币的法律常识，但可能对以下两种伪造货币的情形存在模糊认识，不清楚是否属于刑法禁止的情形，有必要予以强调并作为相关合规指引：

一是根据《中国人民银行法》和《人民币管理条例》的规定，中国人民银行不仅是人民币的法定发行机构,而且也是各类纪念币的法定发行单位。中国人民银行可以根据需要发行纪念币,具体分为普通纪念币和贵金属纪念币(俗称金币、银币),即纪念币也属于伪造货币罪的对象,未经中国人民银行的授权或者批准,擅自制作各类纪念币的行为也涉嫌构成伪造货币罪。

二是境外国家和地区的法定、流通货币,即外币,也属于我国刑法保护的对象。外币是指境外正在流通使用的所有法定货币,既包括可在我国兑换使用的外国法定货币,也包括在我国尚不能兑换的外国国家或者地区的货币,擅自制作境外货币的行为,也属于刑法禁止的行为,该行为涉嫌构成伪造货币罪。

监管政策和规范

伪造货币是假币犯罪的源头,是金融监管的重点对象。除刑法外,我国相关银行金融法规、行政管理法规、司法解释及司法规范性文件对于伪造货币等行为的司法认定、妨害国家货币信用安全的行为监管也比较系统、完善,相关监管政策和规范索引整理如下。

《中国人民银行法》第19、42条

《人民币管理条例》第2、8、10-13、18、26、30-36条

《伪造货币案件解释》第1、5、7条

《伪造货币案件解释(二)》第1-6条

《金融犯罪纪要》(二)2

《立案追诉标准(二)》第14条

《公安部经济犯罪侦查局关于制造、销售用于伪造货币的版样的行为如何定性问题的批复》

《中国人民银行货币鉴别及假币收缴、鉴定管理办法》第3、14、16条

第二节 出售、购买、运输假币罪与金融工作人员购买假币、以假币换取货币罪

第一百七十一条 【出售、购买、运输假币罪】出售、购买伪造的货币或者明知是伪造的货币而运输,数额较大的,处三年以下有期徒刑或者拘役,并处二万元以上二十万元以下罚金;数额巨大的,处三年以上十年以下有期徒刑,并处五万元以上五十万元以下罚金;数额特别巨大的,处十年以上有期徒刑或者无期徒刑,并处五万元以上五十万元以下罚金或者没收财产。

【金融工作人员购买假币、以假币换取货币罪】银行或者其他金融机构的工作人员购买伪造的货币或者利用职务上的便利,以伪造的货币换取货币的,处三年以上十年以下有期徒刑,并处二万元以上二十万元以下罚金;数额巨大或者有其他严重情节的,处十年以上有期徒刑或者无期徒刑,并处二万元以上二十万元以下罚金或者没收财产;情节较轻的,处三年以下有期徒刑或者拘役,并处或者单处一万元以上十万元以下罚金。

伪造货币并出售或者运输伪造的货币的,依照本法第一百七十条的规定定罪从重处罚。

罪名解析

1. 出售、购买、运输假币罪

出售、购买、运输假币罪，是指出售、购买伪造的货币，或者明知是伪造的货币而运输，数额较大的行为。本罪的犯罪构成要件如下。

（1）本罪的客体

本罪侵犯的客体是国家货币金融管理制度。本罪的对象为"假币"，仅限于伪造的货币，不包括变造的货币。

（2）本罪的客观方面

本罪的客观方面表现为出售、购买、运输伪造的货币，数额较大的行为。"出售假币"，是指将伪造的货币以低于票面额的价格卖出的行为，其本质是将伪造的货币当作一种特殊的商品或者交易标的物进行买卖的行为。货币，包括人民币和其他境外货币，是衡量商品价格的依据，其本身不是商品，因此不允许出售。出售正在流通使用的货币（纪念币除外），依照等价交换的原则，换取与其面值相等或者高于其面值的货币，在实践中没有必要，只有假币才会以低于票面额的价格出售。"出售假币"是指以低于票面额的价格转售伪造的货币的行为。"购买假币"是指将伪造的货币以低于票面额的价格买进的行为。司法实践中，有以明显低于或者高于市场同类商品的价格，以较高面额假币换取较少商品，或者以较少商品换取较多假币的行为，也应视为出售或者购买假币的行为。"运输假币"是指以随身携带、委托他人携带或者以邮寄、借助运输工具等方法，将假币从甲地运往乙地的行为。

（3）本罪的主体

本罪的犯罪主体为一般主体，凡是年满16周岁、具有相应的刑事责任能力的人，无论是中国人还是外国人，抑或无国籍人，均可构成本罪的主体。单位不构成本罪的主体。

（4）本罪的主观方面

本罪的主观方面由故意构成，即行为人明知是伪造的货币而予以出售、购买或者运输。

2. 金融工作人员购买假币、以假币换取货币罪

金融工作人员购买假币、以假币换取货币罪，是指银行或者其他金融机构的工作人员购买伪造的货币，或者利用职务上的便利，以伪造的货币换取真币的行为。本罪的犯罪构成要件如下。

（1）本罪的客体

本罪侵犯的客体是国家的货币管理制度。金融机构工作人员利用职务便利换取货币的行为，侵犯了金融机构的正常活动，具有一定的渎职性。由于本罪主体的特殊性，在实施该行为时对国家货币管理制度的危害比一般人实施同样的行为的危害要大，所以，《刑法》第171条第2款规定了相比于第1款出售、购买、运输假币罪更重的法定刑，而相关司法文件也规定了相比于第1款出售、购买、运输假币罪更低的入刑数额起点。①

（2）本罪的客观方面

本罪的客观方面表现为银行或者其他金融机构工作人员购买伪造的货币，或者利用职务上的便利以伪造的货币换取真币的行为。本罪的对象为"假币"，但仅限于伪造的货币，不包括变造的货币。所谓"购买伪造的货币"，是指以一定的价格利用货币或物品买回、换取伪造的货币的行为。所谓"以伪造的货币换取货币的行为"，是指以伪造的假币换取真币的行为，即调换假币的行为。银行工

---

① 具体参见2022年4月29日最高人民检察院、公安部联合发布的《立案追诉标准（二）》第15条和第16条的相关规定。

作人员"购买伪造的货币"的行为，不一定利用其职务或工作的便利，但其"以伪造的货币换取货币的行为"，则需要利用其职务之便予以实施，否则，如果没有利用职务之便，即使有以伪造的货币换取真货币的行为，也不可能构成本罪；即便构成犯罪，也只能以其他犯罪论处（如出售假币罪、使用假币罪或者诈骗罪等）。所谓利用职务之便，是指利用职务范围内的权力和地位形成的主管、经管、经手货币的便利条件，既包括利用职权的便利，即在自己的职务范围内，因职务而产生、享有的处理某种事物的便利，也包括利用本人的职权或地位形成的便利条件。无论出于哪一种情况，都应当与自己从事的诸如管理货币的发行、流通与回笼，存款的吸收与提取，贷款的发放与收回，国内外汇兑换的往来等货币流通及相关的业务职责活动存在联系。如果没有利用本身的职务之便，只是因工作关系熟悉作案的环境、方法、条件等，而将伪造的货币换取真货币，不属于本罪的客观行为，而是使用假币罪、诈骗罪、盗窃罪等犯罪的具体表现。在金融机构工作人员的上述行为方式中，购买假币与调换假币通常密切联系，但刑法并不要求两种行为同时实施。本罪属于选择性罪名，如果行为人同时实施这两种行为，也以一罪论处。

（3）本罪的主体

本罪主体是特殊主体，即只有金融机构的工作人员才能构成本罪。所谓金融机构，是指专门从事各种金融活动的组织。我国已形成以中央银行即中国人民银行为核心，以商业银行为主体、其他金融机构为重要组成部分的多种金融机构并存的体系。其中，"其他金融机构"，是指银行以外的城乡信用合作社、融资租赁机构、信托投资公司、保险公司、证券机构等具有货币资金融通职能的机构。金融机构工作人员是指在上述机构中从事银行或非银行的金融业务的人员，至于金融机构的所有制性质则在所不问。如果不是在上述金融机构，而是在其他机构中工作的人员，或者虽然是在上述金融机构中工作，但不是从事金融业务，而是从事劳务（如保洁、安保等服务外包）的人员，则不能构成本罪的主体。

（4）本罪的主观方面

本罪的主观方面是故意，即明知是伪造的货币仍然购买或者换取。如果行为人在工作中误将假币支付给他人，不能视为利用职务便利以假币换取真币。

司法精要

1. 关于出售、购买、运输假币罪的司法适用

（1）区分罪与非罪的界限

一是行为人是否"明知"。如果行为人因为上当受骗或出于过失不知其所出售、购买或者运输的是伪造的货币，其行为不构成犯罪。二是数额是否达到较大程度。如果行为人出售、购买或者运输伪造的货币数额未达到较大程度，即使有其他严重情节，也不能以犯罪论处。关于本罪构成的"数额较大"标准，可参照2022年4月29日最高人民检察院、公安部联合发布的《立案追诉标准（二）》第15条第1款的规定，即出售、购买伪造的货币或者明知是伪造的货币而运输，有下列情形之一的，应予追究刑事责任：一是总面额在4000元以上或者币量在400张（枚）以上的；二是总面额在2000元以上或者币量在200张（枚）以上，二年内因出售、购买、运输假币受过行政处罚，又出售、购买、运输假币的；三是其他出售、购买、运输假币应予追究刑事责任的情形。

（2）出售假币被查获部分的处理

假币数量的准确认定，是出售假币行为定罪量刑的重要依据。实践中，有的行为人出售假币被当场查获，但现场查获的假币数量可能并不多，总面额尚未达到4000元或者币量尚未达到400张（枚）的标准，但随后在其住所或者其他藏匿地查获部分假币，后者能否计入出售假币的数量（额）范围？在假币犯罪中，这一情形较为常见，也是被告人经常采用的逃避打击的策略。对此，相关司法文件作出了明确规定,即除现场查获的假币应认定为出售假币的数额外,现场之外在行为人住所或者其他藏匿地查获的假币,亦应认定为出售假币的犯罪数额,但有证据证实后者是行为人实施其他假币犯罪的除外。[1]

(3) 本罪既遂与未遂的界限

本罪属于行为犯,并不要求有特定的结果发生,因此,行为人只要将出售、购买或者运输的行为实施完毕,即可构成既遂。例如,在运输假币的路途中被抓获,应认定为运输假币罪既遂。本罪属选择性罪名,行为人只要将其中任何一种行为而不是三种行为实施完毕,就可构成既遂。不过,出售、购买或者运输行为存在一个过程,因此,存在行为人因意志以外的因素而未能将行为实施完毕的可能。如果行为人在出售或购买伪造的货币的讨价还价过程中被抓获的,属于犯罪未遂。因此,不能当然地认为,只要行为人实施了出售、购买或者运输伪造的货币的行为,就都构成既遂。

2. 关于金融工作人员购买假币、以假币换取货币罪的司法适用

(1) 本罪与非罪的界限

区分本罪与非罪的界限,需要注意以下两点:一是行为人购买伪造的货币或者以伪造的货币换取的货币数额较大的标准。如果案件所涉的货币数额不大,依法不构成犯罪。二是行为人主观上是否出于故意。如果行为人在不知情的情况下买进伪造的货币或者以伪造的货币换取货币,其行为一般也不构成本罪,如果构成其他犯罪的,以其他犯罪论处。关于本罪的数额标准,参见 2022 年 4 月 29 日最高人民检察院、公安部联合发布的《立案追诉标准(二)》第 16 条的规定,即银行或者其他金融机构的工作人员购买伪造的货币或者利用职务上的便利,以

---

[1] 参见《全国法院审理金融犯罪案件工作座谈会纪要》(2001 年 1 月 21 日)第二部分。2022 年 4 月 29 日最高人民检察院、公安部联合发布的《立案追诉标准(二)》第 15 条第 2 款亦有相似规定。

伪造的货币换取货币，总面额在2000元以上或者币量在200张（枚）以上的，应当以金融机构工作人员购买假币、以假币换取货币罪追究刑事责任。

（2）本罪与购买假币罪、使用假币罪的界限

银行或者其他金融机构的工作人员购买伪造的货币或者利用职务上的便利，以伪造的货币换取货币，实际上是一种特殊的购买假币和使用假币的行为，但刑法对此种情形独立定罪，这意味着，本罪相对于购买假币罪、使用假币罪而言属于特殊罪名，因此构成刑法意义上的法条竞合关系。需要注意的是，金融机构工作人员购买假币不需要利用职务便利，但以假币换取货币的，需要利用职务便利。

（3）本罪与伪造货币罪的界限

如果金融工作人员伪造货币后，再用自己伪造的货币换取真货币，就将在涉嫌金融工作人员以假币换取货币罪的同时，又涉嫌伪造货币罪。由于后者行为（调换假币）是前者行为（伪造假币）自然延伸的后继行为，加上刑法对伪造货币行为的处罚比本罪更重，对此，应当从一重罪择取伪造货币罪定罪处罚。对于后续以假币换取真币的行为，应作为从重情节予以考虑。如果金融工作人员既有伪造货币的行为，又有以不是自己伪造的货币而是以他人伪造的货币换取真货币的行为，此时，两者之间没有必然联系，因此，应当分别认定为伪造货币罪与金融工作人员以假币换取货币罪，实行数罪并罚。

合规指引

结合《刑法》关于出售、购买、运输假币罪以及金融工作人员购买假币、以假币换取货币罪的犯罪构成解析及相关监管政策、规范，在涉及相关金融业务时，公民个人及企业经营者一般都明知假币属于违禁品，出售、购买、运输假币是《刑法》上禁止的行为等，但可能对以下情形存在模糊认识，不清楚是否属于刑法禁止的情形，有必要予以强调并作为相关合规指引：

一是对假币在主观上明知。关于假币犯罪的认定,要求行为人主观上明知涉案货币是假币。在一些案件中,被告人辩称其不知道购买、运输的是假币。司法实践中,对于主观明知的判断,大多采取刑事推定的方式予以认定,主要是结合生活常识,例如以不合常理的缘由,以较少的物品,或以明显低于票面额的价格换取他人"货币"的行为,经鉴定该"货币"为假币后,即可推定行为人应当明知其交换来的货币属于假币。

二是运输假币罪的认定标准。运输假币罪是指明知是伪造的假币,通过随身携带、邮寄、托运、借助运输工具自行运输等方法,将假币从甲地运往乙地的行为,物理距离的长短一般不影响运输假币行为的认定。实践中,行为人可能应他人请求,帮助他人将假币从甲地运到乙地,或者碍于情面,允许他人"搭便车"将他人携带的假币从甲地运到乙地。对此,行为人无论获利与否,只要有证据证明其明知自己携带或者他人携带、运送的是假币,就构成运输假币罪。

三是银行机构负有收缴假币并及时报案的职责。银行等金融机构的工作人员,在以假币换取货币的行为过程中,除该工作人员本人构成金融工作人员以假币换取货币罪外,如果银行等金融机构负有监管职责的工作人员对此放任不管,或者疏于监管、履职不到位,导致假币从银行等金融机构流向社会的,此类行为不仅违反银行监管法规,还可能涉嫌相应犯罪,例如国有公司人员滥用职权罪、国有公司人员失职罪等。

监管政策和规范

打击出售、购买、运输假币行为是假币违法犯罪治理工作中最为关键的一环。此类行为一端连接假币犯罪的源头——伪造货币罪,一端连接假币犯罪的终端——使用假币罪,直接导致假币在社会上的扩散和流向,是金融监管的重点范围。除刑法外,我国相关银行金融法规、行政管理法规、司法解释及司法规范性文件对于出售、购买、运输假币行为以及金融工作人员购买假币、调换假币等行为的司法认定，以及妨害国家货币信用安全的行为监管，作出了比较系统、完善的规定，相关监管政策和规范索引整理如下。

《中国人民银行法》第 19、43 条

《伪造货币案件解释》第 2-4 条

《立案追诉标准（二）》第 15、16 条

《中国人民银行货币鉴别及假币收缴、鉴定管理办法》第 14-16 条

第三节 持有、使用假币罪

第一百七十二条 【持有、使用假币罪】明知是伪造的货币而持有、使用,数额较大的,处三年以下有期徒刑或者拘役,并处或者单处一万元以上十万元以下罚金;数额巨大的,处三年以上十年以下有期徒刑,并处二万元以上二十万元以下罚金;数额特别巨大的,处十年以上有期徒刑,并处五万元以上五十万元以下罚金或者没收财产。

罪名解析

持有、使用假币罪,是指明知是伪造的货币而持有或者使用,数额较大的行为。本罪的犯罪构成要件如下。

(1) 本罪的客体

本罪侵犯的客体是国家货币金融管理制度。

(2) 本罪的客观方面

本罪的客观方面表现为持有、使用伪造的货币(包括伪造的人民币和外币),数额较大的行为。所谓"持有",是指将假币随身携带或者存放在家中、亲友等处保管的行为。无论假币在何处,只要能证明该假币是行为人所有或控制,即属行为人持有。所谓"使用",是指将假币当真币使用,履行货币职能的任何行为,包括以假币购物,用假币到银行存款,用伪造的外币在境内兑换人民币,以假币清偿债务,等等。根据法律规定,持有、使用假币的行为,必须达到"数额较大"的标准,才构成犯罪。关于数额较大的具体标准,《伪造货币案件解释》作出了具体规定,即行为人明知是假币而持有、使用,总面额在 4000 元以上的,属于"数额较大"。在此基础上,2022 年 4 月 29 日最高人民检察院、公安部联合发布的《立案追诉标准(二)》对"数额较大"的情形作出扩充规定,对于持有的假币量在 400 张(枚)以上,或者持有的假币总面额不满 4000 元、币量不满 400 张(枚),但总面额在 2000 元以上或者币量在 20 张(枚)以上,同时二年内因出售、购买、运输假币受过行政处罚,又有出售、购买、运输假币等情形的,也认定为"数额较大"。

(3)本罪的主体

本罪的犯罪主体为一般主体,凡是年满 16 周岁、具有相应的刑事责任能力的人,均可构成本罪的主体。单位不构成本罪主体。

(4)本罪的主观方面

本罪的主观方面由故意构成,即行为人对自己持有、使用的假币必须明知,否则不构成犯罪。

司法精要

在司法实践中,关于本罪的认定,需要注意以下几个问题。

1. 关于以持有假币罪定罪处罚的主要情形

作为持有型的违禁品犯罪,通常难以查清涉案违禁品的来龙去脉,或者虽然查清其来龙去脉,但该来龙去脉本身并不构成犯罪(如持有的枪支、假币是行为人拾捡所得)。为了不放纵违禁品犯罪,减轻司法机关的证明责任,刑法设置了作为兜底罪名的持有型犯罪。一般来说,行为人明知是假币而持有,数额较大,根据现有证据不能认定行为人实施其他假币犯罪的,以持有假币罪定罪处罚;如果有证据证明其持有假币已构成其他假币犯罪的,应当以其他假币犯罪定罪处罚。

2. 关于以收藏为目的持有假币的定性

以单纯收藏为目的而持有假币的行为,是否成立持有假币罪,或者说,是否应将"以使用为目的"作为持有假币罪的主观要件?通说认为,《刑法》并没有要求该罪是出于使用目的而持有,假币属于违禁品,禁止个人收藏。因此,行为人收藏数额较大的假币,也会侵犯货币的公共信用。鉴于此,只要明知是假币而持有,并达到数额较大标准的,就应以持有假币罪论处,但量刑时可以酌情从轻处罚。

3. 关于使用假币罪与出售假币罪的界限

根据司法解释的规定,行为人购买假币后使用,构成犯罪的,以购买假币罪定罪,并从重处罚,不另认定为使用假币罪。这主要是考虑到,购买假币与随后使用假币的行为,属于刑法意义上的吸收关系。但是,行为人出售、运输假币构成犯罪,同时又有使用假币行为的,应当实行数罪并罚。这意味着,出售假币与使用假币存在实质差异:出售假币是指将假币当作特殊的商品进行交易,买卖双方都明知是假币;而使用假币是指将假币当作真币,常常以此欺骗对方,从而购买商品或服务。

合规指引

结合《刑法》关于持有、使用假币罪的犯罪构成解析及相关监管政策、规范,在涉及相关金融业务时,企业经营者一般都明知假币属于违禁品,不仅出售、购买、运输假币是刑法上禁止的行为,持有、使用假币也属于刑法严惩的对象。

不过，公众可能对以下情形存在模糊认识，不清楚是否属于刑法禁止的情形，有必要予以强调并作为相关合规指引：

一是行为人并非以非法使用为目的，而是以收藏等为目的持有假币的行为，是否构成假币犯罪。鉴于假币属于违禁品，禁止个人收藏，因此，行为人收藏数额较大的假币，也会侵犯货币的公共信用。如果行为人明知是假币而持有，达到数额较大标准的，就应以持有假币罪论处，但量刑时可以酌情从轻处罚。

二是行为人出于炫耀等心态展示假币，是否构成假币犯罪。在日常生活或者企业经营过程中，为炫富或者彰显自己的经济实力，行为人可能在家中或者办公室较为显眼的位置，摆放若干数量的假币。对于此种行为，与收藏假币的行为类似，行为人虽然没有使假币流通的意图，但其拥有大量假币的行为，也是刑法所禁止的，对此应以持有假币罪论处。

三是行为人因交易活动被骗而得到假币，应当如何处理。行为人在生产经营及日常购物售卖交易中，偶然发现自己收到假币，能否伺机使用以减少自己的损失。行为人原本是他人诈骗或使用假币的受害人，因其主观上并无可谴责的过错，阻却其获得假币行为的刑事违法性，但基于假币属于刑事违禁品，任何人未经法定原因不得持有、管理、控制假币，其不小心得到假币后，一旦知道是或者可能是假币，应当及时报案并将假币交由银行登记、管理，个人不得私下持有，否则涉嫌持有假币罪。同理，行为人不可基于侥幸心理，再行交易使用，否则涉嫌使用假币罪。

📁 监管政策和规范

持有、使用假币罪是假币犯罪中最为常见的犯罪类型，是金融监管的重点范围。几乎所有的假币犯罪案件都体现了持有的行为状态。对于假币而言，持有即犯罪，这充分体现了我国刑事法律对假币犯罪严明的法律政策。同时，连同伪造货币罪，出售、购买、运输假币罪的《刑法》规定，我国《刑法》构筑了禁止和防范假币行为的严密刑事法网。除《刑法》外，我国相关银行金融法规、行政管理法规、司法解释及司法规范性文件对于持有、使用假币行为的司法认定与行为监管，也作出了比较系统明确的规定，相关监管政策和规范索引整理如下。

《中国人民银行法》第19、43条

《伪造货币案件解释》第2、5条

《立案追诉标准（二）》第17条

第四节 变造货币罪

第一百七十三条 【变造货币罪】变造货币,数额较大的,处三年以下有期徒刑或者拘役,并处或者单处一万元以上十万元以下罚金;数额巨大的,处三年以上十年以下有期徒刑,并处二万元以上二十万元以下罚金。

罪名解析

变造货币罪,是指对真币进行各种方式的加工、改造,使其改变为面值、含量不同的货币,数额较大的行为。本罪的犯罪构成要件如下。

(1) 本罪的客体

本罪的客体是货币的发行与流通管理制度。基于金融和货币的本义,没有不以投入流通为目的的货币。鉴于此,只有以投入流通为目的的变造货币的行为,才侵犯货币的发行与流通管理制度。一些出于艺术原因或者其他非以投入流通为目的的变造货币的行为,由于不侵犯货币的发行与流通管理制度,所以不构成变造货币犯罪。

(2) 本罪的客观方面

本罪的客观方面表现为以真货币为基础,采用剪贴、挖补、揭层、涂改、移位、重印等手段加以处理,改变真货币的真实形态、色彩、文字、数目等,使其升值的行为。例如,将50元的真货币通过涂改变造为100元的货币。按照法律规定，变造货币必须达到"数额较大"的标准，才构成犯罪。关于"数额较大"的具体标准，参见2022年4月29日最高人民检察院、公安部联合发布的《立案追诉标准（二）》第18条的规定，即总面额在2000元以上或者币量在200张（枚）以上的；总面额在1000元以上或者币量在100张（枚）以上，二年内因变造货币受过行政处罚，又变造货币的，应当以变造货币罪追究刑事责任。

（3）本罪的主体

本罪主体为一般主体，凡是年满16周岁、具有相应的刑事责任能力的人，均可构成本罪的主体。单位不构成本罪的主体。

（4）本罪的主观方面

与伪造货币犯罪一样，本罪的主观方面是故意。有意见认为，本罪在主观上具有非法牟利的目的，如果不具有此目的，如出于好奇等原因对货币进行涂改，改变货币的金额，但并未进行使用，也不具有意图使用的可能，不能构成本罪。[①]关于本罪的认定是否以非法牟利为前提，存在一定的争议。从本罪的故意内容看，主要指的是明知该行为是变造货币的行为，而且具有将变造的货币投入流通的意图。

司法精要

司法实践中，伪造货币罪面临的主要难题是，如何区分本罪与伪造货币罪的界限。我国刑法分别规定了伪造货币罪与变造货币罪，并设置了不同的法定刑。就一般意义而言，伪造与变造均属于造假行为，本质是相同的，但就货币犯罪而言，我国刑法明确区分了伪造行为与变造行为。刑法中的假币犯罪（除了变造货币罪本身），针对的对象都是伪造的货币，即《刑法》第171条、第172条规定

[①] 参见郎胜主编：《〈关于惩治破坏金融秩序犯罪的决定〉释义》，中国计划出版社1995年版，第33页。

的假币犯罪中的"假币",仅限于伪造的货币,而不包括变造的货币。鉴于此,区分伪造与变造显得十分重要。变造货币与伪造货币的行为方式存在实质差异:变造货币是在货币的基础上进行加工处理,以增加原货币的面值;伪造货币则是将一些非货币的物质经过加工后伪造成货币,有的伪造货币行为也需要利用现有的货币,如利用彩色复印机伪造货币。变造的货币在某种程度上有原货币的成分,如原货币的纸张、金属防伪线等。而伪造的货币不具有原货币的成分,丧失了货币的同一性。变造货币犯罪受到行为方式的限制,变造货币的数额通常小于伪造货币的数额,而且变造货币犯罪是在真货币上进行加工处理,行为人为此还需先行投入一部分货币才能实施变造货币犯罪。同时,变造货币犯罪牟取的非法利益往往小于伪造货币犯罪牟取的非法利益。

需要指出的是,对于行为人制造真伪拼凑的货币的情形,应当如何定性。根据2010年《伪造货币案件解释(二)》第1条第2款、第2条的规定,对真货币采用剪贴、挖补、揭层、涂改、移位、重印等方法加工处理,改变真币形态、价值的行为,应当认定为《刑法》第173条规定的"变造货币"。同时采用伪造和变造的手段,制造真伪拼凑货币的行为,依照《刑法》第170条的规定,以伪造货币罪定罪处罚。关于变造货币的行为方式,上述司法解释列举了剪贴、挖补、揭层、涂改、移位、重印等六种情形。其中,剪贴变造又称拼凑变造,是指对真币进行裁剪后重新粘贴,通过增加货币张数实现增值的行为。挖补变造是指将票面局部图案或者材料挖走后采取一定方式进行补全的行为。揭层变造主要是指对真币进行一定的处理之后一揭为二,再用白纸等方式进行粘贴的行为。涂改变造主要是指对同颜色、同图案、同票幅而面额不同的真币涂改其票面金额以及涂改年号、冠字号等票面特征的行为。移位变造是指将真币的关键性部位移至其他票面的变造行为,相当于挖补变造的反向行为。重印变造是指在保留真币纸张以及水印、安全线等主要防伪特征的基础上,通过化学等手段去除真币的面额、图案后重新印制的行为。① 尽管司法解释对伪造、变造行为作出列举式规定，但实践中对于两类行为的区分，特别是对真伪拼凑的货币的认定，仍然存在一定的难度。真伪拼凑的货币是近年来出现的一种假币形态。从发案情况看，真伪拼凑的货币主要见于百元钞，具体手法是将人民币一揭为二，正面保留，背面粘贴上伪造币，将人民币水印部位的1/4部分裁切掉，粘贴上相应伪造币等。我国刑法只规定了伪造假币和变造假币两种造假方式，以往的司法实践中多数将制造真伪拼凑的货币的行为按变造货币处理。2010年《伪造货币案件解释（二）》明确规定，对于制造真伪拼凑的货币的情形，以伪造货币罪处理。我国刑法区分伪造货币和变造货币，对此规定了不同的罪名，并适用不同的处罚标准，主要包括以下考虑：一是受制于行为方式，变造货币的数量和社会危害性有限；二是在真币的基础上进行加工，行为人需事先投入一部分真币。变造货币所能牟取的非法利益，相对小于伪造货币。但是，对于真伪拼凑的货币的情形，这两方面的考虑值得重新审视。首先，借助于伪造币，使真伪拼凑的货币的批量制作成为可能。其次，一些真伪拼凑的货币的真币比重极小，除了极具识别所需的少数关键部位之外，绝大部分系伪造的货币。所以，对此类行为以伪造货币罪从严打击，并不违背立法本意。②

目前，许多国家和地区的刑法都将变造货币作为伪造货币罪的一种行为方式。例如，英国1913年《伪造法》中规定的伪造，就包含变造在内。这种包含变造行为在内的伪造，是广义的伪造。我国刑事立法采取的是将伪造货币与变造货币的犯罪行为分别规定的模式，因此，我国刑法中的伪造不包含变造在内，是狭义的伪造。对于伪造货币与变造货币有无必要分别评价，存在不同的观点。有的学者认为，伪造行为的本质在于以假充真，而变造行为系由少变多、使真为假，

---

① 参见刘为波：《假币犯罪相关法律适用问题》，载《中国检察官》2011年第5期。
② 参见刘为波：《假币犯罪相关法律适用问题》，载《中国检察官》2011年第5期。

纵然伪造行为与变造行为在侵害法益、既遂标准、主观意图等方面并无差异，但变造行为必须建立在真币的基础之上，这一突出特征决定了，变造行为常常会受到行为人真币拥有量的限制，与伪造行为可以毫无限制地批量生产相比，其社会危害性相对较小。因此，将两种危害性明显有别的行为给予相同的法律评价，有违合理性之嫌。[①] 有的学者则认为，刑法不应区分伪造、变造，应给予相同的法律评价。为了便于司法实践中打击和惩治这类犯罪行为，伪造货币罪和变造货币罪宜规定为同类犯罪，适用相同的量刑幅度。[②] 我们认为，伪造货币行为与变造货币行为的社会危害性存在差异，有必要予以区别对待。当然，在我国刑法对伪造货币罪规定了比变造货币罪更重的法定刑的前提下，在伪造行为与变造行为的边界难以区分时，应当准确严格地界定"伪造"的特质，适度限缩"伪造"的范围，扩张"变造"的范围，从而更好地体现罪责刑相适应原则。

合规指引

结合《刑法》关于伪造货币、变造货币的犯罪构成解析及相关监管政策、规范，在涉及相关金融业务时，公民个人及企业经营者一般都明知伪造货币是刑法严禁的犯罪行为，但对于在真货币的基础上通过挖补、剪贴等手段进行部分改变的情形，是否具有刑事违法性，则存在一定的模糊认识，对此有必要予以强调。例如，行为人现有的现金钞票因保管不善，钞票的边角可能腐蚀、破损或者遭到损坏造成残缺，为了避免损失，行为人用相近材质的纸张、彩笔、胶水等对破损的部分进行"修补"，该行为其实就是刑法禁止的变造货币的行为，如果数额（量）较大的，就涉嫌构成变造货币罪。根据《人民币管理条例》的相关规定，

---

① 参见王强：《我国台湾地区伪造、变造货币犯罪若干问题研究》，载《台湾法研究》2006年第2期。

② 参见蒋毅：《变造货币罪应纳入伪造货币罪范畴》，载《重庆文理学院学报（社会科学版）》2011年第4期。

各地办理人民币存取款业务的金融机构应当按照中国人民银行的规定，无偿为公众兑换残缺、污损的人民币。鉴于此，公民个人或企业经营者对于持有的残缺、污损的人民币，无须大费周章予以所谓的"修补"，可直接到银行予以兑换。

监管政策和规范

变造货币的行为在实践中较为少见，因为其是在现有的真货币的基础上进行变造，可谓"出力不讨好"。但相对于伪造货币行为，变造行为的技术难度与设备要求不高，所以在实践中仍有严格监管的必要。除刑法外，我国相关银行金融法规、司法解释及司法规范性文件对于变造货币行为的司法认定也作出了比较系统明确的规定，相关监管政策和规范索引整理如下。

《中国人民银行法》第19、42条

《人民币管理条例》第22、23、26、30-36条

《伪造货币案件解释》第6条

《立案追诉标准（二）》第18条

Chapter 02

金融机构设立和存款管理类犯罪

第一百六十九条之一　【背信损害上市公司利益罪】

第一百七十四条　【擅自设立金融机构罪】【伪造、变造、转让金融机构经营许可证、批准文件罪】

第一百七十五条　【高利转贷罪】

第一百七十五条之一　【骗取贷款、票据承兑、金融票证罪】

第一百七十六条　【非法吸收公众存款罪】

第一百八十五条　【挪用资金罪】【挪用公款罪】

第一百八十五条之一　【背信运用受托财产罪】【违法运用资金罪】

第一百八十六条　【违法发放贷款罪】

第一百八十七条　【吸收客户资金不入账罪】

第二章　金融机构设立和存款管理类犯罪

第一节　背信损害上市公司利益罪

第一百六十九条之一　【背信损害上市公司利益罪】上市公司的董事、监事、高级管理人员违背对公司的忠实义务，利用职务便利，操纵上市公司从事下列行为之一，致使上市公司利益遭受重大损失的，处三年以下有期徒刑或者拘役，并处或者单处罚金；致使上市公司利益遭受特别重大损失的，处三年以上七年以下有期徒刑，并处罚金：

（一）无偿向其他单位或者个人提供资金、商品、服务或者其他资产的；

（二）以明显不公平的条件，提供或者接受资金、商品、服务或者其他资产的；

（三）向明显不具有清偿能力的单位或者个人提供资金、商品、服务或者其他资产的；

（四）为明显不具有清偿能力的单位或者个人提供担保，或者无正当理由为其他单位或者个人提供担保的；

（五）无正当理由放弃债权、承担债务的；

（六）采用其他方式损害上市公司利益的。

上市公司的控股股东或者实际控制人，指使上市公司董事、监事、高级管理人员实施前款行为的，依照前款的规定处罚。

犯前款罪的上市公司的控股股东或者实际控制人是单位的，对单位判处罚金，并对其直接负责的主管人员和其他直接责任人员，依照第一款的规定处罚。

罪名解析

1. 法条修改情况

背信损害上市公司利益罪是《刑法修正案（六）》新增的罪名。《刑法》将其作为第169条之一规定在第2编第3章"破坏社会主义市场经济秩序罪"的第3节"妨害对公司、企业的管理秩序罪"中。在我国，上市公司董事、监事、高级管理人员和控股股东、实际控制人等操纵上市公司并将上市公司作为自己的"取款机"，以无偿或者明显违反市场价格机制的条件私下进行关联交易等非法手段，操控上市公司并损害上市公司利益的行为屡有发生。此类行为不仅严重损害上市公司的经营能力导致其资产质量明显下降，也严重损害上市公司的广大股东尤其是中小股东的合法权益，严重扰乱了我国证券市场秩序。为惩治这种不法行为，《刑法修正案（六）》第9条规定在《刑法》第169条后新增的一条，将此类"掏空"上市公司的行为规定为犯罪。

2. 犯罪构成要件

（1）本罪的客体

本罪侵犯的客体包括公司、企业的管理秩序和证券市场秩序等。具体而言，本罪是以"上市公司的董事、监事、高级管理人员违背对公司的忠实义务"为前提的犯罪。这也是我国刑法第一次明确以"背信"对相应行为进行规制的犯罪。此外，本罪的主体是上市公司的董事、监事、高级管理人员、控股股东、实际控制人，其恶意"掏空"上市公司利益的行为也会严重损害证券市场的公开、公平、公正秩序。

（2）本罪的客观方面

本罪的客观方面表现为违背对公司的忠实义务，利用职务便利，操纵上市公司从事损害上市公司利益的活动，致使上市公司的利益遭受重大损失。考虑到随着经济的发展，"背信"的行为可能出现新的类型，《刑法修正案（六）》采用列举加概括的方式规定背信的客观行为，在列举了5项具体行为以后增加一个兜底性条款。详言之：①无偿向其他单位或者个人提供资金、商品、服务或其他资产的；②以明显不公平的条件，提供或接受资金、商品、服务或其他资产的；③向明显不具有清偿能力的单位或个人提供资金、商品、服务或其他资产的；④为明显不具有清偿能力的单位或者个人提供担保，或者无正当理由为其他单位或者个人提供担保的；⑤无正当理由放弃债权、承担债务的；⑥采用其他方式损害上市公司利益的。《刑法修正案（六）》新增的本条只列举了5项比较常见的利用非正当关联交易"掏空"上市公司的行为，增加了上市的债务、减少了上市公司的资产。当然，上市公司董事、监事、高级管理人员损害上市公司利益的，是否构成本罪，还应当结合是否"违背对公司的忠实义务、利用职务便利"这一前提条件加以综合分析。从本罪的条文来看，由于限定了本罪的主体是董事、监事、高级管理人员，本罪中所谓利用职务便利，是指行为人利用自己在管理本单位经营、生产过程中所拥有的领导、指挥以及监督职权，职务的范围限定于管理事务，即领导、指挥、监督等管理性质的活动。结合罪状中操纵上市公司的表述，操纵上市公司意味着通过外化的公司意志，并在此之下利用管理性职务便利实施侵害上市公司利益的背信行为。此外，本罪为结果犯，只有导致上市公司利益遭受重大损失的才能构成本罪。

（3）本罪的主体

本罪的犯罪主体是特殊主体，即只有上市公司的董事、监事、高级管理人员，上市公司的控股股东或者实际控制人也能够构成本罪。这些特殊主体对上市公司具有控制权或有重大影响力。其中，高级管理人员并非狭义理解为总经理，而是指公司的经理、副经理、财务负责人、董事会秘书和公司章程规定的其他人员。实际控制人是指虽不是公司的股东，但通过投资关系、协议或者其他安排能够实际支配公司行为的人。①

（4）本罪的主观方面

本罪的主观方面为故意。无论行为人出于何种主观机动、目的，即行为人是为了其所代表的控股股东、实际控制人的利益，还是出于个人泄愤、"损公肥私"等原因，只要行为人实际上有利用职务便利操纵上市公司损害中小股东利益的行为，即符合本罪的主观方面。

3. 刑事责任

自然人犯本罪，致使上市公司利益遭受重大损失的，处3年以下有期徒刑或者拘役，并处或者单处罚金；致使上市公司利益遭受特别重大损失的，处3年以上7年以下有期徒刑，并处罚金。根据最高人民检察院、公安部《立案追诉标准（二）》第13条的规定，本罪的入罪标准为：①无偿向其他单位或者个人提供资金、商品、服务或者其他资产，致使上市公司直接经济损失数额在150万元以上的；②以明显不公平的条件，提供或者接受资金、商品、服务或者其他资产，致使上市公司直接经济损失数额在150万元以上的；③向明显不具有清偿能力的单位或者个人提供资金、商品、服务或者其他资产，致使上市公司直接经济损失数额在150万元以上的；④为明显不具有清偿能力的单位或者个人提供担保，或者无正当理由为其他单位或者个人提供担保，致使上市公司直接经济损失数额在150万元以上的；⑤无正当理由放弃债权、承担债务，致使上市公司直接经济损

---

① 参见黄太云：《〈刑法修正案（六）〉的理解与适用（下）》，载《人民检察》2006年第15期。

失数额在150万元以上的;⑥致使公司、企业发行的股票或者公司、企业债券、存托凭证或者国务院依法认定的其他证券被终止上市交易的;⑦其他致使上市公司利益遭受重大损失的情形。

上市公司的控股股东或者实际控制人,指使上市公司董事、监事、高级管理人员实施前款行为的,依照前款的规定处罚。

单位犯本罪适用双罚制,即对单位判处罚金,并对其直接负责的主管人员和其他直接责任人员,依照前述规定处罚。

司法精要

1. 违背忠实义务的界定

上市公司与证券市场联系紧密,上市公司不仅影响证券市场的发展,而且作为企业的重要组成部分,还是构建整个市场经济体制的中坚力量。忠实义务在公司董事、监事、高级管理人等人员的所有义务中占有非常重要的地位,它要求公司负责人为公司执行其职务应竭尽忠诚,必须为公司的最佳利益和适当目的行事,不得将个人利益摆在与公司利益相冲突的位置上。上市公司董事、监事、高级管理人员忠实义务的具体规定没有在《刑法》第169条之一体现出来。我国学理上和司法实务中的主流观点皆认为,背信损害上市公司利益罪是《公司法》第147条和第148条在《刑法》上的入罪,罪状中"违背对公司的忠实义务"的含义应依据《公司法》中忠实义务的规定予以确立。①

《公司法》第148条通过程序公平的层面对董事忠实义务的内涵进行界定。

---

① 参见顾肖荣:《论我国刑法中的背信类犯罪及其立法完善》,载《社会科学》2008年第10期;金泽刚、于鹏:《公司高管犯罪的现状、成因与对策思考——以上市公司高管人员犯罪为例》,载《社会科学》2009年第9期。

第148条列举了7项违反公司忠实义务的具体行为和一项兜底条文，主要基于《公司法》的立法宗旨进行考虑，一则为了尊重市场经济活动的意思自治，尽量减少对交易本身设定实质性限制和约束，二则充分尊重公司独立人格下的决策自治，公司能理性作出交易公平与否的最佳判断。《刑法》第169条之一列举了6种情况，可以看出其与《公司法》第148条的规定并不是完全对应关系。我国《公司法》所规定的违背忠实义务的情形是采用列举和概括并用的方式来规定的，但不是所有的违背忠实义务的行为都构成背信损害上市公司利益罪，而构成该罪的行为则必须是违背忠实义务的行为，"违背忠实义务"是构成本罪的前提之一，即使是公司法中没有明确列举的行为也可以将其理解为"违反对公司忠实义务的其他行为"。

违背忠实义务的界定应当包括程序和实质两个方面：一是，程序上的审查是指该项交易须经非利害关系股东的同意或非利害关系董事的同意，这是从程序层面实现对非公平交易的限制；二是，实质上的审查是指由法院对该交易的公平性做出最终决定。事实上，禁止不公平的利益冲突行为才是董事忠实义务的宗旨。社会的快速发展使人们逐渐意识到"利益冲突"本身并不是一种犯罪，也不是必然会导致公司利益的重大损失，在当今时代它只是"一种事物的状态，或者说是一种潜在的风险"，① 市场经济中的利益冲突仍然可以实现多赢。事实表明，在许多情况下，尽管交易存在利益冲突，但是公司和股东仍然是这项交易的受惠者。因此，董事的忠实义务并不意味着他必须完全排除利益冲突交易的存在，而是要求这种利益冲突交易对公司而言必须是公正的。

2. 如何认定监事违背忠实义务

值得注意的是，本罪的主体包括上市公司的董事、监事、高级管理人员、控

---

① 参见张开平：《英美公司董事法律制度研究》，法律出版社1998年版，第238页。

股股东或者实际控制人,但《公司法》第148条只对董事、高级管理人员违背忠实义务的行为予以明确列举。正因如此,有学者明确表示"忠实义务只有在执行公司业务经营管理权时才有承担的必要,因而该义务主要对董事、高级管理人员设置,监事则非该义务的承担者"。① 这种看法过于极端,且与《公司法》第147条规定不符,公司董事、监事、高级管理人员都对公司负有忠实义务和勤勉义务。

《公司法》第148条为何只列举了董事和高级管理人员的忠实义务,可能与董事、监事、高级管理人员不同的职能有关。根据《公司法》第216条的规定,高级管理人员是指公司的经理、副经理、财务负责人,上市公司董事会秘书和公司章程规定的其他人员。由此可见,公司董事和高级管理人员实际参与了公司的管理活动,具有指挥、决策等职能。而监事会职权存在两种模式:一种是监事会或监事既具有监督职权,又可以参与公司重大事项之决策;另一种是监事会或监事仅具有监督职权,不参与公司重大事项之决策。在第二种模式下,监事的职权主要集中在业务的监督和调查,并不参与公司业务决策与具体管理。② 在《公司法》规范背景下,第148条规范的是具有决策职能的董事和高级管理人员的忠实义务,监事由于职能不同不便与二者并列讨论,从第147条即可看出对监事的忠实义务也是有要求的。

尽管不能根据《公司法》第148条直接界定监事的忠实义务,但该条也具有参考价值,监事忠实义务的判断最终还是要回到背信损害上市公司利益罪的原旨上。对监事忠实义务的分析仍应该结合程序和实质两层面,程序上审查监事是否利用自己在管理本单位经营、生产过程中所拥有的监督职权操纵上市公司实施侵害上市公司利益的背信行为,行为种类不必拘泥于《刑法》第169条之一列举的几项,行为的性质相当于其他5项列举事项即可满足兜底条款要求。实质上审查

---

① 参见范健、王建文:《公司法》,法律出版社2015年版,第361-362页。
② 参见朱慈蕴:《公司法原论》,清华大学出版社2011年版,第308-344页。

监事的行为是否给上市公司带来了不公平的利益冲突,给上市公司造成重大利益损失。

3. 将上市公司资金挪用至关联公司使用时如何处理

上市公司董事长在实际控制人的要求下,通知财务将相应钱款转至实际控制人关联公司账户供其使用时,究竟应该以挪用资金罪定罪处罚,还是以背信损害上市公司罪定罪处罚?

背信损害上市公司利益罪从主体的特殊性,以及董事、监事、高级管理人员是否违背职务的忠诚义务并损害上市公司利益等方面进行认定。背信损害上市公司利益罪与挪用资金罪发生竞合时可以按照法条竞合时优先适用特别法等规则进行处理。

具体而言,挪用资金型背信行为通常表现为"公司的意志",但该行为通常并未经过相应法定或者约定程序,直接违反了公司法有关公司治理或者公司章程中对于公司治理的明文规定。《全国人民代表大会常务委员会关于〈中华人民共和国刑法〉第三百八十四条第一款的解释》对挪用公款"归个人使用"的解释如下:①将公款供本人、亲友或者其他自然人使用的;②以个人名义将公款供其他单位使用的;③个人决定以单位名义供其他单位使用,谋取个人利益的。为进一步明确第2项中以个人名义的含义,《全国法院审理经济犯罪案件工作座谈会纪要》指出:对于行为人逃避财务监管,或者与使用人约定以个人名义进行,或者借款、还款都以个人名义进行,将公款给其他单位使用的,应当认定为以个人名义。行为人背信行为虽然表现出"单位之间""融资合同""内部记账"等难以认定"挪为私用"的犯罪特征,但行为人往往既未召开董事会,亦未向财务总监等人员表明资金最终去向等,更是极力隐瞒资金最终流向大股东的关键事实。从本质而言,此类行为导致本公司的财务制度不能起到相应的监督、制约作用,逃避了财务监管,符合挪用资金罪的法律特征。同时,行为人作为上市公司的高级管理人员，违背忠实义务，利用职务便利，将上市公司的资金挪用给大股东或者实际控制人使用的行为也构成背信损害上市公司利益罪。从两罪的犯罪构成来看，背信损害上市公司利益罪列举的第一项行为即"无偿向其他单位或者个人提供资金"，该行为包含在挪用资金罪的处罚外延之内，二者属于特别法与一般法的法条竞合关系，宜按照特别法优于一般法的规定处理，以背信损害上市公司利益罪定罪处罚更为准确。需要指出的是，由于挪用资金型背信行为是一种典型的内外勾结行为，且内外均符合背信损害上市公司利益罪的特殊主体要求，故如果以背信损害上市公司利益罪论处应当同时认定为共同犯罪。

4. "致使上市公司利益遭受重大损失"是一种实害后果

本罪属于典型的结果犯，其构成要件中的结果要件系"致使上市公司利益遭受重大损失"。这是一种实害后果，并不包括潜在的经济风险，只有在出现致使上市公司利益遭受重大损失的后果时才能构成本罪。当行为人在操纵上市公司进行损害公司利益的活动过程中自行停止、意外停止或被发现制止，客观上未发生上市公司利益遭受重大损失的实害结果的，不宜认定构成本罪。此外，上市公司高级管理人员违规向不具有清偿能力的股东提供担保，虽然到期未归还，但由于存在第三方担保、抵押、质押等增信措施导致未造成实际损失或者不可能造成实际损失的，亦不宜认定构成本罪。当然，此处的实际损失还应当符合比例原则，因为从司法实践来看第三方担保、抵押、质押等增信措施虽然可以有效弥补主债权，但由于存在市场风险等因素而应当允许存在一定比例的亏损，并不能以绝对亏损的产生而认定造成实际损失。

5. 高管背信的同时又受贿的是否需数罪并罚

背信损害上市公司利益罪的本质是上市公司的高级管理人员、控股股东、实际控制人违背对上市公司的忠实义务，利用职务便利，操纵上市公司并实施"掏空"上市公司的行为。非国家工作人员受贿罪或者受贿罪的犯罪构成中均要求利用职务上的便利为他人谋取利益，并收受好处。因此，上述两罪均存在"利用职务便利"和"为他人谋取利益"内容。那么当上市公司的高级管理人员（控股股东和实际控制人不在此列）在背信的同时又收受贿赂的，应当以非国家工作人员受贿罪论处。因为，此种情形下非国家工作人员受贿罪所要求的"利用职务上的便利"和"为他人谋取利益"已经完全覆盖了背信损害上市公司利益罪中的"利用职务便利"和"操纵上市公司从事下列行为之一"的构成要件，故在遵循禁止重复评价原则的基础上还体现了司法充分评价原则。

合规指引

1. 合规要求

背信损害上市公司利益的行为历来是企业刑事风险防控的重点，背信行为不仅会给上市公司和投资者带来重大利益损失，还会影响证券市场稳定、破坏市场经济秩序。

（1）行政监管领域合规

诚信合规越来越受到重视，《公司法》要求公司董事、监事、高级管理人员尽到忠实义务和勤勉义务，为公司的利益考量，第148条明确列举违背忠实义务的行为种类。2019年修订的《证券法》通过一系列条款约束上市公司董事、监事、高级管理人员的管理权利，并赋予其更多的责任与义务，涉及证券转让、禁止内幕信息交易、公司信息披露等多个方面。

行政监管领域对上市公司董事、监事、高级管理人员提出的要求是履行忠实义务和勤勉义务。关于忠实义务和勤勉义务的认定标准，可以参考《公司法》的有关规定，同时各级证券监管机构制定的特定业务规则也可作为指导。例如2022

年1月5日中国证券监督管理委员会发布的《上市公司章程指引》第97条、第125条、第137条同样强调董事、监事、高级管理人员等应当遵守法律、行政法规和本章程，对公司负有忠实义务和勤勉义务。《上海证券交易所股票上市规则》（2022年1月修订）、《上海证券交易所科创板股票上市规则》（2020年12月修订）等行业规范也对上市公司董事、监事、高级管理人等的忠实义务和勤勉义务予以强调和列举。上市公司董事、监事、高级管理人员利用自己的职权和便利给上市公司带来利益损失，或者没有履行相应的义务要求，因此需要承担相应责任。

（2）刑事司法领域合规

近年来，上市公司数量稳步增长，诚信意识、职业操守一直被强调。上市公司的董事、监事、高级管理人实际上具有较大的管理、监督和决策职能，他们作出的一些决定将在实质上影响上市公司的发展，进而影响到各类投资者的利益。其中一部分董事、监事、高级管理人员因背信损害公司利益在受到行政处罚后，还承担了相应的刑事责任。根据《刑法》第169条之一的规定，上市公司董事、监事、高级管理人员、控股股东、实际控制人以及单位均可能构成背信损害上市公司利益罪。从实践中来看，更多是上市公司的责任人员被追究刑事责任，主要涉及利用职务便利操作公司造成严重损失的行为。

仅从《刑法》条文来看，背信损害上市公司利益罪的刑事立法在罪状描述上较为简单。目前未有背信损害上市公司利益罪相关的司法解释，仅有《立案追诉标准（二）》。《立案追诉标准（二）》列举了几类应当追诉的情形，主要关注行为造成的危害后果和致使上市公司直接经济损失的数额。例如，"无偿向其他单位或者个人提供资金、商品、服务或者其他资产，致使上市公司直接经济损失数额在一百五十万元以上"等。《立案追诉标准（二）》是在《刑法》第169条之一的内容基础上增加了"一百五十万元以上"的直接经济损失数额规定，相对实践中动辄千万上亿的案例来说，入刑标准较低。因此，为确保上市公司董事、监事、高级管理人员的行为合规合法，需要结合行政法等相关规定及相关业务规则，构建上市公司相关负责人内部合规体系及问题责任追究惩罚机制。一方面上市公司需要重视企业内控，通过建设内控体系，从机制上、制度上对滥用职权行为进行有效的隔绝和预防；另一方面上市公司应注重行政监管领域合规，避免自身受到行政处罚。如果因提供虚假申报文件或信息披露不完全多次受到行政处罚，亦可能被公安机关刑事追诉，为其带来刑事风险。

2. 合规风险

（1）董事、监事、高级管理人等的风险防范与合规

上市公司的董事、监事、高级管理人、控股股东以及实际控制人对公司具有较强的控制和管理能力，能够较大程度地影响上市公司的决策和行为。这些上市公司主要负责人的背信行为很大可能"牵一发而动全身"，导致上市公司本身以及大小股东的利益受损，甚至牵连到证券市场的秩序和稳定。董事、监事、高级管理人员等应当切实履行对上市公司的忠实义务和勤勉义务，遵守法律法规和行业规则，诚信经营、勤勉尽责。《刑法》第169条之一对上市公司董事、监事、高级管理人员等主要负责人的背信犯罪行为进行了规制，上市公司董事、监事、高级管理人员违背忠实义务，利用职务便利，操纵公司进行有损公司重大利益的行为，可能构成背信损害上市公司利益罪。

上市公司的控股股东、实际控制人与公司的直接管理者有时并不能画上等号。《刑法》第169条之一第2款规定，"上市公司的控股股东或者实际控制人，指使上市公司董事、监事、高级管理人员实施前款行为的，依照前款的规定处罚"，所以控股股东或者实际控制人要与董事、监事、高级管理人员等人员区别开来，二者的职能和定位不同。对于控股股东、实际控制人是否应承担刑事责任需综合考察主客观方面，行为人客观上是否有"指使"实施背信损害上市公司利益的客观行为，主观上是否具有实施背信行为的故意。而对于外观上不具有支配关系，但实际上支配上市公司的主体，可以从言词证据、书证等层面确认其具有

支配地位，是公司实际控制人。如果控股股东、实际控制人未指使，或者对董事、监事、高级管理人员的背信行为不知情的，不应承担刑事责任。

当然，在司法实践中，背信损害上市公司利益罪并不是常见的罪名，公司董事、监事、高级管理人员等主要负责人可能由于信息披露不完全、挪用公司资金、欺诈发行证券等背信行为受到行政处罚，严重的可能涉及《刑法》第160条欺诈发行证券罪，第161条违规披露、不披露重要信息罪等罪名。

(2) 上市公司的风险防范与合规

《刑法》第169条之一第3款规定，"犯前款罪的上市公司的控股股东或者实际控制人是单位的，对单位判处罚金，并对其直接负责的主管人员和其他直接责任人员，依照第一款的规定处罚"。上市公司没有履行相应的忠实义务和勤勉义务，"致使"上市公司董事、监事、高级管理人员实施背信行为给公司造成重大利益损失的，仍可成立单位犯罪，并实施"双罚制"，还要追究该单位直接负责的主管人员和其他责任人员的刑事责任。

除上述以单位身份作为控股股东、实际控制人外，上市公司本身的背信行为可能构成其他犯罪。比如，《刑法》第158条虚报注册资本罪，第159条虚假出资、抽逃出资罪，第160条欺诈发行证券罪，以及第161条违规披露、不披露重要信息罪等条款都规定了单位犯罪的情形，上市公司的背信行为可能有适用空间。

3. 合规建议

(1) 董事、监事、高级管理人等的合规建议

对董事、监事、高级管理人员和控股股东、实际控制人进行合规培训，提高上市公司核心人员的风险意识是很有必要的。应通过合规培训等途径，对董事、监事、高级管理人员在管理、决策、监督等过程中可能出现的违法犯罪重点环节予以提示，并使其能够认识到背信行为可能导致的严重后果。相关责任人员应积

极履行自己对公司所负有的忠实义务和勤勉义务，应努力提高风险意识，主动持续开展履职相关知识的自我学习，积极参加监管机构、行业协会等组织的培训，不断提高政策法规研判、内控风险管理的水平，提升履职能力。

（2）上市公司的合规建议

上市公司的合规主要依赖于内部合规制度的构建。在一个合格的内部合规体系中，董事、监事、高级管理人员履行自己应尽的职责，在权限范围内确保公司行为的正常与合规。公司董事、监事、其他高级管理人员、控股股东或实际控制人对信息的异常或不确定情况应注意履行必要的质询和调查程序，必要时可聘请专业人士进行调查、审计等。同时，对于已发现的重大差错，或相关人员涉嫌严重背信行为时，应及时向公司进行举报，采取必要的纠正和补救措施，并视情况向监管机关报告。此外，上市公司还可以建立一定的外部监督机制，比如可以聘请专业机构、专业人士请其提供书面的专业意见，对可能涉及的法律风险予以全面评判，以降低法律风险发生之可能。

监管政策和规范

背信损害上市公司利益罪规定在《刑法》第2编第3章"破坏社会主义市场经济秩序罪"第3节"妨害对公司、企业的管理秩序罪"中，其保护的是公司、企业的管理秩序和证券市场秩序。自2006年颁布《刑法修正案（六）》至今，背信损害上市公司利益罪一直是企业刑事风险防控的重点之一。近年来，上市公司数量不断增加，营商环境不断优化，诚信经营、诚信合规被强调的次数越来越多，对上市公司董事、监事、高级管理人员附加忠实义务，并给予刑事约束是保证良好市场秩序的必要措施。

2017年12月4日，最高人民检察院发布了《最高人民检察院关于充分发挥职能作用营造保护企业家合法权益的法治环境支持企业家创新创业的通知》，该通知指出,"依法惩治侵犯企业知识产权等各类产权、背信损害企业利益以及其他严重扰乱市场秩序的犯罪,有力维护健康有序的市场秩序,营造促进企业家公平竞争、诚信经营的市场环境"。

2020年8月8日,最高人民法院印发了《关于为创业板改革并试点注册制提供司法保障的若干意见》的通知,该通知指出,"依法从严惩处违规披露、不披露重要信息、内幕交易、利用未公开信息交易、操纵证券市场、背信损害上市公司利益等金融犯罪分子,严格控制缓刑适用,依法加大罚金刑等经济制裁力度"。

宏观层面上,无论是最高人民检察院对创新创业法治环境的支持,还是最高人民法院对金融犯罪的严厉打击,均与维护稳定的营商环境和促进公平公正的市场秩序这一设立背信损害上市公司利益罪的主要目的相契合。

相关监管政策和规范索引整理如下。

《公司法》第147、148条

《企业破产法》第125条

《上市公司收购管理办法》第8、80条

《上市公司重大资产重组管理办法》第5、57条

《上市公司章程指引》第97、125、137条

典型案例

典型案例2-1:张某背信损害上市公司利益案[①]

2003年7、8月间,被告人张某在上海宽频科技股份有限公司(以下简称上海科技)大股东南京斯威特集团有限公司(以下分别简称为上海科技、斯威特集团)实际控制人严某群的要求下,未经公司董事会同意,并在未告知财务经理胡

---

① 参见上海市浦东新区人民法院(2007)浦刑初字第1521号刑事判决书。

某资金最终去向的情况下，指使胡某先后两次将上海科技账外账户中的人民币1亿元、6800万元（以下所涉币种除另行注明外均为人民币）划至上海科技下属南京宽频科技有限公司（以下简称南京宽频）账户。南京宽频的出纳刘某瑶按张某指令没有将该两笔钱款入账，而是将其中1亿元划至上海科技下属控股子公司南京图博软件有限公司账户，后经严某群签字确认将该1亿元划至斯威特集团指定的南京凯克通信技术有限公司账户。之后，严某群指使斯威特集团出纳王某亚将该1亿元用于投资设立湖南新楚视界公司；另6800万元会同南京宽频的200万元按严某群的要求划至严某群实际控制的南京罗佛通信技术服务有限公司（以下简称南京罗佛）账户。斯威特集团得款后，严某群指使王某亚将该7000万元会同南京信发文化传媒有限公司和斯威特集团的2300万元用于收购小天鹅公司的股权。8月29日，南京信发通过南京罗佛，将7000万元划回南京宽频账户。刘某瑶经张某同意和严某群审批，将该7000万元划至南京和远咨询服务有限公司账户，该账户将7000万元连同南京口岸进出口有限公司划入的2000万元合计9000万元电汇至上海证券有限责任公司临平路证券营业部，以广州安迪实业投资有限公司名义开设账户进行股票买卖。

法院认为：被告人张某身为上海科技董事长，违背对公司的忠实义务，利用职务上的便利，操纵上市公司，无偿地将本单位资金提供给其他单位使用，致使上市公司利益遭受重大损失，其行为已构成背信损害上市公司利益罪。被告人张某到案后主动交代，态度较好，有一定的悔罪表现，斯威特集团已将占用的上海科技的资金全数归还，上海科技的利益损失得到弥补，酌情从轻处罚。据此，依照《刑法》第12条、第169条之一、第53条之规定，以背信损害上市公司利益罪判处被告人张某有期徒刑2年，罚金人民币2000元。

典型案例 2-2：于某青违规不披露重要信息案①

江苏琼花高科技股份有限公司（以下简称江苏琼花，证券代码为 002002）控股股东为琼花集团，实际控制人为被告人于某青。2006 年 11 月至 2008 年 11 月，时任江苏琼花法定代表人、董事长的于某青使用江苏琼花公章，以江苏琼花的名义，为明显不具有清偿能力的控股股东琼花集团等关联方提供 24 笔担保，担保金额共计 16,035 万元，占江苏琼花 2008 年 12 月 31 日经审计的净资产的 101.29%。其中，2007 年 11 月 1 日至 2008 年 10 月 31 日连续 12 个月的担保累计金额为 12,005 万元，占江苏琼花 2008 年 12 月 31 日经审计的净资产的 75.83%。江苏琼花对上述担保事项未按规定履行临时公告披露义务，也未在 2006 年年报、2007 年年报、2008 年半年报中进行披露。截至 2009 年 12 月 31 日，琼花集团、于某青均通过以股抵债或者用减持股票款的方式向债权人清偿了全部债务，江苏琼花的担保责任已经解除。

法院认为：江苏琼花对依法应当披露的重要信息不按规定披露，情节严重，被告人于某青作为江苏琼花的直接主管人员，其行为构成违规不披露重要信息罪。于某青犯罪以后自动投案，如实供述自己的罪行，属于自首，依法可以从轻处罚，并可给予一定的考验期限。公诉机关指控于某青构成违规不披露重要信息罪的事实清楚，证据确实、充分，罪名成立。但指控于某青所犯背信损害上市公司利益罪必须以"致使上市公司利益遭受重大损失"为要件，于某青虽然有向明显不具有清偿能力的关联企业提供担保的行为，但其违规担保的风险在公安机关立案前已全部化解，未给江苏琼花造成实际损失。因此，其行为不符合背信损害上市公司利益罪的构成特征，公诉机关指控于某青犯背信损害上市公司利益罪不能成立。据此，依据《刑法》第 161 条，第 67 条第 1 款，第 72 条第 1 款、第 3 款，第 73 条第 1 款、第 3 款，第 52 条，第 53 条之规定，以被告人于某青犯违规

---

① 参见江苏省扬州市邗江区人民法院（2012）扬邗刑初字第 0005 号刑事判决书。

不披露重要信息罪，判处拘役 3 个月，缓刑 6 个月，并处罚金人民币 20 万元。

典型案例 2-3：龚某升违规担保案①

2013 年 4 月 16 日，宁波中百股份有限公司（原哈工大首创科技股份有限公司，以下简称工大首创）关联方天津市九策高科技产业园有限公司（以下简称天津九策）与中国建筑第四工程局有限公司（以下简称中建四局）签订《工程款债务偿还协议书》，约定天津九策欠付中建四局的天津九策高科技产业园基地一期工程款 94,650.0763 万元的清偿问题，同时约定由工大首创作为担保方之一向天津九策提供保证担保。

原工大首创法定代表人、董事长兼总经理龚某升未按照《哈工大首创科技股份有限公司（股份本级）印章使用管理制度》的规定履行公章使用审批流程，且在未经董事会、股东大会审议通过的情况下，向中建四局出具一份盖有工大首创公章及其本人签名的《担保函》，主要内容为：工大首创自愿为关联方天津九策的履约行为向中建四局提供保证担保，担保范围为天津九策基于《工程款债务偿还协议书》所负的全部义务，担保方式为不可撤销的连带责任保证，保证期间为"《担保函》发生法律效力之日起，截止于协议书履行期限届满之日起两年"。涉及担保金额（不含利息）占工大首创 2012 年度经审计后的净资产的 179.87%。龚某升违规出具《担保函》后未告知董事会及其他董事、监事、高级管理人员相关担保事项，致使工大首创未及时披露该担保事项，导致后续的宁波中百股份有限公司 2013 年至 2015 年年度报告一直未披露该担保事项，存在重大遗漏。

中国证券监督管理委员会认为：勤勉义务是一种积极作为义务，作为董事、监事和高级管理人员，应当了解并持续关注上市公司的生产经营情况、财务状况和已经发生或者即将发生的重大事件及其影响，应当保持职业敏感态度，积极主动报告有关事项。龚某升的行为给上市公司和全体股民造成极大损失，其背信损

---

① 参见中国证券监督管理委员会（2019）123 号行政处罚决定书。

害上市公司利益构成《证券法》第 193 条第 1 款所述的行为。

典型案例 2-4：亿阳信通信息披露案①

亿阳集团股份有限公司（以下简称亿阳集团）通过北京五洲博通科技有限公司（以下简称五洲博通）以与亿阳信通股份有限公司（以下简称亿阳信通）签订商务合同的形式长期占用亿阳信通资金，形成亿阳信通对五洲博通的其他应收款 4.69 亿元。截至 2017 年 11 月，亿阳信通累计代亿阳集团向亿阳集团监事张某红支付工资 161.85 万元。亿阳信通未按规定及时对上述情况履行信息披露义务，也未在 2016 年、2017 年的相关定期报告中披露（2017 年年度报告除外）。

2018 年至 2021 年，因违规担保产生诉讼，亿阳信通资金陆续被法院执行、扣划及司法拍卖，形成新的占用。截至 2021 年 4 月 30 日，亿阳信通新增执行、扣划及司法拍卖 28 笔，共计 4.24 亿元，形成因违规担保诉讼判决而产生的资金占用，加上五洲博通事项及张某红工资事项形成的大股东占用 4.71 亿元，共计形成占用 8.95 亿元。亿阳集团在破产重整的过程中，通过现金形式偿还 7 亿元；亿阳信通以其对未申报债权的求偿权以及被划扣资金的补偿权向管理人申报债权，受偿现金 10 万元以及债转股对应亿阳集团股份数 6602.52 万股。

中国证券监督管理委员会黑龙江监管局认为：亿阳信通违反了 2005 年《证券法》第 63 条及第 67 条第 1 款的规定，构成 2005 年《证券法》第 193 条第 1 款所述的行为。邓某作为亿阳信通的时任实际控制人，为控股股东亿阳集团提供大量担保，金额巨大，并通过第三方长期占用公司资金，严重损害上市公司及其他股东利益。邓某作为亿阳集团的时任董事长、实际控制人，是担保事项及资金占用的最终受益人。根据《信息披露违法行为行政责任认定规则》（中国证券监督管理委员会公告〔2011〕11 号）第 18 条第 2 款实际控制人隐瞒应当披露的信息或者不告知应当披露的信息，应当认定为指使的规定，邓某的行为构成 2005 年《证

---

① 参见中国证券监督管理委员会黑龙江监管局〔2021〕1 号行政处罚决定书。

券法》第 193 条第 3 款"发行人、上市公司或者其他信息披露义务人的控股股东、实际控制人指使从事前两款违法行为"的行为。

典型案例 2-5：金正大信息披露案①

2015 年至 2018 年上半年，金正大生态工程集团股份有限公司（以下简称金正大）及其合并报表范围内的部分子公司通过与其供应商、客户和其他外部单位虚构合同，空转资金，开展无实物流转的虚构贸易业务，累计虚增收入 2,307,345.06 万元，虚增成本 2,108,384.88 万元，虚增利润总额 198,960.18 万元。此外，根据《公开发行证券的公司信息披露编报规则第 15 号——财务报告的一般规定》（证监会公告〔2014〕54 号）第 51 条、第 52 条，《公开发行证券的公司信息披露内容与格式准则第 2 号——年度报告的内容与格式》（证监会公告〔2017〕17 号）第 40 条的规定，金正大应在 2018 年年度报告、2019 年年度报告中如实披露其与诺贝丰、富朗、诺泰尔之间的关联关系及关联交易，但其未按规定予以披露。

中国证券监督管理委员会认为：金正大相关董事、高级管理人员上述行为违反了相关规定，构成《证券法》第 197 条第 2 款所述情形。其中，万连步作为金正大实际控制人，决策、指使相关人员进行财务造假，隐瞒关联关系及关联交易，其行为构成《证券法》第 197 条第 2 款所述实际控制人的相关情形。

---

① 参见中国证券监督管理委员会（2022）1 号行政处罚决定书。

第二节 擅自设立金融机构罪，伪造、变造、转让金融机构经营许可证、批准文件罪

第一百七十四条 【擅自设立金融机构罪】未经国家有关主管部门批准，擅自设立商业银行、证券交易所、期货交易所、证券公司、期货经纪公司、保险公司或者其他金融机构的，处三年以下有期徒刑或者拘役，并处或者单处二万元以上二十万元以下罚金；情节严重的，处三年以上十年以下有期徒刑，并处五万元以上五十万元以下罚金。

【伪造、变造、转让金融机构经营许可证、批准文件罪】伪造、变造、转让商业银行、证券交易所、期货交易所、证券公司、期货经纪公司、保险公司或者其他金融机构的经营许可证或者批准文件的，依照前款的规定处罚。

单位犯前两款罪的，对单位判处罚金，并对其直接负责的主管人员和其他直接责任人员，依照第一款的规定处罚。

罪名解析

1. 法条修改情况

1979年《刑法》并未规定擅自设立金融机构罪和伪造、变造、转让金融机构经营许可证、批准文件罪，但随着市场经济的发展，资金存量的增大，擅自设立

金融机构、非法从事金融活动的行为加大了金融风险，严重扰乱了正常的金融秩序，破坏了金融安全，进而影响社会稳定。金融活动是国民经济发展中的重要一环，银行等金融机构所从事的金融业务活动，对国民经济的发展起到了驱动性和纽带性作用。为此，1995年6月30日，第八届全国人民代表大会常务委员会第十四次会议通过的《全国人民代表大会常务委员会关于惩治破坏金融秩序犯罪的决定》第6条规定："未经中国人民银行批准，擅自设立商业银行或者其他金融机构的，处三年以下有期徒刑或者拘役，并处或者单处二万元以上二十万元以下罚金；情节严重的，处三年以上十年以下有期徒刑，并处五万元以上五十万元以下罚金。伪造、变造、转让商业银行或者其他金融机构经营许可证的，依照前款的规定处罚。单位犯前两款罪的，对单位判处罚金，并对直接负责的主管人员和其他直接责任人员，依照第一款的规定处罚。"首次对这类危害金融机构设立管理的行为作出规定。1997年《刑法》完全吸纳了该决定对本罪的规定。1999年《刑法修正案》第3条对本罪罪状作出了修改：其一，将第1款"未经中国人民银行批准"修改为"未经国家有关主管部门批准"，对商业银行之外的其他五种金融机构也进行了明确列举，将"证券交易所、期货交易所、证券公司、期货经纪公司、保险公司"也纳入金融机构的范围，使《刑法》与相关的行政法律、法规相配套，在规定上更加完善；其二，将第2款伪造、变造、转让行为方式的对象从"经营许可证"拓展到"批准文件"，行为链条向前延伸。本条涉及两个罪名，擅自设立金融机构罪以及伪造、变造、转让金融机构经营许可证、批准文件罪。

2. 擅自设立金融机构罪的犯罪构成要件

（1）本罪的客体和对象

擅自设立金融机构罪侵犯的客体是金融业市场准入的审批制度。根据《商业银行法》等法律、法规的规定，金融机构的设立采取核准制或特许制，金融机构的设立须符合一定的条件，按照规定的条件提出申请，经有关主管部门批准核发经营许可证，并凭该许可证向工商行政管理部门办理登记，领取营业执照。未经批准擅自设立金融机构的行为，会对国家金融方针政策和信贷计划等的贯彻实施产生影响，导致金融秩序混乱，最终影响国民经济的发展。[1]

从本罪的犯罪对象来看，任何金融机构未经法定的单位和个人批准、同意而设立，均属擅自设立，都属于非法金融机构，都将对国家金融秩序造成危害。从我国目前情况看，银行以外的其他金融机构，主要包括保险公司、证券公司、融资租赁公司、担保公司以及侨资、外资在我国境内设立的金融机构等。其他金融机构的认定标准包括两点：一是设立的目的或者其所从事的行为是否为金融活动或金融相关业务；二是是否充分考虑到本罪的规范属性。根据《立案追诉标准（二）》第19条的规定，未经国家有关主管部门批准，擅自设立商业银行、证券交易所、期货交易所、证券公司、期货公司、保险公司或者其他金融机构筹备组织的，应予立案追诉。因此，作为本罪犯罪对象的金融机构还包括金融机构的筹备组织。

（2）本罪的客观方面

擅自设立金融机构罪的主要特征是未取得金融许可证，非法设立金融机构，从事金融活动。本罪的客观方面表现为以下两种类型：①没有依法向有权批准的中国人民银行等国家有关主管部门提交设立申请。这类情况多见于根本不具备设立金融机构条件的单位和个人。②虽然提交了申请书等必要资料，但主管部门经审查判定不符合有关设立条件或者规定，没有颁发经营金融业务的许可证，未予批准。在民营银行蓬勃发展的大背景下，部分企业具有设立民营银行的基础，但因某些条件尚不具备，导致虽申请而未获批准。当然，还包括没有批准权的单位

---

[1] 参见张军主编：《刑法（分则）及配套规定新释新解（上）》（第9版），人民法院出版社2016年版，第572页。

同意设立金融公司等，如市、县政府从地方利益出发，违法"批准"成立金融结算公司。

（3）本罪的主体

擅自设立金融机构罪的主体属于一般主体，包括自然人和单位。

（4）本罪的主观方面

擅自设立金融机构罪的行为人一般都具有营利的目的，主观方面系直接故意，即行为人明知未经批准擅自设立金融机构的行为会发生扰乱金融秩序的危害结果，并且希望该结果的发生。当然，对于某些金融机构依法提交申请，在相应证照获批前，认为获批仅是时间问题，就先经营后等审批的情况，一般以行政处罚为主，不宜纳入犯罪考虑。相反，在明确未获批的情况下，依旧进行金融业务，则应当追究刑事责任。

3. 伪造、变造、转让金融机构经营许可证、批准文件罪的犯罪构成要件

（1）本罪的客体和对象

伪造、变造、转让金融机构经营许可证、批准文件罪侵犯的客体是国家金融管理秩序和金融机构管理制度。根据《商业银行法》等法律法规的规定，任何单位和个人不得伪造、变造金融机构经营许可证，金融机构及其有关人员不得转让（包括出租、出借）其经营许可证，因此破坏了国家金融管理秩序的，可追究行为人的刑事责任。[①] 经 1999 年《刑法修正案》修订后，本罪的犯罪对象不仅包括金融机构经营许可证，还包括批准文件。这类证明文件载明了审批依据、被批准从事相关金融业务的机构名称及具体业务内容等，是金融机构从事特定金融活动的主要依据。

---

① 张军主编：《刑法（分则）及配套规定新释新解（上）》（第9版），人民法院出版社2016年版，第573-574页。

(2) 本罪的客观方面

伪造、变造、转让金融机构经营许可证、批准文件罪的客观方面表现为伪造、变造、转让银行、证券公司、担保公司等金融机构经营许可证或者批准文件的行为。"伪造",是指用私刻印章私自印制、签署金融机构经营许可证或者批准文件的行为;"变造",是指在合法的金融机构经营许可证或者批准文件上,采用修改、涂抹、挖补等手段,改变金融机构经营许可证或者批准文件的原有信息,如颁发时间、经营项目等;"转让",是指将自己合法持有的金融机构经营许可证或者批准文件,以牟利等目的,交给他人使用。

(3) 本罪的主体

伪造、变造、转让金融机构经营许可证、批准文件罪的主体属于一般主体,包括自然人和单位。司法实践中,对于伪造、变造金融机构经营许可证或者批准文件的行为,犯罪主体通常为自然人,而对于转让金融机构经营许可证或者批准文件的行为,犯罪主体通常为单位。

(4) 本罪的主观方面

伪造、变造、转让金融机构经营许可证、批准文件罪的主观方面系故意,即行为人明知伪造、变造、转让金融机构经营许可证、批准文件是违法行为,仍决意为之。从立法规定来看,本罪的成立并未要求行为人主观上具备特定的目的或意图,虽然伪造、变造金融机构经营许可证、批准文件的行为在通常情况下是为了使用,发挥证明文件的证明力和公信力,但构成本罪并不以具备使用目的为必要条件。

4. 刑事责任

根据《刑法》第 174 条的规定,擅自设立金融机构罪和伪造、变造、转让金融机构经营许可证、批准文件罪的刑罚相同。自然人犯两罪,处 3 年以下有期徒刑或者拘役,并处或者单处 2 万元以上 20 万元以下罚金;情节严重的,处 3 年以上10年以下有期徒刑,并处5万元以上50万元以下罚金。根据《立案追诉标准(二)》第19条的规定,擅自设立金融机构罪的入罪标准为:①擅自设立商业银行、证券交易所、期货交易所、证券公司、期货公司、保险公司或者其他金融机构的;②擅自设立金融机构筹备组织的。根据《立案追诉标准(二)》第20条的规定,伪造、变造、转让商业银行、证券交易所、期货交易所、证券公司、期货公司、保险公司或者其他金融机构的经营许可证或者批准文件的,应以伪造、变造、转让金融机构经营许可证、批准文件罪立案追诉。

单位犯本罪适用双罚制,即对单位判处罚金,并对其直接负责的主管人员和其他直接责任人员,依照前述规定处罚。

司法精要

1. 金融机构的界定

我国现行法律仅在民事领域和行政领域对金融机构进行了界定。在民事领域,最高人民法院于2020年12月发布的《最高人民法院关于新民间借贷司法解释适用范围问题的批复》第1条对金融机构进行了界定,即由地方金融监管部门监管的小额贷款公司、融资担保公司、区域性股权市场、典当行、融资租赁公司、商业保理公司、地方资产管理公司等7类地方金融组织均属于经金融监管部门批准设立的金融机构。在行政领域,中国人民银行先后发布的《金融机构反洗钱规定》《金融机构编码规范》均对我国金融机构进行了分类,但由于后者发布时间在后且更加规范,故应当以后者为准。《金融机构编码规范》规定金融机构分为:①货币当局,即中国人民银行和国家外汇管理局;②监管当局,即中国银行保险监督管理委员会和中国证券监督管理委员会;③银行业存款类金融机构,即银行、城市信用合作社(含联社)、农村信用合作社(含联社)、农村资金互助社、财务公司；④银行业非存款类金融机构，即信托公司、金融资产管理公司、金融租赁公司、汽车金融公司、贷款公司、货币经纪公司；⑤证券业金融机构，即证券公司、证券投资基金管理公司、期货公司、投资咨询公司；⑥保险业金融机构，即财产保险公司、人身保险公司、再保险公司、保险资产管理公司、保险经纪公司、保险代理公司、保险公估公司、企业年金；⑦交易及结算类金融机构，即交易所、登记结算类机构；⑧金融控股公司，即中央金融控股公司、其他金融控股公司；⑨新兴金融企业，即小额贷款公司、第三方理财公司、综合理财服务公司。此外，中国银保监会发布的《银行业金融机构法人名单》（截至2019年6月底）对银行业金融机构进行细化分类。在刑事领域，我国《刑法》及相关司法解释并没有对金融机构进行界定，既有其他金融机构的概括性表述，又有商业银行、证券交易所、期货交易所、证券公司、期货经纪公司、保险公司、保险资产管理公司、证券投资基金管理公司等的详细表述，但无论何种表述均未超出前述民事、行政法律所界定的范畴。因此，本罪乃至其他罪名中的金融机构均应当以上述法律为准。

2. 擅自设立行为的认定

擅自设立行为的认定是适用擅自设立金融机构罪的核心问题。对此，需要把握以下两点。

（1）基于形式特征和实质特征的二元考察

对于是否构成本罪，需要审查相应的设立行为是否对金融安全造成潜在的严重危害。换言之，构成擅自设立金融机构罪本质上必须是对金融安全有潜在严重危害的行为，如果该行为不可能对金融安全造成严重危害，则不能构成该罪。申言之，必须具备开展金融活动的条件，不必已经开展相关金融活动，更不必有特定的危害结果的发生，即不以行为人是否实施了吸收公众存款、证券等金融业务的行为为前提和必要要件。具体而言：①在形式上，非法设立的金融机构应当具备合法金融机构的一些必要形式特征，包括营业场所、机构名称、组织部门等。

擅自设立的金融机构只有与合法的金融机构相似，才会使社会大众陷入错误判断。在实践中，行为人设立的所谓金融机构之所以非法，仅仅是因为欠缺有关国家主管部门的批准要件，而其他要件往往是基本具备的，如此才可能使一般社会公众产生信任，否则也不会有人与其发生金融业务往来。②在实质上，行为人非法设立的金融机构应当具备开展相应金融业务所应需要的资金实力、专业人员等实质能力。如果不具备开展相应金融业务的实质能力，就不可能与社会大众开展有关金融业务，更谈不上有严重危害金融秩序和金融安全的危险。对于那种纯粹利用金融机构之名去实施侵犯财产犯罪的，应以其他罪名定罪处罚。

（2）犯罪既遂的认定标准

对于擅自设立金融机构罪的既遂标准，存在行为犯与结果犯的争议。一种观点认为，本罪是行为犯，只要擅自设立了金融机构，即使并未开展相应业务，也成立犯罪既遂。① 立法所惩罚的是行为人未经批准而擅自设立金融机构的行为，该行为本身就对金融秩序造成了现实的危险，具有严重的社会危害性。非法金融机构是否进行了业务活动，只是量刑时应予考虑的问题。② 另一种观点认为，本罪是结果犯，构成本罪必须要有成立商业银行或其他金融机构的结果。如果设立金融机构还在预备阶段，或者由于某种原因使行为人意图设立的金融机构并未实际成立，则不构成本罪。擅自设立的金融机构是否已开展业务，是否造成了危害，均不影响本罪的成立。③ 综上，虽然两种意见对本罪的定位不同，造成差异的原因在于将设立金融机构在行为还是结果层面进行理解，但在是否进行业务活动都不影响本罪成立这一点上，两种观点是一致的。

因此，衡量擅自设立金融机构的行为是否既遂，应当从以下几个方面综合考

---

① 参见张明楷：《刑法学》，法律出版社2021年版，第991页。
② 参见刘宪权：《金融犯罪刑法学原理》，上海人民出版社2017年版，第191-192页。
③ 参见张军主编：《刑法（分则）及配套规定新释新解（上）》（第9版），人民法院出版社2016年版，第572页。

虑：其一，行为人的擅自设立行为，是否具备设立金融机构所需的实质性要件，如资金、人员、场所等；其二，行为人所设立的非法金融机构，是否具备了非法从事金融业务的功能和条件。

3. 本罪犯罪对象是否包括筹备组织和合法金融机构私设的分支机构

非法金融机构，是指未经中国人民银行批准，擅自设立从事或者主要从事吸收存款、发放贷款、办理结算、票据贴现、资金拆借、信托投资、金融租赁、融资担保、外汇买卖等金融业务活动的机构。非法金融机构的筹备组织，视为非法金融机构。

司法实践中还存在合法金融机构私设分支机构的情形，如获得批准设立的商业银行为了扩展业务而私设网点、分支机构。这种行为违反了行政管理性法规，与构成擅自设立金融机构罪的行为一样，没有经过有关主管部门的批准，但两者在性质上存在根本区别。一方面，有关金融法规并未对擅自设立分支机构的行为规定刑事责任。如国务院《金融违法行为处罚办法》第5条第2款规定，"未经中国人民银行批准，金融机构擅自设立、合并、撤销分支机构或者代表机构的，给予警告，并处5万元以上30万元以下的罚款；对该金融机构直接负责的高级管理人员，给予撤职直至开除的纪律处分"。即合法金融机构私设分支机构的行为构成行政违法，应对单位和高级管理人员处以行政处罚。另一方面，若金融机构扩张业务范围达到扰乱市场秩序、情节严重的程度，也可以以非法经营罪定罪论处。[①] 已有的金融机构增设新分支机构的行为不构成擅自设立金融机构罪，其主要原因在于分支机构系由原有金融机构派生，其本身并不具有独立的法律地位，分支机构的业务范围往往只是原有金融机构的业务的延续和补充，并不会完全颠覆前者的业务范围。原有金融机构获得审批得以合法设立，说明该机构具备了设

---

① 参见刘宪权、高扬捷主编：《金融犯罪证据规格》，上海人民出版社2018年版，第44页。

立金融机构的必要形式特征，同时也具备了开展相应金融业务的实质能力，且不会危害金融安全。由此，合法金融机构增设分支机构，未获批即从事金融活动，不构成擅自设立金融机构罪，一般属于行政违法范畴。需要注意的是，前述讨论仅针对已经合法设立的金融机构，对于仅获得工商部门审批的普通机构，由于其只有开展一般义务的权限，没有获得金融业的准入资格，单位私设分支机构从事金融活动的，符合擅自设立金融机构罪"未经批准""擅自设立"的要求。

4. 以私设的金融机构为名进行诈骗的行为定性

以金融机构的名义进行诈骗，具体包括以下四种情形：①名义上的金融机构根本不存在。行为人虚构根本不存在的金融机构进行诈骗活动，此种情形，按照诈骗罪（或集资诈骗罪）定罪。②非法组织存在，但不具备金融机构的形式要件。这里所指的"形式要件"主要包括营业场所、机构名称、组织部门、公司章程等。对于此种情况，行为人设立的非法组织无法通过营业活动赚取利润，应按照诈骗罪（或集资诈骗罪）定罪。③非法金融机构具备形式要件，但行为人设立金融机构的目的并不在于通过经营活动获取利润，而是以此为幌子骗取他人财物。此种情况，行为人同时构成擅自设立金融机构罪与诈骗罪（或集资诈骗罪），擅自设立金融机构是诈骗的手段行为，此时构成牵连犯，择一重罪按照诈骗罪（或集资诈骗罪）处罚。④非法金融机构具备形式要件，但行为人设立金融机构后才产生诈骗故意并实施诈骗行为。此时擅自设立金融机构行为与诈骗行为之间并无牵连关系，应对擅自设立金融机构罪与诈骗罪（或集资诈骗罪）分别定罪，实行数罪并罚。①

---

① 参见刘宪权：《金融犯罪刑法学原理》，上海人民出版社2017年版，第198页。

5. 擅自设立金融机构罪的罪数问题

（1）与伪造、变造、转让金融机构经营许可证、批准文件罪的关系

行为人伪造或者变造金融机构经营许可证、批准文件后，以该伪造或者变造的金融机构经营许可证、批准文件又擅自设立金融机构的，两个犯罪行为属于牵连关系，只有一个目的即擅自设立金融机构，伪造或者变造金融机构经营许可证、批准文件的行为只是犯罪手段。由于伪造、变造、转让金融机构经营许可证、批准文件罪与擅自设立金融机构罪的法定刑完全相同，可以目的行为定罪处罚，认定为擅自设立金融机构罪。

（2）与非法吸收公众存款罪、集资诈骗罪的关系

司法实践中，行为人擅自设立金融机构后，往往又会利用该金融机构进行非法集资。对此，应当区分具体情形进行讨论：若行为人是为了非法吸收公众存款或者进行集资诈骗而擅自设立金融机构的，擅自设立金融机构是一种手段行为，非法吸收公众存款或者进行集资诈骗才是行为的目的，则属于牵连犯罪，应择一重罪定罪处罚；若行为人先擅自设立金融机构，在设立后才产生非法吸收公众存款或者进行集资诈骗的犯意的，则对于不同主观故意支配下实施的两个行为，实行数罪并罚。

（3）与非法经营罪的关系

行为人在擅自设立金融机构的过程中，未经许可从事金融业务的，也满足非法经营罪的构成要件。如一些地区存在利用"地下钱庄"逃避金融监管、利用各种手段吸收资金、经营高利放贷业务的现象，这类非法组织并不具备金融机构所要求的组织化程度及具有特定名称、章程等形式特征。金融机构是专门从事金融业务的法定机构，其形式、名称都有明确的规定，且为公众所认识，若没有大量对外宣传，且足以使一般社会公众相信其为金融机构，其就发挥不了金融机构所起的作用，所从事的非法金融活动的范围和影响就相当有限。对于此种情形，以

非法经营罪论处即可，而无须认定为擅自设立金融机构罪。① 正如《刑法修正案（七）》新增的规定，未经国家有关主管部门批准，"非法从事资金支付结算业务的"，也构成非法经营罪。

6. 伪造、变造、转让金融机构经营许可证、批准文件罪与伪造企业印章罪的罪数关系

伪造、变造、转让金融机构经营许可证、批准文件罪是行为犯，即只要行为人实施了伪造、变造、转让金融机构经营许可证或者批准文件的行为并达到一定程度就构成犯罪。具体而言，行为人只要把金融机构经营许可证或者批准文件伪造、变造出来，转让金融机构经营许可证或者批准文件的行为完毕，证件或者批准文件一到手，就可以看作是伪造、变造、转让金融机构经营许可证、批准文件行为的完成，即构成本罪既遂。② 伪造、变造、转让金融机构经营许可证、批准文件的行为与伪造企业印章行为是两个独立的行为，并不具备牵连犯所要求的通常意义上的目的与手段的关系。

合规指引

1. 合规要求

金融机构在行业准入方面的合规要求主要是指只要具备金融机构的外观，从事金融活动或金融相关业务，就应当向相应的行业监管部门提出申请，核发金融许可证，取得批准后才能开展金融业务活动。主要应把握以下两个方面：（1）接

---

① 参见蒋勇主编：《破坏社会主义市场经济秩序罪》，法律出版社2000年版，第250页。
② 参见黄晓亮、许成磊：《破坏金融管理秩序罪立案追诉标准与司法认定实务》，中国人民公安大学出版社2010年版，第100页。

受准入监管的金融机构主体。须经国家有关主管部门批准才能设立的金融机构既包括银行（商业银行及政策性银行）、证券机构（证券公司、证券交易所、证券登记结算机构、证券服务机构等）、保险公司、信托投资公司、企业集团财务公司、资产管理公司、金融租赁公司、信用合作组织等，也包括小额贷款公司、融资性担保公司、融资租赁公司、第三方支付公司等在内的新型金融机构。（2）依法取得国家有关主管部门的批准。概言之，在分业监管的制度背景下，欲设立金融机构须获得银保监会或者证监会的批准。未经批准而擅自设立的金融机构，由有关主管部门予以取缔，并对有关人员判处罚金、没收违法所得。符合擅自设立金融机构罪的形式特征和实质特征的，追究单位和个人相应的刑事责任。

2. 合规风险

（1）互联网金融领域的合规风险

互联网企业更应当关注企业的设立阶段，由于金融创新本质上是一种"破坏性"创新，一些金融科技公司在颠覆传统金融服务的过程中，往往并不了解或遵守相应的反洗钱报告和持牌经营等法律义务，由此导致企业面临众多的刑事风险。[①] 互联网企业的合法业务与非法业务边界模糊，设立环节中合规审查的一个瑕疵极有可能使合法企业被划入非法金融机构的行列，得到行政违法或者刑事不法的否定性评价。从时下互联网金融活动的现状来看，很多开展金融业务的机构事实上都是非金融机构，而这些经营互联网金融业务的非金融机构的设立大多都没有经过国家有关主管部门的批准。这就很可能会构成《刑法》第174条规定的擅自设立金融机构罪。[②]

当前，互联网金融领域的风险隐患主要集中在P2P网络借贷、股权众筹、互

---

① 参见李晓龙：《数字化时代的网络金融刑事合规》，载《南京大学学报（哲学·人文科学·社会科学版）》2021年第5期。

② 参见刘宪权：《论互联网金融刑法规制的"两面性"》，载《法学家》2014年第5期。

联网保险、第三方支付、通过互联网开展资产管理及跨界从事金融业务、互联网金融领域等领域。《关于促进互联网金融健康发展的指导意见》在鼓励创新和防范风险的背景下出台，为互联网从业机构的合规设立提供了基本指引，P2P网络借贷公司和股权众筹平台为其中的两个代表。

由于我国在P2P网络借贷发展初期存在诸多不规范，许多P2P网络公司为扩大自身业务，设立或变相设立网络金融机构，由此违反了我国《商业银行法》第81条、《刑法》第174条等法律法规的规定，形成了极大的法律风险，甚至涉嫌擅自设立金融机构罪。我国《商业银行法》第81条第1款规定："未经国务院银行业监督管理机构批准，擅自设立银行，或者非法吸收公众存款、变相吸收公众存款，构成犯罪的，依法追究刑事责任；并由国务院银行业监督管理机构予以取缔。"

股权众筹在我国处于监管细则缺失的状态，众筹市场的权利义务都不甚明确。在其他很多国家，股权众筹平台属于持牌金融机构，即股权众筹平台须向本国的金融监管部门申请注册，在获得批准后，持有金融牌照才能开展业务。[①] 因此，基于众筹平台在融资活动中起到的枢纽沟通作用，以及对金融秩序和金融安全存在潜在侵害，股权众筹平台也可能涉嫌构成擅自设立金融机构罪。

（2）金融机构筹备阶段的合规风险

根据《立案追诉标准（二）》第19条的规定，未经国家有关主管部门批准，擅自设立商业银行、证券交易所、期货交易所、证券公司、期货公司、保险公司或者其他金融机构筹备组织的，应予立案追诉。因此，作为本罪犯罪对象的金融机构，还包括金融机构的筹备组织。在设立金融机构的筹备阶段，未向主管部门申报，或者在未获主管机关批准即擅自以金融机构的名义开展经营的，也可能触犯擅自设立金融机构罪。

---

① 参见陈晨：《股权众筹的金融法规制与刑法审视》，载《东方法学》2016年第6期。

3. 合规建议

（1）事前合规：明确信息中介或金融机构的不同定位

网络金融刑事合规计划不能也不应绝对消除犯罪的风险，而是只要求通过刑事合规计划有助于犯罪风险管理，以使这些风险保持在刑法可接受的水平上。[①]互联网企业的经营风险很大程度上源于平台性质的不明确性，即该互联网平台属于借贷信用中介，还是以信用中介为名、行金融机构之实。

以网络借贷领域为例，根据《网络借贷信息中介机构业务活动管理暂行办法》的规定，网络借贷信息中介机构是指依法设立，专门从事网络借贷信息中介业务活动的金融信息中介公司。网络借贷信息中介机构以互联网为主要渠道，为借款人与出借人即贷款人实现直接借贷提供信息搜集、信息公布、资信评估、信息交互、借贷撮合等服务。不得提供增信服务，不得直接或间接归集资金，不得直接或变相向出借人提供担保或者承诺保本保息。信息中介和金融机构的一大区别就在于，企业提供的服务是否直接涉及资金流动，若企业仅贩卖信息，而不直接涉及资金存管服务，则不属于非法设立金融机构的行为类型；若企业仅以信息中介为幌子，实际上开展了存贷款、提供担保等业务，承诺保本保息等，则实际上超出了信息中介的定位，可能构成违法犯罪。因此，抓事前合规就是要将风险防患于未然，对于可能超出信息中介性质的互联网金融创新行为实行事前预警，第一时间识别合规风险，并将风险扼杀于萌芽之中。合规管控前移对刑事合规而言具有重大意义。

（2）事中合规：完善内部监管机构的设置和人员管理制度

合规管理体系的实施，同样需要强调事中的监测和监控。此类机制包括：合

[①] 参见李晓龙：《数字化时代的网络金融刑事合规》，载《南京大学学报（哲学·人文科学·社会科学版）》2021年第5期。

规检查、合规尽职调查、合规报告等。就《刑法》第 174 条可能涉及的事中监测，应主要关注以下两方面的内容：①内部监管机构的设立。2006 年，银监会发布了《商业银行合规风险管理指引》，该指引对董事会、监事会和各级管理层的合规管理职责作出了界定，确立了商业银行合规部门的合规管理职责，对银行企业的合规风险监管设定了原则性的制度框架。《商业银行合规风险管理指引》为我国金融企业的合规体系特别是事中合规的构建提供了蓝本，董事会对商业银行经营活动的合规性承担最终责任，授权下设的风险管理委员会、审计委员会或专门的合规管理委员会，对商业银行合规风险管理进行日常监督；董事会下设的委员会应通过与合规负责人单独面谈等有效途径，了解合规政策的实施情况和存在的问题，及时向董事会和高级管理层提出相应的意见和建议，监督合规政策的有效实施；此外，监事会对董事会和高级管理层合规管理职责的履行情况进行监督。构建起内部"董监高"各司其职、独立监督的监管机制，在已设立的合法金融机构增设分设机构时，可以及时审查、做出相对的应对措施。根据《商业银行法》的有关规定，商业银行增设分支机构须经银监会批准，具备一定的资金存量和运转能力，并凭获得的许可证向工商管理部门办理登记，领取营业执照。②合规绩效考核制度的设立。根据《商业银行合规风险管理指引》的要求，为确保银行合规管理体系的有效运作，商业银行应对管理人员在推进合规管理方面进行考核，考核应体现出倡导合规、惩处违规的价值理念。① 就伪造、变造、转让金融机构经营许可证、批准文件罪而言，转让行为的主体通常是单位，并需要通过金融机构内部管理人员实施。因此，通过绩效考核制度推进对管理人员的合规管理，一定程度上有利于抑制转让金融机构经营许可证、批准文件行为的发生，一定程度上规避或者降低了刑事风险。

---

① 参见陈瑞华：《中国金融监管机构确立的合规体系》，载《中国律师》2019 年第 8 期。

(3) 事后合规：建立违规举报制度和犯罪应对机制

刑事合规制度包括事前、事中以及事后三个阶段，但从已有的刑事合规经验来看，实践中存在重事前、事中合规，轻事后合规的倾向。借鉴美国《联邦量刑指南》的相关规定，可以得出关于事后合规的两点经验：①采取合理措施，以实现企业标准下的合规，如利用监测、审计系统来监测员工的犯罪行为，建立违规举报制度，让员工举报可能存在的违规行为；②发现犯罪后，采取必要的合理措施来应对犯罪行为，并预防类似行为发生，如修改完善合规计划。① 具体到金融机构合规，需要做到以下两点：①建立违规举报制度，对金融机构内部管理人员违规转让金融机构许可证、批准文件的行为进行监督，并采取必要的处罚措施，构成犯罪的，依法移交公安机关。②做好犯罪应对预案，即当合法金融机构未经审批新设分支机构或者拓展金融业务、逾越原授权范围，构成擅自设立金融机构罪或者非法经营罪的，应当及时进行反思，通过修改完善合规计划等方式预防类似行为的发生。

监管政策和规范

金融安全涉及国家经济命脉，故对金融行业的监管是保障金融安全的重中之重。我国现行的金融监管模式是分业监管模式，即银行业、保险业和证券业、信托业实行分业经营、分业管理。1992年10月26日，中国证监会成立；1998年11月18日，中国保监会成立，进一步把对证券、保险市场的监管职能从中国人民银行剥离出来；2003年4月25日，中国银监会的成立，使中国金融业"分业经营、分业监管"的框架完成，由此形成了我国"一行三会"的金融监管体制。其中，银监会主要负责银行业的监管，包括四大国有商业银行、三家政策性银行和十大

---

① 参见万方：《企业合规刑事化的发展及启示》，载《中国刑事法杂志》2019年第2期。

股份制银行,以及规模不一的各地近百家地方金融机构;保监会负责保险业的监管;证监会负责证券业的监管;中国人民银行则负责制定货币政策。① 因此,金融机构须持牌照上岗,且不同领域的准入须向不同的监管机构进行申请。2018年3月,第十三届全国人民代表大会第一次会议表决通过了关于国务院机构改革方案的决定,将中国银行业监督管理委员会和中国保险监督管理委员会的职责整合,组建中国银行保险监督管理委员会,作为国务院直属事业单位。② 银保监会依照法律法规统一监督管理银行业和保险业,保护金融消费者的合法权益,维护银行业和保险业合法、稳健运行,防范和化解金融风险,维护金融稳定。

十八届三中全会审议通过的《中共中央关于全面深化改革若干重大问题的决定》指出,要落实金融监管改革措施和稳健标准,完善监管协调机制,界定中央和地方金融监管职责和风险处置责任。当前,随着金融机构的不断创新,金融监管的对象逐渐由传统的银行金融机构扩大到与银行业务性质相类似的准金融机构,包括小额贷款公司、融资性担保公司、融资租赁公司、第三方支付公司在内的新型金融机构。在互联网金融的领域下,金融创新充分涌动,同时也带来了巨大的风险隐患。目前,我国的互联网金融行业尚未形成体系,对金融机构的主体资格和经营范围的界定不甚明确,整个行业也缺乏必要的内外监督和约束。③

对此,2015年7月,中国人民银行联合工业和信息化部、公安部等部门出台了《关于促进互联网金融健康发展的指导意见》,确立了"依法监管、适度监管、分类监管、协同监管、创新监管"的原则,彰显了国家完善互联网领域金融监管的态度。2016年4月12日,国务院办公厅印发《互联网金融风险专项整治工作

---

① 《我国金融监管模式的发展现状》,载中华人民共和国商务部中国服务贸易指南网,http://tradeinservices.mofcom.gov.cn/article/zhishi/jichuzs/201905/83808.html,2022年3月1日访问。

② 参见王勇:《组建中国银行保险监督管理委员会 不再保留中国银行业监督管理委员会、中国保险监督管理委员会》,载中华网,http://www.xinhuanet.com/politics/2018lh/2018-03/13/c_137035588.htm,2022年3月1日访问。

③ 参见刘宪权:《论互联网金融刑法规制的"两面性"》,载《法学家》2014年第5期。

实施方案》，重申了严格金融机构准入管理的要求，"设立金融机构、从事金融活动，必须依法接受准入管理。未经相关有权部门批准或备案从事金融活动的，由金融管理部门会同工商部门予以认定和查处，情节严重的，予以取缔"。提出集中力量针对重点领域进行整治，如 P2P 网络借贷领域的整治重点是落实网络借贷机构信息中介定位，禁止网络借贷机构突破信息中介职能定位开展设立资金池、自融自保、发放贷款等违法违规活动；股权众筹领域的专项整治强调了不得擅自公开发行股票、变相公开发行股票、非法经营证券业务等要求；互联网保险领域的整治重点是互联网高现金价值业务、保险机构依托互联网跨界开展业务及非法经营互联网保险业务；第三方支付领域的整治重点则是非银行支付机构备付金风险和跨机构清算业务，以及无证经营支付业务行为，第三方支付领域已实行业务许可，对于无证经营支付业务的机构将开展专项整治工作；此外，针对通过互联网开展资产管理及跨界从事金融业务领域，其整治重点包括未取得资产管理等金融业务资质但跨界开展金融活动的互联网企业。[①] 2017 年 6 月 2 日，最高人民检察院发布了《最高人民检察院关于办理涉互联网金融犯罪案件有关问题座谈会纪要》，为办理涉互联网金融犯罪案件中遇到的有关行为性质、法律适用等问题提供了操作指引。

相关监管政策和规范索引整理如下。

《商业银行法》第 11、16、26、74、78、81、83 条

《银行业监督管理法》第 16、45 条

《证券法》第 200、202 条

《证券投资基金法》第 119 条

《保险法》第 67、77、113、158、159、168 条

[①] 参见《互联网金融风险专项整治工作领导小组相关负责同志答记者问》，载中国证券监督管理委员会官网，http://www.csrc.gov.cn/csrc/c100028/c1001654/content.shtml，2022 年 3 月 1 日访问。

《外资保险公司管理条例》第 31 条

《金融违法行为处罚办法》第 5 条

《银行保险机构许可证管理办法》第 3、4、15、18 条

典型案例

典型案例 2-6：杭州心有灵犀互联网金融股份有限公司未取得许可非法从事保险经纪业务案①

杭州心有灵犀互联网金融股份有限公司在未取得经营保险经纪业务许可证的情况下从事保险经纪业务，违反了《保险法》第 67 条的规定，根据《保险法》第 159 条的规定，中国银保监会浙江监管局决定没收违法所得 61.03 万元，并处罚款 61.03 万元。

典型案例 2-7：张某、张某琴擅自设立金融机构罪、非法经营罪案②

张某、张某琴未经工商部门登记注册，于 2010 年 6 月 29 日出资在铜川市王益区七一路冷库市场内成立顺发借寄公司，主要从事贵重物品寄押、贷款收取利息业务。2010 年 8 月 17 日至 9 月 15 日，彭某（另案处理）经与张某联系后，与张某琴 3 次签订借款合同，分别将从租车行骗租的现代伊兰特轿车、长安轿车、海马骑士越野车各一辆抵押给顺发借寄公司，分别从顺发借寄公司借款 2 万元、3 万元、5 万元，共计 10 万元，扣除月息 15%，实际得款 8.5 万元。2010 年 9 月 12 日，无业人员杨某苍与张某联系后，与张某琴签订借款合同，将从租车行骗租的一辆北京现代轿车抵押给顺发借寄公司，从顺发借寄公司借款 3 万元，扣除月息 15%，实际得款 2.55 万元。

法院认为：两被告人成立的所谓顺发借寄公司不仅没有经过任何金融主管部

---

① 参见中国银保监会浙江监管局浙银保监罚决字（2019）4 号行政处罚决定书。
② 参见《刑事审判参考》2013 年第 1 集·总第 90 集，第 828 号。

第二章 金融机构设立和存款管理类犯罪

门批准，而且连在工商行政管理机关注册登记的条件都不具备，显然属于非法设立，因而认定本罪的关键在于两被告人非法设立的所谓顺发借寄公司是否属于《刑法》第174条规定的金融机构。刑法规定的金融机构，是指从事或者主要从事吸收存款、发放贷款、办理结算、票据贴现、资金拆借、信托投资、金融租赁、融资担保、外汇买卖等金融业务活动的机构，一般包括商业银行、证券交易所、期货交易所、证券公司、期货经纪公司、保险公司、融资租赁公司、担保公司、农村信用合作社等。从本案顺发借寄公司的实际经营业务看，其经营方式符合我国《典当管理办法》中关于典当行的特征，即"当户将其动产、财产权利作为当物质押或者将其房地产作为当物抵押给典当行，交付一定比例费用，取得当金，并在约定期限内支付当金利息、偿还当金、赎回当物的行为"。从典当行为的本质看，典当行应当属于金融机构。由此而论，两被告人违法成立实际从事典当活动的顺发借寄公司，在形式上符合擅自设立金融机构罪的构成特征。

然而，从实质上分析，刑法规定擅自设立金融机构罪的立法本意并非如此简单，对该罪的认定应当结合罪质进行判断。由于金融机构所从事的业务在社会经济中担负着特殊功能，其对国民经济的健康发展和金融秩序的稳定起着至关重要的作用，对社会稳定也有着直接的影响，如果放任这些未经批准擅自设立的金融机构开展金融业务，势必扰乱国家金融秩序，给国家金融安全和社会经济造成危害。该罪不要求有金融业务的具体开展，处罚的只是单纯的设立行为，但刑法之所以将此种单纯的设立行为直接认定为犯罪，在于该类行为会对金融安全产生一种潜在的严重危险。从这一罪质分析，构成擅自设立金融机构罪，本质上必须是对金融安全有潜在严重危险的行为，如果行为不可能对金融安全产生严重危险，则不能构成该罪。根据《刑法》第174条的字面规定，似乎只要行为人实施了非法设立金融机构的行为，就可构成擅自设立金融机构罪，但在具体案件中，对符合该罪构成特征的行为要认定构成该罪，还必须在情节上认定该行为是否可能对金融安全产生严重的危险。

具体而言，构成擅自设立金融机构罪，首先，在形式上，行为人非法设立的机构应当具备合法金融机构的一些必要形式特征，包括机构名称、组织部门、公司章程、营业地点等。因为在实践中，行为人设立的所谓金融机构之所以非法，仅仅是因为欠缺有关国家主管部门的批准要件，而其他要件往往是基本具备的，如此才可能使一般社会公众产生信任，否则也不会有人与其发生金融业务往来。其次，在实质上，行为人非法设立的机构应当具备开展相应金融业务的实质能力，包括资金实力、专业人员等，如果不具备开展相应金融业务的实质能力，就没有可能面向社会开展有关金融业务，更谈不上有严重危害金融秩序和金融安全的危险。

就本案而言，两被告人共同设立的顺发借寄公司仅是两人自行在该市一冷库市场内租用的一间房屋挂牌营业，没有履行任何包括最基本的在工商部门注册登记的审批手续。从形式方面看，该公司既没有冠以典当行或其他金融机构的名称，也没有公司章程和相应制度规范，甚至连办公印章都没有；从实质方面看，该公司没有足够的运营资金（所贷资金均为业务往来中临时借用），开展的业务极不规范（有关押车贷款协议均为手写），也没有足够的专业从业人员（仅有两被告人且两被告人不具有专业金融知识背景）。综上，顺发借寄公司并不具备刑法规定的金融机构的形式要件和实质要件，尚未达到足以威胁金融安全、破坏金融秩序的危害程度，故不能以擅自设立金融机构罪论处。

典型案例2-8：李某光擅自设立金融机构案[①]

被告人李某光于1994年末被暂停其所任中华民族团结发展促进会常务副会长、秘书长、法人代表的职务，缴出公章，离开北京；1996年8月，国家民族事务委员会正式发文撤销李某光上述职务。1996年，李某光经人介绍结识了董某福（另处），即以中华民族团结发展促进会及所属的国际基金委员会负责人的身份，

---

① 参见上海市虹口区人民法院（1999）虹刑初302号刑事判决书。

对董某福谎称经国家有关主管部门批准同意,中华民族团结发展促进会正在筹建大型融资机构——中华商业银行,要董某福为该银行筹措资金。之后李某光使用私刻的"中华民族团结发展促进会""中华民族团结发展促进会国际基金委员会"和虚假的"中华商业银行筹备处"等多枚印章,非法制作了中华民族团结发展促进会的任命书、委托书,任命董某福为国际基金委员会常务副主任兼中华商业银行副行长,委托董某福在筹建中华商业银行工作中,全权办理涉外引资及一切有关事项,还提供了银行章程及经营方案。1997年11月至1998年2月,李某光又私自打印了中华民族团结发展促进会关于在上海设立工作处及国际基金委员会在上海办公的申请书、任命驻上海的人员情况等文件,任命董某福为中华民族团结发展促进会驻上海工作处副主任,以便于董某福在上海为中华商业银行筹措资金。

董某福持被告人李某光提供的虚假文件,经上海市南市区人民政府批准,于1998年2月28日在本市中山南路1117号成立了中华民族团结发展促进会驻上海工作处。董某福又委托他人制作了中华商业银行筹备处招牌、中华商业银行企业GI形象识别系统总体策划书、中华商业银行新闻发布会策划书,同年7月,又向上海华政商务公司租用上海市东大名路485—495号的4800平方米场地,准备用于中华商业银行的营业场所,并招募人员。同时,董某福以中华商业银行负责人的身份,在社会上四处游说,为开办银行积极筹措资金。1998年4月,董某福以为中华商业银行开业筹措资金的因由,以中华民族团结发展促进会驻上海工作处的名义,与河南省银汇实业有限公司签订借款意向书,并先后于1998年4月4日、24日两次从该公司董事长魏某平处借得20万元(现金)。董某福将该款主要用于支付场地费、发工资、购买办公用品等。

被告人李某光分别于1998年3月12日向董某福借款2.2万元,4月7日向董某福借款2万元,7月18日向董某福借款1.5万元,并出具借条。上述借款中后两笔共计3.5万元,系董某福从河南省银汇实业有限公司借款中支出。

法院认为，被告人李某光未经中国人民银行批准，擅自设立金融机构，其行为已构成擅自设立金融机构罪。李某光明知未经中国人民银行批准不能设立商业银行，却指使董某福为筹备该行积极活动到处筹集资金，并提供伪造的公文、批复及任命书，其擅自设立金融机构主观故意明显，客观上又实施了行为。根据国务院《非法金融机构和非法金融业务活动取缔办法》第3条第2款之规定，非法金融机构的筹备组织应视为非法金融机构。被告人李某光被认定为擅自设立金融机构罪，判处有期徒刑1年6个月，并处罚金人民币2万元。

典型案例2-9：肖某富、王某生擅自设立金融机构等案①

1999年12月23日，被告单位云南陆良银河纸业有限公司未经国家有关主管部门批准，经公司董事会决定后发文成立云南陆良银河纸业有限公司内部银行，办公地点设在公司财务部，制定内部银行管理办法和内部银行存款利率表，私自刻（印）制内部银行业务专用章、活期存款、整存整取、零存整取存折，内部银行由被告人肖某富负总责，由被告人王某生具体分管，参照银行模式运作。2000年2月21日，云南陆良银河纸业有限公司内部银行正式开始办公，从2002年1月到2013年6月共计吸收存款21,777万元，存款户依据内部银行的存款存折支取存款，共计支付20,572万元。截至2013年6月，应付职工个人存款12,045,701.97元，到期未偿还。

法院认为，被告单位云南陆良银河纸业有限公司，被告人肖某富、王某生未经国家有关主管部门批准，擅自设立商业银行，吸收单位职工（职工亲属）存款，情节严重，其行为已构成擅自设立金融机构罪。被告单位云南陆良银河纸业有限公司犯擅自设立金融机构罪，判处罚金人民币50万元；被告人肖某富犯擅自设立金融机构罪，判处有期徒刑6年，并处罚金人民币10万元。

---

① 参见云南省曲靖市中级人民法院（2015）曲中刑终291号刑事判决书。

典型案例 2-10：朱某新集资诈骗案①

1976 年至 2003 年，被告人朱某新时任松滋市老城镇新华村出纳及松滋市信用社老城镇新华村信用站负责人，负责新华村范围内村民存贷款业务。2004 年，松滋市信用社老城镇新华村信用站撤销。朱某新为了继续吸收村民资金，虚构代办银行储蓄的事实，按银行同期存款利率吸收村民资金。2006 年至 2010 年，朱某新私刻"松滋市老城镇储蓄代办点"公章并私自印制储蓄存款凭条大规模吸收村民资金。朱某新因采取"拆东墙补西墙"的方式，导致后续资金缺口越来越大，按照银行同期存款利率已无法吸收更多存款。从 2010 年开始，朱某新遂以高息为诱饵，继续向不特定的村民非法吸收资金。

截至 2018 年 11 月 20 日，被告人朱某新先后向杨某 2、胡某 1、杨某 3 等 143 名被害人吸收资金共计 1173.013 万元，其中一部分资金用于支付利息，一部分资金用于地下"六合彩"买码赌博活动，另将一小部分资金借给他人使用，尚有数百万元朱某新拒不交待资金去向。其集资后并未用于生产经营活动。截至案发，被告人朱某新实际未兑付的金额为 1108.626 万元。

法院认为，被告人朱某新以非法占有为目的，使用诈骗方法非法集资，数额特别巨大，其行为已构成集资诈骗罪，判处有期徒刑 14 年 6 个月，并处罚金人民币 20 万元。

典型案例 2-11：高某培擅自设立金融机构案②

2015 年 10 月至 2016 年 3 月，被告人高某培未经国家有关主管部门批准，私自伪造金融许可证、工商营业执照、税务登记证、组织机构代码证、金融机构印章等证件，在徐州市贾汪区塔山镇张场村、塔山街道两处擅自设立名为"贾汪区塔山村镇银行"的商业银行，通过发放传单的方式对外宣传存款月利率为 0.5%

---

① 参见湖北省松滋市人民法院（2020）鄂 1087 刑初 20 号刑事判决书。
② 参见江苏省徐州市贾汪区人民法院（2016）苏 0305 刑初 236 号刑事判决书。

至 1.5%，对外办理存取款业务，共向张某 2、张某 3、孙某 1 等 20 余名储户吸收存款共计 67 余万元，已兑付 25.3 万元，至案发时尚有 42 余万元未能兑付。

法院认为，被告人高某培未经国家有关主管部门批准，擅自设立商业银行，其行为已构成擅自设立金融机构罪，判处有期徒刑 2 年 6 个月，并处罚金人民币 3 万元。

典型案例 2-12：姜某东非法经营案①

重庆正源期货信息咨询服务有限公司（以下简称正源公司）系被告人姜某东个人经营，公司的法定经营范围系从事商品交易中的中介代理、信息咨询服务、投资信息咨询服务及培训。1998 年 5 月，被告人姜某东通过分析沪深股市的交易情况，得出结论：股票实际上是大户与散户在赌，对股市人们的评论是"7 亏、2 平、1 赢"，入市的人亏的多，开证券公司赚钱。1998 年 9 月起，正源公司在未向中国人民银行申请取得经营金融业务许可证的情况下，正源公司的经纪人向其他交易厅的客户宣称正源公司是正规股票交易公司，可以进行"融资""融券""t+0"等业务，将客户吸引到正源公司。随后，正源公司与客户签订交易规则，由客户向正源公司交纳一定数量的保证金；在客户与正源公司进行股票交易等业务时，正源公司收取手续费、"融资"和"融券"所生利息、客户因强制平仓的损失费。具体操作办法如下：(1) 姜某东在广西柳州冷柜厂南宁经营部（系姜某东妻子承包经营）设立一个股票交易的报价系统，然后聘请报价小姐按照卫星接收的沪深股市交易信息来作出股票是否成交的回报；与此同时，正源公司欺骗客户说：正源公司交易厅的上手公司设在南宁，该上手公司已与沪深股市联网。客户从正源公司为其提供的电脑上进行股票分析，当客户决定买卖某只股票时，客户下买卖单交正源公司的盘房（前台），盘房小姐（服务员）通过电话报知南宁的

---

① 韩强、宫小汀、张波：《非法经营罪疑难案例评析》，载《刑事法判解》2001 年第 2 期（第 4 卷），第 548 页。

后盘（所谓的上手公司），报价小姐依据盘面显示的股票交易信息，若股票价量符合客户买卖单定的指标，报价小姐在 2 分钟内回报成交；若不符合，就延时至收盘时再看交易情况，决定是否成交。买入的"股票"，当天可以卖出（"t+0"）。每一次交易，正源公司均按股票交易额的 7.5% 收取手续费，同时每张单收单据费 5 元。(2) 正源公司制定的交易规则，允许客户在不超过其交纳的保证金的 10 倍范围内在正源公司进行"融资""融券"，正源公司按"融资"数额（或"融券"时股票的价值）收取每日的利息；同时，为了保证正源公司出借资金的安全，该公司规定了一个 15% 的风险值，即当股票下跌时，客户交纳的保证金与其在仓股票的市价之比，必须不低于该风险值，若低于该风险值时，客户必须补仓（补交保证金）或平仓（出卖一定数量的股票），否则正源公司有权强行平仓，从而达到该风险值。而客户平仓的损失，亦是正源公司的收入之一。

由于正源公司从事股票交易，没有经过国家有关主管部门批准，该公司交易厅没有与沪深股市联网，正源公司也没有任何股票，故股民所进行的交易，不可能进入沪深股市大盘，实际上是股民与正源公司在进行场外无券交易，股民操作失误所造成的损失（含交易手续费、"融资""融券"利息、股民交易及平仓的损失）就是正源公司的收入，而股民的赢利就是正源公司的亏损。从 1998 年 9 月至 1999 年 5 月 30 日，正源公司通过非法从事股票交易，获取非法利益 75 万余元。

本案被告人姜某东对外宣称其经营的正源公司是正规的股票交易公司，未经批准，擅自经营股票业务，并获取非法利益 75 万余元，是客观存在的事实。其非法经营金融业务的行为是构成擅自设立金融机构罪还是非法经营罪，我们认为，关键在于他是否擅自设立了金融机构并以金融机构的名义经营金融业务。从本案的情况来看，正源公司系被告人姜某东个人经营的，法定经营范围为商品交易中的中介代理、信息咨询服务、投资信息咨询服务及培训的企业法人，是依法设立的私营公司。姜某东没有在正源公司以外设立任何其他机构，只是对外谎称正源公司具有股票业务经营权，并以正源公司而不是其他任何金融机构的名义经营股票业务，他是在不具有金融业务经营权的情况下，超业务范围非法经营股票业务，没有设立金融机构，也没有以金融机构的名义开展业务，所以不构成擅自设立金融机构罪。

典型案例 2-13：王某某伪造金融机构经营许可证、伪造企业印章案①

2013年9月20日，被告人王某某为了从事银行汇票业务，向他人购买了福建省将乐县农村信用合作联社的企业资料复印件（包括金融许可证、开户许可证、机构信用代码证、税务登记证、组织机构代码证、企业法人营业执照、法定代表人余继生身份证复印件等）及伪造的将乐县农村信用合作联社的公章、财务专用章及余继生印等3枚印章。王某某将伪造的企业印章加盖在将乐县农村信用合作联社的金融许可证等企业资料复印件上，并利用伪造的企业印章分别于2013年9月27日在中国光大银行股份有限公司重庆分行开立账户，户名：将乐县农村信用合作联社，于2013年10月16日在中国邮政储蓄银行广州体育西支行开立账户，户名：将乐县农村信用合作联社。其间，王某某利用伪造的企业印章帮助中国光大银行股份有限公司重庆分行开展银行汇票等业务来削减该行的信贷规模。后王某某分别于2013年11月26日和2013年11月28日，使用伪造的企业印章在中国邮政储蓄银行广州体育西支行及中国光大银行股份有限公司重庆分行将将乐县农村信用合作联社的账户进行撤销。经鉴定，将乐县农村信用合作联社的企业资料复印件上的"将乐县农村信用合作联社"、"将乐县农村信用合作联社财务专用章"及"余继生印"的印文与将乐县农村信用合作联社相对应的样本印文均不是同一枚印章所盖。

法院认为，被告人王某某违反国家金融管理法规，利用伪造的将乐县农村信用合作联社的金融许可证等企业资料，开设对公账户，其行为已构成伪造金融机构经营许可证罪；扰乱社会管理秩序，利用自己伪造的将乐县农村信用合作联社

---

① 参见福建省将乐县人民法院（2015）将刑初75号刑事判决书。

的企业印章，帮助他人及自己办理银行业务，其行为已构成伪造企业印章罪。被告人王某某伪造的企业印章有用于伪造金融机构的金融许可证等企业资料来开设对公账户，但其主要还是用于帮助他人及自己办理银行业务。故伪造企业印章的行为是手段行为，其独立地构成犯罪，与伪造金融机构经营许可证的行为数罪并罚。据此，以伪造金融机构经营许可证罪判处王某某有期徒刑1年6个月，并处罚金5万元，以伪造企业印章罪判处王某某有期徒刑1年6个月，决定执行有期徒刑2年6个月，缓刑3年，并处罚金5万元。

第三节 高利转贷罪

第一百七十五条 【高利转贷罪】以转贷牟利为目的,套取金融机构信贷资金高利转贷他人,违法所得数额较大的,处三年以下有期徒刑或者拘役,并处违法所得一倍以上五倍以下罚金;数额巨大的,处三年以上七年以下有期徒刑,并处违法所得一倍以上五倍以下罚金。

单位犯前款罪的,对单位判处罚金,并对其直接负责的主管人员和其他直接责任人员,处三年以下有期徒刑或者拘役。

罪名解析

1. 法条修改情况

在改革开放前,由于政府对于经济尤其是包括信贷在内的金融活动的高度干预,导致金融活动中缺少转贷行为存在的空间,更不可能存在高利转贷。基于该客观国情,我国并未在 1979 年《刑法》中设置高利转贷罪。改革开放以后,由于各行各业自身发展的需要,在扩大再生产中需要大量资金周转,但由于国家对信贷资金使用规模、方向等方面的限制,在局部范围内出现了信贷资金供需不平衡的矛盾。一些不法之徒为了牟取暴利,利用信贷资金紧张之机,采用各种手段套取银行等金融机构的信贷资金后高利转贷给他人。① 高利转贷行为人为单纯追求高利差,往往会忽略审核相对方的还贷能力,由此势必影响到信贷资金的安全性,也不利于信贷资金支持实体经济和国家利率管控等宏观金融政策。此外,该类行为还会在一定程度上导致银行的职业放贷人的出现,严重破坏社会主义市场经济运行中的金融秩序。与此同时,针对实践中大量出现的其他滥用贷款的行为,有人提出应在修订《刑法》时增设滥用贷款罪,但又考虑到金融领域犯罪圈不宜过分扩大,因此,1997年《刑法》仅将高利转贷这一滥用贷款行为作为犯罪规定在条文之中。②

2. 犯罪构成要件

(1) 本罪的客体

本罪侵犯的客体是国家贷款管理制度,具体是指国家贷款管理制度中的贷款发放制度、贷款专用制度和利率管理制度。本罪具有三个特征:一为套取;二为转贷;三为高利。这三个特征分别代表了本罪具体侵犯的客体:套取行为侵犯的是国家的贷款发放制度;转贷行为侵犯的是贷款专用制度;牟取高利目的侵犯的则是国家的利率管理制度。国家的贷款管理制度是个总体概念,其不仅包括上述三个具体制度,还包括危害贷款管理制度的其他方面,如违法发放贷款罪、吸收客户资金不入账罪等所侵犯的具体客体。

(2) 本罪的客观方面

本罪在客观方面表现为两个行为:一为行为人套取金融机构信贷资金;二为高利转贷他人的行为。也就是说,借款人在通过正常合法的程序依法取得金融机构的信贷资金后,将所贷资金另行以高利率转贷给他人牟利。

---

① 参见刘宪权:《金融犯罪刑法学原理》(第2版),上海人民出版社2020年版,第204页。
② 参见刘宪权:《金融犯罪刑法学原理》(第2版),上海人民出版社2020年版,第204页。

（3）本罪的主体

从《刑法》第 175 条的规定可知，只有借款人才能构成本罪。根据《贷款通则》第 17 条的规定，借款人应当是经工商行政机关（或主管机关）核准登记的企（事）业法人、其他经济组织、个体工商户或具有中华人民共和国国籍的具有完全民事行为能力的自然人。上述单位或个人向银行等金融机构申请贷款时，其身份是合法的借款人。

（4）本罪的主观方面

本罪为目的犯，即行为人在主观方面表现为直接故意，且要求以转贷牟利为目的。

3. 刑事责任

自然人犯本罪，违法所得数额较大的，处 3 年以下有期徒刑或者拘役，并处违法所得 1 倍以上 5 倍以下罚金；数额巨大的，处 3 年以上 7 年以下有期徒刑，并处违法所得 1 倍以上 5 倍以下罚金。根据《立案追诉标准（二）》第 21 条的规定，本罪的入罪标准为违法所得数额在 50 万元以上的。

单位犯本罪适用双罚制，即对单位判处罚金，并对其直接负责的主管人员和其他直接责任人员，处 3 年以下有期徒刑或者拘役。

司法精要

在刑事司法实务中，主要审查的是行为人是否具有转贷牟利目的、是否属于套取行为、转贷资金是否属于金融机构的信贷资金、违法所得数额是否较大等。需要注意的是，行为人实施高利转贷行为时可能同时构成其他犯罪，一般按照想象竞合择一重罪处罚。

1. 如何认定套取

所谓套取，是指借款人在隐瞒转贷牟利的情况下按正常程序取得信贷资金的行为。套取当然具有欺骗性，但只是体现隐瞒信贷资金实际将被用于以更高利率出借给他人使用这一事项，而非提供虚假证明、虚假材料、虚假用途等严重影响银行对借款人资信状况、还款能力判断等事项。如果借款人因提供了上述虚假证明、虚假材料、虚假用途等事项而取得信贷资金，甚至借而不还，则会构成其他犯罪。

2. 如何认定高利

所谓高利，是指转贷的利率高于从银行套取信贷资金的利率，并非高于一年期贷款市场报价利率（贷款基础利率，全称 Loan Prime Rate，简称 LPR），更非《民间借贷司法解释》第 25 条规定的 4 倍 LPR 才属于高利。具体理由有三：首先，《立案追诉标准（二）》作为刑事司法解释，将违法所得数额作为本罪入罪标准，而未将利率倍数作为本罪入罪标准，这并非司法解释的漏洞，而是对立法本意的把握和体现。其次，《九民纪要》第 52 条规定人民法院在适用 2015 年《民间借贷司法解释》第 14 条第 1 项时应当从宽认定高利转贷行为的标准，即只要出借人通过转贷行为牟利的，就可以认定为是高利转贷行为。最后，《民间借贷司法解释》中关于高于 4 倍 LPR 的规定针对的是民间借贷行为，即行为人将自己所有的闲置资金直接借贷给他人使用的，属于有利于社会资金正常流转的资金融通行为，与套取银行信贷资金高利转贷他人这种扰乱金融秩序、危害金融安全的刑事违法行为相比有着本质区别，因而不能简单适用。

3. 信贷资金范围

高利转贷罪的犯罪对象是金融机构信贷资金。何谓信贷资金，在《民间借贷司法解释》修改前，法院根据第 14 条第 1 项规定认为信贷资金仅仅限于《贷款通则》中的信用贷款，而不包括担保贷款、票据贴现。然最高人民法院在修改《民间借贷司法解释》时，将原第 14 条"套取金融机构信贷资金又高利转贷给借款人"修改为第 13 条"套取金融机构贷款转贷的"。由此可见，高利转贷情形下不再区分信用贷款、担保贷款和票据贴现，而是包括所有贷款。需要说明的是，票据贴现所得资金源于信贷资金，其操作流程与信贷资金发放流程基本相同，故票据贴现应当属于信贷资金范围。

合规指引

1. 合规要求

（1）民事司法领域合规

《民间借贷司法解释》将原第 14 条第 1 款"信贷资金"修改为"贷款"体现出了国家的政策缩紧。尤其是《九民纪要》中对推定套取信贷资金的规定，在很多地区的司法实践中存在"一刀切"的情形，应引起出借人的关注，企业在进行对外借款时注意资金来源的独立性和可追溯性。

（2）刑事司法领域合规

在促进金融和民间资本为实体经济服务、坚决否定高利转贷行为的大背景下，已经出现各式各样借款人通过报案、举报等刑事手段逃避债务的案件。因此，与民事合规类似，企业作为出借人更有必要做好资金隔离，保存好资金来源合法性的证据。

2. 合规风险

（1）金融机构工作人员的风险防范与合规

根据《关于规范民间借贷行为维护经济金融秩序有关事项的通知》，对银行业金融机构从业人员参与非法金融活动的,银行业金融机构将予以纪律处分,构成犯罪的,依法严厉追究刑事责任。

(2) 出借人的风险防范与合规

根据《贷款通则》第71条规定,借款人套取贷款相互借贷牟取非法收入的,由贷款人对其部分或全部贷款加收利息;情节特别严重的,由贷款人停止支付借款人尚未使用的贷款,并提前收回部分或全部贷款。另外,根据《民间借贷司法解释》第13条第1项和《九民纪要》的规定,借款人极有可能以出借人出借资金存在高利转贷情形为由,主张借款合同无效,以达到不用支付利息,只需归还本金的目的,这必然会给出借人带来一定的损失。

在刑事领域,出借人变换名目,以"投资""参股""合伙经营""收取服务费"等名义,变相将贷款转给他人使用,以获取高额利息收益。犯罪分子以形式上较为完备的手续为掩护,在其正常经济活动的表象下的高利转贷行为具有更强的隐蔽性,相关部门较难发现其违规违法行为。司法机关会结合行为人的主观故意、经营活动的真实性、获取的是利润还是利息等要素综合进行判断,若行为人具有转贷牟利的故意,且没有真实的经营活动,无论是以什么形式获取利益,均属于高利转贷行为,面临承担刑事责任的风险。

行为人一方面向金融机构申请贷款用于生产经营,另一方面将自有资金转贷他人牟利,也有面临刑事责任的风险。无论行为人是将自有资金高利转贷谋取非法利益,而后套取金融机构信贷资金弥补自身资金不足;还是套取金融机构信贷资金后,将该笔资金注入流动资金或者其他用途,而将自有资金抽出高利转贷他人,行为人的行为都是在以转贷牟利为目的的主观意志支配下实施的。由于资金本身属于种类物,实际上很难分清放贷给他人的资金与从金融机构获取的贷款是不是同一笔资金。因此,上述行为实质上与套取金融机构信贷资金后直接高利转贷他人并没有区别，同样会给金融机构的信贷安全带来危害。①

3. 合规建议

（1）借款时提交真实资料

《九民纪要》规定，"借款人能够举证证明在签订借款合同时出借人尚欠银行贷款未还的，一般可以推定为出借人套取信贷资金，但出借人能够举反证予以推翻的除外"。因此，借款人在向金融机构借款时应提交真实材料，在涉及民事、刑事诉讼时提供足够证据证明银行贷款资金的实际用途。

（2）恪守约定钱款用途

由于学术界和司法实践中关于取得金融机构信贷资金后才产生"转贷"目的是否构成高利转贷罪的意见还不统一，借款人在获得银行贷款后即使剩有余额，也不要用于高利转贷以避免承担刑事责任。

（3）风险评估，按时还款

借款人应定期进行风险评估，防止以"投资""参股""合伙经营""收取服务费"等名义，变相将贷款转给他人使用，以获取高额利息收益行为的出现。另外，借款人应当按时还款，保证金融秩序正常运行。

监管政策和规范

近年来，国家为促进经济稳中求进，严厉打击银行从业人员和"转贷人"高利转贷的违法犯罪行为。2018年4月16日，中国银行保险监督管理委员会、公安部、国家市场监督管理总局、中国人民银行发布《关于规范民间借贷行为维护经济金融秩序有关事项的通知》，要求严厉打击套取金融机构信贷资金，再高利

---

① 参见刘宪权：《金融犯罪刑法学原理》（第2版），上海人民出版社2020年版，第210页。

转贷的行为。同年6月11日，最高人民检察院印发《最高人民检察院关于充分发挥检察职能为打好"三大攻坚战"提供司法保障的意见》，要排除阻力和干扰，依法严厉惩处高利转贷等严重危害金融安全、破坏社会稳定的犯罪行为。同年7月30日，中国银保监会发布《关于银行业和保险业做好扫黑除恶专项斗争有关工作的通知》，文件中强调要重点打击高利转贷行为。2020年2月20日，中国银保监会发行的《关于预防银行业保险业从业人员金融违法犯罪的指导意见》规定了要严防套取银行业金融机构理财资金进行高利转贷的行为，严禁从业人员作为主要成员或实际控制人开展有组织的民间借贷。同年7月20日发行的《最高人民法院、国家发展和改革委员会关于为新时代加快完善社会主义市场经济体制提供司法服务和保障的意见》明确要求依法支持能够降低交易成本、实现普惠金融、合法合规的交易模式，为解决中小微企业融资难、融资贵问题提供司法保障。坚决否定高利转贷行为、违法放贷行为的效力。2022年1月13日，为促进中小微企业发展，最高人民法院印发《关于充分发挥司法职能作用 助力中小微企业发展的指导意见》，要求依法规制民间借贷市场秩序。对"高利转贷""职业放贷"等违法借贷行为，依法认定其无效。推动各地人民法院根据本地区实际情况建立"职业放贷人"名录制度。

2019年7月23日最高人民法院、最高人民检察院、公安部、司法部印发的《关于办理非法放贷刑事案件若干问题的意见》，规定了"为从事非法放贷活动，实施擅自设立金融机构、套取金融机构资金高利转贷、骗取贷款、非法吸收公众存款等行为，构成犯罪的，应当择一重罪处罚"。同年11月8日，最高人民法院的《九民纪要》第52条显示出了在民事审判活动中严厉打击高利转贷行为的态势，民间借贷中，出借人的资金必须是自有资金。出借人套取金融机构信贷资金又高利转贷给借款人的民间借贷行为，既增加了融资成本，又扰乱了信贷秩序，根据《民间借贷司法解释》第14条第1项的规定，应当认定此类民间借贷行为无效。人民法院在适用该条规定时，应当注意把握以下3点：一是要审查出借人的资金来源。借款人能够举证证明在签订借款合同时出借人尚欠银行贷款未还的，一般可以推定为出借人套取信贷资金，但出借人能够举反证予以推翻的除外。二是从宽认定"高利"转贷行为的标准，只要出借人通过转贷行为牟利的，就可以认定为是"高利"转贷行为。三是对该条规定的"借款人事先知道或者应当知道的"要件，不宜把握过苛。实践中，只要出借人在签订借款合同时存在尚欠银行贷款未还事实的，一般可以认为满足了该条规定的"借款人事先知道或者应当知道"这一要件。

相关监管政策和规范索引整理如下。

《商业银行法》第35、37条

《贷款通则》第2、17、19、20、71条

《国际金融组织和外国政府贷款赠款管理办法》第56条

《最高人民法院关于审理民间借贷案件适用法律若干问题的规定》第13条

《最高人民法院、最高人民检察院、公安部、司法部关于办理非法放贷刑事案件若干问题的意见》六

典型案例

典型案例2-14：姚某高利转贷案[①]

鞍山市第六粮库主任林某山得知鞍山市轧钢厂缺少生产资金急需融资，便找到被告人姚某商议，由姚某办理营业执照，利用林某山与银行相关人员熟悉的恒利条件，通过银行办理承兑汇票后借给鞍山市轧钢厂以从中获利。姚某于1997年9月承包了鞍山市农垦工贸公司，以该公司的名义向银行申请办理银行承兑汇票并转借给鞍山市轧钢厂。同年11月，姚某以鞍山市农垦工贸公司的名义向鞍山市

[①] 参见《刑事审判参考》2008年第3集（总第62集），第487号。

农业发展银行办理承兑汇票500万元。在办理该笔承兑汇票时，鞍山市农垦工贸公司在鞍山市农业发展银行所设账户内没有存入保证金，也没有向鞍山市农业发展银行提供担保。林某山、姚某将这500万元银行承兑汇票借给鞍山市轧钢厂用于资金周转，从中获利35万元。

1999年6月，被告人姚某以鞍山市农垦工贸公司的名义向鞍山市农业银行营业部办理承兑汇票490万元。在办理该笔承兑汇票时，鞍山市农垦工贸公司在鞍山市农业银行营业部所设账户内存款100万元作为保证金，并由鞍山市轧钢厂作为保证人提供担保，鞍山市垦工贸公司、鞍山市农业银行营业部、鞍山市轧钢厂三方共同签订了保证担保借款合同，林某山、姚某将这490万元银行承兑汇票借给鞍山市轧钢厂用于资金周转，从中获利40万元。

上述两笔银行承兑汇票到期后，本金共计990万元均由鞍山市农垦工贸公司返还给银行。

法院认为，被告人姚某以转贷牟利为目的，套取金融机构信贷资金转贷给他人，违法所得数额巨大，其行为已构成高利转贷罪，应依法惩处。依照《刑法》第175条、第52条、第53条、第64条的规定，以高利转贷罪判处被告人姚凯有期徒刑4年，并处罚金75万元。

典型案例2-15：莫立某受贿、高利转贷案[①]

2014年至2017年，被告人莫立某以其本人或者他人名义从银行贷款，并以高于银行贷款的利率转贷他人牟利，违法所得共计364,072.7元。具体事实如下：

（1）2014年年初，被告人莫立某从丁锦某处借款30万元转借给曾某。同年3月14日，莫立某以房屋装修的名义向三江农信社贷款60万元（银行贷款1），后将其中的30万元归还丁锦某，以此获得银行贷款与借款给曾某之间的利息差，获取违法所得1316.66元。

---

① 参见广西壮族自治区柳州市中级人民法院（2019）桂刑终字第550号刑事判决书。

（2）2014年3月26日，被告人莫立某将银行贷款1中的12万元，以高于银行贷款的利率转借给莫应某，以此获得银行贷款与借款给莫应某之间的利息差，获取违法所得16,319.86元。

（3）2015年3月30日，被告人莫立某以房屋装修的名义向三江农信社贷款80万元（银行贷款2），同年4月2日，被告人莫立某将其中的16万元以高于银行贷款的利率转借给张某，以此获得银行贷款与借款给张某之间的利息差，获取违法所得35,578.89元。

（4）2015年3月，罗辉某、莫某共同向莫立某借款100万元。同年3月26日，莫立某将从丁锦某处借得100万元转借给罗辉某、莫某。同年6月30日，莫立某让莫某以房屋装修的名义，并以莫立某名下房产作为抵押，向三江农信社申请150万元的贷款（银行贷款3），莫立某于同年7月20日将其中的80万元，及同年4月3日将银行贷款2中的20.27万元归还给丁锦某。被告人莫立某获得银行贷款与借款给罗辉某、莫某之间的利息差，共计5576.4元。

（5）因周某欠被告人莫立某150万元，所以，二人商量由周某找人去向银行贷款150万元给莫立某。周某以潘友某的名义向三江农信社申请150万元的贷款，并以莫立某名下房产作为抵押（银行贷款4）。同月21日，莫立某将其中的15万元以高于银行贷款的利率转借给潘友某，获取违法所得33,597.64元；同月28日将其中的40万元以高于银行贷款的利率转借给莫某，以此获得银行贷款与借款给潘友某、莫某之间的利息差，获取违法所得8462元。

（6）2014年年初，刘春某向莫立某借款50万元。同年1月11日，莫立某将从丁锦某处借得的50万元借给刘春某。同年6月5日，被告人莫立某从柳州银行贷款130万元（银行贷款5），同日将其中部分钱款抵押，以曾柳某的名义向柳州银行贷款58万元（银行贷款6）。被告人莫立某将银行贷款6用于归还丁锦某的借款。银行贷款6到期后莫立某陆续归还银行贷款2、3、4从而保证贷款给刘春某。被告人莫立某通过获得银行贷款与借款给刘春某之间的利息差，获取违法所得共计263,221.25元。

莫立某受贿相关事实略。

原审法院认为：对于"过桥"部分不应认定为高利转贷的辩护意见，经查，为了能及时地放贷给他人，被告人莫立某有部分借款是先向丁锦某借款后转借给他人，再向银行申请贷款，将银行贷款归还丁锦某，莫立某正是通过此种"过桥"的方法获得银行贷款与借款给他人之间的利息差，是以合法的形式掩盖非法的目的，最终是为了套取金融机构信贷资金以获得非法利益。原审法院以受贿罪判处莫立某有期徒刑4年，并处罚金30万元，以高利转贷罪判处有期徒刑1年6个月，并处罚金40万元，决定执行有期徒刑5年，并处罚金70万元等。

二审法院认为：关于第4、5、6起高利转贷事实不能认定为高利转贷的辩护意见。其一，上诉人莫立某的供述和证人周某等人的证言证实，第4、5、6起高利转贷事实中借款人罗辉某、莫某、刘春某等均是直接向莫立某借款。虽然莫立某先是找丁锦某等人借款来转借，但是其能够确保归还丁锦某等人的钱款是基于其能用本人的房产作为抵押等手段向银行的贷款，实际上其高利转贷的资金来源就是银行贷款。其二，从银行贷款材料等书证证实莫立某高利转贷的资金均有清晰对应的银行贷款。其三，莫立某高利转贷是一个长期的、持续性的行为，无论借款贷款的先后问题，还是直接用银行钱款或先用他人钱款再间接用银行钱款，抑或用其本人名义或他人名义贷款，实际上均是莫立某掩盖其为了转贷牟利，套取银行信贷资金高利转贷他人，获取违法所得的犯罪行为。据此裁定驳回上诉，维持原判。

典型案例2-16：何某某高利转贷案①

2011年5月，任某某（已判刑）以做矿石生意需要资金周转为由向何某某借款，口头承诺支付月息4%的高额利息。何某某为了牟利，以房产证、土地使用

---

① 参见四川省雅安市中级人民法院（2016）川刑终字第21号刑事判决书。

证作抵押，并在任某某的帮助下虚构事实，以房屋装修的名义伪造了《装修工程施工合同》，向中国工商银行雅安分行申请贷款15万元。2011年5月17日，中国工商银行雅安分行按约定将该笔贷款全额发放至任某某的个人账户。任某某向何某某出具了借条。2011年5月至2013年8月，何某某按月以4分利息（每月6000元）计算，28个月共收取任某某利息16.8万元，扣除归还银行的同期利息22,610.38元，何某某实际获利145,389.62元。

原审法院认为：被告人何某某的行为构成高利转贷罪，案发后有自首情节，据此以高利转贷罪判处何某某拘役6个月，缓刑1年，并处一倍罚金145,389.62元等。

二审法院认为：上诉人何某某以牟利为目的，套取金融机构信贷资金高利转贷他人，获得违法所得145,389.62元，其行为构成高利转贷罪，依法应予惩处。但（2015）天全刑初字第38号刑事判决在抵扣何某某转贷给任某某本金15万元后追缴剩余的利息1.8万元，实际上已将本案何某某高利转贷的违法所得145,389.62元作了处理，原判再对违法所得145,389.62元予以追缴属于重复处理，应予纠正。

典型案例2-17：蒋某诉张某民间借贷纠纷一案①

张某借到蒋某名下额度为3万元的银行信用卡一张，同日张某为蒋某出具证明一份，内容："今借到蒋某信用卡额度三万元整，借款期限为一年，利息1.5分，到期本金利息共计叁万肆仟伍佰元整。借款人：张某"。截至2018年，被告张某共拖欠银行欠款34,000元。同日，原告蒋某向被告张某索回该卡后，在中国农业银行通过转账的方式偿还了上述欠款34,000元。其后，蒋某多次向张某讨要

---

① 参见《邯郸市中级人民法院发布弘扬社会主义核心价值观十大典型民事案例之五：蒋某诉张某民间借贷纠纷一案——出借信用卡收取高息合同无效案》，载北大法宝网2020年12月31日，https://www.pkulaw.com/pfnl/c05aeed05a57db0acf29fc3d400b5b8f4ef5414f6419b864bdfb.html，2022年4月6日访问。

上述款项，张某均未予偿还。在庭审过程中，张某对上述事实均不持异议，但是表示暂时无力向原告蒋某还款，并拒绝向其支付相应利息。

法院认为，蒋某将自己名下的银行信用卡出借给张某使用，其标的是信用卡，借用信用卡本身并不能构成有效的民间借贷关系。且蒋某向张某出借信用卡并约定收取利息，该行为实际上是蒋某向银行套取信贷资金后又转贷给张某牟利，张某对此是明知的，因此该行为符合2015年实施的《民间借贷司法解释》第14条第1款关于借贷合同无效的规定：套取金融机构信贷资金又高利转贷给借款人，且借款人事先知道或者应当知道的，人民法院应当认定民间借贷合同无效。故蒋某的出借行为不受法律保护，双方借贷合同无效。

蒋某偿还被告张某拖欠的银行欠款34,000元后，虽然双方的借贷关系无效，但是原、被告之间的债权债务事实依然存在，蒋某因偿还张某借款所受损失应依法由张某承担相应责任，故被告张某因借款合同取得的财产，应当予以返还，但不需要向蒋某支付约定利息。

第四节　骗取贷款、票据承兑、金融票证罪

第一百七十五条之一　【骗取贷款、票据承兑、金融票证罪】以欺骗手段取得银行或者其他金融机构贷款、票据承兑、信用证、保函等，给银行或者其他金融机构造成重大损失的，处三年以下有期徒刑或者拘役，并处或者单处罚金；给银行或者其他金融机构造成特别重大损失或者有其他特别严重情节的，处三年以上七年以下有期徒刑，并处罚金。

单位犯前款罪的，对单位判处罚金，并对其直接负责的主管人员和其他直接责任人员，依照前款的规定处罚。

罪名解析

1. 法条修改情况

骗取贷款、票据承兑、金融票证罪是《刑法修正案（六）》第 10 条新增设的罪名。之所以增设该罪，是因为实践中大量存在以欺骗手段取得银行或者其他金融机构贷款、票据承兑、信用证、保函等情况，由于行为人并非以占有为目的而是以使用为目的滥用这些贷款、票据承兑、信用证、保函等，所以即使给银行或者其他金融机构造成了重大损失，也无法按贷款诈骗罪等对行为人进行处罚，从而可能会客观上放纵一部分具有较为严重社会危害性的行为，且其中有些行为甚至可能危害国家金融安全。鉴于此，2006 年 6 月 29 日十届全国人大常委会第

二十二次会议通过了《刑法修正案（六）》，在《刑法》第175条后增加一条，作为《刑法》第175条之一，明确将骗取银行或其他金融机构贷款、票据承兑、信用证、保函等行为纳入了刑法的调整范围，并将该罪的入罪标准规定为"造成重大损失或者有其他严重情节"。然而《刑法修正案（六）》实施后对于该罪出现很大争议，主要集中在该罪入罪标准过于宽泛会导致刑民边界不清、该罪与诈骗犯罪难以区分、该罪属于结果犯还是行为犯等方面。为此，《关于〈中华人民共和国刑法修正案（十一）（草案）〉的说明》中指出，"修改骗取贷款、票据承兑、金融票证罪入罪门槛规定，对由于'融资门槛高''融资难'等原因，民营企业因生产经营需要，在融资过程中虽然有一些违规行为，但并没有诈骗目的，最后未给银行造成重大损失的，一般不作为犯罪处理"。此后，《刑法修正案（十一）》删除了"其他严重情节"的入罪标准，将本罪的入罪标准最终限定为造成了银行等金融机构的实际损失。上述入罪标准的修改实际上提高了入罪门槛，但这种修改一定程度上回应了上述争议，一定程度上扭转了刑民边界不清的局面，体现了防范化解金融风险和推动金融市场平稳发展的立法立场。

2. 犯罪构成要件

（1）本罪的客体

本罪所侵犯的客体是国家贷款管理制度，具体而言是国家贷款发放制度和贷款专用制度。行为人骗取贷款的行为在客观上使银行等金融机构违背了真实意图而暂时交付了属于银行管理的资金，从而影响银行等金融机构的放贷业务和相关金融业务的正常进行，并进一步破坏我国金融秩序的稳定和正常运作。所以骗取贷款的行为会同时侵犯合法放贷机构对于贷款资金的使用和处分的权利以及国家的金融管理制度。法条中列举了贷款等几种信用形式。贷款是银行或其他金融机构按一定利率和必须归还等条件出借货币资金的一种信用活动形式。票据承兑，是指银行作为付款人，根据承兑申请人（出票人）的申请承诺对有效商业汇票按约定的日期向收款人或被背书人无条件支付汇票款的行为。所谓信用证，是指银行用以保证买方或进口方有支付能力的凭证。所谓保函，是指银行应商业合约或经济关系中的一方（申请人）的要求，以自身的信誉向商业合约或经济关系中的另一方（受益人）出具的，担保申请人或被担保人履行某种责任或义务的一种具有一定金额、一定限额、承担某种支付责任或经济赔偿责任的书面付款保证承诺。这里的"等"应该是指与信用证、保函性质相似的金融票证，包括票据、存单、资信证明、银行结算凭证等。换言之，凡是金融票据和凭证都可以成为本罪的对象。受篇幅所限，此处重点讨论骗取贷款罪。

（2）本罪的客观方面

本罪在客观方面要求具备两个要素：一为行为人通过欺骗手段获得贷款；二为该行为必须给银行或者其他金融机构造成重大损失。欺骗是手段，既包括向银行等金融机构虚构投资项目、虚设抵押物或者虚构担保人，也包括虚夸抵押物价值等，取得贷款是目的，两者之间应当具有骗取贷款罪特有的因果关系。骗取贷款罪的行为流程为：行为人在向银行或者其他金融机构申请贷款时实施了提供虚假材料、进行虚假陈述、未按申请用途使用贷款（高利转贷除外）等行为——上述欺诈行为致使银行或者其他金融机构对借款人资信状况、还款能力产生错误认识——银行或者其他金融机构基于错误认识而将本来一旦知晓真实情况就会基于风险控制而不应该贷给行为人的贷款发放给行为人——行为人取得银行或者其他金融机构的贷款——银行或者其他金融机构受到损失。重大损失是客观标准。如果没有造成银行等金融机构重大损失，即使行为人在向银行等金融机构贷款过程中使用了欺骗手段获得资金，仍不应以本罪论处，至于是否构成高利转贷罪等罪另论。判断损失何时构成时不能直接以贷款未能按期归还为标准。如果有担保应当以担保实现为标准，即担保得以有效实现则不构成损失；担保未得以有效实现则构成损失。如果没有担保应当合理延长履行期限，期限届满后仍未归还贷款，则无须再以提起诉讼等方式确定损失即可认定构成损失。当然，对于案发后行为人能以退赃、退赔等方式弥补损失的，依法可以从宽处罚。

(3) 本罪的主体

本罪的犯罪主体有两类：自然人和单位。自然人主体又分为一般主体和特殊主体。本罪的自然人主体一般是申请贷款、票据承兑、信用证、保函等金融信用的自然人；特殊主体，指除了具有一般自然人主体所要求的成立要件之外，还必须具有某些犯罪所要求的特殊的身份，本罪主要指银行或其他金融机构的工作人员。

(4) 本罪的主观方面

从申请主体的角度来看，本罪的主观方面表现为故意，亦即行为人在实施行为时应当具有使用虚假信息来获取贷款的故意。然而，在行为人实施骗取贷款行为的过程中，上述故意会受到各种主客观因素的影响而发生转化，即可能由非法占用目的转向非法占有目的或者转贷牟利目的，或者反方向为之，即由非法占有目的、转贷牟利目的这些特定的目的转向非法占用目的（至于非法占有目的与转贷牟利目的之间相互转化的情形在所不论）。主观方面的不同决定了罪名的不同，因此，正确把握骗取贷款行为中行为人犯意的转化，对于准确认定行为性质具有十分重要的意义。

从审批主体的角度来看，本罪的主观方面也可以由过失构成。已经预见到申请主体提交的申请书或者其他证明文件等不符合法律规定，可能会发生危害社会的后果，但是由于疏忽大意没有预见到，或已经预见到但轻信可以避免，以致实施了批准行为，最终导致危害社会的后果，这种情况下审批主体的主观心理状态为过失。

3. 刑事责任

自然人犯本罪的，处3年以下有期徒刑或者拘役，并处或者单处罚金；给银行或者其他金融机构造成特别重大损失或者有其他特别严重情节的，处3年以上

7年以下有期徒刑,并处罚金。根据《立案追诉标准(二)》第22条的规定,本罪的入罪标准为给银行或者其他金融机构造成直接经济损失数额在50万元以上。同时,由于《刑法修正案(十一)》仍保留了《刑法修正案(六)》中对本罪第二档刑罚中"有其他特别严重情节"的规定,故对于以下情形应当认定为"其他特别严重情节":①造成损失数额接近特别重大损失标准,且有多次骗取、采用行贿手段(不单独构成犯罪)骗取贷款、票据承兑、信用证、保函等情形的;②所涉贷款数额极其巨大,且给国家金融安全造成特别重大风险。

单位犯本罪适用双罚制,即对单位判处罚金,并对其直接负责的主管人员和其他直接责任人员,依照前述规定处罚。

司法精要

1. 本罪的罪与非罪

认定骗取贷款、票据承兑、金融票证罪时应当着重从以下三个方面区分:第一,行为人主观上是否存在犯罪的故意。认定行为人主观上的犯罪故意,主要看行为人是否具有通过欺诈手段获取贷款、票据承兑、金融票证的目的。如果行为人为了取得贷款、票据承兑、金融票证,而蓄意采取虚构事实、隐瞒真相的方法欺骗银行或其他金融机构,就可以说明行为人具有欺诈的故意。如果行为人向银行或者其他金融机构提交的材料或陈述不是完全实事求是,内容与客观真相不一致,但是行为人内心没有欺诈获取金融机构信任的意图,不能认为行为人具有欺诈的目的和意图,不能以骗取贷款、票据承兑、金融票证罪论处。第二,应当从行为人的客观表现形式来判断是否构成骗取贷款、票据承兑、金融票证罪。这方面主要考察行为人的欺诈程度,即行为人采取的方法和手段是否足以使银行或其他金融机构发生错误认识,行为人提供不真实材料的来源,获取渠道以及不真实材料的可信度。如果行为人提供的材料按照一般常识都能辨别出不能作为获取贷款、票据承兑、金融票证的依据，行为人对这些不真实的材料并没有进行掩饰、篡改，说明行为人本意并没有采取欺诈手段的故意，而是由于金融机构没有进行严格审查所致，所以不能以骗取贷款、票据承兑、金融票证罪论处。第三，是否给银行或其他金融机构造成严重损失。本罪属于结果犯，没有发生严重危害结果的行为，不构成犯罪。行为人的行为只有使银行或其他金融机构造成重大损失或者具有其他严重情节的情形才能以犯罪论处。

2. 本罪与贷款诈骗罪的区分

本罪与贷款诈骗罪具有一定的相似之处：一为犯罪对象相同，均为金融机构的贷款；二为客观方面取得贷款的手段相同，均是以欺骗手段取得金融机构的贷款。同时，两罪的区别也十分明显：两罪最大的区别就在于主观目的的不同。前罪是非法占有的目的，而后者是非法占用的目的。在司法实践中，认定行为人主观上是非法占用的目的，还是非法占有的目的，则是困扰司法实践的长久难题。从原则上讲，我们既不能仅凭口供主观归罪，也不能仅凭客观危害客观归罪，而是应当坚持主客观相一致的原则，根据案件的具体情况，综合骗取贷款的目的和用途、单位的经济能力和经营状况、造成的后果、案发后的归还能力等多方面因素作出判断。结合目前的司法实践和司法解释，可以从以下三个方面进行判断：

第一，贷款的用途。不同的贷款用途反映行为人不同的主观故意和主观目的。如果行为人骗取贷款后将贷款用于生产经营，或者大部分资金是用于生产经营，则表明行为人不具有不返还贷款的恶意，从而也就不能认定行为人具有非法占有贷款的目的，因此，应当考虑对行为人以骗取贷款罪定罪量刑。当然，同样是用于经营活动，还应当进一步分析经营活动的性质。如果是用于风险较低、较为稳健的经营活动，认定为骗取贷款罪的可能性更大；如果骗取的贷款是用于风险很高的经营活动，则也不能排除认定为贷款诈骗罪或者合同诈骗罪的可能性。相反，如果行为人骗取贷款后用于个人挥霍、偿还个人债务、"拆东墙补西墙"等，则表明行为人具有不返还贷款的恶意，进而可以认定其具有非法占有贷款的目的，故应当考虑对其以贷款诈骗罪或者合同诈骗罪定罪量刑。

第二，犯罪主体的经济能力和经营状况。如果犯罪主体有正常的业务，经济能力较强，在骗取贷款时具有偿还能力，则对其认定为骗取贷款罪的可能性更大；如果犯罪主体本身就是一个通过虚报注册资本、虚假注册成立的公司，或者已经是资不抵债的公司，抑或是根本没有正常稳定的业务的公司，则对其以合同诈骗罪认定的可能性更大。

第三，造成经济损失的原因。无论是贷款诈骗罪还是骗取贷款罪，案发后都面临一个问题：是否能归还贷款。如果行为人能积极筹集资金并实际归还全部或者大部分贷款，则不可能认定为贷款诈骗罪。同时，由于未归还的贷款数额可能达不到骗取贷款罪的入罪标准，往往也很难认定为骗取贷款罪。如果在期限届满后，行为人仍未归还全部或者大部分贷款，则有必要考虑经济损失的大小。当然，造成一定的经济损失并不意味着可以直接以骗取贷款罪或者贷款诈骗罪定罪量刑，因为两罪事实上都会造成一定的经济损失。那么，此时需要重点审查的是造成经济损失的原因和行为人对于经济损失的态度。如果经济损失是行为人恶意造成的，那么可以认定行为人具有非法占有目的。所谓恶意，是指行为人故意使自己无能力归还贷款，既表现为肆意挥霍贷款、将贷款用于违法犯罪活动，又表现为抽逃、转移、隐匿财产，又表现为携款潜逃、拒不交代资金去向，还表现为隐匿、销毁账目、假破产、假倒闭等。就逻辑而言，除此之外的情形都应当认定为不具有非法占有目的，即可以骗取贷款罪论处。

3. 本罪中牵连犯的处理

行为人为骗取贷款，伪造国家机关公文、证件、印章或公司、企业、事业单位、人民团体印章，伪造、变造身份证件，或者伪造、变造金融票证，同时构成骗取贷款罪和《刑法》第280条规定的伪造、变造、买卖国家机关公文、证件、印章罪，伪造公司、企业、事业单位、人民团体印章罪，伪造、变造、买卖身份证件罪或者第177条规定的伪造、变造金融票证罪的，属于手段行为与目的行为相牵连的牵连犯，根据刑法理论，一般按照处罚较重的罪名定罪处罚。如果骗取贷款的行为不构成犯罪，但手段行为构成犯罪的，则依照《刑法》第280条或者第177条的规定定罪处罚。为骗取贷款，中介组织人员故意提供虚假证明文件为行为人提供帮助，同时构成骗取贷款罪和《刑法》第229条规定的提供虚假证明文件罪的，也属于牵连犯，一般按照处罚较重的罪名定罪处罚。如果骗取贷款的行为不构成犯罪，但手段行为构成犯罪的，则应当依照《刑法》第229条的规定定罪处罚。

4. 金融机构工作人员明知被告人提供虚假的贷款资料而予以贷款能否认定为骗取贷款罪

虽然本罪的犯罪对象是金融机构，但由于贷款业务是由金融机构的具体工作人员经办，故行为人所实施的骗贷行为的直接作用对象是金融机构中经办贷款业务的具体工作人员。由此可知，如果金融机构工作人员明知行为人提供虚假的贷款资料而予以放贷，则行为人不构成本罪。

5. 借款人提供了真实足额担保不致于给银行造成损失是否构成本罪

由于构成本罪需要出现重大损失的结果，而借款人提供了真实足额担保则不会造成重大损失的结果，故此情形下借款人不构成本罪。然而，由于实现担保需要一个过程，因此，重大损失的确定亦应当是一个动态过程，既要在贷款未能按期归还时重点审查担保情况，又要在追诉过程中审查担保实现情况。一旦出现了担保实际兑现情形的，应当根据是否能够弥补贷款本利等判断金融机构是否存在实际损失。

6. 本罪中的金融机构界定

本罪中的金融机构界定与前述擅自设立金融机构罪中的金融机构界定相同。

合规指引

1. 合规要求

（1）民事司法领域合规

根据《贷款通则》等民事法律的规定，借款人应当如实提供贷款人要求的资料（法律规定不能提供者除外），应当向贷款人如实提供所有开户行、帐号及存贷款余额情况，配合贷款人的调查、审查和检查；应当接受贷款人对其使用信贷资金情况和有关生产经营、财务活动的监督；应当按借款合同约定用途使用贷款；应当按借款合同约定及时清偿贷款本息；将债务全部或部分转让给第三人的，应当取得贷款人的同意；有危及贷款人债权安全情况时，应当及时通知贷款人，同时采取保全措施。

借款人不得在一个贷款人同一辖区内的两个或两个以上同级分支机构取得贷款。不得向贷款人提供虚假的或者隐瞒重要事实的资产负债表、损益表等。不得用贷款从事股本权益性投资，国家另有规定的除外。不得用贷款在有价证券、期货等方面从事投机经营。除依法取得经营房地产资格的借款人以外，不得用贷款经营房地产业务；依法取得经营房地产资格的借款人，不得用贷款从事房地产投机。不得套取贷款用于借贷牟取非法收入。不得违反国家外汇管理规定使用外币贷款。不得采取欺诈手段骗取贷款。

（2）刑事司法领域合规

目前，关于"欺骗手段"认定标准不一。有观点认为只要造假一律定骗取贷款罪,当前的司法实践主流观点对此持否定态度。如公司申请贷款的过程当中,对财务报表、经营流水、可行性分析报告、项目策划书等进行美化,一定程度上夸大公司经营实力,当这些美化和夸大并不是银行同意发放贷款的决定性因素时,则不应认定为《刑法》第175条之一所规定的欺骗手段。实践中,骗取贷款罪中的欺骗主要有以下几种类型:一是伪造身份,取得以特定身份为发放条件的贷款;二是就贷款用途进行欺骗,影响银行对资金使用安全的监管;三是就还款能力进行欺骗,如财务状况、征信记录等。有观点认为,并不是任何虚假手段都符合骗取贷款罪的构成要件,只有当虚假手段属于《刑法》第193条规定的内容,并且达到足以使金融机构工作人员原本不应发放的贷款发放给行为人时,才能认定该行为符合骗取贷款罪的构成要件。另有观点认为,骗取贷款罪中以欺骗手段取得的含义跟高利转贷罪中的套取应该是一致的,而不应该跟贷款诈骗罪当中的骗取贷款一致。同时有些地方结合当地实际,根据法律规定也对欺骗手段作出了相关规定,其中浙江省《关于办理骗取贷款票据承兑、金融票证罪有关法律适用问题的会议纪要》对欺骗手段就进行了明确规定。该纪要规定:"行为人编造虚假的资信证明、资金用途、抵押物价值等虚假材料,导致银行或者其他金融机构高估其资信现状的,可以认定为使用欺骗手段。"虽然该规定并非司法解释,在全国范围内没有普适性,但是对于没有制定地方性规定的,可以参照理解。因此,在对于"欺骗手段"判断标准不一的情形下,企业为融资需求应尽量提供真实材料,避免过度美化、夸大事实。

根据《贷款通则》第20条的规定,借款人不得用贷款从事股本权益性投资,国家另有规定的除外;不得用贷款在有价证券、期货等方面从事投机经营。除依法取得经营房地产资格的借款人以外,不得用贷款经营房地产业务;依法取得经营房地产资格的借款人,不得用贷款从事房地产投机;不得套取贷款用于借贷牟取非法收入。如果借款人擅自改变贷款用途,从事股票期货、赌博等投机经营和违法经营活动,使贷款资金处于无法收回的重大危险中,给银行等金融机构造成重大损失的,则欺骗手段的性质达到情节严重的程度,依法论罪处刑。

企业若能提供足额的、真实的担保,那么一般不能认定为存在欺骗,但司法实践中还是要实质把握。担保权的实现往往需要较长的周期,特别是有些担保形式上足额、权利也真实(如以应收债权为担保),但实质上难以履行到位,会对金融机构资金正常运行造成严重影响。以这样的担保取得贷款,事实上挤占了其他一些具有营利能力、资信良好的个人或者公司使用这笔贷款的机会,所以对于金融管理秩序的破坏还是客观存在的。另外,也要考虑担保权实现的效果,在已经穷尽救济手段的情况下,金融机构还是无法实现担保权的,那么即便存在一个真实、足额的担保,相关企业可能还会构成犯罪。因此,企业在提供担保时应当注重担保实现的可能性。

2. 合规风险

在民营企业家的犯罪体系中,融资类犯罪尤为突出,主要涉及非法集资类犯罪、骗取贷款罪、贷款诈骗罪、合同诈骗罪等,其中骗取贷款罪是很多民营企业家的犯罪高发罪名,是悬在民营企业家头上的"达摩克利斯之剑"。

骗取贷款类刑民交叉案件,是指因骗取贷款或贷款诈骗行为同时牵涉刑事法律关系和民事法律关系,刑法、民法都对该法律事实存在相应规定,导致发生刑事和民事的法律适用相互交叉、牵连及相互影响的案件。司法实践中这种交叉时常发生。2019年11月8日,最高人民法院在其发布的《九民纪要》中曾明确,关于民刑交叉问题,鉴于民事诉讼与刑事诉讼具有不同的程序和职能,分开审理是原则。但民事案件与刑事案件涉及"同一事实"的,原则上应通过刑事诉讼方式解决。可从行为主体、法律关系以及要件事实三个方面认定是否属于"同一事实"。具体在骗取贷款类民刑交叉案件中:实施犯罪行为的主体往往同时也是金融借贷民事行为的主体,骗取贷款类的犯罪人和受害人亦是金融借贷民事法律关系的相对人,贷款纠纷案件的争议事实同时也是构成骗取贷款类犯罪的要件事实，符合"同一事实"的认定标准。

在民刑交叉案件中，民事案件与刑事案件在保护法益、责任形式、举证责任承担等方面均存在不同。具体而言，刑法的目的是规制和惩罚犯罪行为，体现的是国家与犯罪人之间的关系。而民法以平等主体的意思自治为基础，规范民事平等主体之间的关系，目的在于保护权利和救济损害，以保障民事交易的正常运行和发展。因同一法律事实分别产生刑事法律关系和民事法律关系的，构成刑事责任和民事责任的聚合，刑事责任的承担并不能否定民事责任的承担。当然，民刑交叉案件可能存在受害人因同时追究行为人民事责任和刑事责任而双重受偿的问题，最高人民法院认为可通过执行程序协调刑事退赔责任与民事责任等方式加以解决。在民事案件审理过程中，追赃款应从民事责任人的赔偿范围内予以扣减，来避免被害人双重受偿。

（1）刑事领域风险防范与合规

在金融机构方面，工作人员与客户勾结，使用虚假申请材料骗取金融机构贷款，给银行或者其他金融机构造成重大损失的，金融机构工作人员和客户可能构成骗取贷款罪的共犯。金融机构工作人员同时构成违法发放贷款罪的，按照两罪中处罚较重的罪名定罪处罚。工作人员没有与客户勾结的，分别按各自构成的罪名处理；工作人员与客户勾结，使用虚假申请材料骗取银行贷款，金融机构明知的，工作人员和客户均不构成骗取贷款罪，但如果骗取金融机构贷款，数额巨大或者造成重大损失，银行明知的，金融机构及其工作人员均构成违法发放贷款罪。

在贷款企业方面，本罪多发在民营企业经营管理过程中，在现金流不足的情况下，民营企业大多会采用向银行等金融机构贷款的融资模式，相较于通过发行证券募集资金，或者向特定、不特定人员集资的方式，贷款融资具有准入门槛低、融资成本低的优势，是民营企业进行融资的首选。但是，很多企业在贷款过程中，因对经营情况以及资金使用情况的把握不够精准，导致承担实施欺诈行为的风险，进而涉嫌贷款类犯罪，给企业经营带来严重打击。

具体而言，首先，由于涉及骗取贷款罪的司法解释一直未出台，导致各地司法机关对骗取贷款罪的规范认识并不统一，在司法适用过程中出现了诸多问题。如由于对骗取贷款罪因果关系要件的忽视，实践当中往往认为只要行为人提供了虚假材料，就属于欺骗行为，会忽略对因果关系要件的考量。其次，长期以来，民营企业融资难、融资贵的问题突出，银行贷款程序复杂、门槛高，很多民营企业为了满足银行放贷的形式要求，面对银行苛刻的条件都会或多或少提交一些经过"加工"的资料，难以经住刑法的考验。这两方面因素叠加，使骗取贷款罪成为民营企业涉刑的高频罪名。

（2）民事领域风险防范与合规

①贷款合同的效力认定。

第一，双方以虚假意思表示订立的贷款合同无效。骗取贷款案件中，导致贷款合同无效的常见情形为金融机构工作人员与借款人合谋骗取金融机构贷款，或金融机构工作人员明知借款人实施贷款诈骗，仍利用职务便利或其他方式帮助其顺利取得贷款。上述工作人员的行为可能同时触犯违法发放贷款罪或骗取贷款类犯罪的共犯，但贷款合同作为民事法律行为，其效力问题应当交由民事法律判定。《民法典》出台后，"以合法形式掩盖非法目的"被"以虚假的意思表示隐藏的民事法律行为的效力，依照有关法律规定处理"（以下简称通谋虚伪）所取代。通谋虚伪其实高度涵盖了"以合法形式掩盖非法目的"。当事人以虚假形式掩盖隐匿的真实的民事法律行为，其虚假的表面行为一定无效，欲掩盖的真实法律行为则根据《民法典》对合同效力的规定进一步判断。

在借款人和金融机构共同骗取贷款的情形下，贷款合同并非双方的真实意思表示，因属于双方虚假意思表示而无效。而贷款合同所掩盖的民事法律行为，是相互勾结从金融机构处骗取贷款，属于"恶意串通损害他人合法权益"的情况，也归于无效。

贷款合同被认定无效后，各方除了按照生效的刑事判决承担刑事责任，还应当根据《民法典》第157条规定承担相应的民事责任，借款人应当向金融机构返还取得的钱款，并赔偿受损害方为维护其合法权益而支出的费用。资金被占用的损失，法院可根据金融机构和借款人的过错比例，确定相关计算标准，由金融机构和借款人共同承担。

第二，单方欺诈，且金融机构不知情的，贷款合同可撤销。若贷款合同不存在无效情形，则进一步判断其是否属于《民法典》第148条规定的"一方以欺诈手段，使对方在违背真实意思的情况下"订立的可撤销合同。如果金融机构因借款人的欺诈行为，违背真实意思签订了贷款合同，金融机构作为受欺诈方有权请求法院或仲裁机构撤销该合同。

若金融机构主张撤销，则贷款合同自始无效，担保合同作为从合同亦无效，各方根据《民法典》第157条规定承担相应的民事责任，具体责任承担可见下文针对担保合同的分析。若金融机构不主张撤销，贷款合同仍属有效合同，借款人应当按约还本付息。

第三，冒名贷款属无权代理，未经被冒名人追认的，对被冒名人不发生效力。实践中，常有犯罪人为骗取银行贷款，通过伪造签字等手段，冒用他人身份与金融机构签订贷款或担保合同，使被冒名人莫名背上巨额债务的情形。被冒名人对此不知情，且并未在事前授权犯罪人代理其向银行申请贷款或办理担保的，犯罪人冒名贷款、担保的行为属无权代理。

若案涉贷款合同不存在本身无效或因金融机构主张撤销而无效的情形，则被冒名人与金融机构间的贷款合同效力待定。根据《民法典》第171条规定，冒名人没有代理权、超越代理权或代理权终止后，仍然实施代理行为未经被冒名人追认的，除非被冒名人明确表示追认、已经开始履行合同义务或接受相对人履行该合同，无权代理产生的合同自始对被代理人不发生效力。犯罪人实施的无权代理行为未被追认的，金融机构不知道也不应当知道借款人或担保人存在被冒名情况的，有权请求犯罪人履行债务或者就其受到的损害请求犯罪人赔偿。金融机构知道或应当知道借款人或担保人存在被冒名情况的,金融机构和犯罪人按照各自的过错向被冒名人承担损害赔偿责任。

②担保合同的效力认定。

第一,贷款合同无效时,担保合同作为从合同亦无效。为保证贷款及利息的偿还,金融机构往往要求借款人提供相应担保。《民法典》第388条规定和《民法典担保解释》第2条进一步明确了担保的从属性,而其独立性只能由法律规定的原则。

因此,一般情况下担保合同随主合同无效而无效。在法律有特殊规定的情形下,担保合同可不受主合同效力的影响,独立存在,如因金融机构开立的独立保函。

担保合同被确认无效后,不存在担保义务的履行问题。贷款合同无效导致担保合同无效时第三方担保人赔偿责任的承担,应当按照《民法典担保解释》第17条第2款的规定,根据其对主合同无效有无过错确定。

第二,贷款合同有效时,担保合同的效力认定。贷款合同有效时,如担保合同不存在合同无效且不存在效力瑕疵而被撤销的法定情形,则担保合同有效,担保人需向金融机构承担担保责任。若担保合同无效,则应依据《民法典担保解释》第17条第1款的规定,视债权人和担保人对担保合同无效是否存在过错,确定第三方担保人是否承担相应的赔偿责任。

3. 合规建议

(1) 设立专门风险评估机构

出于市场、政策抑或自身操作等各种原因,企业资金链断裂无法按期归还银行贷款的情况时有发生。银行在启动调查时一旦发现申请材料存在虚假,申请人将可能因涉嫌骗取贷款罪面临刑事追诉。骗取贷款罪成了悬在企业家头上的"达摩克利斯之剑",随时可能指向企业家。在外部环境日益公正与透明的情况下,对民营企业的合规管理也提出了更高的要求,民营企业的发展,不但应注重发展速度,也应该注重发展质量,警惕法律红线。

因此,企业有必要设立专门风险评估机构按时进行风险评估,在贷款时仔细审查申请材料,必要时提供真实足额担保,合理使用贷款资金,以防企业被卷入刑事诉讼当中。

(2)完善企业内部规章制度

合规管理体系落地离不开制度建设,缺失了制度体系的合规管理犹如无本之木、无源之水,判断是否"合"规的前提是"有"规,也即只有先明确规范公司行为的外部法律法规和公司运营管理的内部依据,才能判断是否"合"规。因此,如何完善内部规章制度,建立对外衔接法律法规、对内明细员工行为准则的制度体系,方是企业合规管理的前提和基础。

监管政策和规范

2010年2月12日,为规范银行业金融机构流动资金贷款业务经营行为,加强流动资金贷款审慎经营管理,促进流动资金贷款业务健康发展已撤销的中国银行业监督管理委员会发布《流动资金贷款管理暂行办法》,对银行业金融机构发放流动贷款作出了详细规定。2010年6月4日,为切实防范风险,促进商业银行加强对集团客户授信业务的风险管理,已撤销的中国银行业监督管理委员会发布了《商业银行集团客户授信业务风险管理指引》。

2018年1月16日,最高人民法院、最高人民检察院、公安部、司法部印发《关于办理黑恶势力犯罪案件若干问题的指导意见》,要求依法打击非法放贷讨债的犯罪活动。在民间借贷活动中,如有擅自设立金融机构、非法吸收公众存款、骗取贷款、套取金融机构资金发放高利贷以及为强索债务而实施故意杀人、故意伤害、非法拘禁、故意毁坏财物等行为的,应当按照具体犯罪侦查、起诉、审判。

依法符合数罪并罚条件的，应当并罚。

2019年10月21日，最高人民法院、最高人民检察院、公安部、司法部印发《关于办理非法放贷刑事案件若干问题的意见》，规定为从事非法放贷活动，实施擅自设立金融机构、套取金融机构资金高利转贷、骗取贷款、非法吸收公众存款等行为，构成犯罪的，应当择一重罪处罚。

2020年6月28日，全国人大常委会法制工作委员会发布《关于〈中华人民共和国刑法修正案（十一）（草案）〉的说明》，该说明指出，为进一步加强企业产权保护和优化营商环境，"修改骗取贷款、票据承兑、金融票证罪入罪门槛规定，对由于'融资门槛高'、'融资难'等原因，民营企业因生产经营需要，在融资过程中虽然有一些违规行为，但并没有诈骗目的，最后未给银行造成重大损失的，一般不作为犯罪处理。"

2020年7月《最高人民检察院关于充分发挥检察职能服务保障"六稳""六保"的意见》指出，"在办理骗取贷款等犯罪案件时，充分考虑企业'融资难''融资贵'的实际情况，注意从借款人采取的欺骗手段是否属于明显虚构事实或者隐瞒真相，是否与银行工作人员合谋、受其指使，是否非法影响银行放贷决策、危及信贷资金安全，是否造成重大损失等方面，合理判断其行为危害性，不苛求企业等借款人。对于借款人因生产经营需要，在贷款过程中虽有违规行为，但未造成实际损失的，一般不作为犯罪处理。对于借款人采取欺骗手段获取贷款，虽给银行造成损失，但证据不足以认定借款人有非法占有目的的，不能以贷款诈骗罪定性处理"。

2020年8月25日，最高人民法院关于政协十三届全国委员会第三次会议第2334号（政治法律类294号）提案答复的函中提到，最高人民法院正在对骗取贷款类犯罪法律适用问题进行专题调研，已将相关司法解释纳入2020年司法解释立项计划，将在总结实践经验、充分调研论证的基础上，会同最高人民检察院适时出台司法解释，进一步明确骗取贷款罪定罪量刑标准和政策把握问题，并以发布典型案例等方式，加强审判指导，统一裁判标准，确保正确适用法律和刑罚效果。

典型案例

典型案例 2-18：江某昌骗取贷款案[①]

2012 年 1 月 6 日，被告人江某昌作为上海航旭投资集团有限公司（以下简称航旭公司）法定代表人，以公司名义向上海闵行九星小额贷款股份有限公司（以下简称九星小贷公司）申请贷款用于购买钢材，并提供了与上海屹荣实业有限公司（以下简称屹荣公司）虚假签订的钢材供销合同，虚报公司财务状况。同年 1 月 13 日，航旭公司取得九星小贷公司 600 万元贷款后，即用于归还航旭公司及其控股的其他公司的贷款和债务。同年 2 月至 7 月，航旭公司支付利息 61.72 万元，其余款息至今仍未归还，给九星小贷公司造成损失达 538.28 万元。

原审法院认为，被告单位航旭公司及其直接负责的主管人员被告人江某昌以欺骗手段取得金融机构贷款，给金融机构造成损失达 538 万余元，造成特别重大损失，其行为均构成骗取贷款罪。被告单位及被告人均具有自首情节，依法可以减轻处罚。据此，依照《刑法》第 175 条之一、第 67 条第 1 款、第 52 条、第 53 条、第 64 条之规定，判决如下：（1）被告单位航旭公司犯骗取贷款罪，判处罚金 10 万元；（2）被告人江某昌犯骗取贷款罪，判处有期徒刑 2 年，并处罚金 6 万元；（3）追缴被告单位及被告人的违法所得发还被害单位上海闵行九星小贷公司。

一审宣判后，被告人江某昌不服，以其行为不构成犯罪为由提起上诉。其辩护人除同意该上诉理由外，还提出根据《金融机构管理规定》（已失效）、《金融许可证管理办法》（已失效）的规定，小额贷款公司未取得金融许可证，不是金

[①] 参见《刑事审判参考》2014 年第 2 集（总第 97 集），第 960 号。

融机构，而是一般的工商企业，故江某昌的行为不构成骗取贷款罪。

二审法院认为，上诉人江某昌、原审被告单位航旭公司通过欺骗手段取得金融机构贷款，给金融机构造成特别重大损失达538万余元，其行为均构成骗取贷款罪。原审法院根据江某昌、航旭公司的犯罪事实、性质、情节及对社会的危害程度等所作判决并无不当，且审判程序合法，遂裁定驳回上诉，维持原判。

典型案例 2-19：陈某国骗取贷款案①

2006年10月至2010年11月，被告人陈某国以他人名义在原河南省罗山县农村信用合作联社山店信用社经信贷员方某彬、陈某、姚某勋、孟某鹏贷款115笔共计610.2万元，其中冒用他人名义贷款18笔共计84.5万元。2007年7月29日，陈某国以他人名义，在原东城信用社经信贷员孟某鲲贷款1笔50万元。2007年3月至2008年9月，陈某国以他人名义，在原涩港信用社经信贷员周某尤贷款5笔共计38万元。2008年6月30日，陈某国冒用张某枝、高某的名义担保，私刻二人印章，以虚假担保方式，从原莽张信用社贷款90万元。陈某国以他人名义贷款或者担保贷款将贷款领取后，到期未偿还贷款本金及利息。为应付信阳市清理冒名贷款的检查，原山店信用社的信贷员方某彬于2011年7月28日申请将经其发放给陈某国的贷款本息100万元转至其名下，并与罗山农村商业银行签订了借款合同。同日，陈某申请将经其发放给陈某国的贷款本息45万元转至其名下。同月27日，姚某勋申请将经其发放给陈某国的贷款本息70万元转至其名下。同月28日，孟某鹏申请将经其发放给陈某国的贷款本息200万元转至其名下；经其手发放的其余250万元，由陈某国申请转至陈某国本人名下。为担保转至信贷员方某彬、陈某、姚某勋名下的贷款，2011年7月24日，方某彬、陈某与陈某国签订了罗山县山店乡水电站、自来水经营管理使用权整体转让协议，协议约定如陈某国在2012年1月1日以前能够一次性偿还方某彬124.8万元借款、陈某52.3万

---

① 参见《刑事审判参考》2014年第2集（总第97集），第961号。

第二章 金融机构设立和存款管理类犯罪

元借款,则合同作废;如到期不能还清借款,合同当天生效。陈某国将响水潭水库的自来水、发电站经营权作价177.1万元交给方某彬、陈某。后因乡政府与陈某国在2006年6月19日签订的水电站、自来水的经营管理使用权整体转让协议上有限制转让的规定,所以方某彬、陈某未能实现水电站、自来水的经营权。

方某彬在陈某国既不还款,又无法取得水电站、自来水经营权的情况下,遂于2012年5月23日报案至罗山县公安局,称陈某国在事先未征得山店乡政府同意的情况下,将其承包的山店乡政府的自来水及水电站的经营权转让与其及该行另一信贷员陈某,并将陈某国冒名所贷的170余万元贷款转至其与陈某名下,由其二人承担还本付息义务。次日,罗山县公安局以陈某国贷款诈骗立案侦查。案发后(2012年12月18日),方某彬、陈某与陈某国又达成如下协议:以陈某国的水电站、自来水经营权抵偿177万元的本金;以陈某国山店陈楼周山路边造林作价抵偿利息中的10万元,余款17.31万元以陈某国的轿车作抵押及由许某军担保偿还。今后陈某国如能用现金一次性全部结清借款本金和利息,方某彬、陈某同意返还水电站、自来水经营权和陈楼周山路边的林地。2011年7月23日姚某勋与陈某国达成协议:陈某国向姚某勋借款793,521元,陈某国以郑州的房产作抵押。同时陈某国将其在郑州的房产的房产证交给了姚某勋。2011年7月23日,陈某国分别向方某彬、陈某、姚某勋出具了借到现金124.8万元、52.3万元、79.35万元的借条。2011年5月1日陈某国向孟某鹏出具了欠贷款479万元的欠条。后庭审审理时,方某彬、陈某、姚某勋均当庭证明将陈某国以他人名义的贷款转至其3人名下并非自愿的,而是迫于信阳市检查整改压力。姚某勋另证明转至其名下的贷款并非其本人的借款,应当由陈某国偿还。罗山农村商业银行称方某彬、陈某、姚某勋、孟某鹏与陈某国之间就陈某国以他人名义的贷款转到4人名下的行为是他们的个人行为,应当属于无效行为。陈某国以方某彬、陈某、姚某勋、孟某鹏的名义办理贷款至今未偿还贷款本金。

法院认为:《金融犯罪纪要》强调在司法实践中,认定是否具有非法占有为目的，应当坚持主客观相一致的原则，既要避免单纯根据损失结果客观归罪，也不能仅凭被告人自己的供述，而应当根据案件具体情况具体分析。结合司法实际，一般而言，对于行为人通过诈骗的方式非法获取资金，造成数额较大资金不能归还，并具有下列情形之一的，可以认定为具有非法占有的目的：(1) 明知没有归还能力而大量骗取资金；(2) 非法获取资金后逃跑的；(3) 肆意挥霍骗取资金的；(4) 使用骗取的资金进行违法犯罪活动的；(5) 抽逃、转移资金、隐匿财产，以逃避返还资金的；(6) 隐匿、销毁账目，或者搞假破产、假倒闭，以逃避返还资金的；(7) 其他非法占有资金、拒不返还的行为。将上述一般性经验法则具体运用到骗取贷款案件中，认定行为人主观上具有占有贷款的目的，必须具备以下条件：(1) 行为人是通过欺诈手段获取贷款，即行为人实施了《刑法》第193条规定的5项情形之一；(2) 行为人到期没有归还贷款；(3) 行为人贷款时即明知其不具有归还能力或者贷款后实施了某种特定行为，如实施了《金融犯罪纪要》规定的七种情形之一。如果行为人同时具备上述三个条件，就可以认定行为人主观上具有非法占有贷款的目的；如果行为人骗取贷款的行为欠缺上述三个条件之一，则一般不应认定其主观上具有非法占有贷款的目的，从而不能认定构成贷款诈骗罪。值得注意的是，骗取贷款罪与贷款诈骗罪可能相互转化，甚至可能导致案件性质从刑事转化为民事，民事转化为刑事。如行为人最初的动机是非法占有贷款，但在取得贷款以后将贷款用于正常的生产经营活动或者受到其他良好因素的影响，其当初的意图发生了变化，贷款期满即归还贷款，这种情形达到追究刑事责任数额标准或者情节标准的，构成骗取贷款罪，未达到刑事责任数额标准的，属于民事欺诈性质。反之，行为人取得贷款之前没有非法占有的意图，但在取得贷款后，客观行为表现出其主观上不愿归还贷款的情形，贷款期满后不予归还，达到数额较大的，则构成贷款诈骗罪。

基于上述分析，具体到本案中，被告人多次冒用他人名义贷款，冒用他人名义担保贷款，从查明的证据来看，陈某国骗取贷款后，确有开发周党步行街房产，山店林场、山店乡水电站、自来水经营管理权等投资项目。案发前，陈某国与经办的信贷员签订了转贷协议，并将其资产证件交付了信贷员，可以证明陈某国确有还款的意愿，其对取得的贷款并没有非法占有的意图，但其以欺骗手段取得银行或者其他金融机构贷款，给银行或者其他金融机构造成重大损失的行为应认定为骗取贷款罪。

据此，依照《刑法》第175条之一第1款、第64条之规定，以骗取贷款罪判处被告人陈某国有期徒刑3年，并处罚金5万元等。

典型案例2-20：张某某骗取贷款案①

2005年10月11日，被告人张某某从葫芦岛农村商业银行股份有限公司金星支行（原金星信用社，以下简称金星支行）转包土地220亩。该地是金星镇干河沟村及金星镇金星村发包给金星支行用于偿还两村欠该行贷款的土地。2006年1月至3月，张某某以自己的名义，采用联保担保方式，在金星支行贷款15万元，又采取冒用李某某、张某某、宋某某、李某某、任某某，魏某某、张某某、李某某、李某某、李某某等人的名义并互为担保的方式在该行贷款24笔共计120万元，一部分贷款被张某某用于给付金星支行土地承包金。张某某还分别于2009年、2010年、2011年办理转贷手续。截至案发，张某某所欠贷款本金135万元均未归还，给银行造成重大经济损失。

原审法院认为，被告人张某某目无国法，以欺骗手段取得银行贷款，给银行造成重大损失，其行为已构成骗取贷款罪，应依法惩处。被告人张某某采用冒用他人名义的欺骗手段从金星支行取得120万元贷款，并于2009年、2010年、2011年办理转贷手续，至今尚未偿还，给银行造成重大经济损失。鉴于被告人的犯罪情节属于轻微，不需要判处刑罚，依据《刑法》第175条之一、第37条、第64条之规定，判决被告人张某某犯骗取贷款罪，免予刑事处罚，退赔金星支行120

---

① 参见辽宁省葫芦岛市中级人民法院（2017）辽刑终字第107号刑事判决书。

万元。宣判后，张某某不服，提出上诉。

二审法院认定事实如下：2004年6月1日，为解决葫芦岛市金星村拖欠金星支行贷款问题，金星支行与葫芦岛市金星村签订土地承包合同，金星村将总计110亩土地的30年承包经营权以610,500元的价格发包给金星支行，该村应得的土地承包费610,500元直接用于抵顶金星村在金星支行的贷款本息。

2004年11月19日，为解决葫芦岛市干河村拖欠金星支行贷款问题，金星支行与葫芦岛市干河村签订土地承包合同，干河村将总计110亩土地的30年承包经营权以33万元的价格发包给金星支行，该村应得的土地承包费33万元直接用于抵顶金星村在金星支行的贷款本息。

金星支行取得金星村、干河村总计220亩土地承包经营权后，为尽快收回贷款本金，遂决定将此220亩土地对外发包。经该行信贷员刘某某与被告人张某某协商，张某某与金星支行于2004年11月19日及2005年10月11日分别签署转让协议，金星支行将此220亩土地转包给张某某经营30年，承包费总计940,500元并约定一次性付清。为解决土地承包费及建设大棚的资金问题，张某某遂决定在金星支行办理贷款，因当时金星支行个人贷款额度为5万元，张某某遂以自己的名义，采用联保担保方式，在金星支行，分三笔贷款共计15万元，又以李某某等17人的名义贷款24笔，总计金额120万元。时任金星支行信贷员的刘某某明知张某某使用他人名义进行贷款，仍为张某某办理贷款手续，时任金星支行行长的张某洋，明知张某某系使用他人名义贷款，仍然批准贷款发放。135万元贷款发放后，其中940,500元由金星支行直接划扣用于抵顶张某某的土地承包费并用于偿还原金星村及干河村在该行的贷款本息。剩余贷款409,500元由张某某进行生产经营使用。张某某于2008年5月29日偿还利息62,879.51元，2008年12月30日偿还利息1.1万元，2009年12月10日偿还利息1万元。后张某某以经营困难为由，未再向金星支行偿还本金及利息。2009年12月28日，经张某某申请，金星支行为其办理了转贷手续，将张某某以其本人名义及他人名义办理的贷款共计

135万元全部转贷至其父亲张绍某名下。后金星支行又于2010年10月31日、2011年7月29日两次办理转贷，将此135万元贷款转贷至张某某名下，张某某并未进行偿还。

二审法院认为，骗取贷款罪是指自然人和或者单位以欺骗手段取得银行或者其他金融机构贷款，给银行或者其他金融机构造成重大损失或者有其他严重情节的行为。其构成犯罪的前提必须具备欺骗手段，且该欺骗手段必须足以使金融机构产生错误认识，并在此错误认识的基础上发放贷款。该欺骗手段必须是针对金融机构的工作人员实施。上诉人张某某为承包金星支行土地而使用李某某等17人的名义从金星支行贷款24笔，总计金额120万元。该行为依法不能认定为骗取贷款罪，首先，根据金星支行工作人员张某洋、杨某某、牛某某等人证实及银行贷款档案、张某某还息说明等证据证实，张某某使用他人名义进行贷款的行为无论是当时金星支行具体办理贷款手续的信贷员刘某某，还是当时负责审批贷款的金星支行行长张某洋均为明知。在贷款发放后，张某某向金星支行支付相关利息，金星支行亦直接向张某某催收欠款，在贷款到期需办理转贷时，金星支行又将上述120万元贷款办理转贷至张某某亲属及张某某本人名下，综合上述证据，法院足以认定，金星支行在发放贷款及催缴贷款的过程中，对张某某以他人名义贷款的事实是明知的，没有产生错误认识，贷款也由张某某实际使用。现有证据不能认定张某某对金星支行的工作人员使用欺骗手段，不能认定上诉人张某某构成骗取贷款罪。其次，张某某从金星支行贷款的行为实行于2006年1月至3月，在张某某行为时，《刑法》尚未规定骗取贷款罪，故根据《刑法》第12条之规定，对张某某的行为亦不应追究其刑事责任。综上，原判认定事实错误，导致适用法律错误，依法应予改判。依照《刑事诉讼法》第200条、第234条、《刑法》第12条之规定，经审判委员会讨论决定，判决撤销原审判决，上诉人张某某无罪。

典型案例 2-21：王某、徐某良骗取贷款、票据承兑、金融票证案[1]

被告单位四川交大扬华科技有限公司（以下简称交大扬华公司）系四川三洲特种钢管制造有限公司（以下简称三洲特管公司）、四川三洲川化机核能设备制造有限公司的关联公司（以下简称三洲川化机公司），被告人王某任该公司副总经理兼财务部经理，全面负责该公司的财务工作，被告人徐某良任该公司总会计师。2010 年 3 月至 2012 年 10 月，为了帮助三洲特管公司、三洲川化机公司周转资金，经交大扬华公司实际控制人储某（同时系三洲特管公司和三洲川化机公司法定代表人、实际控制人）同意并提供部分担保，交大扬华公司伪造《购销合同》，以开具敞口银行承兑汇票的形式，分别从华夏银行天府支行、包商银行成都分行共计套取贷款 3.8092 亿元。此外，被告人王某、徐某良还以住友公司的名义，使用伪造的《购销合同》，通过开具敞口银行承兑汇票的形式，从重庆银行成都分行套取贷款 999.6 万元，以帮助三洲特管公司、三洲川化机公司周转资金。上述汇票经银行承兑后，被告人侯某兰根据王某、徐某良的安排，联系贴现，取得资金。对于前述汇票×××计 3.909,16 亿元的敞口贷款部分，均已于到期后结清。

原审法院认为：被告单位交大扬华公司及被告人王某、徐某良在银行机构开具敞口银行承兑汇票的过程中，确有使用虚假购销合同的欺骗手段，并且实际取得敞口贷款共计 3.909,16 亿元，但交大扬华公司、住友公司在重庆银行成都分行、华夏银行天府支行、包商银行成都分行办理的涉案敞口银行承兑汇票的还款凭证、中国人民银行征信中心出具的《企业信用报告》等证据证实，涉案的 3.909,16 亿元均已正常归还结清，未造成实质危害，可不以犯罪论处。理由如下：

首先，从（原）《立案追诉标准》的作用和效力来看，公诉机关据以认定被告单位交大扬华公司及被告人王某、徐某良、侯某兰构成骗取贷款罪的法律依据为（原）《立案追诉标准》第 27 条之规定。根据我国《刑事诉讼法》规定，公安

---

[1] 参见四川省高级人民法院（2016）川刑终字第 423 号刑事判决书。

机关刑事案件立案后的走向既可能移送检察院审查，也可能撤销案件；检察机关审查后既可能提起公诉，也可能作出不起诉的决定；检察机关提起公诉后，法院有可能作出有罪判决，也可能作出无罪判决。最高人民检察院和公安部颁布的《立案追诉标准（二）》明确规定该司法解释的执行主体是各级公安部门和检察院，并非法院；具体内容是应当进行立案侦查和审查起诉的各种情形，而非法院定罪处罚的依据。本案中，骗贷金额远超过立案标准，因此，侦查机关和公诉机关根据该司法解释进行立案侦查和审查起诉并无不当。但是否构成犯罪，法院应当根据查明的事实和证据，依照刑法规定和法理作出判决，而不能简单适用《立案追诉标准（二）》作为判决依据。

其次，从法律解释原理与方法来看，对骗取贷款罪中"其他严重情节"的适用不应包含单纯数额巨大，但未给金融机构造成损失的情形。体系解释是法律解释的重要方法之一，是指应将被解释的法律条文放在整部法律中乃至整个法律体系中，联系此法条与其他法条的相互关系来解释法律。因骗取贷款罪是《刑法修正案（六）》新增罪名，在规定罪状时直接使用了"造成重大损失或者有其他严重情节"的表述，对于"数额巨大"是否应属于"情节严重"，单纯从该罪名的规定来看，确属模棱两可。但结合《刑法修正案（六）》对于违规发放贷款罪和违规出具金融票证罪的修改，就可以作出仅仅"数额巨大"不应属于"情节严重"的解释。1997年《刑法》关于违规发放贷款罪使用的表述是"造成较大损失""造成重大损失"，《刑法修正案（六）》在制定时，认为对违法发放贷款行为，只要涉及的资金数额巨大就应当追究刑事责任，不考虑是否造成损失，所以将该罪的单一"造成损失"修改为"数额巨大或者造成重大损失"；1997年《刑法》关于违规出具金融票证罪使用的表述也是"造成较大损失""造成重大损失"，《刑法修正案（六）》在制定时，认为实践中对"损失"如何认定难以把握，例如是否只包括给银行或其他金融机构造成的直接经济损失，对其他单位和个人的经济损失，给金融机构造成的社会损失、声誉损失和信誉损失能否计算在内。非法出具信用证、保函、票据、资信证明，涉及金额巨大，但有的在发案时还尚未给金融机构造成经济损失，还是否需要追究刑事责任。因此，将该罪的"造成损失"修改为"情节严重"。这里"情节严重"所解决的，是针对部分损失难以认定的问题，而非完全没有损失的情形。所以，在《刑法修正案（六）》中，单纯的"数额巨大"与"情节严重"的含义是有所区别的，若骗取贷款罪中，仅仅数额巨大，未造成损失即可构罪，那么该罪应与违法发放贷款罪相同，直接采用更为明确具体的"数额巨大或者造成重大损失"的表述，既然在同一次修法时采用了"情节严重"，而非"数额巨大"，就说明二者含义应有不同，这里的"情节严重"应指有损失，但损失难以认定，或者可能有损失的情形。本案中完全按照规定时间正常还款的情形，不应认定为情节严重。综上所述，被告单位交大扬华公司及被告人王某、徐某良、侯某兰不构成骗取贷款罪。

二审法院针对上诉请求裁定驳回上诉，维持原判。

典型案例 2-22：王某、孟某、张某婷、张某、杨某静骗取贷款案[①]

被告人王某系天津海研机电公司的法定代表人及夏津万兴新能源有限公司（以下简称夏津新能源公司）的实际控制人。被告人杨某静系王某之妻，负责天津海研机电公司及夏津新能源公司的资金管理。2013年7月，王某的公司急需资金周转，遂找到曾经帮助其公司办理贷款业务的被告人孟某及张某婷商议贷款事宜，经共谋，王某决定使用伪造的天津铁厂与天津海研机电公司的买卖合同，以天津海研机电公司的名义向银行办理应收账款质押贷款。杨某静在明知王某等人伪造合同骗取贷款的情况下向孟某提供了天津海研机电公司与天津铁厂真实的销售合同作为样本，孟某依照该样本，伪造了天津海研机电公司与天津铁厂的买卖合同等材料，并与张某婷一起以天津海研机电公司的名义使用伪造的材料向建行南开支行申请贷款。2013年7月，孟某及张某婷陪同建行南开支行的工作人员到

[①] 参见天津市高级人民法院（2016）津刑终字第59号刑事判决书。

天津铁厂确认债权债务关系，王某即借用天津铁厂技术中心办公室，指使被告人张某假扮天津铁厂工作人员，向建行南开支行提供加盖了伪造的"天津铁厂"印章的《应收账款转让通知书》及回执。2013年7月31日，建行南开支行向天津海研机电公司发放贷款1500万元，王某将全部款项用于偿还其他银行贷款以及建设夏津新能源公司等用途，案发前归还本息20万余元，尚欠本金1497.39万元无力偿还。贷款成功后，王某向孟某、张某婷二人支付好处费30万元。

原审法院认为，被告人王某等人为了骗取银行贷款实施了伪造天津铁厂印章的行为，并在伪造的天津海研机电公司与天津铁厂的买卖合同上以及银行应收账款转让确认回执上加盖了该印章。本案的案发经过也是由于天津海研机电公司到期不能归还贷款后，建行南开支行向法院提起民事诉讼，并将天津铁厂作为被告人之一，天津铁厂发现后以伪造印章罪报案的。行为人为了骗取贷款，又实施了伪造国家机关公文、印章或者公司、企业、事业单位印章的行为，同时构成《刑法》第280条规定的伪造、变造、买卖国家机关公文、证件、印章罪或伪造公司、企业、事业单位、人民团体印章罪的，应当定一罪还是数罪应区分具体案情而定。如果骗取贷款的行为没有给金融机构造成重大损失，也没有达到情节严重的程度，则不构成骗取贷款罪，只能按伪造国家机关公文、印章罪或伪造公司、企业、事业单位、人民团体印章罪一罪论处。如果同时构成骗取贷款罪，那么应当属于手段行为和目的行为的牵连，属于牵连犯即"实质的数罪，处断的一罪"，应当从一重罪论处。而伪造公司、企业、事业单位、人民团体印章罪的法定刑仅有一档，为3年以下有期徒刑、拘役、管制或剥夺政治权利，并处罚金。骗取贷款罪的法定刑为两档，一档为3年以下有期徒刑、拘役，并处罚金或者单处罚金；二档为3年以上7年以下有期徒刑，并处罚金。骗取贷款罪的法定刑要重于伪造公司、企业、事业单位、人民团体印章罪。本案中王彤等人骗取贷款1500万元，至案发时有1400万余元不能归还，其行为已经给银行造成了特别重大损失，因此应当从一重罪论处，也就是以骗取贷款罪论处。

典型案例 2-23：石某某骗取贷款案①

2010年1月，被告人石某某在黑龙江省海伦农场十二队承包土地耕种，因种地缺少资金，便找到亲属石某甲、王某甲，以他们的名义向银行申请贷款，贷款由石某某使用并负责偿还，石某甲、王某甲表示同意。因以石某甲、王某甲二人的名义贷款数额不够，资金缺口很大，石某某又私自搜集赵某某等17人的身份信息并制作假的身份证。在中国甲银行股份有限公司海伦市支行海伦分理处主任曹某某、副主任田某某（二人均已判刑）的帮助下，办理额度不等的三年期小额惠农自助循环贷款，以陈某某等12人的名义贷款60万元，以张某某等4人的名义贷款16万元，以王某乙等2人的名义贷款6万元，以王某丙的名义贷款2万元，合计贷款84万元。被告人石某某在中国甲银行股份有限公司海伦市支行海伦分理处办理的贷款，至今尚未偿还，给银行造成经济损失84万元。2016年1月12日，被告人石某某在黑龙江省海伦农场被公安机关传唤到案。

原审法院认为：被告人石某某采取提供虚假资料的手段向银行贷款，贷款至今尚未偿还，致使银行遭受重大经济损失，其行为已构成骗取贷款罪。石某某犯罪后如实供述犯罪事实，自愿认罪，可以从轻处罚。依照《刑法》第175条之一第1款、第52条、第53条、第64条、第67条第3款的规定，以骗取贷款罪判处石某某有期徒刑1年和罚金1万元等。

二审法院认为，上诉人石某某采取向银行提供虚假证明文件的手段取得银行贷款，给银行造成重大经济损失的行为已构成骗取贷款罪。石某某及其辩护人提出中国甲银行股份有限公司海伦市支行海伦分理处是在明知石某某提供虚假材料以他人名义贷款的情况下发放的贷款，石某某不构成骗取贷款罪的上诉理由及辩护意见。经查，石某某在贷款过程中，提供虚假贷款资料，具有骗取贷款的主观故意。骗取贷款罪侵犯的客体是银行或者其他金融机构对贷款的所有权以及国家

---

① 参见黑龙江省高级人民法院（2017）黑刑终字第59号刑事判决书。

金融管理制度。虽然中国甲银行股份有限公司海伦市支行海伦分理处的工作人员明知石某某提供虚假材料以他人名义贷款，并帮助其取得贷款，但本案的受骗主体是中国甲银行股份有限公司海伦市支行，所以并不影响本罪的犯罪构成要件。因此，石某某的行为构成骗取贷款罪。故上述上诉理由及辩护意见不予支持。检察机关提出的意见符合本案事实，予以采纳。原审判决认定的事实清楚，证据确实充分，适用法律准确，量刑适当，审判程序合法，应予维持。

第五节　非法吸收公众存款罪

第一百七十六条　【非法吸收公众存款罪】非法吸收公众存款或者变相吸收公众存款，扰乱金融秩序的，处三年以下有期徒刑或者拘役，并处或者单处罚金；数额巨大或者有其他严重情节的，处三年以上十年以下有期徒刑，并处罚金；数额特别巨大或者有其他特别严重情节的，处十年以上有期徒刑，并处罚金。

单位犯前款罪的，对单位判处罚金，并对其直接负责的主管人员和其他直接责任人员，依照前款的规定处罚。

有前两款行为，在提起公诉前积极退赃退赔，减少损害结果发生的，可以从轻或者减轻处罚。

罪名解析

1. 法条修改情况

1979年《刑法》制定时，社会上几乎没有非法吸收公众存款的行为，因此，立法者没有将非法吸收公众存款罪列入刑法罪名体系中。随着商品经济的发展，特别是市场经济体制的建立、运行和完善，经济领域逐渐出现了非法吸收公众存款行为。1995年5月10日颁布的《商业银行法》第3条将吸收公众存款作为商业银行首项业务，并要求吸收公众存款的规模、利率等均必须遵守国家有关规定；

第79条第1款（2015年8月29日第二次修正后为第81条）规定："未经中国人民银行批准……非法吸收公众存款、变相吸收公众存款的，依法追究刑事责任。"同年6月，全国人民代表大会常务委员会颁布的《金融犯罪决定》将非法吸收公众存款罪作为新罪名列入刑法罪名体系中，从而顺利完成了与《商业银行法》的衔接。1997年《刑法》将《金融犯罪决定》中关于非法吸收公众存款罪的全部内容进行吸收，形成了第176条。1998年至1999年，国务院先后发布了《非法金融机构和非法金融业务活动取缔办法》和《金融违法行为处罚办法》，对于非法吸收公众存款和变相吸收公众存款的定义作出了规定，并且明确吸收存款业务的金融机构擅自提高利率或者变相提高利率吸收存款的行为只属于一般违法行为，不构成犯罪。2001年至2010年，最高人民法院先后颁布了《金融犯罪纪要》《非法集资案件解释》等司法解释，一方面明确了非法吸收公众存款罪的量刑标准，另一方面也明确了非法吸收公众存款罪与集资诈骗罪的区别。2021年1月26日，国务院发布了《防范和处置非法集资条例》，废止了上述《非法金融机构和非法金融业务活动取缔办法》。同年3月1日施行的《刑法修正案（十一）》进一步完善了《刑法》的有关规定，具体为：（1）增加"数额特别巨大或者有其他特别严重情节的，处十年以上有期徒刑，并处罚金"条款，换言之，将非法吸收公众存款罪的最高刑从有期徒刑10年提升到有期徒刑15年；（2）取消罚金限额，加大对犯罪行为人的经济处罚；（3）为了能够最大限度挽回人民群众的损失，对于能够及时退还集资款项的，可以宽宥处罚。增加了"有前两款行为，在提起公诉前积极退赃退赔，减少损害结果发生的，可以从轻或者减轻处罚"的规定。2022年2月23日，最高人民法院发布《关于修改〈最高人民法院关于审理非法集资刑事案件具体应用法律若干问题的解释〉的决定》，将上述《非法集资案件解释》从9个条文修改为15个条文，重点修改完善了非法吸收公众存款罪的定罪量刑标准、与组织、领导传销活动罪竞合处罚原则等内容。

2. 犯罪构成要件

（1）本罪的客体

本罪所侵犯的客体是国家的金融市场秩序和管理制度。根据我国的相关金融法律法规和中国人民银行的有关规定，任何机构从事吸收公众存款业务必须得到法律的授权和中国人民银行的批准。目前，我国的法律法规只规定了经中国人民银行批准的商业银行以及城乡信用合作社等非银行金融机构可以经营吸收公众存款业务。至于证券公司、证券交易所、保险公司、财务公司、信托公司等金融机构以及任何非金融机构和个人，法律明确规定不得从事吸收公众存款业务。我国之所以对存款揽储业务作出如此严格的限制性规定，主要是因为我国目前仍是一个高储蓄率的国家。同时，面对众多的人口和极不平衡的发展现状，资本市场管理制度尚不健全，如果随意开放民间机构或个人从事揽储业务，但又对其缺乏有效的监管和指引，一旦这些揽储机构不能遵循自愿平等、诚实守信和尽职管理的原则，必然会严重影响政府层面对金融市场的宏观监管。这不仅会扰乱金融秩序、损害其他金融机构的信用，还会损害存款人的利益，从而最终影响国民经济的健康发展和社会的稳定。因此，对于非法吸收和变相吸收公众存款的行为，法律必须予以惩治。

（2）本罪的客观方面

本罪在客观方面表现为行为人实施了非法吸收公众存款或变相吸收公众存款的行为。所谓非法吸收公众存款，是指未经中国人民银行批准，向社会不特定对象吸收资金，出具凭证，承诺在一定期限内还本付息的活动。所谓变相吸收公众存款，是指不以吸收公众存款的名义，向社会不特定对象吸收资金，但承诺履行的义务与吸收公众存款性质相同的活动。比如，以私募基金为名，采用公募方式吸收资金，并形成资金池。又如，以扩大企业再生产为名，采用固定年底分红等方式吸引不特定对象投资。对于本罪的客观方面，应当从以下三个层次理解：

第一个层次是非法集资行为。在一个成熟的市场经济中,单纯的集资行为在帮助银行(实质上是国家)解决企业资金不足时产生的正能量大于其对国家金融管理秩序造成一定程度的负影响。然而,非法集资则不同,其并非以为企业解决资金不足为主要目的,而是以获利为主要目的,因而成为刑法打击的重点。《非法集资案件解释》具体介绍了构成非法集资行为的四个必备条件。第一个条件是未经有关部门依法许可或者借用合法经营的形式吸收资金。上述条件充分体现了本罪罪名中的"非法"含义,强调了行为的非法性,该条件是我们通常所说的构成非法集资行为的非法性条件。《非法集资案件解释》亦是在注意到这点后对《非法金融机构和非法金融业务活动取缔办法》(已失效)内容进行了修改,增加了"借用合法经营的形式吸收资金",从而将大量以变相吸收公众存款的方式进行的非法融资活动,尤其是生产经营和商品流通环节出现的非法融资活动,都纳入非法集资行为中。第二个条件是通过网络、媒体、推介会、传单、手机信息等途径向社会公开宣传。该条件也就是我们通常所说的构成非法集资行为的公开性条件。非法集资行为本身的特征决定了其必须在一定范围内通过一定媒介,如媒体、互联网、推介会、传单、手机短信、口口相传等途径向社会公开宣传,否则就无法让社会公众知道,行为人的犯罪目的同样也难以达到。当然,这种公开性的范围有大有小,既可以是在报刊、电视以及互联网等媒体上大张旗鼓地公开宣传,也可以是在较小范围内公开宣传。正因为其行为本身的非法性,因而这种公开性往往是相对的,即对于监管机构和执法机关而言可能是秘密的,甚至可能是以合法的形式和名义进行宣传,以达到掩盖其实质上的非法目的。第三个条件是承诺在一定期限内以货币、实物、股权等方式还本付息或者给付回报。这是我们通常所说的构成非法集资行为的利益性条件。在非法集资行为中,行为人会承诺在一定期限内以货币、实物等方式还本付息或者给付高额回报,这也正是非法吸收公众存款罪的特征之一。只有承诺在一定期限内还本付息,才符合"存款"的特征。如果没有还本付息的承诺,也就不具有"存款"的特征,行为也不可能构成非法吸收公众存款罪。当然，有可能构成其他犯罪。此外，还本付息的承诺不一定非要以金钱兑现，也可以有价值的实物归还，甚至还可以通过债权债务抵消。回报也不一定以利息的名义兑现，还可以其他名义兑现。需要注意的是，上述承诺不一定需要具有真实性。非法集资行为中的承诺往往具有一定的虚假性，如不具有房产销售的真实内容或者不以房产销售为主要目的，以返本销售、售后包租、约定回购、销售房产份额等方式非法吸收资金的；① 再如，不具有真实销售商品、发行股票、销售保险等目的，却仍然以销售商品、发行股票等方式非法吸收资金的。然而，不能仅凭这些虚假承诺就当然认定行为人主观上具有非法占有目的，这是因为，集资诈骗罪中非法占有目的的判断还需考察行为人非法集资后实施的行为。第四个条件是向社会公众即社会不特定对象吸收资金。这是构成非法集资行为的不特定性条件。构成非法集资行为，必须向社会公众即社会不特定对象筹集资金。如仅仅是面向本单位职工筹集资金，或者仅仅是在亲友内部针对特定的对象筹集资金，即使筹集资金的数额再大，也不属于非法集资行为。当然，所谓的"公众"并不限于自然人，也包括单位。如果行为人向不特定单位非法集资，同样也属于非法集资行为。

综上所述，要构成非法集资行为，必须同时具备上述非法性、公开性、利益性和不特定性四个条件。而且即使具备了四个条件，也不一定能构成非法吸收公众存款罪。要判断非法集资行为能否构成犯罪，还需要做第二个层次的理解。

第二个层次是非法吸收公众存款罪的具体行为。要构成非法吸收公众存款罪，除了具备前述非法性、公开性、利益性和不特定性条件以外，非法集资行为还必须符合《非法集资案件解释》第 2 条规定的 12 种情形：①不具有房产销售的真实内容或者不以房产销售为主要目的，以返本销售、售后包租、约定回购、销售房产份额等方式非法吸收资金的；②以转让林权并代为管护等方式非法吸收

---

① 参见肖晚祥：《非法吸收公众存款罪的司法认定研究》，载《东方法学》2010 年第 5 期。

资金的；③以代种植（养殖）、租种植（养殖）、联合种植（养殖）等方式非法吸收资金的；④不具有销售商品、提供服务的真实内容或者不以销售商品、提供服务为主要目的，以商品回购、寄存代售等方式非法吸收资金的；⑤不具有发行股票、债券的真实内容，以虚假转让股权、发售虚构债券等方式非法吸收资金的；⑥不具有募集基金的真实内容，以假借境外基金、发售虚构基金等方式非法吸收资金的；⑦不具有销售保险的真实内容，以假冒保险公司、伪造保险单据等方式非法吸收资金的；⑧以网络借贷、投资入股、虚拟币交易等方式非法吸收资金的；⑨以委托理财、融资租赁等方式非法吸收资金的；⑩以提供"养老服务"、投资"养老项目"、销售"老年产品"等方式非法吸收资金的；⑪利用民间"会""社"等组织非法吸收资金的；⑫其他非法吸收资金的行为。需要注意的第一点为：上述前11种情形均为变相吸收公众存款行为。如果非法集资行为不符合前11种情形，也不能被与前11种情形等质等量的第12种情形所涵括，那么并不能以非法吸收公众存款罪论处。例如我们在日常生活中经常遇到刚刚开始打地基的某商业房产项目会挂出"首付十万元，投资××项目，×年后可获××%回报"等广告。从其内容来看，由于开发商是在向不特定的社会公众公开宣传一个回报丰厚的商业房产项目，故具有非法集资行为的特征。然而，由于开发商所称的房产项目是真实的，因此，不可能以诈骗类犯罪论处；亦由于开发商没有上述第一种情形中的行为，故亦不能以非法吸收公众存款罪论处。需要注意的第二点是：上述第①、④、⑤、⑥、⑦种具体情形中均存在虚假成分，即以虚假理由吸收公众存款。就理论上而言，这些虚假理由属于诈骗罪中的虚构事实，那么为何不对上述行为以集资诈骗罪论处呢。显然，立法者认为仅凭上述非法吸收资金的虚假理由尚不能认定行为人主观上具有非法占有的目的。

第三个层次是立法者基于反向思维，规定了不构成非法吸收公众存款罪的若干情形。《非法集资案件解释》将非法吸收公众存款行为中所得款项主要用于正常的生产经营活动以及能够在提起诉讼前清退所吸收资金的情况，列入了可以免予刑事处罚之列,而情节显著轻微、危害不大的则不作为犯罪处理。

(3) 本罪的主体

本罪的主体为一般主体,既可以是达到刑事责任年龄且具有刑事责任能力的自然人,也可以是单位。在单位主体中,即使是财务公司、信托公司等金融机构,只要其因为没有吸收公众存款资格,而实施了向非特定成员单位吸收存款的行为,也可成为本罪主体。①

(4) 本罪的主观方面

本罪在主观方面表现为故意,即行为人明知自己非法吸收公众存款的行为会造成扰乱金融市场秩序和管理制度的危害结果,并且希望或者放任这种结果发生。

3. 刑事责任

自然人犯本罪的,处 3 年以下有期徒刑或者拘役,并处或者单处罚金;数额巨大或者有其他严重情节的,处 3 年以上 10 年以下有期徒刑,并处罚金;数额特别巨大或者有其他特别严重情节的,处 10 年以上有期徒刑,并处罚金。根据《立案追诉标准(二)》第 23 条(与《非法集资案件解释》内容相同)的规定,本罪的入罪标准为:①非法吸收或者变相吸收公众存款数额在 100 万元以上的;②非法吸收或者变相吸收公众存款对象 150 人以上的;③非法吸收或者变相吸收公众存款,给集资参与人造成直接经济损失数额在 50 万元以上的;④非法吸收或者变相吸收公众存款数额在 50 万元以上或者给集资参与人造成直接经济损失数额在 25 万元以上,同时具有因非法集资受过刑事追究、2 年内因非法集资受过行政处罚、造成恶劣社会影响或者其他严重后果情形之一的。

---

① 参见《金融违法行为处罚办法》(中华人民共和国国务院令〔第 260 号〕)第 27 条、第 28 条。

单位犯本罪适用双罚制，即对单位判处罚金，并对其直接负责的主管人员和其他直接责任人员，依照前述规定处罚。

无论是自然人犯罪，还是单位犯罪，在提起公诉前积极退赃退赔，减少损害结果发生的，可以从轻或者减轻处罚。

司法精要

1. 非法吸收公众存款罪主观故意的认定

非法吸收公众存款罪主观故意的认定是本罪首要的疑难问题。行为人是否具有非法吸收公众存款的犯罪故意，应当从其任职情况、职业经历、专业背景、培训经历，本人是否因同类行为受到行政处罚或者刑事追究和所实施的吸收资金行为的具体方式、宣传渠道、合同内容等方面进行综合判断。需要注意的是，行为人往往会辩解其不明知相关融资管理法律规定。虽然非法吸收公众存款罪作为破坏金融管理秩序犯罪，其违反的是融资管理法律规定，但对于上述融资管理法律规定是否明知并不是判断行为人主观故意的要件。因此，除非行为人有合理信赖可以对抗外，都应当认定其主观上具有非法吸收公众存款的犯罪故意。所谓合理信赖，具体包括单位领导下达的指令、行政主管部门出具的意见、专业人士提供的个人意见等。其中，单位领导下达的指令只能对单位中处于最低层级的行为人产生合理信赖的效力；行政主管部门出具的意见在经合法性、关联性、真实性审查后亦能产生合理信赖的效力；专业人士提供的个人意见则无论何种情形都会产生合理信赖的效力。

2. 非法吸收公众存款罪与集资诈骗罪如何区分

非法吸收公众存款罪和集资诈骗罪在客观上都表现为向社会公众非法募集

金，且往往都造成巨额损失的后果，但两罪在主观方面即是否具有非法占有目的上存在明显不同，前罪不需要主观上的非法占有目的，而后罪则需要主观上的非法占有目的。当然，两罪还存在诸如法定刑、构成犯罪所需数额等方面的区别。两罪的主要区别是由两罪所侵害法益的不同决定的。由于非法吸收公众存款罪的实质是擅自经营由银行等金融机构专营的存款业务，故其侵害的法益是市场经济秩序中专营业务的准入秩序。集资诈骗罪则明显不同，其作为诈骗罪的一种特殊形式，其实质是彻底非法侵占他人财产，故其侵害的法益是他人合法财产权益。判断两罪，或者判断行为人主观上是否具有非法占有的目的的主要依据是《非法集资案件解释》。《非法集资案件解释》在列举7种最为典型的非法占有目的情形时还规定了兜底条款，具体为：①集资后不用于生产经营活动或者用于生产经营活动与筹集资金规模明显不成比例，致使集资款不能返还的；②肆意挥霍集资款，致使集资款不能返还的；③携带集资款逃匿的；④将集资款用于违法犯罪活动的；⑤抽逃、转移资金、隐匿财产，逃避返还资金的；⑥隐匿、销毁账目，或者搞假破产、假倒闭，逃避返还资金；⑦拒不交代资金去向，逃避返还资金的；⑧其他可以认定非法占有目的的情形。从上述司法解释来看，对于非法占有目的的判断应当围绕募集资金所涉项目的真实性、资金去向、归还能力等进行综合判断。需要强调的是，司法解释并不考虑非法占有目的实际产生的时间节点，而是将种种恶意不返还集资款的情形直接认定为构成集资诈骗罪的非法占有目的。其逻辑基础是鼓励行为人在非法集资活动出现巨额损失后果后，不再继续实施司法解释所列举的种种恶意不返还行为，否则将直接以集资诈骗罪的重罪论处。此外，由于非法集资活动必须由众多人员共同实施完成，因此往往构成共同犯罪或者单位犯罪。在非法集资共同犯罪中，部分具有故意非法占有集资款的共同犯罪人和行为人共同犯罪人应当以集资诈骗罪论处，其他不具有非法占有目的的共同犯罪人则应当以非法吸收公众存款罪论处。

3. 非法吸收公众存款罪的数额认定

非法吸收公众存款罪以行为达到一定数额作为构成犯罪的重要标准之一，故非法吸收公众存款的数额认定也是非法吸收公众存款罪疑难问题之一。非法吸收公众存款的数额认定需要注意以下几个方面：①案发前已归还的数额仍应计算为本罪数额。本罪不同于集资诈骗罪，不以非法占有为目的，侵犯的主要客体是金融信贷管理秩序，故非法吸收的资金是否归还既不影响对其行为是否构成本罪的判断，亦不影响对数额认定。具体而言，无论是案发前后已归还的本金数额，或者是获得回报后又重复投资的数额，抑或已支付的利息数额，均不能从非法吸收公众存款的数额中扣除，但可以作为量刑情节酌情考虑。需要注意的是，如果集资参与人不收回本金直接转单或者重打借条的，是否属于前述"已归还的本金"和"获得回报后又重复投资"的情形，存在争议。持肯定观点者认为在此情形下相应资金已实际处于投资人控制下，故与首次投资没有本质区别，应当累计计算。持否定观点者则认为在此情形下根据货币资金系一般等价物的原理应认定相应资金仍处于行为人控制下，而非集资参与人实际控制下，且实践中还存在集资参与人被迫转单或者重打借条的情况，故转单和重打借条实为放贷期限的延长，应当不累计计算。②已扣除的利息和预支付的利息均应予扣除。承前所述，非法吸收公众存款罪的数额认定以行为人所吸收的资金全额计算，而根据《民法典》第670条的规定，"借款的利息不得预先在本金中扣除。利息预先在本金中扣除的，应当按照实际借款数额返还借款并计算利息"，故已扣除和预支付的利息均未被实际吸收，故不应计算在内。同时，对于复利计算的，应当将相应数额予以注明，作为量刑情节酌情考虑。③除仅向亲友或者单位内部人员吸收的资金不应认定为非法吸收公众存款的数额外，其他向亲友或者单位内部人员吸收的资金均应当认定为非法吸收公众存款的数额。

4. 非法吸收公众存款罪与民间借贷的区分

在我国法律体系中，民间借贷并非法律明确规定的概念，其只是相对于正规的金融业务而言的，在最新的司法解释中略有提及。2021年1月1日施行的《民间借贷司法解释》中指出，民间借贷是指自然人、法人和非法人组织之间进行资金融通的行为。民间借贷是社会经济发展到一定阶段，企业和个人的财富逐步积累、产业资本向金融资本转化、正规金融尚不能百分之百满足社会需求等多种因素综合作用的结果，其产生带有一定的必然性，同时也具有制度层面的合法性。我国的民间借贷早已覆盖全国。2012年中国社会科学院发布的社会蓝皮书显示：我国民间借贷市场总规模超过4万亿元，约为银行表内贷款规模的10%-20%[①]，而到2019年我国民间借贷总量就已经超过8万亿元。然而，繁荣背后隐藏着极不乐观的规模、价格、结构以及违约等风险。民间借贷逐渐从为解决个人、企业资金不足而产生的正常经济活动演变为只追究巨额利润的高利贷接力棒游戏。由此，民间借贷完全可以演变成非法吸收公众存款罪，甚至集资诈骗罪。事实表明，民间借贷越活跃的地方，伴随而生的非法吸收公众存款罪等犯罪也越活跃。民间借贷之所以可以成为非法吸收公众存款罪，主要原因在于非法集资行为与民间借贷中的借款行为本质相同，其他原因在于：①民间借贷形式相当灵活，不可能或者没有必要向有关部门申请或备案；②民间借贷也会公开或者在一定范围内公开宣传；③绝大多数民间借贷都是有偿的，甚至是高利的；④民间借贷中的资金人既可能是专门做"资金生意"的社会公众，也可能是更大范围的社会公众。由此，民间借贷完全有可能演变为非法吸收公众存款罪。

民间借贷和非法吸收公众存款罪均以募集资金为基础，故两者之间存在千丝

[①] 参见董伟：《社科院发布2012社会蓝皮书指出：民间借贷潜在风险巨大》，载《法制与经济（上旬）》2012年第2期。

万缕的关系。从实践来看，民间借贷多属私人交易行为，往往与投机、高利贷等如影随形，且大多为"暗箱操作"，形成了或长或短的资金链，一旦其中某个环节出错，就很容易引发严重的连锁反应。同时，严厉的刑罚并未能阻止非法吸收公众存款罪的蔓延。即使采取再多再好的保险措施，也不可能杜绝民间借贷演变成非法吸收公众存款等犯罪的可能性，只能是减少这种风险。"法律是一个改变激励因素的体系"。① 我们不但要关注现实的公平、正义，还要关注通过司法判决对未来行为模式的塑造以期实现未来社会的公平、正义，而这应有之义就在于应当促使被害人履行谨慎义务以平衡其滥用权利。

5. 具有吸收公众存款资格的金融机构不能成为本罪主体

非法吸收公众存款行为有两种：其一为行为人不具有吸收存款的主体资格而吸收公众存款，从而破坏金融秩序；其二为行为人具有吸收存款的资格，但其吸收公众存款时所采用的方法违法，如银行等金融机构为争揽储户而违反中国人民银行关于利率的规定以擅自提高利率的方式吸收存款。对于前者构成本罪并无争议，但对于后者我国刑法学界存在争议。然从《商业银行法》和《金融违法行为处罚办法》对于金融机构办理存款业务时擅自提高利率或者变相提高利率吸收存款的行为只给予行政处罚的规定来看，显然立法者是有意将此情形排除在应当追究刑事责任之外。同时，最高人民法院研究室在《关于认定非法吸收公众存款罪主体问题的复函》（法研〔2001〕71号）中明确指出金融机构及其工作人员不能构成非法吸收公众存款罪的犯罪主体。

6. 互联网金融类非法吸收公众存款罪辨析

互联网金融是在中国特殊的金融发展背景下诞生的事物，是互联网和金融业

---

① ［美］波斯纳：《正义/司法的经济学》，苏力译，台北，元照出版有限公司2002年版，第75页。

相互交融，通过互联网技术以及移动通信等成为独有的包含资金流通、金融中介功能的金融模式。互联网金融非法集资的典型案件主要包括10类：P2P融资平台；互联网金融交易平台；代币发行融资；会员制庞氏骗局；网络传销；众筹；社交平台理财投资；网络资产管理平台；消费返利平台；私募基金。① 2022年修正的《非法集资案件解释》第2条确定了11类非法吸收公众存款行为和一项兜底条文，其中增加了"网络借贷""虚拟币交易""融资租赁""以提供'养老服务'、投资'养老项目'、销售'老年产品'等方式非法吸收资金"等新形式。"互联网+"金融的方式使非法集资类犯罪更易发生，如何区别正常的互联网金融企业行为和犯罪行为，不仅要看这些列举的行为种类，还应当进行实质判断。就P2P网络借贷企业而言，出于业务拓展的需要，其通过媒体、手机短信等途径公开宣传的情形很难避免，因此，判断其是否构成非法吸收公众存款罪的关键是P2P网络借贷企业自身或其关联方是否通过自有平台向社会公众吸收资金、是否承诺在一定期限内以货币等各种方式还本付息或者给付回报。②

行为种类只是成立非法吸收公众存款罪的一方面，构罪的前提也很重要。根据《非法集资案件解释》第1条所述的非法性、公开性、利益性和不特定性四个条件来判断行为的违法与否。当然实践中可能存在一些判断的难点，比如存在部分行为人一开始在主观上系向特定对象集资，后期再转化为向不特定对象集资，其对集资的辐射面的审查是判断是否构成非法集资罪的重要依据。③ 这种前期后期不同的主观想法不容易直观捕捉，因此，需要借助对客观行为等实质层面的审查。互联网金融类的非法吸收公众存款行为将比传统行为更加隐蔽，对此我们除

---

① 参见罗煜、宋科、邱志刚：《互联网金融中的非法集资典型案例解析》，中国金融出版社2019年版，第24-27页。
② 参见裴长利：《非法吸收公众存款罪实证研究》，复旦大学出版社2019年版，第110页。
③ 参见陈增宝：《经济犯罪疑难问题司法认定与要案判解》，法律出版社2019年版，第186-187页。

了完善法律规范外,还应当利用新的手段和技术,监控和防范非法集资活动带来的风险。

7. 涉案人员赔偿责任认定

非法吸收公众存款案件中的涉案人员应当对案件所涉经济损失承担赔偿责任。然而此类案件中涉案人员往往人数众多,还可能存在分别被以集资诈骗罪和本罪追究刑事责任的情形,故如何精准认定涉案人员的赔偿责任亦是疑难问题。在以往的司法实践中,法院通常认定所有涉案人员均对案件所涉经济损失负责,即无论是非法吸收公众存款罪的主犯和从犯,还是非法吸收公众存款案与集资诈骗案的罪犯,均应当对非法集资行为所造成的经济损失承担连带赔偿责任。此种认定显然会出现刑事责任与赔偿责任极端失衡的情形,尤其是在非法集资活动中对于资金具有占有、支配权的集资诈骗罪主犯和从事具体非法吸收公众存款行为的从犯之间,无论所需承担赔偿责任的经济损失数额,还是所需承担连带赔偿责任的范围,均有巨大差别。为此,应当综合运用比例原则和罪当其罚原则统筹认定。具体而言,应当对非法集资涉案人员进行区分,第一层次涉案人员为实际控制人、起意者、组织策划指挥者、非法利益主要支配者等,应当认定他们对全部经济损失数额承担连带赔偿责任;第二层次涉案人员为除上述第一层次以外的高层、中层管理人员,既可以各自参与犯罪所造成的损失数额为基数结合具体地位、作用确定一定比例,又可以依法追缴的工资、佣金、提成等违法所得为基数确定一定倍数,认定各自赔偿责任;第三层次涉案人员为符合追诉标准的业务员,应当以依法追缴的工资、佣金、提成等违法所得为限认定赔偿责任。

> 合规指引

1. 合规要求

（1）行政监管领域合规

未经许可或变相借用合法经营的方式吸收公众存款的行为是违反行政性规范的，严重的可能涉嫌刑事犯罪。此外，如果行为人构成非法吸收公众存款罪，又会反过来影响行政机关对当事人的评价。因此，吸收公众存款需要经过有关部门许可或者满足合法的使用条件。

第一，吸收公众存款应当遵守监督管理规定。《银行业监督管理法》和《中国人民银行法》都允许银行业金融机构吸收公众存款，还强调了银行业监督管理机构对全国银行业金融机构及其业务活动的监督管理。商业银行可以吸收公众存款，但根据《商业银行法》第47条规定，"商业银行不得违反规定提高或者降低利率以及采用其他不正当手段，吸收存款，发放贷款"。

第二，吸收公众存款的业务不能超过允许的范围。《外资银行管理条例》第29条和第31条规定，外商独资银行、中外合资银行和外国银行分行按照国务院银行业监督管理机构批准的业务范围，可以从事吸收公众存款的业务。

第三，违法吸收公众存款会受到行政处罚。《融资担保公司监督管理条例》第39条第2款规定，"融资担保公司吸收公众存款或者变相吸收公众存款、从事自营贷款或者受托贷款的，依照有关法律、行政法规予以处罚"。

（2）刑事司法领域合规

吸收公众存款的行为并不都是违法的，早期我国金融业刚发展的时候，由于没有配套的相关金融制度，无法为资金融通提供顺畅的管道，从而导致急需资金的企业和个人不得不走上非法吸收公众存款的道路。① 实际上，单纯非法吸收公众存款的行为不会造成人民财产的损失，实践中，此类案件往往是多种犯罪的复合，最为典型的就是与集资诈骗罪、职务侵占罪和非法吸收公众存款罪的复合，而真正造成公众投资大量损失的，也往往是其中的集资诈骗行为和职务侵占行为。② 因此，在金融改革开放的大环境下，不少学者主张限缩非法吸收公众存款罪的司法适用，③ 甚至有学者主张废除非法吸收公众存款罪。④

然而，《刑法修正案（十一）》和《非法集资案件解释》的出台表明我国对非法吸收公众存款行为的打击仍然是从严的趋势。《刑法修正案（十一）》重点修订非法集资类犯罪，主要是出于保护人民群众财产、从严惩处非法集资类犯罪刑事政策的考虑。《刑法修正案（十一）》提高了非法吸收公众存款罪的法定最高刑，从法定最高刑为10年有期徒刑提高至15年有期徒刑，同时罚金刑从有限额变成无限额。

此外，还需要特别注意新型集资行为的合规。比如《非法集资解释》中新增的"网络借贷""虚拟币交易""融资租赁""以提供'养老服务'、投资'养老项目'、销售'老年产品'等方式非法吸收资金"等形式都需要特别注意，合法集资行为与非法吸收公众存款行为应该区别开来。

2. 合规风险

（1）自然人的风险防范与合规

自然人作为企业的直接负责的主管人员或其他直接责任人员，可能受到企业

---

① 参见彭冰：《非法集资活动规制研究》，载《中国法学》2008年第4期。
② 参见韩轶：《刑法更新应坚守谦抑性本质——以〈刑法修正案（十一）（草案）〉为视角》，载《法治研究》2020年第5期。
③ 参见姜涛：《非法吸收公众存款罪的限缩适用新路径：以欺诈和高风险为标准》，载《政治与法律》2013年第8期。
④ 参见刘新民：《"非法吸收公众存款罪"去罪论——兼评〈关于审理非法集资刑事案件具体应用法律若干问题的解释〉（法释〔2010〕18号）第一条》，载《江苏社会科学》2012年第3期。

行为的连累。企业行为的决策往往不是由一个人作出，而是基于集体的决定，自然人却由于双罚制而面临承担刑事责任的风险。此外，自然人个人参与或者组织集资活动时，尤其是新型互联网金融集资活动，由于缺乏相应的监管规范，可能导致集资活动被模糊化为非法集资行为处理，对自然人造成事业和名誉的负面影响。

自然人具有吸收公众存款行为的，可能导致违法犯罪，进而被相关行政机关禁止从事相关行业。比如律师可能因为触犯《律师法》第 49 条第 2 款和《律师和律师事务所违法行为处罚办法》第 42 条第 2 款而被吊销律师执业证书。另外，根据《银行业监督管理法》第 48 条第 3 项规定，银行业监督管理机构可以决定"禁止直接负责的董事、高级管理人员和其他直接责任人员一定期限直至终身从事银行业工作"。

(2) 单位的风险防范与合规

单位涉嫌非法吸收公众存款罪的定罪处罚标准与自然人是一致的，而单位由于公司宣传、业务拓展等需要从事集资行为的，可能面临更大的违法犯罪风险。当然如果未向社会公开宣传，仅单位内部针对特定对象吸收资金的，不属于非法吸收或者变相吸收公众存款。单位违法吸收公众存款或者曾经被判决为非法吸收公众存款罪的，将会面临行政机构吊销其营业执照的处罚。

比如，市场监督管理局可以依据《公司法》第 213 条"利用公司名义从事危害国家安全、社会公共利益的严重违法行为的，吊销营业执照"的规定，决定吊销公司的营业执照。

3. 合规建议

(1) 对自然人的合规建议

自然人应该从内外两部分进行风险规避。第一，应该提高风险意识，强化法律常识学习，有条件的可以参加内部或外部培训，以使其认识到非法吸收公众存款行为的合法与否，并避免发生严重后果，同时对公司主要负责人在管理、决策、监督等过程中可能出现的违法犯罪重点环节予以提示。第二，应当建立外部监督机制，自然人有时难以管控自己，需要外部的力量进行提醒和调整。集资活动过程中，相关责任人员应该证明自己主观上没有故意和客观上没有实施非法吸收公众存款破坏金融秩序的行为，从主客观两方面来达到免责的目的。

（2）对单位的合规建议

单位的合规主要依赖于内部合规制度的构建，这主要是因为单位虽然可以作为犯罪主体，但实际上仍然是由公司董事、监事、高级管理人员决定公司的行为走向。因此，相关责任人员应提高风险意识，主动参加组织培训，不断提高风险管理的水平。在一个合格的内部监督制度中，单位主要责任人员应该保持对异常情况的敏感性，必要时启动质询和调查程序，还可聘请专业人士进行调查。此外，还应当建立配套的外部监督机制，比如可以聘请专业机构、专业人士请其提供书面的专业意见，对可能涉及的法律风险予以全面评判，降低法律风险发生的可能。内部、外部双监督机制才能保障单位的合规管理和运行。

监管政策和规范

非法吸收公众存款行为是非法集资类行为中的主要组成部分，这类行为会严重损害金融制度和管理制度，因此，非法吸收公众存款行为一直以来都是国家监管和规范的重点。20世纪以来，国务院、最高人民法院、最高人民检察院等多部门出台了许多政策强调对非法吸收公众存款行为的打击，发展至今非法吸收公众存款的种类扩展到了互联网金融犯罪案件，中央领导的讲话中也多有提及，几乎每次都提到要严厉打击非法吸收公众存款行为。各种政策、意见主要分为以下四类：

第一，以典型案例的方式指导非法吸收公众存款罪的认定。2017年最高人民检察院发布七起检察机关以案释法典型案例，2020年最高人民检察院发布第十七批指导性案例,通过典型案例的形式对非法吸收公众存款罪的裁判要旨进行释明强调。

第二,在工作报告中强调对非法吸收公众存款的打击力度。《中国银保监会2020年法治政府建设年度报告》中提出,推动出台《防范和处置非法集资条例》,将防范和处置非法集资工作纳入法治化轨道。推进《非存款类放贷组织监督管理条例》《信托公司条例》等行政法规制定工作,完善各类机构的监管规则。2021年11月2日,最高人民法院《人民法院服务和保障长三角一体化发展司法报告》中强调要严格区分经济纠纷与经济犯罪、合法财产与犯罪所得、正当融资与非法集资,依法审慎适用强制措施。

第三,做好民刑交叉案件的区分和处理。2018年4月16日,银保监会、公安部、国家市场监督管理总局、中国人民银行发布《关于规范民间借贷行为维护经济金融秩序有关事项的通知》,严厉打击利用非法吸收公众存款、变相吸收公众存款等非法集资资金发放民间贷款。2019年11月8日,最高人民法院《九民纪要》,指出在民间借贷、P2P等融资活动中,与涉嫌诈骗、合同诈骗、票据诈骗、集资诈骗、非法吸收公众存款等犯罪有关的民商事案件的数量有所增加,出现了一些新情况和新问题。在审理案件时,应当依照相关规定处理好民刑交叉案件之间的程序关系。

第四,从传统非法集资金融犯罪到互联网新型金融犯罪的规范。2017年6月2日,最高人民检察院《关于办理涉互联网金融犯罪案件有关问题座谈会纪要》指出,要有效预防、依法惩治涉互联网金融犯罪,切实维护人民群众合法权益,维护国家金融安全。2018年1月16日,最高人民法院、最高人民检察院、公安部、司法部印发《关于办理黑恶势力犯罪案件若干问题的指导意见》的通知,依法打击非法放贷讨债的犯罪活动。2019年1月30日,最高人民法院、最高人民检察院、公安部印发《关于办理非法集资刑事案件若干问题的意见》的通知,从非法集资的"非法性"、单位犯罪、涉案下属单位的处理、主观故意等方面给出指导意见。

相关监管政策和规范索引整理如下。

《商业银行法》第 81 条

《防范和处置非法集资条例》第 2、3、13、14、19、20、30-35 条

《金融机构撤销条例》第 34 条

《金融违法行为处罚办法》第 27、28 条

《非法集资案件解释》第 1-6、13、14 条

典型案例

典型案例 2-24：高某非法吸收公众存款案①

1995 年 3 月至 1996 年 11 月，被告人高某以高额尾息（利息）为诱饵，利用"经济互助会"的形式，采取"会书"承诺的方法，先后"邀会"41 组，其中 5 万元 1 组，3 万元 2 组，2 万元 5 组，1 万元 22 组，5000 元 2 组，2000 元 5 组，1000 元 3 组，500 元 1 组。"邀会"金额 3394.345 万元，加上邀徐某有等 6 人会款 9.94 万元，共非法集资总金额为 3404.285 万元，放出会款总金额为 3222.6 万元，扣除"放会"款，高某共非法占有他人"上会"款 181.685 万元。此外，1993 年 6 月至 1996 年 12 月，高某接受他人同类型的"邀会"，共"上会"600 组，"上会"总金额 5840.3803 万元，得会款总金额 5703.8285 万元；1996 年 3 月至 1997 年 1 月，高某以周转会款为名，以高息为诱饵，骗取王某等 9 人现款共计 53.8 万元，后称无力偿还，以会账充抵 46.09 万元，另有 7.71 万元至今不能归还。

原审法院认为：被告人高某以"邀会"的形式集资诈骗 181.685 万元，并大

---

① 参见《刑事审判参考》2000 年第 3 辑（总第 8 辑），第 56 号。

肆用于个人及家庭挥霍，至案发时仍拒不退还，从而导致张某因自杀致残，何某如自杀死亡，并间接造成6人自杀而死、2人自杀被他人抢救而未成、1人被杀，同时给当地社会稳定、经济发展、金融秩序均造成了严重危害，其行为已构成集资诈骗罪。且集资诈骗数额特别巨大，情节特别严重，应依法惩处。依照《刑法》第192条、第199条、第57条第1款、第64条的规定，以集资诈骗罪判处高某死刑，剥夺政治权利终身，并处没收财产10万元等。一审宣判后，高某提出上诉。

二审法院认为，一审判决认定上诉人高某犯集资诈骗罪的主要事实清楚，证据确实、充分，定罪准确，量刑适当，审判程序合法，但集资诈骗数额应为177.3443万元，依法裁定驳回上诉，维持原判。

最高人民法院经复核认为，被告人高某以营利为目的，以"经济互助会"为名，非法融资，数额巨大，严重扰乱了国家金融秩序，造成了严重危害后果，其行为已构成非法吸收公众存款罪，应依法惩处。具体理由为：首先，高某的行为不是以非法占有为目的，而是以非法营利为目的。如何认定行为人的行为是以非法占有为目的，参照《最高人民法院关于审理诈骗案件具体应用法律的若干问题的解释》第3条第4款的规定，行为人具有下列情形之一的，就应当认定其行为属于"以非法占有为目的，使用诈骗方法非法集资"：①携带集资款逃跑的；②挥霍集资款，致使集资款无法返还的；③使用集资款进行违法犯罪活动，致使集资款无法返还的；④具有其他欺诈行为，拒不返还集资款，或者致使集资款无法返还的。本案中，高某不具有上述情形。高某在"炸会"后尚有177万余元集资款无法返还的主要原因是其利用"邀来"的会款去"上会"，其他会首尚欠其会款136万余元，形成了连环的非法债权债务关系，并非其主观上有非法占有他人会款拒不返还的目的。从高某收到"邀会"款后将其中的绝大部分款项用于"放会""上会"这一事实来看，应当认定高某"邀会"的目的在于通过用邀来的会款去上他人同类型的"邀会"以营利。一审、二审法院只注重了高某"邀会"和利用"邀会"所得会款购买房屋、家具、电器等实际占有、使用会款的事实,而忽视了其将"邀会"款"上会"的行为,故不能简单地以客观上不能归还来认定行为人主观上的"非法占有目的",高某"上会"的行为正说明其像其他会民一样希冀通过"经济互助会"这种形式取得高额尾息、获取利益,而非非法占有集资款。其次,高某在非法集资的过程中没有使用诈骗的方法。虽然是否使用诈骗方法不是集资诈骗罪和非法吸收公众存款罪的根本区别,但未使用诈骗方法的非法吸收公众存款行为肯定不是集资诈骗行为。从"经济互助会"的运作方式来看,"邀会""上会"可以获取高额尾息,也正因如此,"经济互助会"吸引了大量的人参加。由于参加"经济互助会"的会首和会民对于"经济互助会"的运作方式都心知肚明,因此,高某并没有虚构事实、隐瞒真相。再次,从定罪理论上讲,作为定罪的事实根据,只能是行为人是否构成犯罪和构成何罪的案件事实。高某行为性质的认定,应从犯罪构成的具体要件出发,实事求是地予以认定,而不能唯结果论。本案参加"邀会"的人数众多,损失会款巨大,严重破坏了当地的金融秩序,并引发了许多其他后果,先后有多名会民自杀或致残,案件在审理过程中也有许多会员上访闹事,要求严惩高某并保护他们的利益。但是,出现这种严重后果不仅仅是高某自身的原因,会民为谋取不正当利益非法"上会",当地政府及有关部门监管不力也是重要原因。本案造成的严重后果不能成为影响案件定性的事实因素,而只能作为量刑情节予以考虑。决定高某行为性质的是其主观上的非法营利目的和客观上非法集资并严重扰乱金融秩序的行为。最后,高某的行为符合非法吸收公众存款罪的客观特征。非法吸收公众存款罪的客观方面表现为非法向社会公众公开吸收存款或者变相吸收公众存款的行为。"非法吸收公众存款",是指完全仿照银行吸收存款的办法,以确定的存款期限、利率,面向社会公众吸收存款。"变相吸收公众存款",是指行为人为回避以"存款"的形式吸收公众资金引起的麻烦,避免受到追究,在未经中国人民银行或者国务院批准的情况下,擅自开办所谓的"基金"或者"基金会",如"职工互助基金会"

"个体劳动者基金会""老龄基金会"等,再以此名义"合法"地吸收公众资金以开展所谓的活动。本案中高某作为会首,以"经济互助会"的形式非法集资的行为正是"变相吸收公众存款"的典型方式。据此,依照《刑法》第12条第1款、第64条、《金融犯罪决定》第7条第1款的规定,判决撤销一审、二审法院全部裁判;以非法吸收公众存款罪判处高某有期徒刑10年,并处罚金45万元等。

典型案例2-25:邹某飞等集资诈骗、罗某杰等非法吸收公众存款案①

2014年8月至9月,被告人邹某飞等人冒用他人身份租赁本市某某路399号1102室、1103室作为办公场所,并注册成立了翔宇公司上海分公司,邹某飞系该公司负责人。之后,邹某飞等人对外虚构翔宇公司旗下有广州泓源渔业科技有限公司(以下简称泓源渔业公司)养殖基地银坑水库、广东省英德市连江口镇有诚生态庄园及银坑林场等产业,并谎称上述产业能为公司需要融资的金沙休闲酒店装修项目提供收益保证。同时,邹某飞招募以被告人陈某龙(担任业务总监)、陈某峥(担任业务主管)为首,被告人罗某杰等人组成的业务团队对外以化名开展融资业务。邹某飞和陈某龙约定,邹某飞与业务团队根据被害人投资的金额进行六四分成。陈某龙和陈某峥作为业务团队的负责人,在领取相应分成款后再分发给业务团队成员,团队成员根据各自的职位和业绩分发提成。其间,被告人程某政在明知泓源渔业公司等产业系虚假的情况下,仍于2014年10月受聘担任翔宇公司上海分公司总经理,并使用化名积极配合邹某飞作虚假宣传,让他人冒充法定代表人接待被害人,还带领被害人进行所谓的项目考察等。

2014年9月至2015年2月,以被告人陈某龙、陈某峥为首的业务团队根据被告人邹某飞等人的指示,通过拨打电话、发放资料、召开项目说明会、组织项目考察等方式,向社会公开宣传金沙休闲酒店装修的融资项目,且以支付2%的高额月息加一次性返还20%左右的投资款为诱饵,以翔宇公司上海分公司的名义与

---

① 参见上海市高级人民法院(2017)沪刑终16号刑事裁定书。

被害人分别签订了《借款合同》并收取被害人投资款,所获投资款除用于公司运营、支付前期被害人利息等之外,其余均被邹某飞等人私分或转移,至案发,造成被害人实际损失共计 700 余万元。其中,程某政涉案金额计 660 余万元,陈某龙涉案金额计 650 余万元,陈某峥涉案金额计 490 余万元,罗某杰等人涉案金额计 39 万元至 140 余万元不等。

法院认为,被告人邹某飞、程某政、陈某龙、陈某峥在明知翔宇公司上海分公司对外宣传的融资项目系虚假,或者募集的资金主要不是用于所谓的融资项目的情况下,以非法占有为目的,采用欺骗方法,向社会公众募集资金,且募集的资金主要用于分成、支付利息或转移等,致使无法返还被害人资金,四名被告人的行为均已构成集资诈骗罪,且数额特别巨大;被告人罗某杰等人在明知翔宇公司上海分公司未经有关部门批准向社会公众吸收资金的情况下,仍参与向社会公众变相吸收资金的活动,扰乱金融管理秩序,其行为均已构成非法吸收公众存款罪。

典型案例 2-26:陕西省渭南市尤湖塔园有限责任公司、惠某祥等非法吸收公众存款案①

1998 年 3 月,被告人惠某祥等人以苏州康丽房地产公司(以下简称康丽公司)的名义与渭南市民政局商定共同出资成立陕西省渭南市尤湖塔园有限责任公司(以下简称尤湖塔园公司),开发、销售塔位(用于殡葬),由惠某祥代表康丽公司负责公司筹建。在此期间,尤湖塔园公司即以内部认购的形式销售塔位,规定购买者除可把塔位自由更名外,还可享受 2 年期还本获利保证。同年 7 月,惠某祥在吴某庆退出康丽公司后仍以康丽公司的名义继续合作,并正式注册成立尤湖塔园公司,自任副董事长、总经理。1999 年 2 月,惠某祥向公司增资 128 万元后将法定代表人变更为自己。被告人陈某自 1998 年 3 月公司筹备时即参与塔位营

---

① 参见《刑事审判参考》2008 年第 3 集(总第 62 集),第 488 号。

销，并担任公司营销部经理，后又被任命为尤湖塔园公司西安办事处负责人。2000年年初，冯某、刘某军（均在逃）被尤湖塔园公司聘任为市场总监，负责公司营销方案的制定和具体销售。二人经与陈某商议并报惠某祥批准，将塔位分为使用型和投资型两种，承诺购买投资型的塔位2年后可以更名或退单，并不定期提高塔位的销售价格，吸引众多群众购买。2001年年底，被告人冯某达主动找到尤湖塔园公司签订了承包销售合同，约定由其在西安地区包干销售塔位，提取销售额28%～30%的销售费用。由于业绩突出，冯某达于2003年3月被任命为市场总监，冯某达明确将塔位分成选位型和不选位型两种，并将不选位型塔位进行分期销售，制定出分期递增的价格，定期发布调价通知，营造出塔位不断增值的假象，并承诺购买不选位型的塔位2年后可按现价更名或退单，此方案经陈某和惠某祥决定后即实施。在冯某达任市场总监期间，西安地区购买不选位型塔位的共有1152人，购买金额共计2632万元。2003年年底，冯某达离开公司，李某鹤（在逃）继任市场总监，其仍以冯某达的营销方案继续销售。从1998年4月至2005年8月，尤湖塔园公司招聘大量销售人员，印制"问题解答""调价通知"等宣传材料，大肆宣传塔位的投资价值，违反国家公墓销售规定，采取上述手段在西安地区共计面向4334人销售投资型塔位，涉及未退金额7192万元，加上公司前期已兑付购买单3759份，原价金额2506万余元，两项合计9698万余元。

此外，尤湖塔园公司自1998年7月成立之初，资金严重短缺，惠某祥即决定面向内部职工及社会群众高息借款，从1998年12月至2006年7月，尤湖塔园公司与内部职工及社会群众签订借款协议约定高息，借款其计1091万元。

综上，尤湖塔园公司及惠某祥非法吸收公众存款共计1.07亿余元；陈某非法吸收公众存款共计9698万余元；冯某达非法吸收公众存款共计2632万余元。

法院认为，被告单位尤湖塔园公司未经金融主管机关批准，采取向社会公众销售投资型塔位，承诺到期退单兑付和向社会公众高息借款的手段，变相吸收公众存款，数额巨大，严重扰乱金融秩序和社会秩序，其行为已构成非法吸收公众存款罪，依法应予惩处。被告人惠某祥决策、指挥公司实施所有非法吸收公众存款的行为，且属直接负责的主管人员，构成非法吸收公众存款罪。具体理由为：非法吸收公众存款罪是指违反国家金融管理法规，吸收公众存款或者变相吸收公众存款，扰乱金融秩序的行为。根据1998年7月13日国务院发布的《非法金融机构和非法金融业务活动取缔办法》（已失效）第4条第2款的规定，非法吸收公众存款是指未经中国人民银行批准，向社会不特定对象吸收资金，出具凭证，承诺在一定期限内还本付息的活动；变相吸收公众存款，是指未经中国人民银行批准，不以吸收公众存款的名义，向社会不特定对象吸收资金，但承诺履行的义务与吸收公众存款性质相同的活动。非法吸收公众存款与变相吸收公众存款的共同特征在于：一是"非法性"。所谓"非法"，是指任何向公众集资或吸收存款的行为，都必须经过中国人民银行批准，凡未经中国人民银行批准从事存款业务，缺少法定的特别授权，即为非法。具体包括两种情形：一种是行为人不具备吸收公众存款的主体资格而吸收公众存款，即非金融机构或个人向公众吸收资金，如个人或单位私设银行、钱庄、储蓄所等，非法办理存款业务，吸收公众存款；另一种是行为人虽然具备吸收公众存款的资格，但其吸收公众存款的方法是非法的，即某些金融机构虽然具有吸收公众存款业务经营权，但采取非法方式进行吸收存款的行为。如有些商业银行和信用合作社，为了争揽客户，违反国家关于利率的规定，以擅自提高利率或在存款时先支付利息等手段吸收公众存款。二是行为人必须是面向社会不特定对象吸收资金，即行为人开展非法吸收存款业务是面向不特定多数人的，而不是限于特定对象。向社会不特定对象吸收存款的形式通常有两种：一种是公开张贴告示、通知等招揽存款；另一种是发动亲友到处游说，广泛动员他人存款。而对于在企业内部的入股、集资行为，由于其对象为特定少数个人或单位内部成员，不属于"公众"，一般不以本罪论处。由上可见，变相吸收公众存款的行为与非法吸收公众存款的行为在非法性特征和对象特征以及承诺的义务等方面均是相同的，所不同的是非法吸收公众存款是以直接吸收存款的名义吸收存款，表现在其出具存款凭证，并承诺在一定期限内还本付息；而变相吸收公众存款则不以直接吸收存款的名义出现，而以成立资金互助会或以投资、集资入股等名义，但承诺履行的义务与吸收公众存款性质相同。这里的承诺的义务与吸收公众存款的性质相同，即都是承诺在一定期限内还本付息，从而达到吸收公众存款的目的。实践中，行为人以变相方式吸收存款的具体手段层出不穷、花样繁多。如有的单位未经批准成立资金互助组织吸收公众资金；有些企业以投资、集资等名义吸收公众资金，但并不按规定分配利润、派发股息，而是以一定利息支付；有的以代为饲养宠物，代为养植花木果树，营业房分零出售、代为出租等为名，许以高额回报以吸收资金；有的则以商品销售的方式吸收资金，以承诺返租、回购、转让等方式给予回报。这些行为以合法形式掩盖非法集资目的，犯罪分子往往与受害者签订合同，伪装成正常的生产经营活动，其实质仍然是变相抬高国家所规定的存款利率，情节严重者，必定扰乱整个社会的金融秩序，一旦行为人不能兑现承诺，必将引发社会群体性事件，影响社会稳定。本案中，从形式上看，尤湖塔园公司销售塔位是经过有关部门批准的，但批准的这种销售只是指正常销售塔位的行为，即一般购得塔位自用的行为，而在实际销售塔位的过程中，为了解决经营资金的紧张，尤湖塔园公司将塔位分为使用型和投资型以及选位型塔位和不选位型，其中对于投资型塔位和不选位型塔位，突出宣传购买这两种塔位有保值增值的投资功能，采用随意调高不同期塔位的价格，并向公众发布，将公司前期退单情况予以宣传等方式（实际公司亦按承诺退单2000余万元），造成购买塔位可升值的假象，吸引公众购买，并且公司承诺逐年返利或到期按增值价格退单、兑付，可见尤湖塔园公司销售该类型的塔位目的就是尽快吸收资金，而不是进行有关部门批准的正常使用销售，因为正常的塔位销售不会发生销售后的塔位可以随意退单和升值兑付的情形。尤湖塔园公司向购买投资型塔位和不选位型塔位的客户承诺履行的义务与吸收公众存款的性质相同，即都是承诺在一定期限内还本付息，从而达到吸收公众存款的目的，符合国务院《非法金融机构和非法金融业务活动取缔办法》规定的变相吸收公众存款的特征，构成变相吸收公众存款。尤湖塔园公司未经金融主管机关批准，采取上述手段在西安地区共向4334人销售所谓投资型塔位和不选位型塔位，非法吸收资金共计9698万余元，数额巨大，严重扰乱金融秩序和社会秩序，其行为已构成非法吸收公众存款罪。据此，依照《刑法》第176条、第272条第1款、第30条、第31条、第64条、第69条、第68条、第72条、第73条第2、3款之规定，以非法吸收公众存款罪判处被告单位渭南市尤湖塔园有限责任公司罚金50万元；判处被告人惠某祥有期徒刑5年，并处罚金40万元等。

第六节　挪用资金罪、挪用公款罪

第一百八十五条　【挪用资金罪】商业银行、证券交易所、期货交易所、证券公司、期货经纪公司、保险公司或者其他金融机构的工作人员利用职务上的便利，挪用本单位或者客户资金的，依照本法第二百七十二条的规定定罪处罚。

【挪用公款罪】国有商业银行、证券交易所、期货交易所、证券公司、期货经纪公司、保险公司或者其他国有金融机构的工作人员和国有商业银行、证券交易所、期货交易所、证券公司、期货经纪公司、保险公司或者其他国有金融机构委派到前款规定中的非国有机构从事公务的人员有前款行为的，依照本法第三百八十四条的规定定罪处罚。

罪名解析

1. 法条修改情况

1997年《刑法》修改时，第185条的表述为："银行或者其他金融机构的工作人员利用职务上的便利，挪用本单位或者客户资金的，依照本法第二百七十二条的规定定罪处罚。国有金融机构工作人员和国有金融机构委派到非国有金融机构从事公务的人员有前款行为的，依照本法第三百八十四条的规定定罪处罚。"考虑到原文对于"银行或者其他金融机构"以及"国有金融机构"的规定过于模糊，为了明确相关概念的范围，1999年《刑法修正案》第7条对上述第185条进行修订，主要是在其第1款与第2款中增加列举金融机构的范围。该条文为金融机构工作人员挪用资金行为提供了法律适用的依据，即按照《刑法》第272条挪用资金罪或者第384条挪用公款罪处理。

《刑法》第272条规定的挪用资金罪，是指非国有公司、企业或者其他单位中的非国家工作人员，利用职务上的便利，挪用本单位资金归个人使用或者借贷给他人，数额较大，超过3个月未还的，或者虽然未超过3个月，但数额较大，进行营利活动的，或者进行非法活动的行为。《刑法》第384条规定的挪用公款罪，是指国家工作人员利用职务上的便利，挪用公款归个人使用，进行非法活动的，或者挪用公款数额较大、进行营利活动的，或者挪用公款数额较大、超过3个月未还的行为。《刑法修正案（十一）》第30条对挪用资金罪进行修订，采取增加一档加重法定刑的同时减轻前一档法定刑的修法方式，[①] 删除了第1款"数额较大不退还"的规定，增设了"数额特别巨大的，处七年以上有期徒刑"的规定，同时还增设了第3款从宽处罚的规定，即"有第一款行为，在提起公诉前将挪用的资金退还的，可以从轻或者减轻处罚。其中，犯罪较轻的，可以减轻或者免除处罚"。此次修订使挪用资金罪的法定量刑幅度档数与挪用公款罪保持均衡，体现了"加大惩治民营企业内部发生的侵害民营企业财产的犯罪""落实产权平等保护精神"。[②]

[①] 参见刘宪权：《〈刑法修正案（十一）〉中法定刑的调整与适用》，载《比较法研究》2021年第2期。

[②] 参见韩轶：《企业权益刑法保护的立法更新和司法适用——基于〈刑法修正案（十一）〉的解读》，载《中国法律评论》2021年第1期。

2. 犯罪构成要件

(1) 犯罪的客体

挪用资金罪侵犯的客体是公司、企业或者其他单位的财产使用权；挪用公款罪侵犯的客体是国家工作人员职务行为的廉洁性和公款的所有权。《刑法》第185条第1款规定按照挪用资金罪处理的行为，其侵犯的客体是商业银行、证券交易所、期货交易所、证券公司、期货经纪公司、保险公司或者其他金融机构的财产使用权。《刑法》第185条第2款规定按照挪用公款罪处理的行为，其侵犯的客体是国有商业银行、证券交易所、期货交易所、证券公司、期货经纪公司、保险公司或者其他金融机构中国家工作人员职务行为的廉洁性以及公款的所有权。

(2) 犯罪的客观方面

挪用资金罪的客观方面表现为利用职务上的便利，挪用本单位资金归个人使用或者借贷给他人使用的行为。1997年《刑法》修订过程中，针对当时挪用资金中比较突出的情况，在规定"归个人使用"的同时，进一步明确了"借贷给他人"属于挪用资金的一种表现形式。根据2004年9月8日《全国人民代表大会常务委员会法制工作委员会刑法室关于挪用资金罪有关问题的答复》（法工委刑发〔2004〕第28号）的规定，《刑法》第272条规定的挪用资金罪中的"归个人使用"与《刑法》第384条规定的挪用公款罪中的"归个人使用"的含义基本相同。根据2002年4月28日《全国人民代表大会常务委员会关于〈中华人民共和国刑法〉第三百八十四条第一款的解释》，有下列情形之一的，属于挪用公款"归个人使用"：将公款供本人、亲友或者其他自然人使用的；以个人名义将公款供其他单位使用的；个人决定以单位名义将公款供其他单位使用，谋取个人利益的。《刑法》第185条规定的"挪用本单位资金或者客户资金"主要包括3种情形：①挪用资金归个人使用或者借贷给他人，数额较大，超过3个月未还的。②挪用资金，数额较大、进行营利活动的，此种情形中没有挪用时间限制。所谓

"进行营利活动",一般是指进行合法的营利活动,不包括非法的营利活动。金融机构工作人员挪用本单位或者客户资金,通常表现为将相应资金投入其认为的收益更高的项目中,从中赚取相应差价,司法实践中,金融机构工作人员挪用本单位或者客户资金用于项目投资的,往往表现为金融机构的主要领导直接参与,且单位内部多人参与构成共同犯罪的情况。③挪用资金用于进行非法活动。非法活动包括行政违法行为和刑事犯罪行为。此外,本罪还需要行为人利用了职务便利来挪用资金,即主要表现为利用经手、管理或者主管的便利。

挪用公款罪的客观方面表现为利用职务上的便利,挪用公款归个人使用,进行非法活动,或者挪用公款数额较大,进行营利活动,或者挪用公款数额较大,超过3个月未还的行为。

(3)犯罪的主体

挪用资金罪的主体为特殊主体,即公司、企业或者其他单位的工作人员,但不包括国有公司、企业或者其他国有单位中从事公务的人员和国有公司、企业或者其他国有单位委派到非国有公司、企业以及其他单位中从事公务的人员。根据《刑法》第185条第1款的规定,商业银行、证券交易所、期货交易所、证券公司、期货经纪公司、保险公司或者其他金融机构的工作人员利用职务上的便利,挪用本单位或者客户资金的,依照挪用资金罪定罪处罚,上述银行或者其他金融机构的工作人员可以成为本罪主体。但是根据该条第2款的规定,国有商业银行、证券交易所、期货交易所、证券公司、期货经纪公司、保险公司或者其他国有金融机构的工作人员和国有商业银行、证券交易所、期货交易所、证券公司、期货经纪公司、保险公司或者其他国有金融机构委派到前款规定中的非国有机构从事公务的人员有前款行为的,按照挪用公款罪定罪处罚,即第2款中的主体为国有金融机构工作人员和国有金融机构委派到非国有金融机构从事公务的人员。

(4)犯罪的主观方面

挪用资金罪的主观方面表现为直接故意,行为人具有暂时挪用本单位资金归个人使用或者借贷给他人使用的故意。但如果行为人不打算归还,则不构成本罪,而构成职务侵占罪。

挪用公款罪的主观方面表现为故意。行为人明知是公款而故意擅自挪用,其主观意图是非法取得公款的占有权、使用权、收益权,其归还的意图应当是明确的。①

3. 刑事责任

(1)挪用资金罪

根据《贪污贿赂案件解释》第 11 条第 2 款的规定,《刑法》第 272 条规定的挪用资金罪的"数额较大"、"数额巨大"以及"进行非法活动"情形的数额起点,按照本解释关于挪用公款罪"数额较大"、"情节严重"以及"进行非法活动"的数额标准规定的 2 倍执行,即挪用资金归个人使用,进行营利活动或者 3 个月未还,10 万元以上为"数额较大",1000 万元以上为挪用资金"数额巨大";挪用资金进行非法活动的入罪数额标准为 6 万元以上,600 万元以上为挪用资金进行非法活动"数额巨大"。此外,《刑法修正案(十一)》修订后"数额特别巨大"的数额起点尚无规定。

(2)挪用公款罪

根据《最高人民检察院关于人民检察院直接受理立案侦查案件立案标准的规定(试行)》,国有金融机构工作人员和国有金融机构委派到非国有金融机构从事公务的人员,利用职务上的便利,挪用本单位或者客户资金的,以挪用公款罪追究刑事责任。国有公司、企业或者其他国有单位中从事公务的人员和国有公司、企业或者其他国有单位委派到非国有公司、企业以及其他单位从事公务的人员,利用职务上的便利,挪用本单位资金归个人使用或者借贷给他人,数额较大,超

---

① 参见刘宪权主编:《刑法学》(下),上海人民出版社 2020 年版,第 818-821 页。

过 3 个月未还的，或者虽未超过 3 个月，但数额较大，进行营利活动的，或者进行非法活动的，以挪用公款罪追究刑事责任。挪用公款罪案中的"非法活动"，既包括犯罪活动，也包括其他违法活动。"挪用公款归个人使用"，既包括挪用者本人使用，也包括给他人使用。多次挪用公款不还的，挪用公款数额累计计算；多次挪用公款并以后次挪用的公款归还前次挪用的公款，挪用公款数额以案发时未还的数额认定。挪用公款给其他个人使用的案件，使用人与挪用人共谋，指使或者参与策划取得挪用款的，对使用人以挪用公款罪的共犯追究刑事责任。

根据 2003 年 9 月 22 日《最高人民法院关于挪用公款犯罪如何计算追诉期限问题的批复》（法释〔2003〕16 号，自 2003 年 10 月 10 日起施行），根据《刑法》第 89 条、第 384 条的规定，挪用公款归个人使用，进行非法活动的，或者挪用公款数额较大、进行营利活动的，犯罪的追诉期限从挪用行为实施完毕之日起计算；挪用公款数额较大、超过 3 个月未还的，犯罪的追诉期限从挪用公款罪成立之日起计算。挪用公款行为有连续状态的，犯罪的追诉期限应当从最后一次挪用行为实施完毕之日或者犯罪成立之日起计算。

依照《贪污贿赂案件解释》第 5 条的规定，挪用公款归个人使用，进行非法活动，数额在 3 万元以上的，应当依照《刑法》第 384 条的规定以挪用公款罪追究刑事责任；数额在 300 万元以上的，应当认定为《刑法》第 384 条第 1 款规定的"数额巨大"；具有下列情形之一的，应当认定为《刑法》第 384 条第 1 款规定的"情节严重"：①挪用公款数额在 100 万元以上的；②挪用救灾、抢险、防汛、优抚、扶贫、移民、救济特定款物，数额在 50 万元以上不满 100 万元的；③挪用公款不退还，数额在 50 万元以上不满 100 万元的；④其他严重的情节。第 6 条规定：挪用公款归个人使用，进行营利活动或者超过 3 个月未还，数额在 5 万元以上的，应当认定为《刑法》第 384 条第 1 款规定的"数额较大"；数额在 500 万元以上的，应当认定为《刑法》第 384 条第 1 款规定的"数额巨大"。具有下列情形之一的，应当认定为《刑法》第 384 条第 1 款规定的"情节严重"：

①挪用公款数额在 200 万元以上的；②挪用救灾、抢险、防汛、优抚、扶贫、移民、救济特定款物，数额在 100 万元以上不满 200 万元的；③挪用公款不退还，数额在 100 万元以上不满 200 万元的；④其他严重的情节。

司法精要

1. 挪用资金超过 3 个月未还中的 3 个月期间计算

挪用资金超过 3 个月未还中的 3 个月认定的起算点应是挪用行为实施完毕之日。挪用指不经合法批准或者违反财经纪律，擅自实施使本单位资金脱离单位的行为。本罪保护的是单位对资金的占有、使用、收益权，只要财物脱离本单位的控制，单位对资金的占有、使用、收益权就遭到侵害。这意味着挪用资金行为实施完毕，单位对资金的上述权利即持续处于被侵害状态，而不论行为人是否实际使用了该资金。挪用资金超过 3 个月未还中 3 个月认定的截止点应是实际归还之日。我国立法规定明确表明，挪用资金在 3 个月内已归还的，不构成犯罪。至于未还期超过 3 个月以后，挪用人还与不还，自愿归还还是强制归还，已不是罪与非罪的法定界限，而是量刑问题。①

2. 挪用资金罪与职务侵占罪的界限认定

挪用资金罪和职务侵占罪的主要区别在以下几点：第一，客体不同，前者针对的是占有、使用、收益权，但不包括所有权中的处分权，后者是针对单位财产的所有权；第二，在主观目的上，前者表现为以临时借用，后者表现为永久占有；第三，在行为方式上，前者通常表现为虚构名义将钱款暂时腾挪，账目上能够显

---

① 参见李和仁、肖中华、崔杨等：《挪用单位资金自首后满三个月未还的行为如何处理》，载《人民检察》2010 年第 14 期。

示存在应收款项,后者表现为以做假账等方式将账目填平。认定行为人是否具有非法占有目的是区分二者的关键,如行为人挪用资金后携带资金潜逃,且没有归还行为;或者采取虚假平账、销毁有关账目等手段,使所挪用的资金已难以在单位财务账目上反映出来,且没有归还的行为的;或者截留单位收入不入账,非法占有,使所占有的资金难以在单位财务账目上反映出来的,且没有归还的行为的;或者有证据证明行为人有能力归还挪用的资金但拒不归还,并隐瞒资金去向的,都可以认定为具有非法占有目的。若行为人并非出于主观原因不归还挪用资金,而是因客观原因不能归还的,不能认定行为人具有非法占有目的。但司法实践中就行为人是否发生非法占有目的存在争议,如即使在账目未做平的情况下,行为人也可能具有非法占有的故意。

3. 挪用资金罪与挪用公款罪区分

两罪在客观方面都是利用职务上的便利,挪用钱款归个人使用,进行非法活动,或者挪用钱款数额较大进行营利活动,或者挪用钱款数额较大,超过3个月未还,而且两者的主观目的也完全相同,容易混淆。两罪的主要区别表现为主体不同,挪用公款罪的主体是国家工作人员,挪用资金罪的主体则是公司、企业或者其他单位的工作人员。① 针对一些特殊主体挪用国有资金的行为,司法解释作出了具体规定。根据2000年2月16日《最高人民法院关于对受委托管理、经营国有财产人员挪用国有资金行为如何定罪问题的批复》(法释〔2000〕5号,自2000年2月24日起施行),对于受国家机关、国有公司、企业、事业单位、人民团体委托,管理、经营国有财产的非国家工作人员,利用职务上的便利,挪用国有资金归个人使用构成犯罪的,应当依照《刑法》第272条第1款的规定定罪处罚。

---

① 参见刘宪权主编:《刑法学》(下),上海人民出版社2020年版,第823页。

4. 多次挪用公款或以后次挪用公款归还前次挪用公款的数额认定

挪用公款的对象一般是钱款，在数额认定上较为清晰。但是涉及有多次挪用，甚至用后次挪用的钱款归还前次挪用的钱款，其数额认定就比较复杂。根据1998年4月29日《最高人民法院关于审理挪用公款案件具体应用法律若干问题的解释》的规定，多次挪用公款不还，挪用公款数额累计计算；多次挪用公款，并以后次挪用的公款归还前次挪用的公款，挪用公款数额以案发前未还的实际数额认定。此外，挪用救灾、抢险、防汛、优抚、扶贫、移民、救济款物的，其对象不仅可能是物，而且还可能是重要物资。因此，挪用救灾、抢险、防汛、优抚、移民、扶贫、救济款物归个人使用的数额标准，参照挪用公款归个人使用进行非法活动的数额标准。

5. 以单位名义或者为单位利益挪用公款给他人使用的行为界定

在司法实践中，可能发生由个人决定或经单位集体讨论通过或同意，为本单位利益而挪用公款给他人使用的现象，这实际上就是单位挪用公款。由于《刑法》第384条挪用公款罪属于自然人犯罪，单位不能构成本罪，因而对于单位挪用公款的行为，不能以挪用公款罪来追究单位的刑事责任，这也是罪刑法定原则的必然要求。① 根据2003年11月13日最高人民法院《全国法院审理经济犯罪案件工作座谈会纪要》的规定，经单位领导集体研究决定将公款给个人使用，或者单位负责人为了单位的利益，决定将公款给个人使用的，不以挪用公款罪定罪处罚。上述行为致使单位遭受重大损失，构成其他犯罪的，依照刑法的有关规定对责任人员定罪处罚。

此外，个人决定以单位名义将公款借给其他单位使用，没有谋取个人利益的

---

① 参见王志祥：《论挪用公款罪主体的几个问题》，载《法商研究》2004年第2期。

行为能否构成挪用公款罪，需要结合挪用公款罪中"归个人使用"的含义进行认定。全国人民代表大会常务委员会于 2002 年 4 月 28 日发布的《关于〈中华人民共和国刑法〉第三百八十四条第一款的解释》对什么是挪用公款归个人使用作出了解释。该解释规定，挪用公款归个人使用有三种情况：第一，将公款供本人、亲友或者其他自然人使用的；第二，以个人名义将公款供其他单位使用的；第三，个人决定以单位名义将公款供其他单位使用，谋取个人利益的。从而以立法解释的形式明确了以下争点：将公款供自然人使用的无须以个人名义；将公款供其他单位使用的，无论是公有还是私有，均须以个人名义；只有个人决定以单位名义借给他人的才需要牟利。因此，个人决定以单位名义将公款借给其他单位使用，没有谋取个人利益的行为不构成挪用公款罪。

6. 挪用公款罪主体的范围界定

挪用公款罪的主体是特殊主体，即国家工作人员，其范围应当依照《刑法》第 93 条的规定来确定。同时，依照全国人大常委会的立法解释，村民委员会等村基层组织人员在协助人民政府从事行政管理的 7 项工作时，属于国家工作人员的范围，因此如果利用此职务上便利，实施挪用公款的行为，也可以构成挪用公款罪。

此外，根据《刑法》第 185 条第 2 款的规定，国有商业银行，证券交易所，期货交易所、证券公司、期货经纪公司、保险公司或者其他国有金融机构的工作人员和国有商业银行、证券交易所、期货交易所、证券公司、期货经纪公司、保险公司或者其他国有金融机构委派到非国有的商业银行、证券交易所、期货交易所、证券公司、期货经纪公司、保险公司或者其他金融机构从事公务的人员，利用职务上的便利，挪用本单位或者客户的资金，依照挪用公款罪定罪处罚。《刑法》第 272 条第 2 款也规定，国有公司、企业或者其他国有单位中从事公务的人员和国有公司、企业或者其他国有单位委派到非国有公司、企业以及其他单位从事公务的人员，利用职务上的便利，挪用本单位资金归个人使用或借贷给他人，进行非法活动，或者挪用资金数额较大，进行营利活动，或者挪用资金数额较大，超过3个月未还的，也以挪用公款罪定罪处罚。

值得注意的是，在贪污罪中，受国家机关、国有公司、企业、事业单位、人民团体委托管理，经营国有财产的人员，可以成为贪污罪的主体。然而在挪用公款罪中，此类人员则不能成为挪用公款罪的主体。如果有挪用的行为，构成犯罪的，也只能按照挪用资金罪定罪处罚。造成如此不统一的原因在于刑法对贪污罪有特别规定，而对于挪用公款罪则无此特别规定，所以根据罪刑法定原则，此类人员不能作为挪用公款罪的主体，也是必然的结论。

7. 挪用公款罪未遂的认定

挪用公款罪是故意犯罪，从理论上看当然存在犯罪的未遂，但是目前司法实践比较倾向于"一挪就既遂"，所以挪用公款在实践中似乎已经没有存在未遂的可能。然而对于挪用公款是否存在未遂，以及是否应当以犯罪论处，在理论上需要对以上两种情况予以明确。首先，行为人已经着手实施挪用公款的行为，因为意志以外的原因使公款未能挪出公款所在的单位。对此以未遂认定应属无疑，但因其尚没有实际的被挪用公款的数额，司法实践一般不以犯罪论处。其次，行为人已将公款挪出，但因意志以外的原因没有使用，即"挪而未用"。有的观点认为，行为人使公款脱离单位后，即使尚未使用该公款的，也属于挪用。① 也有观点认为此种挪用应属于未遂，因为这种挪而未用的行为，实际上已经侵害公款的所有权，因此，应比照挪用公款罪既遂从轻或者减轻处罚。② 上述两种观点各有其合理之处，也均有其不合理之处。刑法对挪用公款罪的设置，根据其用途之不

---

① 参见张明楷：《刑法学》，法律出版社2016年版，第1189页。
② 参见刘家琛主编：《新刑法新问题新罪名通释》，人民法院出版社1998年版，第969页。

同，有三种不同的法定要件。其中对于挪用公款进行非法活动的，由于司法解释明确其非法活动本身如果构成犯罪，应当实行数罪并罚，这就明确仅有挪的行为，即使没有实际的非法活动的使用行为，也可以构成挪用公款罪。因此，在这种挪用行为中，"挪而未用"属于既遂而不是未遂。对于其他两种挪用公款的行为，特别是挪用公款数额较大，超过3个月未还的行为，不仅挪的本身是其客观行为，其用途、用的时间，是否超过3个月未还，也都是挪用公款罪所不可缺少的客观行为组成部分。"挪而未用"本身还无法确定其将用于何种活动，也无法确定其用的时间和是否归还。因此，这种挪而未用不可能成立挪用公款罪的既遂，只能是未遂。①

8. 挪用公款罪的罪名转化问题

挪用公款罪与贪污罪的主要区别在于行为人主观上是否具有非法占有公款的目的。挪用公款是否转化为贪污，应当按照主客观相一致的原则，具体判断和认定行为人主观上是否具有非法占有公款的目的。结合《全国法院审理经济犯罪案件工作座谈会纪要》中"挪用公款转化为贪污的认定"的规定，主要包括以下几种情形：①根据《最高人民法院关于审理挪用公款案件具体应用法律若干问题的解释》第6条的规定，行为人"携带挪用的公款潜逃的"，对其携带挪用的公款部分，以贪污罪定罪处罚；②行为人挪用公款后采取虚假发票平帐、销毁有关帐目等手段，使所挪用的公款已难以在单位财务帐目上反映出来，且没有归还行为的，应当以贪污罪定罪处罚；③行为人截取单位收入不入帐，非法占有，使所占有的公款难以在单位财务帐目上反映出来，且没有归还行为的，应当以贪污罪定罪处罚；④有证据证明行为人有能力归还所挪用的公款而拒不归还，并隐瞒挪用的公款去向的，应当以贪污罪定罪处罚。有上述情形之一的，可以认定行为人的

---

① 参见刘宪权主编：《刑法学》（下），上海人民出版社2020年版，第822页。

主观故意发生变化，具有了非法占有的主观目的。

9. 因挪用公款而构成其他犯罪的定罪处罚

因挪用公款而构成其他犯罪的，理论上属于牵连犯。学理上，对于牵连犯，一般认为应采取从一重罪从重论处的原则，但法律和司法解释明确规定实行数罪并罚的除外。1998年4月29日《最高人民法院关于审理挪用公款案件具体应用法律若干问题的解释》第7条规定，因挪用公款索取、收受贿赂构成犯罪的，依照数罪并罚的规定处罚；并根据对向犯理论，认为应将受贿和行贿同等处理，则为挪用公款而行贿的也应以挪用公款罪和行贿罪数罪并罚。

合规指引

1. 合规要求

在禁止金融机构工作人员挪用本单位或者客户资金方面的合规要求主要是指各个金融机构及其工作人员应当忠实尽责地履行自己的职责，依照法律法规以及客户要求使用资金，不得利用职务便利，挪用本单位资金或者客户资金。主要把握以下三个方面。

一是金融机构工作人员的范围，根据《证券法》第131条第2款、第150条第2款的规定，"证券公司不得将客户的交易结算资金和证券归入其自有财产。禁止任何单位或者个人以任何形式挪用客户的交易结算资金和证券""证券登记结算机构不得挪用客户的证券"。根据《商业银行法》第52条的规定，商业银行的工作人员应当遵守法律、行政法规和其他各项业务管理的规定，不得利用职务上的便利，贪污、挪用、侵占本行或者客户的资金。根据《证券投资基金法》第20条第5项、第100条第2款的规定，公开募集基金的基金管理人及其董事、监事、高级管理人员和其他从业人员不得侵占、挪用基金财产；基金销售机构、基金销售支付机构、基金份额登记机构应当确保基金销售结算资金、基金份额的安全、独立，禁止任何单位或者个人以任何形式挪用基金销售结算资金、基金份额。根据《保险法》第116条第7款、第131条的规定，保险公司及其工作人员在保险业务活动中不得挪用、截留、侵占保险费；保险代理人、保险经纪人及其从业人员不得在保险业务活动中挪用、截留、侵占保险费或者保险金。根据《私募投资基金监督管理暂行办法》第23条第4项的规定，私募基金管理人、私募基金托管人、私募基金销售机构及其他私募服务机构及其从业人员从事私募基金业务，不得侵占、挪用基金财产。

二是挪用资金的范围，根据上述规定，金融机构以及客户的资金包括：基金财产、基金销售结算资金、基金份额、商业银行或客户资金、保险费、保险金、客户的交易结算资金和证券等单位及客户的资产。在认定挪用的数额时，有价证券等资产也应当计算在内，不宜将范围仅仅局限于金钱。

三是"挪用"的含义的界定，首先，参照挪用资金罪、挪用公款罪的规定，行为人实施挪用行为时应当利用了职务便利，这也可以在《商业银行法》第52条的规定中得到印证。其次，与挪用资金罪、挪用公款罪不同，上述提及的法律法规中并没有对挪用的用途进行限定，也没有对数额作出规定，即可以认为，除了依照《刑法》规定构成挪用资金罪或者挪用公款罪以外的一般的挪用行为，属于行政监管规制中的"挪用"。

2. 合规风险

《刑法》第185条规定金融工作人员挪用资金按照挪用资金罪或者挪用公款罪定罪处罚，其行为形式都是利用职务便利，挪用本单位或者客户资金归个人使用或者借贷给他人，数额较大，超过3个月未还的，或者虽未超过3个月，但数额较大、进行营利活动的，或者进行非法活动，本质的区别在于行为主体的性质不同。在国有商业银行、证券交易所、期货交易所、证券公司、期货经纪公司、保险公司或者其他国有金融机构的工作人员和国有商业银行、证券交易所、期货交易所、证券公司、期货经纪公司、保险公司或者其他国有金融机构委派到非国有金融机构从事公务的人员挪用本单位或者客户资金的情况下，如何界定行为主体的性质关系到罪名的确认以及企业所需承担责任的确定。

(1) 行政监管合规风险

金融工作人员挪用本单位资金或者客户资金，一方面，可能造成企业资金链断裂、财务亏空等金融风险；另一方面，尚未构成犯罪的，需要按照相关法律法规进行行政处罚，使企业承担相应的法律责任。根据我国《证券法》《商业银行法》《证券投资基金法》《保险法》《银行业监督管理法》《信托法》《私募投资基金监督管理暂行办法》等法律法规相关规定，对于违法违规挪用本单位资金或者客户资金的人员，通常除了会对直接责任人员处以警告、罚款等行政处罚外，还会对企业进行责令改正、警告以及罚款等处罚。法律法规对于企业主体所规定的罚金数额通常十分巨大，这会使企业所面临的经营困境雪上加霜，严重时更会导致企业面临破产的风险。

(2) 刑事合规风险

金融工作人员挪用本单位资金或者客户资金，构成犯罪的，需要按照《刑法》第 272 条挪用资金罪和第 384 条挪用公款罪追究相关人员的刑事责任，通常涉及金融企业的董事、监事和高级管理人员。虽然《刑法》并未给挪用资金罪或者挪用公款罪设置单位主体，金融企业本身不会因为其工作人员的犯罪行为承担刑事责任，但是这类直接责任人员日常负责处理金融企业的核心业务，当这类核心管理人员因刑事犯罪而被罢免之后，企业会面临一段时间的管理空档，可能影响企业的正常运转，造成企业亏损。

3. 合规建议

（1）完善金融监管制度，落实直接负责的主管人员和其他直接责任人员的监管责任

金融机构及其工作人员挪用本单位或者客户资金，其行为在司法实践中往往表现为单位内部多人参与共同犯罪，主要领导直接参与，将客户资金投入其认为收益更高的项目中，赚取其中差价的情况。为规范金融活动，保护投资人利益，应当完善立法，加大相关金融机构董事、监事、高级管理人员等直接负责的主管人员和直接责任人员的监管责任，从内部杜绝挪用行为。

（2）完善挪用类违法行为的立法规制，细化金额、期限和用途等标准

金融机构工作人员挪用本单位或者客户资金构成一般违法行为的，其危害性大小与挪用资金的数额、挪用时间的长短和挪用用途密切相关，如将资金挪用于民间借贷和将资金挪用于银行存款收取利息，两种情况下追回资金的可能性就大不相同，其行为的危害大小也不尽相同。但是当前对于一般违法的挪用行为，现行法律法规并没有明确规制其金额、期限和用途的具体标准，立法应当对此进行完善。

📁 监管政策和规范

金融机构工作人员挪用本单位或者客户资金，是一种较为隐蔽和危害性极大的违法行为，擅自挪用资金的行为会严重影响民营企业的正常运转、破坏金融监管秩序，损害投资者对于商业银行、证券公司、期货经纪公司等金融机构的信赖，从而导致投资减少，经济发展受限；国有金融机构的工作人员或者国有金融机构委派到非国有金融机构从事公务的人员实施上述行为还会危害国有资产的监管，损害国家利益和公职人员职务行为的廉洁性，危害更甚。因此，挪用资金行为一

直以来都是金融监管的重点。

结合《证券法》、《商业银行法》、《证券投资基金法》、《私募投资基金监督管理暂行办法》以及《银行业监督管理法》等法律法规的规定，可以发现，国家对于金融机构工作人员挪用资金行为的规制较为严格，其中，《证券法》在2019年修订后，更是大幅度增加罚款的数额，使惩罚更加严厉，除对金融机构本身处以责令改正、警告、没收违法所得和罚款等处罚以外，还对直接负责的主管人员和其他直接责任人员进行相应处罚，这种针对单位和个人双罚的处罚模式能够更好地规制金融机构及其内部工作人员的行为，有效维护金融监管秩序。

相关监管政策和规范索引整理如下。

《证券法》第131、150条

《商业银行法》第52、85条

《保险法》第116、131条

《私募投资基金监督管理暂行办法》第23条

典型案例

典型案例2-27：谭某永挪用资金案[①]

被告人谭某永利用自己是佛山市煤气有限公司（以下简称佛煤公司）业务推销员的身份，冒用单位名义，以明显低于公司规定的价格，私下与佛山市南海区罗村中联纸箱厂（以下简称中联纸厂）达成预付货款后供货的瓶装液化石油气买卖协议，在收取中联纸厂预付款后，出具盖有已经停止使用的"佛山市煤气公司发票专用章"、"佛山市煤气公司气站财务专用章"和未经佛煤公司授权的盖有"佛山市煤气有限公司发票专用章"的收据。在中联纸厂实际需要使用石油气时，

---

① 参见广东省佛山市中级人民法院（2008）佛刑二终字第215号刑事判决书。

被告人谭某永就向佛煤公司按当时的正常定价购买瓶装液化石油气后送至中联纸厂处。被告人谭某永在明知自己以市场价格购入液化石油气,转手以明显低于市场价格卖出的行为终将导致无法完全履行合同的情况下,以先履行部分合同的方法,诱骗中联纸厂继续签订和履行瓶装液化石油气买卖协议。2006年1月12日至2006年10月14日,被告人谭某永先后11次与中联纸厂达成共计358吨的液化石油气买卖协议;收取中联纸厂预付的货款1,556,400元,仅履行部分合同向中联纸厂交付瓶装液化石油气164.1041吨,向佛煤公司支付购买液化石油气款共计1,077,790.71元,将剩余的货款478,609.29元非法占为己有。2006年12月25日,被告人谭某永在其公司负责人的陪同下到公安机关自首。

原审法院认为,被告人谭某永以非法占有为目的,在冒用他人名义签订、履行合同的过程中,没有实际履行能力,以先部分履行合同的方法,诱骗对方当事人继续签订和履行合同,骗取对方当事人财物,共计人民币478,609.29元,数额巨大,其行为已构成合同诈骗罪。被告人谭某永犯罪以后自动投案,如实供述自己的罪行,是自首,依法可以从轻处罚。

原审被告人谭某永上诉称:其低价销售煤气只是为了留住客户,并没有实施诈骗款项的行为。

二审法院认为,上诉人谭某永作为公司人员,利用职务上的便利,将应交付给公司的客户的货款挪归个人使用,数额巨大,其行为已构成挪用资金罪。原判认定上诉人谭某永的行为构成合同诈骗罪不当,应予纠正。上诉人谭某永犯罪后自动投案,如实供述自己的罪行,是自首,对其依法可以从轻处罚。

典型案例2-28:陈某林等挪用资金、贪污案①

被告人陈某林自2000年11月至2005年上半年任潮安县彩塘镇和平村村民委员会主任。被告人杨某浩从2000年11月至2005年7月任潮安县彩塘镇和平村村

---

① 广东省潮州市中级人民法院(2007)潮中法刑二终字第3号刑事判决书。

民委员会委员、出纳员。在两起被告人任职期间,经该村村委会决定,将村集体资金交由杨某浩存入杨某浩个人的银行账户中。

和平村 2000 年 11 月现金结余人民币（下同）1,317,532.09 元,2000 年 12 月至 2005 年 2 月,现金收入共 29,345,607.01 元,总收入共计 30,663,139.1 元。上述现金收入主要是该村的集体土地租金,仅有 2001 年该村的集体土地被征用于潮汕公路改道工程的补偿款 1,114,874.3 元属征地补偿款,该项征地补偿款全部记入该村总账,未设独立账目,也没有存入专项资金账户。2000 年 12 月至 2005 年 2 月,该村的现金支出共 26,074,424.74 元,截至 2005 年 2 月 28 日,出纳现金日记表余额为 4,588,714.36 元。

和平村的 1,114,874.3 元征地补偿款由彩塘镇财政所分 9 次通过银行划拨,其中有 4 笔共 800,000 元实际划入和平村账户。但对该 4 笔资金和平村村民委员会没有专门设立账目并存入专项资金账户,而是与其他资金混同使用。而其余 5 笔均没有实际划入该村账户,其中 4 笔共 164,874.3 元由和平村村民委员会委托彩塘镇财政所直接转账用于缴交该村 2001 年度至 2004 年度的农业税;另一笔 150,000 元由和平村村民委员会委托彩塘镇财政所直接转账划入彩塘镇规划建设办的账户,用于缴交该村的生活用地基础设施配套费。

2004 年,陈某林利用职务之便,多次从杨某浩处借出由杨某浩保管的该村集体资金,用于赌博,并以借付工程款的名义立下 6 单借条,具体为:(1) 2004 年 3 月 27 日借 770,000 元;(2) 2004 年 4 月 19 日借 647,000 元;(3) 2004 年 5 月 3 日借 1,781,000 元;(4) 2004 年 7 月 13 日借 350,000 元;(5) 2004 年 10 月 22 日借 340,000 元;(6) 2004 年 11 月 29 日借 237,000 元,6 单共计人民币 4,125,000 元。所有款项被陈某林用于赌博输光,案发后无法追回。

杨某浩在明知陈某林借钱不是用于支付和平村的工程款或其他公共开支而是另作他用的情况下,仍按陈某林的指令连续、多次把和平村的上述集体资金共 4,125,000 元借给陈某林个人使用。其间还按陈某林的授意用假存折和假利息单据来充抵被陈某林借走的资金数额,以欺瞒、应付村查账小组的查账。

2005年4月和平村村民委员会换届选举,陈某林落选,后于2005年7月25日潜逃,杨某浩遂于同月26日向潮州市人民检察院报案,后陈某林被抓获归案。

被告人陈某林于2004年12月18日,利用其担任潮安县彩塘镇和平村村民委员会主任的职务之便,将经手的向潮安县彩塘镇民政办公室领取民政部门发给该村的在伍军人补助款9000元和烈属补助款300元,共计人民币9300元据为已有,挥霍花光。案发后赃款无法追回。

法院认为,被告人陈某林身为和平村村民委员会工作人员,利用职务之便,挪用本单位资金用于赌博,数额巨大,其行为已构成挪用资金罪,其又在协助人民政府从事优抚款物管理公务过程中,利用职务之便,侵吞国有财物,其行为已构成贪污罪。被告人杨某浩身为和平村村民委员会负责出纳的工作人员,明知被告人陈某林借集体资金是要挪作他用,仍听从陈某林指令,将所保管的集体资金借给陈某林,其行为已构成挪用资金罪。被告人陈某林在挪用资金共同犯罪中起主要作用,系主犯,应按照其所参与或组织、指挥的全部犯罪处罚。被告人杨某浩在挪用资金共同犯罪中起次要作用,系从犯,其在陈某林潜逃后,司法机关尚未掌握其二人挪用资金犯罪事实的情况下,主动向潮州市人民检察院报案,如实供述了全部犯罪事实,有自首情节,依法予以减轻处罚。公诉机关指控被告人陈某林犯贪污罪罪名成立,但指控被告人陈某林、杨某浩犯挪用公款罪不妥,应予以纠正。

典型案例2-29:冯某华、张某祥挪用公款案①

1997年9月,被告人冯某华、张某祥协议合伙成立钟山区祥华汽车配件经营部。由张某华出资20万元,冯某祥出资10万元,股份分为6股,每股5万元,双方按出资所占股份承担亏损和分配利润,张某华担任经理,冯某祥为副经理。

---

① 参见贵州省高级人民法院(1997)黔刑经终字第213号刑事判决书。

由于没有注册资金，冯某华在六盘水市农业银行金穗信用卡业务部开了一张证明张某祥在该部有 30 万元存款的虚假证明到市会计师事务所验资，然后在某区工商分局骗领了营业执照。冯、张二人在无固定资产和经营所需资金的情况下，冯某华利用职务之便擅自授权张某祥用信用卡透支资金进行经营汽车配件的业务活动。1997 年 8 月 19 日至 1998 年 2 月 27 日，冯某华、张某祥用信用卡透支共 1,150,860 元，扣除存款余额及利息 2047 元、信用卡部领导同意透支的 30 万元、错转到成某林卡上的 100,550 元、转卡利息 12,912.41 元及张某祥消费透支的 25,889.6 元，实际擅自授权透支总额为 709,460.99 元。案发后，冯、张二人共退还款、物价值 697,641 元，尚有 11,819.99 元不能退还。

法院认为，被告人冯某华、张某祥合谋，利用冯某华职务上的便利，擅自授权透支巨额资金供二人进行营利活动，其行为均已构成了挪用公款罪。其中，冯某华系本案主犯，挪用公款数额巨大且有部分未退还，情节严重，应依法惩处。张某祥系从犯，可从轻处罚。两名被告人反复透支"转卡盖账"的行为，属于典型的多次挪用公款，并以后次挪用的公款归还前次挪用的公款。根据 1998 年《最高人民法院关于审理挪用公款案件具体应用法律若干问题的解释》第 4 条的规定，应以案发时未还的实际数额认定挪用公款的数额。张某祥称其系从犯的意见，予以采纳。冯某华的辩护意见，不予采纳。

典型案例 2-30：张某同挪用公款案①

2002 年 8 月底，酒泉三正世纪学校董事长王某红以该校资金紧张为由，向被告人张某同提出想从张某同所在的新村村委会贷款 200 万元，月息为 0.8%，张某同在未与村委会其他成员商议的情况下，安排村委会文书兼出纳的柴某荣将村里的征地补偿款共 210 万元分别于 2002 年 9 月 2 日、10 月 11 日、10 月 21 日 3 次借给酒泉三正世纪学校使用，约定月利息为 0.8%。2002 年 10 月，王某红再次找张

---

① 参见甘肃省酒泉地区（市）中级人民法院第 502 号刑事判决书。

某同提出向新村村委会借款600万元，包括前面已经借出的210万元，张某同便于2002年10月30日召集村委会委员会议就是否给酒泉三正学校借款进行讨论，张某同未将此前已经借款给酒泉三正学校210万元向会议说明，会上大家一致同意借款给酒泉三正学校600万元，会后新村村委会与酒泉三正学校签订了600万元的贷款合同，约定月利息0.6%，2003年9月30日归还。合同签订后，新村村委会实际只给酒泉三正学校借款531.5万元，包括开会研究之前借给酒泉三正学校的210万元。2003年9月24日酒泉三正学校归还220万元，案发时尚未归还的311.5万元，通过司法程序大部分已经追回。

原审法院认为，公诉机关指控被告人张某同的犯罪事实清楚，证据确实、充分罪名成立。张某同作为新村村委会主任，在协助政府从事土地征用补偿费用的管理工作中，超越职权范围，在未经村委会集体讨论的情况下，以个人名义将210万元公款挪给他人使用，数额巨大，情节严重，其行为构成挪用公款罪。案发后被告人挪用的款项大部分已经追回，可酌情从轻处罚。据此，依照《刑法》第384条第2款规定的挪用公款罪判处张某同有期徒刑8年。

一审宣判后，张某同不服，提出上诉。其上诉称，向酒泉三正世纪学校借款210万元，村委会已事后追认，是集体行为，对该借款其本人并未盈利，请求宣告无罪。

二审法院认为，原判认定上诉人张某同利用村委会职务的便利，个人决定向酒泉三正世纪学校借款210万元的事实清楚，但原判将该款认定为"以个人名义将公款挪给他人使用"不当，导致对上诉人定罪及适用法律有误。对于上诉人张某同所提的上诉理由，经查，上诉人张某同在未经村委会讨论的情况下出借公款，但并不是以个人名义进行的；后在与酒泉三正世纪学校履行600万元贷款合同时，已实际包含了210万元，且张某同没有谋取个人利益，故上诉人张某同的上诉理由应予采纳。

典型案例 2-31：王某某等挪用公款案①

2011年11月，时任中国邮政储蓄银行股份有限公司磐石市支行（以下简称邮储银行磐石市支行）副行长被告人王某某，为其个人使用资金进行营利活动，欲在本银行贷款，遂利用其副行长职务上的便利，指使时任邮储银行磐石市支行信贷部经理被告人徐某某及信贷员被告人刘某某、被告人盛某，盗用磐石市吉昌镇农民李某某、周某某等12户贷户（老贷户）的个人信息资料，办理贷款。被告人刘某某受指使后，明知是盗用贷户的个人信息资料办理贷款，仍利用其信贷员职务上的便利，采取复印磐石市吉昌镇农民李某某、周某某、张某甲、孙某某、孙某甲、孙某乙、胡某、张某乙、孙某丙9户贷户（均不知情）的个人信息资料、伪造上述各贷户签字的"倒贷"方式，以每户名义各贷款5万元，后呈报被告人徐某某审批；被告人盛某受指使后，明知是盗用贷户的个人信息资料办理贷款，而利用其信贷员职务上的便利，采取复印磐石市吉昌镇农民王某甲、秦某某、张某丙3户贷户（均不知情）的个人信息资料、伪造上述各贷户签字的"倒贷"方式，以每户名义各贷款5万元，后呈报被告人徐某某审批；被告人徐某某受指使后，明知上述60万元贷款系盗用贷户的个人信息资料办理的，而利用其信贷部经理的职务上的便利，将该贷款审批。2011年11月11日、12日，李某某、周某某、张某甲、孙某某、孙某甲、孙某乙、胡某、张某乙、孙某丙、王某甲、秦某某、张某丙12户贷户在邮政储蓄银行磐石市支行共贷出款项60万元。后被告人王某某将以上述12户名义贷出的60万元用于个人营利活动。

被告人王某某于2011年10月，欲在本银行贷款归其个人使用，遂利用其副行长职务上的便利，指使被告人徐某某及时任邮储银行磐石市支行信贷员被告人邵某某，盗用磐石市朝阳山镇贷户邹某某、方某某、刘某甲（均不知情）的个人信息资料办理贷款，被告人邵某某受指使后，明知是盗用贷户（老贷户）的个人

---

① 参见吉林省磐石市人民法院（2015）磐刑初字第182号刑事判决书。

信息资料办理贷款，而利用其信贷员职务上的便利，采取伪造贷户邬某某、方某某、刘某甲贷款手续的"倒贷"方式，以每户名义贷款（商贷）10万元，3户共计贷款30万元，后呈报被告人徐某某审批；被告人徐某某受指使后，明知上述30万元贷款系盗用贷户的个人信息资料办理的，而将该贷款审批。2011年11月14日，上述3户在邮储银行磐石市支行共贷出款项30万元。该贷款归被告人王某某个人使用。

综上，被告人王某某参与作案2起，挪用公款人民币90万元；被告人徐某某参与作案2起，挪用公款数额90万元；被告人刘某某参与作案1起，挪用公款数额45万元；邵某某参与作案1起，挪用公款数额30万元；被告人盛某参与作案1起，挪用公款数额15万元。上述被挪用的人民币90万元全部被被告人王某某用于个人营利活动和个人使用，至案发前未归还。

法院认为，根据《刑法》第185条的规定，商业银行、证券交易所、期货交易所、证券公司、期货经纪公司、保险公司或者其他金融机构的工作人员利用职务上的便利，挪用本单位或者客户资金的，依照本法第272条的规定定罪处罚。国有商业银行、证券交易所、期货交易所、证券公司、期货经纪公司、保险公司或者其他国有金融机构的工作人员和国有商业银行、证券交易所、期货交易所、证券公司、期货经纪公司、保险公司或者其他国有金融机构委派到前款规定中的非国有机构从事公务的人员有前款行为的，依照本法第384条的规定定罪处罚。邮储银行磐石支行是国有商业银行，5名被告人系该机构工作人员。被告人王某某身为国有金融机构工作人员，为了解决本人合伙经营养牛场无运营资金的问题，利用本单位副行长并主持工作的职务便利，授意在本单位从事贷款事务的被告人徐某某、刘某某、邵某某、盛某，采取伪造贷款材料，以多名农户联保贷款、商户贷款的方式，挪用本单位资金计90万元至案发前不能归还；被告人徐某某、刘某某、邵某某、盛某身为国有金融机构工作人员，在被告人王某某的授意下，伪造贷款材料，为王某某挪用本单位资金提供帮助，系共犯。综上，5名被告人的行为符合挪用公款罪的构成要件。

典型案例 2-32：陈某文挪用公款案①

福建省诏安县鱼种场系隶属诏安县海洋与渔业局的自收自支全民事业单位。2004 年 4 月 5 日起，被告人陈某文任诏安县鱼种场场长。其间，陈某文于 2004 年 4 月 15 日，收取诏安县鱼种场池塘、管理房承包者林某征、沈某文承包款各 7 万元，合计 14 万元。经诏安县海洋与渔业局领导班子及鱼种场全体职工的同意，该承包款暂由陈某文保管，用于专项缴纳职工"社保金"及一些生活费等，由陈某文负责办理社保相关手续。之后，陈某文发给本场职工 2004 年度生活费，余款 12 万余元被陈某文带到广州。在广州打工期间，陈某文 11 次汇款给本场离休干部遗孀吴某琴生活费 6300 元，2 次计汇款 5040 元给本场职工许元基。2005 年上半年陈某文委托沈某升发给本场职工黄某明、沈某山、李某杰、许某福、沈某、沈某升生活费各 2000 元，合计 1.2 万元，其本人发放生活费 2000 元。2005 年 7 月 7 日，陈某文委托沈某兰将 2 万元交给诏安县海洋与渔业局。陈某文将其经手管理的现金余额 77,556 元随身携带到广州市、北京市、山东省普宁市等地，作为其生活费用等，至今未归还。

法院认为，被告人陈某文身为国家工作人员，利用其经手管理现金的便利条件，挪用公款 77,556 元，属数额较大，且超过 3 个月未还，其行为符合挪用公款罪的犯罪构成要件，构成挪用公款罪，应予刑事处罚，其违法所得应继续予以追缴。公诉机关认为陈某文的行为系"携带挪用的公款潜逃的"，应以贪污罪定罪处罚。经查，陈某文在担任诏安县鱼种场场长期间，经诏安县海洋与渔业局领导班子及全体职工同意，保管该场的款项，其在外期间，仍陆续支付该场职工部分相关费用等。因此，虽然陈某文将其经手的其余款项挪用于生活费用等支出，但没有证据可以证实其主观上具有非法占有的故意，其行为不符合携带挪用的公款

---

① 福建省诏安县人民法院 (2007) 诏刑初字第 188 号刑事判决书。

潜逃的情形，公诉机关指控的罪名有误，应予纠正。陈某文及其辩护人对被告人陈某文的行为性质属挪用公款的意见符合事实和法律，法院予以采信。

典型案例2-33：鞠某文等挪用公款、受贿案[①]

敦化东光制衣有限责任公司系中外合资企业，国有资产份额占50%，被告人辛某凌在任该公司总经理期间，决定开发商品楼，因缺少资金，便找到中国建设银行吉林省敦化支行会计科副科长鞠某文帮助解决资金。被告人鞠某文于1999年5月10日擅自将本单位60万元转至敦化市动迁办账户上，供敦化东光制衣有限责任公司作为动迁费使用。被告人鞠某文告诉辛某凌此款是其向朋友借的。同年5月27日，该公司存入上述账户60万元，鞠某文将此款归还中国建设银行吉林省敦化支行。被告人鞠某文收受辛某凌送的现金3万元，又向辛某凌索要现金1万元。

1999年6月1日，由于中方退股，原敦化东光制衣有限责任公司变更为外商独资的敦化市鑫汇制衣有限责任公司，系私有企业，辛某凌任总经理。其因公司开发商品楼缺少资金，便又找鞠某文帮助解决资金，并向鞠某文许诺送给鞠某文一套商品楼门市房，被告人鞠某文利用职务之便，于同年6月16日，擅自将本单位50万元转至辛某凌提供的在中国银行敦化支行开户的敦化市志鑫劳务有限责任公司的账户上，供敦化市鑫汇制衣有限责任公司开发商品楼使用。至案发时，被告人辛某凌都没有送给被告人鞠某文商品楼门市房。

1999年11月末，被告人辛某凌个人为购买原敦化市服装厂房屋及附属设施，便找到鞠某文，被告人鞠某文提出其管理的资金有一部分账外款，可以挪用一下，被告人辛某凌建议挪用并许诺，购房后，如能卖掉获得盈利，与鞠某文平分，如继续经营，则算鞠某文投资入股。1999年12月2日，被告人鞠某文利用职务之便，擅自挪用银行资金160万元，转至被告人辛某凌提供的在中国工商银行敦化

[①] 吉林省延边朝鲜族自治州中级人民法院第385号刑事裁定书。

市支行开户的敦化市手工业联社账户上，供辛某凌个人购买厂房使用。2000年1月，被告人辛某凌因鞠某文挪用公款为其使用，便以过春节为名，送给被告人鞠某文3万元现金。2000年年末，被告人鞠某文找到辛某凌，以挪用的160万元需要利息为借口，向被告人辛某凌索取现金5万元，被告人辛某凌明知鞠某文实质是向其索取好处费，而付给鞠某文现金5万元。

被告人鞠某文所得贿赂款共计12万元，被其挥霍。案发后，鞠某文主动交代挪用公款的犯罪事实，已追缴600元和纪念币50元。检察机关已扣押被告人辛某凌和敦化市鑫汇制衣有限责任公司的房屋，价值452.709万元（部分房产抵押贷款）。被告人辛某凌和敦化市鑫汇制衣有限责任公司同意用上述房产归还占用的公款。检察机关已冻结敦化市鑫汇制衣有限责任公司银行存款1266.07元。

法院认为，被告人鞠某文身为国有金融机构工作人员，利用职务之便，擅自为私营企业挪用银行资金50万元，与使用人共谋，挪用银行资金160万元，用于营利活动，数额巨大，其行为已构成挪用公款罪。其利用职务之便，为他人谋取利益，非法收受他人现金6万元，索取他人现金6万元，其行为已构成受贿罪。被告人辛某凌与挪用人共谋，参与挪用银行资金160万元，用于营利活动，数额巨大，其行为已构成挪用公款罪。辛某凌为谋取不正当利益，给予国家工作人员现金3万元，在获得不正当利益后，因被索取而给予国家工作人员现金5万元，其行为已构成行贿罪。综上所述，鞠某文犯挪用公款罪，判处有期徒刑6年，犯受贿罪，判处有期徒刑10年，数罪并罚，决定执行有期徒刑14年，辛某凌犯挪用公款罪，判处有期徒刑5年6个月，犯行贿罪，判处有期徒刑4年，数罪并罚，决定执行有期徒刑8年。

一审宣判后，二被告人分别提起上诉。二审法院经审理认为，原审判决事实清楚，证据确凿，裁定驳回上诉，维护原判。

第七节　背信运用受托财产罪、违法运用资金罪

第一百八十五条之一　【背信运用受托财产罪】商业银行、证券交易所、期货交易所、证券公司、期货经纪公司、保险公司或者其他金融机构,违背受托义务,擅自运用客户资金或者其他委托、信托的财产,情节严重的,对单位判处罚金,并对其直接负责的主管人员和其他直接责任人员,处三年以下有期徒刑或者拘役,并处三万元以上三十万元以下罚金;情节特别严重的,处三年以上十年以下有期徒刑,并处五万元以上五十万元以下罚金。

【违法运用资金罪】社会保障基金管理机构、住房公积金管理机构等公众资金管理机构,以及保险公司、保险资产管理公司、证券投资基金管理公司,违反国家规定运用资金的,对其直接负责的主管人员和其他直接责任人员,依照前款的规定处罚。

罪名解析

1. 法条修改情况

根据我国《刑法》第185条第1、2款的规定,金融机构和国有金融机构的工作人员利用职务上的便利,挪用本单位或者客户资金的,构成挪用资金罪或挪用公款罪。随着市场经济的不断发展,理财投资渠道不断拓宽,除证券、期货自营

业务和经纪业务外，还出现了委托理财的理财方式。然而，由于法律法规的不完善和监管的缺失，司法实践中存在金融机构单位集体决策，违背受托义务，挪用客户资金的行为，包括挪用信托资金、定向理财资金等。此类行为极大地损害了投资者的利益，扰乱了金融市场秩序。针对金融机构委托理财和公众资金经营、管理领域出现的这类具有严重社会危害性的行为，《刑法》并没有规定。此外，社会保障基金、住房公积金等公众资金的管理直接关系到广大人民群众和社会保障制度，并对国家的经济发展、社会稳定具有重大影响。对于单位侵犯社会保障基金、公积金等公众资金的行为，我国《刑法》同样缺乏规定。因此，《刑法修正案（六）》新增背信运用受托财产罪和违法运用资金罪，对上述行为进行规制。

2. 背信运用受托财产罪的犯罪构成要件

（1）本罪的客体

本罪侵犯的客体是复杂客体，包括国家金融管理秩序和客户的财产利益，其中主要客体是国家金融管理秩序。本罪的犯罪对象包括资金、证券、财产权等在内的受托、信托财产。①

（2）本罪的客观方面

本罪的客观方面表现为金融机构违背受托义务，擅自运用客户资金或者其他委托、信托的财产，情节严重的行为，具体表现为：①违背受托义务。金融机构违背受托义务包括违背法律、行政法规以及监管部门出具的部门规章规定的法定义务，也包括金融机构与投资者之间有关合同约定的金融机构承担的义务。实践中，委托人并不了解投资理财的具体操作。即使委托人了解相关操作，也存在为高额回报而默许受托人违规违法利用资金的情形。此时，即使受托人的行为符合

---

① 参见薛瑞麟：《金融犯罪再研究》，中国政法大学出版社2007年版，第42页。

合同义务，若违反了法定义务，同样可能构成背信运用受托财产罪。① ②擅自运用客户资金或者其他委托、信托的财产。所谓擅自是指未经委托人同意，而非未经单位的同意。擅自运用客户资金或者其他委托、信托的财产指金融机构本应当在客户授权后实施某些行为，但却未得到客户授权而运用该客户资金或者其他委托、信托的财产。单纯地占有、侵占客户的资产，而没有进一步的使用，可以认定为贪污罪、职务侵占罪，不构成本罪。② 客户资金或者其他委托、信托的财产主要是指证券、期货交易保证金、交易资金，证券公司、基金管理公司、信托公司发行的特定理财产品、理财计划募集的投资者资金等。③情节严重。本罪属于结果犯，必须是"情节严重"的才构成犯罪。这也是区分罪与非罪的重要界限。"情节严重"，是指由于违背受托义务，擅自运用客户资金或者其他委托、信托的财产，给委托人造成重大财产损失等情形。"情节严重"的认定要综合资产数额、后果、主观因素、客观影响等方面进行判断。

（3）本罪的主体

本罪的主体是金融机构，包括商业银行、证券交易所、期货交易所、证券公司、期货经纪公司、保险公司、信托投资公司、投资咨询公司、投资管理公司等。本罪的金融机构的特征在于经国家有关主管部门批准的、有资格开展委托理财等特定业务，是否属于国有不影响本罪成立。其他金融机构包括城乡信用社、邮政储蓄机构、信托投资公司、投资管理公司、典当行等金融机构。本罪是单位犯罪，个人不能成为本罪主体。

（4）本罪的主观方面

本罪的主观方面是故意，过失并不构成本罪。

---

① 参见黄太云：《〈刑法修正案（六）〉的理解与适用（下）》，载《人民检察》2006 年第 15 期。
② 参见刘宪权、周舟：《背信运用受托财产罪的刑法分析》，载《上海政法学院学报（法治论丛）》2011 年第 2 期。

3. 违法运用资金罪的犯罪构成要件

（1）本罪的客体

本罪侵犯的客体是国家对公众资金的管理以及社会公众的合法财产权益。其中，社会保障基金是用于养老、医疗、生育、工伤等社会保障事业的专项基金，是向用人单位以及相应职工征缴的社会保险费和国家财政拨款的汇集资金。住房公积金是职工及其单位缴存的住房储蓄金。

（2）本罪的客观方面

本罪的客观方面表现为违反国家规定运用资金，根据《刑法》第96条的规定，违反国家规定，是指违反全国人民代表大会及其常务委员会制定的法律和决定，国务院制定的行政法规、规定的行政措施、发布的决定和命令，如《住房公积金管理条例》。

（3）本罪的主体

本罪的主体为特殊主体，主要指社会保障基金管理机构、住房公积金管理机构、保险公司、保险资产管理公司、证券投资基金管理公司，其共同特征在于依法或者依约管理公众资金。也有观点认为不应存在"单罚制"下的单位犯罪，进而认为本罪属于自然人犯罪，其主体是社会保障基金管理机构、住房公积金管理机构等公众资金管理机构，以及保险公司、保险资产管理公司、证券投资基金管理公司中直接负责的主管人员和其他直接责任人员。[1]

（4）本罪的主观方面

本罪的主观方面是故意，过失不构成本罪。

4. 背信运用受托财产罪的刑事责任

本罪实行双罚制，即对单位判处罚金，对其直接负责的主管人员和其他直接

---

[1] 参见刘宪权、周舟：《违法运用资金罪的刑法分析》，载《法学杂志》2010年第9期。

责任人员处 3 年以下有期徒刑或者拘役，并处 3 万元以上 30 万元以下罚金；情节特别严重的，处 3 年以上 10 年以下有期徒刑，并处 5 万元以上 50 万元以下罚金。根据修订后的《立案追诉标准（二）》第 35 条的规定，本罪的入罪标准为：①擅自运用客户资金或者其他委托、信托的财产数额在 30 万元以上的；②虽未达到上述数额标准，但多次擅自运用客户资金或者其他委托、信托的财产，或者擅自运用多个客户资金或者其他委托、信托的财产的；③其他情节严重的情形。

5. 违法运用资金罪的刑事责任

本罪实行单罚制，即只对社会保障基金管理机构、住房公积金管理机构等公众资金管理机构以及保险公司、保险资产管理公司、证券投资基金管理公司直接负责的主管人员和其他直接责任人员处 3 年以下有期徒刑或者拘役，并处 3 万元以上 30 万元以下罚金；情节特别严重的，处 3 年以上 10 年以下有期徒刑，并处 5 万元以上 50 万元以下罚金。根据修订后的《立案追诉标准（二）》第 36 条的规定，本罪的入罪标准为：①违反国家规定运用资金数额在 30 万元以上的；②虽未达到上述数额标准，但多次违反国家规定运用资金的；③其他情节严重的情形。

司法精要

1. 违背受托义务的认定

违背受托义务是背信运用受托财产罪的构成要件之一。受托义务包括约定义务和法定义务，法定义务即法律、行政法规、部门规章规定的义务。我国《商业银行法》《证券法》《保险法》《信托法》《期货交易管理条例》等均对受托金融机构在委托理财过程中必须履行的职责和禁止的行为进行了明确规定。因此，法定义务是判断受托金融机构是否违背受托义务的判断标准之一。

对于约定受托义务的存在应如何认定,一般认为,受托义务不以书面合同的存在为认定标准。合同并不是本罪中受托义务来源的唯一形式,只要能够形成受托义务的形式都可以成为受托义务的来源。① 实务中,不应以合同的形式和名字作为判断是否存在受托义务的标准。此外,根据民法上的交易惯例、信义原则甚至社会上的一般观念认为能够形成受托义务的,只要认为这种受托义务是合乎情理并为人们所接受的,都可以成为法律保护的受托义务。

2. 其他委托、信托的财产的界定

其他委托、信托的财产主要是指在当前的委托理财业务中,存放在各类金融机构中的以下 5 种客户资金和资产:①证券投资业务中的客户交易资金。在我国的证券交易制度中,客户交易结算资金是指客户在证券公司存放的用于买卖证券的资金。②委托理财业务中的客户资产。委托理财业务是金融机构接受客户的委托,对客户存放在金融机构的资产进行管理的客户资产管理业务。这些资产包括资金、证券等。③信托业务中的信托财产,分为资金信托和一般财产信托。④证券投资基金。证券投资基金是指通过公开发售基金份额募集的客户资金。⑤各类资产管理计划。从法律性质上看,基金的本质是标准份额的集合资金信托,客户购买的基金的性质是客户委托基金公司管理的财产。②

3. 单位犯罪的认定

单位犯罪与个人犯罪最关键的区分标准是支配实行行为的意志。如果该意志是单位意志,即为单位犯罪,如果该意志是个人意志,即为个人犯罪。认定单位

---

① 参见刘宪权、周舟:《背信运用受托财产罪的刑法分析》,载《上海政法学院学报(法治论丛)》2011 年第 2 期。
② 参见黄太云:《〈刑法修正案(六)〉的理解与适用(下)》,载《人民检察》2006 年第 15 期。

犯罪的意志，关键在于区分行为人是为了单位的利益还是为了其个人的利益。①判断单位意志关键在于行为的决策过程，如果是金融机构中的领导机关依照其职权和议事程序作出决策，属于单位意志，应按照背信运用受托财产罪追究金融机构的刑事责任；如果未经正常议事程序，或个别领导人超越其职权作出决策，则为个人意志，应按照挪用资金罪或挪用公款罪追究主管人员和直接责任人员的刑事责任。②

4. 资金使用范围

无论是背信运用，还是违法运用，都涉及资金使用。对于不同的资金应当根据不同法律规定进行使用：①募集资金的使用。《证券法》第 15 条第 2 款规定："公开发行公司债券筹集的资金，必须按照公司债券募集办法所列资金用途使用；改变资金用途，必须经债券持有人会议作出决议。公开发行公司债券筹集的资金，不得用于弥补亏损和非生产性支出。"据此，募集资金要严格按照公司债券募集办法所列资金用途使用。②保险资金的使用。根据《保险法》第 106 条第 1 款规定，"保险公司的资金运用必须稳健，遵循安全性原则"，保险公司的资金运用限于银行存款、买卖债券等有价证券，投资不动产和国务院规定的其他资金运用形式。③社会保障基金的使用。《全国社会保障基金投资管理暂行办法》第 25 条规定："社保基金投资的范围限于银行存款、买卖国债和其他具有良好流动性的金融工具，包括上市流通的证券投资基金、股票、信用等级在投资级以上的企业债、金融债等有价证券。理事会直接运作的社保基金的投资范围限于银行存款、在一级市场购买国债，其他投资需委托社保基金投资管理人管理和运作并委托社保基

---

① 参见刘宪权、周舟：《背信运用受托财产罪的刑法分析》，载《上海政法学院学报（法治论丛）》2011 年第 2 期。
② 参见赖正直：《论背信运用受托财产罪的若干基本问题》，载《社科纵横（新理论版）》2008 年第 4 期。

金托管人托管。"④住房公积金的使用。根据《住房公积金管理条例》第 28 条和第 40 条规定，住房公积金管理中心在保证住房公积金提取和贷款的前提下，经住房公积金管理委员会批准，可以将住房公积金用于购买国债，即住房公积金不能提取和贷款或未经住房公积金管理委员会批准时，不能用于购买国债。

5. 违法运用资金罪中"情节严重"的认定

"情节严重"系违法运用资金罪的入罪标准。《立案追诉标准（二）》对"情节严重"进行了规定，包括违反国家规定运用资金数额在 30 万元以上的；虽未达到上述数额标准，但多次违反国家规定运用资金的；其他情节严重的情形。对于"其他严重情形"，除数额、次数外，还应当从违法运用资金的数额大小、次数多少、违法运用资金的时间长短、财产使用方偿付能力、是否造成实际经济损失等方面进行考量。对于情节特别严重的认定，不能单纯考虑犯罪数额，否则将忽视犯罪危害的特殊性，影响罪责刑的统一。

6. 违法运用资金的具体表现

实践中违法运用资金主要体现为以下形式：将客户资产管理业务与其他业务混合操作；以转移资产管理账户收益为目的，在自营账户与资产管理账户之间或者不同的资产管理账户之间进行买卖，损害客户的利益；以获取佣金或其他利益为目的运用客户资金进行超出委托授权以外的交易；将委托理财资产用于资金拆借、贷款、抵押融资、对外担保等用途或者用于可能承担无限责任的投资等。

《保险资金投资不动产暂行办法》第 23 条规定："保险资金投资不动产相关金融产品，应当对该产品的合法合规性、基础资产的可靠性和充分性，及投资策略和投资方案的可行性，进行尽职调查和分析评估。持有产品期间，应当要求投资机构按照投资合同或者募集说明书的约定，严格履行职责，有效防范风险，维护投资人权益。"即持有不动产相关金融产品期间未严格履行职责、投资后管理不到位同样属于违法运用资金。

合规指引

1. 合规要求

2022年1月1日,《关于规范金融机构资产管理业务的指导意见》结束了近4年的缓冲期,进入全面实施阶段,中国金融发展格局也迈入了新的历史进程。

(1) 对于金融机构的合规要求

委托人委托给金融机构的资产数额一般较大,金融机构的不当操作将会给委托人带来巨额损失,且一旦金融机构违法使用资金,极容易因构成犯罪而受到刑事处罚。金融机构在资金运用方面的合规要求主要是指金融机构应当遵照法律规定和约定义务,依据诚实信用原则运用资金,否则将构成背信运用受托财产罪或违法运用资金罪。

(2) 对于金融从业人员的合规要求

背信运用受托财产罪和违法运用资金罪虽为单位犯罪,但是对于触犯该罪的金融机构的直接负责主管人员及其他责任人员,同样可以按照该罪名予以刑事处罚。实务中存在许多无法认定为单位犯罪而认定单位从业人员构成其他犯罪的情形。因此,从事资产管理及受托理财业务的相关人员应当严格按照法律法规及监管规定运用受托财产,坚决杜绝擅自运用受托财产从事违法犯罪活动,私下接受客户委托或接受客户全权委托买卖证券将会触及监管红线。从业人员要合法合规开展相应业务,合理保护投资者的合法权益。

2. 合规风险

（1）决议合规风险

金融机构在进行委托理财的过程中，可能面临相关负责人未经决议擅自运用受托财产，或相关负责人超出单位经营范围运用受托财产的情形，当获益归于单位时，有被认定为单位犯罪构成背信运用受托财产罪的风险。

（2）执行合规风险

金融机构运用财产的过程中，资金用途如超出《证券法》《保险法》等对资金使用的限制范围，或操作不当造成委托人财产损失的，将违反法律规定，有承担行政处罚甚至刑事处罚的风险。

根据《立案追诉标准（二）》，当违反国家规定运用资金数额达到30万元以上的，或者虽未达到上述数额标准，但多次违反国家规定使用资金的，属于情节严重的情形。金融机构受委托的财产一般数额较大，很容易达到30万元的标准，在运用财产的过程中，要防范"情节严重"的情形。

3. 合规建议

（1）缔约阶段合规建议

合同约定是金融机构是否合法运用客户资金的认定标准之一。金融机构缔约前应对资金、资产来源及合法性进行充分调查，缔约时应明确合同内容。如在信托合同、基金合同中明确其可运用资金的运用范围及金融机构相应的管理权限，就项目退出分配、原状分配或剩余受托管理财产处置权限等进行约定，避免后续运用资金被认定为擅自运用。

（2）投资阶段合规建议

在投资决策阶段，应进行尽职调查，杜绝虚假尽职调查。决策流程应符合法律规定，如2019年修订《证券法》第15条第2款要求改变资金用途，必须经债券持有人会议作出决议。金融机构应加强对从业人员的培训，提高职业素养。从业人员相应提高风险意识，主动学习相关法律法规，使金融机构决策更加科学合理。

在投资阶段，应充分审查整个投资流程，审慎考虑可能产生不利影响的每个因素，做好投资阶段的风险管理。

（3）投资后管理阶段合规建议

金融机构对待委托人资产应负责，在进行投资理财后，要防止不同项目资金的挪用。注意被投资标的的风险状态变化，对其及时进行信息披露。在投资退出阶段，对于如何分配资产也要做好风险防范，防止委托人利益受损。

监管政策和规范

委托理财的委托人在将资金或其他财产交给受委托机构后，对资产处于失控状态，商业银行、证券交易所、期货交易所等金融机构作为受托人处于优势地位，管理社会保障基金、住房公积金等公众资金的公众基金管理机构也是如此。基于投资者的弱势地位，2019年《证券法》完善了对投资者的保护制度，加大对交易行为的规制力度，如禁止证券公司及其从业人员违背客户的委托为其买卖证券，未经客户的委托、擅自为客户买卖证券，或者假借客户的名义买卖证券以及其他违背客户真实意思表示，损害客户利益的行为。《信托法》和《期货交易管理条例》等也对金融机构的投资者保护和交易义务进行了规定。

金融机构、公众基金管理机构背信运用受托财产、违法运用资金构成犯罪的，涉及违反国家法律相关规定。2021年7月6日，中共中央办公厅、国务院办公厅印发了《关于依法从严打击证券违法活动的意见》，加强对金融机构、公众基金管理机构违法违规行为的打击力度。

相关监管政策和规范索引整理如下。

《证券法》第 57、161 条

《保险法》第 106、116、131、164、171、177 条

《商业银行法》第 73、74 条

《信托法》第 26-28、36 条

《期货交易管理条例》第 24-26 条

《全国社会保障基金投资管理暂行办法》第 25 条

《住房公积金管理条例》第 28、40 条

《保险资金投资不动产暂行办法》第 23 条

典型案例

典型案例 2-34：兴证期货大连营业部背信运用受托财产案[①]

被告单位兴证期货大连营业部系兴证期货有限公司的下属分支机构。被告人孟某伟于 2009 年 8 月至 2014 年 7 月在兴证期货大连营业部担任总经理，负责大连营业部全面工作。被告人陈某于 2013 年 8 月至 2014 年 7 月在兴证期货大连营业部担任客户经理，负责开发及维护客户。

2013 年，被告人陈某认识了被害人高某及其妻子孙某，并向其介绍兴证期货大连营业部有保本理财产品，收益高于银行利息。高某要求保证资金安全，并且随取随用，陈某经请示被告人孟某伟后，向高某口头承诺投资期货在保本保息基础上达到 7% 的年收益率。

2013 年 10 月 22 日，高某与兴证期货有限公司签订了《期货经纪合同》及相关附属文件，按照兴证期货大连营业部工作人员的指引开立了期货保证金账户，

---

① 参见《刑事审判参考》总第 125 辑（2021 年）；辽宁省大连市中级人民法院（2016）辽 02 刑初 12 号刑事判决书、辽宁省高级人民法院（2016）辽刑终 494 号刑事裁定书；最高人民法院（2019）最高人民法院刑申 468 号驳回申诉通知书。

并于次日向账户内转款1670万元,被告人陈某向高某索要了期货账户的交易密码。

被告人孟某伟、陈某未能为高某找到第三方投资顾问,在未通知高某也未取得其同意的情况下,2名被告人商议后决定自行使用高某的期货账户交易密码进行交易。2013年10月31日至2014年1月20日间,孟某伟、陈某擅自运用高某期货账户进行交易,造成高某期货保证金账户亏损1043.1万元,共计产生交易手续费1,533,642.48元,其中为兴证期货有限公司赚取手续费825,353.56元,上交给期货交易所708,288.92元。案发后,孟某伟、陈某及胡某兢返还高某共计191万元。

原审法院认为:被告单位兴证期货大连营业部违背受托义务,擅自运用客户资金,情节特别严重,其行为侵犯了国家的金融管理秩序和客户的合法权益,构成背信运用受托财产罪。被告人孟某伟作为该营业部直接负责的主管人员,被告人陈某作为该营业部其他责任人员,其行为均构成背信运用受托财产罪。一审宣判后,被告单位及2名被告人均提出上诉。二审法院认为:原判定罪准确,量刑适当,审判程序合法,裁定驳回上诉,维持原判。兴证期货有限公司大连分公司(原兴证期货有限公司大连营业部)向最高人民法院提出申诉。

最高人民法院认为,原判认定兴证期货有限公司大连营业部、孟某伟、陈某犯背信运用受托财产罪,有被害人高某的陈述、期货经纪合同、期货账户交易结算单、资金对账单、QQ截图、兴证期货有限公司大连营业部经营情况统计表,证人胡某、孙某、高某1、李某、王某1、赵某、陈某、刘某、王某2、韩某、高某2、周某等人的证言,电子数据检验鉴定意见,原审被告人孟某伟、陈某的供述等证据证实。上述证据足以确认孟某伟、陈某违背高某的委托内容,在未找到投资顾问的情况下,未通知高某也未征得高某的同意,擅自利用高某的账户资金进行期货交易。根据法律、行政法规的规定,单位不得未经客户同意擅自进行期货交易。孟某伟原系单位总经理,陈某原系该单位客户经理,二人在高某与该单位签订期货经纪合同并将 1670 万元资金转入期货保证金账户后,利用陈某索取的高某账户交易密码,多次擅自以该账户资金进行期货交易,收取的手续费亦归该单位所有,原审认定该单位构成单位犯罪正确。以上行为已构成《刑法》第 185 条之一规定的背信运用受托财产罪,原审认定事实清楚,证据确实、充分,定罪准确。该单位及孟某伟、陈某违反法律、行政法规的规定,严重违背受托义务,擅自利用高某的账户资金进行期货交易,自 2013 年 10 月 31 日至 2014 年 1 月 20 日连续每个期货交易日均有交易,并造成 1043.1 万元的巨额亏损,原审认定为情节特别严重并无不当。根据《最高人民法院关于适用〈中华人民共和国刑事诉讼法〉的解释》第 139 条的规定,被告人非法占有、处置被害人财产的,应当依法予以追缴或者责令退赔。本案中该单位及孟某伟、陈某非法处置了高某的账户资金,故原审判处责令退赔高某账户内的资金损失并无不当。原审审判程序合法,量刑适当。综上,该单位的申诉不符合《刑事诉讼法》第 253 条规定的应当重新审判的情形,予以驳回。

典型案例 2-35:刘某挪用公款案[①]

中国工商银行是经国务院批准于 1984 年 1 月 1 日设立的国有独资商业银行。经中国银行业监督管理委员会批准,改建为股份有限公司,并承继原中国工商银行全部资产、负债和业务。中国工商银行河西堡支行、河西堡平口路支行、河西堡电厂支行均为中国工商银行股份有限公司分公司,河西堡平口路支行、河西堡电厂支行为中国工商银行河西堡支行二级支行,为河西堡支行辖属营业网点,归河西堡支行管理。

被告人刘某于 2008 年 8 月与中国工商银行股份有限公司金昌分行签订无固定期限劳动合同。经中国工商银行河西堡支行支委会研究决定,刘某于 2008 年 5 月至 2010 年 12 月,任中国工商银行股份有限公司河西堡平口路支行行长;2010 年

---

① 参见甘肃省永昌县人民法院(2017)甘 0321 刑初 17 号刑事判决书。

12月至2014年7月,任中国工商银行股份有限公司河西堡支行营业室副主任(主持工作)、主任,2011年1月至2014年7月兼任中国工商银行股份有限公司河西堡电厂支行行长。其间,刘某挪用公款250万元,用于营利活动。

　　法院认为,被告人刘某身为国家工作人员,利用职务上的便利,挪用公款数额较大、进行营利活动,其行为侵犯了公款的占有权、使用权、收益权以及职务行为的廉洁性,应当以挪用公款罪追究刑事责任。公诉机关指控刘某犯挪用公款罪的罪名成立,但认定刘某挪用田某名下350万元完成存款任务的行为为挪用公款不妥。挪用公款罪是国家工作人员利用职务上的便利,挪用公款归个人使用,进行非法活动,或者挪用公款数额较大、进行营利活动的,或者挪用公款数额较大、超过三个月未还的。首先,刘某不具有对金昌铁业集团公款挪用的职务便利,存于田某名下的金昌铁业集团的公款是田某公款私存的行为,只有田某对该款具有支配权,出于二人熟识,刘某让田某帮忙完成其兼任行长的河西堡电厂支行的存款任务,田某同意后将银行卡、存折及身份证交给刘某完成存款任务,上述行为并非刘某利用其职务上的便利而完成,实为田某对其存款的支配行为;其次,该款存于田某名下还是范某名下,都没有改变其公款私存的性质,对金昌铁业集团公款造成的风险是一样的,当田某答应给刘某完成存款任务并将银行卡、存折及身份证交给刘某时,田某就将350万元的存款授权给刘某,刘某可以将此款以任何人的名义存款,来完成存款任务。故对该款不宜认定为刘某挪用公款。关于辩方所提挪用金昌铁业集团112万元和鼎立公司138万元属于背信运用受托财产尚未达到情节严重,故不应按犯罪论处的意见。背信运用受托财产的主体为特殊主体,仅限于商业银行、证券交易所、期货交易所、证券公司、期货经纪公司、保险公司或者其他金融机构,即经国家有关主管部门批准的、有资格开展委托理财等特定业务的金融机构;而挪用公款罪的主体为个人,即自然人,如果挪用行为是单位决策的,属于背信运用受托财产;如果是个别人利用职务之便的行为,构成挪用公款罪。本案刘某利用为客户办理存单的职务之便,挪用客户资金,购买理财产品,其行为为个人行为,该行为侵犯了公款的占有权、使用权、收益权,符合挪用公款罪的构成要件,构成挪用公款罪,辩护人对于被告人挪用金昌铁业集团112万元和鼎立公司138万元,属于背信运用受托财产的辩护意见不予采纳;对辩护人关于被告人挪用鼎立公司138万元中的50万元购买理财产品,构成挪用资金罪的辩护意见,与本院查明的刘某为国家工作人员,利用职务便利挪用金昌铁业集团112万元和鼎立公司138万元公款购买理财产品的事实不符,不予采纳。刘某在办案机关调查其他案件时,主动交代了其挪用公款的事实,属自首,可依法减轻处罚。鉴于刘某挪用公款购买理财产品,虽属进行营利活动,但主观上不单纯是为营利,主要是为完成中国工商银行下达到其负责的网点的理财产品任务,挪用公款时间短,主观恶性不大,所挪用款项已全额归还,并未造成任何损失及后果,危害不大,且具有自首、退缴挪用资金孳息、单位表现好等法定减轻、酌定从轻情节及悔罪表现,可依法免予刑事处罚。

典型案例2-36:胡某学等违法运用资金案①

中融人寿保险股份有限公司(以下简称中融人寿公司)于2011年12月至2013年11月间,在经时任董事长的被告人陈某决定和时任副总经理兼财务负责人的被告人王某有审核后,以购买灾备系统、支付投资预付款等名目,多次将公司资本金账户及保险产品资金专用账户内的资金出借给相关企业使用,出借款项共计5.24亿元。截至2013年11月28日,中融人寿公司已将上述全部资金及相应利息予以回收;其间,胡某学作为中融人寿公司资产管理中心固定收益部负责人,在被告人王某有的授意下,于2011年12月至2013年8月间,以购买灾备系统、支付投资预付款等名目多次发起付款申请,涉及资金共计2.54亿元;被告人陈某于2016年4月21日被公安机关抓获,后被告人王某有、胡某学均于同年4月26日被公安机关抓获。

---

① 参见北京市第二中级人民法院(2018)京02刑终178号刑事判决书。

法院认为：

（1）中融人寿公司运用资金的性质属于关联企业之间的资金拆借行为。

（2）中融人寿公司拆借保险资金的行为违反了国家规定。理由如下：①保险公司运用资金只能限于《保险法》规定的领域及国务院规定的其他资金运用形式。《保险法》第106条第2款规定，保险公司资金运用限于以下形式：银行存款；买卖债券、股票、证券投资基金份额等有价证券；投资不动产；国务院规定的其他资金运用形式。由此可见，对保险资金的管理、利用，《保险法》以"白名单"的方式作出了严格、明确的规定，即只能运用于《保险法》规定的领域及国务院规定的其他资金运用形式。该条文规范的目的，是保险公司作为金融机构，资金运用必须稳健，遵循安全性原则，其资金应用于投资，确保保险资金的保值和增值，进而确保保险资金的良性运转。②中融人寿公司资金拆借的行为超出了《保险法》及国务院相关文件规定的保险资金运用范围。首先，虽然《保险法》就保险资金的运用领域的立法演变呈现扩大趋势，但从未允许保险公司可以向其他企业拆借资金。其次，《国务院关于加快发展现代保险服务业的若干意见》《中共中央、国务院关于深化投融资体制改革的意见》等文件，虽然提出逐步放宽保险资金投资范围，创新资金运用方式，鼓励保险公司通过投资企业股权、债权、基金、资产支持计划等多种形式，在合理管控风险的前提下，为科技型企业、小微企业、战略性新兴产业等发展提供资金支持。但中融人寿公司向关联企业拆借资金，并非保险资金的创新运用方式，明显与国务院相关文件的规定不符。中融人寿公司的资金拆借行为，所涉多笔资金没有任何利息，这种拆借行为违背保险公司的基本利益，因而也不可能是上述意见所认可的资金运用方式。综上，陈某、王某有的辩护人所提中融人寿公司运用资金的行为没有违反国家规定的辩护意见不成立，本院不予采纳。

（3）关于本案属于情节轻微、情节严重还是情节特别严重的问题。《刑法》第185条之一第2款关于违法运用资金罪的法定刑援引第185条之一第1款背信运用受托财产罪的规定，有"情节严重""情节特别严重"两种情形和两个量刑档次。"情节严重"是本罪的定罪条款兼具量刑条款。根据《立案追诉标准（二）》，违法运用资金罪的追诉标准为：①违反国家规定运用资金数额在30万元以上的；②虽未达到上述数额标准，但多次违反国家规定运用资金的；③其他情节严重的情形。上述规定中，将犯罪数额、次数作为独立的情节评价标准，即违反国家规定运用资金数额在30万元以上，或者虽未达到上述数额标准，但多次违反国家规定运用资金的，即达到情节严重的定罪标准。第一，中融人寿公司违法运用资金的行为，属情节严重。中融人寿公司违法运用资金13笔，每笔500万元至1.1亿元不等，累计金额5.24亿元，违法运用资金数额巨大，次数多；违法运用资金的起止时间为2011年12月至2013年11月，时间跨度较大，资金风险持续时间较长；且中融人寿公司在运用资金的过程中未采取必要风险控制措施，资金使用风险较大；其拆借资金以签订虚假合同为手段，恶意逃避监管，违背股东利益，使巨额资金的运用处于不确定状态，社会危害性较大，依法应当认定为犯罪情节严重。第二，应结合本案特点综合评判是否达到情节特别严重的程度。虽然在金融犯罪中通常以犯罪数额作为情节严重程度的标准，但犯罪数额在不同的领域表现出来的社会危害性有一定的差异，保险公司作为金融机构，通常具有运用资金规模巨大的特点，如果单纯以犯罪数额作为情节轻重的标准，则忽视了犯罪危害的特殊性，影响罪责刑的统一。是否属于情节特别严重，应当结合本案特点进行综合评判。首先，虽然本案违法运用资金的总额达5.24亿元，但上述资金分13笔转出，中融人寿公司一方面回收之前借出的资金，另一方面又拆借出新的款项，资金运用处于循环状态，并非所有涉案资金同时处于风险之中。其次，资金使用方某某公司是上海证券交易所上市公司，偿付能力较强，且资金往来账目清晰，大部分资金占用时间较短，故虽然所涉保险资金的安全处于不确定状态，但尚未造成特别巨大的风险。第三，在客观上，中融人寿公司所拆借的资金均已收回，没有造成实际经济损失，也未造成特别重大的社会危害。

综上，中融人寿公司违反国家规定运用资金，情节严重，上诉人陈某、王某有作为直接负责的主管人员、上诉人胡某学作为其他直接责任人员，其行为均已构成违法运用资金罪，依法应予惩处。

第八节　违法发放贷款罪

> **第一百八十六条**　【违法发放贷款罪】银行或者其他金融机构的工作人员违反国家规定发放贷款，数额巨大或者造成重大损失的，处五年以下有期徒刑或者拘役，并处一万元以上十万元以下罚金；数额特别巨大或者造成特别重大损失的，处五年以上有期徒刑，并处二万元以上二十万元以下罚金。
>
> 银行或者其他金融机构的工作人员违反国家规定，向关系人发放贷款的，依照前款的规定从重处罚。
>
> 单位犯前两款罪的，对单位判处罚金，并对其直接负责的主管人员和其他直接责任人员，依照前两款的规定处罚。
>
> 关系人的范围，依照《中华人民共和国商业银行法》和有关金融法规确定。

罪名解析

1. 法条修改情况

1979年《刑法》没有规定违法发放贷款罪，对于发生于贷款发放过程中的玩忽职守、滥用职权等行为，大多以玩忽职守罪和滥用职权罪等罪名定罪量刑。1995年6月30日，《金融犯罪决定》首次规定了两个新罪名：违法向关系人发放贷款罪和违法发放贷款罪。1997年《刑法》吸收了上述决定的内容，将这两个罪名规定在第186条中，且未对其内容进行修改。2006年6月29日，《刑法修正案（六）》第13条对《刑法》第186条第1款和第2款进行了修改。2007年10月25日，《最高人民法院、最高人民检察院关于执行〈中华人民共和国刑法〉确定罪名的补充规定（三）》将上述两罪的罪名统一为违法发放贷款罪。

2. 犯罪构成要件

（1）本罪的客体

本罪侵犯的客体是复杂客体，包括国家贷款管理制度和银行等金融机构的财产权益。发放贷款是中国商业银行和其他金融机构的一项重要金融业务。如今在发展极为迅速的经济领域，贷款为国民经济的稳定发展起到了无法取代的保障作用。商业银行或者其他金融机构等贷款人应当根据国民经济和社会发展的需要，在国家产业政策指导下发放贷款，同时也需要对借款人的偿还能力和资金放贷后的安全性等情况进行严格审查。

违法发放贷款罪的对象是贷款，即贷款人对借款人提供的并按约定的利率和期限还本付息的货币资金。贷款既可以是人民币，也可以是外币。如果发放的不是贷款，则不能构成违法发放贷款罪。同时，需要注意的是，由于银行或者其他金融机构通过发放正当的贷款所能获取的收益是预期利益，故违法发放贷款行为并不必然侵犯金融机构的这种预期收益，因此，不能将预期收益视为本罪的犯罪对象。另外，由于违法发放贷款罪会使广大存款人对金融机构能否偿还存款的能力产生怀疑甚至失去信心，故本罪的犯罪对象实际上还包括银行或者其他金融机构的信誉。

（2）本罪的客观方面

本罪的客观方面表现为行为人违反国家规定发放贷款，数额巨大或造成重大损失的行为。因此，对于本罪的客观要件应当从以下三个层次加以理解。

第一,要有发放贷款的行为。这是构成本罪的前提,如果没有发放贷款的行为,即使行为人擅自离开岗位或者有报销非法开支等行为,亦不构成本罪。发放贷款的对象包括关系人以及关系人以外的人。关系人的外延由于银行或其他金融机构的不同而有所不同,需要相关法规予以明确。

第二,违反了国家规定。《刑法》第96条规定,"本法所称违反国家规定,是指违反全国人民代表大会及其常务委员会制定的法律和决定,国务院制定的行政法规、规定的行政措施、发布的决定和命令"。这里的国家规定不仅指法律、行政法,即《中国人民银行法》《商业银行法》《银行业监督管理法》《外汇管理条例》等,还包括国务院部委规章的《贷款通则》等规定。在《刑法修正案(六)》之前,《刑法》第186条规定的是"违反法律、行政法规"。然而,由于上述法律、行政法规往往采用粗线条的立法方式,所以需要更为具体的条例、通则、办法等部委规章性文件对此作出配套性的具体规定。

第三,必须达到数额巨大或者造成重大损失的程度。《刑法修正案(六)》将原《刑法》第186条规定的"造成较大损失"修改为"数额巨大或者造成重大损失",符合现实情况。此处的"损失"是指直接经济损失,而不包括间接经济损失。

(3)本罪的主体

本罪的主体是特殊主体,即必须是在我国境内设立的中资商业银行、信托投资公司、企业集团服务公司、金融租赁公司、城乡信用合作社及其他经营贷款业务的金融机构,以及上述金融机构的工作人员。其他任何单位和个人都不能成为本罪主体,如外资金融机构(含外资、中外合资、外资金融机构的分支机构等)都不能成为本罪主体。

(4)本罪的主观方面

本罪的主观方面具有复合性。有学者认为,行为人违法放贷在造成重大损失时主观罪过是过失或间接故意,而在行为人违法放贷数额巨大但没有造成重大损失构成本罪时，则此时只能以其对行为的心理态度来认定其罪过，即此时行为人主观上是直接故意。① 笔者认为，宜分两种情况讨论：一种为数额巨大的违法发放贷款的行为，在此情形下，并不存在实际损失，危害结果是犯罪行为对于国家贷款管理制度造成的侵害，据此，行为人的主观方面显然应当是故意；另一种为造成重大经济损失的违法发放贷款的行为，在通常情况下，行为人并不希望造成重大损失，其往往是心存侥幸心理或者过于自信地认为即便借款人的相关资质在审核时有所瑕疵，但出于一些其他方面的考虑，比如朋友关系等因素的影响，认为借款人一定会按期还款，从而违反相关规定发放了贷款。因此，结合行为人的主观想法，该种情况下行为人的主观方面应表现为过失。

3. 刑事责任

自然人犯本罪，数额巨大或者造成重大损失的，处 5 年以下有期徒刑或者拘役，并处 1 万元以上 10 万元以下罚金；数额特别巨大或者造成特别重大损失的，处 5 年以上有期徒刑，并处 2 万元以上 20 万元以下罚金。银行或者其他金融机构的工作人员违反国家规定，向关系人发放贷款的，依照前款规定从重处罚。根据《立案追诉标准（二）》第 37 条的规定，本罪的入罪标准为：①违法发放贷款，数额在 200 万元以上的；②违法发放贷款，造成直接经济损失数额在 50 万元以上的。

单位犯本罪适用双罚制，即对单位判处罚金，并对其直接负责的主管人员和其他直接责任人员依照前两款的规定处罚。

---

① 参见刘宪权：《金融犯罪刑法学原理》，上海人民出版社 2017 年版，第 236 页。

司法精要

1. 本罪的主体认定

第一，本罪的主体不仅包括直接管理贷款业务工作的负责人和直接从事信贷工作的有关人员，银行行长、分管信贷的副行长及其他金融机构的经理、副经理、贷款调查评估人员、贷款审查人员、贷款发放人员等，还包括其他非贷款管理部门的人员。因为我国刑法只是简单规定本罪的主体是银行或者其他金融机构及其工作人员，并未作出如上述观点所述的有贷款发放权的银行或者其他金融机构工作人员等特殊限制，而且从对关系人的规定就可以看出本罪的主体并无上述特殊限制。

第二，本罪的主体包括银行或者其他金融机构的非正式职工。所谓正式职工与非正式职工的区别在于是否在某单位的编制之内，在单位编制之内的为正式职工，反之则为非正式职工。在存贷款犯罪中，无论是否为正式职工，只要受金融机构的聘用，就可以认为是金融机构工作人员。行为人能否成为本罪的主体，关键在于是否从事金融业务活动，而非是否为正式职工。

第三，国家工作人员违法发放贷款的，尽管其行为同样破坏了金融管理秩序，但其行为侵犯的主要客体是国家工作人员职务行为的廉洁性，所以应认定为滥用职权罪或玩忽职守罪，而不属于本罪的规制范围。

2. 违反国家规定的认定

这里的国家规定不仅指法律、行政法规，即《中国人民银行法》《商业银行法》《银行业监督管理法》《外汇管理条例》等，还包括属于国务院部委规章的《贷款通则》等规定。仅仅依靠这些法律法规的原则性规定是无法认定某行为是否构成犯罪的，因而需要更为具体的条例、通则、办法等部委规章性文件对此作出配套性的具体规定。例如，依法应对借款人是否符合有关贷款的条件进行审查而不审查；依法应对借款人的信用等级以及借款的安全性、合法性、营利性进行调查、评估却不调查、评估等。立法者正是注意到上述问题的症结所在，在《刑法修正案（六）》中将"违反法律、行政法规"修改为"违反国家规定"，将这些具有可操作性的部委规章都列入了"国家规定"的范围，使其成为认定犯罪的依据。

3. 关系人的界定

根据《刑法》第186条第2款的规定，违法向关系人发放贷款的行为要从重处罚，因此，认定关系人的范围就显得尤为重要。关系人不是泛指一切与银行或者其他金融机构的工作人员有关系的人员，而是一个法律上的概念。

第一，关系人的范围。《刑法》第186条第4款规定："关系人的范围，依照《中华人民共和国商业银行法》和有关金融法规确定。"对此，《商业银行法》第40条第2款规定："前款所称关系人是：（一）指商业银行的董事、监事、管理人员、信贷业务人员及其近亲属；（二）前项所列人员投资或者担任高级管理职务的公司、企业和其他经济组织"。上述关系人大体上可划分为两类：第一类是商业银行的内部人员，包括董事（独立董事除外）、监事、各级管理人员和信贷业务人员；第二类是与商业银行存在某种利益、亲属关系的外部人员或组织，包括内部人员的近亲属，与内部人员及其近亲属有着投资或兼职关系的公司、企业和其他经济组织。上述董事、监事、管理人员、信贷业务人员等含义均是清楚的，而近亲属的范围则应当依照《民法典》第1045条第2款的规定确定为"配偶、父母、子女、兄弟姐妹、祖父母、外祖父母、孙子女、外孙子女"。同时，由于农村信用合作社、城市信用合作社是除商业银行以外能办理发放贷款业务的其他金融机构，而《商业银行法》第93条明确规定，"城市信用合作社、农村信用合作社办理存款、贷款和结算等业务，适用本法有关规定"，因此，《商业银行法》

第 40 条中的关系人范围的规定同样适用于农村信用合作社和城市信用合作社。

第二，交叉关系人。如果两个银行或者其他金融机构的工作人员互相向另一方的关系人违法发放贷款，是否需要依照《刑法》第 186 条第 2 款的规定从重处罚？从《商业银行法》第 40 条的规定来看，其是以单位为标准确定关系人的。之所以要以单位作为标准来确定关系人，原因就在于发放贷款的行为必然是以单位名义、通过单位来实施的。如借款人向银行或者其他金融机构借款，银行或者金融机构就是贷款方，金融机构工作人员只是银行或者其他金融机构的代表而已。由此可见，能否构成关系人，应当以与单位是否有《商业银行法》第 40 条规定的关系为准。如果仅是一个金融机构的工作人员向另一个金融机构的工作人员的关系人违法发放贷款，因发放贷款的金融机构与借款人不存在上述法律规定的关系，当然不能依照《刑法》第 186 条第 2 款的规定从重处罚。然而，如果两个金融机构的工作人员交叉违法发放贷款，则应另当别论。因为此时行为人是在明知不能向己方关系人违法发放贷款的情况下，为了规避上述法律规定，而采用交叉的方法实施违法发放贷款的行为，故其实质与《刑法》第 186 条第 2 款所规定的内容无异，从而应当从重处罚。

4. 数额巨大或者造成重大损失的认定

《刑法修正案（六）》将《刑法》原第 186 条规定的"造成较大损失"修改为"数额巨大或者造成重大损失"，使"数额巨大"与"造成重大经济损失"构成并列关系，只要具备其中之一即可构成本罪。其间，重大损失是指直接经济损失，而不包括间接经济损失，且此处的损失应指金融机构采取了一定措施后仍无法收回的损失，即呆账贷款。根据《农村合作金融机构信贷资产风险分类指引》（银监发〔2006〕23 号）的规定，借款人无力偿还贷款，即使处置抵（质）押物或向担保人追偿也只能收回很少的部分，预计贷款损失率超过 90%，一般应被划入损失类。上述指引虽然不是法律规定，但在判断损失是否发生上具有指导意义。

5. 本罪与挪用资金罪的区别

根据《刑法》第 272 条的规定，挪用资金罪是指公司、企业或者其他单位的工作人员，利用职务上的便利，挪用本单位资金归个人使用或者借贷给他人，数额较大、超过 3 个月未还的，或者虽未超过 3 个月，但数额较大、进行营利活动的，或者进行非法活动的行为。《最高人民法院关于如何理解刑法第二百七十二条规定的"挪用本单位资金归个人使用或者借贷给他人"问题的批复》规定，公司、企业或者其他单位的非国家工作人员，利用职务上的便利，挪用本单位资金归本人或者其他自然人使用，或者挪用人以个人名义将所挪用的资金借给其他自然人和单位，构成犯罪的，应当依照《刑法》第 272 条第 1 款的规定定罪处罚。由此可见，如果行为人挪用的单位资金没有归自然人使用，或者行为人没有以个人名义将资金挪用给其他单位使用，就不构成挪用资金罪。如果行为人利用职务便利，在发放贷款的过程中存在隐瞒贷款用途及抵押物不足的情况、超越贷款审批权限等违反国家规定的行为，且发放贷款数额巨大或造成重大损失的，可以违法发放贷款罪定罪处罚。

合规指引

1. 合规要求

（1）行政监管领域合规

银行或者其他金融机构的贷款业务是金融活动的重要组成部分，机构和机构负责人应当提前进行风险预防。

《商业银行法》主要规范商业银行的发放贷款业务。该法第 40 条第 1 款规定，"商业银行不得向关系人发放信用贷款；向关系人发放担保贷款的条件不得优于其他借款人同类贷款的条件"。该法第 47 条规定,"商业银行不得违反规定提高或者降低利率以及采用其他不正当手段,吸收存款,发放贷款"等等。对于发放贷款行为具体的要求则散见于各种规章文件中,如《贷款通则》《流动资金贷款管理暂行办法》《固定资产贷款管理暂行办法》等,就是依据《商业银行法》《中国人民银行法》等法律法规所制定的更加具体、详细的规范性文件。

银行或者其他金融机构及其工作人员应当遵守相应的职业要求,积极履行勤勉尽责的义务,负责任地从事贷款业务活动,做好金融稳定的相关工作。

(2) 刑事司法领域合规

刑事合规体系应当优先建立,使银行或者其他金融机构及其工作人员能更好地规避刑事风险。按照介入的时间划分,刑事合规可以分为事后合规、事中合规和事前合规。对银行或其他金融机构而言,事前合规的目的是提前阻断刑事风险,避免企业及相关责任人员涉刑;事中合规则强调在发现刑事风险后,机构主要负责人针对风险情况,积极采取合规措施,避免因违法发放贷款被公安机关刑事立案,获得从宽处理;事后合规是已经发生刑事案件,行为人针对犯罪原因进行合规建设,从制度和执行层面防范相同或类似犯罪行为的发生。

刑事合规应当从机构和人员两个方面开展:一方面要求银行等金融机构履行监管义务,建立一套内部监管体系,实时动态预防可能的业务风险;另一方面要求工作人员在发放贷款的时候勤勉尽责,认真仔细履行法律法规和行业细则中对借款人的贷款资格进行审核、实地调查等义务。

2. 合规风险

(1) 银行或者其他金融机构的风险防范与合规

中小企业蓬勃发展,由此带来贷款业务需求增长。据中国中小企业信息网统计,2021 年中国有 4000 万多家企业,其中 95% 以上是中小企业,而 70% 的中小微企业得不到正规金融贷款，只能靠民间金融机构来解决资金问题。① 但有些民间金融机构在为企业提供金融服务时，却存在金融诈骗和集资诈骗的犯罪行为，扰乱了市场经济秩序。银行或其他金融机构在为这些中小微企业提供贷款时，尤其需要注意审查企业的贷款资质等硬性条件，违规操作发放贷款的行为不仅可能面临罚款等行政处罚，还可能涉嫌刑事犯罪。

银行或其他金融机构是否应承担刑事责任需综合考察主客观方面，行为人客观上是否有违反国家规定，发放贷款数额巨大或造成重大损失的客观行为，主观上是否具有违法发放贷款的主观故意。因此，应当从"违反国家规定""发放贷款行为""数额巨大或造成重大损失""主观故意"等方面进行综合分析。

（2）银行或者其他金融机构的工作人员的风险防范与合规

工作人员是发放贷款的直接行为人，应当遵守勤勉尽责的职业要求，在工作权限范围内进行相应的贷款业务处理。银行或者其他金融机构的工作人员至少面临两种风险：一种是作为自然人自己从事违法发放贷款的行为，数额巨大或者给机构造成重大损失；另一种是作为银行等金融机构的负责人，因单位犯罪的"双罚制"而遭到刑事处罚。

3. 合规建议

（1）对银行或者其他金融机构的合规建议

内部合规方面，银行或者其他金融机构应在贷款业务中规范操作，坚持审慎经营规则，在发放信贷资金时应当严格遵守法律法规，杜绝违规操作、虚假发放等行为，形成"不能违规、不敢违规、不愿违规"的合规文化。外部合规方面，各级监管机构要以深化整治银行业市场乱象为突破口，切实解决产生乱象的体制

---

① 参见中小企业信息网，https：//sme.miit.gov.cn/jactpub/front/mailpubdetail.do？transactId＝285580&sysid＝4，2022年4月6日访问。

机制问题，进一步优化银行业健康发展的生态环境。

（2）对银行或者其他金融机构的工作人员的合规建议

对银行或者其他金融机构的工作人员定期开展培训，提高工作人员对发放贷款规则的理解，认识到违法发放贷款行为可能导致的法律后果。对贷款发放过程中可能出现的违法犯罪重点环节予以提示。工作人员应当勤勉尽责，对异常或不确定情况应注意履行必要的质询和调查程序，必要时可聘请专业人士进行调查、审计等。同时，当发现已存在重大差错，或相关人员涉嫌违法行为时，应及时向银行或其他金融机构进行举报，采取必要的纠正和补救措施，并视情况向监管机关报告。

监管政策和规范

违法发放贷款的行为会给国家贷款管理制度和银行等金融机构的财产权益带来负面影响。随着中小企业的发展，企业的贷款需求日益增加，作为金融发展的重要环节，贷款行为的规范一致受到重要强调。

第一，国家层面强调对贷款行为的监管，并制定普遍性规则。2006年3月20日，《农村合作金融机构信贷资产风险分类指引》中指出，借款人无力偿还贷款，即使处置抵（质）押物或向担保人追偿也只能收回很少的部分，预计贷款损失率超过90%，一般应被划入损失类。2015年8月31日，国务院办公厅印发《关于加快融资租赁业发展的指导意见》，要求加强行业风险防范，利用现场与非现场结合的监管手段，强化对重点环节及融资租赁公司吸收存款、发放贷款等违法违规行为的监督，对违法违规融资租赁公司及时要求整改或进行处罚，加强风险监测、分析和预警，切实防范区域性、系统性金融风险。2017年4月7日，《中国银监会关于银行业风险防控工作的指导意见》指出，各级监管机构要加大对未经批准设立银行业金融机构的查处力度，严肃查处非法使用"银行"名称、违法吸收公众存款、违法发放贷款的行为。2017年8月4日，《最高人民法院关于进一步加强金融审判工作的若干意见》指出要依法打击资金掮客和资金融通中的违法犯罪行为，有效规范金融秩序。

第二，地方层面细化违法发放贷款罪的数额认定等相应标准。比如，2012年陕西省高级人民法院发布《关于适用刑法有关条款数额、情节标准的意见》，2012年浙江省高级人民法院印发《关于部分罪名定罪量刑情节及数额标准的意见》，2011年天津市高级人民法院印发《关于刑法分则部分条款犯罪数额和情节认定标准的意见》，2017年江苏省高级人民法院、江苏省人民检察院、江苏省公安厅印发《关于加强经济犯罪案件办理工作座谈会纪要》等地方规范性文件均对违法发放贷款罪的"数额巨大""重大损失"的认定标准作了地域性的规定，各地标准存在差异。

相关监管政策和规范索引整理如下。

《商业银行法》第40、41、74、78条

《中国人民银行法》第30、48、49条

《银行业监督管理法》第46条

《金融违法行为处罚办法》第16、18条

《金融机构撤销条例》第30条

《防范和处置非法集资条例》第39条

《流动资金贷款管理暂行办法》第9条

《固定资产贷款管理暂行办法》第7条

典型案例

典型案例 2-37：云南会泽农村商业银行股份有限公司违法发放贷款案行政处罚案①

钱某是云南会泽农村商业银行股份有限公司的法定代表人，云南会泽农村商业银行股份有限公司的主要违法违规事实包括：（1）贷款调查与贷款发放岗位未分离，导致发生员工违法发放贷款案件。（2）贷款调查、审查、审批岗位未分离，导致发生员工利用职务便利骗取贷款资金案件。（3）贷款三查流于形式，客户贷款资金被员工借用，发生案件。

2021年12月16日，中国银保监会曲靖监管分局依据《银行业监督管理法》第46条第5项，决定对云南会泽农村商业银行股份有限公司罚款人民币120万元。

典型案例 2-38：马某平、刘某新、颜某燕、陈某违法发放贷款案②

1986年7月，经中国人民银行批准，上海爱建信托责任有限公司（以下简称爱建信托）成立，经营范围包括信托存款、贷款、信托投资等金融业务。1998年5月至2004年9月，被告人马某平担任爱建信托总经理，主持公司的经营管理工作，直接负责爱建信托的贷款等业务。2000年10月，被告人刘某新曾因动用爱建证券巨额资金至香港炒股被套牢而急需资金用于解套，遂召集被告人颜某燕、陈某、马某平三人一起商量。经商定，由颜某燕以其公司的名义向爱建信托申请贷款，刘某新、陈某所在的爱建证券为颜某燕出具形式上符合贷款要求的质押证明，马某平利用其担任爱建信托总经理的职务便利发放贷款，贷款资金用于炒股，三方共同牟利。2000年11月至2001年9月，颜某燕以其实际控制的骏乐实业、达德投资有限公司的名义向爱建信托申请质押贷款，质押物为颜某燕妻子张某玲

---

① 中国银保监会曲靖监管分局曲银保监罚决字〔2021〕42号行政处罚决定书。
② 参见《刑事审判参考》2013年第1集（总第90集），第825号。

在爱建证券开设账户内所拥有的股票和资金。刘某新、陈某以爱建证券的名义,为上述账户出具了虚假的足额抵押证明。马某平向爱建信托贷审会隐瞒了贷款的实际用途以及质押物严重不足的情况,使贷款得以审核通过。其间,马某平2次将贷款予以拆分,以规避其贷款审批权限不超过1亿元的规定,先后16次向骏乐实业、达德投资有限公司发放贷款共计9.6976亿元。2001年8月至9月,马某平因担心直接发放给颜某燕公司的贷款金额过大,违规贷款行为容易被发现,遂与刘某新、颜某燕商议,由陈某等人操作,以爱建证券下属的方达公司作为平台,爱建信托与方达公司签订了虚假的《信托资金委托管理合同》,将爱建信托4.289亿元资金划至方达公司的账户,然后在无任何质押担保手续的情况下,再将上述资金划转给颜某燕实际控制的公司。经审计查明,在爱建信托发放的总计13.9866亿元资金中,划至境外炒股的资金为4.8亿余元;颜某燕及其亲属用于境内炒股、出借、归还借款、提现等用途的资金共计4.5亿余元;划入爱建证券控制账户的资金3.1亿余元;归还爱建信托贷款本金1亿余元。上述贷款中,除归还5.8亿余元外,尚有8.1亿余元贷款本金没有归还。

原审法院认为,从爱建信托的资金流向看,难以认定系给个人使用或者借贷给个人;从爱建信托资金的流出方式看,主要是通过贷款形式发放,故目前的证据不宜认定4名被告人的行为构成挪用资金罪。现有证据也不足以证明颜某燕具有非法占有爱建信托资金的目的,难以认定爱建信托受到欺骗,故认定被告人颜某燕、马某平的行为构成合同诈骗罪证据不足,罪名不能成立。综合本案事实和证据,4名被告人的行为构成违法发放贷款罪,且构成共同犯罪。4名被告人在共同犯罪中的地位、作用不同,应当分别承担相应的刑事责任。刘某新系违法发放贷款的起意者,并纠集各被告人共同策划,且具体实施了出具虚假质押证明的行为及实际使用了部分违法发放的资金,应当认定为主犯;马某平作为金融机构的工作人员,利用担任爱建信托总经理的职务便利,违法发放贷款,在共同犯罪中起主要作用,也应当认定为主犯;陈某在刘某新的指使下参与违法发放贷款,在共同犯罪中起次要、辅助作用,系从犯,同时鉴于陈某具有自首情节,依法可以对陈某减轻处罚,并适用缓刑;颜某燕在刘某新的纠集下,为使用资金参与共谋,并实际使用了部分违法发放的资金,在共同犯罪中起次要、辅助作用,系从犯,同时鉴于颜某燕在一审宣判前能够退赔所造成的全部经济损失,有悔改表现,依法可以对颜某燕减轻处罚,并适用缓刑。据此,依照《刑法》第12条第1款,第186条第2款,第25条第1款,第26条第1款、第4款,第27条,第67条第1款,第72条第1款、第3款,第73条第2款、第3款,第53条及第64条之规定,以违法发放贷款罪判处刘某新等人有期徒刑13年等(具体略)。一审宣判后,刘某新、马某平不服,提出上诉。

二审法院认为,上诉人马某平作为金融机构工作人员,在明知质押物不足,贷款资金用于炒股的情况下,利用其担任爱建信托总经理的职务便利,违反相关法律法规,采取化整为零及操控贷款审查等方法,将贷款发放给上诉人颜某燕,数额特别巨大,且造成特别重大损失,其行为符合违法发放贷款罪的构成要件。刘某新等其他同案被告人与马某平具有违法发放贷款的共同犯罪故意,实施了共同犯罪行为,其行为亦构成违法发放贷款罪的共同犯罪。原判认定的事实清楚,证据确实、充分,适用法律正确,量刑适当,审判程序合法。据此,裁定驳回上诉,维持原判。

典型案例2-39:杜某友、李某、吴某忠违法发放贷款案[①]

2010年3月3日,洪雅、仁寿、彭山、青神四家农村信用合作联社与四川美莱雅陶瓷有限公司(以下简称美莱雅公司)共同签订了7000万元的借款合同,借款合同约定贷款用途只能用于美莱雅公司年产500万平方米聚晶微粉抛光砖生产线项目的建设资金和流动资金。由牵头社和代理社洪某农村信用合作联社(以下简称洪某联社)负责贷款资金受托支付的支用审核等。美莱雅公司的担保公司

---

① 四川省眉山市中级人民法院(2019)川14刑终73号刑事裁定书。

之一为中商财富信用担保有限公司（以下简称中商财富公司），根据约定，中商财富公司已于2010年3月5日缴纳500万元保证金到其在洪某联社的账户内。2010年3月12日，美莱雅公司申请支用600万元贷款资金，其中500万元用于支付中商财富公司500万元的客户保证金，100万元用于支付中商财富公司的担保费。时任洪某联社客户经理即上诉人吴某忠发现该笔贷款支用不符合约定的借款用途后，将该情况逐级向上汇报。之后时任洪某联社分管信贷的副主任即上诉人李某和时任洪某联社主任即上诉人杜某友在明知该笔贷款资金不符合借款合同约定的用途的情况下，在贷款资金支用申请表上签字同意，上诉人吴某忠也在贷款资金支用申请表上签字同意，致使洪某联社受托支付600万元贷款资金给中商财富公司。

法院认为，《商业银行法》第35条第1款规定，商业银行贷款，应当对借款人的借款用途、偿还能力、还款方式等情况进行严格审查。第52条规定，商业银行工作人员不得有违反法律、行政法规和业务管理规定的其他行为。第93条规定，城市信用合作社、农村信用合作社办理存款、贷款和结算业务，适用本法有关规定。《金融违法行为处罚办法》第16条第1款第4项规定，金融机构办理贷款业务，不得有违反中国人民银行规定的其他贷款行为。鉴于《商业银行法》第52条规定将法律、行政法规之外的业务管理规定作为信贷工作的法定行为准则，并要求银行等工作人员同等遵守；《金融违法行为处罚办法》第16条也将中国人民银行的规定作为金融机构发放贷款的法定行为准则。据此，中国人民银行、银监会等金融监管部门依据法律授权而制定的信贷风险管理部门规章和业务规则，系对法律条文原则性规定的进一步明确、细化及补充，故信贷工作人员对于《贷款通则》、"三办法一指引"等规范性文件的违反情况，可以作为司法机关结合案件中行为人违法的严重程度认定发放贷款行为是否违反《商业银行法》等国家规定的重要参考。本案中，借款人在向信用社申请支用贷款资金时，其支付保证金和担保费的用途不符合约定用途，上诉人吴某忠、李某、杜某友明知借款人支用申请不符合合同约定，仍签字同意支用。违反了《贷款通则》第17条规定："借款人申请贷款，应当具备……不挤占挪用贷款资金……"第31条规定："贷款发放后，贷款人应当对借款人执行借款合同情况及借款人的经营情况进行追踪调查和检查。"银监局根据授权制定的《流动资金贷款管理暂行办法》第9条规定："贷款人应与借款人约定明确、合法的贷款用途……流动资金贷款不得挪用，贷款人应按照合同约定检查、监督流动资金贷款的使用情况。"《固定资产贷款管理暂行办法》第7条规定："贷款人应与借款人约定明确、合法的贷款用途，并按照约定检查、监督贷款的使用情况，防止贷款被挪用。"本院认为上述行为违反《商业银行法》等国家规定。贷款的发放和支用是一个联系紧密的过程，不能割裂开来认定，上诉人吴某忠、李某、杜某友违反规定，同意支用600万元贷款资金用于支付客户保证金和担保费用的行为，经参考四川农村信用社信贷管理基本制度第34条规定，发放程序包括落实贷前条件、签订合同、落实用款条件、支用贷款等环节，本院认为属于贷款发放行为。上诉人吴某忠、李某、杜某友的行为属于金融机构的工作人员违反国家规定发放贷款，数额巨大的情形，其行为均触犯了《刑法》第186条第1款之规定，构成违法发放贷款罪。原判认定单位犯罪不当，予以纠正。法院驳回抗诉、上诉，维持原判。

典型案例2-40：谢某诚违法发放贷款案[①]

被告人谢某诚于2007年12月担任象山县农村信用合作联社（以下简称信用联社）主任，于2011年9月至2017年7月间担任信用联社理事长，主持信用联社全面工作。2015年12月，郑某华（另案处理）为向郑某（另案处理）违法发放贷款，与时任信用联社理事长的被告人谢某诚等人商定，以宁波滨海学校的名义向信用联社申请增加贷款800万元。后郑某提供虚假的购销合同等贷款资料向信用联社申请贷款，被告人谢某诚及郑某华等人明知宁波滨海学校不符合增加贷

---

① 参见浙江省宁波市中级人民法院（2020）浙02刑终294号刑事裁定书。

款的条件，仍利用召开党委会的方式进行决策，并利用被告人谢某诚的授信审批权和郑某华的用信审批权予以审批通过，违法发放贷款 800 万元。该笔贷款 800 万元至案发时仍未归还。

2010 年 10 月至 2011 年 4 月，被告人谢某诚明知林某（另案处理）提供的象山县裕丰针织制衣有限公司、宁波积瑞国际贸易有限公司、宁波瀚博塑料制品有限公司等公司不符合贷款条件，通过违法发放贷款的方式将信用联社的资金提供给林某，并请时任信用联社副主任的郑某华、信用联社营业部总经理的吴某（另案处理）等人帮忙，郑某华、吴某等人明知林某提供的上述公司未实际经营或者已经停产，贷款资料虚假，不符合贷款条件，仍指令客户经理办理贷款手续，客户经理将不真实的贷款资料进行层报审批，通过郑某华或被告人谢某诚的授信审批权及吴某等人的用信审批后予以审批通过，向林某违法发放贷款共计 1580 万元。上述贷款 1580 万元至案发时仍未归还。

法院认为，违法发放贷款行为由包括谢某诚在内的不同信贷环节的自然人参与，各参与人的行为都指向了违法发放贷款犯罪，相互联系，互相配合，形成了一个统一的犯罪活动整体，各参与人应按照其在共同犯罪中的地位、作用承担相应的刑事责任。谢某诚作为信用社的理事长，虽然对信用社的大多数的贷款审批流程都无须直接参与，但是其通过对郑某华、吴某等贷款审批人打招呼实现了违法发放贷款。谢某诚与下属郑某华、吴某等人形成领导与被领导的关系，其向下属郑某华、吴某等人打招呼、发指令的行为在违法发放贷款起到了关键性作用，其在违法发放贷款共同犯罪中起主要作用，系主犯。根据《商业银行法》第 40 条第 2 款的规定，"关系人"是指：（1）商业银行的董事、监事、管理人员、信贷业务人员及其近亲属；（2）前项所列人员投资或者担任高级管理职务的公司、企业和其他经济组织。在本案中，宁波滨海学校的法定代表人是郑某，郑某系同案犯郑某华的弟弟。郑某华也明知郑某向信用社申请增加贷款 800 万元。谢某诚、郑某华共同违法向关系人郑某发放贷款，系共同犯罪。上诉人谢某诚身为金融机构工作人员，结伙违反国家规定发放贷款，且向关系人发放贷款，数额特别巨大并造成特别重大损失，其行为已构成违法发放贷款罪。最终裁定驳回抗诉、上诉，维持原判。

典型案例2-41：周某违法发放贷款案①

2015年1月至6月，上诉人周某在担任广发银行南京分行水西门支行行长期间，明知南京华特尔材料有限公司、江苏雄国景盛石材有限公司、南京欧杭建材有限公司、南京合春全装饰建材有限公司、南京优奇建材有限公司、南京典范建材装饰有限公司、南京全凯建材有限公司、中建联设备租赁股份有限公司（以下分别简称华特尔公司、雄国景盛公司、欧杭公司、合春全公司、优奇公司、典范公司、全凯公司、中建联公司）系其前夫庄亚宏家族所控制或关联的企业，不符合授信贷款条件，仍安排支行客户经理朱某卫、牛某办理授信贷款手续，故意不履行行长审查、审批职责，向8家企业违法发放贷款7668万元。

二审法院认为：上诉人周某明知欧杭公司、优奇公司、典范公司、全凯公司、合春全公司均系其前夫庄某宏家族控制的关联企业，并不符合授信贷款条件，故意不履行其审查、审批职责，给予上述5家企业各1000万元敞口授信额度，有效期1年，并违法发放贷款4968万元。上述企业在授信有效期内归还贷款并续贷，最终导致贷款损失。续贷行为虽发生在上诉人周某离职后，但续贷成功系因周某违法授予敞口授信额度所致，故上诉人周某应对最终造成的贷款损失承担责任。关于上诉人周某提出的"4968万元贷款已经收回，后由继任行长继续发放，不应由其承担责任"的上诉理由不能成立，本院不予采纳。上诉人周某、原审被告人朱某卫、牛某、胡某文违反国家规定发放贷款，数额特别巨大，行为均已构成违法发放贷款罪。法院裁定驳回上诉，维持原判。

---

① 参见江苏省南京市中级人民法院（2018）苏01刑终839号刑事裁定书。

第九节　吸收客户资金不入账罪

第一百八十七条　【吸收客户资金不入账罪】银行或者其他金融机构的工作人员吸收客户资金不入账，数额巨大或者造成重大损失的，处五年以下有期徒刑或者拘役，并处二万元以上二十万元以下罚金；数额特别巨大或者造成特别重大损失的，处五年以上有期徒刑，并处五万元以上五十万元以下罚金。

单位犯前款罪的，对单位判处罚金，并对其直接负责的主管人员和其他直接责任人员，依照前款的规定处罚。

罪名解析

1. 法条修改情况

1979年《刑法》中并无"吸收客户资金不入账罪"这一罪名，后由于发生不少金融机构或其工作人员吸收客户资金不入账，进行非法拆借、发放贷款的案件，且该行为又与许多金融犯罪有关联，所以产生了对此类行为进行刑事规制的需求。对此，1997年《刑法》在第187条中规定了"用帐外客户资金非法拆借、发放贷款罪"："银行或者其他金融机构的工作人员以牟利为目的，采取吸收客户资金不入账的方式，将资金用于非法拆借、发放贷款，造成重大损失的，处五年以下有期徒刑或者拘役，并处二万元以上二十万元以下罚金；造成特别重大损失的,处五年以上有期徒刑,并处五万元以上五十万元以下罚金。""单位犯前款罪的,对单位判处罚金,并对其直接负责的主管人员和其他直接责任人员,依照前款的规定处罚。"由于上述规定强调该罪的成立要以牟利为目的、用于非法拆借和发放贷款并造成重大损失,因而导致本罪的规制范围受限且不易认定,因此,《刑法修正案(六)》第14条对本罪进行重大修订:一是删除了原条文规定的"以牟利为目的"这一主观构成要件;二是删除了原条文"将资金用于非法拆借、发放贷款"这一用途的要件;三是将"造成重大损失"和"造成特别重大损失"分别修改为"数额巨大或者造成重大损失"和"数额特别巨大或者造成特别重大损失"。2007年10月25日《最高人民法院、最高人民检察院关于执行〈中华人民共和国刑法〉确定罪名的补充规定(三)》将本罪罪名修改为吸收客户资金不入账罪。

2. 犯罪构成要件

(1) 本罪的客体

本罪侵犯的客体是国家的金融管理制度和客户资金的安全。[①] 金融机构及其工作人员采取吸收客户资金不入账的行为,逃避了金融监管,扰乱了国家金融管理秩序,在此过程中也增加了客户资金的风险,侵犯了客户的合法权益。

(2) 本罪的客观方面

本罪在客观上表现为银行或者其他金融机构的工作人员吸收客户资金不入账,数额巨大或者造成重大损失的行为。行为人实行了吸收客户资金不入账的行为,指不记入金融机构的法定存款账目,以逃避国家金融监管,至于是否记入法定账目以外的设立的账目,不影响本罪的成立。

---

① 参见张军主编:《刑法(分则)及配套规定新释新解》(第9版),人民法院出版社2016年版,第658页。

(3) 本罪的主体

本罪的犯罪主体是特殊主体，只有银行或者其他金融机构及其工作人员才能构成本罪。这里所称的"其他金融机构"，是指除银行以外的信用社、融资租赁机构、证券机构等具有货币资金融通职能的机构。

(4) 本罪的主观方面

本罪的主观方面为故意。《刑法修正案（六）》取消了本罪关于非法牟利目的的规定。因此，行为人的主观动机和目的并不影响本罪在主观方面的认定。

3. 刑事责任

自然人犯本罪，数额巨大或者造成重大损失的，处 5 年以下有期徒刑或者拘役，并处 2 万元以上 20 万元以下罚金；数额特别巨大或者造成特别重大损失的，处 5 年以上有期徒刑，并处 5 万元以上 50 万元以下罚金。根据《立案追诉标准（二）》第 38 条的规定，本罪的入罚标准为：①吸收客户资金不入账，数额在 200 万元以上的；②吸收客户资金不入账，造成直接经济损失数额在 50 万元以上的。

单位犯本罪适用双罚制，即对单位判处罚金，并对其直接负责的主管人员和其他直接责任人员，依照前款的规定处罚。

司法精要

1. 如何理解客户资金

所谓客户资金，是指货币资金的所有人或持有人存入银行或者其他金融机构的货币。根据存款主体的不同，分为机构存款、个体存款和个人存款三类。[①] 吸

---

① 参见陈兴良主编：《罪名指南》（上），中国人民大学出版社 2008 年版，第 448 页。

收客户资金的具体方式并不影响本罪的构成,既可以是以合法方式吸收的公众存款,也可以是以违反规定提高利率或其他不正当方式吸收的存款。应当明确的是,由于本罪主体为银行或者其他金融机构及其工作人员,故客户资金并不局限于存款业务所涉存款,而是包括一切金融机构经营业务所涉资金。对此,《最高人民检察院法律政策研究室对〈关于征求吸收客户资金不入账犯罪法律适用问题的函〉的回复意见》(高检研函字〔2010〕74号)表明保险费属于《刑法》第187条规定的客户资金,保险公司及其工作人员收到保险费不入账,数额巨大或者造成重大损失的,应按吸收客户资金不入账罪追究刑事责任。

2. 如何理解不入账行为

吸收客户资金是银行或其他金融机构吸纳资金的行为,按照规定吸收的客户资金必须入账登记。不入账本身就违反了金融法规。《商业银行法》第55条规定,"商业银行应当按照国家有关规定,真实记录并全面反映其业务活动和财务状况,编制年度财务会计报告,及时向国务院银行业监督管理机构、中国人民银行和国务院财政部门报送。商业银行不得在法定的会计账册外另立会计账册"。所谓不入帐,是指将客户资金不记入金融机构的法定存款账目的行为。不入账的情形既包括将客户资金全部不入账,也包括将客户资金部分不入账;既包括将客户资金记入个人的小账,也包括将客户资金记入单位的小金库账;既指将客户资金未记入金融机构的正式账目(大账),即不纳入上报中国人民银行和国家财政的银行会计核算,也指将客户资金形式上记入"大账",但记入的内容没有如实反映吸收客户资金的情况。[①] 吸收客户资金不入账,实际上逃避了金融监管,形成资金"体外循环",导致国家金融信用失控。最高人民法院发布的《金融犯罪纪要》也指出,吸收客户资金不入账,是指不记入金融机构的法定存款账目,以

---

① 参见刘宪权:《金融犯罪刑法学原理》,上海人民出版社2017年版,第239页。

逃避国家金融监管，至于是否记入法定账目以外设立的账目，不影响该罪成立。

金融机构的工作人员明知客户资金未进入法定账户，其在应当采取措施且有能力采取措施的情况下，没有采取措施避免或降低客户资金脱离银行有效监管的风险，相反采取放任的态度，影响银行法定账目的记载，若最终造成客户资金的重大损失，也构成该罪。

3. 本罪与挪用公款罪、挪用资金罪的界限

《金融犯罪纪要》指出，审理银行或者其他金融机构及其工作人员用账外客户资金非法拆借、发放贷款案件，要注意将用账外客户资金非法拆借、发放贷款的行为与挪用公款罪和挪用资金罪区别开来。根据《金融犯罪纪要》，如果是金融机构工作人员利用职务上的便利，挪用已经记入金融机构法定存款账户的客户资金归个人使用，或者吸收客户资金不入账，却给客户开具银行存单，客户也认为该款已存入银行，但该款却被行为人以个人名义借贷给他人的，均应认定为挪用公款罪或者挪用资金罪。因为金融机构工作人员给客户开具银行存单等凭证，实际上客户资金已成为银行或者其他金融机构的资金。若行为主体是金融机构，则无论其在实施吸收客户资金不入账的行为时是否向客户出具存单等凭证，若达到法定金额或情形，均以本罪论处。但应注意的是经《刑法修正案（六）》修订后，本罪的罪状发生变化，删除了非法拆借等要件。换言之，银行等金融机构的工作人员只要吸收客户资金不入账，数额巨大或者造成重大损失，即可构成本罪。但如果行为人对不入账的资金又符合挪用公款或挪用资金的情形的，应如何定罪。如果行为人以挪用的目的实施吸收客户资金不入账的行为，在此种情形下，吸收客户资金不入账是手段行为，挪用公款或资金则是目的行为，两个行为之间存在牵连关系，从一重罪处罚。若行为人实施了吸收客户资金不入账的行为后，又另起犯意实施拆借等挪用行为，在这种情形下，两个行为两个犯意，构成两个罪名，实行数罪并罚。①

合规指引

1. 合规要求

金融机构在吸收客户资金方面的合规要求主要是金融机构及其工作人员不得随意截留客户资金，从事账外经营行为或挪作私用，要严格按照《会计法》和各项会计制度实施财务核算。金融机构及其工作人员要规范金融机构内部的财务管理制度，不得在办理金融业务时不按照会计制度进行登记，或者不在会计报表中反映；不得使不同业务在同一账户内轧差处理；要明确区分公私账户，不得混用；要严格在会计账册中记载营业收入；不得以任何其他方式从事账外经营行为。

此外，要健全内部风险防控机制，对各个环节的业务做到心中有数，严格柜台业务操作行为，落实轮岗、对账及内审有关要求实现全流程监管，杜绝监管死角。严格依法依规办事，远离吸收客户资金不入账这一法律红线。

2. 合规风险

吸收客户资金不入账案件的风险常源自柜台业务及对账等环节的管理隐患，部分金融机构柜员严重违规操作，基层营业机构管理人员直接授意授权作案，作案方式虽然简单，但具有隐蔽性强、成功率高、作案时间长、涉案金额大等特点。案件由以往的单独作案日趋发展为团伙化、技术化和内外勾结作案。这些案件的发生，反映出金融机构对柜台业务和基层营业机构的制约、控制和管理等基础性工作方面还存在较大差距，金融机构的柜员一旦主动蓄谋作案，会计监督、后台

---

① 参见韩哲主编：《金融犯罪典型判例》，中国金融出版社2018年版，第70-71页。

审核及内部稽核等内控防线很难及时发现问题，导致作案人员多次作案、涉案金额不断扩大从而形成大要案。

3. 合规建议

（1）严格柜台业务管理

为防止工作人员截留客户资金，金融机构要加强内部风险管控，严格柜台业务管理使其成为防止金融机构工作人员利用职务便利吸收资金不入账的第一道防线。因此，金融机构应严格柜台业务操作行为，加强录音录像监控，强化对柜面业务流程控制。严格落实现金收付、资金汇划，以及网上银行开通等柜面业务的授权、控制和监督制度。客户申请办理柜面业务时，银行业金融机构应采取凭证签字、语音自助提示、屏幕自助显示等方式告知客户其办理的业务性质、金额并得到客户确认，确保根据客户真实意愿办理业务。柜面办理大额资金汇划应坚持前后台分离、岗位制约原则，实行远程复核或授权，并及时预警、监测异常交易。

（2）多方式加强对账管理

对账工作是及时发现问题，防止案件风险扩大的有效手段。金融机构严格执行监管部门账户管理的各项有关规定，通过制度保证、科技手段、流程管控、法律约束等多种方式确保对账成功，避免对账不全面、不及时的问题，切实保障客户和银行的资金资产安全。银行业金融机构应坚持对账与业务办理在人员、岗位、职责方面严格分离原则；加强对账结果分析，对于当期未实现有效对账的账户，应采取措施保证有效对账；加大银行客户对账系统与综合业务管理系统的信息共享程度，便于客户实时掌握其账户资金变动情况，提升客户对账系统对业务系统反馈信息的处理能力。

（3）严格落实内部审计工作

金融机构要加强以内部控制为核心的审计工作。加大审计银行内部控制健全性、合规性和有效性的力度，定期检查评估金融机构的操作风险及案件风险管理体系的运作情况,确保审计工作对经营管理单位的全覆盖、对业务流程的全覆盖、对风险的全覆盖,重点对高风险网点、高风险业务、高风险环节、高风险岗位的操作规范和业务程序进行评估,切实发挥内审在监督及规范业务操作和业务管理、防范案件风险、加强内部管控、提升机构案件防控内生动力建设水平等方面的重要作用。

(4) 加强数据治理,推进金融业务数字化转型

随着电子银行、网络证券以及网络保险等金融业信息化的发展,各项业务基本上都实现了网上服务,客户能够通过网上实时监控资金的变动情况,对资金的关注度也逐渐提高,这能够有效防止吸收客户资金不入账行为的发生。因此,金融机构可以加强线上交易平台建设,建立前、中、后台协同的数字化交易管理体系,有效提升投资交易效率和风险管理水平。同时,应加强客户信息安全管理,严格对接触客户信息的岗位的权限管理和行为管理,特别关注互联网环境下新兴业务应用、交易系统存在的泄露客户信息的隐患。

监管政策和规范

吸收客户资金不入账的行为多发于金融机构的基层营业机构,为了解决这一问题,中国银行业监督管理委员会曾于2009年制定《农村中小金融机构案件责任追究指导意见》以推进农村中小金融机构案件防控治理活动,并于2013年发布《中国银监会办公厅关于加强银行业基层营业机构管理的通知》要求金融机构强化基层营业机构的管控,完善基础业务环节的管理,并加强重要岗位员工行为管理,规范操作行为,促进合规经营。近年来,地方金融业态快速发展,在地区金融服务方面发挥了重要作用,但部分机构内控机制不健全,暴露出一定的风险隐患。

2017年全国第五次金融工作会议以来,各省、自治区、直辖市成立地方金融

监督管理局,加强对地方金融组织的监管,取得了一定成效。但在这过程中,新型农村合作金融组织监管难、监管不及时的问题也暴露了出来。新型农村合作金融组织布局分散,且规模小,监管成本高。导致各级金融监管局的监管不及时、不专业,资金托管银行监管也缺乏激励,动力不足,仅负责资金托管、划拨等简单业务,即使新型农村合作金融组织的管理人员吸收客户资金却不入账,进行超范围经营或是挪用、侵吞等都难以及时甄别。[①] 而这可能导致金融组织存在大量的体外资金,影响我国对金融秩序的管控,也给金融组织自身带来较大的风险。

因此,在数字金融背景下,监管机构应加强数据监管,完善数据治理制度,运用科技手段推动数据监管的系统化、自动化和智能化,并在此过程中强化对风险管理的监管,规范财务运行、会计核算,强化审计监督和及时披露信息,纠正实践中账户混用、成员账户形同虚设等问题。为进一步规范地方金融的监管,2021年12月31日,央行正式发布了《地方金融监督管理条例(草案征求意见稿)》,该条例明确了地方金融组织的业务定位,将地方各类金融业态纳入统一监管框架,进一步强化地方金融风险防范化解和处置。

相关监管政策和规范索引整理如下。

《商业银行法》第47、51、52、54、63、75、77、78条

《金融违法行为处罚办法》第11条

典型案例

典型案例2-42:张某宁吸收客户资金不入账案[②]

2013年至2015年,被告人张某宁利用其担任中国农业银行股份有限公司莱

[①] 参见崔长彬、潘长风、张正河:《中国新型农村合作金融:历史镜鉴与体系架构》,载《经济问题》2022年第2期。

[②] 参见山东省烟台市莱山区人民法院(2021)鲁0613刑初172号刑事判决书。

山支行解甲庄分理处主任的职务便利，通过虚构该行有高利息的银行内部员工理财产品可以购买的事实，并通过伪造理财借款合同、印章、进账单内容等手段，将理财客户王某的理财资金130万元、顾某的理财资金100万元、宋某1和宋某2的理财资金95万元、宋某3的理财资金15万元、李某的理财资金50万元，共计390万元转入其个人银行账户，并用于个人购买理财产品、还债，转给涉案人员宋某4用于对外借贷，以及转给其他人等。

法院认为，被告人张某宁身为银行工作人员，利用其担任银行分理处主任的职务便利，吸收客户资金不入账，数额巨大，其行为已构成吸收客户资金不入账罪，依法应予惩处。辩护人提出应由宋某4承担主要责任及被害人存在过错的意见，本院认为，被告人吸收客户资金的用途及是否转给他人，不影响其责任的承担；被告人向客户介绍银行有内部员工理财产品，对于客户来讲，银行对该理财产品的用途不是客户所能干涉的，客户基于高利息购买银行理财产品不存在过错，所以对辩护人的该辩护意见不予采纳。最终，法院以吸收客户资金不入账罪判处张某宁有期徒刑3年和罚金3万元等。

典型案例2-43：肖某吸收客户资金不入账案[1]

上诉人肖某身为民生银行北京分行航天桥支行分管个人理财业务的副行长，明知上诉人张某担任民生银行北京分行航天桥支行行长期间，向被害人转让的理财产品存在不规范之处，仍帮助张某向被害人推销理财产品，违反规定未将客户资金存入银行理财金账户，并在理财产品转让协议上伪造出让人签名，加盖张某指使民生银行航天桥支行员工何某（已判刑）伪造的民生银行航天桥支行储蓄业务公章，致使客户资金脱离银行监管。肖某参与销售理财转让产品13.8余亿元，最终给被害人造成巨额经济损失。

法院认为，虽然不能证明上诉人肖某在主观上对张某销售虚假理财产品系明

---

[1] 参见北京市高级人民法院（2020）京刑终96号刑事判决书。

知,但其在客观上实施了一系列帮助行为,除了积极向客户推销涉案理财转让产品外,还包括以下行为:参与制作虚假理财合同,在转让人处代客户签字,对理财产品协议上加盖伪造的储蓄业务公章知情,定期催促张某提供不同转让人账户信息以方便扩大销售规模,对所谓的转让人账户不是实际转让人的情况明知,主动联系理财经理用其母亲的账户作为转让人账户,对张某提供和自己找的转让人账户均为中间过渡账户明知,应张某规避反洗钱系统的要求对客户的转账行为不备注为理财转让,对客户仅是普通转账而非柜台通过银行理财系统进行资金划拨的程序违规明知,对客户打入到过渡账户的资金流向采取放任态度,对于理财转让完成后没有更名的情况明知,等等。张某与肖某分别作为民生银行航天桥支行的行长、副行长在吸收客户资金不入账罪的范围内已经成立共同犯罪,且均系主犯;张某因具有非法占有目的被认定为合同诈骗罪,并不影响将肖某的上述违规帮助行为独立评价为吸收客户资金不入账罪。

一是客户资金没有进入法定账户,必然会影响银行法定账目的记载。案发前,2015年4月,民生银行总行资产管理部下发了《中国民生银行理财产品转让管理细则》。根据该细则,理财产品转让的具体办理过程为:理财产品转让方和接收方必须本人到银行,双方签署民生银行总行下发的制式理财产品转让协议,在柜台办理理财转让业务,资金通过银行理财系统从接收方的账户转到转出方的账户,并签署理财转让业务凭证,理财产品变到接收方名下,在交易明细中明确显示理财转让。可见民生银行的理财产品转让有三个关键:其一,必须通过银行理财系统而非存款系统进行资金划转;其二,从接收方的理财金账户转到转出方的理财金账户,而非普通存款账户直接划转;其三,原始理财客户的名称变更为受让方。因此,尽管张某、肖某辩称民生银行航天桥支行一直做的理财转让就是在客户存款账户之间互转,而不是通过理财金账户互转,但是习以为常的实际操作并不能改变违规事实的成立,不能改变对银行关于理财产品的法定账目记载的影响。

二是肖某对于吸收客户资金没有进入法定账户明知，且对后续资金走向采取放任态度。本案中，张某一开始就欺骗肖某其有大客户需要进行理财转让，在肖某不知情的情况下，将客户资金按照张某的指示打入陈某的账户，虽然没有打入到陈某的理财金账户，但仅系程序违规，不足以认定肖某构成犯罪。而在发展的后期，随着理财转让产品规模的扩张，肖某急于完成销售任务，不仅定期向张某索要中间过渡账户，而且还主动去找理财经理母亲这样的过渡账户，说明其对资金没有打入到张某所谓的真实转让人账户是明知的。此外，张某以民生银行总行的名义与被害人签订交易资金监管协议，谎称在理财产品到期前由民生银行总行对理财产品原持有人接收转让资金的账户进行冻结，并加盖伪造的民生银行航天桥支行储蓄业务公章。据张某供述，肖某看过张某加盖伪造的公章，因此，肖某对于资金监管协议是无效的、不可能受到总行的真正监管也是明知的。

由于肖某在销售理财转让产品过程中，明知客户资金打入张某提供或者自己寻找的过渡账户，而并非打入张某所称的实际转让人账户，其在应当采取措施且有能力采取措施的情况下，却没有采取措施去避免或降低客户资金脱离银行有效监管的风险。肖某对客户资金的后续去向持放任态度，不仅严重影响了银行对该部分资金账目真实性的记载，最终也造成了客户资金的巨大损失，应当以吸收客户资金不入账罪追究肖某的刑事责任。

三是对肖某帮助毁灭证据的行为不再单独评价。案发后，肖某指示民生银行航天桥支行员工删除肖某及员工电脑中涉及虚假理财产品的相关内容数据，转移张某、肖某处的虚假理财合同、销售记录和伪造的储蓄业务公章，该行为触犯帮助毁灭证据罪。但在肖某已经构成吸收客户资金不入账罪的前提下，事后帮助毁灭证据的行为属于事后不可罚的行为，不再单独评价，仅成立吸收客户资金不入账罪一罪。

综上，法院认定上诉人肖某犯吸收客户资金不入账罪，判处有期徒刑9年，并处罚金人民币9万元。

典型案例 2-44：中国农业银行股份有限公司于都县支行、吴某梅吸收客户资金不入账、挪用公款二审刑事案①

2013年以来，上诉人吴某梅任中国农业银行于都工贸城支行行长及中国农业银行于都支行营业部主任期间，为了偿还个人债务及支付利息，投资白银贵金属、股指期货交易、商品期货交易、证券股票交易，支付虚假理财到期本息和个人借贷本息等，利用职务上的便利，在为客户办理理财、信托业务过程中，将客户带至自己办公室，通过在自己的办公电脑上操作，以出具自制理财凭证等四种方式为客户办理虚假信托、虚假理财业务，具体方式如下：(1) 向客户出具自制理财凭证或自制定期存单办理虚假理财业务，然后在客户不知情的情况下将客户资金转入自己控制的账户。自制理财凭证是吴某梅参照2013年、2014年农行出具的网银基金购买凭证模板制作的。出具给客户的凭证有加盖公章和未加盖公章两种，其中加盖公章的自制凭证系吴某梅在代班时事先在空白A4纸上相应位置加盖公章，之后用这些盖有公章的空白A4纸直接套打出来的。(2) 向客户出具信托凭证为客户办理虚假信托，吴某梅利用农行未将信托凭证纳入重要空白凭证管理的漏洞，使用空白信托凭证办理虚假信托，在客户不知情的情况下把客户资金转入自己控制的账户。(3) 通过承诺为客户弥补基金亏损并按理财利率计付利息的办法，让客户将亏损基金赎回转入吴某梅控制的账户，并出具自制的基金凭证给客户。(4) 为客户办理真实理财并向客户出具真实凭证，后在客户不知情的情况下撤单，凭证因撤单变为无效凭证，吴某梅再将客户资金转入自己控制的账户。

吴某梅以上述方式将客户资金转入自己控制的杨某秀、张某凌、刘某辉、黄某3、刘某清等31人的40个账户，其吸收客户资金可认定的金额为7969.8万元（包含案发前已兑付有凭证可认定的金额609万元和案发后已兑付金额341.6万元），涉及客户84人。

---

① 参见江西省赣州市中级人民法院（2020）赣07刑终636号刑事判决书。

法院认为,上诉人吴某梅作为国有银行工作人员,利用职务上的便利,吸收客户资金不入账,用于个人投资、购置固定资产等,数额特别巨大,造成特别重大损失,其行为已构成吸收客户资金不入账罪,被判处有期徒刑8年,并处罚金人民币20万元,并责令被告人于判决生效后30日内,退赔中国农业银行于都工贸城支行相应款项。

典型案例2-45:杨某英挪用公款案①

法院经审理查明,2000年3月至2003年5月,被告人杨某英在夏邑县农行第一储蓄所工作。2001年2月16日,储户杨某某到夏邑县农行第一储蓄所存款2笔,共计50万元,被告人杨某英接收存款后,给杨某某出具2份银行储蓄存款开户单,1份户名为徐某某,金额28万元,另1份户名为徐某1,金额22万元,存款期限均为1年。杨某英在开户单上加盖了其个人私章和夏邑县农行第一储蓄所业务专用章,并表示给其按一分二厘的利率计算利息。被告人杨某英吸收杨某某的50万元存款后没有记入单位账目,而是将该笔款项挪作他用。存款到期后,杨某某到夏邑县农行第一储蓄所取款,杨某英多次推托不予支取。杨某某到公安机关报案,本案案发。2003年12月,徐某某、徐某1起诉夏邑县农行第一储蓄所要求支取上述2笔存款,法院判决夏邑县农行第一储蓄所支付徐某某、徐某1存款本金50万元,并按同期银行存款利率支付利息。2005年3月23日夏邑县农行第一储蓄所执行法院生效判决,支付给徐某1、徐某某存款本息528,351元。

法院认为,根据《金融犯罪纪要》的规定:"对于利用职务上的便利,挪用已经记入金融机构法定存款账户的客户资金归个人使用的,或者吸收客户资金不入账,却给客户开具银行存单,客户也认为将款已存入银行,该款却被行为人以个人名义借贷给他人的,均应认定为挪用公款罪或者挪用资金罪。"本案中,被告人杨某英系夏邑县农行第一储蓄所的工作人员,具备挪用公款罪的主体身份;

---

① 参见河南省商丘市夏邑县人民法院(2010)夏刑初字第40号刑事判决书。

被告人杨某英在自己的工作岗位上，吸收储户存款50万元，给储户出具存款开户单，并加盖了其所在单位的业务专用章和个人私章，其行为是代表夏邑县农行第一储蓄所，储户也认为自己的存款存入了夏邑县农行第一储蓄所，夏邑县农行第一储蓄所有支付储户存款的义务（夏邑县农业银行第一储蓄所已支付储户50万元本金及利息），所以这笔50万元的存款应认定为夏邑县农行第一储蓄所的公款。被告人杨某英身为夏邑县农行第一储蓄所工作人员，利用职务上的便利，将50万元储蓄存款不记入夏邑县农行第一储蓄所账目，私自挪作他用，数额巨大，且未退还，其行为构成挪用公款罪。

Chapter 03

金融票证、有价证券管理类犯罪

第一百七十七条　　【伪造、变造金融票证罪】

第一百七十七条之一　【妨害信用卡管理罪】

　　　　　　　　　　【窃取、收买、非法提供信用卡信息罪】

第一百七十八条　　【伪造、变造国家有价证券罪】

　　　　　　　　　　【伪造、变造股票、公司、企业债券罪】

第一百七十九条　　【擅自发行股票、公司、企业债券罪】

第一百八十八条　　【违规出具金融票证罪】

第一百八十九条　　【对违法票据承兑、付款、保证罪】

第一节　伪造、变造金融票证罪

第一百七十七条　【伪造、变造金融票证罪】有下列情形之一，伪造、变造金融票证的，处五年以下有期徒刑或者拘役，并处或者单处二万元以上二十万元以下罚金；情节严重的，处五年以上十年以下有期徒刑，并处五万元以上五十万元以下罚金；情节特别严重的，处十年以上有期徒刑或者无期徒刑，并处五万元以上五十万元以下罚金或者没收财产：

（一）伪造、变造汇票、本票、支票的；

（二）伪造、变造委托收款凭证、汇款凭证、银行存单等其他银行结算凭证的；

（三）伪造、变造信用证或者附随的单据、文件的；

（四）伪造信用卡的。

单位犯前款罪的，对单位判处罚金，并对其直接负责的主管人员和其他直接责任人员，依照前款的规定处罚。

罪名解析

1. 法条修改情况

1979年《刑法》第123条曾规定"伪造有价证券罪"这一罪名。受当时的经济体制所限，这一罪名所涉对象限于伪造支票、股票、其他有价证券等行为，未将票据、信用卡等金融票证纳入保护范围。随着社会主义市场经济体制的建立和金融业务领域的快速发展，尤其是《票据法》颁布实施后，信用卡使用范围扩大，金融票证的适用面扩大，相应地，利用金融票证违规操作，危害金融管理活动的违法犯罪行为逐步增加。

为维护金融票证交易安全、高效进行，1995年全国人大常委会发布的《金融犯罪决定》第11条规定了伪造、变造金融票证罪，将1979年《刑法》规定的伪造对象扩大至汇票、本票、支票、委托收款凭证、汇款凭证、银行存单等其他银行结算凭证以及信用证或者附随的单据、文件、信用卡等，并将变造金融票证的行为纳入犯罪范畴。

1997年《刑法》基本沿用了1995年《金融犯罪决定》规定的内容，只是对其中伪造、变造金融票证罪的附加刑作了一些调整，并将单位纳入伪造、变造金融票证罪的犯罪主体之中。2005年《刑法修正案（五）》再次对该条文作出修改，在《刑法》第177条后增加一条，作为第177条之一："有下列情形之一，妨害信用卡管理的，处三年以下有期徒刑或者拘役，并处或者单处一万元以上十万元以下罚金；数量巨大或者有其他严重情节的，处三年以上十年以下有期徒刑，并处二万元以上二十万元以下罚金：（一）明知是伪造的信用卡而持有、运输的，或者明知是伪造的空白信用卡而持有、运输，数量较大的；（二）非法持有他人信用卡，数量较大的；（三）使用虚假的身份证明骗领信用卡的；（四）出售、购买、为他人提供伪造的信用卡或者以虚假的身份证明骗领的信用卡的。窃取、收买或者非法提供他人信用卡信息资料的，依照前款规定处罚。"

2. 犯罪构成要件

伪造、变造金融票证罪，是指行为人违反金融票据管理法律法规，伪造、变造汇票、本票、支票、委托收款凭证、回款凭证、银行存单及其他银行结算凭证、信用证或附随单据及伪造信用卡的行为。

（1）本罪的客体

本罪侵犯的客体是国家的金融票证管理制度和公共信用。关于伪造、变造有价证券、金融票证类犯罪侵犯的法益，涉及不同的维度，包括国家金融票据管理制度[1]、国家金融管理秩序[2]，或者国家金融管理秩序与公共秩序。[3] 金融票证是商品交换和信用活动的产物，对于加速资金周转，促进商品交易流通，提高社会资金使用效益，以及规范商业信用等具有重要意义。保护金融票据的真实性，有助于维护金融凭证承载的公共信用。

（2）本罪的客观方面

本罪在客观方面表现为伪造、变造各种金融票证的行为。其中，第1款所指的"金融票证"，主要包括汇票，本票，支票，信用证或者附随的单据、文件，信用卡以及委托收款凭证、汇款凭证、银行存单等其他银行结算凭证等。"伪造"包括有形伪造和无形伪造两种情形："有形伪造"是指没有金融票证制作权的人，假冒他人的名义，擅自制造外观上足以使一般人误认为是真实金融票证的虚假金融票证。"无形伪造"是指具有金融票证制作权的人，超越其制作权限，违背事实制造内容虚假的金融票证，例如，银行职员制作虚假的银行存单交付他人。"变造"是指擅自对真实的金融票证进行各种形式的加工，改变数额、日期或者其他内容。

本罪在客观上可以由下列行为构成：

①伪造、变造汇票、本票、支票。

汇票，是指出票人签发的，委托付款人在见票时或者在指定日期，无条件支

---

[1] 参见张军主编：《刑法（分则）及配套规定新释新解》（上）（第9版），人民法院出版社2016年版，第708页。

[2] 参见李希慧：《刑法各论》（第3版），武汉大学出版社2009年版，第125页。

[3] 参见黄明儒：《伪造、变造犯罪的定罪与量刑》，人民法院出版社2002年版，第250页。

付确定的金额给收款人或持票人的票据。本票，是指出票人签发的，承诺自己在见票时无条件支付确定的金额给收款人或持票人的票据。支票，是指出票人签发的，委托办理支票存款业务的银行或者其他金融机构在见票时无条件支付确定的金额给收款人或持票人的票据。行为人伪造、变造其中一种票证，即可成立犯罪。伪造票据，是指无权限人假冒他人或者虚构人的名义签章的行为；变造票据，是指无权更改票据内容的人，对票据上签章以外的记载事项加以改变的行为；但签章的变造属于伪造。

②伪造、变造委托收款凭证、汇款凭证、银行存单等银行结算凭证。

委托收款凭证，是指收款人向银行提供的，委托其向付款人收取款项的结算凭证。汇款凭证，是指汇款人委托银行给异地收款人进行汇兑结算的凭证，包括信汇凭证与电汇凭证。银行存单，是银行发行的可以用于支付债务的信用凭证，一般不记名、定额、可自由流通。银行结算凭证，是指银行在办理支付结算活动中使用的，据以执行客户指令、办理资金划转的凭证，除了刑法列举的银行结算凭证之外，常见的银行结算凭证包括取款凭条、现金借款单、现金缴款单等。行为人伪造、变造其中一种票证的，即可成立犯罪。

③伪造、变造信用证或者附随的单据、文件。

信用证，是指应客户要求和指示，或主动向受益人签发的，如受益人满足约定条件，开证行就向其支付规定金额的书面文件。附随的单据、文件，是指由信用证受益人向金融机构提供的，与信用证条款规定相一致的代表货物的单据、文件。行为人伪造、变造其中一种票证的，即可成立犯罪。①

④伪造信用卡。

信用卡，是指银行或者非银行金融机构（一般是指专业信用卡公司）签发给资信状况良好的单位和个人，用以存取款项和在特约商户购物消费的一种信用凭

---

① 张明楷：《刑法学》（下）（第6版），法律出版社2021年版，第782页。

证。刑法领域信用卡犯罪所指的信用卡，与金融业务领域的信用卡含义并不完全相同。根据2004年12月29日《全国人民代表大会常务委员会关于〈中华人民共和国刑法〉有关信用卡规定的解释》，刑法规定的"信用卡"，是指由商业银行或者其他金融机构发行的具有消费支付、信用贷款、转账结算、存取现金等全部或部分功能的电子支付卡。

伪造信用卡的犯罪主要包括两种情形：一是非法制造信用卡，即模仿信用卡的质地、模式、版块、图样以及磁条密码等制造信用卡。二是在真卡的基础上进行伪造，即信用卡本身系合法制造，但是未经银行或者信用卡发卡机构同意发行给用户正式使用，即在信用卡卡面上未加卡号或者姓名，在磁条上也未输入一定的密码等信息。将这种空白的信用卡进行一番"加工"，使其与已经发行给用户的信用卡相似，也属于伪造信用卡。这种信用卡的伪造，多发生在银行内部或者信用卡发行机构内部，一般为这些机构内部的工作人员所为。

根据《信用卡案件解释》的规定，复制他人信用卡、将他人信用卡信息资料写入磁条介质、芯片或者以其他方法伪造信用卡1张以上的，应当认定为《刑法》第177条第1款第4项规定的"伪造信用卡"，以伪造金融票证罪定罪处罚。伪造空白信用卡10张以上的，应当认定为《刑法》第177条第1款第4项规定的"伪造信用卡"，以伪造金融票证罪定罪处罚。

（3）本罪的主体

本罪的主体是一般主体，凡是达到刑事责任年龄，且具有刑事责任能力的自然人都可以构成本罪主体。依据本条第2款的规定，单位也可以构成本罪的主体。

（4）本罪的主观要件

本罪在主观方面只能由故意构成。如果行为人因过失而错写误填票证内容，虽然要承担相应的民事责任，但并不涉及刑事责任。即使行为人错写误填票证后又故意使用，也只能按金融票据诈骗罪等其他犯罪追究刑事责任，而不能以本罪论处。本条规定没有要求行为人伪造、变造金融凭证具有一定的主观目的，即没有规定为目的犯。不过,将使用作为本罪的责任要素,是比较合适的。如果纯粹因个人兴趣等原因伪造、变造金融票证,限于自我欣赏、收藏,客观上也没有使票证流通的,因不具有使用目的,故不应认定为犯罪。

3. 刑事责任

伪造、变造金融票证的,处 5 年以下有期徒刑或者拘役,并处或者单处 2 万元以上 20 万元以下罚金;情节严重的,处 5 年以上 10 年以下有期徒刑,并处 5 万元以上 50 万元以下罚金;情节特别严重的,处 10 年以上有期徒刑或者无期徒刑,并处 5 万元以上 50 万元以下罚金或者没收财产。根据《立案追诉标准(二)》第 24 条的规定,伪造、变造金融票证,涉嫌下列情形之一的,应予立案追诉:伪造、变造汇票、本票、支票,或者伪造、变造委托收款凭证、汇款凭证、银行存单等其他银行结算凭证,或者伪造、变造信用证或者附随的单据、文件,总面额在 1 万元以上或者数量在 10 张以上的;伪造信用卡 1 张以上,或者伪造空白信用卡 10 张以上的。

单位犯伪造、变造金融票证罪的,对单位判处罚金,并对其直接负责的主管人员和其他直接责任人员,根据案件的具体情况,依照前款个人犯该罪的 3 个量刑档次进行处罚。

司法精要

1. 金融票证的界定

《刑法》中涉及金融票证的罪名,主要包括第 175 条之一骗取贷款、票据承兑、金融票证罪,第 177 条伪造、变造金融票证罪和第 188 条违规出具金融票证罪。3 个罪名涉及的金融票证范围并不完全相同。第 177 条伪造、变造金融票证罪所涉金融票证的范围最小，该条第 1 款第 1、3、4 项采用完全列举法，即包括汇票，本票，支票，信用证或者附随的单据、文件，信用卡，第 2 款采用部分列举法，但是限定为银行结算凭证。

《刑法》第 177 条规定的"金融票证"是一种财产权利凭证，具有重要的信用功能，在特定条件下可以代替货币，成为社会资金的融通手段和社会信用的载体，其本质上是以金融机构的信用作为基础的支付或结算工具。如果行为人未伪造、变造承担"金融交易职能"的票证，且其行为亦未破坏金融管理秩序，则不能将其行为认定为该罪。例如，在陈某某伪造、变造金融票证案中①，被告人陈某某通过手机软件"美图秀秀"篡改银行转账回单，将转账金额由 70 万元篡改为 200 万元，后将变造的转账回单通过微信出示给孙某；在吴某某伪造、变造金融票证案中，② 被告人吴某某在电脑上修改工商银行 ATM 存款凭条，伪造 1 张收款人为任某某的工商银行 ATM 存款凭条，之后用 A4 纸打印，并裁剪成原凭条式样，后向郝某某收取 20 元制作费。在上述两个案例中，检察机关均认为，银行回单、存款凭证只是供持卡人存款、取款及转账等核对之用，不作为任何凭据，不属于《刑法》第 177 条中"金融票证"的范畴，据此决定对被告人不起诉。因此，不具有金融担保功能的凭证，如存款凭证、询证函、查询对账单等，均非银行结算凭证，不属于伪造、变造金融票证罪中的"金融票证"的范畴。

2. 伪造与变造的区别认定

（1）伪造行为

"伪造"分为形式伪造与内容伪造。形式伪造是对有价证券或者文书证件外观形式的非法仿制，例如伪造货币，只要对货币的外观形式进行伪造即可成立犯

---

① 参见上海市浦东新区人民检察院沪浦检金融刑不诉〔2019〕29 号。
② 参见鄂尔多斯市东胜区人民检察院东检一诉刑不诉〔2018〕16 号。

罪。内容伪造是对有价证券或者文书证件实质内容的非法填写，例如，在空白票据或者证件上进行非法填写。还有一类伪造行为同时涉及形式伪造和内容伪造，例如伪造信用卡，既要仿制卡片的外观形式，又要在信用卡磁条信息上输入权利人的信息。根据《刑法》第177条的规定，伪造、变造金融票证罪包括伪造、变造票据、信用卡、信用证等，本书仅讨论争议较大且实践中多发的伪造、变造票据行为。

票据伪造究竟属于何种伪造行为，对此存在不同的认识。有观点认为，票据伪造指的是形式伪造，即行为人仿制真实的票据形式、图案、翻色、格式，非法制作票据。也有观点认为，票据伪造是指假冒他人在票据上实施一定的票据行为，包括出票、背书、承诺和保证行为。[1] 还有观点认为，刑法上的票据伪造既包括形式伪造也包括内容伪造。[2] 立足票据伪造的内在特点，可以认为，票据伪造不是形式伪造，而是内容伪造。与股票、债券相比，票据是一种个别设权的证券，通过签名、签章等行为出具票据，设定权利。票据行为的目的是设定或者更改权利义务内容，通过形式伪造，例如，伪造票据的颜色、形式、图案等外观形态，只能说是伪造了票据用纸，并不产生票据权利，未能形成有价证券；换言之，只有行为人无权限或者超越权限在票据用纸上进行记载，完成签章、签名，才设定了票据权利，完成了票据伪造。[3] 因此，伪造票据应当是在票据上设定权利的伪造，而不是外观形式的伪造。

另外，有价证券的真伪程度，应当将有价证券的交易实践作为标准，不要求与真实的有价证券形式、内容完全相同。只要能够以假乱真，使社会一般人接受有价证券，从而进行交易，就可以认定为"伪造"行为。

---

[1] 参见赵秉志：《金融诈骗罪新论》，人民法院出版社2001年版，第71页。
[2] 参见刘华：《票据犯罪若干问题研究》，载《法学研究》2000年第6期。
[3] 参见刘宪权：《伪造、变造金融票证罪疑难问题刑法分析》，载《法学》2008年第2期。

(2) 变造行为

"变造"是指无权限或者超越权限的人在真实的金融票证上进行篡改的行为。伪造是"无中生有",变造是"有中生变"。具体言之,变造需要在真实的金融票证基础上进行篡改,例如,通过涂改、挖补、拼接等行为进行加工处理,制造数量更多或者票面价值更大的金融票证。伪造票据是非法创设票据权利,而变造票据则是在真实票据的基础上变更已经设立的权利。将未制造完成的半成品予以加工而完成的行为,可能构成伪造,但不属于变造。类似地,在空白的有价证券上进行签名、填写等行为,亦不属于变造,因为空白的有价证券并不承载任何财产权利内容,填写行为创设了一定的财产权利内容,实质是"从无到有"的过程,应当属于伪造。

3. 对居间贩卖假金融票证行为的处理

根据2001年12月27日《最高人民检察院法律政策研究室关于对居间贩卖假金融票证行为如何认定问题的意见》的规定,对于居间贩卖假金融票证的行为,首先应当考虑该行为是否构成伪造、变造金融票证或者金融诈骗犯罪的共犯;如果不能认定共同犯罪,也不构成其他犯罪,而只能以非法经营罪追究刑事责任的,应当依照《最高人民检察院、公安部关于经济犯罪案件追诉标准的规定》中有关非法经营罪的规定办理,而不宜对此适用不同的追诉标准。

4. 伪造、变造金融票证罪的一罪与数罪

司法实践中,行为人往往是以实施票据诈骗、金融凭证诈骗、信用证诈骗和信用卡诈骗等犯罪为目的而实施伪造、变造金融票证犯罪的行为,即伪造、变造金融票证只是实施相关诈骗犯罪的准备工作。此种情形的定性处理涉及罪数形态问题,应当区分情况加以认定。

第一,行为人先伪造、变造金融票证,后使用相关金融票证实施诈骗行为。

对于此种情形，伪造、变造金融票证行为与后续使用行为系牵连关系，在犯罪构成要件上存在包容关系，符合刑法中关于牵连犯的规定，应当从一重罪处断，以相应的金融诈骗犯罪处理。进一步讲，行为人伪造、变造票据后实施诈骗行为的，构成票据诈骗罪；行为人伪造、变造金融凭证，如伪造、变造收款、汇款凭证后实施诈骗行为的，构成金融凭证诈骗罪；行为人伪造信用卡后使用的，构成信用卡诈骗罪。

第二，伪造、变造金融票证后，使用伪造、变造的金融票证进行诈骗，但由于意志以外的原因而未得逞。此种情形下，行为人构成金融凭证诈骗罪的未遂与伪造、变造金融票证罪的既遂，鉴于伪造、变造金融票据是金融诈骗的方法行为，根据牵连犯从一重罪处断的原则，伪造、变造金融票证既遂形态下的法定刑高于金融诈骗相关犯罪未遂形态的法定刑，因此，因行为人意志以外的原因而导致金融诈骗行为未遂的，对行为人应当以伪造、变造金融票证罪论处。①

第三，行为人伪造或变造金融票证后，出售给他人用于实施金融诈骗等犯罪行为，行为人与其他人不具有实施金融诈骗的共同故意。虽然伪造、变造者与使用者都是为了获取非法利益，但是他们具有独立的主观故意内容，不能以共同犯罪论处。对伪造、变造者应当按照伪造、变造金融票证罪论处，对使用者以其实际实施的金融诈骗犯罪论处。

第四，行为人之间具有实施金融诈骗的共同故意，行为人伪造、变造金融票证后交由他人实施金融诈骗行为。对于此种情形，对伪造、变造者与使用者应当以共同犯罪论处，只是内部分工不同，按照牵连犯择一重罪论处，伪造、变造者与使用者构成金融诈骗罪的共同犯罪。对此，2002年2月《最高人民法院研究室关于对贩卖假金融票证行为如何适用法律问题的复函》提出以下意见："明知是伪造、变造的金融票证而贩卖，或者明知他人实施金融诈骗行为而为其提供伪造、

---

① 参见刘宪权：《金融犯罪刑法学原理》，上海人民出版社2017年版，第482页。

变造的金融票证的，以伪造、变造金融票证罪或者金融诈骗罪的共犯论处。"

合规指引

随着我国金融市场的不断开放，金融票证业务在我国经济生活中发挥着越来越重要的作用，应该严格加以规范。

首先，应采用高新技术手段，加强技术防范。进一步加强金融票证防伪技术的研究，增强金融票证防伪性能，加大票证伪造、变造的难度，提高票证使用的安全系数；开发、研制、配备先进的防假识假技术和专用设备；积极推广应用支付密码，和客户约定在支票、汇兑凭证、汇票申请书上加填支付密码，作为支付款项的条件；采用二维码技术，将票据上记载的有关信息进行专门处理；利用各商业银行的电子汇兑系统，办理查询查复。

其次，应加强案例分析，建立案情报告和通报制度。银行要加强对典型案例的分析，研究金融票证犯罪的手段、方法、特点及趋势，查找管理漏洞；强化案情报告制度，发生金融票证案件，无论犯罪是否成功，商业银行都应及时向公安部门报案，并报告当地银监部门；强化案情通报制度，银监部门、公安部门应及时将区域内发生的金融票证犯罪案件通报各商业银行，对典型案例进行分析研究，还可以通过媒体向社会通报，动员全社会力量防范和打击金融票证犯罪。

最后，应加强部门协作，打击金融票证犯罪。银行应与公安部门、企事业单位密切配合，共同防范和打击金融票证犯罪；建立线索移送制度，银行对发现的金融票证犯罪线索和可疑分子应及时移送公安部门；建立工作联络制度，银行、公安部门应指定专人负责联络，定期召开联席会议与案情通报会。

典型案例

典型案例 3-1：陈某某伪造、变造金融票证案[①]

2016年12月9日，陈某某在与孙某某共同租赁本区某房屋装修经营幼儿园期间，在资金往来过程中，通过手机软件"美图秀秀"对1张其向房东转账的中国农业银行回单进行篡改，将转账金额由70万元篡改为200万元，后将变造的转账回单通过微信出示给孙某某。

检察院认为，陈某某虽然实施了变造银行回单的行为，但该回单并非能够直接据以请求付款的银行结算凭证，不属于《刑法》第177条中"金融票证"的范围。陈某某无犯罪事实，因此，决定对陈某某不起诉。

典型案例 3-2：吴某某伪造金融凭证案[②]

2017年3月，吴某某在鄂尔多斯市其受聘的广告制作部内，按照郝某某（另案处理）的授意，使用郝某某提供的任某某的银行卡号及工商银行ATM存款凭条，将该凭条扫描进电脑后，在电脑上对凭条内容进行修改，伪造1张收款人为任某某的工商银行ATM存款凭条，之后用A4纸打印，并裁剪成原凭条式样。后吴某某收取郝某某20元的制作费。郝某某利用该工商银行ATM存款凭条骗取被害人任某某11,000元。

检察院认为，吴某某伪造的工商银行自动柜员机客户凭证只是供持卡人存款、取款及转账等核对之用，不作为任何凭据，不属于《刑法》第177条中"金融票证"的范畴，虽然吴某某存在伪造行为，但是伪造的不是金融票证，因此，吴某某无犯罪事实，决定对吴某某不起诉。

[①] 参见上海市浦东新区人民检察院沪浦检金融刑不诉（2019）29号不起诉决定书。
[②] 参见鄂尔多斯市东胜区人民检察院东检一诉刑不诉（2018）16号不起诉决定书。

典型案例3-3：吉某某伪造金融票证案①

2012年，王某某经薛某某（已不起诉）介绍，借给吉某某人民币300万元。借款到期后吉某某无力偿还，后王某某多次向吉某某、薛某某催要借款。2014年12月初，吉某某、薛某某2人商定伪造1张银行承兑汇票先质押给王某某以延缓还款期限，在汇票到期前设法还清欠款，再将汇票从王某某手中赎回。2014年12月22日，薛某某提供给吉某某1张面额为100万元的银行承兑汇票票样，吉某某对该票样拍照并在互联网联系到制售假承兑汇票的人（身份不清）对该汇票进行了伪造。2015年1月2日，吉某某将伪造好的100万元银行承兑汇票付给王某某，作为100万元还款。该承兑汇票到期后，吉某某未将该票据赎回，王某某委托A公司给开票银行发托收兑付现金，2015年5月25日，开票银行以该张承兑汇票系伪造票据将该票扣押，予以拒付。

检察院认为，吉某某实施了《刑法》第177条规定的行为，但其主观恶性小，没有给金融机构造成损失，与金融机构达成和解，并取得谅解等。因此，决定对吉某某不起诉。

典型案例3-4：王某良、黄某崇伪造、变造金融票证、窃取、收买、非法提供信用卡信息、信用卡诈骗案②

2015年10月至2016年3月，被告人王某良分别与黄某崇、唐某琦经预谋后，王某良通过网上购买改装后的POS机，POS机内安装手机SIM卡及磁道信息发射器、密码采集器。随后王某良将3台改装后的POS机提供给黄某崇，将1台改装后的POS机提供给唐某琦，用于投放至商户或者个人刷卡消费或套现，通过改装后的POS机内的装置将刷卡人银行卡的磁道信息及密码发送至王某良手机上，从而窃取刷卡人的银行卡信息。王某良自己亦单独投放POS机以窃取他人银行卡信

---

① 参见韩城市人民检察院刑不诉（2017）36号不起诉决定书。
② 参见广西壮族自治区柳州市中级人民法院（2018）桂02刑终19号刑事裁定书。

息。经查实：王某良手机中有获取他人的信用卡信息为 38 条（已扣除重复获取及从王某良被扣原卡的信息），其中王某良伙同黄某崇窃取被害人江某 1 等人的银行卡信息共计 15 条，伙同唐某琦窃取被害人黎某等人的银行卡信息共计 10 条；王某良利用窃取到的信用卡信息伪造出的银行卡 10 张（不包含已用于实施信用卡诈骗的 3 张）。另外，黄某崇利用网上购买到他人的银行卡轨道信息，自行伪造银行卡 2 张。

2016 年 1 月 17 日，被告人王某良伙同黄某崇利用提供给柳州市城中区青云路"澳内海鲜"大排档使用的 POS 机窃取到被害人潘某 1 的银行卡信息，由王某良提供该银行卡信息给黄某崇，黄某崇利用制卡器复制出被害人潘某 1 卡号为 45×××88 的交通银行信用卡，并由黄某崇通过他人的 POS 机套现盗刷卡内人民币 31,899 元，除去黄某崇支付给他人的套现手续费 3000 元，王某良获利 28,399 元，黄某崇获利 500 元。2016 年 1 月 23 日，被告人王某良伙同黄某崇利用提供给柳州市城中区青云路"澳内海鲜"大排档使用的 POS 机窃取到的被害人田某卡号为 45×××93 的交通银行卡信息，由王某良自行伪造出银行卡，由黄某崇帮忙配合查询卡内额度，最后盗刷被害人卡内人民币 7532.16 元。

法院认为，被告人王某良、黄某崇侵犯国家的金融票证管理制度，伪造信用卡，其中被告人王某良伪造信用卡 10 张，属于情节严重，构成伪造金融票证罪；王某良、黄某崇以非法占有为目的，违反信用卡管理法规，使用伪造的信用卡进行诈骗，数额较大，构成信用卡诈骗罪；王某良、黄某崇、唐某琦侵犯国家信用卡管理制度和他人对信用卡信息所享有的隐私权，窃取他人信用卡信息资料，数量巨大，构成窃取信用信息罪。

关于被告人的罪数认定问题，窃取信用卡信息侵犯的是国家信用卡制度和他人对信用卡资料所享有的隐私权，伪造金融票证罪侵犯的是国家的金融票证管理制度，信用卡诈骗罪既对信用卡管理体制造成损害，同时也给银行及信用卡有关关系人的财物所有权产生损害，依照法律规定，窃取信用卡信息或者伪造制作信用卡达到一定数量，本身就构成独立的犯罪，本案被告人王某良、黄某崇的行为前后所侵犯的法益存在本质的差别，后面的行为并不是前面犯罪行为的自然延续，前面所实施的行为已构成犯罪行为的既遂。在完成前因的情况下实施了另一新行为，侵犯了新的法益，突破了前面所实施行为所包含的范围，应认定为构成他罪。具体体现在本案中就只有在使用窃取到的信息来制作伪卡，并且使用该伪卡进行了信用卡诈骗活动，该行为才能作为牵连犯罪择一重罪处罚。此外，因制作伪卡必须有相应的信用卡信息，故该部分的信息内容不管其是收买还是窃取亦可被伪造金融票证罪所包含，可不作独立评价。其余的均应按刑法的规定予以认定为独立犯罪。因此，王某良、黄某崇的行为不仅构成信用卡诈骗罪，还构成伪造金融票证罪及窃取信用卡信息罪。窃取信用卡信息后未用于伪造成信用卡的信息与伪造信用卡的行为之间，以及窃取信用卡信息后伪造成信用卡但未用于信用卡诈骗，与使用伪造的信用卡进行信用卡诈骗的行为之间不存在牵连关系，如认定为牵连犯择一重罪处罚，则不能对上述犯罪行为作充分评价，与刑法的罪责刑相适应原则不符，亦于法无据。

因此，法院判决：（1）被告人王某良犯伪造金融票证罪，判处有期徒刑5年6个月，并处罚金人民币5万元；犯窃取信用卡信息罪，判处有期徒刑4年，并处罚金人民币3万元；犯信用卡诈骗罪，判处有期徒刑4年，并处罚金人民币5万元。数罪并罚，决定执行有期徒刑12年，并处罚金人民币13万元。（2）被告人黄某崇犯伪造金融票证罪，判处有期徒刑2年，并处罚金2万元；犯窃取信用卡信息罪，判处有期徒刑3年，并处罚金2.5万元；犯信用卡诈骗罪，判处有期徒刑3年，并处罚金3万元。数罪并罚，决定执行有期徒刑7年，并处罚金人民币7.5万元。（3）被告人唐某琦犯窃取信用卡信息罪，判处有期徒刑2年6个月，并处罚金2万元。

典型案例 3-5：黄某益、刘某田票据诈骗、郭某夫伪造金融票证案①

2006 年 5 月至 10 月，被告人黄某益与被告人刘某田经事先预谋，由刘某田出面，以准备投资生产电动车为名，骗取了被害人常州某公司负责人邱某福的信任。其间，身为湖北省荆门市农行某支行营业部主任的被告人郭某夫，在明知黄某益利用假承兑汇票从事非法活动的情况下，仍提供其所在银行经办的真实承兑汇票的复印件。据此，黄某益、刘某田自己或者委托他人伪造假承兑汇票 9 张，票面金额共计 610 万元，并以该票据可采用向他人贴现的方式进行投资为由，骗邱某福找人抵押借款或贴现，共骗得 290 万元。其中，黄某益个人非法所得计 100 万元，黄某益、刘某田共同非法所得计 145 万元，郭某夫个人非法所得计 45 万元。案发前，黄某益退回 12 万元，其余赃款被黄某益、刘某田、郭某夫用于购买车辆、个人还债及消费等。

法院认为，被告人黄某益、刘某田、郭某夫非法制造假承兑汇票，次数多，导致他人财产遭受特别重大的损失，情节特别严重，其行为均已构成伪造金融票证罪，系共同犯罪。黄某益、刘某田自己或者委托他人伪造承兑汇票后，还以投资为由使用该伪造的票据骗取他人财产，数额特别巨大，其行为又构成票据诈骗罪，且属于牵连犯，应依法从一重罪处罚，即构成票据诈骗罪。因此，以被告人黄某益犯票据诈骗罪，判处有期徒刑 15 年，并处罚金人民币 15 万元；以被告人刘某田犯票据诈骗罪，判处有期徒刑 12 年，并处罚金人民币 12 万元；以被告人郭某夫犯伪造金融票证罪，判处有期徒刑 6 年，并处罚金人民币 6 万元。

---

① 参见江苏省高级人民法院（2008）苏刑二终字第 14 号刑事裁定书。

第二节　妨害信用卡管理罪，窃取、收买、非法提供信用卡信息罪

第一百七十七条之一　【妨害信用卡管理罪】有下列情形之一，妨害信用卡管理的，处三年以下有期徒刑或者拘役，并处或者单处一万元以上十万元以下罚金；数量巨大或者有其他严重情节的，处三年以上十年以下有期徒刑，并处二万元以上二十万元以下罚金：

（一）明知是伪造的信用卡而持有、运输的，或者明知是伪造的空白信用卡而持有、运输，数量较大的；

（二）非法持有他人信用卡，数量较大的；

（三）使用虚假的身份证明骗领信用卡的；

（四）出售、购买、为他人提供伪造的信用卡或者以虚假的身份证明骗领的信用卡的。

【窃取、收买、非法提供信用卡信息罪】窃取、收买或者非法提供他人信用卡信息资料的，依照前款规定处罚。

银行或者其他金融机构的工作人员利用职务上的便利，犯第二款罪的，从重处罚。

罪名解析

（一）妨害信用卡管理罪

1. 法条修改情况

1997年《刑法》规定了"伪造、变造金融票证罪"和"信用卡诈骗罪"，据以规制信用卡犯罪行为，但对信用卡的持有及流通等环节缺乏刑事规制，增加了惩治信用卡犯罪行为的难度，也为犯罪分子通过信用卡牟取非法利益提供了可乘之机。2005年《刑法修正案（五）》在第177条之后增设了本罪。2009年《信用卡案件解释》明确了信用卡诈骗罪等妨害信用卡管理犯罪的定罪量刑和法律适用标准。2018年最高人民法院、最高人民检察院对《信用卡案件解释》进行了修订，完善了妨害信用卡管理罪的相关法律适用问题。

2. 犯罪构成要件

（1）本罪的客体

本罪侵犯的客体是国家信用卡的管理秩序。从法益侵害的角度看，持有、运输、出售、购买伪造的信用卡和骗领信用卡等行为严重扰乱银行卡管理秩序，也对金融机构的信誉、利益以及公众的合法利益造成了严重损害。因此，有必要将此类行为规定为犯罪，充分发挥刑法的惩治和预防功能。

本罪的犯罪对象是信用卡。2004年《全国人民代表大会常务委员会关于〈中华人民共和国刑法〉有关信用卡规定的解释》对本罪的信用卡进行了解释，即刑法规定的"信用卡"是指由商业银行或者其他金融机构发行的具有消费支付、信用贷款、转账结算、存取现金等全部功能或者部分功能的电子支付卡。本罪所指的信用卡的定义，与金融领域关于信用卡的定义并不相同。本罪的信用卡属广义的信用卡概念，包括借记卡、贷记卡、准贷记卡、储蓄卡等。

（2）本罪的客观方面

本罪在客观方面表现为行为人实施了妨害信用卡管理的行为。实践中主要包括以下类型的行为。

第一，明知是伪造的信用卡而持有、运输，或者明知是伪造的空白信用卡而持有、运输，数量较大。近年来，为了逃避打击，一些犯罪组织之间形成了细致的分工。从空白银行卡的印制、运输、买卖，到写入磁条信息完成假卡制作，再到使用假卡取现或骗取财物的各个环节，往往由不同犯罪组织的人员承担。除了在伪造和使用环节查获的案件以外，对其他环节查获的人员，如果要按照共同犯罪加以追究，则很难查证行为人之间的共同犯罪故意。实践中查获的一些案件，行为人持有、运输大量伪造的银行卡或者伪造的空白银行卡，但如果不能查明该银行卡系其本人伪造，或者意图用于实施诈骗，就很难追究刑事责任。因此，修改后的《刑法》规定了非法持有、运输伪造的信用卡或者伪造的空白信用卡的行为。

第二，非法持有他人信用卡，数量较大。根据《信用卡案件解释》第2条第1款的规定，非法持有他人信用卡5张以上不满50张的，应当认定为《刑法》第177条之一第1款第2项规定的"数量较大"。根据《最高人民法院、最高人民检察院、公安部关于办理电信网络诈骗等刑事案件适用法律若干问题的意见》的规定，非法持有他人信用卡，没有证据证明从事电信网络诈骗犯罪活动，但符合非法持有他人信用卡数量较大的，以妨害信用卡管理罪追究刑事责任。

第三，使用虚假的身份证明骗领信用卡。使用虚假的身份证明、资信证明等，骗领信用卡后大量透支诈骗银行贷款，是当前多发的一种信用卡诈骗活动。有的行为人使用伪造的身份证明、任职证明、收入证明骗领信用卡；有的假借招聘，骗取求职者身份资料后，使用真实的身份证复印件，伪造在职证明、收入证明等一次骗领大量信用卡；有的公司冒用员工名义骗领信用卡后供公司使用；有的不法分子以信用卡代理公司的名义，专门帮助他人骗领信用卡牟利，这些人员利用熟悉银行内部发卡审核程序的便利，替申请人伪造各种资信证明文件和资料，向多个发卡银行骗领多张信用卡，有的甚至为一个申请人一次申领10余张信用卡，这些申请人往往资信状况较差，骗取信用卡就是为了透支取现；有的代理公司还以各种手段骗取银行授权，成为特约商户，然后帮助申请人在其POS机上取现，并收取高额手续费。为依法惩治此类行为，有必要将使用虚假身份证明骗领信用卡的行为规定为犯罪。至于一些申请人为了顺利取得信用卡，或者获得较高的授信额度，在申请信用卡时对自己的收入状况等作出不实陈述的行为，因为其主观上并无非法占有的目的，性质上不同于上述骗领信用卡的情形，所以不以本罪论处。同时，《信用卡案件解释》第2条第3款规定，违背他人意愿，使用其居民身份证、军官证、士兵证、港澳居民往来内地通行证、台湾居民来往大陆通行证、护照等身份证明申领信用卡的，或者使用伪造、变造的身份证明申领信用卡的，应当认定为《刑法》第177条之一第1款第3项规定的"使用虚假的身份证明骗领信用卡"。

第四，出售、购买、为他人提供伪造的信用卡或者以虚假的身份证明骗领的信用卡。这些行为往往是洗钱、信用卡诈骗等犯罪的重要环节，属于该类犯罪的上游犯罪，其危害性不言而喻，必须运用刑罚手段予以惩治，维护金融安全。

（3）本罪的主体

本罪的主体是一般自然人，凡是达到刑事责任年龄，且具有刑事责任能力的自然人都可以成为本罪主体。刑法没有将单位列为该罪主体，故单位不能构成本罪。但是，根据《全国人民代表大会常务委员会关于〈中华人民共和国刑法〉第三十条的解释》，公司、企业、事业单位、机关、团体等单位实施刑法规定的危害社会的行为，刑法分则和其他法律未规定追究单位的刑事责任的，对组织、策划、实施该危害社会行为的人依法追究刑事责任。因此，单位实施妨害信用卡管理行为的，追究组织、策划、实施该行为的相关人员的刑事责任。

(4) 本罪的主观方面

本罪的主观方面是故意，过失不能构成本罪。行为人必须明知持有、运输的是伪造的信用卡或者空白信用卡，如果确实不明知持有、运输或者购买的是伪造的信用卡或者空白信用卡，或者因疏忽大意在申领信用卡时提供了虚假的证明材料，则不以本罪论处。对于行为人的主观方面，不能仅仅以行为人的供述或者辩解作为依据，要结合案情和在案证据加以认定。即使行为人供述其并非故意，但是如果通过其他证据或者其客观行为能够推定其知道或者应当知道的，仍然可以认定其明知。

3. 刑事责任

根据《立案追诉标准（二）》第25条的规定，妨害信用卡管理，涉嫌下列情形之一的，应予立案追诉：（1）明知是伪造的信用卡而持有、运输的；（2）明知是伪造的空白信用卡而持有、运输，数量累计在10张以上的；（3）非法持有他人信用卡，数量累计在5张以上的；（4）使用虚假的身份证明骗领信用卡的；（5）出售、购买、为他人提供伪造的信用卡或者以虚假的身份证明骗领的信用卡的。违背他人意愿，使用其居民身份证、军官证、士兵证、港澳居民往来内地通行证、台湾居民来往大陆通行证、护照等身份证明申领信用卡的，或者使用伪造、变造的身份证明申领信用卡的，应当认定为"使用虚假的身份证明骗领信用卡"。

根据《刑法》第177条之一第1款的规定，妨害信用卡管理的，处3年以下有期徒刑或者拘役，并处或者单处1万元以上10万元以下罚金；数量巨大或者有其他严重情节的，处3年以上10年以下有期徒刑，并处2万元以上20万元以下罚金。

(二) 窃取、收买、非法提供信用卡信息罪

1. 法条修改情况

本罪是 2005 年《刑法修正案（五）》增设的罪名，规定在《刑法》第 177 条之一第 2 款。对于伪造信用卡犯罪，最关键的环节是在信用卡的磁条或者芯片上写入事先非法获取的他人信用卡的磁条或芯片信息。磁条或者芯片信息作为加密数据，是伪造他人信用卡的必要条件。如果将非法获取、向他人非法提供信用卡磁条或者芯片信息的行为，按照伪造信用卡的共犯处理，就需要查明行为人非法获取的他人信用卡磁条或者芯片信息是否用于伪造信用卡，或者非法提供他人信用卡磁条或者芯片信息的行为人与伪造信用卡者之间有无共同犯罪的故意，这一点在实践中很难查证。鉴于此，《刑法》将非法获取、非法提供他人信用卡磁条或者芯片信息的行为规定为犯罪，有利于从源头上打击信用卡犯罪活动。

2. 犯罪构成要件

（1）本罪的客体

本罪侵犯的客体是国家对信用卡的管理秩序。通过惩罚非法获取信用卡信息的行为，有助于打击信用卡的上游犯罪，维护金融秩序。本罪的犯罪对象是信用卡资料信息，一般是指信用卡磁条信息所载内容，包括发卡行代码、持卡人账户、账号、密码等电子数据。

（2）本罪的客观方面

本罪的客观方面表现为窃取、收买或者非法提供他人信用卡信息资料的行为。本罪系选择性罪名，实施其中任何一种行为即可构成本罪。其中，"窃取"是指以秘密手段非法获取他人信用卡信息资料，常见的手段包括偷窥、拍摄、复制等；"收买"是指向能够接触到信用卡信息资料的人员有偿购买其掌握的信用卡信息，例如，向银行等金融机构的工作人员收买；"非法提供"是指私自提供

合法掌握的他人信用卡信息资料的行为。

(3) 本罪的主观方面

本罪的主观方面表现为故意。

(4) 本罪的主体

本罪的主体是一般主体。对于特殊主体，例如，银行或者其他金融机构的工作人员，利用职务上的便利实施本罪的，应当从重处罚。

3. 刑事责任

根据《立案追诉标准（二）》第 26 条的规定，窃取、收买或者非法提供他人信用卡信息资料，足以伪造可进行交易的信用卡，或者足以使他人以信用卡持卡人名义进行交易，涉及信用卡 1 张以上的，应予立案追诉。

根据《刑法》第 177 条之一第 2 款的规定，本罪与妨害信用卡管理罪的法定刑相同，即处 3 年以下有期徒刑或者拘役，并处或者单处 1 万元以上 10 万元以下罚金；数量巨大或有其他严重情节的，处 3 年以上 10 年以下有期徒刑，并处 2 万元以上 20 万元以下罚金。

司法精要

1. 妨害信用卡管理罪的司法适用

(1) 非法持有他人信用卡的认定

"持有"是指对物事实上的支配以及控制。《刑法》中的持有型犯罪通常是指行为人有意支配或者控制特定物品或财产的不法状态，主要包括两种类型：一类是持有法律禁止流通的物，例如，非法持有枪支、弹药等法律明确禁止的特定物；另一类是根据法律规定，持有行为没有法律上的根据，例如，持有盗窃的信用卡、购买的信用卡等行为。《刑法》第177条之一规定的"非法持有",并不是指行为对象的非法,而是指持有行为没有法律依据。根据《银行卡业务管理办法》的规定,银行卡及其账户只限经发卡银行批准的持卡人本人使用,不得出租和转借。信用卡是资金存管账户,具备较强的财产属性与身份属性,如果允许行为人持有他人信用卡,则行为人可能利用持有的信用卡进行洗钱、诈骗等犯罪活动。因此,非法持有他人信用卡,指的是持有他人信用卡的行为本身违法,即违反信用卡管理的相关规定。同时,经过授权持有他人信用卡的行为一般不构成非法持有。但是,如果行为人获得授权后从事非法交易、套取信用卡资金等不法行为,仍应当视为非法持有行为。

"他人信用卡"一般是指他人真实、有效的信用卡,在行为人主观认识错误的情况下,也包括伪造的信用卡。例如,行为人误将伪造的信用卡当作真实的信用卡而非法持有,信用卡数量较大。对于此种情形,由于行为人只是对犯罪对象产生了认识错误,主观上具有犯罪故意,这种认识错误并不影响定罪,应当以非法持有他人信用卡论处。如果行为人明知是伪造的信用卡而持有的,则适用《刑法》第177条第1款"明知是伪造的信用卡而持有"的规定。另外,"他人的信用卡"不包括作废、空白的信用卡,因为该类信用卡不具有消费支付、转账结算、信用贷款等功能,不属于信用卡的范围。行为人大量持有上述卡片,不会对信用卡管理秩序产生实际的危害。

(2) 妨害信用卡管理罪的罪数形态

《刑法》将妨害信用卡管理的行为独立设罪,但是,妨害信用卡管理罪中的许多行为与伪造、变造金融票证罪以及信用卡诈骗罪等具有密切的联系,有些行为是其他犯罪的后续行为,也有些行为是其他犯罪的准备行为。因此,准确把握妨害信用卡管理罪的罪数形态极为重要,实践中应当注意以下问题。

第一,伪造信用卡后出售或提供给他人行为的处理。对于此种情形,应当按照牵连犯从一重罪处断原则论处,即以伪造金融票证罪定罪处罚。理由在于,对于将自己伪造的信用卡出售或提供给他人的情形，出售或者提供行为实际上是伪造行为的目的行为，伪造行为则是手段行为，行为人实施伪造行为与出售、提供行为时的主观目的具有一致性。同时，伪造信用卡行为与妨害信用卡管理行为在构成要件上具有一定的包容关系，符合牵连犯的认定标准，故应从一重罪论处。由于伪造金融票证罪的法定刑高于妨害信用卡管理罪，因而对行为人的行为应以伪造金融票证罪从重处罚。

第二，伪造信用卡后持有、运输行为的处理。此种行为仍然属于牵连犯，应按照伪造金融票证罪论处。需要指出的是，《刑法》中伪造信用卡的行为似乎并不包括伪造空白的信用卡，但是持有、运输行为的对象则包括伪造的空白信用卡。如果行为人伪造空白的信用卡后持有、运输，是否以伪造金融票证罪论处，是一个值得研究的问题。

第三，骗领信用卡后出售或提供给他人的行为的处理。与伪造信用卡后出售或提供给他人的行为不同，行为人骗领信用卡的行为和出售、提供行为同时规定在妨害信用卡管理罪中，只要实施其中任何一个行为即可构成犯罪。据此，行为人骗领信用卡后出售或提供给他人的行为，因涉及的具体罪名相同，不能实行数罪并罚，对此类行为应当以妨害信用卡管理罪从重处罚。

第四，购买他人盗窃的信用卡行为的处理。妨害信用卡管理罪中的购买行为对象，仅限于伪造的信用卡和以虚假的身份证明骗领的信用卡，并未将他人盗窃的信用卡归入其中。如果行为人购买他人盗窃的信用卡后使用的，对其行为可以按信用卡诈骗罪论处；如果行为人购买后并未加以使用，对于行为人的行为只能以妨害信用卡管理罪中"非法持有他人信用卡"的行为论处，而不能以妨害信用卡管理罪中的购买行为论处。

第五，使用伪造的信用卡与持有、运输伪造的信用卡竞合行为的处理。行为人使用伪造的信用卡进行诈骗时，往往伴随持有、运输伪造的信用卡的行为，这些行为属于想象竞合关系。《刑法》将持有、运输等行为规定为犯罪时，通常是将之作为兜底条款对待，即只有当行为人的行为不符合其他条款的情况下，才以持有、运输等行为认定，否则就以其他相关罪名论处。对于此类案件，既然行为人的行为符合信用卡诈骗罪的构成要件，就应以信用卡诈骗罪论处，而不再认定为妨害信用卡管理罪。类似地，对于行为人冒用他人信用卡进行诈骗，同时又非法持有他人信用卡的行为，也应以信用卡诈骗罪论处。

第六，对购买伪造的信用卡或骗领的信用卡又加以使用的行为处理。行为人既实施了购买行为，又实施了使用行为，购买行为与使用行为分别规定在妨害信用卡管理罪与信用卡诈骗罪的行为之中。不过，行为人购买伪造的信用卡或骗领的信用卡的目的就是使用，因此，购买行为属于使用行为的手段行为，符合牵连犯的构成要件，可按从一重罪处断的原则处理。

2. 窃取、收买、非法提供信用卡信息罪的司法适用

（1）关于信用卡信息的理解

根据中国人民银行 2000 年发布的《银行卡磁条信息格式和使用规范》，信用卡信息主要包括：主账号、发卡机构标识号码、个人账户标识、校验位、个人标识代码（密码）。司法实践中，信用卡信息资料一般包括银行卡、手机卡、网银 U 盾、密码、身份证复印件等。这些资料可以使行为人以信用卡持卡人的名义进行交易。信用卡信息作为窃取、收买、非法提供信用卡信息罪的犯罪对象，具有独立存在的意义，在适用时应当将信用卡信息与实体信用卡、公民个人信息区别开来。盗窃信用卡信息资料后，使用信息资料、非法占有他人信用卡内公私财产的行为，应当认定为冒用他人信用卡的信用卡诈骗行为；对于盗窃他人信用卡信息资料后没有使用信息资料，而是将信用卡信息资料出卖、出借或者赠与他人的行为，应当认定为窃取、非法提供信用卡信息行为。[①] 实践中还应当注意信用卡

---

① 参见刘宪权：《涉信用卡犯罪对象的评析及认定》，载《法律科学（西北政法大学学报）》2014 年第 1 期。

信息与公民个人信息的界定。根据《刑法》第 253 条之一的规定，公民个人信息包括个人财产信息，其中当然包括信用卡卡号、密码等信息。对于窃取、收买、非法提供信用卡信息的行为，应当根据侵犯公民个人信息罪与窃取、收买、非法提供信用卡信息罪的法条竞合关系处理；对于窃取、收买、非法提供单位信用卡信息的行为，应当以窃取、收买、非法提供信用卡信息罪处理，因为侵犯公民个人信息罪的犯罪对象不包括单位信息。

另外，行为人窃取、收买、非法提供的信用卡信息应当是真实、有效的信用卡信息资料。如果行为人窃取、收买、非法提供的信用卡信息资料是虚假的或过期、无效的信息，那么，行为人后续出售、使用信用卡信息的行为不会威胁持卡人的利益，也不会扰乱国家对信用卡的管理秩序。

（2）"窃取"行为的理解

关于"窃取"行为是否包括公开获取，以及通过欺骗的手段获得信用卡信息的行为如何认定，存在一定的争议。有观点认为，"窃取"是指秘密获取信用卡信息资料的行为；[1] 如非秘密窃取，例如，被骗取信用卡信息后，持卡人通常会前往银行或金融机构修改信用卡信息甚至挂失，导致行为人窃取的信用卡没有任何价值。也有观点认为，"窃取"应当做广义的理解，不仅包括秘密窃取，也包括采取欺骗方式让持卡人自愿提供信用卡信息资料的行为。[2] 立足司法实践，窃取信用卡信息行为的成立与否，不应当以信用卡是否具有价值来加以判断，而是应当根据《立案追诉标准（二）》的规定判断行为人窃取的信用卡信息数量，从而判断是否扰乱了国家对信用卡的管理秩序。换言之，《刑法》并未以被害人是否遭受一定经济损失作为该罪的入罪标准。同时，实践中也存在公开获取信用卡信息的情形。例如，通过群发信息的形式，诱导被害人点击链接，从而获取被害

---

[1] 参见赵秉志、王东阳：《刑法修正案（五）第一条的理解和适用》，载《人民检察》2005 年第 23 期。

[2] 参见周道鸾、张军主编：《刑法罪名精释》（上），人民法院出版社 2013 年版，第 328 页。

人信用卡信息资料。① 对于通过骗取方式让被害人"自愿"提供信用卡信息资料的情形,被害人知悉的仅仅是在认识错误的基础上作出的处分行为,对行为人意图盗取信用卡信息资料这一真实目的并不知悉。因此,"窃取"行为应当做广义的理解,包括公开窃取与骗取持卡人信用卡信息资料的行为。

(3) "非法提供"行为的理解

非法提供信用卡信息,主要是指有偿出售行为。行为人一般是以谋取非法利益为目的,向他人非法提供信用卡信息资料。同时,违反法律规定的无偿提供行为,也可被认定为"非法提供"。

(4) 窃取、收买、非法提供信息罪与伪造、变造金融票证罪的界限

伪造、变造票证罪包括伪造信用卡的行为,而要想伪造信用卡,就需要将获取的信用卡信息资料输入信用卡磁条。关于窃取、收买、非法提供信息罪与伪造、变造金融票证罪的界限,需要注意以下事项:第一,犯罪对象不同。窃取、收买、非法提供他人信用卡信息资料行为的犯罪对象是信用卡信息资料;而伪造信用卡行为的犯罪对象为信用卡。第二,犯罪客观方面不同。窃取、收买、非法提供他人信用卡信息资料的行为实际上是伪造信用卡行为的前提或者准备行为,而伪造信用卡的行为则是窃取、收买、非法提供他人信用卡信息资料行为的后续行为,两者具有密切的联系。如果行为人为了伪造信用卡而实施窃取、收买、非法提供他人信用卡信息资料的行为,并随后使用这些资料伪造信用卡,就属于刑法上的牵连犯,应择一重罪处罚,即以伪造金融票证罪论处。但是,如果行为人与伪造信用卡者事前通谋,为其窃取、收买或者非法提供他人信用卡信息资料的,应以伪造金融票证罪的共犯论处。

---

① 参见俞小海:《窃取、收买、非法提供信用卡信息罪的司法适用》,载《上海政法学院学报(法治论丛)》2013年第5期。

合规指引

在商业银行信用卡业务经营中内控合规是前提,《商业银行信用卡业务监督管理办法》明确提出:商业银行经营信用卡业务,应当严格遵守国家法律规范与相关政策,同时要求商业银行业务部门建立健全信用卡业务风险管理与内控体系,严格实行授权管理,有效识别、评估、监测和控制业务风险。因而,商业银行信用卡业务中,合规经营、风险管理与内控体系、保护客户权益与处理投诉机制等共同为其奠定运营基础。

一是要增强内控合规意识。根据银监会《银行业金融机构全面风险管理指南》要求,银行业金融机构风险主要涉及信用风险、市场风险、银行账户利率风险、战略风险、信息科技风险及其他风险等。日常工作中,信用卡业务风险则涉及信用风险、欺诈风险、操作风险、违规风险、套现风险、声誉风险及资金使用不规范风险等。因违规风险、操作风险及声誉风险比较常见,且有不同的表现形式,应成为内控与合规管理的核心工作。

二是注意各方关系的协调处理。商业银行信用业务领域,要充分认识合规经营与内控、风险管控等的关系,要明确三者的职责定位。信用卡业务经营管理过程中要优化设计并全面实施合理的内控环境,细化合规经营理念与制度规划,有效构建风险管控机制降低业务风险,推动银行业务安全稳定的发展。

三是要加大对信用业务的关注。信用卡业务监督管理中,金融机构工作人员基础薄弱与意识淡薄是非常关键的问题。如在现场的监督检查中,发现信用卡资金流入房地产等限制性行业,没有合理使用资金而且持卡人自己或商户协助套现,发卡、资信调查、总授信额度刚性扣减等没有进行严格管理,违规为学生核发信用卡,大额专项分期交易资金的使用得不到保障,也没有规范管理业务活动,不重视商户类别码设置、管控交易限额、检测欺诈商户及日常管理,频繁出现违规或暴力催收问题,合作机构及员工行为管理松散,不重视信息安全管理业务,无法及时有效解决各类投诉问题使得客户出现反复投诉、投诉升级等问题，这些都是商业银行信用卡业务管理中亟须解决的问题。日常工作中，加强培养工作人员合规经营意识，坚守底线发展信用卡业务，加大监管力度，进一步完善内控与风险管理体系。

典型案例

典型案例 3-6：汤某等人妨害信用卡管理案①

2013 年 8 月，被告人汤某为牟取非法利益，通过互联网发布招聘人员有偿办理信用卡的信息，后经 QQ、电话联系等方式招揽被告人胡某、闫某。胡某为牟取非法利益，招募被告人陈某、刘某、陈某某。闫某为牟取非法利益，通过他人招募被告人徐某。同月 12 日 9 时许，上述各被告人至嘉定安亭镇会合。汤某从其非法获取的 60 余张他人居民身份证中挑出与 5 名被告人相貌相近的予以分发，要求到场人员使用他人居民身份证至银行办理信用卡。嗣后，陈某使用"覃某波"的居民身份证从农行安亭支行、建行安亭支行、邮政储蓄银行安亭支行各骗领信用卡 1 张，刘某使用"覃某坚"的居民身份证从建行安亭支行、邮政储蓄银行安亭支行各骗领信用卡 1 张，陈某某使用"邱某强"的居民身份证从建行安亭支行、邮政储蓄银行安亭支行各骗领信用卡 1 张，徐某使用"江某"的居民身份证从建行安亭支行、农行安亭支行各骗领信用卡 1 张。其中，汤某参与骗领信用卡 9 张，胡某参与骗领信用卡 7 张，陈某参与骗领信用卡 3 张，刘某参与骗领信用卡 2 张，陈某某参与骗领信用卡 2 张，闫某参与骗领信用卡 2 张，徐某参与骗领信用卡 2 张。

上海市嘉定区人民法院经审理后认为，汤某等 7 名被告人使用虚假的身份证

---

① 参见甘肃省高级人民法院（2017）甘刑终 30 号刑事裁定书。限于篇幅，本文只讨论妨害信用卡管理罪有关事实与法律适用问题。

明骗领信用卡，妨害信用卡管理，其行为均已构成妨害信用卡管理罪。据此，以妨害信用卡管理罪判处被告人汤某有期徒刑2年，并处罚金2万元；判处被告人胡某有期徒刑1年3个月，并处罚金1万元；判处被告人陈某拘役5个月，并处罚金1万元；判处被告人刘某拘役5个月，并处罚金1万元；判处被告人陈某某拘役5个月，并处罚金1万元；判处被告人闫某拘役5个月，并处罚金1万元；判处被告人徐某拘役4个月，并处罚金1万元。一审宣判后，被告人未提出上诉，公诉机关也未提出抗诉，判决已经发生法律效力。

典型案例3-7：严某1、严某2诈骗、妨害信用卡管理一审刑事判决书[①]

2015年6月初，严某1通过他人介绍与QQ诈骗集团成员赖某荣相识后，赖某荣要求严某2为QQ诈骗集团利用他人信用卡支取诈骗款项，并允诺支付相应报酬。诈骗集团诈骗成功后，赖某荣通知严某1取款，严某1遂邀严某2一同实施支取诈骗款的行为。严某2负责在自动柜员机取钱，严某1负责拎袋在外接应。2015年6月8日、6月9日、7月29日，严某1、严某2先后3次利用QQ诈骗集团给予的银行卡为QQ诈骗集团在银行自动柜员机上支取诈骗赃款人民币223万余元，严某1从中获取报酬1.2万元，严某2从中获取报酬5.5万元。

2015年7月29日23时30分许，武汉市公安局民警在南宁市山语城小区旁的白云枫铃路口的公交车站将严某1、严某2抓获，并从严某1处查扣作案用银行信用卡51张、棕色帆布包及环保袋3个、棒球帽2个、手机2部及赃款438,300元，从严某2处查扣作案用银行信用卡3张、摩托车头盔1个、手机1部及在武汉警方监督下严某2通过查扣的3张银行卡支取被骗现金人民币49,000元。

法院认为，被告人严某1、严某2明知他人实施电信网络诈骗犯罪活动，仍然接受雇用，持雇用人交给的他人银行卡帮忙从自动柜员机中支取诈骗所得钱款，帮助他人实现电信网络诈骗的犯罪目的，均应以诈骗罪的共犯论处。2名被

[①] 参见福建省长汀县人民法院（2016）闽0821刑初260号刑事判决书。

告人持有他人银行卡及帮助电信网络诈骗犯罪取现系犯罪手段行为与犯罪目的行为的牵连，按牵连犯的处罚原则，以罪行较重的诈骗罪定罪处罚。公诉机关指控2名被告人的行为构成妨害信用卡管理罪，不予支持。

典型案例 3-8：刘某高等人妨害信用卡管理、帮助信息网络犯罪活动案①

2021年2月，被告人刘某高在明知银行卡会被用于信息网络违法犯罪活动的前提下，以1套银行卡1000元的价格收购他人银行卡提供给林某富、钟某英等人用于信息网络违法犯罪活动以牟利。收购过程中，要求卡主将银行卡绑定手机卡、开通网上银行，以方便进行银行转账。2021年2月至4月，刘某高先后从郭某秀、刘某美、刘某群、刘某琴、朱某妹、刘某显、张某贵、徐某吉、杨某静、李某发处收购并累计非法持有他人银行卡50张，连同自己名下的银行卡6张，并将以上56张银行卡提供给林某富等人用于信息网络违法犯罪活动，支付结算金额共计5644.8878万元。

2021年2月，被告人林某富、钟某英、杨某武、龙某、靳某疆、王某商议到贵州省六盘水市钟山区成立"工作室"专门帮助境外网络赌博转账，林某富等人邀刘某高为几人犯罪提供银行卡，刘某高表示同意。2021年3月中旬，林某富、钟某英、杨某武、龙某、靳某疆、王某6人来到贵州省六盘水市钟山区，租赁金水港湾C栋2801室、A栋1401室2间房屋作为转账和休息场所，购置6台电脑、10余部手机作为转账工具，前期林某富、钟某英、杨某武、龙某、靳某疆、王某均参与操作转账，后期又邀请了被告人杨某梅、林某师、蔡某（另案处理）加入"工作室"帮助操作转账。该"工作室"运行期间，刘某高提供其本人6张银行卡及从他人处租借的50张银行卡给"工作室"进行转账，该56张银行卡支付结算金额为5644.8878万元。

法院认为，上诉人刘某高非法持有他人信用卡累计达50张，并将自己名下的

---

① 参见贵州省六盘水市中级人民法院（2021）黔02刑终196号刑事裁定书。

6张信用卡与以上50张他人信用卡一起为上游罪犯利用信息网络实施犯罪提供支付结算帮助，50张卡的累计支付结算金额达4806.5798万元，56张银行卡累计支付结算金额达5644.8878万余元，数额巨大的行为构成妨害信用卡管理罪；原审被告人龙某、王某、林某师、杨某梅伙同同案犯在明知他人利用信息网络实施犯罪、交易及操作方式均明显异常的情形下，仍以成立"工作室"，提供银行卡账户，实时操作帮助支付结算、转移资金的方式实施帮助信息网络犯罪活动，全案累计支付结算总额达7305.5249万余元，情节严重的行为构成帮助信息网络犯罪活动罪。

典型案例3-9：周某某妨害信用卡管理罪，窃取、收买、非法提供信用卡案①

2015年3月，被告人周某某伙同潘某梅、韩某泉、周某芳（均另案处理）经事先商量，决定通过伪造他人信用卡的方式进行诈骗，并约定由被告人周某某负责购买复制信用卡的设备、采集信用卡信息及伪造信用卡，韩某泉负责提供场地摆放设备，潘某梅负责套取信用卡内现金。同年4月，韩某泉入股的绍兴市柯桥区柯桥街道"凤舞九天酒吧"开始试营业，即在该酒吧收银台启用具有复制信用卡信息功能的POS机设备。2015年4月16日至5月1日，被告人周某某等人通过上述POS机设备非法窃取了20余张该酒吧消费者的信用卡信息资料。后因发生矛盾，被告人周某某等人于同年6月在浙江省兰溪市"景澜宾馆"一房间内将窃得的信用卡信息销毁，并将POS机设备丢弃入兰江。而被告人周某某在潘某梅、韩某泉、周某芳不知情的情况下，在销毁上述信用卡信息及POS机设备前，已利用之前窃取的陈某的工商银行信用卡（卡号为62××70）信息私自伪造信用卡1张。后被告人周某某找到被告人林某某、林某让其帮忙取现。2015年7月6日晚，被告人周某某、林某某、林某赶至江西省贵溪市城南商贸广场的中国工商银行ATM，通过取款、转账方式，从陈某的工商银行信用卡账户内套取现金共计14万元。

---

① 参见浙江省绍兴市中级人民法院（2016）浙06刑终305号刑事判决书。

原审法院认为,被告人周某某结伙采用非法手段窃取他人信用卡信息资料,数量巨大;后其又利用其中部分信用卡信息伪造信用卡并使用,数额巨大,其行为分别符合窃取信用卡信息罪、伪造金融票证罪和信用卡诈骗罪的法定犯罪构成,鉴于3个犯罪行为之间的手段行为与目的行为具有牵连关系,择一重予以定罪处罚,故被告人周某某的行为应以信用卡诈骗罪定罪处罚,判决周某某犯信用卡诈骗罪,判处有期徒刑6年6个月,并处罚金人民币10万元。

浙江省绍兴市柯桥区人民检察院抗诉提出,周某某伙同他人非法窃取信用卡资料达20余张,且利用其中1张信息资料伪造信用卡套现14万元,原判对周某某伙同他人非法窃取的19张信用卡信息资料的事实未认定为犯罪,仅评价了部分犯罪事实;原判对周某某伙同他人非法窃取信用卡信息资料的行为按择一重罪处罚的原则认定为信用卡诈骗罪不当。周某某窃取信用卡资料的目的是伪造信用卡套取现金,但客观上未实施后续的伪造信用卡并套现的行为,而此时窃取信用卡信息资料的行为已经完成,应认定为窃取信用卡信息罪。综上,建议二审法院改判周某某犯窃取信用卡信息罪、信用卡诈骗罪,并数罪并罚。

二审法院认为,经查,原审被告人周某某窃取20余条信用卡信息后,仅有1条信息用于伪造信用卡实施诈骗,其余20余条信息均未用于信用卡诈骗。周某某窃取信用卡信息的行为实质是实施信用卡诈骗的犯罪预备行为,该行为具备了窃取信用卡信息罪的构成要件,应以窃取信用卡信息罪定罪处罚。原审被告人周某某以非法占有为目的,结伙采用非法手段窃取他人信用卡信息后,利用其中部分信息伪造信用卡,并伙同原审被告人林某某、林某使用伪造的信用卡,数额巨大,其行为均构成信用卡诈骗罪。原审被告人周某某窃取他人信用卡信息资料,数量巨大,其行为还构成窃取信用卡信息罪。应予数罪并罚。因此,改判周某某犯窃取信用卡信息罪,判处有期徒刑3年6个月,并处罚金人民币3万元;犯信用卡诈骗罪,判处有期徒刑6年,并处罚金人民币9万元,决定执行有期徒刑7年6个月,并处罚金人民币12万元。

第三节　伪造、变造国家有价证券罪，伪造、变造股票、公司、企业债券罪

第一百七十八条　【伪造、变造国家有价证券罪】伪造、变造国库券或者国家发行的其他有价证券，数额较大的，处三年以下有期徒刑或者拘役，并处或者单处二万元以上二十万元以下罚金；数额巨大的，处三年以上十年以下有期徒刑，并处五万元以上五十万元以下罚金；数额特别巨大的，处十年以上有期徒刑或者无期徒刑，并处五万元以上五十万元以下罚金或者没收财产。

【伪造、变造股票、公司、企业债券罪】伪造、变造股票或者公司、企业债券，数额较大的，处三年以下有期徒刑或者拘役，并处或者单处一万元以上十万元以下罚金；数额巨大的，处三年以上十年以下有期徒刑，并处二万元以上二十万元以下罚金。

单位犯前两款罪的，对单位判处罚金，并对其直接负责的主管人员和其他直接责任人员，依照前两款的规定处罚。

罪名解析

（一）伪造、变造国家有价证券罪

1. 法条修改情况

1979年《刑法》规定了伪造有价证券罪，但未对变造有价证券的行为予以规

制；同时，伪造有价证券的范围比较有限，未将国家发行的有价证券与股票、企业债券予以区分。1997年《刑法》对此作出了相应修改，将变造国家有价证券的行为规定为犯罪；考虑到伪造国家有价证券行为与伪造、变造股票、公司、企业债券行为的性质和社会危害不同，分别规定了伪造、变造国家有价证券罪和伪造、变造股票、公司、企业债券罪[①]。

2. 犯罪构成要件

伪造、变造国家有价证券罪，是指伪造、变造国库券或者其他国家发行的有价证券的行为。

（1）本罪的客体

本罪侵犯的客体是国家对金融秩序的专属管理。犯罪对象是国库券或国家发行的其他有价证券。国库券是指国家为解决急需预算支出而由财政部发行的国家债券；国家发行的其他有价证券，是指国家发行的除国库券以外的其他国家有价证券以及国家银行金融债券，例如，财政债券、国家建设债券、保值公债、国家重点建设债券等。

（2）本罪的客观方面

本罪的客观要件包括两个方面：一是，行为人实行了伪造、变造国库券或者国家发行的其他有价证券的行为，只要具有其中一种行为，即符合本罪的行为要素；二是，伪造或者变造的国库券等国家有价证券数额较大。"伪造"是指行为人仿照真实的有价证券的形式、图案、颜色、格式、面额，通过印刷、复印、绘制等制作方法非法制造有价证券的行为。"变造"是指行为人在真实的有价证券的基础上或者以真实的有价证券为基本材料，通过剪贴、挖补、覆盖、涂改等方

[①] 参见罗猛、党日红：《伪造、变造国家有价证券罪若干问题研究》，载《北京人民警察学院学报》2007年第3期。

法，对有价证券的主要内容非法加以改变的行为，例如，改变有价证券的面额、发行期限等。"国家发行的其他有价证券"是指国家发行的除国库券以外的其他国家有价证券以及国家银行金融债券，如财政债券、国家建设债券、保值公债、国家重点建设债券等。同时，构成伪造、变造国家有价证券罪，需要达到"数额较大"的标准。根据《立案追诉标准（二）》第27条的规定，伪造、变造国库券或者国家发行的其他有价证券，总面额在2000元以上的，应予立案追诉。

（3）本罪的主体

本罪主体要件为一般主体，即具有刑事责任能力的自然人或单位均可构成该罪。

（4）本罪的主观方面

行为人在主观上有犯罪故意，即有伪造、变造国家发行的有价证券的故意，行为人通常有牟取非法利益或者流通使用的目的。

3. 刑事责任

对于伪造、变造国家有价证券罪的处罚，包括以下法定刑幅度：数额较大的，处3年以下有期徒刑或者拘役，并处或者单处2万元以上20万元以下罚金；数额巨大的，处3年以上10年以下有期徒刑，并处5万元以上50万元以下罚金；数额特别巨大的，处10年以上有期徒刑或者无期徒刑，并处5万元以上50万元以下罚金或者没收财产。

（二）伪造、变造股票、公司、企业债券罪

伪造、变造股票、公司、企业债券罪，是指违反有价证券管理法律、法规，伪造、变造股票、公司、企业债券，数额较大的行为。

1. 犯罪构成要件

（1）本罪的客体

本罪侵犯的客体是国家对股票、公司、企业债券的管理制度。

（2）本罪的客观方面

本罪的客观要件与伪造、变造国家有价证券罪中"伪造""变造"的内涵相同。两罪在行为对象方面有所区别，本罪伪造、变造的对象是股票、公司、企业债券。"股票"是指股份有限公司为筹集资金发给股东的入股凭证，这是代表股份资本所有权的证书和股东借以取得股息和红利的一种有价证券。"公司、企业债券"是指公司、企业依照法定程序发行的，约定在一定期限还本付息的有价证券。

构成伪造、变造股票、公司、企业债券罪，需要达到"数额较大"的标准。《立案追诉标准（二）》第28条规定，伪造、变造股票或者公司、企业债券，总面额在3万元以上的，应予立案追诉。

（3）本罪的主体

本罪主体要件为一般主体，即具有刑事责任能力的自然人或单位均可构成该罪。

（4）本罪的主观方面

本罪的主观方面为故意，行为人伪造、变造股票、公司、企业债券通常具有谋取非法利益的目的。

2. 刑事责任

对于伪造、变造股票、公司、企业债券罪的处罚，包括两个法定刑幅度：数额较大的，处3年以下有期徒刑或者拘役，并处或者单处1万元以上10万元以下罚金；数额巨大的，处3年以上10年以下有期徒刑，并处2万元以上20万元以下罚金。

> **司法精要**

1. 有价证券的范围

有价证券是指标有票面金额，代表一定财产所有权或债权的书面凭证，能够证明并代表持券人的财产权益，例如，国库券、公债券等。作为犯罪对象的有价证券，限于我国发行的证券，不包括外国发行的有价证券。本罪规定的有价证券具有以下特征：一是有价性。有价证券代表一定的债权或所有权，可以借以取得一定的财产性利益或者作为融资媒介使用。有价证券可以公开买卖或交易。二是国家发行性。有价证券的发行主体必须是国家，不包括公司或者银行发行的有价证券。国家发行指的是中央政府直接发行，或者由中央政府的职能部门代表国家发行，例如，国家通过投资银行、证券公司等承销出售证券的方式发行。[①]

2. 伪造、变造国家有价证券罪的罪数

第一，伪造、变造股票、公司、企业债券罪属于选择性罪名，行为人只要实施伪造或者变造的一种行为即可构成本罪。即使行为人同时实施了伪造与变造行为，或者同时针对股票与公司债券实施两种行为，也只构成一罪。行为人在伪造行为过程中，有时需要伪造、盗用印章、印文等，这种行为属于伪造、变造行为的阶段行为，包括在本罪的伪造、变造行为之中，不予数罪并罚。[②]

第二，行为人伪造、变造国家有价证券后使用的情形。行为人伪造国家发行

[①] 参见罗猛、党日红：《伪造、变造国家有价证券罪若干问题研究》，载《北京人民警察学院学报》2007年第3期。

[②] 参见苑民丽：《论伪造、变造股票、公司、企业债券罪的几个问题》，载《国家检察官学院学报》2002年第2期。

的有价证券（如国库券）后，又使用该伪造的有价证券进行诈骗行为，同时构成《刑法》第178条规定的伪造国家有价证券罪与第197条规定的有价证券诈骗罪，二者属于手段与目的的牵连关系，由于两罪的法定刑几乎完全一致，应以目的行为即《刑法》第197条规定的有价证券诈骗罪论处。

第三，行为人伪造、变造国家有价证券后供他人使用的情形。对于此种情形，应当查明行为人与使用人之间是否存在事前通谋。如果行为人与使用人事前通谋，将伪造、变造的国家有价证券交给他人进行诈骗活动，则构成共同犯罪。伪造、变造行为与使用假的国家有价证券之间属于牵连关系，分别构成伪造、变造国家有价证券罪与有价证券诈骗罪，根据牵连犯从一重罪处断原则，以有价证券诈骗罪论处。如果双方之间无事先通谋，伪造、变造者将假的国家有价证券出售给知情的第三人使用，则行为人构成伪造、变造国家有价证券罪，使用人构成有价证券诈骗罪。如果伪造、变造者将伪造、变造的有价证券假冒真实有效的国家有价证券交给不知情的第三人使用，伪造、变造者构成伪造、变造国家有价证券罪与有价证券诈骗罪，按照牵连犯从一重罪论处。

合规指引

有价证券犯罪案件，不仅侵犯公民的财产权利，还严重危害国家对有价证券的管理秩序，可以从以下方面加强对有价证券的规范管理：

一是加强特殊行业的监管。伪造、变造该有价证券的行为主体，多掌握一定的绘制、印刷、雕刻、制版、套色、涂改、使用化学药剂等伪造、变造技术，对伪造、变造有价证券知识较为了解；同时，伪造、变造有价证券需要工具、材料、场地，需要具备一定的工艺技术水平，印刷厂工人、雕刻匠人、绘画艺人等群体的工作性质决定了其具备接触有些材料或者具备某些工艺技术的条件，可加强对相关行业从业人员的规范管理。

二是建立好类案犯罪信息档案库。可以将伪造、变造类犯罪，诈骗案件或者其他案件中犯罪人拥有与伪造、变造相关的技术的犯罪案件信息进行归类存档，建立类案档案库，在侦破有价证券犯罪案件时，可以根据案件中伪造、变造有价证券的手法、特征等，与档案库中的有关案件中出现的伪造、变造有价证券进行比对，若存在伪造、变造手法、特征相同或类似的案件或者犯罪人拥有相应技术的案件，侦查人员可以将有价证券诈骗案件与其进行并案分析，以获取更多侦破案件所需的线索。

三是加大对公民的有价证券防伪教育。受害人对有价证券知识不了解，对有价证券防伪意识差，是犯罪人实施有价证券诈骗的重要原因。有价证券属于金融专业领域，相对于假币而言，大众对于假的有价证券的认识显然不够，在"贪便宜"心理的驱使下极易上当受骗。银行、证券部门等单位可联合公安机关，加强对社会大众的有价证券反假宣传教育，必要时可以将有价证券诈骗案件的典型案例作为示范教育，提高社会大众对于伪造、变造的有价证券的警惕意识，有效减少有价证券犯罪案件的发生。

典型案例

典型案例 3-10：张某伪造、变造国家有价证券案[①]

2013 年 10 月，李某乙为筹集资金，经他人介绍由聂某帮助其办理国债凭证用于银行质押贷款。10 月 17 日，聂某、李某乙经张某介绍联系到李某丙等人，商定由李某乙负责出资 30 余万元作为前期开票费用，李某丙等人为李某乙办理 1 张 4800 万元的国债凭证（配合票）用于银行质押贷款，李某丙等人负责质押贷款时核行事宜。在办理国债凭证过程中，因李某丙等人称不能以李某乙泰安本地

[①] 参见山东省聊城市中级人民法院（2016）鲁 15 刑终 6 号刑事判决书。

的身份证办理，聂某等人又联系到李某甲，商定由李某甲提供身份证，以李某甲的名义办理。几日后，在李某甲、李某乙均未支付对价款的情况下，通过李某丙等人伪造了1张户名为"李某甲"的中国工商银行泰安分行面额为4800万元的凭证式国债收款凭证（账号：16××28）。后聂某、李某乙将该国债凭证交给李某甲，约定由李某甲联系贷款银行进行核行，并约定将扣除相关费用后的贷款款项由李某乙、李某甲分款使用。因李某乙、聂某、李某甲多次联系李某丙等人核行未果，未能质押贷款。另查明，在办理涉案国债凭证过程中，李某乙实际支付李某丙办票费用35万元，支付张某、李某丙好处费6万元，支付聂某好处费4万元。

法院认为，张某为谋取好处费，在明知李某丙等人办理的系虚假国债凭证的情形下，仍介绍需要融资贷款的聂某、李某乙与李某丙等人认识，从而促成了本案假国债凭证的办理，其行为构成伪造国家有价证券罪的共犯，且数额特别巨大。在本案共同伪造国家有价证券犯罪中，上诉人张某仅是起到了居间介绍、牵线搭桥的次要作用，收取了部分好处费，应当认定其为从犯，且根据其参与犯罪的事实及如实供述、认罪态度好等情节，对其应予减轻处罚。上诉人张某及其辩护人所提"其既不是伪造者，也不是使用者，仅是从中介绍，也未实际造成损失，原审法院未认定其为从犯不当，对其量刑重"的上诉理由及辩护意见成立，法院予以采纳，故依法予以改判。

典型案例3-11：耿某、姚某伪造、变造国家有价证券罪案①

2014年12月，韩某向赵某咨询能否办理可在银行抵押贷款的凭证式国债一事，后赵某遂与被告人耿某甲联系并说明意图，耿某甲在与被告人姚某联系确认可以办理后，告知了赵某并明示了办理方式和办理费用；数日后，赵某与耿某甲相约见面，将韩某先行支付的人民币20万元及李某乙和邹某户名的中国农业银行股份有限公司石家庄华安支行2张活期存折和身份证转交给了耿某甲，随后耿某

---

① 参见石家庄市桥西区人民法院（2016）冀0104刑初92号刑事判决书。

甲将所要办理国债凭证人员的身份信息及存折交给了姚某；后姚某自称委托南方一王姓男子（真实情况不详），伪造了李某乙和邹某户名的、票面金额均为人民币4800万元并加盖有中国农业银行股份有限公司石家庄华安支行国债券凭证专用章的2张凭证式国债收款凭证；姚某将该2张国债收款凭证交付给耿某甲，耿某甲支付给姚某酬金人民币2万元。2015年年初，李某甲找到韩某，欲购买可办理银行贷款的凭证式国债，并支付给韩某人民币100万元，后韩某将其中的人民币50万元给了赵某，赵某支付给耿某甲人民币20万元后，从耿某甲处取得上述2张凭证式国债收款凭证；韩某从赵某处拿到该2张凭证后，转交给了李某甲。后邹某从李某甲处拿走了其本人户名的国债收款凭证，李某乙户名的国债收款凭证仍由李某甲持有，并依此申请贷款，但始终未能办理。2015年1月19日，李某甲以韩某对其实施诈骗向石家庄市公安局桥西分局报案；石家庄市公安局桥西分局于当日对韩某、李某乙进行传唤询问后立案侦查。同年1月20日，耿某甲被抓获；次日，姚某被抓获。耿某甲、姚某到案后供述了上述犯罪事实，对分别收取人民币40万元和2万元并伪造国债收款凭证的事实供认不讳。经委托中国农业银行股份有限公司石家庄华安支行鉴定并予核实，李某乙户名的国债收款凭证系伪造；耿某甲、姚某予以认可。2015年5月22日，李某甲收取耿某甲所退赃款人民币40万元、收取韩某所退办事款人民币60万元；2015年7月15日，耿某甲之子耿某乙代其收取姚某亲属退还的人民币2万元。公安机关对姚某所称南方王姓男子及邹某多方查询、查找，目前未能查证和找到，邹某户名的国债收款凭证至今未能起获。

法院认为，被告人耿某甲、姚某为获取非法利益，伪造国家发行的有价证券，数额特别巨大，根据《刑法》第178条第1款的规定，其行为已构成伪造国家有价证券罪。公诉机关指控罪名成立。耿某甲、姚某是不分主从犯的共同故意犯罪，依法应予追究刑事责任。伪造国家有价证券罪所侵犯的客体是国家对金融秩序的专属管理，其犯罪对象特指国库券或者国家发行的其他有价证券。凭证式国债收款凭证当属须经国家核准的金融机构发行的有价证券。姚某声称伪造的国债收款凭证是从他人手中购买,经查尚未证实;即使如此,但该国债收款凭证所记载的内容是由耿某甲、姚某指使、授意他人形成,与他人构成伪造国家有价证券罪的共犯。

典型案例 3-12:吴某锋伪造、变造国家有价证券罪案[①]

(1) 吴某锋涉伪造国家有价证券

2014 年 11 月 17 日,经汪某介绍,上诉人吴某锋以湖北省悟佳睿实业有限公司(以下简称湖北悟佳睿公司)的名义与贵州迪生数字科技有限公司(以下简称贵州迪生公司)股东刘某签订关于购买凭证式国债收款凭证的协议书。在收到汪某和贵州迪生公司股东黎某交付的 20 万元后,吴某锋支付给丁某 14 万元,要求丁某提供 1 张面额为人民币 3000 万元,户名为应某的凭证式国债收款凭证。丁某随后联系上诉人史某云,史某云找到"老刘","老刘"按史某云提供的信息制作了 1 张编号为皖 IXIX00683955,面额为人民币 3000 万元,户名为应某的国债收款凭证交给史某云,史某云随即交给丁某。2015 年 1 月,吴某锋与丁某将该国债收款凭证交给贵州迪生公司的委托人黄某 2。经中国银行股份有限公司太和支行核实,该编号为皖 IXIX00683955,面额为人民币 3000 万元,户名为应某的国债收款凭证系伪造。

(2) 沈某柱涉国家有价证券诈骗

2015 年年初,上诉人沈某柱得知吴某锋可以办理凭证式国债收款凭证后与其联系,要求吴某锋帮忙办理 5000 万元的凭证式国债收款凭证用于质押贷款。吴某锋在收取沈某柱 50 万元后,联系上诉人王某平并给付 47 万元,要求王某平为其提供一张面额为 5000 万元,户名为沈某柱的凭证式国债收款凭证。后王某平交给

[①] 参见湖北省鄂州市中级人民法院(2019)鄂 07 刑终 134 号刑事裁定书。限于篇幅,本文省略了本案涉合同诈骗罪的事实与法律适用相关内容。

吴某锋一张编号为冀IXIX05326895，面额为5000万元，户名为沈某柱的凭证式国债收款凭证。吴某锋随后将该国债收款凭证交给沈某柱。沈某柱经咨询相关人员得知该国债收款凭证可能无法办理贷款后，将该国债收款凭证退还给吴某锋。2015年7月14日，公安机关在吴某锋的办公室查获该国债收款凭证。经中国工商银行股份有限公司石家庄中华支行核实，该编号为冀IXIX05326895，面额为人民币5000万元，户名为沈某柱的国债收款凭证系伪造。

上诉人及辩护人提出，上诉人吴某锋主观上不具有制作虚假凭证式国债收款凭据的故意和目的，客观上没有实施或参与伪造、变造凭证式国债收款凭证的行为和事实，其持有或使用不知情的虚假凭证式国债收款凭证的行为不构成伪造国家有价证券罪；上诉人沈某柱及辩护人提出沈某柱对涉案凭证式国债系伪造不知情，其不构成伪造国家有价证券罪，原判认定事实错误，量刑过重。

法院认为，经查，凭证式国债是国家通过银行系统发行的记录债权的储蓄国债，特征为等值购买，到期按票面面值及利息兑取。在案证据证明，上诉人吴某锋明知涉案国债凭证没有真实的交易背景，且正规的凭证式国债可以去任意银行承销网点核实真假，而涉案国债凭证只能去开票行当面核实。作为一个有全部行为能力的正常的成年人，应该知晓涉案国债凭证并非真实有效的票据。但其为了赚取"开票费"，主观上仍然想为他人办理；客观上虽未直接实施伪造的行为，但其联系下家，将买家需要的国债凭证的内容信息提供给下家进行制作。故上诉人吴某锋具有伪造国家有价证券的故意和行为，构成伪造国家有价证券罪。

上诉人沈某柱并没有实际出资5000万元购买过凭证式国债，其曾支付吴某锋50万元"开票费"，并不能成为可以实际拥有5000万元国债凭证的合理理由。凭证式国债收款凭证是通过银行系统发行的记录债权的储蓄国债，有按票面面值兑取的特征。沈某柱支付50万元"开票费"后，能否拥有一张面值为5000万元的凭证式国债收款凭证，其没有提供证据予以证实。沈某柱作为一个具有正常行为能力的成年人，应当知晓涉案国债凭证系伪造的假国债凭证。但其为了从银行贷款，仍然联系吴某锋"开票"，企图持该伪造的国债凭证骗取银行贷款。故上诉人沈某柱主观上有非法占有的目的，客观上已着手实施诈骗行为，符合我国刑法规定的有价证券诈骗罪的犯罪构成，其行为构成有价证券诈骗罪。

第四节 擅自发行股票、公司、企业债券罪

第一百七十九条 【擅自发行股票、公司、企业债券罪】未经国家有关主管部门批准，擅自发行股票或者公司、企业债券，数额巨大、后果严重或者有其他严重情节的，处五年以下有期徒刑或者拘役，并处或者单处非法募集资金金额百分之一以上百分之五以下罚金。

单位犯前款罪的，对单位判处罚金，并对其直接负责的主管人员和其他直接责任人员，处五年以下有期徒刑或者拘役。

罪名解析

1. 法条修改情况

1997年《刑法》增加了擅自发行股票、公司、企业债券罪。2010年《非法集资案件解释》第6条①规定，未经国家有关主管部门批准，向社会不特定对象发行、以转让股权等方式变相发行股票或者公司、企业债券或者向特定对象发行、变相发行股票或者公司、企业债券累计超过200人的，应当以擅自发行股票、公司、企业债券罪定罪处罚，明确了构成擅自发行股票、公司、企业债券罪的构成要件。2022年发布的《立案追诉标准（二）》修改了该罪的入罪标准，包括向

---

① 2022年《非法集资案件解释》第10条。

社会不特定对象发行、以转让股权等方式变相发行股票或者公司、企业债券,或者向特定对象发行、变相发行股票或者公司、企业债券累计超过 200 人的行为。与 2010 年发布的《立案追诉标准》相比,新的标准区分特定投资人和不特定投资人,取消了对不特定投资人人数的限制,同时提高了发行数额以及造成投资人损失金额的入罪门槛。

2. 犯罪构成要件

擅自发行股票、公司、企业债券罪,是指未经国家有关部门批准,擅自发行股票或者公司企业债券,数额巨大或者情节严重的行为。

(1) 本罪的客体

本罪侵犯的客体是国家对发行股票、公司、企业债券的管理秩序。发行股票、公司、企业债券是企业的重要集资手段。这种面向公众的大规模集资方式,事关广大股票、债券投资者的切身利益。发行股票、公司、企业债券的单位需要向投资者负责,定期支付股东红利,发行公司、企业债券还要按时归还本金及利息,这依赖于发行公司、企业的生产经营管理能力及其经济效益,具有内在的经营风险和法律风险。因此,《证券法》《公司法》等法律法规和部门规章对发行股票、公司、企业债券规定了明确的条件和准许程序。如果企业未经国家有关部门批准,擅自发行股票、债券集资,就可能使市场中不特定的投资者造成损失,从而影响市场投资信心,扰乱金融市场秩序。

(2) 本罪的客观方面

本罪在客观方面,行为人必须实施了未经国家有关主管部门批准,擅自发行股票、公司、企业债券,数额巨大、造成严重后果或者有其他严重情节的行为。

《国务院办公厅关于严厉打击非法发行股票和非法经营证券业务有关问题的通知》第 3 条第 1 款第 2 项规定,严禁变相公开发行股票,向特定对象发行股票后股东累计不超过 200 人的为非公开发行,非公开发行股票及其股权转让,不得采用广告、公告、广播、电话、传真、信函、推介会、说明会、网络、短信、公开劝诱等公开方式或变相公开方式向社会公众发行。严禁任何公司股东自行或委托他人以公开方式向社会公众转让股票。向特定对象转让股票，未依法报经证监会核准的，转让后，公司股东累计不得超过200人。擅自发行股票、公司、企业债券罪，主要包括以下三种类型：①向社会不特定对象发行股票或者公司、企业债券；②向社会不特定对象以转让股权等方式变相发行股票或者公司、企业债券；③向特定对象发行、变相发行股票或者公司、企业债券累计超过200人。

擅自发行股票、公司、企业债券，必须达到数额巨大，或者造成严重后果或者有其他严重情节，才构成犯罪。根据《立案追诉标准（二）》第29条的规定，未经国家有关主管部门批准或者注册，擅自发行股票或者公司、企业债券，涉嫌下列情形之一的，应予立案追诉：①非法募集资金金额在100万元以上的；②造成投资者直接经济损失数额累计在50万元以上的；③募集的资金全部或者主要用于违法犯罪活动的；④其他后果严重或者有其他严重情节的情形。本条规定的"擅自发行股票或者公司、企业债券"，是指向社会不特定对象发行、以转让股权等方式变相发行股票或者公司、企业债券，或者向特定对象发行、变相发行股票或者公司、企业债券累计超过200人的行为。

（3）本罪的主体

本罪的犯罪主体是一般主体，即自然人或单位。既包括那些根本不具备发行股票、公司、企业债券条件的单位和个人，也包括那些具备发行股票、公司、企业债券条件，但尚未得到国家有关主管部门批准，擅自发行股票、公司、企业债券的单位和个人。

（4）本罪的主观方面

本罪的主观是故意，即行为人明知自己实施的行为未经国家有关主管部门批准，仍然擅自发行股票、公司、企业债券。

3. 刑事责任

对于擅自发行股票、公司、企业债券罪，处 5 年以下有期徒刑或者拘役，并处或者单处非法募集资金金额 1% 以上 5% 以下罚金。单位犯本罪的，对单位判处罚金，并对其直接负责的主管人员和其他直接责任人员，处 5 年以下有期徒刑或者拘役。

司法精要

1. "擅自发行"的认定

根据《证券法》第 9 条的规定，公开发行证券，必须符合法律、行政法规规定的条件，并依法报经国务院证券监督管理机构或者国务院授权的部门注册。未经依法注册，任何单位和个人不得公开发行证券。"未经国家有关部门批准，擅自发行"包括两种情形：

第一，既不具备发行股票、公司债券的条件，又未得到有关主管部门的批准。本罪的犯罪对象是股票、公司、企业债券。发行对象不同，相应的审批部门、程序也不相同，关于股票、债券发行的条件与程序，《公司法》作出了全面的规定。具体如下：其一，股票是指股份有限公司签发的证明股东所持股份的凭证。股份有限公司的资本划分为若干股份，股票的发行即是股份的发行。股份的发行分为公开发行和非公开发行。其二，公司债券是指公司依照法定程序发行的，约定在一定期限内还本付息的有价证券。根据《公司法》的规定，股份有限公司、国有独资公司和两个以上的国有企业或者其他两个以上的国有投资主体投资设立的有限责任公司，为筹集生产经营资金，可以发行公司债券。其三，企业债券是指企业依照法定程序发行，约定在一定期限内还本付息的有价证券。根据《企业债券管理条例》的规定，企业发行企业债券必须符合下列条件：①企业规模达到国家规定的要求；②企业财务会计制度符合国家规定；③具有偿债能力；④企业经济效益良好，发行企业债券前连续3年盈利；⑤所筹资金用途符合国家产业政策。

第二，虽符合法律规定发行股票的条件，但未经有关主管部门（发行股票、公司债券的审批主体是国务院证券管理部门，发行企业债券的审批主体是中国人民银行和国家发展计划委员会及其分支机构）的批准。这里的"未经批准"，包括未向主管部门提出申请，或者虽提出申请，但未得到批准，或者虽已得到批准但有关主管部门发现不符合法律规定，依法予以撤销后，仍然发行股票、公司、企业债券，或者虽得到批准，但未按照规定的方式、范围发行股票、公司、企业债券。① 例如，超出招股说明书载明的股票发行总数超额发行股票；有关主管部门批准的是按股票票面金额发行，但行为人擅自以超过票面金额的价格溢价发行股票；超出国务院证券管理部门批准的公司债券发行规模发行公司债券；等等。

2. 擅自发行与欺诈发行的区分

本罪与欺诈发行证券罪的对象都是股票、公司、企业债券，两罪的主观方面也都表现为故意，司法实践中应当注意两罪的区分。二者的主要区别是行为方式不同。擅自发行股票、公司、企业债券罪，是指行为人未经国家有关部门批准，擅自发行股票或者公司、企业债券的行为。擅自发行是指在程序上不合法，至于是否符合发行条件，则未作要求。换言之，即便符合发行的实质条件，但未经国家有关部门批准而发行股票或者公司、企业债券，也可以构成该罪。相比之下，欺诈发行证券罪，是指行为人经国家主管部门批准后，在招股说明书，认股书，公司、企业债券募集办法等发行文件中隐瞒重要事实或者编造重大虚假内容，发

---

① 参见张军主编：《刑法（分则）及配套规定新释新解》（上）（第9版），人民法院出版社2016年版，第615页。

行股票或者公司、企业债券的行为。需要指出的是，擅自发行也可能以欺诈手段发行，即通过制作虚假的招股说明书、认股书、公司、企业债券募集办法发行。该种情形构成擅自发行股票、公司、企业债券罪与欺诈发行证券罪的牵连犯，应当择一重罪处罚。由于两罪的法定刑相同，考虑到擅自发行中的欺诈发行属于手段的牵连行为，对此应当以擅自发行股票、公司、企业债券罪论处。①

3. 擅自发行与非法集资的交叉竞合

（1）与集资诈骗罪的区别

集资诈骗罪和擅自发行股票罪同属非法集资类犯罪。实践中需要明确集资诈骗罪和擅自发行股票罪之间的法律界限。集资诈骗罪是指以非法占有为目的，使用诈骗方法非法集资数额较大的行为；而擅自发行股票罪是指个人或者单位，未经公司法规定的有关主管部门的批准，擅自发行股票或者不符合法律规定的条件发行股票，数额巨大、后果严重或者有其他严重情节的行为。两罪具有以下区别：一是两罪侵犯的犯罪客体不同。集资诈骗罪侵犯的是复杂客体，不仅包括国家金融管理秩序，还包括公私财物所有权。擅自发行股票罪侵犯的是简单客体，即国家对股票的管理秩序，其广义上属于国家金融管理秩序。二是两罪的主观故意内容不同。集资诈骗罪的行为人主观上具有非法占有他人财物的目的，这是该罪的主观故意构成要件。擅自发行股票罪的行为人主观上一般是以非法募集经营资金为目的，但并不具有非法占有他人财物的目的。实践中需要判断行为人的主观故意是非法募集经营资金，还是非法占有相关资金。

（2）与非法吸收公众存款罪的区别

非法吸收公众存款罪与擅自发行股票、公司、企业债券罪的目的都是募集资

---

① 参见张军主编：《刑法（分则）及配套规定新释新解》（上）（第9版），人民法院出版社2016年版，第534页。

金，两罪主要具有以下区别：首先，在行为方式上，两者的不同之处在于是否真实发行股票或者债券。擅自发行股票、公司、企业债券罪仅适用于违反程序规定但真实发行股票、债券的情形。相比之下，对于不具有发行股票、债券的真实内容，以虚假转让股权、发售虚构债券等方式非法吸收资金，构成犯罪的，应以非法吸收公众存款罪定罪处罚。其次，投资人获取利润的方式也存在一定差别。非法吸收公众存款罪的行为人会向投资人承诺保本付息或者定期给付投资人一定的对价。擅自发行股票、债券的行为人不会保证保本付息，双方一般会签订股权转让合同或者募集合同等，投资人需要根据公司经营状况自负盈亏。

合规指引

近年来，非法发行股票、债券和非法经营证券业务在我国部分地区时有发生，严重危害社会稳定和金融安全。非法证券活动具有手段隐蔽、欺骗性强、蔓延速度快、易反复等特点，涉及人数众多，投资者多为退休人员、下岗职工等困难群众，容易引发群体事件。为此，应加强规范、监管，维护证券市场正常秩序和广大投资者的合法权益。

一是要明确分工，加强配合，形成打击非法证券活动的执法合力。地方各级人民政府要高度重视，统筹安排，周密部署，建立起群众举报、媒体监督、日常监管和及时查处相结合的非法证券活动防范和预警机制，制定风险处置预案。对近年来案件多发地区，有关地方人民政府要迅速开展查处、取缔工作，果断处置，集中查处一批典型案件并公开报道，震慑犯罪分子，教育人民群众，维护社会稳定。

二是要明确政策界限，依法进行监管。（1）严禁擅自公开发行股票。向不特定对象发行股票或向特定对象发行股票后股东累计超过200人的，为公开发行，应依法报经证监会核准。未经核准擅自发行的，属于非法发行股票。（2）严禁变相公开发行股票。向特定对象发行股票后股东累计不超过 200 人的，为非公开发行。非公开发行股票及其股权转让，不得采用广告、公告、广播、电话、传真、信函、推介会、说明会、网络、短信、公开劝诱等公开方式或变相公开方式向社会公众发行。严禁任何公司股东自行或委托他人以公开方式向社会公众转让股票。向特定对象转让股票，未依法报经证监会核准的，转让后，公司股东累计不得超过 200 人。(3) 严禁非法经营证券业务。股票承销、经纪（代理买卖）、证券投资咨询等证券业务由经证监会依法批准设立的证券机构经营，未经证监会批准，其他任何机构和个人不得经营证券业务。违反上述三项规定的，应坚决予以取缔，并依法追究法律责任。

三是加强舆论引导和对投资者教育。证监会、公安部等有关部门要指导地方各级人民政府，广泛利用报纸、电视、广播、互联网等传媒手段，多方位、多角度地宣传非法证券活动的表现形式、特点、典型案例及其严重危害，提高广大投资者对非法证券活动的风险意识和辨别能力，预防非法证券活动的发生，防患于未然。

典型案例

典型案例 3-13：上海安基有限公司、郑某擅自发行股票罪案①

被告单位上海安基有限公司（以下简称安基公司）于 1997 年 4 月成立，被告人郑某系安基公司的法定代表人兼董事长，持股比例为 44%。2001 年 12 月，安基公司为筹集研发资金，委托中介公司及个人向社会不特定公众转让自然人股东的股权。此后直到 2007 年 8 月，其间，由郑某负责联系并先后委托上海新世纪投资有限公司、上海天成投资实业公司、王某国、周某平、黄某等个人，转让郑某

---

① 参见上海市浦东新区人民法院 (2009) 浦刑初字第 917 号刑事判决书。

第三章 金融票证、有价证券管理类犯罪

及其他自然人股东的股权。由郑某和中介人员具体商定每股转让价格为人民币2-4元,安基公司与受让人分别签订《股权转让协议书》和《回购承诺书》(承诺如果3年内公司不能上市就回购股权),并发放自然人股东缴款凭证卡和收款收据。经审计,安基公司向社会公众260余人发行股票计322万股,筹集资金人民币1109万余元,其中有157人在上海股权托管中心有限责任公司(以下简称托管中心)托管。募集的资金全部用于安基公司的经营活动和支付中介代理费。

法院认为,被告单位安基公司未经证券监管部门批准,擅自发行股票,被告人郑某系安基公司直接负责的主管人员,其行为均已构成擅自发行股票罪,主要理由如下。

第一,转让未上市股份公司股权的行为违反法律规定。1998—2002年为严令禁止转让未上市公司股权。1998年国务院办公厅转发证监会关于《清理整顿场外非法股票交易方案》的通知,把从事非上市公司股权交易的地方产权交易机构,均视为场外非法交易场所予以明令禁止,除进行股权整体转让外,地方产权交易机构不得进行拆细、连续或标准化交易。《中国证监会关于处理非法代理买卖未上市公司股票有关问题的紧急通知》、2004年《中国证监会关于进一步打击以证券期货投资为名进行违法犯罪活动的紧急通知》规定,严厉禁止代理和买卖非上市公司股票。

2003—2006年为托管引导股权转让。2003年年初上海成立托管中心,2004年年底,《关于进一步规范本市发起设立股份有限公司审批、登记和备案相关事项的通知》规定,非上市股份公司的国有股权转让,应当在上海联合产权交易所进行,且由托管中心登记,并向市工商局备案。同时鼓励其他性质的股份转让在上海联合产权交易所进行。

2006年至今为限制规范股权转让。《公司法》规定,股东应当在证券交易所或者按照国务院规定的其他方式转让股权。《证券法》规定,公开发行证券,必须经国务院证券监管管理机构或国务院授权的部门核准,并指出向不特定对象或

向特定对象发行证券累计超过200人都属于公开发行证券行为,还强调非公开发行证券不得采用广告、公开劝诱或变相公开方式。《国务院办公厅关于严厉打击非法发行股票和非法经营证券业务有关问题的通知》规定,严禁擅自公开发行股票,向不特定对象发行股票或向特定对象发行股票后股东累计超过200人的,为公开发行,应依法报经证监会核准,未经核准擅自发行股票的,属于非法发行股票;严禁变相公开发行股票,非公开发行股票及股权转让,不得采用广告、公告、广播、电话、传真、信函、推介会、说明会、网络、短信、公开劝诱等公开方式或变相公开方式向社会公众发行。

从上述三个阶段的政策法规内容看,国家对于未上市股份公司股权转让的行为性质一直予以否定评价,从时间节点看,在2002年之前是严令禁止,2003年到2006年,除允许通过上海联合产权交易所转让以外,禁止通过其他方式进行转让,自2006年起,对转让的方式方法作出限制性规定。本案中,从2001年至2007年8月,安基公司及郑某转让股权的行为,违反上述国家政策及相关法律的规定。

第二,向不特定多数人转让股权行为就是发行股票。依据《公司法》和《证券法》的规定,股份公司的股权表现形式就是股票,即股东所持有股份数的凭证,包括上市公司的股票,也包括未上市股份公司的股权。本案中,安基公司发放给受让人的自然人股东缴款凭证卡中,记载有公司名称、成立时间、法人代码、股本总额、编号、股东姓名、持股数量及法定代表人印章,符合股票的特征和要件。由于安基公司承诺公司即将上市且股票能够获利,从受让人的真实意思表示来看,其主观目的是通过先期购买股票,进而等公司上市后依靠股票升值赚钱,简言之,受让人购买的是未上市股份公司的股票,因此,安基公司转让股权的行为实质上就是发行股票。

第三,到股权托管中心托管不影响本案定性。《刑法》应当着重考察犯罪行为的本质内容。本案中,到托管中心登记的受让人157人和未登记的100余人,他们购买股权的行为在本质上并无区别,安基公司是为募集资金,受让人则是期望公司上市后股票能升值赢利。到托管中心托管并报工商部门备案,仅从形式上将部分受让人列为公司股东,但实质上,这部分人从未参与公司经营管理,不享受股东权利也不需要履行股东义务。另外根据托管中心的职能,作为第三方中介组织,其仅负责为非上市公司提供股东登记、股权质押、信息查询等服务,对于股权转让行为只负责登记备案,并没有审核及监督义务。因此,股权托管作为一种表面形式,不能掩盖股权转让行为本身的违法性,亦不影响对本案的定性。

第四,转让股权行为依法构成擅自发行股票罪。2008年1月,《最高人民法院、最高人民检察院、公安部、中国证券监督管理委员会关于整治非法证券活动有关问题的通知》规定:公司、公司股东违反《证券法》及国务院办公厅《关于严厉打击非法发行股票和非法经营证券业务有关的问题的通知》的规定,擅自向社会公众转让股票,应当追究其擅自发行股票的责任;修订后的《证券法》与修订前的《证券法》中针对擅自发行股票的规定是一致的,因此,在修订后的《证券法》实施之前发生的擅自发行股票行为,也应予以追究。另根据《最高人民检察院、公安部关于经济犯罪案件追诉标准》的规定,擅自发行股票或者公司、企业债券有下列情形之一的,应予追诉:发行数额在50万元以上,不能及时清偿或者清退的,造成恶劣影响的。本案中,被告单位及被告人委托中介公司及个人,以公开方式向不特定公众转让股权,获取资金1109万余元,案发后不能退还钱款,具有较大社会影响,这些均符合擅自发行股票罪的构成要件。

因此,被告安基公司犯擅自发行股票罪,判处罚金人民币30万元;被告郑某犯擅自发行股票罪,判处有期徒刑2年,同时维持之前郑某所犯案件的刑事判决,执行有期徒刑5年6个月。

典型案例 3-14：江苏奥海船舶配件有限公司等擅自发行股票、公司、企业债券罪案①

被告单位江苏奥海船舶配件有限公司（以下简称奥海公司）成立于 2009 年 4 月，经数次工商变更后，于 2015 年 6 月变更为有限责任公司，注册资本 3.4 亿元，股东为张某良及钱某实际控制的江苏 A 有限公司和江苏 B 有限公司（以下分别简称 A 公司、B 公司）。张某良担任奥海公司法定代表人兼总经理，并实际控制该公司。

2015 年 6 月至 2017 年间，被告单位奥海公司先后委托多家证券公司、律师事务所等单位筹备在全国中小企业股份转让系统挂牌的申请事宜，但均未成功。同时，因奥海公司经营困难、资金短缺，被告人张某良决定在未经国家有关主管部门批准的情况下，通过对外公开出售公司股权的方式筹集资金。为此，张某良隐瞒奥海公司连年亏损的事实，以奥海公司即将在全国中小企业股份转让系统挂牌、投资人可获取高额回报、许诺 2 年内挂牌无果就全额回购并支付高额利息等为由，通过自行招揽或者委托上海××管理中心（有限合伙）、上海 C 有限公司、Z 公司、上海 D 有限公司、上海 E 有限公司、上海 F 有限公司（以下分别简称××中心、C 公司、Z 公司、D 公司、E 公司、F 公司）等中介机构采用电话推销、口口相传等手段，向 131 名投资人转让奥海公司股权，共计获得 1.48 亿余元。

2018 年 1 月 19 日，被告人张某良经公安机关电话通知后到案，并如实供述了上述犯罪事实。案发后，奥海公司分别退还投资人阎某 10 万元、陈某 10 万元、周某 30 万元、翁某 2 万元、徐某 3 万元、顾某 210 万元、张某 38 万元、张某 4100 万元、姚某 100 万元，还将 3,423,489.6 元债权转让给投资人许某 1。

法院认为，被告单位奥海公司及其直接负责的主管人员被告人张某良未经国家有关主管部门批准，擅自向社会不特定对象以转让股权等方式变相发行股票，

---

① 参见上海市第一中级人民法院（2019）沪 01 刑初 40 号刑事判决书。

数额巨大，其行为已构成擅自发行股票罪。因此，判决被告单位奥海公司犯擅自发行股票罪，判处罚金人民币 450 万元；被告人张某良犯擅自发行股票罪，判处有期徒刑 4 年。

典型案例 3-15：王某豫擅自发行股票罪一审刑事判决书①

2007 年 6 月起，被告人陈某安将其注册成立的厦门奥星生物有限公司（以下简称奥星公司）进行包装后宣称可以到美国上市，然后借机对外进行融资。该公司于 2002 年 7 月成立，法定代表人陈某安，注册资金 50 万元，没有厂房和生产基地，没有自身生产的产品，没有专利技术，没有科研团队，没有下属公司，也不属于高新技术企业，公司 2003 年度至 2007 年度的应纳税额均为零；2007 年 12 月 4 日，公司名称变更为厦门奥星生物科技有限公司（以下简称奥星科技公司），奥星科技公司注册资本 5000 万元，法定代表人陈某安。被告人陈某安化名陈某 1 向厦门市数字引擎网络技术有限公司租用房间建立了奥星科技公司网站，在奥星公司名称尚未变更为奥星科技公司之前，即私刻了奥星科技公司公章、奥星科技公司财务章、厦门中山律师事务所印章、林某良印章，在网站上发布了大量关于奥星科技公司产品、规模、实力以及将赴美国纳斯达克上市等虚假信息（如宣称奥星科技公司拥有 1 个独资子公司和 4 个控股子公司，是专业化的生物科技高新技术企业，拥有国家级专利技术——生物冶炼轻合金泡沫金属，是全国乃至国际唯一拥有轻合金泡沫金属自主知识产权产品的生产企业；公司近 2 年保健品生产量超过 8000 万元，多肽原料出口 200 多吨，营业额 2000 万美元，截至 2006 年 12 月 31 日公司总资产为 25,200 万元，净资产为 18,280 万元；公司通过股权信托受益权转让方式获得的资金将用于轻合金泡沫金属、种子浸泡液 2 项高新技术，公司计划用 2 年时间完成海外上市，计划在美国纳斯达克证券市场上市，预计于 2008 年 7 月挂牌上市；公司拥有《高新技术企业认定证书》《质量管理体系认证

---

① 参见福建省厦门市湖里区人民法院（2008）湖刑初字第 567 号刑事判决书。

证书》等证书)。为进一步骗取投资者的信任,2007年9月至2007年11月,被告人陈某安先后雇请陈某跃、李某成(均另案处理)代垫注册资金并办理相关工商登记手续,分4次将奥星公司的注册资本由50万元虚增至5000万元。2007年11月,奥星公司的注册资本虚增为5000万元。为此被告人陈某安先后支付给陈某跃、李某成一定比例的垫资增资费用。

被告人杨某军化名杨某霖,担任奥星科技公司副总经理,主要负责奥星科技公司股权信托受益权转让业务的相关事宜。被告人杨某军独自或指使公司员工刘某与东南信托投资咨询有限公司、包头市融创信合企业管理有限责任公司等多家中介机构联系,委托中介机构招揽投资者购买奥星科技公司股东陈某初(系被告人陈某安的妻子)名下的股权信托受益权,并承诺给予一定比例的分成,谎称奥星科技公司将于2008年到美国纳斯达克证券市场上市等,并向投资者出具了大量的虚假宣传资料(如奥星科技公司的企业法人营业执照、税务登记证、财务报表、陈某初与林某良之间的民事股权信托约定书等),从而诱骗被害人周某雄、班某龙、毛某辉等52名投资者,在2007年6月至2007年12月,将投资款转入其指定的以陈某初的名义在工商银行、建设银行、农业银行开立的账户。被告人陈某安则实际持有和控制上述3张银行卡,先后骗取52名被害人的投资款项共计2,993,050元,收款后立即全部转走并予以瓜分,致使52名被害人的大部分投资款至今无法返还。

被告人陈某安的辩护人提出:(1)本案的实质是非法发行股票,构成擅自发行股票罪,而且是单位犯罪。本案仅是未经批准擅自发行股票,而不是使用诈骗方法非法集资。以高回报为诱饵,以骗取资金为目的是集资诈骗的重要特征,本案中奥星科技公司不具备这一特征。本案被告人使用的是弄虚作假的手段非法发行证券,而不是非法集资的诈骗手段。(2)本案是单位犯罪,即奥星科技公司擅自发行股票。①擅自发行股票行为是单位行为而非个人行为。②违法所得归单位所有,从而体现单位的真实意思,属于单位罪过,两被告人所实施的行为都是职

第三章 金融票证、有价证券管理类犯罪

务行为。

法院认为：(1) 擅自发行股票罪的行为人主观上是以非法募集经营资金为目的，而集资诈骗罪的行为人主观上是以非法占有为目的。擅自发行股票罪与集资诈骗罪的重要区别就是行为人是否具有非法占有目的。(2) 关于本案被告人陈某安、杨某军的行为是否具有非法占有目的的分析。本案二被告人均使用化名对外联系，使用私刻的奥星科技公司印章与投资者签订协议书，多次虚增公司注册资金，而且发布大量的虚假信息。开始募集资金时奥星科技公司也不具有偿还能力或者盈利能力，二被告人根本没有落实其对外宣称的生产经营项目，投资者的投资款也没有被用于约定的用途，相反，二被告人收到投资者的投资款后立即全部转走并予以瓜分，非法随意处分。

关于被告人的非法占有目的，可以从以下几个方面分析：

(1) 从行为人的主体身份分析，看行为人在实施集资犯罪过程中是否使用虚假名义或者假冒他人名义。擅自发行股票罪案件中，行为人往往是未经国家主管部门批准擅自发行股票，既可能是其发行的股票不符合法律规定的条件，也可能是符合法律规定的发行股票的条件但没有经过国家主管部门批准，但是行为人发行股票一般不会出现使用虚假名义或者假冒他人名义的情形。而集资诈骗案件中，使用虚假名义或者假冒他人名义则是行为人惯用的伎俩。本案二被告人使用化名，使用虚假的企业法人营业执照，用私刻的奥星科技公司公章和投资者签订协议，并且为奥星科技公司虚增注册资本等。本案二被告人给投资者提供这些虚假的信息和虚假的协议书，目的就是要引诱投资者上当，并且让投资者今后难于索回投资款项，以便二被告人最终可以实现非法占有的效果。

(2) 从行为人的履约能力分析，看行为人开始实施犯罪行为时是否具有一定的偿还能力或者盈利能力，其集资项目和资金需求是否真实。擅自发行股票罪案件中，行为人在实施发行股票之初往往具有一定的资金实力，具有一定的偿还能力或者盈利能力，其公司往往因扩大生产经营的需要而制订对外募集资金的计

划。而集资诈骗罪案件中，行为人在实施集资之初本身往往是"皮包公司"，或者已经濒临歇业、停产、倒闭，没有盈利的可能，没有偿还能力，而行为人故意隐瞒真相，对外宣称的资金项目和用途往往弄虚作假，甚至子虚乌有。本案二被告人刚开始对外转让股权信托受益权时，奥星科技公司这个主体身份尚不存在，2007年12月，奥星公司名称才变更为奥星科技公司，而且注册资金是虚增的。奥星公司的真实情况是一个连续几年应税销售收入和应纳税额均为零的公司，奥星公司处于几乎歇业的状态，被告人宣称的奥星科技公司的产品、规模、实力等，以及其经营奥星科技公司的盈利能力，均是虚假的。二被告人在奥星科技公司网站和对外散发的宣传资料上关于奥星科技公司的偿还能力或者盈利能力的描述也均是不真实的。

实践中，我们也要辩证地看待虚假宣传这个问题。擅自发行股票罪的行为人也难免出现一些夸大其词的虚假宣传行为，这种虚假宣传行为如何同集资诈骗罪的诈骗方法相区分呢，关键是看这种虚假宣传行为与非法占有有无直接的关系。集资诈骗罪中的诈骗方法与非法占有具有直接的关系，是诈骗方法直接导致了非法占有的后果，而擅自发行股票罪行为人的一些虚假宣传行为与非法占有则没有直接的关系，虚假宣传行为的目的是发行股票募集资金。

（3）从行为人的履约行为分析，看行为人有无履行集资约定事项的诚意和实际行动。擅自发行股票罪案件中，行为人当初一般是将非法募集的资金投入到公司的生产经营活动中，如购买厂房、购买机器设备、进行研究开发、进行贸易活动等，行为人有履约的诚意，也积极实践事先的承诺，即使后来由于客观情况变化或者经营管理不善导致行为人破产或者丧失偿还能力，甚至导致投资者的投资款无法返还，根据行为人当初的情况也不能直接认定行为人具有非法占有的主观目的。而集资诈骗罪案件中，行为人往往没有将募集到的资金投放到公司生产经营活动中，没有兑现募集资金时承诺的资金项目和用于约定的用途。本案二被告人并没有将募集到的资金存入公司的银行账户，而是存入以陈某初名义在银行开立的私人账户。二被告人根本没有落实其对外宣称的奥星科技公司的生产经营项目,投资者的投资款项没有用于约定的用途,至今二被告人也没有给投资者任何回报。

(4) 从行为人对非法筹集的资金的处置分析,看行为人有无将募集的资金投入到生产经营活动中。擅自发行股票罪案件中,非法募集的资金被投入到公司正常的生产经营活动中,行为人没有对这些资金行使处分权。而集资诈骗案件中,行为人常将募集的资金直接用于个人私分、个人消费、肆意挥霍、活动等,甚至隐匿财产、携款潜逃,致使募集到的资金根本无法返还。本案二被告人在收到投资者的投资款后立即全部转走并予以瓜分,非法随意处分。除本案已经追缴的78.5万元赃款外,二被告人的行为客观上造成了投资者220余万元投资款至今无法追回的危害后果,侵害了投资者的财产所有权。

通过上述四个方面的综合分析,可以认定二被告人具有非法占有目的,且系以擅自发行股票为幌子,行集资诈骗之实。因此,法院判决被告人陈某安犯集资诈骗罪,判处有期徒刑13年,并处罚金人民币30万元;被告人杨某军犯集资诈骗罪,判处有期徒刑11年6个月,并处罚金人民币25万元。

典型案例3-16:封某某擅自发行股票案[①]

2006年11月,被告人封某某将A有限责任公司转变成A股份有限公司,并担任该公司法定代表人。随即,封某某为融资扩大生产经营,在未经监管部门批准的情况下,通过田某某等人(另案处理)在上海市天目西路联通大厦607室向社会公众转让该股份公司未上市股权。封某某为此向田某某等人提供了由当时股东吴某某(封某某之子)签名的100余份空白的股权转让协议,并且还在出具给股权购买者的股权证上加盖该股份公司公章。现查实,该股份公司向社会公众实

---

① 参见吴卫军主编:《刑法分则实务丛书·刑事案例诉辩审评:破坏金融管理秩序罪》,中国检察出版社2014年版。

际转让股权20余万股，转让金额70余万元，实际获得转让款20余万元。2010年5月9日，被告人封某某主动向公安机关投案，如实供述了自己和被告单位的犯罪事实。

法院认为，被告单位A股份有限公司未经国家有关主管部门批准，委托他人以公开方式向社会公众转让股票，数额巨大，被告人封某某作为被告单位A股份有限公司的法定代表人，其行为均构成擅自发行股票罪。由于本案中，被告单位系以股权转让的名义实施其行为，对此类行为的性质如何认定产生了一定的争议。下面结合本案和擅自发行股票罪的构成要件，具体探讨所谓股权转让行为的性质，并对擅自发行股票罪认定中的其他争议问题作进一步分析。

(1)"股权转让"是否属于证券法上的"股票发行"。本案中能否认定被告单位构成擅自发行股票罪，必须先明确其以"股权转让"名义实施的行为是否属于证券法规定的证券发行行为。我国《公司法》和《证券法》中没有直接写入股票发行的概念，《公司法》第5章第1节仅对股份有限公司的股份发行，在股票形式、发行原则、发行价格等方面作了概括性的规定；《证券法》第2章对证券发行的方式、条件、程序、规则、当事人等作了较详细的规定，但也没有涉及发行的概念。国务院于1993年4月颁布的《股票发行与交易管理暂行条例》第81条第3项曾对股票公开发行规定为，"是指发行人通过证券经营机构向发行人以外的社会公众就发行人的股票作出的要约邀请、要约或者销售行为"，我国《证券法》虽没有写明发行的概念，但从其规定中，例如，第26条规定"……证券承销业务采取代销或者包销方式。证券代销是指证券公司代发行人发售证券，在承销期结束时，将未售出的证券全部退还发行人的承销方式。证券包销是指证券公司将发行人的证券按照协议全部购入或者在承销期结束时将售后剩余证券全部自行购入的承销方式"，可以看出，证券法上的证券发行实际是一种销售证券获取资金的行为。

理论上，对于证券发行，国内学者有多种表述，如"证券发行主体以筹集资金为目的向社会公众或机构投资者销售证券的法律行为"、"向社会公众或特定的人销售证券（股票与公司债券）的活动"、"是创设证券权利的复杂行为，包括劝导投资、投资者认购、发行人分配证券、接受资金和交付证券在内的各项行为"。综合法律规定和理论观点，本文认为，股票发行是发行人以获取资金为目的，自己或通过他人销售股票并创设股东权利的行为。本案中，被告单位所谓的股权转让行为，实质是向他人销售股票，使受让人取得股东权利，其行为属于证券法上的股票发行行为。

（2）被告单位的行为是否属于证券法上的"公开发行"。包括股票发行在内的证券发行作为一项法律行为，其本质上应属于私法上的民事行为。发行人应有权自主决定发行的方式、是否发行，但是，由于证券发行尤其是公开发行，往往涉及数量众多的社会公众投资者，与国家甚至世界范围内的市场秩序及经济安全有着密切联系，因而各国的监管当局都对证券发行实施严密监管。我国同样严格限制公开发行，《证券法》第10条规定："公开发行证券，必须符合法律、行政法规规定的条件，并依法报经国务院证券监督管理机构或者国务院授权的部门注册。未经依法注册，任何单位和个人不得公开发行证券……""有下列情形之一的，为公开发行：（一）向不特定对象发行证券；（二）向特定对象发行证券累计超过二百人，但依法实施员工持股计划的员工人数不计算在内；（三）法律、行政法规规定的其他发行行为。非公开发行证券，不得采用广告、公开劝诱和变相公开方式"。根据这一规定，向不特定对象发行或超过200人发行等都属于公开发行。本案中，被告单位通过田某某等人向社会公众转让该股份公司未上市股权，其行为属于《证券法》规定的公开发行。

（3）被告单位的行为是否属于刑法上的"擅自发行"。根据《刑法》第179条第1款的规定，擅自发行股票、公司、企业债券罪是"未经国家有关主管部门批准，擅自发行股票或者公司、企业债券，数额巨大、后果严重或者有其他严重情节的"行为。实践中，因证券种类较多，审批的主管部门也有所不同。发行股票的，根据《证券法》第10条第1款、第13条第2款的规定，股票的公开发行以及上市公司非公开发行新股均须报经国务院证券监督管理机构核准。发行公司债券、企业债券的，根据企业性质和债券种类的不同，分别由证监会、发改委、人民银行等部门审批。本案中，被告单位对外公开发行股票，应向证监会申请而未申请，更未得到任何主管部门的批准。因此，被告单位在未经依法核准的情况下，公开发行股票，其行为本质属于擅自发行股票的行为。

被告单位A股份有限公司及被告人封某某均系自首，鉴于被告单位及被告人到案后，已退赔了违法所得，犯罪情节较轻，故可对被告单位从轻处罚，对被告人封某某可免除刑事处罚。因此，判决被告单位A股份有限公司犯擅自发行股票罪，判处罚金人民币3万元；被告人封某某犯擅自发行股票罪，免除刑事处罚。

第五节 违规出具金融票证罪

> **第一百八十八条** 【违规出具金融票证罪】银行或者其他金融机构的工作人员违反规定，为他人出具信用证或者其他保函、票据、存单、资信证明，情节严重的，处五年以下有期徒刑或者拘役；情节特别严重的，处五年以上有期徒刑。
>
> 单位犯前款罪的，对单位判处罚金，并对其直接负责的主管人员和其他直接责任人员，依照前款的规定处罚。

罪名解析

1. 法条修改情况

1995年全国人大常委会通过的《金融犯罪决定》规定了违规出具金融票证罪，具体如下：银行或者其他金融机构的工作人员违反规定，为他人出具信用证或者其他保函、票据、资信证明，造成较大损失的，处5年以下有期徒刑或者拘役；造成重大损失的，处5年以上有期徒刑。单位犯前款罪的，对单位判处罚金，并对其直接负责的主管人员和其他直接责任人员，依照前款规定处罚。1997年修订的《刑法》第188条基本沿用了该规定，并将"存单"增加为行为对象。2006年《刑法修正案（六）》将本罪的成立要件"造成较大损失"修改为"情节严重"，将法定从重情节"造成重大损失"修改为"情节特别严重"。主要是考虑，司法实践中对违规出具金融票证的实际损失难以认定,根据修改后的条文,只要违规出具金融票证数额巨大或者有其他严重情节,均可以追究行为人的刑事责任。

2. 犯罪构成要件

违规出具金融票证罪,是指银行或其他金融机构的工作人员违反规定,为他人出具信用证或其他保函、票据、存单、资信证明,情节严重的行为。

(1) 本罪的客体

本罪侵犯的客体是国家金融管理秩序。在经济贸易活动中,市场主体可能需要银行开具保函、信用证、资信证明等证明当事人的付款能力,保证贸易活动顺利进行。金融机构办理出具资信证明业务,一旦开出,如果当事人无偿付能力,其可能要承担连带补偿或赔偿责任。因此,银行等金融机构开具金融票证的行为不仅影响商事贸易活动,也可能会影响银行信誉和财产利益。有些银行或者其他金融机构及其工作人员,基于谋取非法利益等目的,违规为他人出具信用证或者其他保函、票据、资信证明等,既给银行或者其他金融机构造成经济上的重大损失,也给诈骗犯罪分子进行其他诈骗犯罪创造了条件,造成严重扰乱金融秩序和社会秩序的后果。

本罪的犯罪对象是银行或者其他金融机构的工作人员违反规定为他人出具的金融票证。本罪所涉的金融凭证具有限定性,包括信用证、保函、票据、资信证明、存单五种类型。信用证是指由银行(开证行)依照(申请人的)要求和指示或自己主动,在符合信用证条款的条件下,凭规定单据向第三者(受益人)或其指定方进行付款的书面文件。从属性上看,信用证是一种银行开立的有条件的承诺付款的书面文件。保函又称保证书,是指银行、保险公司、担保公司或个人应申请人的请求,向第三方开立的一种书面信用担保凭证。票据的概念有广义和狭义之分。广义的票据包括各种有价证券和凭证,如股票、企业债券、发票、提单等；狭义的票据，即我国《票据法》规定的"票据"，包括汇票、本票和支票，是指由出票人签发的，约定自己或者委托付款人在见票时或指定的日期向收款人或持票人无条件支付一定金额的有价证券。存单是银行凭以办理储蓄业务的一种信用凭证。一般用于一次存取的整存整取、定活两便储蓄。银行签发存单和存折后，对储户的存款负有经济责任。资信证明是指银行应申请人申请或要求，向申请人指定对象提供其资金状况及信用状况等相关资料的一种银行书面证明。

（2）本罪的客观方面

本罪在客观方面表现为行为人违反规定，为他人出具信用证、保函、票据、存单、资信证明，情节严重的行为。"违反规定"，是指违反金融法律、法规以及银行和非银行金融机构制定的内部业务规章制度。具体包括以下行为方式：①违反规定出具信用证。②违反规定出具保函。根据《中国人民银行法》的有关规定，中国人民银行不得向任何单位和个人提供担保。根据《商业银行法》的有关规定，担保是商业银行的业务之一。银行出具的保函是以自身信用为基础，为他人承担财产责任，因此，在出具保函的业务活动中，有关工作人员应该认真审核担保对象的资信情况、商业背景以及进行风险预测等。中国人民银行工作人员为单位和个人提供担保，或者商业银行工作人员违反规定为他人出具保函，都属于违反规定为他人出具保函的情形。③违反规定为他人出具票据。为防止利用票据实施诈骗犯罪，《票据法》以及银行等金融机构的工作制度对票据业务作出了具体规定。如果银行或者非银行金融机构的工作人员不遵守法律、法规以及业务制度的规定，违法开出票据，一旦被诈骗分子利用，就会造成严重后果。④违反规定出具资信证明。⑤违反规定开出存单。

（3）本罪的主体

本罪的主体是特殊主体，包括银行或者其他金融机构，以及银行或者其他金融机构的工作人员。这里所说的"银行"，主要是指中国人民银行以及各类商业银行；"其他金融机构"包括除银行以外的各种开展金融业务的非银行金融机构。

(4) 本罪的主观方面

本罪的主观方面表现为故意。故意内容是明知我国金融法律、法规规定，不应为他人出具信用证、保函、票据、存单、资信证明，却故意实施该行为，或者明知我国金融法律、法规规定，出具信用证、保函、票据、存单、资信证明需要具备一定条件，遵循一定程序，但却放任自己的违法行为，仍不依法办理。行为人对于违反规定出具上述金融担保证明造成的后果，在主观认识上并不要求是故意。

3. 刑事责任

本罪是情节犯，即情节严重是认定罪与非罪的界限。"情节严重"不仅包括给金融机构造成较大损失，还包括虽未造成较大损失，但非法出具金融票证涉及金额巨大，或者多次非法出具金融票证等情形。如果行为人具有以上违反规定的行为，但被及时发现并制止，情节并不严重，可作为违法行为处理，不宜以犯罪论处。至于"情节严重"的认定标准，应当参照《立案追诉标准（二）》的规定，银行或者其他金融机构及其工作人员违反规定，为他人出具信用证或者其他保函、票据、存单、资信证明，涉嫌下列情形之一的，应予立案追诉：①违反规定为他人出具信用证或者其他保函、票据、存单、资信证明，数额在200万元以上的；②违反规定为他人出具信用证或者其他保函、票据、存单、资信证明，造成直接经济损失数额在50万元以上的；③多次违规出具信用证或者其他保函、票据、存单、资信证明的；④接受贿赂违规出具信用证或者其他保函、票据、存单、资信证明的；⑤其他情节严重的情形。

对于单位犯罪，本条规定了双罚制原则。单位犯本罪，对单位判处罚金，并对其直接负责的主管人员和其他直接责任人员，根据其犯罪情节，依照本条第1款的规定判处刑罚，具体包括两档法定刑：情节严重的，处5年以下有期徒刑或者拘役；情节特别严重的，处5年以上有期徒刑。

> 司法精要

1. 违反规定的认定

对于违规出具金融票证罪中的"违反规定",存在不同的认识。有观点认为,"违反规定"是指行为人违反《商业银行法》《票据法》和其他出具信用证、保函、票据、存单、资信证明应当遵守的有关金融法律、法规以及金融机构内部相关的规章制度。① 也有观点认为,"违反规定"是指行为人违反与出具信用证、保函、票据等有关的法律、法规。② 立足司法实践,"违反规定"不仅包括违反与出具信用证、保函、票据等有关的法律、法规,也包括银行、保险公司、信托投资公司等金融机构的内部管理制度。《刑法》第96条规定的"违反国家规定",是指违反全国人民代表大会及其常务委员会制定的法律和决定,国务院制定的行政法规、规定的行政措施、发布的决定和命令。相比之下,《刑法》第188条并未明确规定"违反规定"的含义,从文义理解看,这一表述比"国家规定"的范围更广,应当包括有关法律、法规以及金融机构内部管理制度等。

为了规范银行或其他金融机构关于信用证明的出具行为,有关法律、法规对银行或其他金融机构工作人员的审查义务作出了明确规定。例如,《票据法》第10条第1款规定:"票据的签发、取得和转让,应当遵循诚实信用的原则,具有真实的交易关系和债权债务关系。"《中国人民银行关于完善票据业务制度有关问题的通知》规定,银行承兑汇票的承兑行负责对出票人的资格、资信、交易合同和汇票记载的内容等进行审查。《中国人民银行关于促进商业承兑汇票业务发展的指导意见》(银发〔2006〕385号)规定:"商业银行要加强对商业承兑汇票的

---

① 参见马克昌主编:《经济犯罪新论》,武汉大学出版社1998年版,第281页。
② 参见赵秉志主编:《关于出具金融票证罪的几个问题》,载《新千年刑法热点问题研究与适用(下)》,中国检察出版社2001年版,第985页。

风险管理,进行严格的真实贸易背景审查,防止利用商业承兑汇票套取银行贴现资金以及进行其他违法违规活动。"

2. 违规出具金融票证行为的认定

违规出具金融票证罪是典型的法定犯,应当遵循二次违法性的特征。首先,应当审查银行或其他金融机构出具金融票证的行为是否违反法律、法规、规章和银行内部管理制度。其次,应当审查行为人在为申请人开立相关的金融票据时,是否存在违规出具金融票证的行为。实践中常见的违规出具金融票证行为包括:(1)出具行为操作不规范,没有进行尽职调查,没有认真核实申请人提供的相关证件。(2)行为人在明知无真实经济贸易、无真实存款的情况下,出具存单等结算凭证,即行为人故意制作虚假内容的金融凭证。(3)行为人在没有权限的情况下,为不符合条件的人开立金融票证。

(1)关于出具票据行为的认定

票据作为可以代替现金流通的有价证券,其签发、流通等活动都有相应的法律规范。《票据法》明确规定了"出票""背书""承兑""保证""付款"五种票据行为。违规出具金融票证罪中的"出具",是指票据的出票行为,不包括承兑、付款、保证、背书的行为。出票行为的基本特征包括:第一,出票行为是基本票据行为,是创设、产生、提供、出具票据的行为,没有出票就没有票据。第二,从形式上看,出票行为包括做成票据和交付票据两个部分。票据行为的性质是单方法律行为,但是以交付为生效要件。第三,从内容上看,出票行为表现为无条件支付的委托或承诺。

根据票据种类的不同,票据行为的主体存在一定差异。《票据法》第19条第2款规定,汇票分为银行汇票和商业汇票。《支付结算办法》第73条第1款规定,商业汇票分为商业承兑汇票和银行承兑汇票。《票据管理实施办法》第8条第1款规定,商业汇票的出票人,为银行以外的企业和其他组织。《票据法》第73

条、《支付结算办法》第 97 条规定，银行本票的出票人是银行。因此，在我国的票据制度中，只有银行汇票和银行本票是银行出票并交付收款人。对于银行或其他金融机构，或者银行或其他金融机构的工作人员而言，违规出具金融票据，只能发生在办理银行汇票和银行本票的业务之中。① 换言之，违规出具金融票证罪的"出具"行为，在票据方面指的是银行向收款人签发并交付银行汇票或本票的行为。

实践中认定违规出具金融票据，应当注意区分开票行为与票据承兑行为。银行承兑汇票是指由在承兑银行开立存款账户的存款人出票，向开户银行申请并经银行审查同意承兑，保证在指定日期无条件支付确定的金额给收款人或持票人的票据。② 出票是指票据的签发，承兑则是指银行对于汇票到期付款的承诺，两者完全不同。银行承兑汇票的出票与承兑由不同主体进行，先由银行以外的企业或者其他组织进行出票，后由银行对汇票进行承兑。银行承兑违法商业汇票并不构成违规出具金融票证罪，因为违规出具金融票证罪针对的是"出具"行为，而银行承兑违法商业汇票针对的是"承兑"行为。即便银行承兑违法商业汇票，也只可能构成对违法票据承兑罪。

（2）出具除票据外的其他金融凭证

信用证是开证银行的付款承诺，只要单单一致、单证相符，开证行就要承担付款责任。

银行或其他金融机构为他人开具保函时，必须遵守相关规定，履行有关程序。在出具保函时，应当注意审查申请人是否经国家批准经营某类业务，商务合同协议的内容是否符合规定或批准程序，能否提供相应金额的抵押品，以及资信状况

---

① 参见马长生、田兴洪、罗开卷：《违规出具金融票证罪的构成与认定》，载《铁道警察学院学报》2014 年第 2 期。
② 参见陈兴良：《金融犯罪若干疑难问题的案例解读》，载《江西警察学院学报》2017 年第 6 期。

是否良好等。

银行在出具资信证明前,应当认真审查资信状况,包括但不限于审查企业的组织情况、资金和信用情况、经营范围、经营能力(经营额、销售途径、贸易关系)等。

3. 与伪造、变造金融票证罪的区分

违规出具金融票证罪的犯罪主体是特殊主体,银行或其他金融机构及其工作人员违规出具信用证、存单、票据等金融票证的,构成该罪。相比之下,伪造、变造金融票证罪的主体为一般主体,具有刑事责任能力的自然人或单位伪造、变造金融票证的均可构成该罪。除此之外,为准确区分两罪,还需要注意以下事项。

(1)"伪造"与"违规出具"行为的区分

在客观要件方面,"违规出具"是指银行或其他金融机构及其工作人员违规出具信用证、存单、票据等金融票证。伪造金融票证罪是指违反有关规定,伪造签章、签名出具金融票证。根据理论通说,"伪造"可以分为无形伪造与有形伪造。有形伪造是指没有金融票证制作权的人,假冒他人名义,擅自制作外观上足以使一般人误认为是真实金融票证的虚假金融票证。无形伪造指的是具有金融票证制作权的人,超越其制作权限,违背事实制造内容虚假的金融票证。[①] 以票据为例,不具有出具票据资格的人出具票据是有形伪造;具有出具票据资格的人违反真实情况出具虚假票据的,属于无形伪造。虽然《刑法》第188条规定了违规出具金融票证罪这一无形伪造情形,但是,无形伪造金融票证并不限于金融机构工作人员和单位违规出具金融票证这种情形,如同伪造、变造金融票证罪的行为人不限于金融机构工作人员和单位一样。因此,伪造、变造金融票证罪与违规出具金融票证罪是一般法与特殊法的关系,违规出具金融票证的行为是一种特殊的

[①] 参见张明楷:《刑法学》(第6版),法律出版社2021年版,第782页。

伪造行为。

（2）金融票证的范围不同

违规出具金融票证罪中金融票证的范围，限于刑法列举的5种金融票证，即信用证、保函、存单、资信证明、票据。从属性上看，这5种金融票证属于间接金融工具，是由银行或金融机构签发的公共信用类文书。相比之下，伪造、变造金融票证罪涉及的金融票证范围较广，包括票据、委托收款凭证、汇款凭证，银行存单等其他银行结算凭证，信用证、信用卡四大类。该类金融票证均由银行或金融机构签发之后在金融市场流通，并由银行或金融机构承担付款义务，表征银行信用，具有担保金融交易的功能。

（3）入罪标准不同

违规出具金融票证罪是金融机构及其工作人员违反规定出具金融票证，情节严重的才构成犯罪。"情节严重"不仅包括给金融机构造成较大损失，还包括虽未造成较大损失，但非法出具金融票证涉及金额巨大，或者多次非法出具金融票证等情形。相比之下，伪造、变造金融票证罪直接破坏银行对金融票证的管理秩序，并造成银行的经济损失。

合规指引

近年来，我国信贷高速扩张，受监管部门的存贷比考核压力影响，各家商业银行纷纷展开"揽储大战"。而在竞争白热化的背景下，金融机构工作人员违规出具金融票证的行为也时有发生，应该严格加以规范。

对此，应完善内部控制机制，建立票据审核责任制。一是银行要强化内部控制，严密支付结算操作程序和手续，将空白汇兑凭证、汇票申请书等纳入重要空白凭证管理。二是加强对柜面人员的风险防范教育和票据防伪工艺、防伪知识的培训，建立票据审核责任制，固定专人审核票据，实行票据防伪暗记审核程序化。

三是建立票据防伪、防诈骗的激励机制，设立专项奖励基金；同时，加大对违规操作人员的惩罚力度，以形成对其他人的警戒。四是加强员工的思想道德教育。通过讲座或培训的形式来加强员工思想道德教育，从根源上杜绝员工道德风险的发生。五是完善考核机制。上级银行要对内部业绩考核机制进行必要的调整，合理确定和调整存贷款及利润等考核指标，取消对存贷款时点指标的考核。淡化对规模、速度的考核，防止因激励不当而导致弄虚作假或短期行为。

监管政策和规范

目前我国面临的经济金融环境较为复杂，金融机构授信管理领域问题屡查屡犯，损害了银行业的整体声誉，暴露了相关银行风险合规意识淡薄、业务潜在风险评估不足、核心管理制度与控制措施缺失、内部员工道德风险突出等问题。鉴于违规出具金融票证对经济活动的破坏性，因此，金融监管部门多次强调，各金融机构应该加强内控监督，防范此类违规违法行为的发生。

《中国银行业监督管理委员会办公厅关于落实案件防控工作有关要求的通知》（银监办发〔2012〕127号）明确指出，工作人员不得采取以下手段套取银行信用：利用职务之便为本人或关系人获取银行信用；使用或串通客户使用虚假资料获取银行信用；违规出具信用证或其他保函、票据、存单等。该通知还强调针对此类违规行为，各级监管机构和银行机构要严厉处罚有关机构和人员。若各级监管机构或有关部门在检查中发现银行员工存在以上违规行为的，对违规操作人员按照上述要求处理的同时，要对有关管理人员问责，并追究上级机构的管理责任。监管机构可视违规情况对存在违规操作的机构采取暂停新业务准入等严厉手段，督促违规机构限期整改。若因上述违规行为引发银行业案件的，应按照案件问责办法对违规操作人员、有关管理人员、高管人员及机构严肃问责，并从重或加重处罚。

第三章 金融票证、有价证券管理类犯罪

面对目前我国银行机构仍然存在对虚构贸易背景、授信审查不严等顽瘴痼疾的问题，《中国银保监会办公厅关于持续深入做好银行机构"内控合规管理建设年"有关工作的通知》（银保监办发〔2021〕123号）要求深入排查内控缺陷，加大日常检查巡查力度，强化对分支机构和各经营单位的管理约束，对屡查屡犯、整改进度缓慢的要督促处理，从根源上整治虚构贸易背景、授信审查不严等顽瘴痼疾，切实提升风险管控水平，彰显内控合规管理建设成效。

相关监管政策和规范整理如下：

《商业银行法》第41条、第52条、第86条、第88条、第89条

《金融违法行为处罚办法》第13条

典型案例

典型案例3-17：孙某雄等犯违规出具金融票证罪案[①]

2003年，李某斌任董事长、总经理的深圳市国基房地产开发有限公司（以下简称国基公司）开发深圳市南山区漾日湾畔房地产项目，向被告人孙某雄任行长的海晖支行先后贷款共计2亿元人民币，其中第一笔贷款5100万元，2004年5月到期。此外，国基公司尚有其他银行贷款和按揭款总计8亿元未偿还，已陷入资金危机。2004年1月，现代公司因承接重庆等地的轨道交通业务，决定增资扩股，现代公司董事长、总经理胡某舟安排被告人万某诚办理增资扩股的具体事宜。李某斌表示要注资入股现代公司，主动提出给现代公司2亿元贷款，由国基公司为现代公司的贷款提供担保。现代公司只同意贷款1亿元。2004年4月8日，现代公司在海晖支行开设一个正规的一般存款账户（账号尾号7627），用于贷款和验资。2004年5月21日，现代公司的1亿元贷款申请获深圳农行批准。

[①] 参见广东省深圳市中级人民法院（2009）深中法刑二终字第274号刑事裁定书。

2004年5月28日，被告人万某诚按照被告人孙某雄、李某斌的安排，瞒着现代公司法定代表人胡某舟和公司财务部门，提供伪造的资料，违反账户管理规定，冒用现代公司的名义在海晖支行开设了现代公司不知情、无法掌控的违规账户（账户尾号7908，以下简称7908账户），为实施犯罪制造条件。

2004年5月31日，被告人孙某雄、万某诚等人使用虚假的现代公司法定代表人的授权委托书，伪造现代公司会计主管签名，编造虚假交易背景合同，从7908账户开出3500万元银行承兑汇票，汇票收款人为李某斌控制的畅通伟业公司，随即由国基公司解汇，将款转入李某斌控制的康奇贝石公司和雨旸时若公司，李某斌增加700万元，当日康奇贝石公司投资2200万元、雨旸时若公司投资2000万元，合计4200万元，作为国基公司向现代公司的入股资金转入7908账户，20分钟后又将该4200万元转到李某斌控制的广东银头公司。李某斌再增加几百万，凑足5100万元，还了国基公司在海晖支行的第一笔到期贷款。其间，被告人孙某雄在违规的4200万元的验资询证函上签字，并违反银行印章管理规定，强行夺走业务章，在验资询证函上加盖予以确认。

2004年7月1日，被告人孙某雄、万某诚再次采用伪造签名、编造虚假合同等方法，从7908账户开出3张银行承兑汇票，总金额1500万元，汇票收款人为李某斌所控制的"汇胜达公司"。

2004年9月1日，被告人孙某雄、万某诚继续实施上述犯罪活动，采用相同手段，从7908账户开出5张银行承兑汇票，将总金额3500万元付给李某斌控制的汇胜达公司、畅通伟业公司、城联物流公司3家公司。

法院认为，万某诚伪造现代公司法定代表人的签名、开户资料身份证明、股东会决议、董事会决议、公司印章等，孙某雄明知上述材料系伪造，仍违反其工作职责，隐瞒真实情况，违规出具该《缴付出资额的银行询证函》，并且开具银行承兑汇票。孙某雄、万某诚等人合谋，违反法律法规及银行规定开出虚假资信证明，数额达4200万元，并多次从违规账户为他人开具银行承兑汇票，数额达

8500万元,情节特别严重,损失特别巨大,其行为均已构成违规出具金融票证罪。在共同犯罪中,上诉人孙某雄起主要作用,是主犯,依法应当按照其参与的全部犯罪处罚;上诉人万某诚起次要作用,是从犯,依法予以减轻处罚。因此,判决被告人孙某雄犯违规出具金融票证罪,判处有期徒刑6年;被告人万某诚犯违规出具金融票证罪,判处有期徒刑3年。

典型案例3-18:彭某、吴某生贷款诈骗、虚假出资、抽逃出资、违规出具金融票证、诈骗案①

2005年至2008年,被告人彭某在山西广灵县经营东悦煤场期间,为解决流动资金不足问题,通过私刻他人印章、提供虚假证明和虚假担保等方式,冒用他人名义陆续从蔚县信用联社东门信用社、杨克信用社、黄梅信用社、陈家洼信用社贷取多笔借款,至案发时尚有594.5万元不能偿还。

2009年3月,被告人彭某为成立蔚县汇富煤炭运销有限公司需要办理500万元验资手续。3月28日,经与被告人吴某生商议并在吴某生的安排下,彭某先以汇富公司的名义在蔚县草沟堡信用社开立临时对公账户,又以彭某弟弟彭某1的名义从该信用社贷款250万元,与其他借款凑足500万元后,再以彭某名义向临时对公帐户存入260万元,以赵某利名义存入240万元。吴某生安排信用社工作人员为彭某开具验资证明,于当天将该500万元注册资本取出并对该笔业务做冲销处理。之后,彭某让他人持上述证明办理了验资手续,设立了公司。

法院认为,根据《中国人民银行办公厅关于银行现金解款单、对账单、银行询证函性质认定事宜的复函》的规定,银行询证函是银行向有关询证部门证实单位或个人资金状况和信誉的证明文件,它应属于资信证明不属于《刑法》第177条第2项所指的金融票证。吴某生作为信用社主任,与彭某通谋,通过以他人名义贷款和借款凑足500万元注册资金,为彭某出具资信证明,并于当日通过将该

---

① 参见河北省高级人民法院(2016)冀刑终320号刑事判决书。

注册资金撤出的方式,帮助彭某达到验资目的,上述事实由蔚县汇富公司开设账户的相关资料、银行询证函、验资报告等书证,证人赵某利、李某乙、史某乙等的证言证实,上诉人吴某生亦供认不讳,足以认定,吴某生的行为已构成违规出具金融票证罪。

典型案例 3-19：何某敏诈骗、违规出具金融票证案①

2013 年 1 月,江西某地产有限公司的法人代表吴某由于缺乏资金,找到时任九江银行乐平支行行长的被告人何某敏,对其说南昌对外工程总公司有一笔 5000 万元的资金放在中国建设银行南昌桃苑支行委托贷款,让何某敏以九江银行的名义出面担保帮其申请该笔贷款。何某敏觉得该笔资金可以申领,为了同时解决奥华公司的资金问题,便同吴某商量,联合奥华公司一起申请贷款,并擅自决定由九江银行乐平支行提供担保。2013 年 1 月 22 日,在何某敏的操作下,南昌对外工程总公司与江某公司签订《委托贷款合同》,内容是南昌对外工程总公司通过九江银行乐平支行委托贷款给江某公司人民币 5000 万元,年利率为 9%,贷款用于乐平市金桂圆小区项目建设,贷款期限从 2015 年 1 月 23 日起至 2016 年 1 月 22 日止。双方签订的《委托贷款合同补充协议》列明了还款担保内容：以金桂圆小区项目用地和奥华国际酒店项目用地的土地使用权作为抵押并办理他项权利登记,以江某公司和奥华公司的全体股东所持有的 100% 的股权进行质押并登记备案,另外由宏达公司提供第三方担保等。另外,何某敏以九江银行乐平支行的名义出具了《借款保函》,内容是就上述合同向南昌对外工程总公司提供担保,保证责任最高为 6000 万元,保函有限期至 2016 年 1 月 22 日。2013 年 1 月 30 日,5000 万元的贷款发放至江某公司账户后分别归江某公司和奥华公司使用。至 2014 年 12 月,江某公司将使用的款项部分全部还清,吴某便要求何某敏拿回其公司的抵押物,何某敏同意,江某公司于 2014 年 12 月 3 日注销了股权质押登记。至该

---

① 参见江西省高级人民法院（2016）赣刑终 196 号刑事裁定书。

笔贷款到期日，奥华公司还款了700万元，其中由何某敏代还100万元，另有1300万元尚未归还。何某敏时任九江银行乐平支行行长时是零权限，只能代表九江银行景德镇分行签收分行行长已审批的授信业务所涉及的合同、借据的签字事项及办理抵押登记等相关手续，其签订《委托贷款合同》，出具《借款保函》时，并未经分行行长审批。

法院认为，何某敏在担任九江银行乐平支行行长期间，违反《九江银行法人授权管理办法》规定，擅自以九江银行乐平支行的名义向外出具6000万元的借款保函，其行为已构成违规出具金融票证罪。关于违规出具金融票证罪是否成立的问题，本罪的违规当然包括违反金融机构的内部规定，九江银行（2012）15号《关于下发〈九江银行授权管理暂行规定〉的通知》，证明九江银行实行统一法人体制下的总分行授权管理，法定代表人代表九江银行总行进行授权，受权由负责人代表受权人接受并行使授权，受权人应在授权范围内从事经营管理活动。何某敏作为乐平支行的行长，代表乐平支行接受并行使授权，其对九江银行的这种授权管理模式及授权内容是明知的。在卷证据、九江银行法人授权书及说明，证实何某敏作为支行行长无权办理未经分行行长审批的授信业务所涉及的合同、借据的签字事项及办理抵押登记等相关手续，何某敏擅自以九江银行乐平支行的名义对外贷款、出具保函，未经分行信贷审批程序，未执行信贷管理系统流程。何某敏的供述再次印证其没有权限，是擅自出具保函。辩护人向法庭提交的中国银行业监督管理委员会景德镇监管分局《关于九江银行乐平支行开业及支行高管人员任职资格的批复》（景银监复〔2001〕1号），只能证明九江银行乐平支行的业务经营范围包含提供信用证服务及担保，也即乐平支行具有出具保函的资格，但何某敏作为九江银行乐平支行的行长，其管理权限系由九江银行内部管理规定决定，景某监复〔2001〕1号文并不能直接证明何某敏当然具有出具保函的权限。何某敏违反规定，未经授权，擅自以九江银行乐平支行的名义对江某公司向南昌对外工程总公司的贷款作出保证金额为6000万元的借款保函，构成违规出具金融票证罪。

典型案例 3-20：刘某违规出具金融票证案

刘某自 2004 年 2 月至 2008 年 3 月担任某银行长清支行行长、法定代表人，负责长清支行全面工作。郑某林系长清支行客户经理，朱某系恒通公司法定代表人。恒通公司于 2002 年起在长清支行办理承兑汇票业务，2004 年刘某担任行长之后，恒通公司的业务继续。2006 年在为恒通公司办理继续授信时，长清支行为减少风险敞口，要求恒通公司增加抵押物及担保人等保证措施。该方案经长清支行集体研究并报请上级分行的批准。2006 年 10 月下旬，恒通公司于 2006 年 4 月 27 日向长清分行申请的 2680 万元的银行承兑汇票到期，恒通公司无力还款，形成了银行垫款的情形。经长清支行集体研究决定，继续为其办理承兑，通过以票换票的方式进行还款。2006 年 10 月 31 日，恒通公司工作人员与某地方银行工作人员一起，带着该银行开出的面额为 1700 万元的银行本票到长清支行，长清支行为恒通公司承兑了 3 张总额为 1630 万元的银行承兑汇票。恒通公司将银行承兑汇票在某地方银行贴现，在银行承兑汇票 1630 万元的金额之外，加上个人借得的款项 70 万元，共计 1700 万元，用于归还前期银行承兑汇票逾期形成的垫款和交纳当日长清支行承兑的银行承兑汇票的保证金。2007 年 4 月 30 日，1630 万元的银行承兑汇票到期后，恒通公司无力还款，长清支行通过民事诉讼程序收入全部本金及利息 107 万元。

检察院认为，刘某违反《票据法》相关规定进行票据承兑，违法承诺票据数额高达 1630 万元，远超过了立案追诉标准，应当构成违规出具金融票证罪；被告人及辩护人认为，被告人刘某的行为系票据承兑而非出具票据行为；且承兑系为单位集体决定，刘某并非承兑的行为主体；另外，刘某或所在银行也不构成对违法票据承兑、付款、保证罪。

法院认为，从犯罪主体要件来看，涉案银行关于以票换票的决定，以及为涉案公司承兑 3 张金额为 1630 万元的银行承兑汇票，均系由包括行长、客户经理等集体商议通过。长清支行之所以愿意以增加抵押及保证人的方式，继续为恒通公司办理授信及汇票承兑，目的是给恒通公司恢复盈利的机会，以便收回拖欠的垫款，而并非为了刘某个人利益。事实上，刘某本人没有从中获取任何好处，实际的受益者是长清支行。涉案银行系以单位利益并经单位集体决策，具备单位犯罪的典型特征，因此，刘某不是本案中的承兑的主体，也不是作出相关决定的主体，不应受到违规出具金融票证罪的指控。从犯罪客观要件来看，长清支行以票换票的行为，表面上违反了相关规定，但是其行为保证了汇票贴现的资金用于归还承兑汇票逾期形成的垫款以及承兑汇票的保证金，未让汇票流入市场，并且没有增加银行的风险；在涉案汇票到期后，涉案银行支行通过民事诉讼程序收回了全部本金与利息，由于涉案银行系承兑汇票的行为，不是出票行为，所以不构成违规出具票证罪；由于涉案银行违规承兑行为并未给银行造成任何损失，反而帮助银行实现了全部债权，未达到违规票据承兑、付款保证罪的入罪标准。综上，应当认定被告人刘某无罪。

第六节　对违法票据承兑、付款、保证罪

> **第一百八十九条**　【对违法票据承兑、付款、保证罪】银行或者其他金融机构的工作人员在票据业务中,对违反票据法规定的票据予以承兑、付款或者保证,造成重大损失的,处五年以下有期徒刑或者拘役;造成特别重大损失的,处五年以上有期徒刑。
>
> 单位犯前款罪的,对单位判处罚金,并对其直接负责的主管人员和其他直接责任人员,依照前款的规定处罚。

📋 罪名解析

1. 法条修改情况

对违法票据承兑、付款、保证罪是 1997 年《刑法》增加的罪名。票据是商品经济发展到一定阶段的产物,伴随银行结算制度改革,票据在市场经济活动中得到了广泛的应用。1995 年《票据法》第 105 条规定,金融机构工作人员在票据业务中玩忽职守,对违反本规定的票据予以承兑、付款或者保证的,给予处分;造成重大损失,构成犯罪的,依法追究刑事责任。但是,当时《刑法》没有设置相应的罪名,因此,对于金融机构工作人员违反规定对票据予以承兑、付款、保证的,一般以玩忽职守罪定罪处罚。鉴于该行为的社会危害十分严重,1997 年《刑法》第 189 条专门规定了对违法票据承兑、付款、保证罪,规范银行或其他

金融机构及其工作人员对票据予以承兑、付款、保证的行为。

2. 犯罪构成要件

对违法票据承兑、付款、保证罪，是指银行或者其他金融机构及其工作人员在票据业务中，对违反《票据法》规定的票据予以承兑、付款或者保证，造成重大损失的行为。

（1）本罪的客体

本罪侵犯的客体是国家票据管理制度及票据当事人的合法权益。票据是一种有价证券，就其性质和适用范围而言，票据有狭义和广义之分。广义上的票据，泛指用于商品交易中的各种单据，如汇票、本票、支票、提单、仓单、保单等；狭义上的票据，仅指依照法定要式签发和流通的汇票、本票、支票三种票据。我国《票据法》规范的是狭义上的票据，该法第2条规定："本法所称的票据，是指汇票、本票和支票。"汇票、本票、支票之所以能替代货币，成为商品交易中的重要工具，主要在于其能够促进商品流通和保证按时清偿债务。票据的功能主要包括以下方面：一是支付功能，这是票据最基本的功能；二是汇兑功能；三是流通功能；四是信用功能；五是融资功能。为了保障票据制度的正常运行，《票据法》规定了违反票据制度的法律责任。其中，对违反《票据法》的规定，情节轻微的行为，给予行政处罚；对情节较重的行为，给予刑事处罚。《刑法》第189条规定的对违法票据承兑、付款、保证罪，就是《票据法》规定的违反票据制度的刑事责任的具体体现。

实践中，对没有真实委托付款关系的汇票予以承兑，将导致办理该承兑业务的金融机构成为该票据的主债务人，无端承担该票据到期付款的责任；对形式要件欠缺或者签章与预留印鉴不符的票据予以付款，将导致办理该项付款业务的金融机构或者由其代理的付款人的资金蒙受损失；对没有财产担保的票据予以保证，将导致办理该项保证业务的金融机构成为被保证的票据的债务人之一，与被保证人承担同一票据责任。可见，金融机构及其工作人员对违反票据法规定的票据予以承兑、付款、保证的行为，不仅违反了国家票据管理制度，还将损害票据当事人的合法权益。

（2）本罪的客观方面

本罪在客观方面表现为，银行或者其他金融机构及其工作人员在票据业务中，对违反票据法规定的票据予以承兑、付款或者保证，造成重大损失的行为。本罪涉及票据承兑、付款、保证三种票据业务方式。承兑是指汇票付款人承诺在汇票到期日支付汇票金额的一种附属的票据行为。付款是指票据的付款人、承兑人或者担当付款人在票据到期时对持票人支付票据金额，从而消灭票据关系的行为。保证是指票据债务人以外的人为担保票据债务的履行，以承担同一内容的票据债务为目的而进行的一种附属票据行为。

第一，违反《票据法》规定的票据，是指违反《票据法》有关票据的签章、记载、背书等规定的票据。根据《票据法》的规定，票据上的签章，为签名、盖章或者签名加盖章。法人和其他使用票据的单位在票据上的签章，为该法人或者该单位的盖章加其法定代理人或者其授权的代理人的签章。在票据上的签名，应当为该当事人的本名。票据金额以中文大写和数码同时记载，二者必须一致；二者不一致的，票据无效。票据上的记载事项必须符合《票据法》的规定。票据金额、日期、收款人名称不得更改，更改的票据无效，同时，不得利用伪造、变造的票据向银行申请承兑、保证或付款等。

第二，对违反《票据法》规定的票据予以承兑、付款或者保证，是指金融机构及其工作人员在票据业务中，玩忽职守，对没有真实委托付款关系的汇票予以承兑。《关于完善票据业务制度有关问题的通知》规定："出票人（持票人）向银行申请办理承兑或贴现时，承兑行和贴现行应按照支付结算制度的相关规定，对商业汇票的真实交易关系和债权债务关系进行审核。"对背书不连续（以合法方式取得的例外）、形式要件欠缺、签章与预留印签不符、票载金额（文字与数码记载）不一致、超过时效期限及其他违反《票据法》规定的票据予以付款；对没有财产担保的出票人签发的票据或者没有财产担保的承兑人承兑的票据（汇票）予以保证等。

第三，对违反《票据法》规定的票据予以承兑、付款或者保证的行为，必须造成重大损失时，才构成犯罪。根据《立案追诉标准（二）》第40条的规定，银行或者其他金融机构及其工作人员在票据业务中，对违反票据法规定的票据予以承兑、付款或者保证，造成直接经济损失数额在50万元以上的，应予立案追诉。

（3）本罪的主体

本罪的主体为特殊主体，即银行或者其他金融机构的工作人员，其他人不能成为本罪的主体。本罪主体中的银行，包括商业银行、政策性银行、中外合资银行、外资银行等。所谓"其他金融机构"，主要是指具有从事票据承兑、付款业务资格的金融机构以及虽然没有从事票据承兑、付款业务资格，但对他人出具的违反《票据法》的票据予以保证的金融机构。①

（4）本罪的主观方面

本罪的主观方面可以是故意或者是过失。

3. 刑事责任

对于自然人个人犯违法票据承兑、付款、保证罪的，包括两个法定刑幅度：造成重大损失的，处5年以下有期徒刑或者拘役；造成特别重大损失的，处5年以上有期徒刑。对于单位犯本罪的，采取双罚制原则，对单位判处罚金，并对其直接负责的主管人员和其他直接责任人员定罪处罚，其中，造成重大损失的，处5年以下有期徒刑或者拘役；造成特别重大损失的，处5年以上有期徒刑。

---

① 参见王作富主编：《刑法分则实务研究》（第5版），中国方正出版社2013年版，第400页。

司法精要

1. 主观方面的认定

关于该罪的主观方面，存在不同的认识。有观点认为，该罪的主观方面为过失。也有观点认为，该罪的主观方面为故意，过失不构成该罪。[①] 还有观点认为，该罪的主观方面是过失或故意。[②] 立足司法实践，对违法票据承兑、付款、保证罪的主观方面包括故意与过失，具体理由如下：第一，《票据法》第104条规定，金融机构工作人员在票据业务中玩忽职守，对违反本法规定的票据予以承兑、付款或保证的，给予处分；造成重大损失，构成犯罪的，依法追究刑事责任。这一规定表明，违法承兑、付款、保证为玩忽职守行为，金融机构工作人员因工作不认真负责、审查不严导致违法兑付，属于疏忽大意的过失犯罪。第二，1997年《刑法》吸收《票据法》相关规定的同时，删去了《票据法》中"玩忽职守"的规定，侧面反映出金融机构工作人员也可能"滥用职权"而构成该罪，即该罪的主观罪过形式可以是故意。"重大损失"只是一种表明行为危害程度的客观处罚条件。因此，违法票据承兑、付款、保证罪的主观方面包括故意和过失。

2. 本罪与违规出具金融票证罪的区别

《刑法》针对非法票据行为分别规定了违规出具金融票证罪与对违法票据承兑、付款、保证罪，其目的就是将违规出票行为与其他附属票据行为相区别。根据《票据法》的规定，票据行为包括出票、背书、承兑、保证、付款等。其中出票为主要票据行为，其他为附属票据行为。因此，违规出票行为可能构成违规出

[①] 参见谢望原、赫兴旺主编：《刑法分论》（第3版），中国人民大学出版社2016年版，第147页。

[②] 参见赵秉志主编：《破坏金融秩序犯罪疑难问题司法对策》，吉林人民出版社2000年版，第375页。

具金融票证罪,而对违法票据承兑、保证付款行为可能构成对违法票据承兑、付款、保证罪。两罪具有以下区别:

第一,行为方式不同。对违法票据承兑、付款、保证罪在客观方面表现为对已经出具的票据违法进行承兑、付款、保证等附属票据行为。行为人必须具有违反《票据法》规定予以承兑、付款或者保证的行为。根据《票据法》的规定,汇票的出票人必须与付款人具有真实的委托付款关系,并且具有可知的资金来源。付款人及其代理人付款时,应当审查汇票背书的连续性,并同时审查证件。如果行为人不认真进行审查,对违反《票据法》规定的情形予以承兑、付款和保证,就将构成对违法票据承兑、付款、保证罪。违规出具金融票证罪主要针对的是金融票据的"开具"行为。值得注意的是,"背书"行为不属于两罪的客观要件。"背书"是指持票人为将票据权利转让给他人或将一定的票据权利转让给他人或者授予他人行使,而在票据背面或者粘单上记载有关事项并签章的行为。在具体票据业务中,银行及其工作人员并非交易主体,即使成为交易主体,也不能作为收款人。因此,银行或者其他金融机构及其工作人员实际上不能完成票据的"背书转让"行为。

第二,犯罪对象不同。对违法票据承兑、付款、保证罪的对象仅限于票据,而违规出具金融票证罪的犯罪对象不仅包括票据,还包括票据以外的其他金融票证,如信用证、保函、存单和资信证明等。

第三,入罪要求不同。对违法票据承兑、付款、保证罪要求行为人的违规票据承兑、保证、付款行为造成了重大损失。违规出具金融票证罪则以情节严重作为构成要件,包括损失达到一定数额或出具金融票证达到一定数额、多次出具票据等。

> **合规指引**

对违法票据承兑、付款、保证的监督规范，可以从以下方面展开：

一是把好票据签发关。首先，出票行在签发票据前要对空白银行汇票的防伪性能（标志）进行检测，防伪性能（标志）不全或残损的空白汇票，应当予以作废，不得使用。其次，出票行在制作票据时，汇票的出票金额和日期必须大写，填写的字迹要清楚，出票日期、出票金额、收款人名称不得更改，如果填写错误，应当作废重填。其他事项如填错可以更改一次，并须签章证明。

二是把好票据的解付审查关。金融机构工作人员在办理票据业务时，应对票据进行全方位、多层次的严格审查，凡违法票据均应坚决予以拒办。对有问题难以确认的票据则应予以查询，待复查核实后再视情况作出处理。

三是把好票据的挂失与协助防范关。金融机构在办理票据挂失和协助防范时，应规范操作，严格把关，坚持做到：①汇票挂失申请应为指定代理付款行的现金汇票，除此之外的汇票，银行不予受理挂失。②填明收款单位或个体经济户名称的转账汇票遗失，银行不办理挂失，但代理付款行和出票行可协助防范。③收款人为指定人的转账汇票遗失，银行不受理挂失申请。④受理挂失后，出票行应将汇票底卡及挂账申请专夹保管，规范登记，并通知代理付款行。代理付款人等待汇票付款期满后1个月未发现问题，即通知出票行办理退款手续。⑤银行要建立汇票挂失、协助防范等专门登记簿，在受理每笔汇票解付时对照查考，以严密防范。

四是建立健全交接班的交接制度。金融机构的员工换休、星期天轮休等，都要做好交接班工作。凡是工商企业等客户更换印鉴或其他重要变动事项的，金融机构都要作为重要内容向准备上岗的员工交代清楚，以免出现更换后员工不知情而产生重大失误的案件。

五是坚持审核验印制度。折角验审是一个关键的操作程序。行为人可以"克隆"票据，但不可能完全"克隆"印章。金融机构通过折角验印的程序操作，既有利于防止票据诈骗案件的发生，也有利于避免自身上当受骗。

六是坚持双人审核制度。金融机构审核票据，不应单人操作，而应坚持双人审核，以免给金融机构和工作人员本人造成不应有的损失。

典型案例

典型案例3-21：薛某某对违法票据承兑、付款、保证案①

2015年11月12日至2016年1月29日，张某某（另案处理）指使巩某某（另案处理）到霍州市某信用社使用变造的银行承兑汇票办理贴现业务。时任该信用社市场营销A、B岗位的工作人员田某某和陈某某，在给巩某某办理汇票贴现业务时，均未在票据鉴别信息采集仪器上检验汇票的真伪，未审查汇票是否有变造、涂改痕迹，时任该信用社核算岗位的人薛某某在银行承兑汇票贴现审批表上签字时，亦未对汇票真伪进行审查，即将变造的汇票办理了贴现。其中，薛某某在核算岗位工作期间，违规办理贴现业务4笔，金额共计3730万元。

检察院认为：票据贴现行为不属于《刑法》第189条规定的承兑、付款、保证这三种票据行为，薛某某没有对违法票据承兑、付款、保证罪的犯罪事实，因此对薛某某作出不起诉的决定。

典型案例3-22：周某对违法票据承兑、付款、保证案②

2012年5月29日，山西甲公司从某银行太原分行申请到3亿元银行承兑汇票，用于支付煤矿购煤款，后因该煤矿停产导致无法正常履行合同，上述汇票退还给了该公司。

王某某和姚某某（另案处理）作为甲公司的财务人员，为了缓解公司资金压

---

① 霍州市人民检察院霍检公诉刑不诉〔2017〕20号不起诉决定书。
② 吕梁市离石区人民检察院离检公诉二刑不诉〔2015〕5号不起诉决定书。

力，姚某某受王某某的安排，联系李某某（另案处理）欲将其中2.5亿元银行承兑汇票进行贴现，李某某又与倪某某电话联系，双方商定由倪某某负责以4.1‰的月利率办理贴现。倪某某又通过网上贴现信息，联系到陈某某（已判），约定按月息3.9‰（年利率4.68‰）的月利率办理贴现。陈某某将该贴现信息告知高某某后，高某某授意许某某由其乙公司出面接收汇票。当晚，姚某某通过李某某的朋友将5张（每张金额均为5000万元）共计2.5亿元的银行承兑汇票交给倪某某，倪当即送至乙公司，将汇票交给在此等候的许某某等人。

5月30日，高某某、许某某安排厉某和张某某具体承办该票据贴现，厉、张二人通过马某某、王某某（上述四人已判）将票据交给于某某（批捕在逃）。5月31日，于某某以乙公司的名义在某银行支行办理非法贴现手续，周某作为银行工作人员，根据由于某某提供的乙公司虚假的贸易合同和伪造的增值税发票，在没有真实贸易背景的情况下，只进行形式上的审查，违法为2.5亿元银行承兑汇票办理以年利率5.05‰贴现审批手续，贴现金额243,512,152.8元。

6月1日，于某某以月利率5.15‰（年利率为6.180%）向张某某指定的第三方委托收款人丙公司转入24,206万元贴现资金，丙公司向乙公司转入24,156万元，高、许二人采用付大留小的手段，只支付给甲公司163,713,333元贴现资金，剩余的79,798,819.8元贴现资金被高某某和许某某等人非法分别占有，造成甲公司79,798,819.8元被骗。

检察院认为，周某的上述行为不构成对违法票据承兑、付款、保证罪，周某系在票据本身真实合法，贴现该票据时相关手续存在不合法情形下实施的贴现行为，甲公司被骗近8000万元系他人在贴现完成后的独立行为造成的，非周某能够预见与控制的，该损失与周某的行为无刑法意义上的因果关系，且我国《刑法》第189条规定的对违法票据承兑、付款、保证罪客观方面只包括承兑、付款、保证三种票据行为，不明确包括贴现这一行为。综上所述认为"法无明文规定不为罪"，周某的行为不构成犯罪。

典型案例 3-23：马某某对违法票据承兑案①

2011 年，张某某、李某某、禹某某成立河南海德置业有限公司开发居阳华府项目，开发过程中资金链断裂，因李某某当时是官庄信用社主任，张某某在车站信用社工作，禹某某在宏达信用社工作，三人便商议走银行开对公一般账户，然后用假印鉴把钱转出来。他们与南阳刘某某签承诺还款书后，让刘某某的佛山众融贸易有限公司、南阳市华瑞纺织有限公司在官庄信用社开立一般对公账户。李某某将上述两个公司预留在银行的印鉴片复印以后，制作两个公司的假印鉴片，然后由居阳华府的工作人员带着假印鉴去官庄信用社办理两个公司的转款业务。

2012 年 4 月至 8 月，泌阳县农村信用合作联社官庄分社工作人员马某某，在办理佛山众融贸易有限公司银行票据业务中，没有辨别出居阳华府工作人员所持有的印鉴片系假印鉴片，因而对加盖假印章的票据共 3 笔予以承兑、付款，共计人民币 700 万元；在复核佛山众融贸易有限公司银行票据业务中，对加盖假印章的票据共 8 笔予以复核，共计人民币 3007.700,861 万元。

另查明，本案被告人马某某办理的佛山市众融贸易有限公司、南阳市华瑞纺织有限公司票据业务时转出的现金，案发前已由张某某等人通过其他手段偿还了大部分，经协调，剩余部分由泌阳县宇兴公司负责偿还，且已签订了具体的还款计划，约定了具体的还款日期。

辩护人认为被告人马某某无罪，其具体理由如下：马某某不具有犯罪的主观故意，其是被涉案人员利用，不存在"明知自己的行为发生危害社会的结果"的可能性；马某某按照公司流程办理业务，马某某没有能力和技术识别涉案的支票；现有损失亦无法证明马某某的行为造成了重大损失。

法院认为，被告人马某某系金融机构工作人员，在办理佛山市众融贸易有限公司、南阳市华瑞纺织有限公司票据业务时未尽到严格的审查义务，对违反票据

---

① 参见河南省泌阳县人民法院（2014）泌刑初字第 00474 号刑事判决书。

法规定的票据予以付款，造成重大损失，其行为构成对违法票据付款罪。本案假印鉴系被告人马某某所在的官庄信用社主任李某某将真印鉴复印之后制作的，且当时识别真假印鉴的方法是折角对比，而非现在的电子鉴别手段，客观条件造成被告人难以识别其经办的票据上的印鉴系假印鉴。被告人马某某办理业务时，按照《泌阳县农村信用合作联社远程授权业务操作流程（暂行）》的规定提交联社授权中心授权之后才予以转款。被告人未审查出假票据存在各种客观因素，其主观过失较小。鉴于被告人马某某主观过失较小；该案的损失大部分已得到弥补，未弥补部分也有了妥善的处置方案；案发后被告人自首且系初犯、偶犯。被告人马某某具有法定、酌定从轻、减轻处罚的情节，依法应从轻、减轻处罚。因此，判决被告人马某某犯对违法票据付款、保证罪，免予刑事处罚。

典型案例 3-24：毛某某对违法票据承兑案[①]

2012 年 3 月，李某为了获取资金出借给他人以赚取高额利息，以杭州集嘉节能环保科技有限公司（以下简称"集嘉公司"）的名义，通过提供虚假的资料、虚构贸易背景、提供虚假增值税发票等方式向杭州联合农村商业银行股份有限公司兰里支行（以下简称"兰里支行"）提出汇票承兑申请。

时任"兰里支行"客户经理的被告人毛某某，明知李某借用平台公司"集嘉公司"申请承兑汇票，该公司既无实际经营业务，也无能力提供汇票承兑保证金，所申请承兑汇票的贸易背景虚假，在没有核实财务报表的真实性，没有进行贷前贷后调查，没有要求担保人面签以及没有核实增值税发票的真伪等情况下违规办理该承兑汇票业务，且帮李某向他人借款人民币 200 万元作为保证金，于 2012 年 3 月 6 日违反银行承兑汇票业务的规定向李某发放人民币 600 万元承兑汇票。2012 年 9 月 6 日承兑汇票到期后，李某没有归还资金。案发后，经民事判决认定，被告人毛某某的行为造成银行直接经济损失人民币 2,995,453.14 元。

[①] 参见浙江省杭州市西湖区人民法院（2016）浙 0106 刑初 92 号刑事判决书。

法院认为，被告人毛某某作为银行工作人员，在票据业务中，对违反票据法规定的票据予以承兑，造成特别重大损失，其行为已构成对违法票据承兑罪。被告人毛某某犯罪以后自动投案，如实供述自己的罪行，系自首，予以减轻处罚。对公诉机关及辩护人所提的被告人毛某某具有自首情节的意见，法院予以采纳。根据被告人毛某某的犯罪情节和悔罪表现，其没有再犯罪的危险，对其适用缓刑对所居住的社区也没有重大不良影响，故依法对其宣告缓刑。对辩护人所提请求对被告人毛某某适用缓刑的意见，法院予以采纳。法院最终判决被告人毛某某犯对违法票据承兑罪，判处有期徒刑3年，缓刑4年。

典型案例3-25：张某能对违法票据承兑、付款、保证案①

被告人顾某某、高某某为骗取资金，经合谋后，由顾某某将中保财产保险有限公司湖北省分公司（以下简称中财保湖北省分公司）人民币1000万元引存至中国农业银行武汉市分行东西湖区支行建港分理处（以下简称农行建港分理处）。顾某某根据高某某提供的农行建港分理处预留的中财保湖北省分公司印鉴卡，私刻了一套中财保湖北省分公司的财务专用章和会计专用章，而后，两被告人分别伙同原审被告人吴某某、谭某某、潘某某采取冒用他人汇票、伪造转账支票的手段，通过原审被告人钱某某非法出具汇票，之后与张某能违反规定对伪造的转账支票予以付款，将中财保湖北省分公司的存款人民币995万元骗走。

张某能申诉提出，其对吴某某伪造金额为322万元转账支票不知情，使用伪造的转账支票的转账业务也不是由本人受理。在钱某某受理该业务交给张某能记账时，该款项已被骗走，其没有审查出支票上的印章是伪造的，有一定的过错责任，但与该款项被骗没有刑法上的因果关系，构成对违法票据付款罪。

法院认为，根据《刑法》第189条的规定，银行或者其他金融机构工作人员在票据业务中，对违反票据法规定的票据予以承兑、付款或者保证，造成重大损

---

① 参见湖北省高级人民法院（2018）鄂刑申48号驳回申诉通知书。

失的,构成对违法票据承兑、付款、保证罪。本案中,张某能对中财保湖北省分公司开户手续不规范是明知,在农行建港分理处于1999年2月9日、12日受理的三笔共计673万元大额资金转出汇票业务存在疑点的情况下,没有按规定的程序和方法核对委托书和汇票上加盖的印章与预留印鉴是否相符,也没有到中财保湖北省分公司核实资金流出情况。1999年3月1日,吴某某冒充中财保湖北省分公司财务人员在农行建港分理处办理322万元转账支票业务,事后张某能经折角比对发现该转账支票上的印章与中财保湖北省分公司预留印鉴不符时,因害怕高某某(原建港分理处主任)的报复和被追责,没有向上级单位的领导报告以及时采取措施,造成700多万元的重大损失。张某能在本案侦查过程中,口供稳定,且与高某某、钱某某的供述相互吻合,均能证实张某能对签章与预留印鉴不符的违法票据予以付款,并造成重大损失的事实,张某能的行为已构成对违法票据付款罪。

综上,法院决定驳回张某能的申诉。

Chapter 04

证券、期货市场类犯罪

第一百六十条　　　【欺诈发行证券罪】

第一百六十一条　　【违规披露、不披露重要信息罪】

第一百六十九条之一　【背信损害上市公司利益罪】

第一百八十条　　　【内幕交易、泄露内幕信息罪】

　　　　　　　　　【利用未公开信息交易罪】

第一百八十二条　　【操纵证券、期货市场罪】

第二百二十五条　　【非法经营罪】

第二百二十九条　　【提供虚假证明文件罪】

　　　　　　　　　【出具证明文件重大失实罪】

第四章　证券、期货市场类犯罪

第一节　欺诈发行证券罪

第一百六十条　【欺诈发行证券罪】在招股说明书、认股书、公司、企业债券募集办法等发行文件中隐瞒重要事实或者编造重大虚假内容，发行股票或者公司、企业债券、存托凭证或者国务院依法认定的其他证券，数额巨大、后果严重或者有其他严重情节的，处五年以下有期徒刑或者拘役，并处或者单处罚金；数额特别巨大、后果特别严重或者有其他特别严重情节的，处五年以上有期徒刑，并处罚金。

控股股东、实际控制人组织、指使实施前款行为的，处五年以下有期徒刑或者拘役，并处或者单处非法募集资金金额百分之二十以上一倍以下罚金；数额特别巨大、后果特别严重或者有其他特别严重情节的，处五年以上有期徒刑，并处非法募集资金金额百分之二十以上一倍以下罚金。

单位犯前两款罪的，对单位判处非法募集资金金额百分之二十以上一倍以下罚金，并对其直接负责的主管人员和其他直接责任人员，依照第一款的规定处罚。

罪名解析

1. 法条修改情况

欺诈发行证券，是随着证券市场的诞生和发展而出现的一种犯罪。对于欺诈发行股票、债券的行为，1979年《刑法》未作规定。1995年第八届全国人民代表大会常务委员会第十二次会议通过的《关于惩治违反公司法的犯罪的决定》第3条规定："制作虚假的招股说明书、认股书、公司债券募集办法发行股票或者公司债券，数额巨大、后果严重或者有其他严重情节的，处五年以下有期徒刑或者拘役，可以并处非法募集资金金额百分之五以下罚金。""单位犯前款罪的，对单位判处非法募集资金金额百分之五以下罚金，并对直接负责的主管人员和其他直接责任人员，依照前款的规定，处五年以下有期徒刑或者拘役。"1997年《刑法》修改时，在吸收上述规定的基础上，作出如下规定："在招股说明书、认股书、公司、企业债券募集办法等发行文件中隐瞒重要事实或者编造重大虚假内容，发行股票或者公司、企业债券、存托凭证或者国务院依法认定的其他证券，数额巨大、后果严重或者有其他严重情节的，处五年以下有期徒刑或者拘役，并处或者单处罚金。""单位犯前款罪的，对单位判处非法募集资金金额百分之二十以上一倍以下罚金，并对其直接负责的主管人员和其他直接责任人员，处五年以下有期徒刑或者拘役。"

近年来，随着资本市场不断发展，证券发行机制持续优化，针对欺诈发行证券行为的法律规范有待完善。具体包括以下方面：一是中央提出打好防范化解金融风险攻坚战，特别是证券发行注册制改革后，需要完善法律规制体系，强化上市公司如实披露信息义务，提高证券犯罪成本。二是实践中出现不以招股说明书、认股书、债券募集办法为文件形式的欺诈发行方式，其他在发行过程中起重要作用的文件也被用于实施犯罪，例如，发行人关于本次证券发行的申请报告、发行人关于本次发行方案的论证分析报告、注册制施行后"问答"环节形成的文件、定向增发时涉及的相关文件等，此类问题需要纳入法律规制。三是身处幕后的控股股东、实际控制人组织、指使欺诈发行的行为，具有较大的社会危害性，需要明确上述主体的刑事责任。

2019年修订《证券法》，降低了欺诈发行证券的处罚门槛，大幅提升了处罚力度，完善了控股股东、实际控制人的行政责任。与之相适应，《刑法修正案（十一）》调整了证券犯罪的规制范围和处罚力度，体现了"零容忍"打击证券犯罪的政策导向。具体而言，《刑法修正案（十一）》对《刑法》第160条的修改，主要包括六个方面：一是扩大欺诈发行利用的文件范围，增加"等发行文件"这一兜底性表述；二是扩大犯罪对象的范围，将"股票或者公司、企业债券"修改为"股票或者公司、企业债券、存托凭证或者国务院依法认定的其他证券"；三是取消第1款对罚金的比例限制，将"并处或者单处非法募集资金金额百分之一以上百分之五以下罚金"修改为"并处或者单处罚金"；四是第1款增加一档法定刑，规定"数额特别巨大、后果特别严重或者有其他特别严重情节的，处五年以上有期徒刑，并处罚金"；五是增加1款作为第2款，专门规定控股股东、实际控制人的刑事责任；六是针对单位犯罪，明确罚金幅度为"非法募集资金金额百分之二十以上一倍以下"，并"对其直接负责的主管人员和其他直接责任人员，依照第一款的规定处罚"，即除原规定的"判处五年以下有期徒刑或者拘役"外，还可以并处或者单处罚金，并且可能升档量刑。

鉴于《刑法修正案（十一）》第8条扩大了欺诈发行犯罪对象的范围，相应地，《最高人民法院、最高人民检察院关于执行〈中华人民共和国刑法〉确定罪名的补充规定（七）》将本条的罪名从原来的"欺诈发行股票、债券罪"调整为"欺诈发行证券罪"。

2. 犯罪构成要件

（1）本罪的客体
本罪侵犯的客体是国家对公司、企业的管理秩序，以及投资者的合法权益。
（2）本罪的客观方面
本罪的客观方面表现为以下两种类型。
一是在招股说明书、认股书，公司、企业债券募集办法等发行文件中隐瞒重要事实或者编造重大虚假内容,发行股票或者公司、企业债券、存托凭证或者国务院依法认定的其他证券,达到数额巨大、后果严重或者有其他严重情节的程度。

二是控股股东、实际控制人组织、指使实施上述行为。对于控股股东、实际控制人组织、指使实施的犯罪行为,虽然根据原规定也可作为共同犯罪予以制裁,但是无法体现应有的惩罚力度。《刑法修正案(十一)》对此类行为作出明确规定,目的在于精准惩处幕后的实际操控者和实际受益人。

(3)本罪的主体

《刑法》第160条第1、2款指向自然人主体,第3款指向单位主体。根据《公司法》第216条的规定,"控股股东"是指其出资额占有限责任公司资本总额50%以上或者其持有的股份占股份有限公司股本总额50%以上的股东,或者出资额或者持有股份的比例虽然不足50%,但依其出资额或者持有的股份所享有的表决权已足以对股东会、股东大会的决议产生重大影响的股东。"实际控制人"是指虽不是公司的股东,但通过投资关系、协议或者其他安排,能够实际支配公司行为的人。

需要注意的是,《刑法》与《证券法》的规制逻辑并不完全一致。根据《证券法》第181条的规定,《证券法》上的违法主体是发行人和发行人的控股股东、实际控制人。实施欺诈发行证券行为的主体一般是作为发行人的公司、企业;发行人的控股股东、实际控制人,既可能是公司、企业,也可能是自然人。但从《刑法》规定看,自然人为实施欺诈发行证券犯罪而设立公司、企业,或者公司、企业设立后以实施欺诈发行证券犯罪为主要活动,以及盗用单位名义实施欺诈发行犯罪,违法所得由实施犯罪的个人私分等情形,按照自然人犯罪处理。

(4)本罪的主观方面

欺诈发行证券罪的主观方面表现为故意。欺诈发行证券罪属于诈骗犯罪的特殊条款,行为人在主观上具有通过虚构事实隐瞒真相实施欺诈的故意。

3. 刑事责任

《立案追诉标准（二）》第 5 条规定："在招股说明书、认股书、公司、企业债券募集办法等发行文件中隐瞒重要事实或者编造重大虚假内容，发行股票或者公司、企业债券、存托凭证或者国务院依法认定的其他证券，涉嫌下列情形之一的，应予立案追诉：（一）非法募集资金金额在一千万元以上的；（二）虚增或者虚减资产达到当期资产总额百分之三十以上的；（三）虚增或者虚减营业收入达到当期营业收入总额百分之三十以上的；（四）虚增或者虚减利润达到当期利润总额百分之三十以上的；（五）隐瞒或者编造的重大诉讼、仲裁、担保、关联交易或者其他重大事项所涉及的数额或者连续十二个月的累计数额达到最近一期披露的净资产百分之五十以上的；（六）造成投资者直接经济损失数额累计在一百万元以上的；（七）为欺诈发行证券而伪造、变造国家机关公文、有效证明文件或者相关凭证、单据的；（八）为欺诈发行证券向负有金融监督管理职责的单位或者人员行贿的；（九）募集的资金全部或者主要用于违法犯罪活动的；（十）其他后果严重或者有其他严重情节的情形。"

根据修正后的《刑法》第 160 条规定，犯欺诈发行证券罪的，处 5 年以下有期徒刑或者拘役，并处或者单处罚金；数额特别巨大、后果特别严重或者有其他特别严重情节的，处 5 年以上有期徒刑，并处罚金。控股股东、实际控制人犯欺诈发行证券罪的，处 5 年以下有期徒刑或者拘役，并处或者单处非法募集资金金额 20% 以上 1 倍以下罚金；数额特别巨大、后果特别严重或者有其他特别严重情节的，处 5 年以上有期徒刑，并处非法募集资金金额 20% 以上 1 倍以下罚金。单位犯前两款罪的，对单位判处非法募集资金金额 20% 以上 1 倍以下罚金，并对其直接负责的主管人员和其他直接责任人员，处 5 年以下有期徒刑或者拘役，并处或者单处罚金；数额特别巨大、后果特别严重或者有其他特别严重情节的，处 5 年以上有期徒刑，并处罚金。

需要注意的是，针对控股股东、实际控制人处以罚金（罚款）的基准，《刑法》与《证券法》采取了不同的方案。根据《刑法》第 160 条的规定，对控股股东、实际控制人的罚金是"非法募集资金金额"的一定比例，而根据《证券法》第 181 条的规定，对发行人的罚款是"非法募集资金金额"的一定比例，但对控股股东、实际控制人的罚款是"违法所得"的一定比例。

另外，除需要承担刑事责任外，《证券法》第 24 条还针对股票的欺诈发行增设了责令回购制度，即"股票的发行人在招股说明书等证券发行文件中隐瞒重要事实或者编造重大虚假内容，已经发行并上市的，国务院证券监督管理机构可以责令发行人回购证券，或者责令负有责任的控股股东、实际控制人买回证券"。通过刑事、民事、行政规制相互衔接、综合施策，能够更好地维护资本市场秩序、保护投资人的合法权益。

司法精要

1. 欺诈发行"证券"的种类

关于本罪所涉的证券种类，《刑法》原第 160 条仅规定了"股票或者公司、企业债券"，《刑法修正案（十一）》增加规定了"存托凭证或者国务院依法认定的其他证券"。这一修改扩展了本罪的规制范围，实现了与 2019 年修订后《证券法》的对接。具体而言，本罪中欺诈发行的"证券"包括：（1）股票。(2) 公司、企业债券。(3) 存托凭证。存托凭证具体是指"存托人受基础证券发行人委托，以基础证券发行人发行上市的证券为基础，在本国（或地区）证券市场发行并流通转让的具有股权性质的证券"。[①]《国务院办公厅转发证监会关于开

[①] 参见郭峰等：《中华人民共和国证券法制度精义与条文评注》，中国法制出版社 2020 年版，第 35 页。

展创新企业境内发行股票或存托凭证试点若干意见的通知》(国办发〔2018〕21号)将存托凭证纳入证券范畴。(4) 国务院依法认定的其他证券。考虑到证券市场持续创新发展,该项作为兜底条款,授权国务院依法认定其他证券品种,为将来新的证券种类适用本条规定预留空间。

典型案例 4-1:圣达威公司欺诈发行私募债券案①

2012年下半年,因资金紧张、经营困难,厦门圣达威服饰有限公司(以下简称圣达威公司)法定代表人章某与公司高管研究决定发行私募债券融资,并安排财务负责人胡某具体负责。为顺利发行债券,章某安排胡某对会计师事务所隐瞒公司及章某负债数千万元的重要事实,并提供虚假财务账表、凭证,通过虚构公司销售收入和应收款项、骗取审计询证等方式,致使会计师事务所的审计报告发生重大误差,并在募集说明书中引用审计报告。2013年5月3日,圣达威公司在深圳证券交易所骗取5000万元中小企业私募债券发行备案,并在当年内分两期完成发行。圣达威公司获得募集资金后,未按约定用于公司生产经营,而是用于偿还公司及章某所欠银行贷款、民间借贷等,致使债券本金及利息无法到期偿付,造成投资者重大经济损失。法院以欺诈发行债券罪分别判处章某、胡某有期徒刑3年和2年。二审法院维持原判。

典型案例 4-2:北极皓天公司、杨某业欺诈发行债券案②

杨某业系江苏北极皓天科技有限公司(以下简称北极皓天公司)法定代表人、执行董事,负责公司全面工作。2012年,被告人杨某业为解决融资问题,决定发行私募债券,并由中山证券承销,拟向上海证券交易所申请非公开发行中小企业私募债券。2013年3月,北极皓天公司在中山证券负责的北极皓天公司2013年中小企业私募债券募集说明书中隐瞒公司尚未建成投产、尚无销售收入和利润

---

① 参见《首例私募债券欺诈发行刑事判决落地》,载深圳监管局(csrc.gov.cn)。
② 参见楼炯燕:《欺诈发行债券罪的构成要件》,载《人民司法》2020年第8期。

的重大事项,提交虚假的审计报告、纳税证明等材料,骗取上海证券交易所备案,备案金额为不超过1亿元,债券期限为3年期,销售期限为6个月。2013年9月,在投资者认购意向不足,该债券面临发行失败时,由杨某伦及杨某业出面借款6700万元,分别以江苏佳钇莹照明科技有限公司的名义虚假认购700万元,以深圳市华庭园投资发展有限公司的名义虚假认购6000万元,认购完成后随即归还出借人,最终实际募集到嘉实资本管理有限公司(以下简称嘉实公司)认购的2700万元资金。2016年9月,该债券到期后,北极皓天公司未按约支付本息。法院认定北极皓天公司犯欺诈发行债券罪,判处罚金100万元;杨某业犯欺诈发行债券罪,判处有期徒刑1年3个月。

3. 用于欺诈发行的"发行文件"的种类

根据《刑法》第160条的规定,本罪用于欺诈发行的是招股说明书、认股书、公司、企业债券募集办法等发行文件。根据《公司法》第134条的规定,公司经国务院证券监督管理机构核准公开发行新股时,必须公告新股招股说明书和财务会计报告,并制作认股书。根据《证券法》第13条的规定,公司公开发行新股,应当报送募股申请和下列文件:公司营业执照;公司章程;股东大会决议;招股说明书或者其他公开发行募集文件;财务会计报告;代收股款银行的名称及地址。其中,最核心的文件是"招股说明书或者其他公开发行募集文件",这是欺诈发行主要使用的造假载体。

典型案例4-3:云南绿大地公司欺诈发行案①

2004年至2007年6月,被告人何某葵、蒋某西、庞某星共同策划让云南绿大地生物科技股份有限公司(以下简称云南绿大地公司)发行股票并上市,由被告

---

① 参见《云南绿大地公司欺诈发行股票案一审宣判》,载昆明市中级人民法院网,(chinacourt.gov.cn)。

人赵某丽、赵某艳登记注册了一批由云南绿大地公司实际控制或者掌握银行账户的关联公司，并利用相关银行账户操控资金流转，采用伪造合同、发票、工商登记资料等手段，少付多列，将款项支付给其控制的公司，虚构交易业务、虚增资产7011.4万元、虚增收入29,610万余元。云南绿大地公司招股说明书中包含了上述虚假内容。2007年12月21日被告单位云南绿大地公司在深圳证券交易所首次发行股票并上市，非法募集资金达3.4629亿元。

2005年至2009年，云南绿大地公司为达到虚增销售收入和规避现金交易、客户过于集中的目的，在何某葵、蒋某西、庞某星的安排下，由赵某丽利用银行空白进账单，填写虚假资金支付信息后，私刻银行印章加盖于单据上，伪造了各类银行票证共计74张。

2007年12月21日云南绿大地公司上市后，依法负有向股东和社会公众如实披露真实信息的义务，但该公司经何某葵、蒋某西、庞某星共同策划，赵某丽、赵某艳具体实施，采用伪造合同、伪造收款发票等手段虚增公司资产和收入，多次将上述虚增的资产和收入发布在云南绿大地公司的半年报告及年度报告中。

2010年3月，在中国证监会立案调查绿大地公司期间，云南绿大地公司为掩盖公司财务造假的事实，在何某葵的指示下，赵某丽将依法应当保存的66份会计凭证替换并销毁。

法院判决云南绿大地公司犯欺诈发行股票罪、伪造金融票证罪、故意销毁会计凭证罪，判处罚金1040万元。被告人何某葵犯欺诈发行股票罪、伪造金融票证罪、违规披露重要信息罪、故意销毁会计凭证罪，数罪并罚，决定执行有期徒刑10年，并处罚金60万元。被告人蒋某西犯欺诈发行股票罪、伪造金融票证罪、违规披露重要信息罪，数罪并罚，决定执行有期徒刑6年，并处罚金30万元。被告人庞某星犯欺诈发行股票罪、伪造金融票证罪、违规披露重要信息罪，数罪并罚，决定执行有期徒刑5年，并处罚金30万元。被告人赵某丽犯欺诈发行股票罪、伪造金融票证罪、违规披露重要信息罪、故意销毁会计凭证罪，决定执行有期徒刑 5 年，并处罚金 30 万元。被告人赵某艳犯欺诈发行股票罪、违规披露重要信息罪，数罪并罚，决定执行有期徒刑 2 年 3 个月，并处罚金 5 万元。

4. "隐瞒重要事实或者编造重大虚假内容"的认定

首先，需要准确界定隐瞒和编造的对象范围。以《证券法》规定的证券发行为例，根据《证券法》第 12 条的规定，公司首次公开发行新股，应当符合 5 个条件：具备健全且运行良好的组织机构；具有持续经营能力；最近 3 年财务会计报告被出具无保留意见审计报告；发行人及其控股股东、实际控制人最近 3 年不存在贪污、贿赂、侵占财产、挪用财产或者破坏社会主义市场经济秩序的刑事犯罪；经国务院批准的国务院证券监督管理机构规定的其他条件。上市公司发行新股，应当符合经国务院批准的国务院证券监督管理机构规定的条件，具体管理办法由国务院证券监督管理机构规定。公开发行存托凭证的，应当符合首次公开发行新股的条件以及国务院证券监督管理机构规定的其他条件。按照《证券法》第 15 条的规定，公开发行公司债券，应当符合下列条件：具备健全且运行良好的组织机构；最近 3 年平均可分配利润足以支付公司债券 1 年的利息；国务院规定的其他条件。公开发行公司债券筹集的资金，必须按照公司债券募集办法所列资金用途使用；改变资金用途，必须经债券持有人会议作出决议。公开发行公司债券筹集的资金，不得用于弥补亏损和非生产性支出。上市公司发行可转换为股票的公司债券，除应当符合第 1 款规定的条件外，还应当遵守《证券法》第 12 条第 2 款的规定。但是，按照公司债券募集办法，上市公司通过收购本公司股份的方式进行公司债券转换的除外。

其次，隐瞒、编造的应当是"重要事实"或"重大虚假内容"。从本罪的立法目的看，相关发行文件是向社会筹集资金的重要文件，能够使社会公众了解公司、企业情况，进而维护资本市场正常秩序。如果其内容存在重大失实，其实质就是欺骗投资者，导致投资者在不明真相的情况下作出错误的投资决策，这既是对投资者和社会公众知情权、财产权的严重侵犯,也是对资本市场管理秩序的严重扰乱。因此,在判断行为人的欺诈行为是否达到犯罪程度时,需要准确认识立法精神,把握"重要""重大"的内涵,结合涉案金额、所造成的后果和行为情节,审慎作出判断。

典型案例4-4:欣泰电气股份有限公司、温某乙等欺诈发行股票、违规披露重要信息案①

2011年3月30日,被告单位丹东欣泰电气股份有限公司(以下简称欣泰电气公司)提出在创业板上市的申请因持续盈利能力不符合条件而被证监会驳回。2011年至2013年6月,被告人温某乙、刘某胜合谋决定采取虚减应收账款、少计提坏账准备等手段,虚构有关财务数据,并在向证监会报送的首次公开发行股票并在创业板上市申请文件的定期财务报告中载入重大虚假内容。2014年1月3日,证监会核准欣泰电气公司在创业板上市。随后欣泰电气公司在《首次公开发行股票并在创业板上市招股说明书》中亦载入了具有重大虚假内容的财务报告。2014年1月27日,欣泰电气公司股票在深圳证券交易所创业板挂牌上市,首次以每股发行价16.31元的价格向社会公众公开发行1577.8万股,共募集资金2.57亿元。被告单位欣泰电气公司上市后,被告人温某乙、刘某胜继续沿用前述手段进行财务造假,向公众披露了具有重大虚假内容的2013年年度报告、2014年半年度报告、2014年年度报告等重要信息。

法院以欺诈发行股票罪判处被告单位丹东欣泰电气股份有限公司罚金人民币832万元;以欺诈发行股票罪、违规披露重要信息罪判处被告人温某乙有期徒刑3年,并处罚金人民币10万元;以欺诈发行股票罪、违规披露重要信息罪判处被告人刘某胜有期徒刑2年,并处罚金人民币8万元。

---

① 参见最高人民法院2020年9月24日发布的"人民法院依法惩处证券、期货犯罪典型案例"之一:《丹东欣泰电气股份有限公司、温某乙等欺诈发行股票、违规披露重要信息案——欺诈发行股票,数额巨大;违规披露重要信息,严重损害股东利益》。

> **合规指引**

1. 信息披露合规概况

在注册制背景下，信息披露产生的虚假陈述行为，是行政监管机关与司法机关关注和打击的重点。2020年12月26日，中国证监会发表题为《彰显"零容忍"决心，保障资本市场平稳健康发展——中国证券监督管理委员会祝贺刑法修正案（十一）通过》的文章，文中指出："本次刑法修改表明了国家'零容忍'打击证券期货犯罪的坚定决心，对于切实提高证券违法成本、保护投资者合法权益、维护市场秩序、推进注册制改革、保障资本市场平稳健康发展具有十分深远的意义。……下一步，证监会将以认真贯彻落实刑法修正案（十一）为契机，推动加快修改完善刑事立案追诉标准，加强刑法修正案（十一）内容的法治宣传教育，不断深化与司法机关的协作配合，坚持'零容忍'打击欺诈发行、信息披露造假等各类证券期货违法犯罪行为，切实提高违法成本，有效保护投资者合法权益，全力保障资本市场平稳健康发展。"

信息披露是证券发行注册制的核心，上市公司一旦因信息披露违法被立案调查，不仅可能被监管机关行政处罚，面临大批投资者的巨额索赔，情节严重的还可能构成刑事犯罪，被强制退市。信息披露过程中产生的风险已成为悬在信息披露义务人头顶上的"达摩克利斯之剑"。信息披露合规对于包括发行人在内的信息披露义务人而言，已经俨然成为"刚需品"。企业通过合规建设完善内部监管机制、规范披露信息，可以有效避免行政与刑事法律风险，防止企业遭受重大经济损失和声誉损失风险。

2019年《证券法》第78条第2款规定了信息披露义务人披露信息的基本要求，即"信息披露义务人披露的信息，应当真实、准确、完整，简明清晰，通俗易懂，不得有虚假记载、误导性陈述或者重大遗漏"。2022年1月21日最高人民法院发布新修订的《虚假陈述民事赔偿规定》，对"虚假记载""误导性陈述""重大遗漏"进行了重新界定与诠释：①虚假记载，是指信息披露义务人披露的信息中对相关财务数据进行重大不实记载，或者对其他重要信息作出与真实情况不符的描述。②误导性陈述，是指信息披露义务人披露的信息隐瞒了与之相关的部分重要事实，或者未及时披露相关更正、确认信息，致使已经披露的信息因不完整、不准确而具有误导性。③重大遗漏，是指信息披露义务人违反关于信息披露的规定，对重大事件或者重要事项等应当披露的信息未予披露。

从 2019 年《证券法》及相关规定可以看出，信息披露应遵循真实、准确、完整、及时、公平等一系列原则。证券发行人或其他信息披露义务人应当在证券发行与流通等环节，依法将财务、经营状况以及其他影响投资者投资决策的重大信息向社会公众公告，相关信息披露文件需要上传指定的披露平台，供投资者查阅，以此确保信息披露合规。

2. 合规要求

（1）行政监管领域合规

《信息披露违法行为行政责任认定规则》第 4 条规定："认定信息披露违法行为行政责任，应当根据有关信息披露法律、行政法规、规章和规范性文件，以及证券交易所业务规则等规定，遵循专业标准和职业道德，运用逻辑判断和监管工作经验，审查运用证据，全面、客观、公正地认定事实，依法处理。"

证券发行人在证券发行过程中，应当根据法律、行政法规、规章和规范性文件，以及证券交易所业务规则等规定披露信息，这是行政监管层面对发行人提出的合规要求。发行人是否承担行政责任以及责任大小，主要依照法律规定及业务规则等综合认定，同时考察发行人的客观方面和主观方面：客观方面关注所涉事项是否具有重大性、违法次数、违法后果、社会影响等方面；主观方面考察"事前"是否故意或过失，"事后"是否积极配合监管部门调查，是否存在欺诈、隐瞒、干扰、阻碍调查等情况。

发行人的董事、监事、高级管理人员应当履行"勤勉尽责"义务，具体表现是应当为公司和全体股东的利益服务，诚实守信，忠实、勤勉地履行职责，独立作出适当判断，保护投资者的合法权益，保证信息披露真实、准确、完整、及时、公平。相关责任人员可以提交履职材料、会议纪要、会议记录等证据证明已尽忠实、勤勉义务，证明其没有过错，无须承担行政责任。

（2）刑事司法领域合规

刑事风险是证券发行人及控股股东、实际控制人的底线，故刑事合规体系应当优先建立。按照介入的时间划分，刑事合规可以分为事后合规、事中合规和事前合规。对证券发行人而言，事前合规的目的是提前阻断刑事风险，避免企业及相关责任人员涉刑；事中合规则强调在发现刑事风险后，证券发行人针对风险情况，积极采取合规措施，避免因欺诈发行被公安机关刑事立案或获得从宽处理；事后合规是已经发生刑事案件，行为人针对犯罪原因进行合规建设，从制度和执行层面防范相同或类似犯罪行为发生。

从行为方式看，欺诈发行证券罪主要表现为，在发行文件中隐瞒重要事实或者编造重大虚假内容，发行股票、债券及存托凭证等证券。为有效开展刑事合规，一方面要求发行人及控股股东、实际控制人厘清发行文件的范围，在对信息披露文件核查过程中履行"勤勉尽责"义务；另一方面要求行为人在发行文件中不得故意隐瞒重要事实或编造重大虚假内容。对于欺诈发行证券罪，目前尚未发布相关司法解释界定"重大性"的判断标准，因此，对于该事项的判断，可以参考行政法及民法的有关规定。只有企业在明确"重大性"判断规则后，才能厘清需要对哪些"重大事件"或"重大事项"在发行文件中予以真实、准确、完整披露，进而满足信息披露合规的要求。

3. 合规风险

所谓合规风险，是指企业因没有遵守法律、规则和准则而面临法律制裁、监管处罚，并遭受重大经济损失和声誉损失的风险。每个企业因其从事的业务不同，存在各不相同的合规风险领域。① 在证券领域，发行人及控股股东、实际控制人的合规风险，主要表现为违反证券法律有关规定。

（1）控股股东、实际控制人的风险防范与合规

有学者对证监会处罚上市公司的情形进行统计，结果发现约有1/3的案件是由控股股东、实际控制人滥用控制权引起。为进一步加大对欺诈发行的打击力度，《刑法修正案（十一）》明确将控股股东、实际控制人组织、指使实施欺诈发行的行为纳入刑法规制范围。② 在《刑法修正案（十一）》出台前，对控股股东、实际控制人的刑事追责，只能按照共同犯罪处理，而共同犯罪的认定需要证明行为人之间存在共同的犯罪故意与犯罪行为。为降低对共同犯罪举证难度，《刑法修正案（十一）》将控股股东、实际控制人行为正犯化，便于司法机关追究关键少数的刑事责任。

实践中，公安机关往往会把"实际控制人"作为"直接负责的主管人员"对待，但从刑行民衔接角度看，二者并不是对等关系。《刑法修正案（十一）》新增欺诈发行证券罪中控股股东、实际控制人承担刑事责任的条款也印证了上述观点，即不能将单位"直接负责的主管人员"与"实际控制人"作等同理解。根据这一新增条款，对控股股东、实际控制人的"组织、指使"行为进行刑法规制时，可以直接援引刑法条文。对于那些外观上不具有支配关系，但实质支配公司的主体，办案机关可以通过收集言词证据、书证等证据，证明当事人系实际控制

---

① 参见陈瑞华：《论企业合规的性质》，载《浙江工商大学学报》2021年第1期。
② 参见商浩文：《论欺诈发行证券罪的规范构造——以〈刑法修正案（十一）〉为视角》，载《中国政法大学学报》2021年第5期。

人,即以实质认定的方式进行判定。

控股股东、实际控制人是否应当承担刑事责任,需要综合考察主客观方面,即行为人客观上是否有"组织、指使"实施欺诈发行的客观行为,主观上是否具有欺诈发行证券的主观故意。如果控股股东、实际控制人未组织、指使实施欺诈发行行为,或对其他责任主体实施欺诈发行证券行为并不知情,就不应承担刑事责任。

(2)中介机构的风险防范与合规

中介机构作为投资者与证券市场的纽带,应当履行"勤勉尽责"的义务。《刑法》第229条规定了提供虚假证明文件罪与出具证明文件重大失实罪,对中介机构在证券发行环节提供虚假证明文件行为的刑事责任予以专门规定。不过,中介机构可能在欺诈发行案件中与发行人共谋造假,被认定为欺诈发行证券罪的共犯。例如万福生科欺诈发行股票案[①],法院认定审计机构湖南里程有限责任会计师事务所常德分所及其负责人构成欺诈发行股票罪。

4. 合规建议

(1)建立信息披露合规制度

欺诈发行证券罪既可以由自然人构成,也可以由单位构成。公司可以通过建立信息披露合规制度,形成风险转移和责任切割机制,避免公司因自然人的违法犯罪行为而承担刑事责任。

发行人及控股股东、实际控制人可以通过优化公司治理模式,规范决策流程,完善信息披露审核过程,明确信息披露主要责任人等方式,将有效刑事合规的基本要素融入公司信息披露合规制度,构建及时发现、预防信息披露违法的内控制度,从内部消除犯罪根源。

---

① 参见湖南省长沙市中级人民法院(2014)长中刑二初字第00050号刑事判决书。

(2) 加强内部培训，提高风险意识

公司有必要组织对公司管理层及财务人员等定期开展培训，加强上述人员对信息披露规则的理解，认识到欺诈发行证券行为可能导致的法律后果。在培训过程中，要求相关人员对信息披露过程中可能出现违法犯罪的环节予以关注，在特定环节予以重点提示。

相关责任人员应当履行对公司负有的"勤勉尽责"义务。在欺诈发行案件中，如果相关责任人员希望免责，除证明自己主观上没有故意外，还应证明其对相关事项进行了详尽调查，切实履行了必要的注意义务。此外，相关责任人员应提高风险意识，主动、持续进行履职相关知识、技能的学习，积极参加监管机构、行业协会等组织的培训活动，不断提高政策法规研判、内控风险管理的水平，提高自己的履职能力，防范自身的法律风险。

(3) 尽职调查及举报

信息披露义务人应在职责范围内确保披露信息的真实性、准确性和完整性。公司"董监高"、控股股东或实际控制人对信息的异常或不确定情况，应注意履行必要的质询和调查程序，必要时可聘请专业机构（律师事务所、会计师事务所）进行调查、审计等。同时，信息披露义务人发现已披露信息存在重大差错，或相关人员涉嫌欺诈发行证券行为时，应及时向公司进行举报。公司应立即纠正并及时采取补救措施，并视情况向上级监管机关报告。

(4) 聘请专业机构提供顾问或咨询服务

信息披露具有一定的专业性和复杂性。对于无法确定是否应当披露的相关事实，可以聘请专业机构、专业人士提供书面的专业意见，对可能涉及的法律风险予以全面评判，有效控制法律风险。

监管政策和规范

欺诈发行是上市公司首次公开发行阶段的信息披露违法行为，严重影响发行市场秩序，损害投资者对证券市场的信心，因此一直以来都是证券监管的重点。尤其是试行注册制以来，资本市场发行速度加快，2020年和2021年发行上市公司数均创历史新高。在此种情况下，如果不对欺诈发行严厉打击，就容易导致蒙混过关、"带病"上市，以致严重破坏资本市场秩序。

《刑法》认定构成欺诈发行之核心要件是"隐瞒重要事实或编造重大虚假内容"，而2005年《证券法》认定欺诈发行的核心要件是"不符合发行条件却以欺骗手段骗取发行核准"，两者并不一致。从条文解释角度看，可能出现欺诈发行的行政认定标准高于刑事入罪标准的不合理情形。鉴此，2019年《证券法》调整了欺诈发行行为的构成要件，与《刑法》中的欺诈发行证券罪保持一致。同时，2019年《证券法》加重了对欺诈发行的惩处力度，罚款数额由"非法所募资金金额百分之一以上百分之五以下"提高至"非法所募资金金额百分之十以上一倍以下"；对于尚未发行证券的，罚款数额由最高60万元提高至2000万元。

2019年《证券法》新增代表人诉讼制度，加强欺诈发行情形下对投资者的法律保护。其第95条第3款新增特别代表人诉讼，采用"默示加入、明示退出"的模式接受投资者委托，降低投资者的诉讼成本，进一步提高对欺诈发行及其他虚假陈述民事赔偿诉讼中投资者权益的保障。另外，其第24条第2款新增责令回购制度，发行人行为构成欺诈发行的，证券监管部门可以责令发行人或负有责任的控股股东、实际控制人回购证券，保护认购投资者的权益。

2020年11月6日，最高人民检察院、证监会联合发布12起证券违法犯罪典型案例，包括6起证券犯罪典型案例、6起证券违法典型案例。最高人民检察院、证监会指出，上市公司在发行、持续信息披露中的财务造假行为，严重蛀蚀资本市场的诚信基础，破坏市场信心，损害投资者利益，必须严厉惩治，要综合发挥行政执法和刑事司法职能作用,维护投资者的合法权益。

2021年7月6日,中共中央办公厅、国务院办公厅印发《关于依法从严打击证券违法活动的意见》,强调指出:"依法严厉查处大案要案。坚持分类监管、精准打击,全面提升证券违法大案要案查处质量和效率。依法从严从快从重查处欺诈发行、虚假陈述、操纵市场、内幕交易、利用未公开信息交易以及编造、传播虚假信息等重大违法案件。"

相关监管政策和规范索引整理如下。

《证券法》第19、24、181条

《上市公司信息披露管理办法》第3、4条

《信息披露违法行为行政责任认定规则》第3、12、13条

典型案例

典型案例4-5:万福生科欺诈发行案[①]

万福生科(湖南)农业开发股份有限公司(以下简称万福生科)为了达到公开发行股票并上市条件,由董事长兼总经理龚某福决策,并经财务总监覃某军安排人员执行,通过虚增销售收入、虚增营业利润等编造重大虚假财务数据的方式,在不符合条件的情况下骗取发行核准的行为,违反了2005年《证券法》的规定,同时,该行为还涉嫌违反《刑法》的相关规定。

证监会已依法将万福生科及主要责任人员龚某福、覃某军涉嫌欺诈发行股票行为和涉嫌违规披露、不披露重要信息行为移送司法机关处理,证监会对该两类行为中已涉嫌犯罪的万福生科、龚某福、覃某军不再行政处罚,相应违法事实中涉及的虚构销售收入、营业利润等财务数据,以司法机关认定为准。

---

① 中国证监会行政处罚决定书〔2013〕47号。

典型案例 4-6：欣泰电气欺诈发行案①

2011 年 11 月，丹东欣泰电气股份有限公司（以下简称欣泰电气）向中国证监会提交首次公开发行股票并在创业板上市（以下简称 IPO）申请，2012 年 7 月 3 日通过创业板发行审核委员会审核。2014 年 1 月 3 日，欣泰电气取得中国证监会《关于核准丹东欣泰电气股份有限公司首次公开发行股票并在创业板上市的批复》。

为实现发行上市目的，2011 年 12 月至 2013 年 6 月，欣泰电气通过外部借款、使用自有资金或伪造银行单据的方式虚构应收账款的收回，致使其在向中国证监会报送的 IPO 申请文件中相关财务数据存在虚假记载。

欣泰电气将包含虚假财务数据的 IPO 申请文件报送中国证监会并获得中国证监会核准的行为，违反了 2005 年《证券法》的规定，构成 2005 年《证券法》第 189 条所述"发行人不符合发行条件，以欺骗手段骗取发行核准"的行为。

典型案例 4-7：乐视网欺诈发行案②

乐视网信息技术（北京）股份有限公司（以下简称乐视网）2016 年非公开发行股票行为构成欺诈发行。2015 年 9 月 23 日，乐视网非公开发行股票申请经中国证监会发行审核委员会审核，并获无条件通过。2016 年 5 月 19 日，中国证监会出具《关于核准乐视网信息技术（北京）股份有限公司非公开发行股票的批复》（证监许可〔2016〕1089 号）。2016 年 8 月 8 日乐视网非公开发行上市。乐视网本次非公开发行新股 10,664.30 万股，募集资金 47.99 亿元，申报披露的三年一期财务数据期间为 2012 年至 2014 年及 2015 年 1-6 月。此前乐视网在 2007 年至 2016 年连续 10 年财务造假，因此乐视网不符合发行条件，以欺骗手段骗取发行核准。乐视网上述行为违反了 2005 年《证券法》的规定，构成 2005 年《证券法》第 189 条第 1 款所述的欺诈发行违法行为。

---

① 中国证监会行政处罚决定书〔2016〕84 号。
② 中国证监会行政处罚决定书〔2021〕16 号。

第四章　证券、期货市场类犯罪

第二节　违规披露、不披露重要信息罪

第一百六十一条　【违规披露、不披露重要信息罪】依法负有信息披露义务的公司、企业向股东和社会公众提供虚假的或者隐瞒重要事实的财务会计报告，或者对依法应当披露的其他重要信息不按照规定披露，严重损害股东或者其他人利益，或者有其他严重情节的，对其直接负责的主管人员和其他直接责任人员，处五年以下有期徒刑或者拘役，并处或者单处罚金；情节特别严重的，处五年以上十年以下有期徒刑，并处罚金。

前款规定的公司、企业的控股股东、实际控制人实施或者组织、指使实施前款行为的，或者隐瞒相关事项导致前款规定的情形发生的，依照前款的规定处罚。

犯前款罪的控股股东、实际控制人是单位的，对单位判处罚金，并对其直接负责的主管人员和其他直接责任人员，依照第一款的规定处罚。

罪名解析

1. 法条修改情况

1997 年《刑法》第 161 条规定了提供虚假财会报告罪，具体条文如下："公司向股东和社会公众提供虚假的或者隐瞒重要事实的财务会计报告，严重损害股东或者其他人利益的，对其直接负责的主管人员和其他直接责任人员，处三年以下有期徒刑或者拘役，并处或者单处二万元以上二十万元以下罚金。"鉴于该条文规制范围较窄，不能适应保护投资者和公众合法权益的需要，2006 年《刑法修正案（六）》主要作了三处扩张：（1）主体从"公司"修改为"依法负有信息披露义务的公司、企业"；（2）行为方式和犯罪对象增加"对依法应当披露的其他重要信息不按照规定披露"；（3）从结果犯扩张为情节犯，"有其他严重情节的"即可构成犯罪。近年来，我国全面推进以注册制为龙头的资本市场改革，从监管角度看，主要提出两大方面的要求：一是信息披露的要求更高，违法违规所需承担的责任更重。《刑法》第 161 条规定的刑罚已不能准确评价违规披露、不披露重要信息行为的严重社会危害性。二是法人治理的规范更严，要求信息披露义务人的控股股东、实际控制人必须约束自己的行为。《刑法》有必要对控股股东、实际控制人的刑事责任予以明示。2019 年《证券法》的重大修改之一，就是在其第 197 条大幅提升信息披露违法的处罚幅度。相应地，为了维护资本市场秩序，构建行业监管、行政处罚、民事赔偿、刑事处罚有机协调的治理格局，《刑法修正案（十一）》第 9 条对《刑法》第 161 条作出以下三方面的修正：一是提高法定刑幅度，并取消对罚金的比例限制，将"处三年以下有期徒刑或者拘役，并处或者单处二万元以上二十万元以下罚金"修改为"处五年以下有期徒刑或者拘役，并处或者单处罚金"。二是增加一档法定刑，即"情节特别严重的，处五年以上十年以下有期徒刑，并处罚金"。三是明确控股股东、实际控制人的刑事责任，即增加规定第 2 款"前款规定的公司、企业的控股股东、实际控制人实施或者组织、指使实施前款行为的，或者隐瞒相关事项导致前款规定的情形发生的，依照前款的规定处罚"和第 3 款"犯前款罪的控股股东、实际控制人是单位的，对单位判处罚金，并对其直接负责的主管人员和其他直接责任人员，依照第一款的规定处罚"。

2. 犯罪构成要件

（1）本罪的客体

违规披露、不披露重要信息罪规定在《刑法》分则第3章第3节"妨害对公司、企业的管理秩序罪"之中，其客体主要是对公司、企业的管理秩序，同时，违规披露、不披露重要信息也侵犯了投资者的知情权，对投资者的权益造成损害。针对本罪犯罪主体的公司、企业，本条规定实行"单罚制"，即不处罚公司、企业，而只处罚直接负责的主管人员和其他直接责任人员，以免因为处罚公司、企业而进一步加重投资者的损失程度。

（2）本罪的客观方面

关于违规披露、不披露重要信息罪的客观方面，需要注意以下事项：

对于依法负有信息披露义务的公司、企业，客观方面表现为向股东和社会公众提供虚假的或者隐瞒重要事实的财务会计报告，或者对依法应当披露的其他重要信息不按照规定披露，严重损害股东或者其他人利益，或者有其他严重情节。

对于前款规定的公司、企业的控股股东、实际控制人，客观方面表现为实施或者组织、指使向股东和社会公众提供虚假的或者隐瞒重要事实的财务会计报告，或者对依法应当披露的其他重要信息不按照规定披露，或者隐瞒相关事项导致该情形发生，严重损害股东或者其他人利益，或者有其他严重情节。

违规披露、不披露重要信息，达到"严重损害股东或者其他人利益，或者有其他严重情节"的，才追究刑事责任。

（3）本罪的主体

违规披露、不披露重要信息罪的主体是特殊主体，包括两类：一是"依法负有信息披露义务的公司、企业"。该类主体是单位，不包括自然人。二是前述公司、企业的"控股股东、实际控制人"。该类主体既可能是单位，也可能是自然人。

（4）本罪的主观方面

违规披露、不披露重要信息罪的主观方面由故意构成。不过也有观点认为，在特殊情形下，也不排除公司、企业的主观方面由过失构成。例如，因公司、企业相关人员隐瞒应当报告公司、企业的重要信息（如关于公司的董事、监事、高级管理人员持股数量的信息，或者涉嫌犯罪被依法采取强制措施的信息等），公司、企业疏于管理或者疏于审查，进而导致对依法应当披露的重要信息未按照规定披露的，公司、企业的主观罪过认定为过失为宜。

3. 刑事责任

《立案追诉标准（二）》第 6 条规定："依法负有信息披露义务的公司、企业向股东和社会公众提供虚假的或者隐瞒重要事实的财务会计报告，或者对依法应当披露的其他重要信息不按照规定披露，涉嫌下列情形之一的，应予立案追诉：（一）造成股东、债权人或者其他人直接经济损失数额累计在一百万元以上的；（二）虚增或者虚减资产达到当期披露的资产总额百分之三十以上的；（三）虚增或者虚减营业收入达到当期披露的营业收入总额百分之三十以上的；（四）虚增或者虚减利润达到当期披露的利润总额百分之三十以上的；（五）未按照规定披露的重大诉讼、仲裁、担保、关联交易或者其他重大事项所涉及的数额或者连续十二个月的累计数额达到最近一期披露的净资产百分之五十以上的；（六）致使不符合发行条件的公司、企业骗取发行核准或者注册并且上市交易的；（七）致使公司、企业发行的股票或者公司、企业债券、存托凭证或者国务院依法认定的其他证券被终止上市交易的；（八）在公司财务会计报告中将亏损披露为盈利，或者将盈利披露为亏损的；（九）多次提供虚假的或者隐瞒重要事实的财务会计报告，或者多次对依法应当披露的其他重要信息不按照规定披露的；（十）其他严重损害股东、债权人或者其他人利益，或者有其他严重情节的情形。"

根据现行《刑法》第 161 条的规定，依法负有信息披露义务的公司、企业构成违规披露、不披露重要信息罪的,实行单罚制,对其直接负责的主管人员和其他直接责任人员,处 5 年以下有期徒刑或者拘役,并处或者单处罚金;情节特别严重的,处 5 年以上 10 年以下有期徒刑,并处罚金。

依法负有信息披露义务的公司、企业的控股股东、实际控制人构成违规披露、不披露重要信息罪的,如果控股股东、实际控制人是自然人,处 5 年以下有期徒刑或者拘役,并处或者单处罚金;情节特别严重的,处 5 年以上 10 年以下有期徒刑,并处罚金。如果控股股东、实际控制人是单位,则实行双罚制,对单位判处罚金,并对其直接负责的主管人员和其他直接责任人员,处 5 年以下有期徒刑或者拘役,并处或者单处罚金;情节特别严重的,处 5 年以上 10 年以下有期徒刑,并处罚金。

司法精要

1. 虚假的或者隐瞒重要事实的财务会计报告的认定

对"虚假的或者隐瞒重要事实的财务会计报告"的认定,需要重点把握以下事项:

一是"财务会计报告"的认定。财务会计报告的范围,需要结合法律法规加以认定。例如,《公司法》要求披露年度财务会计报告,第 164 条规定:"公司应当在每一会计年度终了时编制财务会计报告,并依法经会计师事务所审计。财务会计报告应当依照法律、行政法规和国务院财政部门的规定制作。"第 165 条规定:"有限责任公司应当依照公司章程规定的期限将财务会计报告送交各股东。股份有限公司的财务会计报告应当在召开股东大会年会的二十日前置备于本公司,供股东查阅;公开发行股票的股份有限公司必须公告其财务会计报告。"再如,《证券法》要求披露年度财务会计报告以及半年度财务会计报告,第 79 条规定:"上市公司、公司债券上市交易的公司、股票在国务院批准的其他全国性证券交易场所交易的公司,应当按照国务院证券监督管理机构和证券交易场所规定的内容和格式编制定期报告,并按照以下规定报送和公告:(一)在每一会计年度结束之日起四个月内,报送并公告年度报告,其中的年度财务会计报告应当经符合本法规定的会计师事务所审计;(二)在每一会计年度的上半年结束之日起二个月内,报送并公告中期报告。"

二是"虚假的或者隐瞒重要事实"的认定。虚假的财务会计报告,是指对所披露内容进行不真实记载,包括发生业务不入账、虚构业务不入账等等。隐瞒重要事实的财务会计报告,是指未按照有关重大事件或者重要事项信息披露要求披露信息,隐瞒重大事项。

2. 造成严重损害股东或者其他人利益的后果,或者有其他严重情节

违规披露、不披露重要信息罪是典型的行政犯,首先违反的是行政法律法规,只有达到一定的严重程度,才需要动用刑法手段予以惩处。因此,该罪以"严重损害股东或者其他人利益,或者有其他严重情节"作为犯罪成立的要件。

典型案例4-8:顾某军虚报注册资本、违规披露、不披露重要信息、挪用资金再审案①

广东科龙电器股份有限公司(以下简称科龙电器)由于2000年、2001年连续亏损,被深圳证券交易所以"ST"标示,如果2002年继续亏损,将会退市。在顺德格林柯尔收购科龙电器法人股,成为科龙电器第一大股东之后,原审被告人顾某军为了夸大科龙电器的业绩,在2002年至2004年,安排原审被告人姜某军、严某松、张某、晏某茹、刘某等人采取年底封存库存产品、开具虚假销售出

---

① 参见《顾某军等人虚报注册资本等再审刑事判决书》,载中国裁判文书网,https://wenshu.court.gov.cn/website/wenshu/181107ANFZ0BXSK4/index.html?docId=be33126a42b84843bfd9aa3301144fc4。

库单或者发票、第二年予以大规模退货退款等方式虚增利润,并将该利润编入科龙电器财务会计报告向社会公布。

再审法院认为:1. 科龙电器在2002年至2004年实施了虚增利润并将其编入财务会计报告予以披露的行为。在案证据证实,原审被告人顾某军等人在无真实贸易背景的情况下,将产品封存于仓库,未使产品发生实际转移,却开具大量销售出库单或者发票,次年在账面上制作无正当理由的大规模退货记录,并将由此形成的不实销售收入计为当期收入,制造公司利润增长的假象。随后,在顾某军等人的安排下,科龙电器将2002年至2004年的虚假销售记录及相关财会资料编入财务会计报告,经董事会讨论通过后在媒体上予以发布,违反了信息披露制度的真实性要求。

2. 原审认定科龙电器提供虚假财务会计报告的行为严重损害股东或者其他人利益的事实不清,证据不足。2006年6月29日,全国人民代表大会常务委员会通过《刑法修正案(六)》,对《刑法》第161条进行了修改,其后,相关司法解释将该条规定的"提供虚假财会报告罪"修改为"违规披露、不披露重要信息罪"。原审适用《刑法修正案(六)》之前的《刑法》第161条的规定对原审被告人顾某军等人定罪处罚,应当适用提供虚假财会报告罪的罪名,却适用了违规披露、不披露重要信息罪的罪名,确属不当。根据《刑法》关于提供虚假财会报告罪的规定,必须有证据证实提供虚假财务会计报告的行为造成了"严重损害股东或者其他人利益"的危害后果,才能追究相关人员的刑事责任。参照最高人民检察院、公安部2001年《关于经济犯罪案件追诉标准的规定》,"严重损害股东或者其他人利益"是指"造成股东或者其他人直接经济损失数额在五十万元以上的",或者"致使股票被取消上市资格或者交易被迫停牌的"情形。但是,在案证据不足以证实本案已达到上述标准。

(1) 在案证据不足以证实本案存在"造成股东或者其他人直接经济损失数额在五十万元以上"的情形。首先,虽然侦查机关收集了陈某1等四名股民的证言，以证实科龙电器提供虚假财务会计报告的行为给他们造成约300万元的经济损失，但因取证程序违法，原第一审未予采信。原第二审在既未开庭审理也未说明理由的情况下，采信其中三名股民的证言，确属不当。其次，本案发生后，青岛海信集团有限公司于2006年年底收购了顺德格林柯尔持有的科龙电器26.4%股权，并将科龙电器改名为海信科龙电器股份有限公司。再审期间，检察机关提交了广州市中级人民法院2009年6月11日作出的一百余份民事调解书，以间接证明科龙电器提供虚假财务会计报告的行为给股民造成了经济损失，但认为仍未达到确实、充分的程度。本院经审查认为，上述民事调解书均系在本案原判生效之后作出，只体现了海信科龙电器股份有限公司的意愿，未能体现原审被告人顾某军等人的真实意愿，且不一定能够客观反映股民的实际损失，因而不足以证实本案存在"造成股东或者其他人直接经济损失数额在五十万元以上"的情形。

（2）本案不存在"致使股票被取消上市资格或者交易被迫停牌的"情形。在案证据证实，2005年5月9日，科龙电器董事会为发布被证监会立案调查的公告，向深交所提出了拟于次日上午停牌一小时的申请。经深交所同意，科龙电器股票在同月10日上午停牌一小时，后即恢复交易。可见，此次停牌系科龙电器主动申请，不属于交易被迫停牌的情形，也没有造成股票被取消上市资格的后果。

（3）原审以股价连续三天下跌为由认定已造成"严重损害股东或者其他人利益"的后果，缺乏事实和法律依据。原审认为，2005年5月10日停牌一小时后，自恢复交易时起，科龙电器股价连续三天下跌并跌至历史最低点，据此认定科龙电器提供虚假财务会计报告的行为严重损害了股东的利益。本院经再审查明，根据深交所2005年5月的股市交易数据，科龙电器股价自停牌当日起确实出现了连续三天下跌的情况，但跌幅与三天前相比并无明显差异，而且从第四天起即开始回升，至第八天时已涨超停牌日。

综上，原审被告人顾某军、姜某军、张某、严某松、晏某茹、刘某及其辩护人关于原审认定科龙电器提供虚假财务会计报告行为严重损害股东或者其他人利益证据不足的辩解、辩护意见成立，予以采纳。最高人民检察院出庭检察员"关于原审认定科龙电器提供虚假财务会计报告的事实清楚，证据确实、充分，但损害后果的事实无法查清，在案证据不足以证实该行为造成了严重损害股东或者其他人利益后果的意见"成立，予以采纳。

3. 对于"单罚制"的犯罪，公安机关将单位移送起诉的处理

根据《刑法》规定，对于违规披露、不披露重要信息罪，只处罚单位直接负责的主管人员和其他直接责任人员，不处罚单位。公安机关以本罪将单位移送起诉的，检察机关应当对单位直接负责的主管人员及其他直接责任人员提起公诉，对单位依法作出不起诉决定。对单位需要给予行政处罚的，检察机关应当提出检察意见，移送证券监督管理部门依法处理。

典型案例4-9：博元公司、余某妮等人违规披露、不披露重要信息案①

广东省珠海市博元投资股份有限公司（以下简称博元公司）原系上海证券交易所上市公司，华信泰投资有限公司（以下简称华信泰公司）为博元公司控股股东。在博元公司并购重组过程中，有关人员作出了业绩承诺，在业绩不达标时需向博元公司支付股改业绩承诺款。2011年4月，余某妮等人采取循环转账等方式虚构华信泰公司已代全体股改义务人支付股改业绩承诺款3.84亿余元的事实，在博元公司临时报告、半年报中进行披露。为掩盖以上虚假事实，余某妮等人采取将1000万元资金循环转账等方式，虚构用股改业绩承诺款购买37张面额共计3.47亿元银行承兑汇票的事实，在博元公司2011年的年报中进行披露。2012年至2014年，余某妮等人多次虚构银行承兑汇票贴现等交易事实，并根据虚假的交易事实进行记账，制作虚假的财务报表，虚增资产或者虚构利润均达到当期披露

---

① 参见最高人民检察院第十七批指导性案例之"博元投资股份有限公司、余某妮等人违规披露、不披露重要信息案（检例第66号）"，载最高人民检察院网，https：//www.spp.gov.cn/spp/jczdal/202003/t20200325_457287.shtml。

的资产总额或利润总额的30%以上,并在博元公司当年半年报、年报中披露。此外,博元公司还违规不披露博元公司实际控制人及其关联公司等信息。

2015年12月9日,珠海市公安局以余某妮等人涉嫌违规披露、不披露重要信息罪,伪造金融票证罪向珠海市人民检察院移送起诉;2016年2月22日,珠海市公安局又以博元公司涉嫌违规披露、不披露重要信息罪,伪造、变造金融票证罪移送起诉。随后,珠海市人民检察院指定珠海市香洲区人民检察院审查起诉。

检察机关审查认为,余某妮等人构成违规披露、不披露重要信息罪,应当提起公诉。根据《刑法》第161条规定,不追究单位的刑事责任,对博元公司应当依法不予起诉。2016年7月18日,珠海市香洲区人民检察院对博元公司作出不起诉决定。检察机关同时认为,虽然依照刑法规定不能追究博元公司的刑事责任,但对博元公司需要给予行政处罚。2016年9月30日,检察机关向中国证券监督管理委员会发出《检察意见书》,建议对博元公司依法给予行政处罚。

合规指引

1. 合规要求

上市公司信息披露合规,基本要求是信息披露义务人应当及时依法履行信息披露义务,所披露的信息应当真实、准确、完整,简明清晰,通俗易懂,不得有虚假记载、误导性陈述或者重大遗漏。主要包括以下三个方面:

一是信息披露义务人的范围。信息披露义务人,包括上市公司及其董事、监事、高级管理人员、股东、实际控制人等。2019年《证券法》明确指出,信息披露义务人、直接负责的主管人员、其他直接责任人员和信息披露义务人的控股股东、实际控制人均为信息披露的责任主体。《刑法修正案(十一)》针对控股股东、实际控制人操控上市公司实施犯罪的问题,在违规披露、不披露重要信息罪中增设注意条款，专门规定控股股东、实际控制人的刑事责任。① 在主体范围的设置方面，《证券法》与《刑法》基本保持一致，强化了控股股东、实际控制人的责任，以实现精准"追首恶"。

违规披露、不披露重要信息罪实行单罚制，即处罚单位的主管人员和其他直接责任人员。上市公司的主管人员和其他直接责任人员在《证券法》中也被视为承担信息披露义务的行政责任主体。在信息披露的语境下，直接负责的主管人员和其他直接责任人员的区别在于，其职位是否对信息披露事务具有相当的影响力。相应地，影响力赋予的保证信息披露真实、准确、完整的勤勉义务便成为责任人员划分的首要因素。②

二是信息披露文件的范围。信息披露文件包括定期报告、临时报告、招股说明书、募集说明书、上市公告书、收购报告书等。定期报告包括年度报告和中期报告，上市公司在每一会计年度结束之日起4个月内，报送并公告年度报告，其中的年度财务会计报告应当经符合《证券法》规定的会计师事务所审计要求；在每一会计年度的上半年结束之日起2个月内，报送并公告中期报告。发生可能对上市公司的股票、债券交易价格产生较大影响的重大事件，投资者尚未得知时，公司应当立即将有关该重大事件的情况向国务院证券监督管理机构（证监会）和证券交易场所报送临时报告，并予公告，说明事件的起因、目前的状态和可能产生的法律后果。

三是上市公司应制定信息披露事务管理制度，明确应披露的信息，董事、监事和高级管理人员的披露职责等内容。信息披露事务管理制度应当包括：①明确上市公司应当披露的信息，确定披露标准；②未公开信息的传递、审核、披露流程；③信息披露事务管理部门及其负责人在信息披露中的职责；④董事和董事会、

---

① 参见孙谦：《刑法修正案（十一）的理解与适用》，载《人民检察》2021年第8期。
② 参见冯果、王怡丞：《证券市场虚假陈述中责任人员类型划分的制度逻辑》，载《法律适用》2020年第21期。

监事和监事会、高级管理人员等的报告、审议和披露的职责；⑤董事、监事、高级管理人员履行职责的记录和保管制度；⑥未公开信息的保密措施，内幕信息知情人登记管理制度，内幕信息知情人的范围和保密责任；⑦财务管理和会计核算的内部控制及监督机制；⑧对外发布信息的申请、审核、发布流程；与投资者、证券服务机构、媒体等的信息沟通制度；⑨信息披露相关文件、资料的档案管理制度；⑩涉及子公司的信息披露事务管理和报告制度；⑪未按规定披露信息的责任追究机制，对违反规定人员的处理措施。

上市公司信息披露事务管理制度应当经公司董事会审议通过，报注册地证监局和证券交易所备案。

2. 合规风险

《刑法》第 160 条欺诈发行证券罪与第 161 条违规披露、不披露重要信息罪的共同点在于，两个罪名均属直接融资市场中的虚假陈述犯罪行为，在证券发行或者交易过程中对财务、资产交易等重大信息进行虚假、欺诈或者不实披露，严重损害融资市场信息效率，严重侵害投资者利益。① 从属性上看，信息披露可以分为强制性信息披露和自愿性信息披露。强制性披露信息是指，由《公司法》《证券法》等法律法规、会计准则和监管部门规定等明确规定的，上市公司必须披露的信息。自愿性披露信息是指，除强制性披露的信息之外，上市公司基于公司形象、投资者关系、回避诉讼风险等动机主动披露的信息。上市公司信息披露的合规风险主要体现在强制性信息披露过程中，在自愿性披露信息过程中，同样可能存在一定的合规风险。

---

① 参见谢杰主编：《证券市场虚假陈述法律规制与合规风控》，上海人民出版社 2021 年版，第 11 页。

(1) 强制性信息披露的合规风险

以"强制性信息披露"为核心的监管理念，是目前证券监管的主流，① 也是包括上市公司在内的信息披露义务人开展合规工作的重点。从类型上看，信息披露的主要问题包括信息披露虚假、信息披露误导、信息披露不充分、信息披露不及时和信息披露不持续等。违反《证券法》《上市公司信息披露管理办法》《信息披露违法行为行政责任认定规则》等有关规定披露或者不披露信息，即属信息披露违法，可能承担相应的行政责任或刑事责任。

《刑法》第 161 条规定的"向股东和社会公众提供虚假的或者隐瞒重要事实的财务会计报告"，即财务造假，是证券市场虚假陈述犯罪最为常见和严重的表现形式，属于信息披露虚假记载行为的方式之一。上市公司因财务造假导致信息披露违法的案件数量，在信息披露违法犯罪案件中占比较高。随着注册制全面推进，粉饰型财务造假将成为发行人、信息披露义务人隐匿财务状况的主要手段。

(2) 自愿性信息披露的合规风险

2019 年《证券法》第 84 条第 1 款新增了自愿披露制度，鼓励披露人进行自愿性信息披露。很多上市公司期望通过自愿信息披露突出公司竞争优势，展示公司形象，提高公司对投资者的吸引力。从投资者角度看，投资者不仅希望掌握财务信息、物质资源信息，还期待掌握非财务信息、知识资源信息，后者的取得大部分依赖于公司的自愿披露。②

上市公司自愿披露信息过程中涉嫌违法违规，可能被监管机关处罚。江苏宝利国际投资股份有限公司在 2015 年 1 月至 8 月连续发布 5 项对外投资公告。经有关机关调查发现，该公司在主动披露上述事项后，后续并未就上述投资公告事宜签订具体协议，在相关业务明确终止的情况下未依法披露重大进展。证监会认定，

---

① 参见郑彧：《论金融法下功能监管的分业基础》，载《清华法学》2020 年第 2 期。
② 参见程茂军：《试论上市公司自愿性信息披露的法律规制》，载《证券法苑》2017 年第 2 期。

该公司滥用自愿披露方式进行选择性披露，隐瞒负面信息，营造公司积极拓展海外业务且捷报频传的假象，严重误导投资者。2017年6月，证监会依法对该公司及相关责任人员予以处罚。[①]

对于上市公司而言，即使是主动自愿披露信息，也应遵循合规性原则，在内容上严守信息"真实、准确、完整"的要求，在程序上秉持"及时、公平"的立场，避免与法定信息披露冲突。从实践情况看，部分自愿信息披露在程序公平性和内容完整性上存在不同程度的欠缺，为上市公司带来了风险隐患，应当成为上市公司的关注重点。[②]

3. 合规建议

（1）完善信息披露事务管理制度，疏通信息收集汇总及披露渠道

上市公司应当根据《上市公司信息披露管理办法》等相关规定，制定并实施信息披露事务管理制度，明确信息披露主要责任人及职责范围。设立信息披露事务管理部门并确定负责人，由专人专门负责办理信息披露相关事项。规范管理包括信息传递、审核、披露在内的全流程。对未按照相应规定传递、审核、披露信息的人员，应依法作出处理，按照过错程度追究责任。

上市公司还可以建立信息披露绩效评价与考核机制，将信息披露事务管理纳入绩效考核，压实信息披露责任人的责任。同时，由监事会对信息披露事务管理制度的实施情况进行检查和监督，一旦发现信息披露环节存在重大缺陷，就应及时督促公司董事会改正，并可根据需要促使董事会完善有关制度。如果上市公司因信息披露违规行为被监管机构处罚，公司董事会应及时组织有关部门对公司内

[①] 参见中国证监会行政处罚决定书（江苏宝利国际投资股份有限公司、周某洪、陈某勤等6名责任人员），〔2017〕66号证监会行政处罚决定。

[②] 参见叶林：《自愿性信息披露应当遵循"底线规则"》，载《证券日报》2020年5月13日，A2版。

部的信息披露事务管理制度及实施情况进行检查，并采取相应的更正措施，在整改完成后向监管机构报告。

上市公司信息披露是一项包含内部信息汇集、整理、审核、审批并对外进行披露的系统性工作。上市公司各部门（包括但不限于财务部、采购部、市场部、制造部、人力资源部等）可指定一人或多人作为部门重大信息内部收集联络人，负责收集相关信息，经部门负责人批准后报分管领导审查，再报送至董事会秘书处，提请履行相关审议及披露程序。董事会秘书发现重大信息事项时，有权直接向该事项的责任人或联络人询问情况。

（2）自愿性信息披露应遵循合规性原则

公司披露自愿性信息，应当符合相关规则的要求，及时予以披露。进行自愿性信息披露，应当遵守公平信息披露原则，保持信息披露的完整性、持续性和一致性，避免选择性信息披露，不得与依法披露的信息相冲突，不得误导投资者。当已披露的信息情况发生重大变化，有可能影响投资者决策时，应当及时披露进展公告，直至该事项完全结束。

预测性信息作为信息披露义务人自愿披露的内容，其合规性问题应引起相关主体的重视。自愿披露预测性信息时，应当以明确的警示性文字，具体列明相关的风险因素，提示投资者可能出现的不确定性和风险。

在20世纪40年代至70年代早期，美国禁止披露预测性信息，直至70年代中后期才准许上市公司自愿披露预测性财务报表。1995年美国国会通过《私人证券诉讼改革法案》，在一定程度上采用判例法上预先警示原则，完善了对预测性信息的披露要求，并减轻了披露者的潜在诉讼风险。[1]

基于预先警示原则，预测需有审慎的说明和警示，即便事后难以实现，也不属于虚假陈述。合规要求主要涉及以下事项：一是关注"什么属于影响预测性信

---

[1] 参见张保华：《上市公司预测性信息披露制度研究》，载《法律适用》2003年第4期。

息实现的重要因素"。具体表现为及时披露可能影响预测性信息实现的重要事件、重要事项，预先警示投资人。二是进行充分的风险提示。充分性在很大程度上取决于提示的具体性和精确性。同时，警示是否充分，还取决于其在信息披露文件中的位置是否显著。以预先警示原则为基础构建信息披露合规体系，可以有效防范因未履行预先警示义务被监管机关或司法机关追究行政责任或刑事责任。在披露时，应注意以下两个问题：

首先，审慎发布预测性信息。预测性信息的披露，离不开现实合理的假设基础，上市公司应当审慎发布预测性信息。原因在于，客观条件一旦发生变化，预测性信息的假设基础缺失，就可能成为虚假信息或误导性信息，进而被认定为虚假记载、误导性陈述或重大遗漏的虚假陈述行为。由于预测性信息本身的不确定性，在发布预测性信息时应当充分进行事先审查，确定是否具有合理的假设基础，不能因《关于审理证券市场虚假陈述侵权民事赔偿案件的若干规定》中规定了"预测性信息安全港条款"就随意发布预测性信息。上市公司在发布预测性信息前，应结合公司实际经营情况作出合理预测，避免因虚假陈述承担刑事责任。

其次，充分履行及时更新预测信息义务。预测性信息的披露具有自愿性，但随着预测前提发生重大变化，可能导致预测不准确时，信息披露义务人即具有更新义务。信息更新义务体现为，披露人需要适时披露公司的重大风险及潜在风险。在信息披露文件对公司发展前景、财务和经营状况作出预测时，应充分考虑注册制市场风险因素。同时，应充分关注可能对已公开预测信息影响的变化因素，一旦预测信息不能实现或可能误导市场，就需要及时进行必要的解释说明。

（3）重视行政监管机关的调查取证，及早开展事后合规整改

从虚假陈述犯罪的调查流程看，一般是由证监会率先进行调查取证。因此，公司应当高度重视初期证监会对公司信息披露展开的行政调查，在积极配合行政执法的同时，对一些重大复杂问题与执法机关充分沟通，避免案件由行政案件转化为刑事案件。案件性质一旦改变，或将对上市公司造成不可逆的影响。

公司因信息披露违法面临行政处罚或刑事处罚风险，可能被行政机关或侦查机关立案调查。此种情况下，公司应在专业人员的协助下，帮助有关机关查明事实，例如在调查取证过程中合法、合理地行使举证、申辩及听证等权利。如查明确属违法违规乃至犯罪行为，上市公司应及早开展事后合规整改，争取从宽处理，避免案件不良影响扩大。

📁 监管政策和规范

信息披露是证券市场的核心要求。我国证券市场正在经历注册制改革，信息披露是制度调整的重点领域。2019年《证券法》强调信息披露的重要性，提高对信息披露违规的处罚力度。一方面，将"信息披露"单独列为专章，扩大信息披露主体范围，细化、完善了应予披露的"重大事件"范围，强化董事、监事和高级管理人员及控股股东、实际控制人的信息披露义务，完善违背信息披露义务的民事赔偿责任体系，建立控股股东、实际控制人的民事责任过错推定制度，凸显了信息披露义务的重要地位。另一方面，大幅提高对证券欺诈、违规披露等违法行为的处罚力度。对于上市公司信息披露违法行为，罚款数额由30万元以上60万元以下，最高提至1000万元。

证券交易所的自律监管规则是信息披露规则体系的重要部分。信息披露违法违规案件以上市公司的信息披露违规为主。证券交易所的上市规则等自律监管规则是上市公司信息披露的重要规范，因此，交易所的规则是信息披露规则体系的重要组成部分。另外，与法律法规、证监会发布的部门规章相比，交易所规则的规定更为具体，对于判断相关信息披露违规行为是否符合重大性标准具有重要参考价值。

上市公司财务造假是证券市场的"毒瘤"，严重破坏市场运行基础，侵害投资者利益，一直是证监会监管执法的重点。近年来，证监会持续加大对财务造假等恶性违法案件的查处力度，严格落实《证券法》各项要求，切实提升资本市场违法违规成本，强化监管执法震慑作用。

2021年4月16日，证监会通报2020年以来上市公司财务造假案件办理情况。2020年证监会围绕提升上市公司质量和保护投资者合法权益的总体要求，突出执法重点，突出精准打击和执法协同，依法从严从快从重查办上市公司财务造假等违法行为，共办理该类案件59起，占办理信息披露类案件的23%，向公安机关移送相关涉嫌犯罪案件21起。该通报指出，财务造假类案件具有以下特点：造假模式复杂，系统性、全链条造假案件仍有发生；造假手段隐蔽，传统方式与新型手法杂糅共生；造假动机多样，并购重组领域造假相对突出；造假情节及危害后果严重，部分案件涉嫌刑事犯罪。

2021年7月6日，中共中央办公厅、国务院办公厅印发《关于依法从严打击证券违法活动的意见》，指出："依法严厉查处大案要案。坚持分类监管、精准打击，全面提升证券违法大案要案查处质量和效率。依法从严从快从重查处欺诈发行、虚假陈述、操纵市场、内幕交易、利用未公开信息交易以及编造、传播虚假信息等重大违法案件。对资金占用、违规担保等严重侵害上市公司利益的行为，要依法严肃清查追偿，限期整改。加大对证券发行人控股股东、实际控制人、董事、监事、高级管理人员等有关责任人证券违法行为的追责力度。加强对中介机构的监管，存在证券违法行为的，依法严肃追究机构及其从业人员责任，对参与、协助财务造假等违法行为依法从重处罚。"

2021年10月，证监会会同公安检察机关部署专项执法行动，依法从严打击证券违法犯罪活动，集中部署查办19起重大典型案件，其中重大信息披露违法案件8件。近年来，针对严峻复杂的证券违法犯罪态势，证监会不断加强行政执法与刑事司法的衔接配合。2021年上半年，证监会已累计向公安机关移送涉嫌犯罪案件及线索119件，移送涉案主体266人，较2020年同期增长均达到1倍以上。同时，及时向检察机关抄送重大案件17件。

证券市场的投融资活动高度依赖真实、准确、完整的信息披露，IPO 欺诈发行及虚假披露严重背离诚信原则，违反法律规范，损害投资者合法权益，是监管机构监管执法的主要领域。

相关监管政策和规范索引整理如下。

《证券法》第 78、82、197 条

《上市公司信息披露管理办法》第 3、4、16、51、58 条

典型案例

典型案例 4-10：康美药业信披违法案①

康美药业股份有限公司（以下简称康美药业）虚增营业收入、利息收入、营业利润，虚增货币资金、固定资产、在建工程、投资性房地产时，所披露的《2016 年年度报告》《2017 年年度报告》《2018 年半年度报告》《2018 年年度报告》存在虚假记载，康美药业未按规定披露控股股东及其关联方非经营性占用资金的关联交易情况，所披露的《2016 年年度报告》《2017 年年度报告》《2018 年年度报告》存在重大遗漏，上述行为违反了 2005 年《证券法》有关半年度报告、年度报告的规定，构成 2005 年《证券法》第 193 条第 1 款所述的行为。

康美药业董事、监事、高级管理人员违反 2005 年《证券法》的规定，构成 2005 年《证券法》第 193 条第 1 款所述"直接负责的主管人员和其他直接责任人员"。

典型案例 4-11：康得新公司信披违法案②

康得新复合材料集团股份有限公司（以下简称康得新公司）2015 年至 2018 年年度报告存在虚假记载，未及时披露及未在年度报告中披露为控股股东提供关联担保的情况，未在年度报告中如实披露募集资金使用情况。违反了 2005 年《证

---

① 中国证监会行政处罚决定书〔2020〕24 号。
② 中国证监会行政处罚决定书〔2020〕71 号。

券法》的规定，构成 2005 年《证券法》第 193 条第 1 款所述行为。

根据 2005 年《证券法》第 68 条第 3 款的规定，康得新公司的董事、监事、高级管理人员应当保证上市公司所披露的信息真实、准确、完整。相关董监高对 2015 年至 2018 年年度报告签署书面确认意见，并保证相关财务报告的真实、准确、完整，构成 2005 年《证券法》第 193 条第 1 款所述"直接负责的主管人员和其他直接责任人员"。

典型案例 4-12：辅仁药业信披违法案①

2015 年至 2016 年，辅仁药业集团制药股份有限公司（以下简称辅仁药业）及其控股子公司将货币资金提供给控股股东辅仁药业集团有限公司（以下简称辅仁集团）、辅仁集团母公司河南辅仁控股有限公司（以下简称辅仁控股）使用。辅仁药业未将提供给辅仁集团、辅仁控股的资金记入财务账簿，也未对辅仁集团、辅仁控股非经营性占用上市公司资金情况予以披露，导致其披露的 2015 年、2016 年年度报告存在虚假记载、重大遗漏。

2017 年，辅仁药业将开封制药（集团）有限公司（以下简称开药集团）纳入合并报表。辅仁药业、开药集团以前年度向辅仁集团、辅仁控股提供的资金，在 2017 年、2018 年绝大部分仍未归还，且发生新的占用，辅仁药业未将相关资金占用情况入账，也未对辅仁集团、辅仁控股非经营性占用上市公司资金情况予以披露，导致其披露的 2017 年、2018 年年度报告存在虚假记载、重大遗漏。

辅仁药业 2015 年至 2018 年年度报告中虚增货币资金、未披露控股股东及其关联方非经营性资金占用，以及 2018 年年度报告未披露关联方担保，导致定期报告存在虚假记载、重大遗漏的行为，违反 2005 年《证券法》、《公开发行证券的公司信息披露内容与格式准则第 2 号——年度报告的内容与格式》的规定，构成 2005 年《证券法》第 193 条第 1 款所述行为。

---

① 中国证监会行政处罚决定书〔2020〕79 号。

第三节　背信损害上市公司利益罪

第一百六十九条之一　【背信损害上市公司利益罪】上市公司的董事、监事、高级管理人员违背对公司的忠实义务，利用职务便利，操纵上市公司从事下列行为之一，致使上市公司利益遭受重大损失的，处三年以下有期徒刑或者拘役，并处或者单处罚金；致使上市公司利益遭受特别重大损失的，处三年以上七年以下有期徒刑，并处罚金：

（一）无偿向其他单位或者个人提供资金、商品、服务或者其他资产的；

（二）以明显不公平的条件，提供或者接受资金、商品、服务或者其他资产的；

（三）向明显不具有清偿能力的单位或者个人提供资金、商品、服务或者其他资产的；

（四）为明显不具有清偿能力的单位或者个人提供担保，或者无正当理由为其他单位或者个人提供担保的；

（五）无正当理由放弃债权、承担债务的；

（六）采用其他方式损害上市公司利益的。

上市公司的控股股东或者实际控制人，指使上市公司董事、监事、高级管理人员实施前款行为的，依照前款的规定处罚。

犯前款罪的上市公司的控股股东或者实际控制人是单位的，对单位判处罚金，并对其直接负责的主管人员和其他直接责任人员，依照第一款的规定处罚。

罪名解析

1. 法条修改情况

背信损害上市公司利益罪，是《刑法修正案（六）》新增的罪名，作为《刑法》第169条新增条文之一，规定在第3章破坏社会主义市场经济秩序罪，妨害对公司、企业的管理秩序罪一节。一些上市公司的董事、监事、总经理等高级管理人员以及控股股东、实际控制人等操纵上市公司，并将上市公司作为自己的"取款机"，以无偿或者明显违反市场价格机制的条件进行私下关联交易等非法手段，损害上市公司利益。此类行为不仅恶化经营能力，致使上市公司资产质量下降，也严重损害了上市公司广大股民尤其是中小股民的合法权益，严重扰乱了证券市场秩序。为惩治这种不法行为，《刑法修正案（六）》在《刑法》第169条后增加一条，将此类"掏空"上市公司的行为规定为犯罪。

2. 犯罪构成要件

（1）本罪的客体

本罪侵犯的客体包括公司、企业的管理秩序、证券市场秩序等。具体而言，本罪是以"上市公司的董事、监事、高级管理人员违背对公司的忠实义务"为前提的犯罪，这也是我国刑法第一次明确以"背信"对相应行为进行规制的犯罪。上市公司的董监高等，其恶意"掏空"上市公司利益的行为也会严重损害证券市场公平、公开、公正的发展秩序。

(2) 本罪的客观方面

本罪的客观方面表现为违背对公司的忠实义务，利用职务便利，操纵上市公司从事损害上市公司利益的活动，致使上市公司的利益遭受重大损失。考虑背信行为可能出现新的类型，本条采用"列举加概括"的方式规定了背信的客观行为，在列举5项具体行为后，增加一个兜底性条款。具体包括：①无偿向其他单位或者个人提供资金、商品、服务或其他资产的；②以明显不公平的条件，提供或接受资金、商品、服务或其他资产的；③向明显不具有清偿能力的单位或个人提供资金、商品、服务或其他资产的；④为明显不具有清偿能力的单位或者个人提供担保，或者无正当理由为其他单位或者个人提供担保的；⑤无正当理由放弃债权、承担债务的；⑥采用其他方式损害上市公司利益的。上市公司董事、监事、高级管理人员损害上市公司利益的行为是否构成本罪，还应当结合是否"违背对公司的忠实义务、利用职务便利"这一前提条件加以综合分析。从本罪的条文看，本罪将犯罪主体限定为董事、监事、高级管理人员。所谓利用职务便利，是指行为人利用自己在管理本单位经营、生产过程中拥有的领导、指挥以及监督职权。结合罪状中操纵上市公司的表述，操纵上市公司意味着，通过外化的公司意志，利用管理性职务便利实施侵害上市公司利益的背信行为。此外，本罪为结果犯，只有导致上市公司利益遭受重大损失的才能构成本罪。

(3) 本罪的主体

本罪的犯罪主体是特殊主体，只有上市公司的董事、监事、高级管理人员、上市公司的控股股东或者实际控制人才能构成本罪。犯罪主体主要包括两种类型：一是上市公司的董事、监事、高级管理人员；二是上市公司的控股股东或者实际控制人。这些特殊主体对上市公司具有控制权或重大的影响力。其中，高级管理人员不能狭义地理解为总经理，还包括公司的经理、副经理、财务负责人、董事会秘书和公司章程规定的其他人员。实际控制人是指，虽不是公司的股东，但通过投资关系、协议或者其他安排能够实际支配公司行为的人。①

(4) 本罪的主观方面

本罪的主观方面为故意。实践中行为人可能出于私愤、"损公肥私"等原因，损害中小股民的利益，通过不正当关联交易等违法行为将上市公司"掏空"。至于行为人的主观动机和目的，不影响本罪主观方面的认定。

3. 刑事责任

(1) 追诉标准

《立案追诉标准（二）》第13条规定："上市公司的董事、监事、高级管理人员违背对公司的忠实义务，利用职务便利，操纵上市公司从事损害上市公司利益的行为，以及上市公司的控股股东或者实际控制人，指使上市公司董事、监事、高级管理人员实施损害上市公司利益的行为，涉嫌下列情形之一的，应予立案追诉：（一）无偿向其他单位或者个人提供资金、商品、服务或者其他资产，致使上市公司直接经济损失数额在一百五十万元以上的；（二）以明显不公平的条件，提供或者接受资金、商品、服务或者其他资产，致使上市公司直接经济损失数额在一百五十万元以上的；（三）向明显不具有清偿能力的单位或者个人提供资金、商品、服务或者其他资产，致使上市公司直接经济损失数额在一百五十万元以上的；（四）为明显不具有清偿能力的单位或者个人提供担保，或者无正当理由为其他单位或者个人提供担保，致使上市公司直接经济损失数额在一百五十万元以上的；（五）无正当理由放弃债权、承担债务，致使上市公司直接经济损失数额在一百五十万元以上的；（六）致使公司、企业发行的股票或者公司、企业债券、存托凭证或者国务院依法认定的其他证券被终止上市交易的；（七）其他致使上

---

① 参见黄太云：《〈刑法修正案（六）〉的理解与适用》（下），载《人民检察》2006年第15期。

市公司利益遭受重大损失的情形。"

（2）对于行为主体是控股股东或单位的处理

本罪的行为主体是上市公司控股股东或实际控制人是单位的，对单位判处罚金，并对负有直接责任的主管人员和其他直接责任人员依照本罪处罚。

司法精要

1. 背信损害上市公司利益的行为特点

背信损害上市公司利益罪的实行行为包括：①无偿向其他单位或者个人提供资金、商品、服务或者其他资产；②以明显不公平的条件，提供或者接受资金、商品、服务或者其他资产；③向明显不具有清偿能力的单位或者个人提供资金、商品、服务或者其他资产；④为明显不具有清偿能力的单位或者个人提供担保，或者无正当理由为其他单位或者个人提供担保；⑤无正当理由放弃债权、承担债务；⑥采用其他方式损害上市公司利益。据此，背信损害上市公司利益罪针对的是对上市公司财产的处分行为，即并非所有损害上市公司利益的行为都会被纳入背信损害上市公司利益罪的规制范围。因此，对于兜底条款"采用其他方式损害上市公司利益行为"的判断，必须体现实行行为的本质——经营权中的处分权，即通过不正当关联交易"掏空"上市公司的行为。

2. 资金占用的主要形式

公司控股股东、实控人指使上市公司董事、监事、高级管理人员违背忠实义务，从事损害上市公司利益的行为，在证券监管领域较为常见，具体表现为违规对外担保、违规关联交易等资金占用行为。

对于资金占用行为，主要包括余额模式与发生额模式等两种模式。余额模式是指，上市公司虚构财务报表中的货币资金余额，隐瞒控股股东及其关联方的资金占用行为，或不披露货币资金受限情况以隐瞒违规担保，进而直接影响财务报表使用者对货币资金项目真实性和流动性的判断。发生额模式是指，控股股东及其关联方利用上市公司直接或间接（如通过关联方、第三方、员工设立的公司等）的资金拆借、无商业实质的购销业务或票据交换、对外投资、支付工程款等形式占用上市公司资金。资金占用具体体现在上市公司财务报表的往来款项、应收应付票据、长期股权投资、在建工程、长短期借款等项目中，货币资金项目通常不存在直接虚假情形。

3. 关联交易非关联化的认定

关联交易非关联化是公司 IPO 及上市后财务审计关注的重点，也是"董监高"、控股股东及实际控制人输送利益，损害上市公司利益的常用手段。常见的关联交易非关联化形式包括：

一是分解交易。通过过桥公司，将与关联方之间的交易，通过一个或几个非关联方转换为若干笔非关联的业务。

二是隐匿关联关系。将交易时机选择在成为关联方之前，与关联方发生现时非关联方交易，按非公允价格交易；交易事项完成后才正式加盟成为关联方。也存在通过多重参股间接控制上市公司，使两者之间的关系非关联化的情况。

三是解除关联关系。关联企业中的一方利用转让部分股权或中止受让相关股份等方式，使彼此之间达不到关联方认定的标准，将关联方关系转为非关联关系，相应交易不再属于关联交易，此后发生的交易便可视为一般业务。

4. 将上市公司资金挪用至关联公司使用的处理

上市公司董事长在实际控制人的要求下，通知财务将相应钱款转至实际控制人关联公司账户供其使用时，究竟应该以挪用资金罪还是背信损害上市公司利益罪定罪处罚？对于背信损害上市公司利益罪，需要从主体的特殊性、董事、监事等人员违背职务的忠诚义务，损害上市公司利益等方面进行认定。当背信损害上市公司利益罪与挪用资金罪发生竞合时，可以按照法条竞合时优先适用特别法等规则进行处理。

具体而言，挪用资金型背信行为通常表现为"公司的意志"，但该行为通常并未经过法定或者约定的程序，直接违反了《公司法》有关公司治理或者公司章程中对于公司治理的明文规定。全国人大常委会讨论了《刑法》第384条第1款规定的国家工作人员利用职务上的便利，挪用公款归个人使用的含义，并具体解释如下：①将公款供本人、亲友或者其他自然人使用的；②以个人名义将公款供其他单位使用的；③个人决定以单位名义供其他单位使用，谋取个人利益的。为进一步明确第2项中"以个人名义"的含义，《全国法院审理经济犯罪案件工作座谈会纪要》指出：对于行为人逃避财务监管，或者与使用人约定以个人名义进行，或者借款、还款都以个人名义进行，将公款给其他单位使用的，应当认定为以个人名义。具体到行为人的背信行为，虽然表现为"单位之间""融资合同""内部记账"等难以认定"挪为私用"的犯罪特征，但由于行为人并未召开董事会，也未向财务总监等人员表明资金最终去向，逃避了财务的监管，导致资金最终流向大股东的关联账户，符合挪用资金罪的法律特征。同时，行为人作为上市公司高级管理人员，违背忠实义务，利用职务便利，将上市公司的资金挪用给大股东或者实际控制人使用的行为，也构成背信损害上市公司利益罪。

当两罪发生竞合时，应判断法条适用的时间效力与竞合关系。首先，依据从旧兼从轻原则，《刑法修正案（六）》2006年6月29日公布施行，背信损害上市公司利益罪的条文晚于挪用资金罪，在刑罚方面，前者相对于后者较轻，故按照从旧兼从轻原则，对于行为人的犯罪行为应以背信损害上市公司利益罪定罪处罚。其次，从两罪的犯罪构成看，背信损害上市公司利益罪列举的第1项行为，即"无偿向其他单位或者个人提供资金"，包含在挪用资金罪的处罚外延之内，二者属于特别法与一般法的法条竞合关系，宜按照特别法优于一般法的原则处理，以背信损害上市公司利益罪定罪处罚。

典型案例 4-13：张某背信损害上市公司利益案①

2003 年 7 月、8 月，被告人张某在上海科技大股东南京斯威特集团有限公司（以下简称斯威特集团）实际控制人严某群的要求下，未经公司董事会同意，并在未告知财务经理胡某资金最终去向的情况下，指使胡某先后两次将上海科技账外账户中的人民币 1 亿元和 6800 万元划至上海科技下属南京宽频科技有限公司（以下简称南京宽频）账户。南京宽频的出纳刘某瑶按张某指令没有将该两笔钱款入账，而是将其中 1 亿元划至上海科技下属控股子公司南京图博软件有限公司（以下简称南京图博），后经严某群签字确认将该人民币 1 亿元划至斯威特集团指定的南京凯克通信技术有限公司（以下简称南京凯克）。嗣后，严某群指使斯威特集团出纳王某亚将该 1 亿元用于投资设立湖南新楚视界公司（以下简称新楚视界）；另外 6800 万元会同南京宽频的人民币 200 万元，按严某群要求划至严实际控制的南京罗佛通信技术服务有限公司（以下简称南京罗佛）。斯威特集团得款后，严某群指使王某亚将该 7000 万元会同南京信发文化传媒有限公司（以下简称南京信发）和斯威特集团的 2300 万元用于收购小天鹅公司的股权。8 月 29 日，南京信发通过南京罗佛，将 7000 万元划回南京宽频账户。刘某瑶经张某同意和严某群审批，将该 7000 万元划至南京和远咨询服务有限公司（以下简称南京和远）账户，该账户将 7000 万元连同南京口岸进出口有限公司（以下简称南京口岸）划入的 2000 万元合计人民币 9000 万元电汇至上海证券有限责任公司临平路证券营业部，以广州安迪实业投资有限公司（以下简称广州安迪）名义开设账户进行股票买卖。

法院认为，基于从旧兼从轻原则以及比较两罪的犯罪构成，应认定被告人张

---

① 上海市浦东新区人民法院（2007）浦刑初字第 1521 号刑事判决书。

某身为上海科技董事长,违背对公司的忠实义务,利用职务上的便利,操纵上市公司,无偿地将本单位资金提供给其他单位使用,致使上市公司利益遭受重大损失,其行为已构成背信损害上市公司利益罪。被告人张某到案后交代态度较好,有一定的悔罪表现,斯威特集团已将占用的上海科技的资金全数归还,上海科技的利益损失得到弥补,酌情从轻处罚。依照《刑法》第12条、第169条之一、第53条之规定,判处被告人张某有期徒刑2年,罚金人民币2000元。判决后被告人未上诉,公诉机关也未抗诉。现该案已发生法律效力。

5. 造成重大损失是一种实害后果

本罪为结果犯,只有导致上市公司利益遭受重大损失的才能构成本罪。例如,行为人在操纵公司进行损害公司利益的活动过程中自行停止、意外停止或被发现制止,客观上未发生上市公司利益遭受重大损失的实害结果,就不宜认定为本罪。再如,上市公司高级管理人员违规向不具有清偿能力的股东提供担保,虽然到期未归还,但存在第三方的担保、抵押、质押等增信措施,未造成实际损失或者不会造成实际损失,也不宜以背信损害上市公司利益罪定罪处罚。本罪属于典型的结果犯,构成要件中的结果要件系"致使上市公司利益遭受重大损失",这是一种实害后果,并不包括潜在的经济风险。

典型案例4-14:于某青违规不披露重要信息案①

江苏琼花高科技股份有限公司(以下简称江苏琼花)控股股东为琼花集团,实际控制人为被告人于某青。2006年11月至2008年11月,时任江苏琼花法定代表人、董事长的于某青使用江苏琼花公章,以江苏琼花的名义,为明显不具有清偿能力的控股股东琼花集团等关联方提供24笔担保,担保金额共计人民币(以下币种同)16,035万元,占江苏琼花2008年12月31日经审计的净资产的

---

① 参见《刑事审判参考》总第90集第824号案例。

101.29%。其中，2007年11月1日至2008年10月31日连续12个月的担保累计金额为12,005万元，占江苏琼花2008年12月31日经审计的净资产的75.83%。江苏琼花对上述担保事项未按规定履行临时公告披露义务，也未在2006年年报、2007年年报、2008年半年报中进行披露。截至2009年12月31日，琼花集团、于某青均通过以股抵债或者用减持股票款方式向债权人清偿了全部债务，江苏琼花的担保责任已经解除。

法院认为，公诉机关指控于某青构成违规不披露重要信息罪的事实清楚，证据确实、充分，罪名成立。但指控于某青所犯背信损害上市公司利益罪必须以"致使上市公司利益遭受重大损失"为要件，于某青虽然有操纵上市公司向明显不具有清偿能力的关联企业提供担保行为，但其违规担保的风险在公安机关立案前已全部化解，未给江苏琼花造成实际损失。因此，其行为不符合背信损害上市公司利益罪的构成特征，公诉机关指控于某青犯背信损害上市公司利益罪不能成立。据此，扬州市邗江区人民法院依据《刑法》第161条、第67条第1款、第72条第1款、第3款、第73条第1款、第3款、第52条、第53条之规定，以被告人于某青犯违规不披露重要信息罪，判处拘役3个月，缓刑6个月，并处罚金人民币20万元。一审宣判后，被告人于某青在法定上诉期内未提出上诉，公诉机关亦未提出抗诉，判决已发生法律效力。

6. 高级管理人员背信同时受贿是否数罪并罚

对于非国家工作人员受贿罪，要求行为人利用职务上的便利为他人谋取利益，并收受好处。比较而言，背信损害上市公司利益罪的本质是上市公司高级管理人员、实际控制人、大股东等违背对公司的忠实义务，利用职务便利，操纵上市公司并实施"掏空"上市公司的犯罪行为。因两罪均存在"利用职务便利"行为，也存在"为他人谋取利益"的内容，那么对于上市公司高级管理人员在背信行为的同时又收受好处的情形，是否需要数罪并罚？基于禁止重复评价原则，两罪均存在"利用职务便利"的构成要件，当行为人仅实施一个行为时，不能对其行为在刑法上进行二次及以上的评价。换言之，对于利用职务便利的行为，只能在"背信"或者"商业贿赂"中进行单独评价，不能在两个罪名下分别评价，因此，对于上述情形不能数罪并罚。在单独评价的情况下，究竟是以"背信"还是以"商业贿赂"定罪处罚？有观点认为，该情形属于想象竞合，应以重罪论。就非国家工作人员受贿罪和背信损害上市公司利益罪的关系而言，两者出现竞合时，应成立一个重罪，即非国家工作人员受贿罪。[①] 非国家工作人员受贿罪要求的"利用职务上的便利"和"为他人谋取利益"，已经覆盖背信损害上市公司利益罪中的"利用职务便利"和"操纵上市公司从事下列行为之一"的构成要件，同时，前者仍然需要满足"收受好处"的客观内容，后者并不需要。需要指出的是，尽管背信损害上市公司利益罪能够评价上市公司高级管理人员等"利用职务便利"和"操纵上市公司从事下列行为之一"，但无法评价前述人员因此而收受贿赂的行为。因此，高级管理人员背信同时受贿的，属于法条竞合，应以非国家工作人员受贿罪定罪处罚。

合规指引

1. 合规要求

（1）违背忠实义务的判断

从《刑法》第169条之一背信损害上市公司利益罪的表述看，"背信"是指违背对公司的忠实义务，只有违背忠实义务才能构成本罪。如果行为人未违背对公司的忠实义务，即使其行为造成了相应的严重后果，也不构成本罪。例如，行

[①] 参见卢乐云：《业务受贿与背信：能否数罪并罚》，载《人民法院报》2007年12月19日，第6版。

为人以上市公司营利为目的进行投资决策，但由于市场变化或投资决策失误导致上市公司严重亏损，此种情况下不能认定构成本罪。

《刑法》并未明确规定"忠实义务"的内涵与外延，属于构成要件中的空白刑法规范，因此，有必要基于《公司法》等法律法规，判断上市公司董事、监事、高级管理人员等是否违背忠实义务。《公司法》第147条①、第148条②是关于忠实义务的规定，虽然第147条概括性地提出了董事、监事和高级管理人员负有对公司的忠实义务，并在第148条采取列举的方式列明了董事、监事和高级管理人员等人员违背对公司忠实义务的行为类型，但是对忠实义务的内涵却没有给出明确的界定标准。

结合《公司法》第148条对违背忠实义务行为的列举情形，可以归纳出忠实义务的概念及基本特征。"忠实义务"是指，董事、监事、高级管理人员对公司事务应忠诚尽力、忠实于公司，当其自身利益与公司利益相冲突时，应以公司的利益为重；必须为公司的利益善意地处理公司事务、处置其掌握的公司财产，其行使权力必须是为了公司的利益，主观上竭尽忠诚，为公司利益着想。上市公司董事、监事、高级管理人员因决策失误导致上市公司利益受到损害，只要相关责任主体证明自己在实施相应行为时，主观上未意识到自己的行为可能对公司利益造成损害，则可认定其未违反忠实义务。

---

① 《公司法》第147条规定："董事、监事、高级管理人员应当遵守法律、行政法规和公司章程，对公司负有忠实义务和勤勉义务。董事、监事、高级管理人员不得利用职权收受贿赂或者其他非法收入，不得侵占公司的财产。"

② 《公司法》第148条规定："董事、高级管理人员不得有下列行为：（一）挪用公司资金；（二）将公司资金以其个人名义或者以其他个人名义开立账户存储；（三）违反公司章程的规定，未经股东会、股东大会或者董事会同意，将公司资金借贷给他人或者以公司财产为他人提供担保；（四）违反公司章程的规定或者未经股东会、股东大会同意，与本公司订立合同或者进行交易；（五）未经股东会或者股东大会同意，利用职务便利为自己或者他人谋取属于公司的商业机会，自营或者为他人经营与所任职公司同类的业务；（六）接受他人与公司交易的佣金归为己有；（七）擅自披露公司秘密；（八）违反对公司忠实义务的其他行为。董事、高级管理人员违反前款规定所得的收入应当归公司所有。"

忠实义务是针对上市公司特定人员专门规定的法定义务，主要是为了维护上市公司的利益。需要注意的是，程序上的合规不等于忠实义务的履行，实践中部分上市公司高级管理人员通过合法形式，例如"通过股东大会决议"或"经董事会同意"等方式进行决策，但决策的形成实际上是由大股东操纵。此种情形下，上市公司的特定人员明知其操纵行为可能损害上市公司利益，但仍实施操纵行为并造成严重后果的，可以认定其违反忠实义务。换言之，即使相关决策行为在形式上符合《公司法》及章程的规定，如果实质上是恶意损害上市公司利益的行为，也可以认定行为人违背对公司的忠实义务。换言之，以程序合规作为对违反忠实义务的抗辩事由，较难得到司法机关的认可和支持。

对忠实义务的判断，应当采取形式与实质相统一的标准。从形式上看，需要评估上市公司高级管理人员的行为是否符合法律、行政法规及上市公司内部规定（程序合规）；从实质上看，需要考量上市公司高级管理人员是否忠诚于上市公司的利益等因素（实体合规）。

（2）禁止利用职务便利操纵上市公司

背信损害上市公司利益罪明确规定，禁止上市公司的董事、监事、高级管理人员利用职务便利操纵上市公司，实施损害上市公司利益的行为。上市公司的董事、监事、高级管理人员都是对公司具有一定管理职责的人员。所谓"利用职务便利"，是指上市公司"董监高"利用自身具有的职权或者与职权相关的便利条件，例如，利用职务便利操纵上市公司从事不正当关联交易、指使下级员工转让公司财产等。职务便利多表现为上市公司高级管理人员本身具有的权力及影响力，该影响力使其便于操纵会议决定或者下级员工行为，致使上市公司利益造成重大损失。在鲜某背信损害上市公司利益案[①]中，被告人鲜某作为上市公司及其子公司的董事、实际控制人，利用职务便利，将上市公司资金用于个人营利活动，

---

① 参见上海市高级人民法院（2019）沪刑终110号刑事判决书。

致使上市公司遭受重大损失，法院认定其构成背信损害上市公司利益罪，判处鲜某有期徒刑 1 年 8 个月，并处罚金 180 万元人民币。

上市公司董事、监事、高级管理人员的职务便利表现为主管、管理、经营、经手上市公司经营事项以及财务事项上的便利，可能利用其在上市公司的权力或影响力直接或间接实施操纵上市公司的行为，损害上市公司利益。对于上市公司而言，有必要对特定人员的权力运行进行制约和监督，避免上市公司的高级管理人员滥用权力，实现合规经营。

2. 合规风险

（1）上市公司董事、监事、高级管理人员等主体的合规风险

背信损害上市公司利益罪将董事、监事、高级管理人员、控股股东和实际控制人设置为本罪的犯罪主体。从立法目的来看，设置本罪主要是为避免上述主体将上市公司作为自己的融资平台，通过无偿或者明显不公平的条件进行不正当关联交易等非法手段，侵占上市公司资产。相比于非上市公司，上市公司的优势体现为通过建立长期融资平台，拥有更多融资渠道，可以以非现金手段进行并购。由于上市公司所有权与经营权高度分离，为保护广大中小股东利益，政府监管部门往往对上市公司提出更加严格的管理要求，要求公司在上市前建立专业化的决策体系和独立的监督机制，上市后实行高度透明化的信息披露制度。损害上市公司利益的行为，不仅侵害上市公司的合法利益，同时损害广大股东的利益，因此，有必要对不正当关联交易等行为进行惩处。

根据《公司法》的规定，"董事"，是指有限责任公司和股份有限公司中由股东大会选出的，作为公司业务的决策者和管理者对公司和股东负有特定义务的自然人。"监事"，是指对董事会决议执行负有监督职责的人。"高级管理人员"，是指公司的经理、副经理、财务负责人，上市公司董事会秘书和公司章程规定的其他人员。"控股股东"，是指其出资额占有限责任公司资本总额 50% 以上或者其持

有的股份占股份有限公司股本总额50%以上的股东；出资额或者持有股份的比例虽然不足50%，但依其出资额或者持有的股份所享有的表决权已足以对股东会、股东大会的决议产生重大影响的股东。"实际控制人"，是指虽不是公司的股东，但通过投资关系、协议或者其他安排，能够实际支配公司行为的人。

从《公司法》的规定可以看出，上市公司中的高级管理人员不仅包括经理、副经理、财务负责人、上市公司董事会秘书，还包括公司章程规定的其他人员。上市公司可以根据章程确定"高级管理人员"的范围，据此，章程规定的其他人员同样具有合规风险，可能构成背信损害上市公司利益罪。同时需要注意的是，控股股东、实际控制人可能并未在上市公司任董事、监事、高级管理人员，但如果其指使董事、监事、高级管理人员实施相关行为，仍可认定其构成本罪。从实践案例看，损害上市公司利益的行为，通常是大股东或者实际控制人与上市公司高级管理人员串通，或者是上市公司高级管理人员慑于控股股东的压力而在其指使下实施。背信损害上市公司利益行为的直接行为人系上市公司的高级管理人员，而幕后指使策划者通常是控股股东或者实际控制人。因此，对于董事、监事、高级管理人员而言，有必要自行判断控股股东、实际控制人的指令是否具有合理性、合法性，在实施相应行为时注意自身风险，避免被控股股东、实际控制人操纵和利用，给自身带来刑事法律风险。

（2）损害上市公司利益行为的合规风险

背信损害上市公司利益罪列举了5项行为及1项兜底规定，主要针对的是操纵上市公司进行不正当关联交易，损害上市公司利益的行为。①①无偿向其他单位或者个人提供资金、商品、服务或者其他资产。这种行为表现为直接占用上市公司资金，包括：上市公司的董事、监事、高级管理人员、控股股东和实际控制

---

① 参见黄太云：《〈刑法修正案（六）〉的理解与适用》（上），载《人民检察》2006年第14期。

人，利用对上市公司的控制权或者影响力，将上市公司资金或者其他资产直接划拨到关联公司供其使用；控股股东、实际控制人以自己或者以关联公司的名义，在无任何交易基础的情况下，占用上市公司资金或者其他资产；在上市公司与关联企业之间进行没有实质交易的资金划拨；由上市公司代关联公司支付费用；由上市公司现金出资、关联方资产出资共同设立子公司，或者通过资产重组，占用上市公司资金等行为。②以明显不公平的条件，提供、接受资金、商品、服务或者其他资产。此类行为实质上是上市公司以明显不公平的高价收购关联公司、企业资产或接受其提供的商品、服务，或者将上市公司资产以明显不公平的低价转让、提供给关联公司、企业，从而"掏空"上市公司。③向明显不具有清偿能力的单位或者个人提供资金、商品、服务或者其他资产。包括：上市公司的董事、监事、高级管理人员、控股股东和实际控制人，明知单位或者个人（包括其控制的关联公司、上市公司的控股股东和实际控制人）没有清偿能力，利用他们对上市公司的控制权或者影响力，仍然让上市公司向单位或者个人提供资金、商品、服务或者其他资产。④为明显不具有清偿能力的单位或者个人提供担保，或者无正当理由为其他单位或者个人提供担保。⑤无正当理由放弃债权、承担债务。⑥采用其他方式损害上市公司利益。在适用兜底条款前，应根据前5项列举的情形对兜底条款进行相当性解释，既要符合"违背对公司的忠实义务""利用职务便利"的前提，也要认定相应行为对公司管理、财产所有权造成了与前5项行为同等程度的影响。

利用关联交易侵害上市公司利益是背信损害上市公司利益罪的主要表现形式，但有必要区分正当的关联交易与不正当的关联交易。《公司法》第148条规定，在不违反公司章程规定或经过股东会、股东大会同意且不损害上市公司利益的前提下，可以从事正当的关联交易。判断关联交易是否正当，关键看是否按照等价有偿的市场竞争原则进行，是否符合正常的或者公认的市场交易条件，以及在交易的决定过程中，上市公司的董事、监事、高级管理人员、控股股东和实际控制人是否利用了自身的控制权和重大影响力。虽然控制权和重大影响力的利用并不必然导致不正当关联交易的发生，但侵害上市公司利益的关联交易背后，往往存在非法利用对上市公司控制权和重大影响力的行为。

除刑事责任外，损害上市公司利益的行为可能还需要承担相应的民事责任。根据《公司法》第149条的规定，"董事、监事、高级管理人员执行公司职务时违反法律、行政法规或者公司章程的规定，给公司造成损失的，应当承担赔偿责任。"

3. 合规建议

（1）上市公司董事、监事、高级管理人员等特定主体应履行忠实义务，维护上市公司利益

无论是《刑法》还是《公司法》，都对上市公司董事、监事、高级管理人员提出了忠实义务的要求。董事、监事、高级管理人员应对公司事务应忠诚尽力、忠实于公司，以公司利益作为自己行为和行动的"最高准则"，不得通过职务便利为个人或为他人谋取不正当利益。具体而言，就是当其自身利益与公司利益相冲突时，应以公司利益为重，不得将自身利益置于公司利益之上。上述人员应当为了公司利益善意地处理公司事务，处置其所管理的公司财产，不得受大股东或者实际控制人的支配"掏空"公司财产、损害公司利益。在明确自身忠实义务的基础上，应当切实履行相关义务与职责，不得利用职务便利使上市公司向其他单位或者个人提供资金、商品、服务，或者无正当理由放弃债权、承担债务等。即使在控股股东或实际控制人要求下，也不能从事不正当关联交易或通过其他方式损害上市公司利益。

（2）上市公司应建立有效的刑事合规制度

上市公司刑事风险的预防依托于"董监高"履行忠实义务，同时也离不开刑事合规制度的建立。建立有效的刑事合规制度有助于董事、监事、高级管理人员

严格按照公司规章及内部管理制度、业务流程、财务管理制度和流程、对外重大合同签署的程序等履行职责。上市公司应对决策提出、形成、执行等各个环节进行风险防控，避免决策形成的任一环节出现损公肥私、有害公司利益的行为。刑事合规制度的建立，一方面可以形成对董事、监事、高级管理人员的保护，防止控股股东或实际控制人利用权力、影响力操纵上市公司；另一方面也能保护上市公司的利益，在高级管理人员涉刑的同时，防止违法犯罪行为给上市公司名誉造成恶劣影响。对于上市公司而言，建立有效的刑事合规制度是防范自身风险、谨防利益受损的最佳途径。

上市公司可以通过定期开展合规培训等方式，提高董事、监事、高级管理人员的合规意识，将合规意识融入企业文化，落实到具体的生产经营环节，为上市公司合法合规经营管理与持续高质量发展保驾护航。对于公司内部侵害上市公司利益的行为，应当及时予以处理，并追究相关责任人的责任，在上市公司内部作警示教育，做到防微杜渐、警钟长鸣。

（3）防范背信上市公司利益罪衍生出的其他刑事风险

背信损害上市公司利益行为的背后，还可能存在不同主体间的利益输送。因此，应当注意防范背信损害上市公司利益罪衍生的其他犯罪行为，如职务侵占罪、挪用资金罪、受贿罪等。如果行为人的一行为触犯数个罪名或数个行为触犯数个罪名，在处断上可能择一重罪处理或数罪并罚，这也意味着，行为人可能遭受更为严厉的刑罚处罚。上市公司应及时建立完善、健全的刑事合规体系，规范规章制度，严格把控高级管理人员的忠实义务、勤勉义务，在防范背信上市公司利益行为的同时，避免其他的衍生风险。例如定期开展廉洁合规教育，防范商业贿赂风险。

📁 监管政策和规范

《证券法》没有将"背信损害上市公司利益"作为一个独立的违法行为进行

规制，而是将其作为总体要求细化在诸多具体条款之中，全面强化了上市公司"董监高"及控股股东、实际控制人的法律责任，防止"关键少数"背信损害上市公司利益。

一是完善了"董监高"对信息披露保证义务的要求。《证券法》第82条规定了"董监高"的信息披露保证义务规则，新增"董监高"对信息披露的异议权，使"董监高"的保证义务向忠实勤勉义务回归，能够勤勉履行职责的"董监高"不应当承担责任。

二是对欺诈发行、信息披露违法行为予以严厉处罚。对欺诈发行的，最高可处2000万元罚款；已经发行的可处非法募资金额10%以上1倍以下罚款。责任人最高可处1000万元罚款。对于虚假记载、误导性陈述或者重大遗漏的信息披露违法行为，对公司最高处以1000万元罚款，对责任人最高可处500万元罚款。较之2005年《证券法》的处罚规定，法律责任普遍提高了5-10倍。

三是进一步强化了民事责任。在欺诈发行情况下，尚未上市的，发行人应当按照发行价并加算利息返还证券持有人，发行人的控股股东、实际控制人以及保荐人，应当与发行人承担连带责任，且实行过错推定（原来是过错责任原则）。已经发行并上市的，监管机构可以责令发行回购，或者责令负有责任的控股股东、实际控制人买回。

2020年10月5日，国务院发布《关于进一步提高上市公司质量的意见》，指出：控股股东、实际控制人要履行诚信义务，维护上市公司独立性，切实保障上市公司和投资者的合法权益。股东大会、董事会、监事会、经理层要依法合规运作，董事、监事和高级管理人员要忠实勤勉履职，充分发挥独立董事、监事会作用。

2021年7月6日，中共中央办公厅、国务院办公厅印发《关于依法从严打击证券违法活动的意见》，指出：依法严厉查处大案要案。对资金占用、违规担保等严重侵害上市公司利益的行为，要依法严肃清查追偿，限期整改。加大对证券发行人控股股东、实际控制人、董事、监事、高级管理人员等有关责任人证券违法行为的追责力度。

2021年7月16日,证监会通报集中部署专项执法行动依法严厉打击证券违法活动情况。证监会集中部署专项执法行动,集中打击财务造假、资金占用、违规担保及操纵市场、内幕交易等严重违法行为,依法从严从快从重查办16起重大典型案件。其中,包括个别公司屡次涉案违法,少数董事、监事、高级管理人员违背对公司的忠实义务,为掩盖资金挪用组织、策划财务造假的案件;上市公司实际控制人、大股东等长时间巨额占用上市公司资金、违规担保等,其中有的占用上市公司资金偿还银行借款、兑付票据,有的私刻公章以上市公司名义为实际控制人违规提供担保等案件。

2021年10月15日,证监会表示会同公安部、最高人民检察院联合开展打击证券违法犯罪专项执法行动,集中部署查办19起重大典型案件,其中包括重大信息披露违法案件,违法行为涉及上市公司多年财务舞弊,涉嫌违规披露、不披露重要信息犯罪;同时,违法行为也涉及实际控制人利用职务便利,以支付股权转让款、债务转让等名义占用上市公司资金,涉嫌背信损害上市公司利益犯罪。

相关监管政策和规范索引整理如下。

《公司法》第147、148条

《证券法》第82、85、181、185、197条

典型案例

典型案例4-15:天翔环境信披违法案①

2018年1月1日至7月17日,成都天翔环境股份有限公司(以下简称天翔环

---

① 中国证监会四川监管局行政处罚决定书〔2019〕2号。

境）通过民间借款或直接向邓某华转款的方式向实际控制人累计提供资金541,400,000元，相关交易构成关联交易。截至2018年7月17日，天翔环境实际控制人非经营性占用天翔环境资金431,400,000.00元。根据《深圳证券交易所创业板股票上市规则》规定，天翔环境应当将上述情况及时披露，但天翔环境未按照规定及时披露上述事项。

2018年1月15日，邓某华与许某杰签订《贷款合同》，同日，天翔环境向许某杰出具《担保函》，承诺为邓某华前述借款提供保证担保。2018年6月20日，娄某雷、袁某、李某、郎某与四川正鑫阳典当签订《典当合同》，同日，天翔环境、邓某华等与四川正鑫阳典当签订《保证合同》，约定天翔环境、邓某华等为娄某雷等典当提供保证担保。根据《深圳证券交易所创业板股票上市规则》等规定，天翔环境应当将上述情况及时披露和在2018年半年度报告中披露。天翔环境未按照规定及时披露上述事项。

天翔环境上述行为违反了《上市公司信息披露管理办法》、2005年《证券法》的规定，构成2005年《证券法》第193条第1款所述情形。

邓某华、邓某、娄某雷是天翔环境的董事、高级管理人员，未及时履行信息披露义务，同时签署确认了天翔环境2018年半年度报告，是天翔环境未按照规定及时披露信息和2018年半年度报告存在重大遗漏直接负责的主管人员。

第四节　内幕交易、泄露内幕信息罪，利用未公开信息交易罪

> **第一百八十条**　【内幕交易、泄露内幕信息罪】证券、期货交易内幕信息的知情人员或者非法获取证券、期货交易内幕信息的人员，在涉及证券的发行，证券、期货交易或者其他对证券、期货交易价格有重大影响的信息尚未公开前，买入或者卖出该证券，或者从事与该内幕信息有关的期货交易，或者泄露该信息，或者明示、暗示他人从事上述交易活动，情节严重的，处五年以下有期徒刑或者拘役，并处或者单处违法所得一倍以上五倍以下罚金；情节特别严重的，处五年以上十年以下有期徒刑，并处违法所得一倍以上五倍以下罚金。

单位犯前款罪的，对单位判处罚金，并对其直接负责的主管人员和其他直接责任人员，处五年以下有期徒刑或者拘役。

内幕信息、知情人员的范围，依照法律、行政法规的规定确定。

【利用未公开信息交易罪】证券交易所、期货交易所、证券公司、期货经纪公司、基金管理公司、商业银行、保险公司等金融机构的从业人员以及有关监管部门或者行业协会的工作人员，利用因职务便利获取的内幕信息以外的其他未公开的信息，违反规定，从事与该信息相关的证券、期货交易活动，或者明示、暗示他人从事相关交易活动，情节严重的，依照第一款的规定处罚。

第四章　证券、期货市场类犯罪

📋 罪名解析

1. 法条修改情况

近年来，随着我国证券、期货市场快速发展，内幕交易、泄露内幕信息、"老鼠仓"等犯罪案件呈逐年增多态势，损害证券市场公平、公开、公正的市场秩序，也侵害了中小股民的财产权益。内幕交易、泄露内幕信息罪是1997年《刑法》增设的罪名。1999年《刑法修正案》第4条修改了该罪罪状，增加了有关期货犯罪的规定。与其他经济犯罪相比，内幕交易、泄露内幕信息、"老鼠仓"犯罪专业性强，涉及证券、期货、会计、网络通信技术等领域，行为人反侦查能力较强，增加了案件查处难度。随着作案手段和类型的不断演变，2009年《刑法修正案（七）》第2条再次对该罪罪状作出修改，增加了内幕交易的"明示、暗示他人从事上述交易活动"的行为方式，完善了利用未公开信息交易的罪状描述。本条涉及两个罪名，内幕交易、泄露内幕信息罪以及利用未公开信息交易罪。

2. 犯罪构成要件

（1）内幕交易、泄露内幕信息罪

本罪的犯罪主体为特殊主体，主要由内幕信息的知情人员或者非法获取证券、期货交易内幕信息的人员构成。非法获取证券、期货交易内幕信息的人员具体包括三种类型：①非法手段获取型，即通过窃取等不当手段获取内幕信息的人员；②特定身份获取型，即内幕信息知情人员的近亲属或者其他与内幕信息知情人员关系密切的人员；③积极联系获取型，即与内幕信息知情人员有过联络、接触的人员。对于后两类人员，只要从事或者明示、暗示他人从事，或者泄露内幕信息导致他人从事与内幕信息有关的证券、期货交易，相关交易行为被认定为明显异常，且无正当理由或者正当信息来源的，就应当认定为非法获取内幕信息人员。对于犯罪主体的类型，可通过通话记录、微信等证据进行审查判断。自然人和单位均可构成本罪的主体。本罪侵犯的客体是国家对证券、期货交易的管理秩序和投资者的合法权益。本罪属于故意犯罪。

(2) 利用未公开信息交易罪

本罪的犯罪主体是特殊主体，包括证券交易所、期货交易所、证券公司、期货经纪公司、基金管理公司、商业银行、保险公司等金融机构的从业人员以及有关监管部门或者行业协会的工作人员。本罪没有规定单位犯罪。本罪的主观方面为故意，主观目的体现为非法牟利目的。

实施利用未公开信息进行交易的违法犯罪行为（俗称"老鼠仓"）的主体，多为金融机构从业人员。行为人以金融机构的巨额资金作为支撑，在金融机构买入前，借用他人账户先行买入，然后通过金融机构的客户资金拉升证券、期货价格，从中获取非法利益，损害投资者利益，破坏公开、公平、公正的证券、期货市场交易秩序。

3. 刑事责任

(1) 内幕交易、泄露内幕信息罪

根据《内幕交易案件解释》第4条的规定，具有下列情形之一的，不属于《刑法》第180条第1款规定的从事与内幕信息有关的证券、期货交易：①持有或者通过协议、其他安排与他人共同持有上市公司5%以上股份的自然人、法人或者其他组织收购该上市公司股份的；②按照事先订立的书面合同、指令、计划从事相关证券、期货交易的；③依据已被他人披露的信息而交易的；④交易具有其他正当理由或者正当信息来源的。

根据《内幕交易案件解释》第6条的规定，内幕交易情节严重包括：①证券交易成交额在50万元以上；②期货交易占用保证金数额在30万元以上；③获利或者避免损失数额在15万元以上；④内幕交易或泄露内幕信息3次以上；⑤具有其他严重情节。内幕交易达到情节严重标准的，应当立案追诉。

《立案追诉标准（二）》第 30 条规定，证券、期货交易内幕信息的知情人员、单位或者非法获取证券、期货交易内幕信息的人员、单位，在涉及证券的发行，证券、期货交易或者其他对证券、期货交易价格有重大影响的信息尚未公开前，买入或者卖出该证券，或者从事与该内幕信息有关的期货交易，或者泄露该信息，或者明示、暗示他人从事上述交易活动，涉嫌下列情形之一的，应予立案追诉：①获利或者避免损失数额在 50 万元以上的；②证券交易成交额在 200 万元以上的；③期货交易占用保证金数额在 100 万元以上的；④2 年内 3 次以上实施内幕交易、泄露内幕信息行为的；⑤明示、暗示 3 人以上从事与内幕信息相关的证券、期货交易活动的；⑥具有其他严重情节的。内幕交易获利或者避免损失数额在 25 万元以上，或者证券交易成交额在 100 万元以上，或者期货交易占用保证金数额在 50 万元以上，同时涉嫌下列情形之一的，应予立案追诉：①证券法规定的证券交易内幕信息的知情人实施或者与他人共同实施内幕交易行为的；②以出售或者变相出售内幕信息等方式，明示、暗示他人从事与该内幕信息相关的交易活动的；③因证券、期货犯罪行为受过刑事追究的；④2 年内因证券、期货违法行为受过行政处罚的；⑤造成其他严重后果的。

（2）利用未公开信息交易罪

根据《利用未公开信息交易案件解释》第 5 条的规定，利用未公开信息交易罪的"情节严重"，采用数额加情节的方式予以认定，具体包括：①违法所得数额在 100 万元以上的；②2 年内 3 次以上利用未公开信息交易的；③明示、暗示 3 人以上从事相关交易活动的。此外，《利用未公开信息交易案件解释》第 6 条规定，违法所得数额在 50 万元以上，或者证券交易成交额在 500 万元以上，或者期货交易占用保证金数额在 100 万元以上，在特定情形下也应认定为"情节严重"，具体包括：①以出售或者变相出售未公开信息等方式，明示、暗示他人从事相关交易活动的；②因证券、期货犯罪行为受过刑事追究的；③2 年内因证券、期货违法行为受过行政处罚的;④造成恶劣社会影响或者其他严重后果的。利用未公开信息,达到情节严重的标准,应当立案追诉。

《立案追诉标准(二)》第 31 条规定,证券交易所、期货交易所、证券公司、期货公司、基金管理公司、商业银行、保险公司等金融机构的从业人员以及有关监管部门或者行业协会的工作人员,利用因职务便利获取的内幕信息以外的其他未公开的信息,违反规定,从事与该信息相关的证券、期货交易活动,或者明示、暗示他人从事相关交易活动,涉嫌下列情形之一的,应予立案追诉:①获利或者避免损失数额在 100 万元以上的;②2 年内 3 次以上利用未公开信息交易的;③明示、暗示 3 人以上从事相关交易活动的;④具有其他严重情节的。利用未公开信息交易,获利或者避免损失数额在 50 万元以上,或者证券交易成交额在 500 万元以上,或者期货交易占用保证金数额在 100 万元以上,同时涉嫌下列情形之一的,应予立案追诉:①以出售或者变相出售未公开信息等方式,明示、暗示他人从事相关交易活动的;②因证券、期货犯罪行为受过刑事追究的;③2 年内因证券、期货违法行为受过行政处罚的;④造成其他严重后果的。

司法精要

1. 内幕交易、泄露内幕信息罪

第一,内幕信息。主要是指涉及上市公司内部的经营、财务、重大诉讼等对证券市场价格有重大影响的未公开信息。《证券法》第 80 条第 2 款、第 81 条第 2 款所列重大事件属于内幕信息。《证券法》第 80 条第 2 款所列的重大事件包括:①公司的经营方针和经营范围的重大变化;②公司的重大投资行为,公司在一年内购买、出售重大资产超过公司资产总额 30%,或者公司营业用主要资产的抵押、质押、出售或者报废一次超过该资产的 30%;③公司订立重要合同、提供重大担保或者从事关联交易,可能对公司的资产、负债、权益和经营成果产生重要影响;④公司发生重大债务和未能清偿到期重大债务的违约情况;⑤公司发生重大亏损或者重大损失;⑥公司生产经营的外部条件发生的重大变化;⑦公司的董事、1/3以上监事或者经理发生变动,董事长或者经理无法履行职责;⑧持有公司5%以上股份的股东或者实际控制人持有股份或者控制公司的情况发生较大变化,公司的实际控制人及其控制的其他企业从事与公司相同或者相似业务的情况发生较大变化;⑨公司分配股利、增资的计划,公司股权结构的重要变化,公司减资、合并、分立、解散及申请破产的决定,或者依法进入破产程序、被责令关闭;⑩涉及公司的重大诉讼、仲裁,股东大会、董事会决议被依法撤销或者宣告无效;⑪公司涉嫌犯罪被依法立案调查,公司的控股股东、实际控制人、董事、监事、高级管理人员涉嫌犯罪被依法采取强制措施;⑫国务院证券监督管理机构规定的其他事项。公司的控股股东或者实际控制人对重大事件的发生、进展产生较大影响的,应当及时将其知悉的有关情况书面告知公司,并配合公司履行信息披露义务。《证券法》第81条第2款所列的重大事件包括:①公司股权结构或者生产经营状况发生重大变化;②公司债券信用评级发生变化;③公司重大资产抵押、质押、出售、转让、报废;④公司发生未能清偿到期债务的情况;⑤公司新增借款或者对外提供担保超过上年末净资产的20%;⑥公司放弃债权或者财产超过上年末净资产的10%;⑦公司发生超过上年末净资产10%的重大损失;⑧公司分配股利,作出减资、合并、分立、解散及申请破产的决定,或者依法进入破产程序、被责令关闭;⑨涉及公司的重大诉讼、仲裁;⑩公司涉嫌犯罪被依法立案调查,公司的控股股东、实际控制人、董事、监事、高级管理人员涉嫌犯罪被依法采取强制措施;⑪国务院证券监督管理机构规定的其他事项。

典型案例 4-16：刘某春、陈某玲内幕交易案①

法院认为，上市公司重大资产重组洽谈这一事件是否属于"内幕信息"：根据《证券法》第 75 条的规定，内幕信息是指证券交易活动中，涉及公司的经营、财务或者对该公司证券的市场价格有重大影响的尚未公开的信息，包括持有公司 5% 以上股份的股东或者实际控制人，其持有股份或者控制公司的情况发生较大变化；公司股权结构的重大变化；国务院证券监督管理机构认定的对证券交易价格有显著影响的其他重要信息。

本案中，从参与主体和内容看，被告人刘某春牵线的高淳陶瓷公司资产重组，涉及相对控股 31.33% 的股东转让股权，属于持有公司 5% 以上股份的股东，其持有股份、控制公司的情况发生较大变化的法定重大事件；由十四所受让股权，拟成为第一大股东，属于公司股权结构的重大变化。上述事项均是法定的内幕信息。从时间上看，2009 年 3 月 6 日的《合作框架》是内幕信息的第一次书面化，虽双方对洽谈重组方案有几易其稿、不断完善的过程，但所涉十四所受让国有股、成为公司第一大股东和实际控制人等内容始终被保留，即十四所重组高淳陶瓷公司"借壳"上市的总思路从一开始即已确定。从知情范围看，自 2009 年 3 月 6 日形成《合作框架》初稿，到 4 月 20 日高淳陶瓷公司发布停牌公告、向社会公开披露重大资产重组事项前，该内幕信息的知悉人控制在很小的范围内，具有秘密性，完全符合内幕信息尚未公开的法定要求。从影响力看，因高淳陶瓷公司于停牌期间发布一系列公告信息，在 2009 年 5 月 2 日复牌交易后，高淳陶瓷股票连续 10 个涨停，充分说明资产重组事项对股票市场价格的重大影响。因此，中国证监会作出关于 2009 年 3 月 6 日，十四所与高淳县政府商谈由十四所重组高淳陶瓷公司，并形成合作框架，以上事项在公开披露前属于内幕信息，价格敏感期为 2009 年 3 月 6 日至 4 月 20 日的认定意见，有充分的事实依据和法律依据。

---

① 参见《最高人民法院公报》2013 年第 1 期（总第 195 期）。

据此，江苏省南通市中级人民法院依照《刑法》规定，判处被告人刘某春有期徒刑 5 年，罚金人民币 750 万元。判决后被告人未上诉，公诉机关也未抗诉。判决已发生法律效力。

第二，内幕信息敏感期。具体是指内幕信息自形成至公开的期间。依照《证券法》等相关法律的规定，内幕信息的发生时间，就是相应的增资、并购等重大事项的"政策""决定""沟通"等的形成时间。特殊主体就重大事件的动议、筹划、决策或者执行初始时间，也应当认定为内幕信息的形成之时。内幕信息的公开，是指内幕信息在国务院证券、期货监督管理机构指定的报刊、网站等媒体披露。对于在其他自媒体或者微信朋友圈等公开的信息，不能认定内幕信息的公开，但可以作为从自媒体、朋友圈等获取信息后从事交易行为的抗辩理由。

典型案例 4-17：刘某通犯内幕交易案①

2007 年 2 月初，被告人刘某通时任省国资委副主任，因职务便利获悉省国资委下属企业广晟有色集团计划收购兴业聚酯公司股权来借壳上市的内幕信息（中国证券监督管理委员会认定该内幕信息敏感期起点不晚于 2007 年 2 月 14 日，终点为同年 12 月 14 日，刘某通属于内幕信息知情人）。被告人刘某通在内幕信息敏感期内的 2007 年 2 月 14 日至 4 月 20 日间，利用其控制的六个股票账户以每股人民币 2.84 元至 7.55 元的价格陆续买入"ST 聚酯"股票共 7,965,492 股，后兴业聚酯公司派发红股 353,056 股，合共 8,318,548 股。之后，被告人刘某通将上述股票陆续卖出获利人民币 56,064,586.82 元。

二审法院认为，关于内幕信息敏感期起点。广晟有色集团出具的情况说明、《关于利用资本市场助推有色集团跨越式发展的报告》等证据证实该报告是广晟有色集团借壳兴业聚酯公司上市计划的第一份正式书面材料，以后的借壳上市方案等相关上报文件均以此报告为蓝本拟定。该报告由许某华和陈某 2 祥共同撰写，

---

① 广东省高级人民法院（2019）粤刑终 195 号刑事判决书。

定稿时间为2007年2月14日，此报告定稿时间为广晟有色集团上市计划的内幕信息形成之时；证人郭某1、许某华、陈某1的证言证实于2007年2月9日对兴业聚酯公司进行考察后，于同月14日三人一同向刘某通进行了汇报，刘某通表示同意并支持，证人李某5、李某2的证言及出差旅费报销单、航空运输电子客票行程单等书证均佐证了上述事实。2月14日前刘某通已知悉该上市计划，是内幕信息知情人。中国证券监督管理委员会出具的认定函有事实和法律依据，足以认定信息敏感期起点不晚于2007年2月14日。故上诉人刘某通及其辩护人所提内幕信息敏感期起点时间应不早于2007年4月11日的意见不能成立，不予采纳。上诉人刘某通作为证券交易内幕信息的知情人员，在对证券交易价格有重大影响的信息尚未公开前，大量买入该证券，情节特别严重，其行为已构成内幕交易罪。

第三，知情人员。具体是指基于管理、职业、监督地位或者通过职务行为能够接触或者获得内幕信息的人员，包括但不限于公司的"董监高"等高级管理人员、雇员以及专业第三方服务中介机构人员等。根据2019年《证券法》第51条的规定，证券交易内幕信息的知情人包括：①发行人及其董事、监事、高级管理人员；②持有公司5%以上股份的股东及其董事、监事、高级管理人员，公司的实际控制人及其董事、监事、高级管理人员；③发行人控股或者实际控制的公司及其董事、监事、高级管理人员；④由于所任公司职务或者因与公司业务往来可以获取公司有关内幕信息的人员；⑤上市公司收购人或者重大资产交易方及其控股股东、实际控制人、董事、监事和高级管理人员；⑥因职务、工作可以获取内幕信息的证券交易场所、证券公司、证券登记结算机构、证券服务机构的有关人员；⑦因职责、工作可以获取内幕信息的证券监督管理机构工作人员；⑧因法定职责对证券的发行、交易或者对上市公司及其收购、重大资产交易进行管理可以获取内幕信息的有关主管部门、监管机构的工作人员；⑨国务院证券监督管理机构规定的可以获取内幕信息的其他人员。《期货和衍生品法》第15条规定，内幕信息的知情人是指由于经营地位、管理地位、监督地位或者职务便利等，能够接触或者获得内幕信息的单位和个人。期货交易内幕信息的知情人包括：①期货经营机构、期货交易场所、期货结算机构、期货服务机构的有关人员；②国务院期货监督管理机构和其他有关部门的工作人员；③国务院期货监督管理机构规定的可以获取内幕信息的其他单位和个人。

典型案例4-18：刘某春、陈某玲内幕交易案①

2010年3月17日、4月22日，中国证券监督管理委员会（以下简称中国证监会）先后作出《关于刘某春等人涉嫌内幕交易、泄露内幕信息案有关问题的认定函》《关于刘某春等人涉嫌内幕交易案有关事项的补充认定函》，认定：2009年3月6日，十四所与高淳县政府商洽重组高淳陶瓷公司，并形成合作框架初稿等事项，在公开披露前属于2005年《证券法》第75条规定的内幕信息；刘某春属于2005年《证券法》第74条规定的证券交易内幕信息的知情人；内幕信息的价格敏感期为2009年3月6日至4月20日。

法院认为，知情人员是由于各种关系而接触到内幕信息的人员。包括两大类：（1）内部人员，是指持有发行人的证券，或者在发行人或与发行人有密切联系的公司中担任董事、监事、高级管理人员，以及公司的大股东。此类人员由于工作或投资关系，能够最先决策、接触核心机密。这是内幕交易最典型也是最常见的主体。（2）与内部人员有密切关系的人员，是指由于行使职责或者与公司有契约关系而具有信息优势的人员。又分两种情形，一是由于履行法定职责的职务便利而成为知情人员，主要是指行使证券监督管理职能机构的工作人员和由于履行工作职责（如政府机构人员、证券交易所）接触到内幕信息的其他人员。如上市公司发生重大并购、资产重组，须依法履行报批核准程序，因此主管机关的国家工作人员也会较早地获取内幕信息。二是与发行人有业务往来关系而成为知情人

---

① 参见《国家工作人员因履行工作职责而获取对证券交易价格具有重大影响的、尚未公开的信息的，属于内幕信息的知情人员》，载《最高人民法院公报（案例）》2013年第1期。

员,是指由于工作关系而参与证券交易的社会中介机构或证券登记结算机构、证券服务机构的有关人员。其中,社会中介机构的有关人员,主要是指发行人聘请的律师事务所、审计师事务所、会计师事务所、资产评估机构及投资顾问机构的有关人员。另外,根据《刑法》第180条的规定,非法获取证券、期货交易内幕信息的人员,同样构成内幕交易、泄露内幕信息罪的主体,指的是前两大类知情人员获取内幕信息后,透露给第三人,由第三人从事内幕交易。发生此种情形,知情人泄露内幕信息,接受信息者从事内幕交易,均违反证券市场规则。

本案中,被告人刘某春代表南京市经委,作为十四所与高淳县政府洽谈高淳陶瓷公司资产重组事项的南京市政府部门联系人,参与了重组过程。其间,洽谈双方均多次告知刘某春谈判的进展情况,刘某春也多次向南京市政府分管领导进行汇报。被告人刘某春是因其担任一定的行政机关职务、履行其工作职责的职务便利,获取了对证券交易价格有重大影响的尚未公开的信息,是内幕信息的知情人员。

第四,非法获取证券、期货交易内幕信息的人员。现行法律规定依据获取内幕信息方式的不同,对违法行为主体作出了区分。依据《证券法》第50条和第53条的规定,禁止从事内幕交易行为的主体包括两类:一类是内幕信息知情人,另一类是非法获取内幕信息的人。其中,《证券法》第51条按照主体的特定身份,以列举方式明确规定了8类内幕信息知情人,可被视为法定的内幕信息知情人。

非法获取内幕信息的人包括哪些主体,《证券法》并未作出具体规定。《内幕交易解释》按照非法行为方式,对非法获取内幕信息的主体范围予以明确,并强调了信息获取的非法性。依据该解释第2条的规定,非法获取内幕信息的人员包括三类:一是利用窃取、骗取、套取、窃听、利诱、刺探或者私下交易等手段获取内幕信息;二是内幕信息知情人员的近亲属或者其他与内幕信息知情人员关系密切的人员,在内幕信息敏感期内,从事或者明示、暗示他人从事,或者泄露内幕信息导致他人从事与该内幕信息有关的证券、期货交易，相关交易行为明显异常，且无正当理由或者正当信息来源；三是在内幕信息敏感期内，与内幕信息知情人员联络、接触，从事或者明示、暗示他人从事，或者泄露内幕信息导致他人从事与该内幕信息有关的证券、期货交易，相关交易行为明显异常，且无正当理由或者正当信息来源。上述规定将以窃取、骗取、套取等非法方式直接获取内幕信息的相关主体视为非法获取内幕信息人员，同时，根据内幕交易行为的特殊性，对于与内幕信息知情人存在密切关系或者联络接触，并存在异常证券交易行为的相关人员，通过举证责任的转移，推定为非法获取内幕信息的人员。

典型案例4-19：李某等内幕交易案①

法院认为，上诉人王某身为证券交易内幕信息的知情人员，在涉及对证券交易价格有重大影响的信息尚未公开前，明示、暗示非法获取证券交易内幕信息的上诉人李某，从事相关证券交易活动，二人的行为均已构成内幕交易罪，且情节特别严重，依法均应予惩处。

在案证据显示，李某通过为王某推荐券商，很早就了解国网节能具有资产上市的意向。国家电网下属有多家上市公司，国网节能存在借壳涪陵电力、置信电气等多种选择。国网节能筹划借壳涪陵电力内幕信息形成后，在内幕信息敏感期内，李某购买涪陵电力股票前后与内幕信息知情人王某频繁联络、接触。2015年11月11日晚二人以夫妻名义与樊某聚餐，次日李某将200万元资金转入其借用的焦某证券账户，并在股市开市后全仓买入涪陵电力股票；12月29日8时21分、8时40分许李某与王某通话，后于当日股市开市后，将其通过焦某证券账户持有的建研集团股票亏本清仓，连续买入涪陵电力股票。考虑到借壳路径的多样性，李某与内幕信息知情人员接触的频繁性，接触时间与交易时间前后的紧密性，借用他人证券账户的隐蔽性，买入涪陵电力股票的果断性，李某与该内幕信息有关

---

① 北京市高级人民法院（2020）京刑终55号刑事判决书。

的股票交易行为明显异常，且无正当理由或者正当信息来源，根据前述司法解释，应认定李某从王某处非法获取了国网节能与涪陵电力重大资产重组的内幕信息。二上诉人及各自辩护人关于李某购买涪陵电力股票系基于个人对股市的分析判断的辩解及辩护意见，法院不予采纳。

第五，利用内幕信息交易。《内幕交易案件解释》对"相关交易行为明显异常"的认定提供了指引，具体从时间吻合程度、交易背离程度和利益关联程度等方面综合予以认定，包括但不限于开户时间、资金变化与利益关联、交易行为等与内幕信息形成、变化时间是否相似，交易行为是否与其以往交易习惯不同等。此外，对于非法获取内幕信息的人员从事内幕交易的案件，如果行为人通过利诱、刺探职务便利或者私下交易等手段获取内幕信息，则相对方可能存在泄露内幕信息行为；如果行为人系通过窃取、骗取、套取、窃听等手段获取信息，因本罪系故意犯罪，则相对方不宜认定存在泄露内幕信息的行为。

第六，交易异常性的认定。根据《内幕交易案件解释》第2条的规定，与内幕信息知情人有特殊身份关系或有过联络接触的人，在内幕信息敏感期内交易相关证券明显异常的，如果无正当理由，则认定为非法获取证券、期货交易内幕信息的人员。关于此处交易行为的异常性如何认定，该司法解释第3条从3个方面、7个具体维度作出了详细规定。

其中，需要重点关注交易行为与内幕信息是否吻合。基于特殊身份推定与基于联络接触推定的最大区别在于，对于证券交易特征的证明要求不同。在基于特殊身份推定的情形下，知情人近亲属或关系密切的人在敏感期内有交易行为，根据日常生活经验，其内幕交易的盖然性较大，在此情况下可适当放低对于交易特征的证明要求，即只要证明其与内幕信息基本吻合，且当事人又不能"自证清白"，就可以推定为内幕交易。而对于基于联络接触推定的情形，由于个体在一段时间内联络接触的对象较多，因此，必须对其交易特征有更高的证明要求，即需要证明交易活动与内幕信息高度吻合（否则将会有较大误判的可能），同时当事人又不能"自证清白",方可推定为内幕交易。

第七,违法所得。违法所得既是定罪标准也是量刑标准。在内幕交易领域,违法所得是指通过内幕交易行为所获的利益或者避免的损失,具体包括:获利型内幕交易违法所得和避损型内幕交易违法所得。获利型内幕交易违法所得包括获利平仓和获利未平仓两种。对于获利平仓的情形,以实际收益认定违法所得。虽然平仓时间与证券期货市场对内幕信息披露后消化时间不一定同步,但实际收益与内幕信息存在直接关联性,此种认定方式比较直观、便捷,也符合公众认知。对于获利未平仓的情形,以账面收益认定违法所得,计算公式为:[复牌日(若复牌即涨停的,则以首个涨停板打开日)的收盘价－买入价]×未平仓股票股数－交易费用。以收盘价作为计算依据,是因为其系当日市场的最终结果,相比开盘价、平均价、最高价、最低价或者平均价等其他价格更能准确反映内幕信息对股价的影响程度。对于连续涨停的情形,表明内幕信息对于价格的影响仍然巨大且持续,因封盘抢筹受限不能证明内幕信息已被市场消化,应以打开涨停板首日的收盘价。此外,《刑法》对于犯罪成本不予扣除已成通说,但内幕交易中的交易费用属于必需费用,且费用较低,在行政处罚及其数额认定中均予以扣除,司法实践中也可以参照予以扣除。避损型内幕交易违法所得仅存在已平仓一种,对于未平仓的情形,不存在规避损失的问题。违法所得的计算方法为:[卖出价－股票复牌日(复牌后即跌停的,则以首个跌停板的打开日)的收盘价]×平仓股票股数－交易费用。

在违法所得中,股票分红属于法定孳息,一般不纳入相应的犯罪数额。在内幕交易领域,应以其是否直接源于内幕交易的内容与价值进行区分。如果该分红与内幕信息的内容和价值无关,则不计入违法所得,而应作为犯罪孳息予以追缴;反之,则应计入违法所得进行刑事评价。

2. 利用未公开信息交易罪

第一，"未公开信息"的认定。根据《刑法》的相关规定，未公开信息，又称内幕信息以外的未公开信息，其与内幕信息的区别主要在于信息的内容、性质不同。因涉及单位内部的商业秘密，法律并未要求此类信息应当公开，故不属于内幕信息的范围，而属于内幕信息以外的其他未公开的信息。内幕信息，是指对证券、期货交易价格有重大影响，应当及时向社会公开但尚未公开的信息。"未公开信息"主要包括三种类型：①证券、期货的投资决策、交易执行信息。②证券持仓数量及变化、资金数量及变化、交易动向信息，通常是指证券交易所、证券结算中心等金融机构工作人员利用职务便利能够获取，并且应当予以保密的重要信息。③其他可能影响证券、期货交易活动的未公开信息。对于"未公开信息"难以认定的，司法机关可以在有关行政主管、监管部门认定意见的基础上，根据案件事实和法律规定作出认定。

第二，"明示、暗示他人从事相关交易活动"的认定。司法实践中，实施"明示、暗示他人从事相关交易活动"的双方一般均否认存在相应的信息沟通与交流，因此，需要综合全案证据，判定行为人是否存在明示、暗示他人从事相关交易活动的情形，具体可以参考内幕交易、泄露内幕信息罪有关"交易行为明显异常"的认定方法。根据《利用未公开信息交易案件解释》的规定，应当综合认定"明示、暗示他人从事相关交易活动"，主要包括以下方面：①行为人具有获取未公开信息的职务便利；②行为人获取未公开信息的初始时间与他人从事相关交易活动的初始时间具有关联性；③行为人与他人之间具有亲友关系、利益关联、交易终端关联等关联关系；④他人从事相关交易的证券、期货品种、交易时间与未公开信息所涉证券、期货品种、交易时间等方面基本一致；⑤他人从事的相关交易活动明显不具有符合交易习惯、专业判断等正当理由；⑥行为人对明示、暗示他人从事相关交易活动没有合理解释。当然，在大数据分析的当下，还可以从交易证券、期货的品种、建仓、减仓时间方面等,通过一定的技术安排,判断是否存在"高度趋同交易"。"高度趋同"一般是以趋同度达到60%以上为标准,但行为人能够作出合理解释的除外。此外,对于行为人通过特定行为进行的暗示方式,也应纳入刑法处罚的范围,例如,双方长期通过互相推荐股票,由相对方购买已方推荐的股票,虽未直接交流相关信息,但属于"暗示"的方式。

典型案例4-20:王某等利用未公开信息交易案①

2008年11月至2014年5月,被告人王某担任某基金公司交易管理部债券交易员。在工作期间,王某作为债券交易员的个人账号为6610。因工作需要,某基金公司为王某等债券交易员开通了恒生系统6609账号的站点权限。自2008年7月7日起,该6609账号开通了股票交易指令查询权限,王某有权查询证券买卖方向、投资类别、证券代码、交易价格、成交金额、下达人等股票交易相关未公开信息;自2009年7月6日起又陆续增加了包含委托流水、证券成交回报、证券资金流水、组合证券持仓、基金资产情况等未公开信息查询权限。2011年8月9日,因新系统启用,某基金公司交易管理部申请关闭了所有债券交易员登录6609账号的权限。

2009年3月2日至2011年8月8日,被告人王某多次登录6609账号获取某基金公司股票交易指令等未公开信息,王某强、宋某祥操作牛某、宋某祥、宋某珍的证券账户,同期或稍晚于某基金公司进行证券交易,与某基金公司交易指令高度趋同,证券交易金额共计8.78亿余元,非法获利共计1773万余元。其中,王某强交易金额9661万余元,非法获利201万余元;宋某祥交易金额7.8亿余元,非法获利1572万余元。

---

① 参见最高人民检察第十七批指导性案例检例第65号,重庆市第一中级人民法院(2015)渝一中法刑初字第00162号刑事判决书。

法院认为，虽三被告人到案后拒不认罪，且其信息传递方式隐蔽，犯罪时距案发时间较长而难以查证，但本案现有证据能够证实被告人王某在2009年1月至2011年8月期间明显不合理多次地登录6609账户，而该账户能够查询到华夏基金公司的证券交易信息。与此同时，被告人王某强、宋某祥利用其实际控制的他人证券账户从事证券交易，交易习惯明显异常，与之前相比交易金额、频率均大幅增加，同期于王某无查询权限时间点停止交易，与华夏基金公司同期或稍晚（1-2个交易日）证券交易高度趋同。而与王某进入华夏基金工作，具备获取相关未公开信息之前相比，两人控制账户与华夏基金的证券交易趋同度明显较低，三被告人对此并未作出合理解释。基于三被告人之间系近亲属关系，且王某强、宋某祥均否认认识除王某外的其他华夏基金从业人员，并结合王某在接受证监会调查时无故离去并擅自离职的异常行为，现有证据已形成完整锁链，并可排除合理怀疑，能够认定王某将其利用职务便利所获取未公开信息传递给王某强、宋某祥，该二人利用该信息从事证券交易并获利的事实。本案现有证据已形成完整锁链，能够排除合理怀疑，足以认定王某、王某强、宋某祥构成利用未公开信息交易罪，被告人及其辩护人提出的本案证据不足的意见不予采纳。重庆市第一中级人民法院作出一审判决，以利用未公开信息交易罪，分别判处被告人王某有期徒刑6年6个月，并处罚金人民币900万元；判处被告人宋某祥有期徒刑4年，并处罚金人民币690万元；判处被告人王某强有期徒刑3年6个月，并处罚金人民币210万元。对三被告人违法所得依法予以追缴，上缴国库。宣判后，三名被告人均未提出上诉，判决已生效。

第三，"违反规定"的认定。在司法实践中，"违反规定"和"违反国家规定"容易存在混淆。本罪的"违反规定"，是指违反法律、行政法规、部门规章、全国性行业规范有关证券、期货未公开信息保护的规定，以及行为人所在金融机构有关信息保密、禁止交易、禁止利益输送等规定。换言之，"违反规定"也包括部门规章、证监会的行业规定以及行为人所在单位的禁止性规定等，《利用未公开信息交易案件解释》对以上内容作出进一步的确认。

第四，交易趋同度的认定。对于利用未公开信息交易的案件，无论是证券监管部门的行政处罚决定还是法院的裁判文书，均使用"趋同交易"概念计算行为人的交易金额和获利金额。最高人民法院《〈关于办理利用未公开信息交易刑事案件适用法律若干问题的解释〉的理解与适用》提到："趋同度的高低，通常是由证券交易所等监管机构以两个账户相近时间、交易方向相同的品种重合度等客观方面，再结合概率统计等科学方法，以百分比的方式计算趋同度。司法实践中，'高度趋同'一般是以趋同度达到60%以上为标准。"

在刑事案件中，"趋同交易"数据由哪个主体进行统计，存在不同的做法。有的由上海、深圳证券交易所提供，有的经会计师事务所审计得出，抑或两者兼有。

对于"趋同交易"的认定，通常是基于"前五后二"标准，即先于交易日的前5个交易日或晚于交易日的后2个交易日交易与证券投资信托产品相同的股票，即为趋同股票，据此计算交易金额与获利金额。对于"前五后二"标准，有观点认为：①为适应新形势变化与犯罪迭代更新，不能机械地适用"前五后二"标准，而应按照个案具体情况进行具体判断，可以从区分利用未公开信息交易罪的主体来确定交易时间节点；②对基金经理利用职务便利进行趋同交易的时间点，应采"T+N"的认定标准进行计算；③对于跟随型主体，应仅参照适用"T+2"标准。跟随型主体中的行为人一般跟随大盘买卖股票，其买卖行为较未公开信息的形成具有滞后性。"前五后二"交易时间点的认定方式，仅是司法实务为了便于统一计算而形成的惯常做法，并未形成明文规定。司法人员应通过对具有职务便利的不同特殊主体的区分和界定，更好地结合具体个案从实质上把握利用行为的本质，更精准地判断趋同交易时间点。

> 合规指引

1. 合规要求

为保护二级市场证券交易公平秩序，我国《刑法》设立了内幕交易、泄露内幕信息罪，利用未公开信息交易罪。内幕交易、泄露内幕信息罪规制的是证券、期货交易内幕信息的知情人员与非法获取证券、期货交易内幕信息的人员这两类主体的相关行为；利用未公开信息交易罪规制的则是证券交易所、期货交易所、证券公司、期货经纪公司、基金管理公司、商业银行、保险公司等金融机构的从业人员以及有关监管部门或者行业协会的工作人员的相关行为。内幕交易、泄露内幕信息罪与利用未公开信息交易罪都是通过信息的未公开性和价格影响性谋取利益，严重破坏金融管理秩序，损害公众投资利益，二者的主要区别体现为信息范围不同，前者针对的是内幕信息，而后者指向的则是内幕信息以外的其他未公开信息。

相比于内幕交易、泄露内幕信息罪，利用未公开信息交易罪具有兜底性质，三者共同构成了惩处危害证券、期货市场秩序行为相对完整的刑事法网。从《刑法修正案（七）》将利用未公开信息交易罪纳入本条亦可看出，为全面打击利用信息从事违法活动的相关行为，立法者以立法的形式实质"扩大"了内幕交易、泄露内幕信息罪中内幕信息的范围。

从法定刑的设置看，利用未公开信息交易罪和内幕交易、泄露内幕信息罪的法定刑完全一致，这意味着，三种犯罪行为在质和量上基本等同，否则会造成罪刑失衡。因此，利用未公开信息交易罪中的未公开信息，在性质上应与内幕交易、泄露内幕信息罪中的内幕信息保持一致，即未公开信息必须是仍处于尚未公开状态，且对证券、期货交易量、交易价格等有显著影响或重大影响。在此基础上，未公开信息侧重于证券、期货等金融机构使用客户资金购买证券、期货的投资交易信息，一般属于单位内部的商业秘密，法律并未要求此类信息应当公开，这也决定了未公开信息与内幕信息的本质区别。①

内幕交易、泄露内幕信息罪针对证券、期货交易内幕信息的知情人员或者非法获取证券、期货交易内幕信息的人员买入或者卖出该证券，或者从事与该内幕信息有关的期货交易，或者泄露该信息，或者明示、暗示他人从事上述交易活动属于内幕交易或泄露内幕信息等行为，提出了禁止交易和信息保密的合规要求。非法获取证券、期货交易内幕信息，主要包括窃取、骗取、套取、窃听、利诱、刺探或者私下交易等手段。如果证券、期货交易内幕信息的知情人员与非知情人员之间存在利益输送，利用相关信息进行交易，从中谋取非法利益，两类主体均可能构成本罪，因此，有必要防范内幕信息的知情人员与其他人员之间出现利益输送，避免内幕交易、泄露内幕信息的刑事法律风险。

利用未公开信息交易罪针对金融机构的从业人员以及有关监管部门或者行业协会的工作人员从事与未公开信息相关的证券、期货交易活动，或者明示、暗示他人从事相关交易活动，提出了禁止交易的合规要求。

证监会和证券交易所明确规定，上市公司应当按照相关规定建立内幕信息知情人登记管理制度。证监会《上市公司监管指引第5号——上市公司内幕信息知情人登记管理制度》第6条规定："在内幕信息依法公开披露前，上市公司应当按照规定填写上市公司内幕信息知情人档案，及时记录商议筹划、论证咨询、合同订立等阶段及报告、传递、编制、决议、披露等环节的内幕信息知情人名单，及其知悉内幕信息的时间、地点、依据、方式、内容等信息。内幕信息知情人应当进行确认。证券交易所根据内幕交易防控需要，对内幕信息知情人档案填报所涉重大事项范围、填报的具体内容、填报人员范围等作出具体规定。"上市公司

---

① 参见俞小海：《利用未公开信息交易罪的重点疑难问题研究》，载《人民司法（应用）》2021年第22期。

一方面应注意内幕信息的保密管理，采取有效的保密措施；另一方面应严格遵守内幕信息知情人登记管理制度，强化内幕信息知情人管理。除上市公司外，证券交易所、中介机构等各方也有义务防控内幕信息扩散，规范市场秩序，形成资本市场诚信守法氛围。

2. 合规风险

（1）内幕交易犯罪中单位的合规风险

根据《刑法》第180条规定，单位可以构成内幕交易、泄露内幕信息罪，但未规定单位可以构成利用未公开信息交易罪。从利用未公开信息交易罪的罪状描述上看，只有证券交易所等金融机构的从业人员以及有关监管部门或者行业协会的工作人员，利用职务便利获取的内幕信息以外的其他未公开信息，并且违法从事与该信息及相关的证券、期货交易活动或者明示、暗示他人从事相关交易活动，达到情节严重标准的，才构成本罪。利用职务便利是针对特定自然人主体构成本罪的前置性条件，单位不存在利用职务便利一说，故不能成为利用未公开信息交易罪的犯罪主体。

上市公司在证券期货发行、交易环节，有必要加强对内幕信息的管控，避免因公司高级管理人员、员工实施内幕交易、泄露内幕信息行为，给公司及公司内部人员带来刑事风险。内幕交易、泄露内幕信息罪对上市公司的影响，主要体现在三个方面：一是内幕交易、泄露内幕信息行为影响公司股票价格，使股票交易出现明显异常。一旦认定公司内部人员构成内幕交易、泄露内幕信息罪，将对上市公司的信誉造成重大影响，造成股价暴跌。二是上市公司的决策机构以集体讨论的形式决定实施内幕交易行为，可能构成单位犯罪，依照《刑法》第180条第2款规定追究公司直接负责的主管人员和其他直接责任人员的刑事责任。三是监管机关、司法机关在调查内幕交易违法犯罪过程中，一旦发现公司存在刑事犯罪线索，可能一并予以查处。鉴于内幕信息在泄露过程中可能出现利益输送，因此，内幕知情人员或非法获取内幕信息人员还可能存在商业贿赂风险,有必要提前做好防范措施。

(2) 内幕交易犯罪中"建议行为"的合规风险

内幕交易、泄露内幕信息罪和利用未公开信息交易罪明确规定,利用内幕信息或内幕信息以外的其他非公开信息,明示、暗示他人从事相关交易活动的交易行为,可能构成犯罪。"明示或者暗示他人从事相关交易活动",本质上是指行为人提示或者建议他人从事证券、期货交易活动,例如,提示或建议他人买入或者卖出该证券,或者从事与该内幕信息有关的期货交易。①

无论是内幕信息知情人员、非法获取内幕信息的人员,抑或是金融机构的从业人员、行业协会的工作人员,如果在特定期间买卖相关证券,就应当认为其交易行为与内幕信息或者内幕信息以外的其他非公开信息具有关联性。但是,对于是否存在"建议"(明示或暗示)他人从事交易行为的情形,还需要结合证据进行审查。其中最关键的一点是,确定行为人的交易是否存在异常。《内幕交易案件解释》第3条规定,从时间吻合程度、交易背离程度和利益关联程度等方面认定"相关交易行为明显异常"。具体言之,实践中需要从资金、资金账户、交易时间、交易习惯、交易风格、证券期货交易品种公开信息反映的基本面等与涉案交易行为紧密相关的指标,综合判断相关交易行为是否构成"明显异常"。内幕交易犯罪中的建议行为同样具有刑事风险,并不因内幕人员或非内幕人员未从事内幕交易而消除或减弱风险。

(3) 非法获取内幕信息行为的合规风险

内幕交易、泄露内幕信息罪的客观方面,包括对内幕信息知情人或非内幕人员将内幕信息非法泄露和公开的情形。相比之下,侵犯商业秘密罪的客观方面,包括以盗窃、贿赂等不正当手段获取他人商业秘密,披露、使用或者允许他人使

---

① 参见谢望原:《简评〈刑法修正案(七)〉》,载《法学杂志》2009年第6期。

用以不正当手段获取的权利人的商业秘密和违反保密义务或者违反权利人有关保守商业秘密的要求，披露、使用或者允许他人使用其所掌握的商业秘密等情形。因此，内幕交易、泄露内幕信息罪与侵犯商业秘密罪存在一定的联系，例如，两者的犯罪对象都具有秘密性，两者的客观方面都包括泄露或提前公开不该公开的相关内容等。如果行为人侵害的对象既属于内幕信息，又属于商业秘密，则构成想象竞合犯，同时触犯内幕交易、泄露内幕信息罪和侵犯商业秘密罪。根据想象竞合犯的处罚原则，应以重罪论处。因此，如果非法获取内幕信息的人员获取内幕信息的手段违法，就将同时面临构成内幕交易、泄露内幕信息罪和侵犯商业秘密罪的刑事风险。

3. 合规建议

（1）针对内幕信息制定严格的保密制度和刑事风险防控体系

上市公司和 IPO 阶段的准上市公司，在公司股票、期货上市发行、交易前后以及在公司并购重组等公司资产发生重大变化的内幕信息敏感期内，应当针对内幕信息制定严格的保密制度和刑事风险防控体系。在内幕信息形成的动议、筹划、决策、执行等不同阶段，针对上市公司股东、实际控制人，董事、监事、高级管理人员和其他交易各方，以及提供服务的证券公司、证券服务机构等不同主体，应当制定符合自身特色的企业刑事风险防控阶段性标准，有针对性地提出履行保密义务和刑事合规的具体要求。同时，应当做好上市发行、重组信息管理以及所有内幕信息知情人登记工作，要求知情人签订刑事合规承诺告知书，将内幕交易、泄露内幕信息的刑事风险提前告知。此外，可以聘请法律专业人员为公司开展企业合规制度建设和风险咨询工作，尤其要重视刑事合规和刑事风险防控工作。

为督促上市公司做好内幕信息管理，防控内幕交易风险，证监会及沪深交易所出台了监管规则。按照监管要求，上市公司董事会应当保证内幕信息知情人档案真实、准确和完整，并将董事长确定为主要责任人。董事会秘书负责办理上市公司内幕信息知情人的登记入档事宜。上市公司监事会应当对内幕信息知情人登记管理制度实施情况进行监督。在内幕信息管理制度中，应当载明内幕信息知情人的保密义务、违反保密规定责任和通过签订保密协议、禁止内幕交易告知书等必要方式将上述事项告知有关人员等内容，在公司层面做好内幕信息的保密工作。

（2）强化内幕信息知情人的廉洁自律性，禁止利用内幕信息作为交换进而谋取不正当利益

国有上市公司和非国有上市公司需要不断提升企业股东、实际控制人、董事、监事、高级管理人员等内幕信息知情人的廉洁自律性，禁止利用内幕信息作为交换谋取不正当利益。实践中，有国家工作人员利用自身获取信息的职务便利，在内幕交易案件中收受他人贿赂，向他人提供内幕信息，进而被认定同时构成受贿罪和内幕交易、泄露内幕信息罪。因此，对于国有上市公司的内幕信息知情人，要筑牢思想防线，自觉抵制贪污贿赂犯罪行为，不能误以为内幕交易、泄露内幕信息行为具有隐蔽性，犯罪成本较低、处罚力度较小，就通过利益交换的方式在泄露内幕信息中获取不正当利益。非国有上市公司的股东、董事、监事和高级管理人员也应当提升自身刑事合规意识，坚决杜绝将信息泄露给熟人、朋友，不能为了获利与熟人、亲友共谋实施内幕交易，同时避免通过内幕交易、泄露内幕信息的方式与国家工作人员进行利益输送，通过向其泄露内幕信息谋取不正当利益。

（3）金融机构从业人员、监管部门或行业协会的工作人员应遵守职业规范，树立刑事合规理念

在利用未公开信息交易罪中，犯罪主体包括两类：一类是金融机构的从业人员，包括证券交易所、期货交易所、证券公司、期货经纪公司等机构的从业人员；另一类是相关监管机构和行业协会的工作人员，包括从事证券监管业务的工作人员，如银行保险监督管理委员会、证券监督管理委员会等部门的工作人员，以及证券业协会、期货业协会等自律性组织的工作人员。

从利用未公开信息交易罪的裁判数据看，基金从业人员等资产管理机构的高

级管理人员、涉密岗位人员是本罪的高发人群。部分金融机构的从业人员、监管部门或行业协会的工作人员没有认识到利用未公开信息交易的风险和严重后果，疏忽大意或抱有侥幸心理，利用未公开信息进行交易。因此，金融机构、监管部门、行业协会应加强法律风险识别、法律责任后果的合规培训，提高相关从业人员的法律观念。在相关从业人员买卖证券申报等规章制度中，应当明确禁止从业人员（含近亲属）开设证券账户、从事个人交易等内容。金融机构的从业人员、监管部门、行业协会的工作人员自身也要恪守职业道德、遵守职业规范，防范"老鼠仓"交易给自身带来的刑事法律风险。

监管政策和规范

随着证券市场快速发展，内幕交易法律规制的制度体系不断优化完善。2019年《证券法》扩大了内幕信息知情人的范围。具体包括：一是将"发行人"纳入知情人范围。虽然上市公司回购或收购本公司股份存在限制，但仍存在可收购本公司股份的特殊情形，实践中已出现此类内幕交易案件。为避免上市公司收购本公司股份中可能存在的内幕交易，2019年《证券法》将之纳入法律规制。二是将发行人实际控制的公司及其"董监高"，与公司有业务往来并可获取公司内幕信息的人员，上市公司收购、重大资产重组中涉及的相关主体以及因职务或工作可以获得内幕信息的交易所、证券公司、证券监管机构等有关人员都列为内幕信息知情人员。2019年《证券法》将知悉或能够获取内幕信息的相关人员一并纳入内幕信息知情人的范围，为后续全面和精准打击内幕交易提供了法律依据。

2019年《证券法》大幅度提高了内幕交易违法成本，将违法所得罚款上限从原来5倍直接提升到10倍；同时提高了没有违法所得或违法所得不足一定金额的罚款标准，从原来3万-60万元提升到50万-500万元，行为人从事内幕交易即使亏损，也可能面临巨额罚款；对于单位从事内幕交易的，将责任人员的罚款标准从原来 3 万-30 万元提升到 20 万-200 万元。此外，内幕交易行为人还可能被采取市场禁入措施。

2019 年《证券法》新增禁止利用未公开信息交易的规定。在《证券法》修订前，利用未公开信息交易主要通过《证券投资基金法》等规定予以规制。2019 年《证券法》新增第 54 条禁止利用未公开信息交易的规定，由《证券法》统一予以规制，填补了空白。与此同时，2019 年《证券法》第 191 条规定，利用未公开信息交易参照内幕交易的相关规定予以处罚。

《关于审理证券行政处罚案件证据若干问题的座谈会纪要》对证券监管部门处理相关案件具有积极的指引作用。该纪要确立了内幕交易认定的"推定规则"，具体包括特定关系型推定与接触联络型推定。特定关系型推定是指法定内幕信息知情人的配偶、父母、子女以及其他有密切关系的人，如果其证券交易活动与内幕信息基本吻合，就推定该异常交易行为构成内幕交易。接触联络型推定是指内幕信息公开前与法定内幕信息知情人或知晓该内幕信息的人联络、接触的人，如果其证券交易活动与内幕信息高度吻合，就推定该异常交易行为构成内幕交易。

2021 年 7 月 6 日，中共中央办公厅、国务院办公厅印发《关于依法从严打击证券违法活动的意见》，指出："依法严厉查处大案要案。坚持分类监管、精准打击，全面提升证券违法大案要案查处质量和效率。依法从严从快从重查处欺诈发行、虚假陈述、操纵市场、内幕交易、利用未公开信息交易以及编造、传播虚假信息等重大违法案件。"

2021 年 7 月 9 日，证监会通报打击操纵市场、内幕交易等证券违法行为情况。2020 年以来，证监会依法启动操纵市场案件调查 90 起、内幕交易 160 起，合计占同期新增案件的 52%；作出操纵市场、内幕交易案件行政处罚 176 件，罚没金额累计超过 50 亿元；向公安机关移送涉嫌操纵市场犯罪案件线索 41 起、内幕交易 123 起，合计占移送案件总数 76%，移送犯罪嫌疑人 330 名。

2021 年 10 月，证监会会同公安检察机关部署专项执法行动依法从严打击证券违法犯罪活动，集中部署查办 19 起重大典型案件，其中内幕交易案件 2 件。有的内幕信息知情人除直接从事内幕交易外，还向存在特殊利益关系等其他人员泄露内幕信息，参与收益分成。近年来，针对严峻复杂的证券违法犯罪态势，证监会不断加强行政执法与刑事司法的衔接配合。2021 年上半年，证监会已累计向公安机关移送涉嫌犯罪案件及线索 119 件，移送涉案主体 266 人，较 2020 年同期增长均达到 1 倍以上。同时，及时向检察机关抄送重大案件 17 件。

2022 年 2 月，证监会通报，2021 年办理内幕交易 201 起，案件数量连续三年下降。全年依法向公安机关移送各类涉嫌犯罪案件（线索）177 起，同比增长 53%。虽然该通报没有分类统计内幕交易类案件的具体数据，但监管实践中严格执行"交易金额 50 万元或违法所得、避免损失 15 万元"的刑事追诉标准，移送的比例高达 80% 左右。

金融机构从业人员利用未公开信息交易行为，严重扰乱金融管理秩序，损害公众投资者利益，破坏资本市场诚信基础，是《证券法》、《证券投资基金法》和《刑法》明确禁止的违法犯罪行为，也是证监会及相关执法部门严厉打击的重点。证监会自 2013 年下半年开发启用大数据分析系统以来，严厉打击利用未公开信息交易行为，自启用大数据分析系统至 2014 年年底，证监会立案调查利用未公开信息交易 41 起。2020 年全年仅新增资管从业人员利用未公开信息交易立案案件 2 起，打击效果明显。

相关监管政策和规范索引整理如下。

《证券法》第 50-53、191 条

《期货和衍生品法》第 13-15、126 条

《关于审理证券行政处罚案件证据若干问题的座谈会纪要》五

典型案例

典型案例 4-21：汪某元、汪某琤内幕交易案[①]

鸿信行有限公司（以下简称鸿信行）在股权转让前持有健康元药业集团股份有限公司（以下简称健康元）16.46%的股份，鸿信行减持及股权转让信息属于2005年《证券法》规定的内幕信息。此外，前述信息中的马某腾通过受让鸿信行股份间接入股健康元事项，在公告后引起市场广泛关注，其对健康元股价的影响印证了该信息的重大性。

内幕信息敏感期内，汪某元与欧某平通话5次，汪某元与其女儿汪某琤共同控制使用21个账户，涉案账户从2015年3月16日开始大量买入"健康元"，涉案账户大量交易健康元股票，金额巨大，买入意愿十分强烈，其买入"健康元"时间与其和内幕信息知情人联络、接触时间高度吻合，交易行为明显异常，且无正当理由或正当信息来源。汪某元、汪某琤的上述行为，违反了2005年《证券法》的规定，构成2005年《证券法》第202条规定的内幕交易行为。

典型案例 4-22：熙玥投资内幕交易案[②]

熙玥1号是国联安基金管理有限公司（以下简称国联安基金）设立的一支契约型封闭式特定多个客户资产管理计划，根据上海熙玥投资管理有限公司（以下简称熙玥投资）与国联安基金签署的《咨询服务协议》，熙玥投资作为该计划的咨询顾问，为国联安基金提供咨询服务，国联安基金应予以接受执行。熙玥1号由熙玥投资实际投资决策。熙玥投资于2015年1月7日登记为私募基金管理人。

熙玥投资为发展意向客户，公司管理人员和投委会经讨论后决定接受"竺某英"账户并进行操作。2015年1月7日至3月11日，"竺某英"信用证券账户趋同于熙玥1号交易包括"生意宝"等13只深市股票，占"竺某英"信用证券账

[①] 中国证监会行政处罚决定书〔2020〕10号。
[②] 中国证监会行政处罚决定书〔2019〕93号。

户深市交易股票数量的76.47%，趋同于熙玥1号交易"宋都股份"等5只沪市股票，占"竺某英"信用证券账户沪市交易股票数量的57.14%。

熙玥投资作为基金管理人，在担任熙玥1号的咨询顾问期间，其行为违反了《证券投资基金法》和《私募投资基金募集行为管理办法》的规定，构成了"泄露因职务便利获取的未公开信息、利用该信息从事或者明示、暗示他人从事相关的交易活动"的违法行为。

典型案例4-23：袁某敏、王某明内幕交易案①

广州金发科技股份有限公司（以下简称金发科技）筹划实施2016年员工持股计划及非公开发行股票属于2005年《证券法》规定的内幕信息。内幕信息形成时间不晚于2016年2月3日，于2016年3月1日公开（以下简称内幕信息敏感期）。袁某敏在内幕信息形成过程中起决定性作用，属于内幕信息知情人，其知情时间不晚于2016年2月3日。

在内幕信息敏感期内，王某明操作"王某明""李某玲"证券账户买入"金发科技"，资金全部来自袁某敏。

在内幕信息公开之前，作为法定内幕信息知情人的袁某敏提供资金，王某明操作涉案账户，二人共同交易"金发科技"的行为明显异常，与内幕信息高度吻合，且二人不能合理解释账户交易的异常性。袁某敏、王某明在内幕信息敏感期内共同交易"金发科技"的行为，违反了2005年《证券法》的规定，构成2005年《证券法》第202条规定的内幕交易行为。

---

① 中国证监会行政处罚决定书〔2019〕63号。

第五节　操纵证券、期货市场罪

第一百八十二条　【操纵证券、期货市场罪】有下列情形之一，操纵证券、期货市场，影响证券、期货交易价格或者证券、期货交易量，情节严重的，处五年以下有期徒刑或者拘役，并处或者单处罚金；情节特别严重的，处五年以上十年以下有期徒刑，并处罚金：

（一）单独或者合谋，集中资金优势、持股或者持仓优势或者利用信息优势联合或者连续买卖的；

（二）与他人串通，以事先约定的时间、价格和方式相互进行证券、期货交易的；

（三）在自己实际控制的帐户之间进行证券交易，或者以自己为交易对象，自买自卖期货合约的；

（四）不以成交为目的，频繁或者大量申报买入、卖出证券、期货合约并撤销申报的；

（五）利用虚假或者不确定的重大信息，诱导投资者进行证券、期货交易的；

（六）对证券、证券发行人、期货交易标的公开作出评价、预测或者投资建议，同时进行反向证券交易或者相关期货交易的；

（七）以其他方法操纵证券、期货市场的。

单位犯前款罪的，对单位判处罚金，并对其直接负责的主管人员和其他直接责任人员，依照前款的规定处罚。

罪名解析

1. 法条修改情况

1997年修订的《刑法》第182条规定了操纵证券交易价格罪，条文表述如下："有下列情形之一，操纵证券交易价格，获取不正当利益或者转嫁风险，情节严重的，处五年以下有期徒刑或者拘役，并处或者单处违法所得一倍以上五倍以下罚金：（一）单独或者合谋，集中资金优势、持股优势或者利用信息优势联合或者连续买卖，操纵证券交易价格的；（二）与他人串通，以事先约定的时间、价格和方式相互进行证券交易或者相互买卖并不持有的证券，影响证券交易价格或者证券交易量的；（三）以自己为交易对象，进行不转移证券所有权的自买自卖，影响证券交易价格或者证券交易量的；（四）以其他方法操纵证券交易价格的。单位犯前款罪的，对单位判处罚金，并对其直接负责的主管人员和其他直接责任人员，处五年以下有期徒刑或者拘役。"随着经济社会发展和相关行政法律法规的修改，该条进行了三次调整：

首先，为同步规制期货市场，惩治期货交易中的同类犯罪行为，1999年《刑法修正案》第5条将"操纵证券交易价格"修改为"操纵证券、期货价格"，并在具体行为方式中增加了操纵期货价格的相关表述。

其次，2006年《刑法修正案（六）》本着严密法网的精神，进一步作出两个方面的调整：一是扩大规制范围，包括：将第1款中的"操纵证券、期货交易价格"修改为"操纵证券、期货交易市场"；删去"获取不正当利益或者转嫁风险"的限制性规定；将第1款第3项中的"以自己为交易对象，进行不转移证券所有权的自买自卖"修改为"在自己实际控制的账户之间进行证券交易"，等等。二是提升刑罚力度，包括：将第1款中的"处一倍以上五倍以下罚金"修改为

"罚金",并对情节特别严重的,增加一档刑罚;对单位犯罪的直接负责的主管人员和其他直接责任人员增处罚金。

最后,2006年以来,随着证券、期货市场不断发展,操纵行为也花样翻新,手法更加多样化,一些行为方式不能被第1款前3项所涵盖,只能适用第4项兜底条款"以其他方法操纵证券、期货市场的"。《立案追诉标准(二)》明确规定,除刑法第182条第1款前3项规定的情形外,虚假申报操纵、"抢帽子"操纵达到一定标准的,按照操纵证券、期货市场罪立案追诉。《操纵市场解释》进一步规定,蛊惑交易操纵、虚假申报操纵、"抢帽子"操纵属于刑法第182条第1款第4项规定的"以其他方法操纵证券、期货市场"。2019年《证券法》在第55条增加了这三种操纵方法。可见,上述操纵行为的违法性已经成为共识。在此基础上,《刑法修正案(十一)》对《刑法》第182条第1款完善了罪状表述,增加了三种操纵方法,与《证券法》的表述基本保持一致,促进了行刑衔接。另外,还将原第1款第1项中的"操纵证券、期货交易价格或者证券、期货交易量"、第2项和第3项中的"影响证券、期货交易价格或者证券、期货交易量",挪到第1款中,统一表述为"影响证券、期货交易价格或者证券、期货交易量",使条文更加简洁、准确。

2. 犯罪构成要件

(1) 本罪的客体

本罪规定在《刑法》分则第3章第4节"破坏金融管理秩序罪"之中。行为人扭曲证券、期货交易价格、影响交易量,诱导投资者盲目跟进操作,既侵犯了证券、期货市场秩序,也侵犯了投资者的合法权益。

(2) 本罪的客观方面

本罪的客观方面表现为,操纵证券、期货市场,影响证券、期货交易价格或者证券、期货交易量,情节严重的行为。具体包括以下7种行为方式。

第一，联合或者连续买卖操纵，即单独或者合谋，集中资金优势、持股或者持仓优势或者利用信息优势联合或者连续买卖。此类操纵行为同时具备两个要件：一是集中资金优势、持股或者持仓优势或者利用信息优势；二是联合或者连续买卖。根据《操纵市场案件解释》的规定，操纵证券市场，持有或者实际控制证券的流通股份数量达到该证券的实际流通股份总量10%以上，连续10个交易日的累计成交量达到同期该证券总成交量20%以上的，或者操纵期货市场，实际控制的账户合并持仓连续10个交易日的最高值超过期货交易所限仓标准的2倍，累计成交量达到同期该期货合约总成交量20%以上，且期货交易占用保证金数额在500万元以上的，可以按照操纵证券、期货市场罪定罪处罚。

第二，对倒操纵，即与他人串通，以事先约定的时间、价格和方式相互进行证券、期货交易。

第三，洗售操纵，即在自己实际控制的帐户之间进行证券交易，或者以自己为交易对象，自买自卖期货合约。根据《操纵市场案件解释》的规定，对倒操纵或者洗售操纵，在证券市场上，连续10个交易日的累计成交量达到同期该证券总成交量20%以上的，或者在期货市场上，实际控制的账户连续10个交易日的累计成交量达到同期该期货合约总成交量20%以上，且期货交易占用保证金数额在500万元以上的，可以按照操纵证券、期货市场罪定罪处罚。

第四，虚假申报操纵（也称"幌骗交易操纵"），即不以成交为目的，频繁或者大量申报买入、卖出证券、期货合约并撤销申报。根据《操纵市场案件解释》的规定，当日累计撤回申报量达到同期该证券、期货合约总申报量50%以上，且证券撤回申报额在1000万元以上、撤回申报的期货合约占用保证金数额在500万元以上的，可以按照操纵证券、期货市场罪定罪处罚。

第五，蛊惑交易操纵，即利用虚假或者不确定的重大信息，诱导投资者进行证券、期货交易。

第六，"抢帽子"操纵，即对证券、证券发行人、期货交易标的公开作出评价、预测或者投资建议，同时进行反向证券交易或者相关期货交易。根据《操纵市场案件解释》的规定，蛊惑交易操纵或者"抢帽子"操纵，在证券市场上，证券交易成交额在1000万元以上的，或者在期货市场上实际控制的账户连续10个交易日的累计成交量达到同期该期货合约总成交量20%以上，且期货交易占用保证金数额在500万元以上的，可以按照操纵证券、期货市场罪定罪处罚。

第七，以其他方法操纵证券、期货市场。

另外，根据《操纵市场案件解释》的规定，如能认定行为人确实实施了操纵证券、期货市场行为，即使不符合上述比例标准，如果违法所得数额在100万元以上，也可以认定为"情节严重"，按照操纵证券、期货市场罪定罪处罚。具有《操纵市场案件解释》第3条规定的7种情形之一，违法所得数额在50万元以上，即可认定为"情节严重"。

（3）本罪的主体

本罪的主体是一般主体。单位构成本罪的，对单位判处罚金，并对其直接负责的主管人员和其他直接责任人员，依照《刑法》第182条第1款的规定处罚。

（4）本罪的主观方面

本罪的主观方面是故意。行为人主观上有操纵证券、期货市场，影响证券、期货交易价格或者证券、期货交易量的意图。犯罪动机一般是反向卖出获利，也可能是维护股价，或者避免穿仓风险等。但动机不影响犯罪的成立。

3. 刑事责任

根据修正后《刑法》第182条的规定，构成操纵证券、期货市场罪的，处5年以下有期徒刑或者拘役，并处或者单处罚金；情节特别严重的，处5年以上10年以下有期徒刑，并处罚金。单位构成本罪的，对单位判处罚金，并对其直接负责的主管人员和其他直接责任人员，处5年以下有期徒刑或者拘役，并处或者单处罚金；情节特别严重的，处5年以上10年以下有期徒刑，并处罚金。

司法精要

1. 虚假申报操纵的认定

虚假申报操纵是指不以成交为目的，频繁申报、撤单或者大额申报、撤单，误导投资者作出投资决策，影响证券、期货交易价格或者证券、期货交易量，并进行与申报相反的交易或者谋取相关利益。在证券、期货交易市场中，报撤单是正常交易行为。为准确区分该类操纵与正常的报撤单行为，需要根据报撤单是否频繁，报撤单的金额是否巨大，是否进行与申报相反的交易，是否使用多个不同账户掩盖操作等客观行为进行综合判断。

典型案例4-24：唐某博等操纵证券市场案①

2012年5月至2013年1月，被告人唐某博伙同被告人唐某子、唐某琦，利用实际控制的账户组，不以成交为目的，频繁申报、撤单或大额申报、撤单，影响股票交易价格与交易量，并进行与申报相反的交易。其间，先后利用控制账户组大额撤回申报买入"华资实业""京投银泰"股票，撤回买入量分别占各股票当日总申报买入量的50%以上，撤回申报额为0.9亿余元至3.5亿余元；撤回申报卖出"银基发展"股票，撤回卖出量占该股票当日总申报卖出量的50%以上，撤回申报额1.1亿余元，并通过实施与虚假申报相反的交易行为，违法所得共计2581.21万余元。唐某琦在明知唐某博存在操纵证券市场行为的情况下，仍接受唐某博的安排多次从事涉案股票交易。案发后，唐某博、唐某子、唐某琦分别向公安机关投案。一审期间，唐某博检举揭发他人犯罪行为，经查证属实。

法院认为，被告人唐某博、唐某子、唐某琦的行为均已构成操纵证券市场罪。

---

① 参见最高人民法院2020年9月24日发布的"人民法院依法惩处证券、期货犯罪典型案例"之二：《唐某博等操纵证券市场案——不以成交为目的，频繁申报、撤单或者大额申报、撤单操纵证券市场，情节特别严重》。

其中：唐某博、唐某子违法所得数额巨大，属于"情节特别严重"，唐某琦属于"情节严重"。在共同犯罪中，唐某博系主犯，唐某子、唐某琦系从犯。唐某博、唐某子、唐某琦均具有自首情节，唐某博具有立功表现。综合全案事实、情节，对唐某博、唐某子减轻处罚；对唐某琦从轻处罚，并依法适用缓刑。据此，依法以操纵证券市场罪判处被告人唐某博有期徒刑3年6个月，并处罚金人民币2450万元；判处被告人唐某子有期徒刑1年8个月，并处罚金人民币150万元；判处被告人唐某琦有期徒刑1年，缓刑1年，并处罚金人民币10万元。

2. "抢帽子"操纵的认定

2022年修订前的《立案追诉标准（二）》第39条第7项规定，"证券公司、证券投资咨询机构、专业中介机构或者从业人员，违背有关从业禁止的规定，买卖或者持有相关证券，通过对证券或者其发行人、上市公司公开作出评价、预测或者投资建议，在该证券的交易中谋取利益，情节严重的"，应予立案追诉。这一规定为"抢帽子"操纵限定了主体范围，只有证券公司、证券投资咨询机构、专业中介机构或者从业人员可以构成"抢帽子"操纵犯罪。实践中，随着自媒体等现代通信技术快速发展，涉案主体既有持牌机构和分析师，也有网络工作室、网络大V、博主等非持牌机构以及一般公民，"黑嘴"荐股的方式多种多样，如微博、股吧、视频直播、微信以及QQ私聊建群等，最终目的是误导投资者作出投资决策而从中获利，有的是自己反向交易从中获利，有的是诱导散户买入，帮助"庄家出货"获取报酬等。鉴于此，《操纵市场司法解释》第1条第2项并未对"抢帽子"操纵限定主体，《刑法修正案（十一）》也没有作此限定。2022年修订《立案追诉标准（二）》，将该项修改为"对证券、证券发行人公开作出评价、预测或者投资建议，同时进行反向证券交易，证券交易成交额在一千万元以上的"，取消了主体方面的限定。

典型案例 4-25:"汪某中操纵证券市场案"①

被告人汪某中是北京首放投资顾问有限公司法定代表人,2006年7月至2008年3月,汪某中先后利用其本人及他人的身份证开立了其实际控制的沪、深证券账户,并使用上述账户,在中信证券北京北三环中路营业部、国信证券北京三里河营业部等证券营业部,开立了十余个资金账户用于证券交易。同时,在中国工商银行开立了10个银行账户,用于证券交易资金的存取和划转。2007年1月9日至2008年5月21日,汪某中采取先买入工商银行、中国联通等38只股票,后利用首放公司名义通过新浪网、搜狐网、上海证券报、证券时报等媒介对外推荐其先期买入的股票,并在股票交易时抢先卖出相关股票,人为影响上述股票的交易价格,获取个人非法利益。据中国证券监督管理委员会统计,在首放公司推荐股票的内容发布后,相关38只股票交易量在整体上出现了较明显的上涨:个股开盘价、当日均价明显提高;集合竞价成交量、开盘后1小时成交量成倍放大;全天成交量大幅增长;当日换手率明显上升;参与买入账户明显增多;新增买入账户成倍增加。汪某中采取上述方式操纵证券市场55次,累计买入成交额人民币52.6亿余元,累计卖出成交额人民币53.8亿余元,非法获利共计人民币1.25亿余元归个人所有。法院以操纵证券市场罪判处汪某中有期徒刑7年,并处罚金1.25亿余元。

3. "以其他方法操纵证券、期货市场"的认定

《刑法》第182条第1款第7项"以其他方法操纵证券、期货市场"系兜底规定。在资本市场中,一些人为规避法律,故意采用法条没有明确列举的操纵手段实施违法犯罪。为严密法网,《操纵市场案件解释》第1条规定:"行为人具有下列情形之一的,可以认定为刑法第182条第1款第4项规定的'以其他方法操

---

① 参见《"股市黑嘴"汪某中操纵证券市场一审被判》,载中国法院网(chinacourt.org)。

纵证券、期货市场'：（一）利用虚假或者不确定的重大信息，诱导投资者作出投资决策，影响证券、期货交易价格或者证券、期货交易量，并进行相关交易或者谋取相关利益的；（二）通过对证券及其发行人、上市公司、期货交易标的公开作出评价、预测或者投资建议，误导投资者作出投资决策，影响证券、期货交易价格或者证券、期货交易量，并进行与其评价、预测、投资建议方向相反的证券交易或者相关期货交易的；（三）通过策划、实施资产收购或者重组、投资新业务、股权转让、上市公司收购等虚假重大事项，误导投资者作出投资决策，影响证券交易价格或者证券交易量，并进行相关交易或者谋取相关利益的；（四）通过控制发行人、上市公司信息的生成或者控制信息披露的内容、时点、节奏，误导投资者作出投资决策，影响证券交易价格或者证券交易量，并进行相关交易或者谋取相关利益的；（五）不以成交为目的，频繁申报、撤单或者大额申报、撤单，误导投资者作出投资决策，影响证券、期货交易价格或者证券、期货交易量，并进行与申报相反的交易或者谋取相关利益的；（六）通过囤积现货，影响特定期货品种市场行情，并进行相关期货交易的；（七）以其他方法操纵证券、期货市场的。"《刑法》修改后，上述部分行为方式已经吸收到刑法条文之中，但是不排除仍有一些行为类型继续适用兜底条款。

典型案例4-26：伊世顿公司、金某献等操纵期货市场案①

被告单位张家港保税区伊世顿国际贸易有限公司（以下简称伊世顿公司）于2012年9月成立，后通过被告人金某献在华鑫期货有限公司开设期货账户。2013年6月起至2015年7月，伊世顿公司为逃避证券期货监管，通过被告人高某、金某献介绍，以租借或者收购方式，实际控制了19名自然人和7个法人期货账户，与伊世顿公司自有账户组成账户组，采用高频程序化交易方式从事股指期货合约

---

① 参见最高人民法院2020年9月24日发布的"人民法院依法惩处证券、期货犯罪典型案例"之三：《张家港保税区伊世顿国际贸易有限公司、金某献等操纵期货市场案——非法利用技术优势操纵期货市场，情节特别严重》。

交易。其间，伊世顿公司隐瞒实际控制伊世顿账户组、大量账户从事高频程序化交易等情况，规避中金所的监管措施，从而取得不正当交易优势；还伙同金某献等人，将自行研发的报单交易系统非法接入中金所交易系统，直接进行交易，从而非法取得额外交易速度优势。2015年6月1日至7月6日，伊世顿公司及被告人高某、梁某中伙同金某献，利用以逃避期货公司资金和持仓验证等非法手段获取的交易速度优势，大量交易中证500股指期货主力合约、沪深300股指期货主力合约合计377.44万手，从中非法获利人民币3.893亿余元。被告人金某献还利用职务便利侵占华鑫期货有限公司资金1348万余元。

法院认为，被告单位伊世顿公司、被告人高某、梁某中、金某献的行为均构成操纵期货市场罪，且情节特别严重；金某献的行为还构成职务侵占罪，依法应当数罪并罚。

4. 账户控制关系的认定

《操纵市场案件解释》第5条规定："下列账户应当认定为刑法第一百八十二条中规定的'自己实际控制的账户'：（一）行为人以自己名义开户并使用的实名账户；（二）行为人向账户转入或者从账户转出资金，并承担实际损益的他人账户；（三）行为人通过第一项、第二项以外的方式管理、支配或者使用的他人账户；（四）行为人通过投资关系、协议等方式对账户内资产行使交易决策权的他人账户；（五）其他有证据证明行为人具有交易决策权的账户。""有证据证明行为人对前款第一项至第三项账户内资产没有交易决策权的除外。"根据该条的立法精神，认定账户控制关系的核心在于，行为人对账户是否具有交易决策权。关于交易决策权的判断，需要从以下方面综合认定：涉案账户之间的资金关联；涉案账户之间的IP、MAC地址或者其他软硬件关联；涉案账户交易的趋同性；投资关系、协议、融资安排或者其他安排；行为人自认；账户名义所有人等人员指认等。

典型案例 4-27：朱某明操纵证券市场案[①]

2013 年 2 月 1 日至 2014 年 8 月 26 日，朱某明在任国开证券营业部证券经纪人期间，先后多次在其担任特邀嘉宾的上海电视台第一财经频道《谈股论金》节目播出前，使用实际控制的 3 个证券账户买入多支股票，于当日或次日在《谈股论金》节目播出中，以特邀嘉宾身份对其先期买入的股票进行公开评价、预测及推介，并于节目首播后 1 至 2 个交易日内抛售相关股票，人为地影响前述股票的交易量和交易价格，获取利益。经查，其买入股票交易金额共计人民币 2094.22 万余元，卖出股票交易金额共计人民币 2169.70 万余元，非法获利 75.48 万余元。

在审查起诉阶段，朱某明否认其实际控制涉案账户买卖股票。针对其辩解，办案人员将相关证据向朱某明及其辩护人出示，并一一阐明证据与朱某明行为之间的证明关系。（1）账户登录、交易 IP 地址大量位于朱某明所在的办公地点，与朱某明出行等电脑数据轨迹一致。例如，2014 年 7 月 17 日、18 日，涉案的朱某证券账户登录、交易 IP 地址在重庆，与朱某明的出行记录一致。（2）涉案 3 个账户之间与朱某明个人账户资金往来频繁，初始资金有部分来自朱某明账户，转出资金中有部分转入朱某明银行账户后由其消费，证明涉案账户资金由朱某明控制。经过上述证据展示，朱某明对自己实施"抢帽子"交易操纵他人证券账户买卖股票牟利的事实供认不讳。

法庭经审理，认定公诉人提交的证据能够相互印证，予以确认，以操纵证券市场罪判处被告人朱某明有期徒刑 11 个月，并处罚金人民币 76 万元，其违法所得予以没收。

5. 主观故意的认定

这里的主观故意是指故意操纵证券市场行为，而非促使行为人从事操纵证券

[①] 参见最高人民检察院第十批指导性案例之"朱某明操纵证券市场案（检例第 39 号）"，载"12309"中国检察网。

市场行为的主观动机，动机不影响主观故意的认定。因此，要将行为人的操纵故意和实施操纵行为的动机区别开来。行为人的动机可能是获利、避损、实现定增目的、避免股权质押达到平仓线被强制平仓、公司市值管理等，但从这些动机出发实施的操纵证券市场行为的故意都是相同的，即明知或应知自己的操纵行为违法，而故意或放任违法行为的发生。当然，动机在认定操纵证券市场违法行为中并非不起任何作用，而是可以作为判断操纵证券市场行为主观故意的参考要素。

判断行为人操纵证券市场的主观故意，可以通过以下方式进行：第一，可以从行为人频繁、连续的交易行为推知行为人具有操纵证券市场行为的主观故意。第二，可以通过通信记录、电子邮件、微信等证据的内容探知操纵证券市场行为的主观故意。第三，行为人主动坦白操纵证券市场的主观故意。第四，可以通过事后反向交易、销毁证据等行为推定行为人操纵证券市场的主观故意。

合规指引

1. 合规要求

操纵证券、期货市场行为通过不正当手段，营造虚假供求关系和证券、期货价格，误导投资者决策，扭曲市场价格形成机制，容易引发系统性风险，历来是国家监管的重点领域。

操纵证券、期货市场的行为方式多种多样，包括联合、连续交易操纵、约定交易操纵、自买自卖操纵（也称洗售操纵）、幌骗交易操纵、蛊惑交易操纵、"抢帽子"交易操纵等。为有效惩治操纵证券、期货市场犯罪，《刑法》及相关司法解释不断调整、扩充操纵证券、期货市场的行为方式，以便精准打击操纵市场违法犯罪行为。随着《证券法》的修改完善，《刑法》适时调整操纵市场的行为方式，维持对操纵证券市场行为法律治理的"行刑衔接"。

从证监会 2022 年 2 月公布的数据看，2021 年证监会办理操纵市场案件 110 起，向公安机关移送相关犯罪 41 起。从操纵动机看，有的操纵团队以连续交易、虚假申报、对倒、蛊惑等多种手段，引诱市场跟风，谋取不当利益。有的上市公司实际控制人为实现高位减持、防止股价面值退市、避免质押股票爆仓等目的，通过控制信息披露内容、节奏，配合市场机构操纵自家股票。从操纵主体看，不少操纵团队与上市公司内外勾结，利用资金、持股优势集中拉抬股价，牟取短期价差；股市"黑嘴"引诱中小股民高价接盘，按接货量单分取收益；配资中介为盘方提供资金支持，按照一定比例抽取利息；市场掮客收取费用后主动牵线搭桥、合谋操纵。上述几类主体均有合规风险，操纵主体不仅可能被追究行政责任，如果操纵市场行为达到立案追诉标准，还有可能被追究刑事责任。

市场操纵犯罪由证监会移交公安机关后，鉴于案件专业性高，查处难度大，证监会对案件违法事实的认定对公安机关有较大影响。行为人一旦被证监会行政处罚，案件被移送公安机关后，被追究刑事责任的可能性较高。就上市公司而言，上市公司由于体量庞大，企业刑事风险的形成存在一个从滋生、发展到爆发的过程，因而其风险具有潜伏性。上市公司控股股东、实际控制人或"董监高"等人员与操纵团队共谋，对自家股票进行操纵，不仅扰乱了资本市场的交易秩序，也损害了广大投资者的利益。一旦上市公司高级管理人员的操纵行为被披露，上市公司的信誉将会跌入谷底，引发一系列连锁反应。因此，上市公司需要建立完善的合规体系，阻却单位犯罪的成立，避免单位被司法机关认定构成操纵证券、期货市场罪。具体而言，上市公司需要形成有效的风险识别和预防机制、处置和应急机制、反馈和整改机制，在避免单位涉嫌犯罪的同时，防止出现上市公司控股股东、实际控制人或"董监高"等人员与操纵团队共谋、内外勾结损害上市公司利益的情形。

2. 合规风险

（1）"伪市值管理"的合规风险

近年来，越来越多的操纵证券市场行为人以"市值管理"为由，辩称自己不构成犯罪。事实上，依法合规的市值管理与操纵证券市场的违法犯罪行为之间存在清晰的"红线"边界。

2021年9月，中国证监会召开新闻发布会，其中指出，以市值管理之名行操纵市场、内幕交易之实，借"伪市值管理"牟取非法利益的行为，严重破坏资本市场公平秩序，严重干扰资本市场功能发挥，严重损害投资者合法权益，也不利于上市公司质量提高，是证监会长期以来严厉打击的重点。市场各方应当对市值管理形成正确认识，依法合规的市值管理与操纵市场等违法违规行为之间存在清晰的边界和本质的区别。正确把握上市公司市值管理的合法性边界，应当严守"三条红线"和"三项原则"。所谓"三条红线"，一是严禁操控上市公司信息，不得控制信息披露节奏，不得选择性信息披露、虚假信息披露，欺骗投资者；二是严禁进行内幕交易或操纵股价，牟取非法利益，扰乱资本市场"三公"秩序；三是严禁损害上市公司利益及中小投资者合法权益。所谓"三项原则"，一是主体适格。市值管理的主体必须是上市公司或者其他依法准许的适格主体，除法律法规明确授权外，控股股东、实际控制人和"董监高"等其他主体不得以自身名义实施市值管理。二是账户实名。直接进行证券交易的账户必须是上市公司或者依法准许的其他主体的实名账户。三是披露充分。必须按照现行规定真实、准确、完整、及时、公平地披露信息，不得操控信息，不得有抽屉协议。

市值管理的根本宗旨是提高上市公司质量。上市公司应当切实提高合规意识，守法经营，合规运作，在依法合规的前提下运用资本市场工具合理提升公司经营治理水平，坚决抵制"伪市值管理"。实践中，伪市值管理活动常常表现为"买入（买空）—发布利好（利空）消息—卖出（平仓）"、"双方协商—大宗交易拉升股价—股东减持获利—分取收益"或"双方协商—股东减持—大宗交易拉升股价卖出获利—分取收益"等行为模式，并通常伴有连续高频交易、频繁申报并撤销、对倒和对敲、反向交易等行为。一旦行为人实施上述行为，通常可推定其具有与他人合谋操纵市场的嫌疑。

在"伪市值管理"的查处过程中，认定操纵市场行为的难点主要在于，如何证明行为人具有操纵市场的主观故意，以及涉案账户是否受行为人控制。对于主观故意的证明，一般需要结合是否存在维持股价、锁定利润或合谋操作的市值管理协议，以及行为人之间的资金、信息和其他利益的关联予以评估认定。关于行为人是否控制涉案账户，通常需要从资金往来记录、MAC地址（硬件设备地址）、IP地址与互联网访问轨迹的重合度与连贯性、身份关系和资金关系的紧密度、涉案股票买卖与公开荐股在时间及资金比例上的高度关联性、相关证人证言在细节上是否吻合等入手，确定其是否存在操纵市场的嫌疑。

操纵证券市场行为是行为人为牟取利益或转嫁风险等目的，利用持仓、持股、信息等优势操纵证券市场，影响证券交易价格和交易量，诱使投资或者致使投资者在不了解事实真相的情况下参与证券交易，在本质上是一种投机、垄断、欺诈和侵权行为，通常分为交易型操纵（如连续交易、幌骗交易操纵、约定交易等）和信息型操纵（"抢帽子"交易、蛊惑交易等）。伪市值管理往往是上市公司的大股东、实际控制人为股份质押融资、增发或减持股份等目的，与券商、大宗交易商或私募机构等合谋，一方面由私募机构等利用其资金优势、持仓优势通过连续买卖等方式在二级市场拉抬股价，另一方面由上市公司在实际控制人等内部高级管理人员的运作下，为上市公司进行美化包装，如虚增公司业绩，注入当前市场中的热点题材和新的概念，人为打造新颖的、有远景的投资项目，知名上市公司收购等利好信息影响股价，并按照时机需要控制信息披露的节奏，双方内外配合，达到操纵股价获利的目的。① 通过持仓、持股、信息等优势操纵证券市场，极可能产生法律风险，带来违法犯罪隐患。因此，正确区分操纵证券市场行为与依法合规的市值管理，避免通过优势影响证券交易价格和交易量，才能有效防范资本市场参与主体的风险。

（2）违规出借或借用证券账户从事证券交易

证券账户专门记载投资者持有的证券种类和数量，既是投资者开展证券交易活动的基础，也是监管部门对证券交易进行监督管理的前提，因此，《证券法》对证券账户实名制作出了严格规定。在实践中，部分投资者通过出借自己的证券账户或者借用他人的证券账户，从事内幕交易、操纵市场、场外配资以及规避证券法律法规对特定主体买卖证券的限制等证券违法行为，严重干扰了证券交易秩序，甚至给其他投资者造成严重损失。在证监会查处的内幕交易、操纵市场及一些伪市值管理等违法案件中，往往会出现违规出借或借用账户的情形。

出借或借用账户从事证券交易极具隐蔽性和迷惑性，给证券监管与执法制造了较大的障碍。为强化对利用他人账户买卖证券和出借证券账户行为的约束，《证券法》第 58 条规定："任何单位和个人不得违反规定，出借自己的证券账户或者借用他人的证券账户从事证券交易。"该条规定中的"违反规定"，主要是考虑实践中家人之间、亲戚朋友之间共同使用、相互借用证券账户炒股，是一种较为常见的现象，除非从事证券违法行为，否则没有必要一律禁止。关于"违反规定"的界定，由国务院或者有关主管部门对如何区分合法和违法情形作进一步的细化规定。同时，《证券法》适当提高了罚款金额，提高了对出借或借用证券账户等违法行为的惩处力度。其第 195 条规定："违反本法第五十八条的规定，出借自己的证券账户或者借用他人的证券账户从事证券交易的，责令改正，给予警告，

---

① 参见方琳琳、冯艳楠：《"里应外合"式操纵证券市场犯罪实务研究》，载《山东法官培训学院学报》2019 年第 6 期。

可以处五十万元以下的罚款。

3. 合规建议

（1）重视上市公司内部合规管理

随着证券市场发展，操纵行为不断发展变化，呈现出更为复杂的结构特征，"里应外合"式的操纵市场行为就是典型例证。上市公司的大股东、实际控制人与外部人员或机构合谋，利用信息等优势影响估价，并按照时机需要控制信息披露节奏，双方内外配合，达到操纵股价获利的目的。因此，对于上市公司而言，通过完善内控机制，可以有效减少上市公司涉嫌操纵市场等违法犯罪的可能性，筑牢风险防范的"防火墙"。

上市公司应当根据《证券法》《刑法》等法律法规的变化，及时修订和完善内控制度，保证内部制度符合现行法的要求。同时，需要明确职责范围，不仅对投资决策进行审查，还应当对交易过程进行审查，确保不出现操纵市场的各种行为，避免员工的不当操作触犯相关法律。

上市公司单位内部应当建立风险防控机制，系统防范因操作不当引发的法律风险。投资操作系统需要持续升级，建立风险监控系统，对单位员工的操作进行监控，一旦出现频繁、大量、不合常理的申报及撤单操作或出现该种操作的趋势，就应当通过风险监控系统对行为进行干预并发出警示。

（2）加强对上市公司实际控制人等相关人员的合规培训，增强守法意识

操纵证券、期货市场行为危害证券市场秩序，损害其他投资者合法权益，我国目前已形成刑事规范、行政规范、民事规范并行的多重规范机制。关于各类规范之间的区别，以及罪与非罪的界限，需要上市公司实际控制人等相关人员具有清晰的认识。一些上市公司实际控制人等相关人员对操纵证券市场的违法性、危害性及责任认识不足，出于牟取不正当利益的目的与外部人员合谋操纵。针对此种现象，上市公司应当加强对相关法律法规、典型案例、违法后果的宣传，拓展

公司内部人员的法律知识范围、增强守法意识，同时对心存侥幸的违法行为人进行震慑，避免因个人违法犯罪行为损害上市公司的单位利益。

(3) 规范投资行为，识别"伪市值管理"

2014年5月8日，国务院发布《关于进一步促进资本市场健康发展的若干意见》，在第2条第6项提出，发展多层次股票市场，提高上市公司质量，应当鼓励上市公司建立市值管理制度。市值管理的具体举措包括两个方面：一是上市公司通过合理运用市场规则和措施，使现行市场规则发挥市值管理的作用；二是上市公司在放松管制的背景下，创新市值管理措施，通过现行市场规则没有明确规定的做法进行市值管理。①

对于上市公司而言，需要保证市值管理的手段合规，不得将市值管理等同于操纵股价。实践中一些不法者打着"市值管理"的旗号，从事市场欺诈、损害投资者利益的行为，不明真相的投资者将大量资金与自己及亲属的证券账户出借给他人用于炒作股票。不法者通过借用资金及账户，以连续交易、自我交易等操纵方式影响证券交易价格和交易量，达到操纵证券市场的目的。

对于投资者而言，出借资金及账户给他人炒股具有较大的风险。如果账户借用人将他人出借的证券账户、资金用于操纵市场，可能导致投资者血本无归，遭受巨大损失。即使投资者主观上没有操纵市场的主观故意，也可能遭受资金损失。如果投资者与操纵行为人主观上存在操纵市场的共同犯罪故意，客观上提供了帮助行为，还可能被司法机关认定为操纵证券、期货市场的共同犯罪。因此，投资者需要谨防打着"市值管理"旗号的不法分子以高额回报率为"诱饵"向投资者借用资金及证券账户，有效识别"伪市值管理"，规范投资行为，在保障自身合法权益的同时，有效防范法律风险。

---

① 参见蔡奕：《上市公司市值管理法律问题与监管对策研究》，载《证券法苑》2015年第1期。

第四章 证券、期货市场类犯罪

📁 监管政策和规范

2019 年《证券法》完善了操纵市场行为的相关规范，列明了常见的虚假申报操纵、蛊惑交易操纵、"抢帽子"交易操纵、跨市场操纵等操纵市场行为，从法律层面为监管部门、司法机构等处理违规行为提供了法律依据。同时，2019 年《证券法》大幅提高了操纵市场行为的处罚力度，将违法所得罚款上限从原来的 5 倍提升至 10 倍，将没有违法所得或违法所得不足 100 万元时的罚款上限提升到 1000 万元等，增加了行为人的违法成本。

2019 年《证券法》规定的操纵市场行为与《刑法》的操纵证券市场罪中的犯罪行为存在区别。2019 年《证券法》明确规定，"影响"及"意图影响"证券交易价格或证券交易量均构成操纵市场违法行为，而《刑法修正案（十一）》只将"影响"证券交易价格或证券交易量的行为予以入罪，体现了刑法的谦抑性。

操纵市场是证券市场的"毒瘤"之一，与信息披露违规和内幕交易相比，操纵市场的主体与行为模式呈现多样性特征。从主体方面看，上市公司、拥有资金优势的投资者、可以公开对上市公司做出评价或投资建议的人等主体，都可能成为操纵市场的行为人；从行为模式看，典型的操纵市场行为包括连续交易、约定交易、洗售、蛊惑交易、"抢帽子"交易等。近期，以上市公司组织实施的"伪市值管理"成为市场热点，引起证券监管部门重点关注。

2020 年，证监会依法启动操纵市场案件调查 90 起、内幕交易 160 起，合计占同期新增案件的 52%；作出操纵市场、内幕交易案件行政处罚 176 件，罚没金额累计超过 50 亿元；向公安机关移送涉嫌操纵市场犯罪案件线索 41 起、内幕交易 123 起，合计占移送案件总数 76%，移送犯罪嫌疑人 330 名。

2021 年 5 月 14 日，证监会新闻发言人就媒体报道某微博大 V 爆料事件答记者问中称，对于以市值管理之名实施操纵市场、内幕交易等行为，始终秉持"零容忍"态度，依法予以严肃查处，涉嫌犯罪的，及时移送公安机关。一旦发现上市公司及实控人、私募基金、公募基金等相关机构从事或参与相关违法违规活动，证监会将一查到底、依法严惩。

2021年5月22日，易会满主席在中国证券业协会第七次会员大会上的讲话中指出，"伪市值管理"的本质是上市公司及实控人与相关机构和个人相互勾结，滥用持股、资金、信息等优势操纵股价，侵害投资者合法权益，扰乱市场秩序，境内外市场均将其作为重点打击对象。证监会始终保持"零容忍"态势，对利益链条上的相关方，无论涉及谁，一经查实，将从严从快从重处理并及时向市场公开。

2021年7月6日，中共中央办公厅、国务院办公厅印发《关于依法从严打击证券违法活动的意见》，指出："依法严厉查处大案要案。坚持分类监管、精准打击，全面提升证券违法大案要案查处质量和效率。依法从严从快从重查处欺诈发行、虚假陈述、操纵市场、内幕交易、利用未公开信息交易以及编造、传播虚假信息等重大违法案件。"

2022年2月证监会通报，2021年办理操纵市场110起，同比下降26%，向公安机关移送相关犯罪41起，同比增长1.5倍。可见，操纵市场违法行为总量在下降，但移送公安机关的比例大幅上升。

相关监管政策和规范索引整理如下。

《证券法》第55、192条

《期货和衍生品法》第12、125条

典型案例

典型案例4-28：北八道操纵证券市场案[①]

2017年2月10日至5月9日，北八道集团有限公司（以下简称北八道）利

[①] 中国证监会行政处罚决定书〔2018〕29号。

用资金和持股优势连续买卖操纵"江阴银行"股价。2017年2月10日至5月9日的52个交易日中，账户组每个交易日均参与交易，42个交易日买委托量市场排名第一，41个交易日卖委托量市场排名第一。北八道通过在自己实际控制的账户之间交易操纵"江阴银行"股价。2017年2月10日至5月9日，账户组中284个账户，有42个交易日在自己控制的账户之间交易"江阴银行"，参与账户数占总交易账户数的95.95%，参与交易日占总交易日的80.77%。

2017年2月10日至5月9日，北八道控制账户组，通过采用集中资金优势、持股优势连续交易，在自己实际控制的证券账户之间交易的方式操纵"江阴银行"，影响了交易价格，违反了2005年《证券法》的规定，构成了2005年《证券法》第203条所述违法行为。

典型案例4-29：吴某模操纵证券市场案①

2011年12月至2017年6月，吴某模为上市公司凯瑞德控股股份有限公司（以下简称凯瑞德）的实际控制人，并于2012年1月12日至2017年3月24日担任凯瑞德董事长。

2014年8月5日至2015年6月25日，吴某模除利用第五季实业账户持有、买卖"凯瑞德"外，亦借用他人账户持有、买卖"凯瑞德"。其间，吴某模控制凯瑞德发布一系列利好信息拉抬"凯瑞德"股价。与此同时，吴某模利用涉案账户组集中资金优势、持股优势连续买卖，并在自己实际控制的账户之间交易"凯瑞德"，配合拉抬"凯瑞德"股价。吴某模行为具有"先买入股票建仓——再发布利好信息配合二级市场交易拉抬股价，后卖出获利"的特征。

吴某模控制凯瑞德发布一系列利好公告，并利用账户组集中资金优势、持股优势连续买卖和在自己实际控制的账户之间交易，配合拉抬"凯瑞德"股价的行为，违反了2005年《证券法》的规定，构成2005年《证券法》第203条所述"操纵证券市场"的行为。

---

① 中国证监会行政处罚决定书〔2020〕52号。

第六节　非法经营罪

第二百二十五条　【非法经营罪】违反国家规定，有下列非法经营行为之一，扰乱市场秩序，情节严重的，处五年以下有期徒刑或者拘役，并处或者单处违法所得一倍以上五倍以下罚金；情节特别严重的，处五年以上有期徒刑，并处违法所得一倍以上五倍以下罚金或者没收财产：

（一）未经许可经营法律、行政法规规定的专营、专卖物品或者其他限制买卖的物品的；

（二）买卖进出口许可证、进出口原产地证明以及其他法律、行政法规规定的经营许可证或者批准文件的；

（三）未经国家有关主管部门批准非法经营证券、期货、保险业务的，或者非法从事资金支付结算业务的；

（四）其他严重扰乱市场秩序的非法经营行为。

罪名解析

1. 法条修改情况

非法经营罪是一个涵盖内容很广的罪名，被理论界称为"口袋罪"。针对证券领域的非法经营行为，1999年《刑法修正案》在《刑法》第225条第2项后增加一项"未经国家有关主管部门批准,非法经营证券、期货或者保险业务的"的情形。为有效防范和整治非法证券活动,维护证券市场正常秩序,2006年国务院办公厅发布《关于严厉打击非法发行股票和非法经营证券业务有关问题的通知》(国办发〔2006〕99号)。2007年国务院发布《关于同意建立整治非法证券活动协调小组工作制度的批复》(国函〔2007〕14号),建立整治非法证券活动协调小组,该小组的第一项职能就是"贯彻落实国务院关于整治非法证券活动的决定和部署,组织制订整治非法证券活动有关规章,提出完善相关法律、法规的意见和建议,提供政策解释,保证及时有效地查处案件"。2008年发布《最高人民法院、最高人民检察院、公安部、中国证券监督管理委员会关于整治非法证券活动有关问题的通知》。为打击"地下钱庄"和"影子银行",遏制非法资金结算等业务,2009年《刑法修正案(七)》将刑法第225条第3项修改为"未经国家有关主管部门批准非法经营证券、期货、保险业务的,或者非法从事资金支付结算业务的"。为了进一步规范证券、资金市场,2019年《证券法》第120条第1款规定:"经国务院证券监督管理机构核准,取得经营证券业务许可证,证券公司可以经营下列部分或者全部证券业务:(一)证券经纪;(二)证券投资咨询;(三)与证券交易、证券投资活动有关的财务顾问;(四)证券承销与保荐;(五)证券融资融券;(六)证券做市交易;(七)证券自营;(八)其他证券业务。"该条第4款规定:"除证券公司外,任何单位和个人不得从事证券承销、证券保荐、证券经纪和证券融资融券业务。"2019年,《最高人民法院、最高人民检察院关于办理非法从事资金支付结算业务、非法买卖外汇刑事案件适用法律若干问题的解释》以及2020年修正的《证券投资顾问业务暂行规定》等针对证券领域的非法经营行为作出具体规定。

2. 犯罪构成要件

非法经营罪规定在刑法第3章破坏社会主义市场经济秩序罪中的第8节扰乱

市场秩序罪中。本罪侵犯的客体是国家限制买卖物品和经营许可证的市场管理制度以及相应的市场秩序，具体到证券领域，体现为金融市场秩序。本罪的主体是一般主体，即达到刑事责任年龄，具有刑事责任能力的自然人。单位可以成为本罪主体。本罪在主观方面是故意，并且具有谋取非法利润的目的。本罪在客观方面表现为未经国家有关主管部门批准非法经营证券、期货、保险业务，或者非法从事资金支付结算业务，扰乱市场秩序，情节严重的行为。

根据国务院等相关规定，证券及期货业务的主管部门是中国证券监督管理委员会，保险业务、资金结算业务的主管部门是银行与保险监督管理委员会。本条规定的"非法经营"，是指没有取得从事证券、期货或者保险业务资格的单位或个人非法经营证券、期货或者保险业务，而不是指证券、期货或者保险业的从业人员违法经营证券、期货或者保险业务的行为。非法从事资金支付结算业务是《刑法修正案（七）》新增的一类行为方式，自此，第225条第3项具体包括以下几种业务。

第一，非法经营证券、期货、保险业务。主要包括：未经有关主管部门批准擅自开展证券、期货经纪业务，从事证券、期货咨询性业务；未经授权进行保险代理业务等。

第二，非法从事资金支付结算业务。2009年《刑法修正案（七）》将"非法从事支付结算业务"认定为非法经营罪。"支付结算业务"是指，商业银行或者支付机构在收付款人之间提供的货币资金转移服务。将非法从事资金支付结算业务认定为非法经营罪，旨在打击"地下钱庄"。《最高人民法院、最高人民检察院关于办理非法从事资金支付结算业务、非法买卖外汇刑事案件适用法律若干问题的解释》进一步明确了以非法经营罪打击"地下钱庄"的司法态度。

此外，关于非法倒卖银行承兑汇票的认定，参见公安部经济犯罪侦查局《关于对倒卖银行承兑汇票行为性质认定意见的批复》的规定。关于非法使用信用卡的认定，参见《信用卡案件解释》第12条关于非法从事资金支付结算业务的规定。关于非法经营外汇业务，参见《最高人民法院关于审理骗购外汇、非法买卖外汇刑事案件具体应用法律若干问题的解释》第4条的规定。关于非法经营放贷业务，参见《最高人民法院、最高人民检察院、公安部、司法部关于办理非法放贷刑事案件若干问题的意见》的规定。关于擅自发行基金业务，参见《非法集资案件解释》的规定。

3. 刑事责任

非法经营行为情节严重的，处5年以下有期徒刑或者拘役，并处或者单处违法所得1倍以上5倍以下罚金；情节特别严重的，处5年以上有期徒刑，并处违法所得1倍以上5倍以下罚金或者没收财产。根据《立案追诉标准（二）》第71条的规定，未经国家有关主管部门批准，非法经营证券、期货、保险业务，或者非法从事资金支付结算业务，具有下列情形之一，应予立案追诉：①非法经营证券、期货、保险业务，数额在100万元以上，或者违法所得数额在10万元以上的。②非法从事资金支付结算业务，数额在500万元以上，或者违法所得数额在10万元以上的。③非法从事资金支付结算业务，数额在250万元以上不满500万元，或者违法所得数额在5万元以上不满10万元，且具有下列情形之一的：因非法从事资金支付结算业务犯罪行为受过刑事追究的；2年内因非法从事资金支付结算业务违法行为受过行政处罚的；拒不交代涉案资金去向或者拒不配合追缴工作，致使赃款无法追缴的；造成其他严重后果的。④使用销售点终端机具（POS机）等方法，以虚构交易、虚开价格、现金退货等方式向信用卡持卡人直接支付现金，数额在100万元以上的，或者造成金融机构资金20万元以上逾期未还的，或者造成金融机构经济损失10万元以上的。2019年《最高人民法院、最高人民检察院关于办理非法从事资金支付结算业务、非法买卖外汇刑事案件适用法律若干问题的解释》规定，非法从事资金结算或者非法买卖外汇，非法经营数额500万元以上或者违法所得数额10万元以上的，属于情节严重，对于情节特别严重的标准以前述标准的 5 倍掌握。同时，对于"曾因非法从事资金支付结算业务或者非法买卖外汇犯罪行为受过刑事追究""2 年内因非法从事资金支付结算业务或者非法买卖外汇违法行为受过行政处罚""拒不交代涉案资金去向或者拒不配合追缴工作，致使赃款无法追缴""造成其他严重后果"等情形，前述情节严重、情节特别严重的数额标准减半。

司法精要

1. 关于"违反国家规定"的认定

非法经营罪是典型的法定犯。本条所指的"国家规定"，是指全国人民代表大会及其常务委员会制定的法律和决定，国务院制定的行政法规、规定的行政措施、发布的决定和命令。只有全国人大及其常委会和国务院发布的文件，才能认定为"国家规定"，部门规章和地方性法规不能视为"国家规定"。《最高人民法院关于准确理解和适用刑法中"国家规定"的有关问题的通知》规定，各级人民法院审理非法经营犯罪案件，要依法严格把握刑法第 225 条第 4 项的适用范围。对被告人的行为是否属于刑法第 225 条第 4 项规定的"其他严重扰乱市场秩序的非法经营行为"，有关司解释未作明确规定的，应当作为法律适用问题，逐级向最高人民法院请示。根据《最高人民法院、最高人民检察院、公安部、司法部关于办理非法放贷刑事案件若干问题的意见》的规定，非法放贷行为可以构成非法经营罪。

典型案例 4-30：钟某云非法经营案[①]

法院审理查明：2009 年 10 月 16 日，被告人钟某云注册成立江西沣琳顿投资

[①] 参见刑事审判指导案例第 1021 号。

顾问有限公司（以下简称泮琳顿公司），法定代表人为钟某云，经营范围为：信息咨询、投资顾问（期货、证券除外）、企业策划、工艺品销售。沣琳顿公司成立后以塔尔研究欧洲资本公司华泰金恒（北京）投资顾问有限公司（以下简称华泰金恒公司）江西总代理的名义从事无实物交割的黄金延期交收业务，下设非琳顿公司吉安分公司、分宜泰利顾问有限公司为沣琳顿公司代理商。其经营模式是采用保证金制度，"T+O"交易模式，无实物交易，黄金为虚拟。其工作流程是：首先，由客户与钟某云签订贵金属投资协议，并缴纳交易保证金。然后，钟某云将保证金汇入华泰金恒公司，该公司收款后提供给客户交易账号和密码、客户在沣琳顿公司或者华泰金恒公司网站上下载塔尔金汇交易软件后，通过该软件进行集中交易，客户根据黄金价格走势进行"买涨"（先买进后卖出）"买跌"（先卖出后买进）操作。客户可以自己操盘或者聘请沣琳顿公司员工操盘，当保证金不足时，客户必须及时追加保证金，否则就会被强制平仓。钟某云通过收取交易手续费、过夜费及华泰金恒公司返还的佣金等方式谋利。钟某云通过经营该黄金业务，共计收取客户保证金119.58万元。另查明，华泰金恒公司于2003年9月24日注册成立，经营范围为投资、信息咨询（不含中介服务）、企业策划等。2010年4月28日公司注销。

法院认为，被告人钟某云设立沣琳顿公司，未经主管部门许可，违反国家规定，扰乱市场秩序，非法经营黄金业务，非法经营额为119.58万元，情节特别严重，其行为构成非法经营罪。案发后，钟某云积极进行退赔，有一定的悔罪表现，依法可以酌情从轻处罚。关于钟某云及其辩护人所提钟某云的行为不构成非法经营罪的上诉理由，经查，钟某云未经主管部门许可，违反国家规定，从事非法经营黄金业务属不争事实，至于其是独立开发黄金业务交易系统还是代理他人之交易系统，是收取佣金还是自行掌控交易资金，均不影响其非法经营罪之成立。

2. 关于证券业务的认定

我国金融业的监管格局大体分为两个部分：一部分是传统金融机构，如银行、证券、期货、信托、基金等，由"一行两会"监管；另一部分是创新类金融机构，如小额贷款公司、地方金交所等，由地方政府监管。《刑法》第 225 条第 3 项规定的是"未经国家有关主管部门批准非法经营证券、期货、保险业务的"情形，其中提到的"证券"的概念和外延，《证券法》没有作出法律界定，仅仅列举了股票、公司债券、存托凭证、政府债券、证券投资基金份额等。尽管该条规定的证券业务范围不明确，但行为人的相关非法业务并不限于《证券法》列举的几种类型。

首先，从法条内容看，该项规定明确提及证券、期货、保险业务。根据《证券法》第 122 条的规定，未经证监会批准，任何单位和个人不得经营证券业务。其次，从司法实践看，对企业开展的类资产证券化业务，需要纳入刑事规制，且规制的理想路径是非法经营罪。① 最后，根据 2008 年《关于整治非法证券活动有关问题的通知》的要求，未经批准经营证券业务，涉嫌犯罪的，以非法经营罪追究刑事责任。以 P2P 借贷债权等份额转让问题为例，债权可以转让，但并不意味着可以未经批准从事债权转让业务。P2P 借贷平台可以利用自有资金购买大额债权，或者将已有的大额债权拆分成较多小额债权，或者提供债权交易平台，在 P2P 借贷平台的二级流通市场供投资者竞买。这种行为是否属于非法经营罪中的非法经营证券行为？该问题的核心在于，此种拆分并进行无限转售的行为是否属于证券业务，而非拆分后的等额债权凭证是否属于证券。

刑法对证券业务的认定是从内容实质出发，并非从法律关系出发，更不是依

---

① 参见李小文：《论"类证券化"与"类期货化"互联网金融平台的刑事治理》，载《上海政法学院学报》2019 年第 6 期。

据形式判断。P2P借贷平台将相关债权集中转售或者提供转售平台，尤其是将平台自有债权拆分后分别公开售卖给不特定第三人，实际剥离了债权人和债务人的直接关联性。换言之，债权人对债务人没有直接的信息接触，仅是根据债权凭证获取收益，债务人根据债权凭证支付相关费用，实质是将债权证券化的一个过程。这种债券在形式上有别于通过法定程序发行的企业债券，但两者在本质上是一致的，都是为了融资而出具的债权凭证，且债权凭证本身具有流通性、有偿性等特征。债权转让模式虽未以有形证券形式向社会公众发放，但直接以电子形式转让债权的行为也涉及向不特定公众发放证券的风险。① 根据2011年《企业债券管理条例》第22条的规定，企业债券的转让，应当在经批准的可以进行债券交易的场所进行。第23条规定，非证券经营机构和个人不得经营企业债券的承销和转让业务。《证券法》规定，证券交易当事人依法买卖的证券，必须是依法发行并交付的证券。非依法发行的证券，不得买卖。同时，根据2008年《关于整治非法证券活动有关问题的通知》的要求，未经批准经营证券业务，涉嫌犯罪的，以非法经营罪追究刑事责任。结合相关司法解释关于非法经营罪追诉标准的规定，未经国家有关主管部门批准，非法经营证券、期货或者保险业务，非法经营数额在100万元以上，或者违法所得数额在10万元以上的，应予追诉。

需要指出的是，结合空白罪状的表述，证券业务的范围虽然没有明确界定，但非法经营罪中的证券业务是一个大的概念，并非仅仅体现《证券法》列举的股票、公司债券、存托凭证、政府债券、证券投资基金份额等，还包括证券的衍生业务。当然，基于非法经营罪的"证券业务"予以评价，必须以违反国家规定为前提。换言之，相应的业务必须经过有权机关的批准方可进行。以目前司法实践中经常遇到的"荐股"等证券咨询为例，并不能因为《刑法》第225条仅规定了非法经营证券业务，并未明确指出证券业务是否包括证券咨询业务，就根据法无

---

① 参见罗明雄等：《互联网金融》，中国财政经济出版社2013年版，第134页。

明文规定不为罪的刑法原则，认为不构成非法经营罪。这种判断显然是错误的。根据《证券法》的规定，只有经国务院证券监督管理机构批准，证券公司才能经营证券投资咨询业务。即使合法成立的证券公司从事证券咨询业务，也需要进一步获得有权机构的批准。《证券法》对投资咨询业务所作的限制性规定，有助于维护广大投资者的利益，维护证券市场的健康发展。鉴于此，上述的证券咨询业务应当认定为"证券业务"的范围。

第一，对于中介机构非法代理买卖非上市公司股票，涉嫌犯罪的，以非法经营罪追究刑事责任。

典型案例 4-31：陈某纬、王某泽、郑某中非法经营案①

2003 年 12 月，陈、王、郑趁浙江省宁波市海曙区南门街道招商引资之机，冒用他人的身份证，并让他人进行工商登记注册，为已设立宁波利百代投资咨询有限公司。陈某纬、王某泽、郑某中分别担任该公司的总经理、董事长、副总经理。该公司经营范围为：实业项目投资策划、咨询，会计业务咨询，企业管理咨询，企业股份制改造、企业转制策划、咨询。

公司成立后，三被告人即通过由周某龙、萧某才等人设立的南京聪泰投资管理有限公司，为未上市的陕西阳光生物工程股份有限公司、西部世纪软件股份有限公司、西安圣威科技实业股份有限公司、陕西中科航天农业发展股份有限公司 4 家非上市股份有限公司代理销售股票，并与南京聪泰投资管理公司确定每股对外销售价格及内部交割价。三被告人以股票短期内即可上市并可获取高额的原始股回报为名，指使其公司业务员向他人推销上述公司的股票。

2004 年 3 月 30 日，浙江省宁波市工商行政管理局以宁波利百代投资咨询有限公司从事上述业务超出核准登记的经营范围为由，作出责令改正并罚款人民币 1 万元的处罚决定。同年 4 月，该公司经核准增加了"代办产权交易申请手续"

---

① 参见刑事审判指导案例第 489 号。

的经营项目,继续代理销售上述 4 家公司的股票。截至 2004 年 11 月底,三被告人共计向 216 名投资者销售上述陕西省 4 家非上市股份有限公司的股票总股数达 188.85 万股,销售总金额达人民币 657.77 万元,从中获利人民币 240 余万元。

二审法院认为,我国证券市场实行证券业务许可制度,未经国务院证券监督管理机构或者国务院授权的部门核准,不得经营证券业务。上诉人陈某纬、王某泽、郑某中设立利百代公司,未经法定机关批准,擅自接受委托向不特定社会群众代理转让非上市股份有限公司股权,且系拆细转让,属非法经营证券业务,其行为已构成非法经营罪。三上诉人在利百代公司成立后从事非上市股份有限公司股权代理转让业务,明显超出了工商行政管理部门核准登记的经营范围。在因超范围经营被处罚后,该公司申请增加了"代办产权交易申请手续"的经营范围,但该项业务仅指接受产权所有人委托,以产权所有人的名义向产权交易机构提出产权交易申请,不包括非上市股份有限公司股权代理转让业务。根据一审庭审中出示并经质证的宁波市工商行政管理局施某伟、胡某、范某华及证监会宁波监管局郑某斌出具的情况说明,在 2004 年 5 月召开的协调会上,有关行政执法部门向三上诉人指出:利百代公司在增加"代办产权交易申请手续"的经营范围后,经营非上市股份有限公司股权代理转让业务仍属超范围经营,要经营该项业务必须经有关证券监管部门批准。但在此后,三上诉人继续经营该项业务。据此可以认定,三上诉人具有非法经营的犯罪故意。

第二,不具备证券从业资格的公司与具备资格的公司合作开展证券咨询业务,情节严重的,以非法经营罪定罪处罚。《刑法》第 225 条第 3 项规定的证券业务,其具体内容包括证券咨询业务。采取与有资格经营证券业务的公司合作的方式,不能规避应当接受证券业主管机构批准和监管的义务。

典型案例 4-32：王某、沈某婷非法经营、虚报注册资本案①

2005年11月，王某、沈某婷在广东省深圳市成立了金海岸公司，主要从事电视广告节目制作及电视台广告时段买卖业务。王某在经营管理金海岸公司过程中，发现销售炒股软件并为股民提供有偿股票投资咨询可牟取暴利，便产生了开展相关业务的念头。2007年10月，王某以金海岸公司名义开发了一套金牛王选股软件，并办理了著作权登记，权属归公司。2008年4月15日，王某、沈某婷出资50万元在深圳注册成立了金牛王公司，王某担任法定代表人、总经理。金牛王公司成立后，在未获得中国证监会批准，不具备经营证券业务资质的情况下，王某、沈某婷等人以销售金牛王炒股软件为名，非法从事证券咨询业务，非法经营额共计 4,526,546.20 元。

因金牛王公司管理混乱，盈利不多，王某决定逐步停止该公司营业并到湖南省另立公司继续开展相关业务。2008年10月，王某找人垫资200万元，注册成立了智盈公司；2009年3月，王某又找人垫资200万元以陈某某（沈某婷同母异父之兄）、沈慧某（沈某婷之兄）的名义注册成立了金诚公司。2008年8月至2009年6月，王某聘请若干人员为证券分析师进行股票分析，并以销售金牛王选股软件为名，在未获得中国证监会批准，不具备经营证券业务资质的情况下，开展非法证券咨询活动，其中智盈公司非法经营额计 12,898,691.55 元；金诚公司非法经营额计 15,594,887.47 元。为顺利通过电视台的资格审查，并掩盖自己不具备证券投资咨询资格的真相，王某等人与有证券投资咨询资格的湖南金证投资咨询顾问有限公司、北京禧达丰公司签订了所谓的"战略合作协议"，以每年支付数十万元的高额投资顾问费为条件，将公司选聘的多名股评分析师的从业资格证书挂靠到这些公司，并借用这些公司的证券咨询资格证明用于自己股评节目的资格审查。

法院认为，王某、沈某婷等人违反2005年《证券法》等有关法律规定，未

---

① 参见刑事审判指导案例第1043号。

经国家有关主管部门批准，非法经营证券业务，严重扰乱市场秩序，情节特别严重，其行为均已构成非法经营罪。王某虽然将张某等人的执业资格证挂靠在具备证券投资咨询资格的公司，但是由于张某等人并未在具备证券咨询资格的机构工作，依照相关规定仍然不得从事证券投资咨询业务，一审认定王某属非法经营，法律适用准确，量刑并无不当。沈某婷明知金牛王公司、智盈公司、金诚公司没有证券经营资格，却将王某安排制作的股评节目通过卫星发送至电视台的相关栏目进行播放，帮助王某实施了非法经营活动，构成共同犯罪。

3. 场外配资业务的认定

场外配资业务主要是指，一些 P2P 公司或者私募类配资公司利用互联网信息技术，搭建游离于监管体系之外的融资业务平台，将资金融出方、资金融入方（用资人）和券商营业部三方连接起来，在此基础上，配资公司利用计算机软件系统的二级分仓功能，将自有资金或者以较低成本融入的资金出借给用资人，赚取利息收入的行为。这些场外配资公司开展的经营活动，本质上属于只有证券公司才能依法开展的融资活动，不仅规避了监管部门对融资融券业务中资金来源、投资标的、杠杆比例等诸多方面的限制，也加剧了市场的非理性波动。

实践中，场外配资的主要模式包括三种：一是出借账户模式。由出资人作为账户和资金出借方，提供其证券账户及配资资金，配资公司作为中介方，赚取配资利息差额。二是系统分仓模式。由配资公司开设账户后，通过分仓软件进行分仓，根据客户提供的保证金进行配资，将配好资金后的二级账户（子账户、虚拟账户）交给客户使用，配资公司设置预警线及平仓线，监控客户股票投资交易并及时止损。三是信托配资模式。由配资方与信托公司、银行等金融机构合作，结合各自优势，为证券二级市场的投资者提供投、融资服务的结构化证券投资产品。

在出借账户模式中，出资人作为账户和资金出借方，提供其证券账户及配资资金，客户将保证金等本金转入出资人账户，表面看是借贷关系，但实则违反国家规定从事股票配资业务，构成非法经营融资融券业务。在系统分仓模式中，配资公司同时收取交易手续费和利息差，其独立揽客、开户、"代理买卖"行为增加了股票交易环节，延长了证券经纪业务链条，既符合以"代理买卖"为核心的证券经纪业务特征，也符合融资融券业务特征，可以按照非法经营证券经纪业务和融资融券业务定性处理。

合规指引

1. 合规要求

（1）金融领域"违反国家规定"的认定

根据《刑法》第225条第3项的规定，违反国家规定，非法经营证券、期货、保险业务，或者非法从事资金支付结算业务，属于违反金融服务领域准入制度的情形。《全国人民代表大会常务委员会关于惩治骗购外汇、逃汇和非法买卖外汇犯罪的决定》第4条规定，在国家规定的交易场所以外非法买卖外汇，依照《刑法》第225条的规定定罪处罚。[1] 从法条包含的行为方式看，几类非法经营行为都有共同的本质，即侵犯市场准入秩序。由于《刑法》第225条第4项是非法经营行为的兜底条款，因此，除证券、期货、保险等金融业务外，未经国家有关部门批准，从事其他金融业务的经营活动，破坏市场准入秩序的行为，也可以按照非法经营罪定罪处罚。

在认定上述非法经营行为过程中，需要严格把握对"违反国家规定"的认定。就金融领域的国家规定而言，包含关于金融、证券、期货、保险经营许可证制度方面的法律、行政法规，例如《证券法》《证券投资基金法》《商业特许经营

---

[1] 参见郑勇：《非法经营罪的扩张：原因及其对策》，载《中国刑事法杂志》2018年第1期。

管理条例》《金融违法行为处罚办法》《股票发行与交易管理暂行条例》《期货和衍生品法》等。在企业开展经营活动前,应当考虑其经营的业务是否需要经过国家有关部门批准,是否具有某一行业领域的准入资质,据此判断企业的经营活动是否具有违法犯罪的风险,并合规开展经营活动。

(2) 不得非法经营证券、期货或者保险业务

关于"非法经营证券、期货或者保险业务"的认定,首先要关注经营证券、期货或者保险业务的交易特征。非法经营罪是行政犯,以行政违法为前提。但并不是构成行政违法的证券、期货或者保险业务,都可以认定为非法经营罪。只有实际经营证券、期货和保险业务的,才可以构成该罪。"经营"特征是非法经营证券、期货、保险业务的犯罪与其他金融犯罪的主要区别。除"专营、专卖、限制买卖"等条件中的"经营"特征外,认定证券、期货和保险的经营,需要以投资交易作为基本形式。如果是单纯的证券、期货、保险业务知识和技能培训,尽管也有营利性行为,但不能认定为《刑法》第225条第3项的行为。[①]

以证券市场为例,我国证券市场实行业务许可证管理制度。只有经过国务院证券监督管理机构批准的证券公司才能经营证券业务,其他任何单位和个人均不得经营证券业务。在未经批准的情况下,从事上述各类证券核心业务或外延业务,都是违反国家规定非法经营证券业务的行为。对不符合经营资质的主体而言,应避免从事特定的金融业务,防范自身的经营风险。

2. 合规风险

(1) 非法经营证券、期货业务的常见类型与风险

"非法经营证券、期货业务",主要是指以下几种行为:①非法设立证券交

[①] 参见卢建平、楼伯坤:《对非法经营罪罪状要素司法认定的新思考》,载《人民检察》2018年第11期。

所、期货交易所进行证券、期货交易；②非法证券、期货经纪行为，如未经工商行政管理部门核准登记，擅自开展证券或者期货经纪业务；③证券交易所、期货交易所、证券公司、期货经纪公司超越经营权限非法从事证券、期货交易；④从事证券、期货咨询性业务的证券、期货咨询公司、投资服务公司擅自超越经营范围从事证券、期货业务。对于具有证券、期货业务经营权限的单位而言，不得超越经营范围从事证券、期货业务。对于不具有证券、期货业务经营权限的单位或自然人而言，未经国家有关部门批准，不得从事任何与证券、期货相关的经营活动。

实践中较为常见的行为模式包括：①担任境外期货代理，招揽境内客户投资。具体表现为行为人未经国家主管部门批准，通过在境外开设个人期货交易账户，获取境外期货经纪商的接口和授权码，担任境外期货代理后，在互联网上宣传，诱使不特定客户在其设立的平台上进行期货投资，此类行为系纯粹"代客下单"，不涉及指令的二次转化和资金的控制。行为人通常是以境内代理商的名义，在境内从事经营活动，对于此类非法代理行为，可被评价为非法经营证券、期货业务，进而入刑。②搭建交易平台，模拟交易数据。行为人自行搭建交易平台，引导投资者通过互联网、手机App下达指令进行证券期货交易。但上述交易软件并非接入真实的证券期货市场大盘，投资者的资金也不进入证券期货市场，而是进入行为人控制的账户。根据相关法律规定，未经国务院批准或国务院期货监督管理机构批准，任何单位或者个人不得设立证券期货交易场所或者以任何形式组织证券期货交易及其相关活动，行为人自行搭建交易场所，诱导投资人入场交易，本质上是非法设立证券期货交易场所、组织证券期货交易，应以非法经营罪定罪处罚。③设立虚拟交易场所，控制交易数据非法牟利。行为人自行搭建交易平台，诱导投资人在平台上入金交易，但交易指令未下达至市场且资金最终未真实入市，而是控制在行为人的账户内。此种模式下，行为人根据投资人指令决定出金，行为人对交易数据进行控制，可以人为影响投资者盈亏，投资人亏多盈少，且出金经常受到限制。此种模式下，投资人误以为是真实证券期货交易场所而陷入错误认识，平台控制交易数据与投资人的损失之间具有因果关系，符合诈骗罪的犯罪构成。①

在司法实践中，对于一些非法经营证券、期货业务的案件，究竟是认定为非法经营罪还是诈骗罪，存在不同的认识。司法机关一旦认定行为人主观上对非法经营所得款项具有非法占有的目的，指控和认定的罪名可能会由非法经营罪转变为诈骗罪。

（2）新兴金融领域下的非法经营刑事风险

2021年9月，中国人民银行、中央网信办、最高人民法院等十部门联合发布《关于进一步防范和处置虚拟货币交易炒作风险的通知》，明确指出，比特币、以太币、泰达币等虚拟货币具有非货币当局发行、使用加密技术及分布式账户或类似技术、以数字化形式存在等主要特点，不具有法偿性，不应且不能作为货币在市场上流通使用；虚拟货币相关业务活动属于非法金融活动。开展法定货币与虚拟货币兑换业务、虚拟货币之间的兑换业务、作为中央对手方买卖虚拟货币、为虚拟货币交易提供信息中介和定价服务、代币发行融资以及虚拟货币衍生品交易等虚拟货币相关业务活动涉嫌非法发售代币票券、擅自公开发行证券、非法经营期货业务、非法集资等非法金融活动。从该通知的规定看，国家依法严厉打击虚拟货币相关业务活动中的非法经营犯罪活动，开设虚拟币交易平台等行为将面临刑法处罚。

互联网发展日新月异，渗透到经济社会的各个领域，一批新兴业态公司在金融领域内迅速崛起。一些公司在寻求金融创新的同时，也为自身带来了经营风险。基于《刑法》第225条第4项"其他严重扰乱市场秩序的非法经营行为"这一兜

---

① 参见逄政、俞琳：《网络非法经营证券期货定性分析与刑事责任》，载《检察日报》2021年3月29日，第3版。

底条款，非法经营罪的适用具有不确定性。一旦司法机关认定行为人非法从事金融相关业务经营活动，即使不属于经营证券、期货、保险业务或资金支付结算业务，也可能适用兜底条款，由此给行为人带来刑事风险。对于经营者而言，有必要提前加以防范，避免非法从事金融相关的经营业务。

3. 合规建议

（1）从事特定行业经营活动前应取得准入许可

无论是证券、期货、保险、资金支付结算业务等金融服务业务，还是《刑法》第225条规定的其他类型业务，都应在从事行业经营活动前取得准入许可。在经营者创业前，应充分了解特定行业是否需要具备相应的经营资质。在开展经营活动前，应办好工商登记、营业执照等相关手续。在日常经营过程中，不应超出工商登记的经营范围。

在从事特定行业市场准入业务前，应当按照国家或者主管部门有关规定办理准入许可，并关注许可证的使用情况，在许可证到期前及时续期。如果企业已取得准入许可，就需要避免超越许可范围从事经营活动。企业内部应关注各部门业务开展的情况，对业务开展的每一个环节严格把控，对于可能需要行政主管部门批准或需要取得相关许可证明的业务，应当及时办理相关准入许可。

经营者在经营决策过程中，应确保业务经营始终处在法律规定的范围内，充分知悉企业的实际经营情况。对于超越经营范围、缺乏明确规定或存在一定疑问的业务，应当及时咨询监管部门意见，并对咨询情况全程留痕，避免从事非法经营活动。

（2）从事新兴行业经营活动前咨询专业人士意见

随着市场经济的发展，一些新兴行业应运而生，不同行业内部也出现新业态新模式。一些犯罪分子打着"区块链""虚拟货币"的旗号，从事非法经营犯罪活动，牟取不正当利益。

对于创业者而言，应当意识到其中的法律风险，避免从事相关经营活动。在从事法律尚未明确定性的新兴行业前，应当咨询律师等专业人士的法律建议，对经营活动的涉刑风险进行全方位分析并形成相应的书面报告，形成对企业的法律保护。律师等专业人士需要对相关经营活动的法律风险予以研判，必要时可通过调研等方式，把握国家目前许可的经营范围、经营方式、司法机关的态度等情况，并充分告知创业者。企业在日后接受有关机关调查时，可以提供书面报告，证明企业具有合规意识，主观上不具有实施犯罪的故意，进而在一定程度上避免自身的刑事风险。创业者也有必要对企业的经营模式、盈利方式等方面有充分的认识，对风险作出准确的判断，进而更好地助力企业合规经营、行稳致远。

（3）坚持守法经营，定期开展业务培训和法律培训

企业涉嫌非法经营罪通常包括两种情形：一是企业在设立前，就以谋取非法利益为目的，从事非法经营活动；二是企业设立后，才开始从事非法经营活动。对企业家而言，应当避免企业在正常设立后从事非法经营活动。作为单位直接负责的主管人员，经营者应充分了解公司业务开展情况，增强自身法律风险防范意识，在集体决策时，可以放弃具有较高风险的业务模式，对可能属于非法经营业务的决策提出反对意见。

对于公司业务人员，需要定期开展业务培训和法律培训，使其能够充分了解业务开展的具体流程、注意事项、风险防范等，从而更好地把控业务开展、防范业务开展风险。公司业务人员在经营活动中，应当严格遵守相关经营许可制度，发现公司存在经营方面的风险隐患时，应及时上报公司决策层，及时制止相关业务活动，避免企业的刑事风险。

监管政策和规范

证券、期货业务是特许业务，没有经过行政审批程序、取得相应的业务许可

的，不得开展相关业务活动。持牌机构受到较为严格的监管，一般不会出现未取得许可非法经营的情况。实践中，通常是一些未纳入监管范围的市场主体，合规意识淡薄，基于牟利目的打法律的"擦边球"，其中最典型就是场外配资。场外配资是与券商开展的融资业务，即行为人向股票交易者融资交易（在没有取得相应许可的情况下），收取高额利息，有的甚至参与分成。场外配资常常与操纵市场等违法行为交织，成为操纵市场违法行为的前期准备。

场外配资违法活动严重扰乱资本市场正常秩序，损害投资者合法权益。根据《刑法》《证券法》《期货和衍生品法》等法律法规的规定，场外配资经营活动属于非法证券期货活动，构成犯罪的，将以非法经营罪、诈骗罪等追究刑事责任。

2021年4月30日，证监会、公安部联合发布2020年场外配资违法犯罪典型案例。2020年，证监会、公安部贯彻党中央关于依法从严打击证券违法活动的决策部署，对场外配资违法活动保持"零容忍"，紧密协作开展专项整治行动，以严打场外配资机构及软件开发商为重点，加大案件查处惩治力度，净化市场生态。在各方协同努力下，全年证监部门向公安机关移送或通报场外配资案件线索89件，配合公安机关查处19起场外配资犯罪重大案件，抓捕犯罪嫌疑人700余人，切断多个跨区域场外配资黑色产业链，有效遏制了场外配资违法活动蔓延。

2021年7月6日，中共中央办公厅、国务院办公厅印发《关于依法从严打击证券违法活动的意见》，其中指出："依法严厉打击非法证券活动。加强市场监管、公安等部门与中国证监会的协同配合，完善跨部门协作机制，坚决取缔非法证券经营机构，坚决清理非法证券业务，坚决打击非法证券投资咨询等活动。加强场外配资监测，依法坚决打击规模化、体系化场外配资活动。严格核查证券投资资金来源合法性，严控杠杆率。加强涉地方交易场所案件的行政处置与司法审判工作衔接，有效防范区域性金融风险。"

相关监管政策和规范索引整理如下。

《证券法》第118、119、202条

《期货和衍生品法》第 74、136、145 条

典型案例

典型案例 4-33：恒生网络非法经营证券业务案①

杭州恒生网络技术服务有限公司（以下简称恒生网络）研发的 HOMS 金融投资云平台（以下简称 HOMS 系统）于 2012 年 5 月正式运行。

HOMS 系统具有的开立证券交易子账户、接受证券交易委托、查询证券交易信息、进行证券和资金交易结算清算等功能具有证券业务属性。投资者通过该系统不在证券公司开户即可进行证券交易。

恒生网络开发运营的 HOMS 系统，包含子账户开立、提供委托交易、存储、查询、清算等多种证券业务属性的功能。恒生网络明知客户经营方式，仍向不具有经营证券业务资质的客户销售该系统，提供相关服务，并获取收益的行为，违反了 2005 年《证券法》第 122 条的规定，构成 2005 年《证券法》第 197 条所述非法经营证券业务的行为。

典型案例 4-34：同花顺公司非法经营证券业务案②

浙江核新同花顺网络信息股份有限公司（以下简称同花顺公司）自 2013 年 6 月起，经朱某峰决策，由郭某波开始负责组织项目团队开发同花顺资产管理系统，并于 2014 年 5 月正式上线运行。

同花顺资产管理系统具有的开立证券交易子账户、接受证券交易委托、查询证券交易信息、进行证券和资金的交易结算清算的功能具有证券业务属性。投资者通过该系统不在证券公司开户即可进行证券交易。

同花顺公司开发运营的资产管理系统，包含子账户开立、提供委托交易、存

---

① 中国证监会行政处罚决定书〔2016〕123 号。
② 中国证监会行政处罚决定书〔2016〕124 号。

储、查询、清算等多种具有证券业务属性的功能。同花顺公司明知其客户经营方式，仍向不具有经营证券业务资质的客户销售该系统，提供相关服务，并获取收益的行为违反了 2005 年《证券法》第 122 条的规定，构成 2005 年《证券法》第 197 条所述非法经营证券业务的行为。

第七节　提供虚假证明文件罪、
　　　　　出具证明文件重大失实罪

第二百二十九条　【提供虚假证明文件罪】承担资产评估、验资、验证、会计、审计、法律服务、保荐、安全评价、环境影响评价、环境监测等职责的中介组织的人员故意提供虚假证明文件，情节严重的，处五年以下有期徒刑或者拘役，并处罚金；有下列情形之一的，处五年以上十年以下有期徒刑，并处罚金：

（一）提供与证券发行相关的虚假的资产评估、会计、审计、法律服务、保荐等证明文件，情节特别严重的；

（二）提供与重大资产交易相关的虚假的资产评估、会计、审计等证明文件，情节特别严重的；

（三）在涉及公共安全的重大工程、项目中提供虚假的安全评价、环境影响评价等证明文件，致使公共财产、国家和人民利益遭受特别重大损失的。

有前款行为，同时索取他人财物或者非法收受他人财物构成犯罪的，依照处罚较重的规定定罪处罚。

【出具证明文件重大失实罪】第一款规定的人员，严重不负责任，出具的证明文件有重大失实，造成严重后果的，处三年以下有期徒刑或者拘役，并处或者单处罚金。

罪名解析

1. 法条修改情况

《刑法修正案（十一）》第 25 条对《刑法》第 229 条作出修改，主要涉及以下三个方面：

首先，市场经济的健康发展，离不开中介组织的依法依规履责。1997 年修改刑法，规定了第 229 条提供虚假证明文件罪、出具证明文件重大失实罪。《最高人民检察院关于公证员出具公证书有重大失实行为如何使用法律问题的批复》、《信用卡案件解释》、《最高人民检察院关于地质工程勘测院和其他履行勘测职责的单位及其工作人员能否成为刑法第二百二十九条规定的有关犯罪主体的批复》、《最高人民法院、最高人民检察院关于办理环境污染刑事案件适用法律若干问题的解释》等司法解释和规范性文件陆续对第 229 条在相关中介组织领域的适用作出具体规定，以更好地指导司法实践。在此基础上，为适应形势发展变化，《刑法修正案（十一）》对《刑法》第 229 条作出修改，明确将承担保荐、安全评价、环境影响评价、环境监测职责的中介组织人员作为本罪主体。这些主体原本也在本罪的规制范围之内，但由于没有明确列举，所以实践中时有争议，同时，这些主体提供的证明文件在社会生活中发挥重要作用，故有必要予以列举，体现刑法对此类虚假、失实的证明文件的否定性评价。

其次，随着市场经济的快速发展和政府简政放权，一系列"放管服"政策推动各行业领域监管体系发生结构性调整，传统上由政府机关履行的一些监管职能逐步下放到中介组织，由中介组织依法履职、各负其责，确保市场主体依法依规良性运转。因此，中介组织发挥的作用越来越重要。同时，一些中介组织人员滥用职权或者不负责任导致严重后果的情形时有发生。在资本市场中，承担资产评估、会计、审计、法律服务、保荐等职能的中介组织，是证券市场的"看门人"，能够有效平衡证券市场主体之间的信息不对称，形成公开、公平、公正的市场环境。2019年《证券法》修改，为适应注册制改革和证券市场发展需要，对证券公司、证券服务机构等中介组织的职责作出重大调整。2020年出台的《国务院关于进一步提高上市公司质量的意见》（国发〔2020〕14号）强调："督促中介机构归位尽责。健全中介机构执业规则体系，明确上市公司与各类中介机构的职责边界，压实中介机构责任。相关中介机构要严格履行核查验证、专业把关等法定职责，为上市公司提供高质量服务。相关部门和机构要配合中介机构依法依规履职，及时、准确、完整地提供相关信息。"同时要求："对涉案证券公司、证券服务机构等中介机构及从业人员一并查处，情节严重、性质恶劣的，依法采取暂停、撤销、吊销业务或从业资格等措施。"相应地，《刑法修正案（十一）》对《刑法》第229条的修改也体现了这一精神，对中介组织人员在证券发行、重大资产交易活动以及涉及公共安全的重大工程、项目中出具有关虚假证明文件，情节特别严重的行为，增加了更重的一档法定刑，予以严厉惩处。

最后，对于中介组织人员索取他人财物或者非法收受他人财物，又提供虚假证明文件，构成犯罪的，《刑法》第229条第2款规定构成虚假证明文件罪。这一条款可能导致刑法条文之间的不协调，以及罪刑不相适应，因此，对于有提供虚假证明文件的行为，同时有索取他人财物或者非法收受他人财物构成犯罪的，依照处罚较重的规定定罪处罚。

2. 构成要件

（1）本罪的客体

提供虚假证明文件罪和出具证明文件重大失实罪的客体是正常的市场秩序、国家的工商管理制度，以及社会公众或者相关人员的知情权、财产权等相关权利。

（2）本罪的客观方面

提供虚假证明文件罪的客观方面表现为故意提供虚假证明文件，情节严重；

出具证明文件重大失实罪的客观方面表现为严重不负责任，出具的证明文件有重大失实，造成严重后果。

（3）本罪的主体

提供虚假证明文件罪和出具证明文件重大失实罪的主体是特殊主体，限于承担资产评估、验资、验证、会计、审计、法律服务、保荐、安全评价、环境影响评价、环境监测等职责的中介组织的人员。鉴于《刑法》第229条采取"列举+兜底"的表述方式，指向的犯罪主体较为宽泛，基本可以涵盖在市场经济中承担中介职能的各种组织的人员。

按照《刑法》第231条的规定，单位可以构成本罪。需要注意的是，两罪的犯罪主体与《证券法》对同类行为的处罚主体略有差异。根据《证券法》第213条第3款的规定，未勤勉尽责，制作、出具的文件有虚假记载、误导性陈述或者重大遗漏的，受罚的主体是证券服务机构，即单位；相应地，自然人是作为单位的直接负责的主管人员和其他直接责任人员来接受处罚。

（4）本罪的主观方面

提供虚假证明文件罪的主观方面是故意，出具证明文件重大失实罪的主观方面是过失。

3. 刑事责任

《立案追诉标准（二）》第73条规定："承担资产评估、验资、验证、会计、审计、法律服务、保荐、安全评价、环境影响评价、环境监测等职责的中介组织的人员故意提供虚假证明文件，涉嫌下列情形之一的，应予立案追诉：（一）给国家、公众或者其他投资者造成直接经济损失数额在五十万元以上的；（二）违法所得数额在十万元以上的；（三）虚假证明文件虚构数额在一百万元以上且占实际数额百分之三十以上的；（四）虽未达到上述数额标准，但二年内因提供虚假证明文件受过二次以上行政处罚，又提供虚假证明文件的；（五）其他情节严重的情形。"其第 74 条规定："承担资产评估、验资、验证、会计、审计、法律服务、保荐、安全评价、环境影响评价、环境监测等职责的中介组织的人员严重不负责任，出具的证明文件有重大失实，涉嫌下列情形之一的，应予立案追诉：（一）给国家、公众或者其他投资者造成直接经济损失数额在一百万元以上的；（二）其他造成严重后果的情形。"

根据《刑法》第 229 条的规定，中介组织人员故意提供虚假证明文件，情节严重的，处 5 年以下有期徒刑或者拘役，并处罚金；有下列情形之一的，处 5 年以上 10 年以下有期徒刑，并处罚金：①提供与证券发行相关的虚假的资产评估、会计、审计、法律服务、保荐等证明文件，情节特别严重的；②提供与重大资产交易相关的虚假的资产评估、会计、审计等证明文件，情节特别严重的；③在涉及公共安全的重大工程、项目中提供虚假的安全评价、环境影响评价证明文件，致使公共财产、国家和人民利益遭受特别重大损失的。

中介组织人员严重不负责任，出具的证明文件有重大失实，造成严重后果的，处 3 年以下有期徒刑或者拘役，并处或者单处罚金。

单位犯本条规定之罪的，对单位判处罚金，并对其直接负责的主管人员和其他直接责任人员依照上述规定处罚。

司法精要

1. 中介组织人员"严重不负责任"的认定

出具证明文件重大失实罪的要件之一是中介组织人员"严重不负责任"。"不负责任"是与"勤勉尽责"相对而言的。根据《证券法》第 163 条的规定，证券服务机构为证券的发行、上市、交易等证券业务活动制作、出具审计报告及其他鉴证报告、资产评估报告、财务顾问报告、资信评级报告或者法律意见书等文件，应当勤勉尽责，对所依据的文件资料内容的真实性、准确性、完整性进行核查和验证。关于"没有勤勉尽责"乃至达到"严重不负责任"的程度，需要结合中介组织的性质和承担的具体责任加以判断。以从事证券服务业务的会计师事务所和注册会计师为例，下列情形可以认定为未勤勉尽责：①未按规定编制审计工作底稿；②未充分了解被审计单位及其环境，风险识别与评估程序明显不到位，识别的重大错报风险领域明显不恰当，或者重要性水平确定明显不合理；③风险应对措施明显不合理；④风险应对的必要审计程序执行明显不到位，等等。未勤勉尽责达到一定严重程度的，应当认定为"严重不负责任"。

需要注意的是，对于特定的市场行为，可能有多个中介组织从事中介服务、出具证明文件。如果该市场行为构成违法违规乃至犯罪，并非所有中介组织一律承担责任。以证券发行为例，《证券法》第19条第1款规定："发行人报送的证券发行申请文件，应当充分披露投资者作出价值判断和投资决策所必需的信息，内容应当真实、准确、完整。"该条第2款规定："为证券发行出具有关文件的证券服务机构和人员，必须严格履行法定职责，保证所出具文件的真实性、准确性和完整性。"如果涉嫌欺诈发行，追究中介组织及其人员刑事责任，需要满足以下条件：首先，相关证券服务机构及其人员在其职责范围内出具了证明文件；其次，出具的证明文件严重不负责任，有重大失实。对于该证券服务机构及其人员职责范围以外的欺诈发行行为，该中介组织及其人员没有过错的，不应承担责任。因此，在司法实践中，需要注意厘清不同证券服务机构在证券发行活动中的责任边界。

典型案例4-35：刘某荣、徐某文出具证明文件重大失实案[①]

深圳中天勤会计师事务所接受广夏（银川）实业股份有限公司（以下称银广

[①] 《刑事审判参考》第37辑。2006年《刑法修正案（六）》之前，本条的罪名为"提供虚假财会报告罪"。

夏公司)委托,在由刘某荣、徐某文具体负责对该公司及其子公司1999年度和2000年度的财会报告进行审计中,未遵循中国注册会计师独立审计准则规定的程序,未实施有效的询证、认证及核查程序。该所在对天津广夏(集团)有限公司(以下称天津广夏公司)1999年度和2000年度财务报告审计过程中,依据天津广夏公司自制的销售发票,确认1999年和2000年出口产品收入分别为人民币23,898.60万元和人民币72,400万元,没有实施向海关询证的必要程序。该所在对天津广夏公司1999年度和2000年度财会报告审计过程中,以天津广夏公司自制和伪造的银行对账单、银行进账单、银行汇款单和购货发票为依据,确认出口产品收款金额和购买原材料付款金额和入库数,没有实施向银行询证的重要程序,没有充分关注购进原材料发票均是普通发票这一重要疑点。该所未对天津广夏公司1999年12月31日和2000年12月31日银行存款余额实施有效的检查及函证程序。特别是被告人刘某荣指派的审计人员在对天津广夏公司进行审计时,严重违反审计规定,委托天津广夏公司被告人董某等人代替审计人员向银行、海关等单位进行询证,致使被告人董某得以伪造询证结果。被告人刘某荣、徐某文在不辨别真伪、不履行会计师事务所三级复核有关要求的情况下,仍先后为银广夏公司出具了1999年度、2000年度"无保留意见"的审计报告,致使银广夏公司虚假的财会报告向社会公众发布,造成投资者的利益遭受重大损失。该所签发的银广夏审计报告的负责人与签字注册会计师为同一人,未遵循审计准则中规定的会计师事务所三级复核的有关要求。同时,被告人刘某荣还违反注册会计师的有关规定,兼任银广夏公司财务顾问。在形式和实质上,均失去独立性。

法院认为,刘某荣、徐某文代表深圳中天勤会计师事务所在对银广夏公司及天津广夏公司1999年度和2000年度财务报告审计过程中,未遵循中国注册会计师独立审计准则,未履行必要的审计程序,为银广夏公司出具了1999年度和2000年度严重失实的审计报告,并造成了严重后果,刘某荣、徐某文应当预见并可以预见其出具的1999年度、2000年度银广夏公司审计报告有可能重大失实,并可能造成严重后果，但没有预见，二被告人的行为构成出具证明文件重大失实罪。

2. 证券服务机构责任边界的合理区分

证券服务机构的责任边界，需要根据不同类型的注意义务加以划分。不同的中介机构在证券业务中应当分别履行职责，发挥各自的专业优势，共同发现潜在的风险，为发行人披露的信息质量提供保证。《证券发行上市保荐业务管理办法》第22条、第23条规定，对发行人申请文件、募集文件，无论是否有证券服务机构出具的专业意见，都应当结合尽职调查情况审慎核查，对相关资料进行独立判断。《律师事务所从事证券业务法律业务管理办法》第14条规定，律师在出具法律意见时，对与法律相关的业务事项履行法律专业人士特别的注意义务，对其他业务事项履行普通人一般的注意义务。由此可见，由于专业领域的不同，证券服务机构对于不同事项的注意义务，存在一般注意义务与特别注意义务的区分。

注意义务的范围因专业领域不同而存在区别。在证券项目中，各证券服务机构需要制作、出具相关文件，对公司的财务、法律、信用状况、资产情况等领域的问题发表专业意见。对于证券服务机构专业领域内的事项，证券服务机构承担特别注意义务，相关法律法规以及行业执业规范等是判断特别注意义务履行情况的重要依据；对于非证券服务机构专业领域内的事项，证券服务机构会依赖他方的工作成果，对于该类事项证券服务机构承担一般注意义务，一般注意义务的内容体现为对他方工作成果的审慎核查和调查、复核的义务。如果通过审慎核查，证券服务机构可以排除职业怀疑并形成合理信赖，即使证券服务机构因使用他方工作成果导致出具的文件存在虚假陈述的，仍可主张已充分履行注意义务进而免除相关责任。

保荐机构相较于证券服务机构承担更严格的责任。在证券发行上市工作中，保荐人处于统揽全局、组织协调的重要地位。因此，根据权责对应原则，法律对保荐人设置了比证券服务机构更为严格的法律责任。例如，《证券法》第182条规定,保荐人需要承担责任的义务违反情形为"出具有虚假记载、误导性陈述或者重大遗漏的保荐书,或者不履行其他法定职责"。可见,保荐人"不履行其他法定职责",尽管最终未导致保荐书等法律文件存在虚假记载等后果,仍需依法承担法律责任。保荐机构的注意义务具有兜底性质,根据《虚假陈述民事赔偿规定》第17条的规定,保荐机构除应审慎核查证券服务机构出具专业意见的重要内容外,还需对没有证券服务机构出具专业意见的重要内容进行审慎尽职调查,并对该部分内容的真实性作出独立判断。

3. 律师事务所是否勤勉尽责的认定

对于律师事务所是否勤勉尽责的判断,包括两个方面:一是现行法律法规体系对律师事务所职责范围的规定。目前,在涉及IPO的规则体系中,除了《证券法》第163条的原则规定外,还包括《律师事务所从事证券法律业务管理办法》《律师事务所证券法律业务执业规则(试行)》等。整体而言,前述规则要求律师事务所为发行人提供法律服务时,应当审慎核查验证并获取充分的证据,以支持其发表法律意见。二是案件证据是否证实律师事务所违背了前述规则。判断的事项一般包括:律师事务所对于相关事实和法律问题作出的认定和判断,是否具有充分适当的工作底稿支持;对于与法律相关的业务事项,是否履行法律专业人士的特别注意义务;对于其他业务事项,是否履行了一般人的注意义务;在出具法律意见之前,是否合理、充分地运用查验方法等。

4. 保荐人是否勤勉尽责的认定

《证券法》《公司法》等法律法规都强调勤勉尽责概念,但并未对其含义作出明确规定。在证券类行政处罚案件中,相关当事人通常以自身已经勤勉尽责作为抗辩理由。《虚假陈述民事赔偿规定》针对证券虚假陈述民事诉讼中的中介机构过错问题作出规定,实践中可以参考。

根据《证券法》《证券发行上市保荐业务管理办法》《保荐人尽职调查工作准则》《虚假陈述民事赔偿规定》等规范提到的"全面调查""获取充分的尽职调查证据""综合分析""独立判断""审慎核查""有充分理由确信"等要求,保荐人是否已经勤勉尽责,需要从合规性、充分性、审慎性三个层面进行审查,即依次判断保荐人是否已经按照法律规范开展了核查工作,在开展核查工作时是否收集了足以支持核查结论的充分证据材料,对于收集的证据材料是否进行了审慎核查足以确信核查结论。其中,合规性是保荐人勤勉尽责的最低要求。保荐人开展的工作应当包括但不限于开展法定核查工作,例如,《保荐人尽职调查工作准则》第3条第1款规定:"本准则是以保荐人对拟保荐境内首次公开发行股票、存托凭证的发行人进行充分尽职调查为基础,制定的尽职调查程序的一般要求。不论本准则是否有明确规定,凡涉及发行条件和上市条件或对投资者做出投资决策有重大影响的信息,保荐人均应当在职责范围内勤勉尽责地进行尽职调查。"

合规指引

1. 合规要求

(1) 行政监管领域合规

《证券法》第160条规定,证券监管体系内的中介机构(证券服务机构)包括两类:一类是采取核准制管理的机构,主要是从事证券投资咨询服务业务的机构;另一类是采取备案制管理的机构,包括会计师事务所、律师事务所以及从事资产评估、资信评级、财务顾问、信息技术系统服务的证券服务机构。相对于修订前的《证券法》,2019年《证券法》明确将"律师事务所"和从事"信息技术系统服务"的机构纳入证券服务机构的范围。

证券服务机构为证券的发行、上市、交易等证券业务活动制作、出具审计报告及其他鉴证报告、资产评估报告、财务顾问报告、资信评级报告或者法律意见书等文件，应当勤勉尽责，对所依据的文件资料内容的真实性、准确性、完整性进行核查和验证。其制作、出具的文件有虚假记载、误导性陈述或者重大遗漏，给他人造成损失的，应当与委托人承担连带赔偿责任，但是能够证明自己没有过错的除外。

行政监管领域对证券服务机构提出的要求是履行"勤勉尽责"义务。关于"勤勉尽责"义务的认定标准，可以参考证券监管机构对各中介机构制定的特定业务规则。例如，律师事务所及律师应当遵守《律师事务所从事证券法律业务管理办法》《律师事务所证券法律业务执业规则（试行）》等规定。律师在为证券发行、上市、交易等证券业务活动制作、出具法律意见书时，对特定情形应当在法律意见书中予以说明，充分揭示风险。相关法律意见应当经律师事务所讨论复核，并制作相关记录作为工作底稿留存。法律意见书等文件报送证监会及派出机构后，发生重大事项或者律师发现需要补充意见的，应当及时提出补充意见。

证券服务机构只有在为证券的发行、上市、交易等证券业务活动制作、出具的文件有虚假记载、误导性陈述或者重大遗漏，给他人造成损失时，才承担相应的责任。对于承销机构、保荐机构而言，即使其未制作、出具虚假记载、误导性陈述或者重大遗漏的文件，除非能证明自己没有过错，否则也可能因发行人的虚假陈述行为而承担连带赔偿责任。承销机构、保荐机构为发行人制作、出具虚假证明文件，通常表现为承销机构协助发行人制作虚假、误导性信息，或明知发行人存在上述行为而故意隐瞒，仍然出具有虚假记载、误导性陈述或者重大遗漏的保荐书。与证券服务机构相比，承销机构、保荐机构的责任范围更广，法律法规及行业规范对其提出的合规要求相对更高。

（2）刑事司法领域合规

近年来接连发生的万福生科、新大地、欣泰电气等财务造假案件，证券中介机构未能履行"看门人"职责，诚信意识淡薄，职业操守存在严重缺陷，其"负作用"饱受诟病。① 其中一部分中介机构因制作、出具虚假证明文件受到行政处罚，还承担了相应的刑事责任。根据《刑法》第229条和第231条的规定，中介机构及其人员可能构成提供虚假证明文件罪或出具证明文件重大失实罪。从实际情况看，更多是中介机构人员故意提供或过失出具虚假证明文件被追究刑事责任，其中一些案件的中介机构人员还与信息披露义务人之间存在利益输送，存在非法收受财物的行为。

仅从刑法条文看，提供虚假证明文件罪和出具证明文件重大失实罪的刑事立法在罪状描述上较为简单。目前，尚未出台提供虚假证明文件罪和出具证明文件重大失实罪相关的司法解释，仅有立案追诉标准。立案追诉标准列举了几类应当追诉的情形，主要关注行为造成的危害后果，例如，故意提供虚假证明文件或过失出具的证明文件有重大失实，导致国家、公众或者其他投资者造成直接经济损失，行为人的违法所得达到一定数额等。对于行为人故意提供虚假证明文件及过失出具重大失实证明文件的具体行为方式，立案追诉标准并未作出详细规定。因此，为确保中介机构人员出具证明文件的行为合规合法，可能需要结合行政法及相关业务规则，完善中介机构内部合规体系及责任追究机制。

根据《立案追诉标准（二）》对提供虚假证明文件罪的规定，未达到数额标准，但2年内因提供虚假证明文件受过2次以上行政处罚，又提供虚假证明文件的，可以立案追诉。鉴此，中介机构需要重视企业内控和反舞弊工作，通过内控体系的建设，从机制和制度上对舞弊行为进行有效的隔绝和预防。同时，中介机构应当注重行政监管领域合规，避免自身受到行政处罚。如果因提供虚假证明文件多次受到行政处罚，即使未达到相应数额标准，也可能面临刑事风险。

---

① 参见陈晨：《新〈证券法〉实施背景下信息披露犯罪疑难问题研究》，载《证券法苑》2021年第2期。

2. 合规风险

（1）会计师事务所的合规风险

2019年《证券法》取消了会计师事务所从事证券服务的业务资格审批，调整为备案管理，会计师事务所进入资本市场执业不再有门槛条件。据中国证监会披露，截至2021年12月31日，共有80家会计师事务所在证券审计市场执业。其中多家会计师事务所被证监会采取出具"警示函"、"监管谈话"或"责令整改，没收业务收入并罚款"等处罚措施，部分会计师事务所人员还受到刑事处罚。会计师事务所具有多方位的合规需求，应当严格依法、依规、依约履行职责，最大限度地尽到审慎、勤勉、尽职尽责义务，避免受到行政处罚、承担民事赔偿甚至追究刑事责任的风险。

如果会计师事务所未能基于职业要求出具虚假证明文件，就将面临合规风险。例如因审计程序不到位，未能发现信息披露义务人虚假陈述的相关事实，进而出具虚假证明文件。在行政监管层面，会计师事务所出具虚假证明文件的过错程度，决定其承担责任的范围与大小。在刑事处罚层面，会计师事务所及相关人员在主观方面有无罪过，究竟是故意还是过失，影响罪与非罪、此罪与彼罪的认定。

（2）律师事务所的合规风险

律师事务所作为法律专业机构，可能涉嫌信息披露违法案件。随着资本市场发展，财务造假事件被不断揭露出来，社会公众对律师的期望越来越高，律师需要调查的事项范围和调查深度不断拓展。律师事务所在出具法律意见书时，对与法律相关的业务事项应当履行法律专业人士特别的注意义务，对其他业务事项则履行普通人一般的注意义务。然而，特别注意义务和一般注意义务的界定与区分，相关法律文件并未作出明确说明。对于从事证券服务的律师，在一般情形下均能且应当注意的事项，即构成律师的特别注意义务。如果律师未充分履行特别注意义务，则有理由判断律师未勤勉尽责，可能需要承担相应的法律责任。

由于财务事项可以向法律事项转化，一般注意义务也可能向特别注意义务转化。在某律师事务所诉中国证监会的二审判决书①中，北京市高级人民法院指出："公司财务会计报告中虚构应收账款的收回这一虚假记载属于会计问题，但其背后所反映的公司重大债权债务的变化是否属实的问题，则涉及公司经营的合规性和法律风险问题，属于应履行法律专业人士特别注意义务的事项。"②

（3）承销、保荐机构的合规风险

证监会在2022年1月14日发布了中介机构因虚假陈述违法案件的相关情况。据证监会披露，2019年以来，查处中介机构违法案件80起，涉及24家会计师事务所、8家证券公司、7家资产评估机构、3家律师事务所、1家资信评级机构，涵盖股票发行、年报审计、资产收购、重大资产重组等重点领域。2021年，证监会依法立案调查中介机构违法案件39起，较去年同期增长一倍以上，将2起案件线索移送或通报公安机关。

在司法实践中，涉及承销机构、保荐机构涉嫌违法犯罪的情形，多以职务类罪名追究刑事责任。例如，某保荐人非国家工作人员受贿案中，证券公司投资银行部总经理与两名下属共谋从相关企业获得非法利益，形成了环环相扣的犯罪流程，由一名下属担任保荐代表人，全面负责首次公开募股项目的材料撰写以及上会前的准备工作，另一下属负责首次公开募股项目招股说明书中非财务部分的撰写，总经理则在该项目的立项会、内核会中行使投票权，三人分工"合作"长达近3年，获利逾千万元。该案对3名被告人以非国家工作人员受贿罪被判处有期徒刑1年9个月，缓刑1年9个月至2年6个月。③

---

① 参见北京市高级人民法院（2018）京行终4657号行政判决书。
② 参见邢会强：《证券律师注意义务之边界》，载《商业经济与管理》2021年第9期。
③ 参见陈晨：《新〈证券法〉实施背景下信息披露犯罪疑难问题研究》，载《证券法苑》2021年第2期。

《刑法修正案（十一）》明确规定，保荐人员属于《刑法》第229条的刑事规制范围。根据《刑法》第231条的规定，单位可构成提供虚假证明文件罪和出具证明文件重大失实罪，而保荐机构可以作为两个罪名的犯罪主体。《刑法修正案（十一）》之前，只能将保荐人员作为"其他中介组织的人员"对其进行刑法规制，刑法修改后，对相关人员进行刑法规制已无障碍。

《刑法修正案（十一）》将保荐机构人员作为《刑法》第229条的犯罪主体予以规制，但未将承销机构人员明确规定在《刑法》第229条中。尽管如此，承销机构及其相关人员仍可作为虚假陈述犯罪的犯罪主体。理由在于，提供虚假证明文件罪与出具证明文件重大失实罪的犯罪主体不仅包含列举的中介组织人员，还包含在证券发行过程中承担出具证明文件职责的其他中介组织人员。承销机构承担的承销职责是信息披露的重要一环，即使承销机构未被明确列入刑法条文，从系统解释的角度出发，为保证《证券法》与《刑法》的统一性与协调性，承销机构理应被视为刑法规制的主体，并根据其出具虚假证明文件的主观故意承担相应的刑事责任。

（4）中介机构内部人员的商业贿赂风险

《刑法》第229条规定，有提供虚假证明文件的行为，同时有索取他人财物或者非法收受他人财物构成犯罪的，依照处罚较重的规定定罪处罚。在《刑法修正案（十一）》出台前，原《刑法》中规定索贿或受贿情形属于本罪的情节加重犯，处5年以上10年以下有期徒刑，并处罚金。为了严厉打击中介机构内部人员的索贿或受贿行为，实现罪责刑相适应，《刑法修正案（十一）》对此作出修改，对同时构成提供虚假证明文件罪和受贿犯罪的行为人，依照处罚较重的规定定罪处罚。

实践中，大部分中介机构属于非国有企业，中介机构内部人员往往是非国家工作人员，因此，中介机构内部人员实施索贿或受贿行为，通常被司法机关认定为非国家工作人员受贿罪。《刑法修正案（十一）》提高了非国家工作人员受贿罪的刑期，受贿数额特别巨大或者有其他特别严重情形，最高可判处十年以上有期徒刑或无期徒刑。中介机构内部人员应注意避免商业贿赂风险，避免在提供证明文件过程中因索贿或受贿行为被追究刑事责任。

3. 合规建议

（1）会计师事务所合规建议

资本市场处于各方利益交汇的中心，业务模式复杂多变，执业风险相对较高。特别是注册制改革背景下，会计师事务所的核查把关职责面临更高要求。会计师事务所及签字注册会计师在执业中须勤勉尽责，严格按照执业标准出具审计报告、审核报告或其他鉴证报告。

注册会计师应当认真分析公司经营的总体情况，保持对公司财务异常信息的敏感度，判断发行人财务信息披露是否真实、准确、完整地反映其经营情况。同时，应当审查招股说明书披露的财务信息是否与审计财务报表一致，是否与注册会计师审计了解的发行人实际情况相符。此外，还应当关注发行人是否存在人为改变正常经营活动，从而粉饰业绩的情况，例如发行人放宽付款条件促进短期销售增长、延期付款增加现金流、推迟广告投入减少销售费用、短期降低员工工资、引进临时客户、申报期末存货余额较大等异常情况，防止利润操纵。[①]

（2）律师事务所合规建议

律师事务所从事证券法律业务，应当建立健全内部业务质量和执业风险控制机制，确保出具的法律意见书内容真实、准确、完整，逻辑严密、论证充分。律师事务所在提供证券法律服务、出具法律意见时，对于公司财务会计专业问题，需要履行一般理性法律人的注意义务，但对于财务会计资料反映的公司经营行为的合规性和法律风险问题，应当履行专业法律人的特别注意义务。

---

① 参见中国证监会会计部：《会计师事务所从事证券服务业务合规手册》，第25-26页。

如果审计报告对公司应收账款存在虚假记载，律师事务所以审计报告为据主张免除法律责任，需要提供证据证明已对财务会计专业问题尽到一般注意义务，并对财务会计资料反映的企业经营合规性和法律风险尽到核查和验证等特别注意义务。因此，为避免自身合规风险，律师事务所应当完整保存出具法律意见书过程中形成的工作记录，以及在工作中获取的所有文件、资料，及时制作工作底稿，证明自身已经尽到注意义务。

在工作底稿制作过程中，需要避免底稿资料不齐全、不完整，归类和摆放顺序混乱，未按照规定完整保存工作底稿以及未及时装订成册等问题，以标准化、规范化、流程化为目标，建立律所合规管理制度，促进律所合规管理水平稳步上升。

(3) 承销机构、保荐机构合规建议

在证券发行过程中，证券的保荐和承销行为，是由中介机构深度参与，并对证券发行具有重要意义的服务行为。在股票和可转换公司债券的发行过程中，这两项服务行为通常都是由同一家证券公司承担。承销机构、保荐机构在证券发行过程中也有各自的定位和立场。

承销机构的职责主要包括：与发行人就发行事项进行磋商、编制向主管机构提供的有关文件、组织承销团、筹划组织召开承销会议、承担承销团发行股票的管理、协助发行人申办有关法律方面的手续等。鉴于此，承销机构应当按照规定编制信息披露文件，保证向主管机构提供的有关文件不存在虚假记载、重大遗漏、误导性陈述。

保荐机构的职责主要包括：辅导职责、调查职责、核查职责、推荐职责、披露与提示职责、持续督导职责。保荐人需要充分了解发行人的业务模式、经营情况及其面临的风险和问题，对发行上市申请文件和信息披露资料进行全面核查验证，保证招股说明书及其出具的发行保荐书、上市保荐书等文件真实、准确、完整。

(4) 中介机构内部控制和反舞弊机制的建立与完善

中介机构的内部控制和反舞弊机制旨在通过内控体系建设，从机制和制度层面对舞弊行为进行有效的隔绝和预防。中介机构对业务流程需要建立内控和反舞弊机制。关于业务流程的设计，需要形成"内部牵制"，确保每项证券服务业务经过两个或两个以上的部门或人员的处理，彼此形成监督和牵制，增加舞弊成本和难度。对于重大事项，应当建立集体决策审批或者联签制度，任何个人不得单独进行决策或者擅自改变集体决策。从业务流程的各个环节出发，需要有针对性地加强合规培训，防范商业贿赂风险，筑牢合规屏障。

监管政策和规范

压实中介机构的法律责任，是注册制改革的重要组成部分。提供虚假证明文件、出具证明文件重大失实是证券领域中介机构违规的突出表现。2019年《证券法》等法律法规细化中介机构勤勉义务的具体要求，并提高中介机构的责任上限，进一步完善中介机构的责任制度。

勤勉尽责是中介机构责任的核心要求。根据《证券法》第163条和第213条的规定，"勤勉尽责"是中介机构在提供证券服务过程中必须履行的法定义务；中介机构是否"勤勉尽责"，是判断其行为是否构成违法的核心要件。《虚假陈述民事赔偿规定》明确提出，可以根据相关行业的执业规范要求判断中介机构履职是否存在过错，这与行政监管领域认定中介机构勤勉尽责的路径具有一致性。

2019年《证券法》大幅提高中介机构的法律责任。在行政责任方面，对于保荐人出具有虚假记载、误导性陈述或者重大遗漏的保荐书，或者不履行其他法定职责的，可处业务收入1倍以上10倍以下罚款，没有业务收入或者业务收入不足100万元的，最高可处1000万元的罚款；对责任人最高可处500万元罚款。在民事责任方面，《证券法》规定了保荐人在欺诈发行中的连带民事赔偿责任，以及适用于发行人、证券公司的先行赔付制度。证券服务机构因未勤勉尽责给他人造成损失的，与委托人承担连带赔偿责任。

上市公司的证券发行、信息披露、重大资产重组等活动，都需要由中介机构提供证券服务，因此，中介机构是证券市场的重要参与主体。另外，中介机构作为证券市场的"看门人"，不仅要对委托人负责，也需要对市场和投资者负责。中介机构的服务质量与勤勉履职情况，对上市公司投融资活动的顺利进行、投资者权益的保护以及证券市场的平稳有序发展具有重要影响。在注册制背景下，中介机构执业质量如何，能否起到专业把关作用，对市场健康发展尤为重要。

2020年10月5日，国务院发布《关于进一步提高上市公司质量的意见》，其中指出："督促中介机构归位尽责。健全中介机构执业规则体系，明确上市公司与各类中介机构的职责边界，压实中介机构责任。相关中介机构要严格履行核查验证、专业把关等法定职责，为上市公司提供高质量服务。相关部门和机构要配合中介机构依法依规履职，及时、准确、完整地提供相关信息。"

2020年10月21日，证监会主席在2020金融街论坛年会上的致辞中提到：完善资本市场基础制度，是打好防范化解金融风险攻坚战的治本之策。我们注重依靠制度约束促进上市公司、中介机构、投资者等各方归位尽责，持续夯实市场稳定运行的内在基础。要优化推动各类市场主体高质量发展的制度机制。完善审计、评估、法律服务、资信评级规则体系，压实中介机构责任，构建权责匹配的资本市场中介体系。

2021年7月6日，中共中央办公厅、国务院办公厅印发《关于依法从严打击证券违法活动的意见》，其中指出，依法严厉查处大案要案。加强对中介机构的监管，存在证券违法行为的，依法严肃追究机构及其从业人员责任，对参与、协助财务造假等违法行为依法从重处罚。

相关监管政策和规范索引整理如下。

《证券法》第19、24、85、160、163、182、213条

《律师事务所从事证券法律业务管理办法》第 12-14 条

《最高人民法院关于审理涉及会计师事务所在审计业务活动中民事侵权赔偿案件的若干规定》第 6 条

典型案例

典型案例 4-36：银信评估未勤勉尽责案①

2014 年 2 月 14 日，中安消股份有限公司决定向深圳市中恒汇志投资有限公司发行股份，购买其持有的中安消技术有限公司 100% 股权，银信资产评估有限公司（以下简称银信评估）为此次重大资产重组的评估机构。

银信评估未对"班班通"项目《框架协议》予以充分关注，未通过询问、函证、核对等方式进行调查，未保持应有的职业谨慎，没有对收益预测履行必要的分析、判断和调整程序，没有在考虑未来各种可能性及其影响的基础上合理确定评估假设，形成未来收益预测，造成收益预测值和评估值严重虚增，致使评估值不真实。银信评估的上述行为不符合《资产评估准则——评估程序》第 19 条、《资产评估准则——企业价值》第 7 条、第 27 条的规定。

银信评估对中安消技术评估项目进行资产评估时，未勤勉尽责，不符合资产评估准则的相关规定，导致出具的评估报告存在误导性陈述，违反了 2005 年《证券法》第 20 条第 2 款和第 173 条的规定，构成 2005 年《证券法》第 223 条所述"证券服务机构未勤勉尽责，所制作、出具的文件有虚假记载、误导性陈述或者重大遗漏"的情形。

典型案例 4-37：德邦证券未勤勉尽责案②

2015 年 7 月 17 日，五洋建设集团股份有限公司（以下简称五洋建设）获准

---

① 中国证监会行政处罚决定书〔2019〕40 号。
② 中国证监会行政处罚决定书〔2019〕121 号。

发行票面总金额不超过13.6亿元的公司债券。德邦证券股份有限公司（以下简称德邦证券）作为主承销商，为五洋建设发行债券出具了《德邦证券关于五洋建设公开发行公司债券之核查意见》。

德邦证券作为主承销商，未充分核查公开发行募集文件的真实性和准确性，在关注到五洋建设应收账款回收风险问题时，未充分履行核查程序；德邦证券对于投资性房地产未充分履行核查程序，未将沈阳五洲投资性房地产出售问题写入核查意见。德邦证券的上述行为违反了2005年《证券法》和《公司债券发行与交易管理办法》的规定，构成2005年《证券法》第191条第3项所述的情形。

典型案例4-38：大华所未勤勉尽责案[①]

2017年12月28日大华会计师事务所（特殊普通合伙）（以下简称大华所）与奥瑞德光电股份有限公司（以下简称奥瑞德）签订业务约定书，奥瑞德委托大华所对其2017年度财务报表等进行审计。

大华所在询问了时任奥瑞德财务总监刘某和奥瑞德实际控制人左某波并核对奥瑞德银行流水后即认为公告涉及诉讼事项与奥瑞德无关。对该期后诉讼事项未保持充分的职业怀疑，未执行进一步审计程序确认涉诉借款事项与奥瑞德是否有关，导致未能发现2017年度奥瑞德控股股东非经营性资金占用情况，未能发现奥瑞德2017年度财务报表存在错报，其出具的《审计报告》《专项说明》存在虚假记载和重大遗漏。

大华所在《审计报告》出具前了解到奥瑞德销售回款的有关异常情况，但未保持充分的职业怀疑，未执行进一步审计程序核实销售回款的资金是否实际来源于奥瑞德或其关联方，也未对交易的真实性及商业合理性进行进一步核实，未获取充分适当的审计证据消除异常函证上的疑虑，导致未发现上述销售业务不符合收入确认条件，出具的《审计报告》存在虚假记载。大华所的上述行为不符合

[①] 中国证监会重庆证监局行政处罚决定书〔2020〕4号。

《中国注册会计师鉴证业务基本准则》《中国注册会计师审计准则第1312号——函证》的规定，大华所的行为违反了2005年《证券法》的规定，构成2005年《证券法》第223条所述违法行为。

典型案例4-39：东易所未勤勉尽责案①

北京市东易律师事务所（以下简称东易所）在为丹东欣泰电气股份有限公司IPO项目中提供法律服务过程，收到中国证监会作出的行政处罚决定书。东易所签收被诉处罚决定后，于2017年12月22日向北京市第一中级人民法院提起行政诉讼。

东易所因不服一审法院行政判决，向北京市高级人民法院提起上诉。

案件的核心争议焦点为东易所是否勤勉尽职的问题，二审的分析判断包括三个方面：

一是律师事务所勤勉尽职的认定标准和证明责任问题。律师事务所出具的法律意见援引审计报告的意见而出现错误，并不代表律师事务所一定会承担法律责任，只要律师事务所有证据证明自己在援引审计报告的意见时尽到了相应的注意义务，即使法律意见存有虚假内容，仍无须承担法律责任。

二是应收账款收回问题，属于财务会计领域专业问题，也涉及公司经营合规性和法律风险问题，同样属于法律意见所应关注的事项。律师事务所在提供证券法律服务、出具法律意见时，对于公司财务会计专业问题，需要履行一般理性法律人的注意义务，但对于依托于这些财务会计资料所反映的公司经营行为的合规性和法律风险问题，律师仍应履行作为专业法律人的特别注意义务。

三是东易所提供法律服务存在未勤勉尽职之处。东易所的工作底稿并未显示出其对从其他中介机构取得的资料依法依规履行了必要的查验程序，没有依照相关执业规则编制查验计划并开展核验；没有证据证明东易所依照相关规定在履行

---

① 北京市高级人民法院（2018）京行终4657号行政判决书。

审慎核验和讨论复核的基础上进行评价并出具法律意见。而且,即使是东易所的工作底稿本身,在形式和内容上还存有部分访谈记录缺少律师和访谈对象签字等问题,这些问题形式上属于工作程序范畴,实质上反映的是勤勉尽职不到位的问题。

综上所述,二审法院驳回上诉,维持一审判决。

Chapter 05

金融诈骗类犯罪

第一百九十二条　【集资诈骗罪】

第一百九十三条　【贷款诈骗罪】

第一百九十四条　【票据诈骗罪】

　　　　　　　　【金融凭证诈骗罪】

第一百九十五条　【信用证诈骗罪】

第一百九十六条　【信用卡诈骗罪】

　　　　　　　　【盗窃罪】

第一百九十七条　【有价证券诈骗罪】

第一百九十八条　【保险诈骗罪】

第一节　集资诈骗罪

第一百九十二条　【集资诈骗罪】以非法占有为目的，使用诈骗方法非法集资，数额较大的，处三年以上七年以下有期徒刑，并处罚金；数额巨大或者有其他严重情节的，处七年以上有期徒刑或者无期徒刑，并处罚金或者没收财产。

单位犯前款罪的，对单位判处罚金，并对其直接负责的主管人员和其他直接责任人员，依照前款的规定处罚。

罪名解析

1. 法条修改情况

1979 年《刑法》未规定集资诈骗罪。1997 年《刑法》在第 192 条增设集资诈骗罪，规定如下："以非法占有为目的，使用诈骗方法非法集资，数额较大的，处五年以下有期徒刑或者拘役，并处二万元以上二十万元以下罚金；数额巨大或者有其他严重情节的，处五年以上十年以下有期徒刑，并处五万元以上五十万元以下罚金；数额特别巨大或者有其他特别严重情节的，处十年以上有期徒刑或者无期徒刑，并处五万元以上五十万元以下罚金或者没收财产。"同时，1997 年《刑法》第 199 条规定："犯本节第一百九十二条、第一百九十四条、第一百九十五条规定之罪，数额特别巨大并且给国家和人民利益造成特别重大损失的，处无期徒刑或者死刑,并处没收财产。"为逐步减少经济犯罪死刑适用,2015年《刑法修正案(九)》删去《刑法》第199条,将集资诈骗罪的法定最高刑降为无期徒刑。2020年《刑法修正案(十一)》再次对该罪的法定刑进行修改,具体包括:一是将法定刑由原来的三档调整为两档。对于数额较大的,由"五年以下有期徒刑或者拘役,并处罚金"改为"三年以上七年以下有期徒刑,并处罚金";对于数额巨大或者有其他严重情节的,由"五年以上十年以下有期徒刑,并处罚金"改为"七年以上有期徒刑或者无期徒刑,并处罚金或者没收财产";删除了"数额特别巨大"一档法定刑。二是原则性规定"并处罚金",不设罚金刑标准。三是增加单位犯罪条款。

2. 犯罪构成要件

(1) 本罪的客体

本罪侵犯的客体是国家金融管理制度和公私财产所有权。

(2) 本罪的客观方面

本罪的客观方面表现为,行为人使用诈骗方法进行非法集资,数额较大。所谓"集资",是指在社会上募集资金,系行为人利用募资方式对不特定的公众进行诈骗犯罪。首先,行为的非法性是入罪的先决条件。最高人民法院、最高人民检察院、公安部2019年1月30日公布的《非法集资意见》第1条规定:"人民法院、人民检察院、公安机关认定非法集资的'非法性',应当以国家金融管理法律法规作为依据……"据此,非法性问题的判断需要依据有关金融管理法律、法规,包括国务院制定的行政法规和主管机构制定的部门规章。需要指出的是,2014年《非法集资意见》第1条第1款规定:"行政部门对于非法集资的性质认定,不是非法集资刑事案件进入刑事诉讼程序的必经程序。行政部门未对非法集资作出性质认定的,不影响非法集资刑事案件的侦查、起诉和审判。"其次,集资对象的公众性是入罪的对象条件。根据《非法集资案件解释》第1条第2款的规定，未向社会公开宣传，在亲友或者单位内部针对特定对象吸收资金的，不属于非法吸收或者变相吸收公众存款。再次，承诺的虚假性是入罪的实质条件。集资诈骗罪之所以区别于非法吸收公众存款罪等行为方式类似的犯罪，主要是由于其所做的承诺不真实，具有欺骗性，侵害的法益更加严重。

（3）本罪的主体

本罪的主体是一般主体，已满16周岁具有刑事责任能力的人可构成本罪。单位可构成本罪，同时追究单位中直接负责的主管人员和其他直接责任人员的责任。

（4）本罪的主观方面

本罪的主观方面为直接故意，并要求行为人具有非法占有目的。关于集资诈骗罪中非法占有目的认定，《非法集资案件解释》规定，具有下列情形之一的，可以认定为"以非法占有为目的"：①集资后不用于生产经营活动或者用于生产经营活动与筹集资金规模明显不成比例，致使集资款不能返还的；②肆意挥霍集资款，致使集资款不能返还的；③携带集资款逃匿的；④将集资款用于违法犯罪活动的；⑤抽逃、转移资金、隐匿财产，逃避返还资金的；⑥隐匿、销毁账目，或者搞假破产、假倒闭，逃避返还资金的；⑦拒不交代资金去向，逃避返还资金的；⑧其他可以认定非法占有目的的情形。

3. 刑事责任

《非法集资案件解释》第8条规定，集资诈骗数额在10万元以上的，应当认定为"数额较大"；数额在100万元以上的，应当认定为"数额巨大"。集资诈骗数额在50万元以上，同时具有本解释第3条第2款第3项情节的，应当认定为《刑法》第192条规定的"其他严重情节"。集资诈骗的数额以行为人实际骗取的数额计算，在案发前已归还的数额应予扣除。行为人为实施集资诈骗活动而支付的广告费、中介费、手续费、回扣，或者用于行贿、赠与等费用，不予扣除。行为人为实施集资诈骗活动而支付的利息，除本金未归还可予折抵本金以外，应当计入诈骗数额。关于"其他严重情节"的内容，根据该解释第3条第2款第3项的规定，是指"造成恶劣社会影响或者其他严重后果"。

《非法集资案件解释》第14条规定，单位实施非法吸收公众存款、集资诈骗犯罪的，依照本解释规定的相应自然人犯罪的定罪量刑标准，对单位判处罚金，并对其直接负责的主管人员和其他直接责任人员定罪处罚。

2022年5月15日施行的《立案追诉标准（二）》第44条，围绕《非法集资案件解释》的修改，将本罪个人犯罪和单位犯罪的追诉标准，统一确定为"以非法占有为目的，使用诈骗方法非法集资，数额在十万元以上的，应予立案追诉"。

司法精要

1. 非法占有目的的认定

实践中，对于存在虚构事实、隐瞒真相的集资行为，究竟是集资诈骗犯罪还是一般集资纠纷（尤其是集资合同纠纷），经常出现争议。区分二者的关键，在于行为人是否具有非法占有目的。

关于"非法占有目的"的判断，应当重点考察以下方面：第一，行为人的真实意图。正常合法的集资行为，当事人在签订集资合同时，主观上不存在非法占有他人财物的故意；相比之下，集资诈骗罪的行为人主观上具有非法占有他人集资款的故意，与他人签订集资合同只是手段和幌子，并不具有真实履行合同的意图。第二，行为人获取集资款的手段。正常合法的集资行为并不采用欺骗方法，当然，不排除实践中为募集资金而夸大履约能力，或者隐瞒履约能力不足、项目存在缺陷等真实情况，不过，这种虚构或者隐瞒，其真实意图并未脱离签约和履约，对履约目的并不具有根本性的否定；比较而言，集资诈骗罪的行为人不论采取何种手段,实质上都是为了欺骗,旨在使被害人上当,达到非法取得他人财物的目的。第三,行为人履行合同的能力。合法集资行为人对约定的合同义务一般具有客观履行能力,包括为履行合同做现实安排;而集资诈骗罪的行为人则不具有履行合同的条件,不存在为实现合同而努力的行为,甚至在取得财物后可能出现转移、隐藏行为。第四,行为人在不能履约后的态度。正常合法集资的行为人,在不能履约时不选择逃避;而集资诈骗罪的行为人则选择逃避责任和法律追究。

关于"非法占有目的"的证明,应当提供证据加以证明。对此,《最高人民检察院关于办理涉互联网金融犯罪案件有关问题座谈会纪要》列举了以下证据类型:①与实施集资诈骗整体行为模式相关的证据:投资合同、宣传资料、培训内容等;②与资金使用相关的证据:资金往来记录、会计账簿和会计凭证、资金使用成本(包括利息和佣金等)、资金决策使用过程、资金主要用途、财产转移情况等;③与归还能力相关的证据:吸收资金所投资项目内容、投资实际经营情况、盈利能力、归还本息资金的主要来源、负债情况、是否存在虚构业绩等虚假宣传行为等;④其他涉及欺诈等方面的证据:虚构融资项目进行宣传、隐瞒资金实际用途、隐匿销毁账簿;等等。司法会计鉴定机构对相关数据进行鉴定时,办案部门可以根据查证犯罪事实的需要提出重点鉴定的项目,确保司法会计鉴定意见与待证的构成要件事实之间的关联性。

典型案例 5-1:曹某铭集资诈骗案[①]**——行为人没有进行实体经营或实体经营的比例极小,无法通过正常经营偿还前期非法募集的本金及约定利息,将募集的款项隐匿、挥霍的,应当认定行为人具有非法占有的目的**

关于上诉人曹某铭及其辩护人提出"涉案公司均为合法经营,吸收的资金主要用于养老产业的经营,曹某铭既未肆意挥霍集资款,也未转移隐匿销毁账目,且一再保证偿还集资人所有款项,不具有非法占有目的,其行为构成非法吸收公

---

① 参见江苏省高级人民法院(2020)苏刑终4号刑事裁定书。

众存款罪,一审判决认定为集资诈骗罪错误"的上诉理由及相关辩护意见,经查,审计报告显示,"爱晚系"六大板块及关联公司中只有网上商城和南京雁南飞有经营收入,但其经营收入根本无法支撑曹某铭还本付息所需要的资金,"爱福家"项目的唯一收入来源是上海福晚拨付给各门店集资额3%的抽成。曹某铭租赁建立南京满城芳社区,在青岛、杭州和海南购买用于建立满城芳社区的酒店,购买字画等艺术品和金融牌照等,目的是诱使集资参与人相信其所谓老龄产业存在真正的居家养老服务,营造其有实体基础的假象,以吸收更多的资金用于借新还旧。上诉人曹某铭个人控制与支配所有集资款,且主要用于支付前期集资参与人的本金及收益、支付高级管理人员高额薪酬、奖励及销售团队薪酬、提成、个人支配使用、挥霍消费等,用于生产经营或者其宣传的投资项目的资金与其筹集资金规模明显不成比例,造成集资参与人损失46.98亿余元;在资金链断裂后,上诉人曹某铭明知其无法归还集资款,仍虚构旗下基金公司国外上市的信息来加大集资力度,最后携款潜逃。据此,二审法院认为,上诉人曹某铭以非法占有为目的,使用诈骗方法非法集资,数额特别巨大,其行为构成集资诈骗罪。

2. 集资诈骗罪和非法吸收公众存款罪的区分

非法吸收公众存款罪与集资诈骗罪最重要的区别在于,行为人是否具有非法占有目的。

首先,不以非法占有为目的,而仅有非法公开募集资金行为的,认定为非法吸收公众存款罪。《非法集资案件解释》第2条列举了12种非法吸收资金行为,包括:①不具有房产销售的真实内容或者不以房产销售为主要目的,以返本销售、售后包租、约定回购、销售房产份额等方式非法吸收资金的;②以转让林权并代为管护等方式非法吸收资金的;③以代种植(养殖)、租种植(养殖)、联合种植(养殖)等方式非法吸收资金的;④不具有销售商品、提供服务的真实内容或者不以销售商品、提供服务为主要目的,以商品回购、寄存代售等方式非法吸收资金的；⑤不具有发行股票、债券的真实内容，以虚假转让股权、发售虚构债券等方式非法吸收资金的；⑥不具有募集基金的真实内容，以假借境外基金、发售虚构基金等方式非法吸收资金的；⑦不具有销售保险的真实内容，以假冒保险公司、伪造保险单据等方式非法吸收资金的；⑧以网络借贷、投资入股、虚拟币交易等方式非法吸收资金的；⑨以委托理财、融资租赁等方式非法吸收资金的；⑩以提供"养老服务"、投资"养老项目"、销售"老年产品"等方式非法吸收资金的；⑪利用民间"会""社"等组织非法吸收资金的；⑫其他非法吸收资金的行为。修订后，增加了以网络借贷、虚拟货币交易、融资租赁、提供"养老服务"、投资"养老项目"、销售"老年产品"等方式非法吸收资金的情形。

其次，实施上述非法集资行为且以非法占有为目的的，应认定为集资诈骗罪。《非法集资案件解释》第7条就"非法占有目的"列举了8个判断标准，包括：①集资后不用于生产经营活动或者用于生产经营活动与筹集资金规模明显不成比例，致使集资款不能返还的；②肆意挥霍集资款，致使集资款不能返还的；③携带集资款逃匿的；④将集资款用于违法犯罪活动的；⑤抽逃、转移资金、隐匿财产，逃避返还资金的；⑥隐匿、销毁账目，或者搞假破产、假倒闭，逃避返还资金的；⑦拒不交代资金去向，逃避返还资金的；⑧其他可以认定非法占有目的的情形。集资诈骗罪中的非法占有目的，应当区分情形进行具体认定。行为人部分非法集资行为具有非法占有目的的，对该部分非法集资行为所涉集资款以集资诈骗罪定罪处罚；非法集资共同犯罪中部分行为人具有非法占有目的，其他行为人没有非法占有集资款的共同故意和行为的，对具有非法占有目的的行为人以集资诈骗罪定罪处罚。

最后，由于我国法律对"非法占有目的"没有具体的规定，司法解释也没有加以明确，司法实务普遍采用推定的原则。但在进行法律推定时，应该特别注意以下两点：第一，要考量所虚构事实的程度。并不是在案件事实中只要含有虚构的成分或者虚假的因素，就构成诈骗，而是要考察被告人虚构的是否属主要和关键的事实,是否足以直接影响被害人的判断。比如,向被害人陈述的投资事实是否与实际投资项目有出入,出入的程度如何等。第二,要注意证据的指向。虽然被告人向被害人陈述有虚假的成分或被害人对投资具体情况并不知情,但要有充分的证据证明被告人没有利用被害人所投资金进行盈利的实际行动或者根本没有具体的立项。

典型案例 5-2:"周某集资诈骗案"[①] ——网络借贷信息中介机构或其控制人,利用网络借贷平台发布虚假信息,非法建立资金池募集资金,所得资金大部分未用于生产经营活动,主要用于借新还旧和个人挥霍,无法归还所募资金数额巨大,应认定为具有非法占有目的,以集资诈骗罪追究刑事责任

法院经审理查明,2011年2月,被告人周某注册成立中宝投资公司,担任法定代表人。公司上线运营"中宝投资"网络平台,借款人(发标人)在网络平台注册、缴纳会费后,可发布各种招标信息,吸引投资人投资。投资人在网络平台注册成为会员后可参与投标,通过银行汇款、支付宝、财付通等方式将投资款汇至周某公布在网站上的8个其个人账户或第三方支付平台账户。借款人可直接从周某处取得所融资金。项目完成后,借款人返还资金,周某将收益给予投标人。

运行前期,周某通过网络平台为13个借款人提供总金额约170万余元的融资服务,因部分借款人未能还清借款造成公司亏损。此后,周某除用本人真实身份信息在公司网络平台注册2个会员外,自2011年5月至2013年12月陆续虚构34个借款人,并利用上述虚假身份自行发布大量虚假抵押标、宝石标等,以支付投资人约20%的年化收益率及额外奖励等为诱饵,向社会不特定公众募集资金。所募资金未进入公司账户,而是全部由周某个人掌控和支配。除部分用于归还投资人到期的本金及收益外,其余主要用于购买房产、高档车辆、首饰等。这些资产绝大部分登记在周某名下或供周某个人使用。2011年5月至案发,周某通过中宝

---

① 参见最高人民检察院检例第40号。

投资网络平台累计向全国1586名不特定对象非法集资共计10.3亿余元,除支付本金及收益回报6.91亿余元外,尚有3.56亿余元无法归还。案发后,公安机关从周某控制的银行账户内扣押现金1.80亿余元。

最终,法院以集资诈骗罪判处被告人周某有期徒刑15年,并处罚金人民币50万元。

3. 集资诈骗罪和组织、领导传销活动罪的区分

集资诈骗罪和《刑法》第224条之一组织、领导传销罪存在相似之处。两罪的共同点在于,均要求行为人具有非法占有目的,犯罪行为都具有欺骗性质,且都造成一定数量的被害人财产损失。两罪的区别在于,集资诈骗罪要求行为人采用的诈骗方法是通过集资方式予以实现。例如,签订委托投资合同,吸收公众资金并虚假承诺返利,建立的合同关系是行为人与投资人之间的关系。组织、领导传销活动罪则要求行为人采用的诈骗方法是传销手段,通过传销组织的运作以实现非法占有他人财物,应当具有要求会员缴纳入门费、发展下线以构建多层级、通过层级结构抽取佣金等必备要件。

关于行为人犯集资诈骗罪、非法吸收公众存款罪,同时又构成组织、领导传销活动罪的情形,《非法集资案件解释》第13条规定,通过传销手段向社会公众非法吸收资金,构成非法吸收公众存款罪或者集资诈骗罪,同时又构成组织、领导传销活动罪的,依照处罚较重的规定定罪处罚。该条规定说明,行为人符合集资诈骗罪、非法吸收公众存款罪的规定,同时符合组织、领导传销活动罪的规定,对其应当择一重罪处断。这是因为,一些非法集资组织因集资诈骗罪处罚较重,为规避法律制裁,故意通过包装成传销组织的方式,实施非法集资活动,对此应仔细辨析。

典型案例 5-3：于某军、张某、余某集资诈骗案①——以传销方式骗取财物构成集资诈骗罪

二审法院经审理查明，2012 年 9 月，上诉人于某军、张某、余某商定以虚构加盟中国远洋集团（以下简称中远集团）西南地区代理商业务的方式骗取资金，即对外宣称用所谓的个人税号形式去消化中远集团在国外的营业额，要求加盟人员最低缴纳 1 个单位即 0.48 万元的押金，最高缴纳 30 个单位即 14.4 万元的押金封顶，并另外缴纳 500 元/人用于办理税号（税号钱）；加盟人员缴纳 2 个单位押金后，可获得直接补助、间接补助、职务津贴的收益。其中，直接补助按发展下线的不同可享受缴纳押金的 20% 乃至更高的收益。发展下线后，可得间接补助，但每个人只能得自己直接下线的间接补助 1 次。如下线再发展下线可得职务津贴，但职务津贴只能得 4 次。做满 600 个单位后可得到最高收益回报，即押金的 50 倍收益。收益在 1 万元内，公司收取 10% 的税费，收益在 1 万元以上，公司收取 13% 的税费。所有加盟人员交纳的资金均直接交于某军提供的账户。由于某军假扮中远集团西南地区代理商负责人，张某假扮原万州三区八县代理商负责人，余某假扮做满 600 个单位现在已是退休并领取到 1000 多万元收益的真实例子。为了骗取更多人员加盟和逃避相关部门的打击，于某军和张某共同筹集注册资金并于 2013 年 5 月由张某负责申请注册登记成立了云阳县中烁人才中介服务有限责任公司（以下简称中烁公司），三被告人商定孙某出任该公司的法定代表人。于某军伪造了中远集团的授权委托书。至 2014 年 7 月，三被告人以成立的中烁公司为幌子，对加盟人员许诺以高额返利为诱饵，用收取加盟人员押金和税号钱的名义分别骗取 48 名被害人共计 2,141,800 元。

关于本案应定性为组织、领导传销活动罪，还是集资诈骗罪，法院认为，三上诉人以非法占有为目的，采取虚构集资用途，以虚假证明文件和高回报率为诱

---

① 参见重庆市第二中级人民法院（2015）渝二中法刑终字第 00287 号刑事裁定书。

饵的方法，向社会公众募集资金，并将骗取的集资款挥霍，致使集资款无法返还，其行为符合集资诈骗罪的构成要件。上诉人犯罪的数额特别巨大，严重扰乱了国家金融秩序，侵犯了公民的财产所有权，其行为均构成集资诈骗罪。

4. 集资诈骗共同犯罪中的员工身份和地位作用

2014年《非法集资意见》规定："为他人向社会公众非法吸收资金提供帮助，从中收取代理费、好处费、返点费、佣金、提成等费用，构成非法集资共同犯罪的，应当依法追究刑事责任。"从上述规定看，员工提取佣金是判断犯罪的重要依据，如果员工在集资过程中提取了佣金，就可能构成共同犯罪，但是员工提取佣金并不必然构成犯罪。

《最高人民检察院关于办理涉互联网金融犯罪案件有关问题座谈会纪要》规定，对于共同犯罪或单位犯罪案件中，不同层级的犯罪嫌疑人之间存在犯罪目的发生转化或者犯罪目的明显不同的，应当根据犯罪嫌疑人的犯罪目的分别认定。在共同犯罪或单位犯罪中，犯罪嫌疑人由于层级、职责分工、获取收益方式、对全部犯罪事实的知情程度等不同，其犯罪目的也存在不同。

典型案例5-4：冯某伟、柯某集资诈骗案[①]——**不同层级的被告人之间存在主观认识不同，或者犯罪目的发生转化，应当根据雇佣人员主观故意来认定刑事责任**

二审法院认为，关于上诉人柯某、陈某斯、尚某、马某华及其辩护人提出原判定性错误，应认定其行为构成非法吸收公众存款罪，而非集资诈骗罪以及原判认定其犯罪金额为223.06万元与事实不符，应以各业务员各自的业务金额来认定其犯罪金额的上诉理由及辩护意见。经查，柯某、陈某斯、尚某、马某华加入天泰公司融资团队后，对外使用虚假的身份信息，向社会上不特定多数人进行融资宣传，每日对融资所得资金进行结算、提成，其所得提成高达25%-27%（其中

[①] 参见江西省新余市中级人民法院（2017）赣05刑终52号刑事裁定书。

包含给客户的 8%-10% 返利），支付给客户高达 24% 的年息，融资团队其他人亦从融资所得资金中提成，其四人明知上述提成、返利均从融资资金中分得，亦应当知道其公司对融资资金如此进行分配后可能造成融资资金无法返还给各被害人，而对该结果持放任态度，对剩余资金是否用于生产经营在所不问，其行为符合集资诈骗罪的构成要件。柯某、陈某斯、尚某、马某华作为天泰公司融资团队的业务员，接受了融资团队的统一培训，明知其不是单独实施散发传单进行融资的行为，而是与其他人共同为天泰公司进行融资，在天泰公司组织活动时，作为公司一员也参与其中，因此其相互之间，以及与公司其他构成集资诈骗犯罪的成员之间均具有共同的意思联络，即具有共同的犯罪故意，构成共同犯罪，其所参与的犯罪亦不仅限于其个人所融资的数额。

合规指引

1. 加强合规文化培育，树立合规观念，提高合规意识

银行和金融机构需要加强从业人员思想道德、职业操守和党纪国法教育，促进内控合规管理建设，加大内部合规教育培训力度，创新教育形式，用身边人身边事开展警示教育，促进内控合规要求内化于心、外化于行，切实提升合规廉洁自律意识。

强化行业自律。各行业自律组织要加强监管政策宣讲，完善自律规范，就内控合规管理建设发出行业倡议。组织开展内控机制与信息化建设、屡查屡犯整治、员工行为管理和案例示警等专题的经验交流与培训，提升行业整体内控合规管理水平。逐步建立黑名单制度，做好与监管部门的信息共享，防止行业从业人员"带病流动"。

强化典型示范。各级监管部门要加强与行业自律组织的联合协作，及时总结推广银行保险机构在内控合规管理建设方面的好经验、好做法，发挥先进典型的引领示范作用。加强重点领域典型问题的警示通报，督促机构以案为戒、以案促改，营造浓厚的合规文化氛围。

2. 制订合规计划，建立合规保障措施，确保合规计划有效执行

推进内控合规管理建设，从发展战略和核心文化高度认识强内控、促合规的重大意义。结合日常监管掌握的机构经营情况和风险状况，有针对性地制订合规计划。

3. 设立内部监督机制，规范业务操作流程，防范内部风险

突出关键少数，狠抓重要岗位关键人员教育管理。各银行保险机构要紧盯重要岗位关键人员，严格任职履职要求，规范流程机制，形成有效的制衡和监督。强化重要岗位关键人员约束，落实好重要岗位轮换、强制休假及任职回避等监管要求，执行好绩效薪酬延期支付和追索扣回规定，建立更为严格的异常行为排查机制。对重大违规和重大风险事件建立倒查机制，对失职渎职等行为严肃追责问责。

4. 建立合规排查机制，健全合规排查方式，及时发现风险

突出常态治理，深化内控合规"管常管长"机制建设。对于银行保险行业员工非法销售不属于本单位理财产品的"飞单"等不法行为及时发现、及时制止、及时处理。强化管理制度化、制度流程化、流程信息化的内控理念，将合规要求嵌入各项业务流程中。结合业务特点、风险状况和案防情况等，开展常态化的内控检查排查和内部控制评价，切实将内控评价监督作为提升风险管理和内控有效性的重要抓手，做到防患于未然。要配备充足的、具备履行职责所需知识、技能和经验的内控合规管理人员。突出绩效考核中内控合规因素的比重和正向激励，杜绝业绩考核过于激进导致合规风险隐患。深化内控合规文化建设，开展多样化的合规教育宣导，加强案件警示教育，提升规矩意识和风险意识，夯实银行保险机构稳健合规经营的根基。

📁 监管政策和规范

集资诈骗是非法集资的主要犯罪形态之一，近年来，非法集资案件呈高发多发态势。2019年《非法集资意见》对非法集资的"非法性"认定依据、单位犯罪认定、涉案下属单位处理、主观故意认定、犯罪数额认定、管辖、涉案财物追缴、集资参与人权利保障、国家工作人员责任等内容进行了规定。其中，2019年《非法集资意见》第1条对非法集资的"非法性"认定依据作出规定，即人民法院、人民检察院、公安机关认定非法集资的"非法性"，应当以国家金融管理法律法规作为依据。对于国家金融管理法律法规仅作原则性规定的，可以根据法律规定的精神并参考中国人民银行、中国银行保险监督管理委员会、中国证券监督管理委员会等行政主管部门依照国家金融管理法律法规制定的部门规章或者国家有关金融管理的规定、办法、实施细则等规范性文件的规定予以认定。上述规定拓展了非法集资"非法性"的认定依据，除金融管理法律法规外，还将中国人民银行、银保监会、证监会等行政主管部门制定的部门规章、规范性文件也作为"非法性"的参考依据，进而使更多行为被纳入非法集资犯罪打击范围。2019年《非法集资意见》第6条规定，办理非法集资刑事案件，应当贯彻宽严相济刑事政策，依法合理把握追究刑事责任的范围，综合运用刑事手段和行政手段处置和化解风险，做到惩处少数、教育挽救大多数。要根据行为人的客观行为、主观恶性、犯罪情节及其地位、作用、层级、职务等情况，综合判断行为人的责任轻重和刑事追究的必要性，按照区别对待原则分类处理涉案人员，做到罚当其罪、罪责刑相适应。重点惩处非法集资犯罪活动的组织者、领导者和管理人员，包括单位犯罪中的上级单位（总公司、母公司）的核心层、管理层和骨干人员，下属单位（分公司、子公司）的管理层和骨干人员，以及其他发挥主要作用的人员。对于涉案人员积极配合调查、主动退赃退赔、真诚认罪悔罪的，可以依法从轻处罚；其中情节轻微的，可以免除处罚；情节显著轻微、危害不大的，不作为犯罪处理。

2021年1月26日，国务院公布《防范和处置非法集资条例》，旨在提升行政处置效能，加强重点领域监管，解决行政机关防范和处置非法集资的法律依据不足、手段不够等问题。《防范和处置非法集资条例》对非法集资进行了界定，即未经国务院金融管理部门依法许可或者违反国家金融管理规定，以许诺还本付息或者给予其他投资回报等方式，向不特定对象吸收资金的行为。该定义明确了非法集资的三要件：一是"未经国务院金融管理部门依法许可或者违反国家金融管理规定"，即非法性；二是"许诺还本付息或者给予其他投资回报"，即利诱性；三是"向不特定对象吸收资金"，即社会性。

就行政层面的处罚依据和措施而言，《银行业监督管理法》（2006年修正）第46条规定，银行业金融机构有下列情形之一，由国务院银行业监督管理机构责令改正，并处20万元以上50万元以下罚款；情节特别严重或者逾期不改正的，可以责令停业整顿或者吊销其经营许可证；构成犯罪的，依法追究刑事责任：①未经任职资格审查任命董事、高级管理人员的；②拒绝或者阻碍非现场监管或者现场检查的；③提供虚假的或者隐瞒重要事实的报表、报告等文件、资料的；④未按照规定进行信息披露的；⑤严重违反审慎经营规则的；⑥拒绝执行《银行业监督管理法》第37条规定的措施的。第48条规定，银行业金融机构违反法律、行政法规以及国家有关银行业监督管理规定的，银行业监督管理机构除依照本法第44条至第47条规定处罚外，还可以区别不同情形，采取下列措施：①责令银行业金融机构对直接负责的董事、高级管理人员和其他直接责任人员给予纪律处分；②银行业金融机构的行为尚不构成犯罪的，对直接负责的董事、高级管理人员和其他直接责任人员给予警告，处5万元以上50万元以下罚款；③取消直接负责的董事、高级管理人员一定期限直至终身的任职资格，禁止直接负责的董事、高级管理人员和其他直接责任人员一定期限直至终身从事银行业工作。《保险公司管理规定》（2015年修订）第55条规定，保险公司应当建立健全公司治理结构，加强内部管理，建立严格的内部控制制度。第69条规定，保险机构或者其从业人员违反本规定，由中国保监会依照法律、行政法规进行处罚；法律、行政法规没有规定的，由中国保监会责令改正，给予警告，对有违法所得的处以违法所得1倍以上3倍以下罚款，但最高不得超过3万元，对没有违法所得的处以1万元以下罚款；涉嫌犯罪的，依法移交司法机关追究其刑事责任。

金融机构非法集资的行政合规风险主要集中在"内部控制"领域，相应的违法事实主要体现为"未能通过有效的内部控制措施发现并纠正员工参与非法集资犯罪"，处罚依据主要涉及《银行业监督管理法》第46条的规定。根据《银行业监督管理法》第21条的规定："银行业金融机构的审慎经营规则，由法律、行政法规规定，也可以由国务院银行业监督管理机构依照法律、行政法规制定。前款规定的审慎经营规则，包括风险管理、内部控制、资本充足率、资产质量、损失准备金、风险集中、关联交易、资产流动性等内容。银行业金融机构应当严格遵守审慎经营规则。"据此，审慎经营规则包括"内部控制"，因此，"未能通过有效的内部控制措施发现并纠正员工参与非法集资犯罪"属于《银行业监督管理法》第46条第5项规定的"严重违反审慎经营规则"情形。

就处罚后果而言，违反审慎经营规则可区分"一般违反"和"严重违反"两种情形。针对"一般违反"审慎经营规则的情形，《银行业监督管理法》第37条规定："银行业金融机构违反审慎经营规则的，国务院银行业监督管理机构或者其省一级派出机构应当责令限期改正；逾期未改正的，或者其行为严重危及该银行业金融机构的稳健运行、损害存款人和其他客户合法权益的，经国务院银行业监督管理机构或者其省一级派出机构负责人批准，可以区别情形，采取下列措施：（一）责令暂停部分业务、停止批准开办新业务；（二）限制分配红利和其他收入；（三）限制资产转让；（四）责令控股股东转让股权或者限制有关股东的权利；（五）责令调整董事、高级管理人员或者限制其权利；（六）停止批准增设分支机构。银行业金融机构整改后，应当向国务院银行业监督管理机构或者其省一级派出机构提交报告。国务院银行业监督管理机构或者其省一级派出机构经验收，符合有关审慎经营规则的，应当自验收完毕之日起三日内解除对其采取的前款规定的有关措施。"相应地，针对"严重违反"审慎经营规则的情形，《银行业监督管理法》第46条规定："……由国务院银行业监督管理机构责令改正，并处二十万元以上五十万元以下罚款；情节特别严重或者逾期不改正的，可以责令停业整顿或者吊销其经营许可证；构成犯罪的，依法追究刑事责任：……（五）严重违反审慎经营规则的……"

值得注意的是，法律和规则的制定需要经过复杂的程序，具有一定的滞后性，难以前瞻性地概括所有的风险。通过审慎经营规则预防应对风险，需要金融机构在经营过程中始终保持审慎态度，防范控制新生风险，而非僵化地仅仅将规则列举的情形作为合规义务来源。

国务院公布的《防范和处置非法集资条例》自2021年5月1日起施行，同时废除了《非法金融机构和非法金融业务活动取缔办法》。《非法金融机构和非法金融业务活动取缔办法》的调整范围较《防范和处置非法集资条例》更大，具体包括：未经中国人民银行批准，擅自从事非法吸收公众存款或者变相吸收公众存款、未经依法批准，向社会不特定对象进行的非法集资、非法发放贷款、办理结算、票据贴现、资金拆借、信托投资、金融租赁、融资担保、外汇买卖等金融业务活动。非法集资只是其中一项非法金融业务。

随着法律体系不断完善，《非法金融机构和非法金融业务活动取缔办法》关于非法金融活动处置的部分内容在《商业银行法》《证券法》《保险法》《外汇管理条例》等法律、行政法规中已有较为明确的规定。例如，关于外汇买卖的审批机关，《外汇管理条例》第24条规定："金融机构经营或者终止经营结汇、售汇业务，应当经外汇管理机关批准；经营或者终止经营其他外汇业务，应当按照职责分工经外汇管理机关或者金融业监督管理机构批准。"《防范和处置非法集资条例》还对处置非法集资机制等作了相应规定，对于未经依法许可或者违反国家金融管理规定，擅自从事发放贷款、支付结算、票据贴现等金融业务活动的，由国务院金融管理部门或者地方金融管理部门按照监督管理职责分工进行处置；同时规定，法律、行政法规对其他非法金融业务活动的防范和处置没有明确规定的，参照本条例有关规定执行。《防范和处置非法集资条例》作出上述规定后，《非法金融机构和非法金融业务活动取缔办法》内容已被有关法律法规涵盖。就非法集资本身而言，《非法金融机构和非法金融业务活动取缔办法》仅针对的是央行监管下的行为，第4条第2款指出，非法吸收公众存款"是指未经中国人民银行批准，向社会不特定对象吸收资金，出具凭证，承诺在一定期限内还本付息的活动"。但是，《防范和处置非法集资条例》的范围比前者要广，不只是没有经过央行批准的集资行为，还可以是没有经过证监会、银保监会批准的集资行为；在集资行为方面，除了还本付息，还可以是投资回报等其他方式。

《防范和处置非法集资条例》作为专门调整和处置非法集资的行政法规，在《国务院关于进一步做好防范和处置非法集资工作的意见》基础上，进一步明确了防范和处置非法集资工作机制，赋予地方人民政府及其确定的牵头部门对非法集资行为的行政调查权力，解决了地方政府在查处非法集资时有责无权、依据不足、措施不够、手段匮乏等突出性问题，初步架构了职权清晰、层级分明、组织完整的行政处置非法集资的体制机制。《防范和处置非法集资条例》第5条规定："省、自治区、直辖市人民政府对本行政区域内防范和处置非法集资工作负总责，地方各级人民政府应当建立健全政府统一领导的防范和处置非法集资工作机制。县级以上地方人民政府应当明确防范和处置非法集资工作机制的牵头部门（以下简称处置非法集资牵头部门），有关部门以及国务院金融管理部门分支机构、派出机构等单位参加工作机制；乡镇人民政府应当明确牵头负责防范和处置非法集资工作的人员。上级地方人民政府应当督促、指导下级地方人民政府做好本行政区域防范和处置非法集资工作。行业主管部门、监管部门应当按照职责分工，负责本行业、领域非法集资的防范和配合处置工作。"

关于非法集资处置工作的行政与刑事衔接方面，《防范和处置非法集资条例》第 23 条规定："经调查认定属于非法集资的，处置非法集资牵头部门应当责令非法集资人、非法集资协助人立即停止有关非法活动；发现涉嫌犯罪的，应当按照规定及时将案件移送公安机关，并配合做好相关工作。行政机关对非法集资行为的调查认定，不是依法追究刑事责任的必经程序。"在法律责任层面，《防范和处置非法集资条例》以集资款和违法所得作为罚款根据。《防范和处置非法集资条例》第 30 条规定："对非法集资人，由处置非法集资牵头部门处集资金额 20% 以上 1 倍以下的罚款。非法集资人为单位的，还可以根据情节轻重责令停产停业，由有关机关依法吊销许可证、营业执照或者登记证书；对其法定代表人或者主要负责人、直接负责的主管人员和其他直接责任人员给予警告，处 50 万元以上 500 万元以下的罚款。构成犯罪的，依法追究刑事责任。"

相关监管政策和规范索引整理如下。

2014 年《非法集资意见》三

2019 年《非法集资意见》四-六

《防范和处置非法集资条例》第 8-17、21-27 条

《中国人民银行办公厅关于进一步加强对涉嫌非法集资资金交易监测预警工作的指导意见》

《非法集资监测预警模型识别点指引》

《商业银行法》第 74 条

《金融机构撤销条例》第 5-11 条

《金融违法行为处罚办法》第 9-16 条

典型案例

典型案例 5-5：中国银保监会泰州监管分局行政处罚决定书（泰银保监罚决字〔2021〕1号）

2015年以来，利安人寿保险股份有限公司泰州分公司非法集资专项排查方式单一，排查内容仅限于外勤人员是否私制非法集资印刷品、擅自发布非法集资广告资讯信息等，且主要依赖下级机构报送，相关非法集资风险防范和处置工作的宣导培训、排查处置台账缺失。

上述内部管理不到位的行为，违反了《保险公司管理规定》第55条的规定。根据《保险公司管理规定》第69条，对利安人寿保险股份有限公司泰州分公司给予警告，处1万元罚款。

第二节 贷款诈骗罪

第一百九十三条 【贷款诈骗罪】有下列情形之一，以非法占有为目的，诈骗银行或者其他金融机构的贷款，数额较大的，处五年以下有期徒刑或者拘役，并处二万元以上二十万元以下罚金；数额巨大或者有其他严重情节的，处五年以上十年以下有期徒刑，并处五万元以上五十万元以下罚金；数额特别巨大或者有其他特别严重情节的，处十年以上有期徒刑或者无期徒刑，并处五万元以上五十万元以下罚金或者没收财产：

（一）编造引进资金、项目等虚假理由的；

（二）使用虚假的经济合同的；

（三）使用虚假的证明文件的；

（四）使用虚假的产权证明作担保或者超出抵押物价值重复担保的；

（五）以其他方法诈骗贷款的。

罪名解析

1. 法条修改情况

贷款业务是我国金融活动的基础业务，金融机构发放的贷款是促进市场经济发展的重要因素。1979年《刑法》未设立贷款诈骗罪，当时涉及贷款活动的诈骗犯罪,均以诈骗罪处理。随着改革开放和市场经济发展,为有效保护金融秩序,打击涉及贷款的诈骗犯罪,全国人大常委会于1995年6月30日通过《金融犯罪决定》,其中第10条规定了贷款诈骗罪,成为规制涉及贷款业务诈骗犯罪的单行刑法。1997年《刑法》吸收了该单行刑法的规定,将贷款诈骗罪列为《刑法》第193条,作为金融诈骗罪一节的组成部分。

2. 犯罪构成要件

(1) 本罪的客体

贷款是银行或其他金融机构对借款人提供的、按约定利率和期限还本付息的货币资金。贷款诈骗罪侵犯的客体包括两个维度:一是银行或者其他金融机构对贷款的所有权;二是国家金融管理制度,更确切地说,是贷款金融业务的正常开展。

(2) 本罪的客观方面

本罪的客观方面表现为,采用虚构事实、隐瞒真相的方法骗取银行或者其他金融机构的贷款,数额较大。本罪中,所谓"虚构事实",是指编造客观上不存在的事实,以骗取银行或者其他金融机构的信任;所谓"隐瞒真相",是指有意掩盖某些存在的客观事实,使银行或者其他金融机构陷入错误认识。根据《刑法》第193条的规定,行为人使用的诈骗方法包括:

①编造引进资金、投资项目等虚假理由,骗取银行或者其他金融机构的贷款。例如,伪造某财团有巨额资金,作为优惠条件拟存入银行,进而骗取银行向其发放贷款。

②使用虚假的经济合同,骗取银行或者其他金融机构的贷款。在经济活动中,合同的重要性不言而喻。有的行为人借用虚假合同,伪造成真实交易,骗取银行贷款。例如,伪造货物出口合同,以需要垫付货款为由向银行申请贷款。

③使用虚假的证明文件,骗取银行或其他金融机构的贷款。所谓"证明文

件",是指担保函、存款证明等需要向银行或其他金融机构提交,用以申请贷款的文件,这种方式在实践中较为多见。例如,某公司通过银行内部的工作人员开出一张虚假的存款证明,向另一家银行申请贷款,致使后一家银行贷款被骗,遭受损失。

④使用虚假的产权证明作担保或者超出抵押物价值重复担保,骗取银行或者其他金融机构的贷款。所谓"产权证明",是指一切能够证明行为人对房屋等不动产或者汽车、货币、可随时兑付的票据等准不动产和财物具有所有权的文件。例如,通过伪造房屋《不动产权证书》,以此作为抵押条件骗取银行的贷款。

⑤以其他方法诈骗银行或其他金融机构贷款的。"其他方法",是指其他能够使银行和金融机构等陷入错误认识的方法和手段。无论方法如何,其手段、程度、效果都要与前几项行为方式具有相当性。例如,伪造单位公章、印鉴,以假币为抵押物等。

(3) 本罪的主体

本罪的主体是一般主体,单位不构成本罪。《金融犯罪纪要》规定,根据《刑法》第30条和第193条的规定,单位不构成贷款诈骗罪。对于单位实施的贷款诈骗行为,不能以贷款诈骗罪定罪处罚,也不能以贷款诈骗罪追究直接负责的主管人员和其他直接责任人员的刑事责任。但是,在司法实践中,对于单位以非法占有为目的,利用签订、履行借款合同诈骗银行或其他金融机构贷款,符合《刑法》第224条规定的合同诈骗罪构成要件的,应当以合同诈骗罪定罪处罚。

(4) 本罪的主观方面

本罪的主观方面是故意,且以非法占有为目的。至于行为人非法骗得贷款的动机是挥霍享受或转移隐匿等,并不影响本罪成立。如果行为人不具有非法占有目的,但在申请贷款时使用了虚构事实、隐瞒真相的手段,给银行造成损失的,如符合骗取贷款罪的构成要件,可认定为骗取贷款罪。当然,对于不需按照犯罪处理的,可由银行根据有关规定给予停止发放贷款、提前收回贷款或者加收贷款利息等方式处理。

3. 刑事责任

《立案追诉标准（二）》第 45 条规定：〔贷款诈骗案（刑法第一百九十三条）〕以非法占有为目的，诈骗银行或者其他金融机构的贷款，数额在五万元以上的，应予立案追诉。根据《刑法》第 193 条的规定，贷款诈骗，数额较大的，处 5 年以下有期徒刑或者拘役，并处 2 万元以上 20 万元以下罚金；数额巨大或者有其他严重情节的，处 5 年以上 10 年以下有期徒刑，并处 5 万元以上 50 万元以下罚金；数额特别巨大或者有其他特别严重情节的，处 10 年以上有期徒刑或者无期徒刑，并处 5 万元以上 50 万元以下罚金或者没收财产。

司法精要

1. 贷款诈骗和借贷纠纷的区分

根据《金融犯罪纪要》，对于合法取得贷款后，没有按规定的用途使用贷款，到期没有归还贷款的，不能以贷款诈骗罪定罪处罚；对于确有证据证明行为人不具有非法占有的目的，因不具备贷款的条件而采取了欺骗手段获取贷款，案发时有能力履行还贷义务，或者案发时不能归还贷款是因为意志以外的原因，如因经营不善、被骗、市场风险等，不应以贷款诈骗罪定罪处罚。

准确界分贷款诈骗罪和借贷纠纷，应当着重把握三点：第一，不能仅凭到期不归还贷款的结果推定存在贷款诈骗故意，需要审查申请贷款时的履行能力以及对不能履行是否明知。如果申请贷款时履约状况良好，风险系因市场经营波动所致，则属于一般贷款纠纷。第二，需要审查行为人获得贷款后是否将贷款用于借贷合同规定的用途。如果贷款确被用于规定项目，就不能说明行为人主观上存在诈骗贷款故意。第三，需要审查行为人在贷款到期后是否积极履行偿还义务。如仅在口头上承诺还款，实际缺少积极筹款行为，则可能结合其他证据，推定行为人存在诈骗的故意。

典型案例 5-6：郭某升被控贷款诈骗案①——**企业法定代表人在确实符合贷款条件的情况下取得贷款的，客观上不具有虚构事实或者隐藏真相，骗取银行贷款的行为；贷款用于企业生产经营的，说明其在贷款时没有非法占有的故意；且该法定代表人以企业名义申请贷款，应当认定为职务行为，而非个人行为，因此不应当认定为贷款诈骗罪**

法院认为，原审被告人郭某升身为集体所有制和其他混合所有制企业、公司的法定代表人，在行使法定代表人职权，以本公司名义向银行申请贷款的过程中，虽在财务报表中对部分数字的申报有推算和虚假成分，但不影响其代表本公司与银行签订的贷款人民币 300 万元的借款的效力，且此项贷款业务已由有关单位提供经银行确认为真实、有效的担保保证，郭某升亦最终将贷款人民币 300 万元分别以现金形式或者以所购房产用作贷款抵押等方式用于了企业经营活动，而并非用于其个人经营活动及挥霍；贷款未能如期归还，确因郭某升等人对公司、企业经营管理不善所致，但该公司始终表示将尽快归还贷款本息，且担保单位亦未拒绝承担担保责任。综上，原审被告人郭某升在向银行为本公司申请贷款人民币 300 万元的过程中，确无个人非法占有贷款的犯罪目的和犯罪故意及诈骗犯罪行为。最终，二审法院裁定驳回抗诉，维持原判。

2. 被侵害的机构是否属于金融机构

金融机构的判断依据包括：第一，被侵害机构的主营业务是不是金融业务。

---

① 参见《郭某升被控贷款诈骗案——贷款诈骗罪中的以非法占有为目的应如何把握》，载《刑事审判参考》2001 年第 3 集（总第 14 集），第 88 号案例。

第二，被侵害机构是否得到金融监督管理部门批准。例如，根据《中国银行业监督管理委员会、中国人民银行关于小额贷款公司试点的指导意见》第 2 条第 4 款的规定，申请设立小额贷款公司，应当向省级政府主管部门提出正式申请，经批准后，到当地工商行政管理部门申请办理注册登记手续并领取营业执照。据此，小额贷款公司是经银行业监督管理机关授权的省级政府主管部门批准设立的其他金融机构。第三，被侵害机构是否依法取得中国人民银行赋予的金融机构编码。每个金融机构的编码是唯一代码，有代码的则属于金融机构。

另外，小额贷公司是否属于本罪的被害对象？实际上，小额贷公司可以被作为金融机构看待，成为本罪的被害人，因为小额贷公司从事的是贷款业务，而且经过法定部门依法批准。虽然小额贷公司本身不吸收存款，但是并不是所有金融机构的放贷资金都来自存款，在判断是否属于金融机构时，不应当以是否吸收存款作为判断标准。小额贷公司虽然表现为有限责任公司、股份有限公司，但这种法人属性并不与其作为金融机构的实质相矛盾。

典型案例 5-7：宗某某贷款诈骗案①——骗取小额贷款公司贷款的行为构成贷款诈骗罪

法院经审理查明：2015 年 4 月 24 日，被告人宗某某利用伪造的位于民和县川垣新区明达小区×××××室房屋产权证（该房屋已经被抵押贷款两次且两次均为完全还本付息）作担保，在乐都区天盛小额贷款有限公司签订贷款合同，骗取该公司贷款 170,000 元，后于 2015 年 5 月 21 日及 6 月 27 日分别偿还贷款利息及罚息 3900 元、4500 元。之后，为躲避马某等××势力团伙的逼迫及躲避债务逃往海西州都兰县，剩余贷款本金及利息并未偿还。

天盛小额贷款有限公司是经青海省金融工作办公室批准设立的公司，其经营范围中包括小额贷款等业务，根据中国人民银行 2009 年发布的《金融机构编码规

---

① 参见青海省海东市乐都区人民法院（2021）青 0202 刑初 158 号刑事判决书。

范》也将小额贷款公司纳入金融机构的范围，《最高人民法院关于审理民间借贷案件适用法律若干问题的规定》也将小额贷款有限公司的贷款业务排除在调整范围之外，故应认定天盛小额贷款有限公司属于金融机构。

被告人宗某某在利用伪造的房产证明骗取其他金融机构的贷款以后，将上述款项用于偿还个人其他债务等用途，而非用于扩大生产经营，在其被迫离开民和以后，也未对上述贷款进行偿还，长达5年之久，其行为足以证实，其主观上具有非法占有的故意。

综上所述，被告人宗某某利用伪造的房产证，与其他金融机构签订合同取得贷款的行为构成贷款诈骗罪。

3. 对骗取他人担保申请贷款的行为定性

如果行为人骗取他人提供担保，并向银行贷款，无法偿付时，贷款将由担保人代为清偿。在这一过程中，因银行贷款的所有权并未受到侵害，银行权益已通过担保人的清偿得到保障，所以，银行对贷款的所有权并未受到实质性的侵害。然而，行为人在获取他人担保过程中，采取虚构事实或者隐瞒真相等手段，骗取担保人的信任并获得担保，最终因行为人自身的原因使担保人不得不依法代为清偿，行为人据此非法占有了贷款。上述行为最终侵害的是担保人的财产所有权。据此，骗取他人担保申请贷款的行为，符合《刑法》第224条合同诈骗罪的构成要件，而非贷款诈骗罪。

典型案例5-8：秦某虚报注册资本、合同诈骗案[①]——**骗取他人担保申请贷款的行为，构成合同诈骗罪**

法院认为，被告人秦某以非法占有为目的，采用虚构资金用途、隐瞒公司真

[①] 参见《秦某虚报注册资本、合同诈骗案——骗取他人担保申请贷款的是贷款诈骗还是合同诈骗》，载《刑事审判参考》2005年第4集（总第45集），第352号。

实情况、以虚假的产权证明作担保等手段，骗取东航江苏公司、中航材总公司的财产，数额特别巨大，情节特别严重，其行为已构成合同诈骗罪。起诉书指控秦某犯贷款诈骗罪的事实，经查，与指控秦某犯合同诈骗罪的事实在性质上是一致的。被告人秦某以欺骗手段获得东航江苏公司的真实担保后取得贷款，放贷银行在东航江苏公司担保的前提下放贷，并无不当，被告人秦某在上述贷款操作中的诈骗对象仍是东航江苏公司，故上述事实的性质仍为合同诈骗。起诉书指控被告人秦某犯贷款诈骗罪，定性不当，应予纠正。本案现有证据证明，被告人在没有还款能力的情况下，编造虚假理由，以借还贷、以贷还借、以借还借的事实清楚，秦某未按照约定的目的使用借、贷款，并最终不能归还借款，造成了被害单位巨大的经济损失，其诈骗故意明确。

合规指引

1. 合规要求

《金融犯罪纪要》明确指出，单位不能构成贷款诈骗罪。实践中，银行和金融机构更多是作为贷款诈骗罪的犯罪对象，因此，银行和金融机构高级管理人员、工作人员需要严格按照贷款"三查"制度要求，对贷款业务进行审慎审查，防止因审查不力导致金融机构遭受损失，进而避免自身承担行政责任。

贷款"三查"制度是指贷前调查、贷时审查和贷后检查。通过实施贷款"三查"，有利于贷款人较为全面地了解和掌握借款人经营状况以及贷款的风险情况，及时发现风险隐患，采取相应风险防范和控制措施，保障银行信贷资金安全。同时，贷款"三查"制度执行情况，也是在贷款出现风险后，对相关责任人员进行责任追究或免责的重要依据。

2. 合规风险

在银行的信贷业务中,常见的违规操作包括违规放贷、贷款"三查"不严、信用风险暴露不充分等问题。如果违反审慎经营规则,违规操作致使银行或金融机构遭受损失,责任人将被终身禁止进入银行业,或者在一定期限内乃至终身丧失金融机构高级管理人员任职资格。

3. 合规建议

第一,制定完善明晰的贷款"三查"流程图、贷款"三查"规范以及检验"三查"工作质量的标准,使贷款"三查"制度的执行有的放矢,据以检查贷款"三查"工作的落实执行情况。

第二,贷前调查注重贷款信息资料真实性管理。对借款人的有关资料进行收集、整理、归纳、分析和判断,通过行之成效的途径和方法验证借款人有关信息资料的真实性,增强贷款审查决策的有效性。同时,贷前调查应当实行双人制,即贷前调查至少要有两人一起参与,共同完成贷前调查报告,核实贷前调查信息资料的真实性。

第三,贷时审查注重风险量化预防控制管理。以风险系统方式量化每项内容对贷款风险的影响程度,论证贷款发放的风险隐患程度,根据风险度判断掌握是否同意发放贷款,选用适当的贷款方式,使贷款决策从定性分析转向定量分析,增强贷款决策的科学合理性。使审贷分离制度落实到位,严格执行;贷款审批要实行委员分工负责制,以确保贷款审查工作做深做细,增强贷款审查的准确性和公正性。

第四,贷后检查注重贷款风险生长的预警和处置管理。一是强化贷后跟踪检查制度的刚性,贷后检查的行动、内容、质量落实到位。完善贷后检查工作的薄弱环节,规范新增贷款审批权。二是及时准确反馈贷款风险生长情况的预警信息。

三是根据贷款风险预警信息,区别各种贷款风险生长节点,及时采取与之相适应的贷款风险处置途径和措施,提高贷款风险处理的及时性和有效性。四是理顺与政府、执法部门、中国人民银行之间的关系,进一步提高依法化解新增贷款风险的工作效果。

监管政策和规范

贷款诈骗罪是高发的金融诈骗犯罪之一。《金融犯罪纪要》指出,单位不能构成贷款诈骗罪。银行或金融机构本身无法成为贷款诈骗罪的主体,反而却是贷款诈骗罪的主要犯罪对象。就贷款诈骗罪而言,银行或金融机构的主要合规风险来自两个方面:一是内部风险,即银行或金融机构工作人员成为贷款诈骗罪主体,银行或金融机构未能有效内部管理防范员工违法行为。二是外部风险,即银行或金融机构对贷款审查等制度执行不力,致使其自身成为犯罪对象遭受损害。

2013年12月18日,《银行业金融机构董事(理事)和高级管理人员任职资格管理办法》正式施行,其涵盖的银行业金融机构范围由第2条规定:"本办法所称银行业金融机构(以下简称金融机构),是指在中华人民共和国境内设立的商业银行、农村合作银行、村镇银行、农村信用合作社、农村信用合作联社、外国银行分行等吸收公众存款的金融机构以及政策性银行。在中华人民共和国境内设立的金融资产管理公司、信托公司、企业集团财务公司、金融租赁公司、汽车金融公司、货币经纪公司、消费金融公司、贷款公司、农村信用合作社联合社、省(自治区)农村信用社联合社、农村资金互助社、外资金融机构驻华代表机构以及经监管机构批准设立的其他金融机构的董事(理事)和高级管理人员的任职资格管理,适用本办法。"

对于高级管理人员的界定,《银行业金融机构董事(理事)和高级管理人员任职资格管理办法》第3条第1款规定:"本办法所称高级管理人员,是指金融机构总部及分支机构管理层中对该机构经营管理、风险控制有决策权或重要影响力的各类人员。"

监管机构方面,《银行业金融机构董事(理事)和高级管理人员任职资格管理办法》第 5 条第 1 款规定:"本办法所称监管机构,是指国务院银行业监督管理机构(以下简称银监会)及其派出机构。"

在责任层面,《银行业金融机构董事(理事)和高级管理人员任职资格管理办法》与《银行业监督管理法》进行了衔接,其第 47 条规定:"金融机构违反本办法规定有下列情形之一的,监管机构可以根据《中华人民共和国银行业监督管理法》第四十六条、第四十七条及第四十八条对其进行处罚:(一)未经任职资格审查任命董事(理事)和高级管理人员的;(二)未及时对任职资格被终止人员的职务作调整的;(三)以其他职务名称任命不具有相应任职资格的人员,授权其实际履行董事(理事)和高级管理人员职权的;(四)报送虚假的任职资格申请材料或者故意隐瞒有关情况的;(五)提交的离任审计报告与事实严重不符的;(六)对于本办法规定的应当报告情形不予报告的。"

相关监管政策和规范索引整理如下。

《保险法》第 116、161 条

《保险公司管理规定》第 43、53 条

《银行业监督管理法》第 46-48 条

《银行业金融机构董事(理事)和高级管理人员任职资格管理办法》第 2、3、5、34、47 条

《中国银保会办公厅、住房和城乡建设部办公厅、中国人民银行办公厅关于防止经营用途贷款违规流入房地产领域的通知》

《中国人民银行关于进一步加强房地产信贷业务管理的通知》

《金融犯罪纪要》(三)关于金融诈骗罪第 2 条

典型案例

典型案例 5-9：中国银保监会山西监管局行政处罚（晋银保监罚决字〔2022〕19号）

中国人民健康保险股份有限公司太原中心支公司（以下简称"人保健康太原中支"）原营业部经理张某睿骗取张某林等3名客户的身份证、银行卡（及密码），在客户不知情的情况下代客户签署授权委托书，办理保单贷款，并将贷款据为己用。涉及保单5笔，保费45.27万元，贷款金额23.4万元。2020年11月26日，张某睿因贷款诈骗罪、诈骗罪被山西省太原市尖草坪区人民法院判决罪，该公司总经理杨某牛对上述行为负管理责任。

上述人保健康太原中支张某睿欺骗投保人、被保险人的行为违反了《保险法》第116条的规定，根据《保险法》第161条，对人保健康太原中支责令改正，处8万元罚款。

典型案例 5-10：宁波银保监局行政处罚（甬银保监罚决字〔2022〕25号）

中信银行股份有限公司宁波分行通过借名贷款为房地产企业融资，贷款调查审查不尽职、信贷资金违规流入房地产领域，房地产业务管理不审慎，违规办理无真实贸易背景的票据及信用证业务，违规办理自营非标业务，贷款管理不审慎，违规掩盖及处置不良资产，保险代理业务管理不规范，处以罚款人民币340万元。

第三节　票据诈骗罪、金融凭证诈骗罪

第一百九十四条　【票据诈骗罪】有下列情形之一，进行金融票据诈骗活动，数额较大的，处五年以下有期徒刑或者拘役，并处二万元以上二十万元以下罚金；数额巨大或者有其他严重情节的，处五年以上十年以下有期徒刑，并处五万元以上五十万元以下罚金；数额特别巨大或者有其他特别严重情节的，处十年以上有期徒刑或者无期徒刑，并处五万元以上五十万元以下罚金或者没收财产：

（一）明知是伪造、变造的汇票、本票、支票而使用的；

（二）明知是作废的汇票、本票、支票而使用的；

（三）冒用他人的汇票、本票、支票的；

（四）签发空头支票或者与其预留印鉴不符的支票，骗取财物的；

（五）汇票、本票的出票人签发无资金保证的汇票、本票或者在出票时作虚假记载，骗取财物的。

【金融凭证诈骗罪】使用伪造、变造的委托收款凭证、汇款凭证、银行存单等其他银行结算凭证的，依照前款的规定处罚。

罪名解析

1. 法条修改情况

1979年《刑法》并未将利用票据和其他银行结算凭证进行诈骗的行为规定为

犯罪，当时只有第 123 条规定了伪造有价证券罪。1995 年 6 月，全国人大常委会通过《关于惩治破坏金融秩序犯罪的决定》。根据该决定第 12 条第 1 款，进行金融票据诈骗活动的行为作为犯罪处理；第 12 条第 2 款规定，使用伪造、变造的委托收款凭证、汇款凭证、银行存单等其他银行结算凭证的，依照前款的规定处罚。1996 年 12 月，最高人民法院发布的《关于审理诈骗案件具体应用法律的若干问题的解释》第 5 条第 1 款规定，利用金融票据进行诈骗活动的，数额较大的，构成票据诈骗罪。1997 年《刑法》第 194 条规定了票据诈骗罪和金融凭证诈骗罪，同时，第 199 条①规定了此类犯罪的加重法定刑幅度，"数额特别巨大并且给国家和人民利益造成特别重大损失的，处无期徒刑或者死刑，并处没收财产。"2001 年 4 月，最高人民检察院、公安部发布了《关于经济犯罪案件追诉标准的规定》，规定票据诈骗罪和金融凭证诈骗罪的个人犯罪追诉标准为 5000 元。2010 年最高人民检察院、公安部印发《立案追诉标准（二）》，将个人票据诈骗及金融凭证诈骗数额较大的追诉标准提升至 1 万元。2011 年，《刑法修正案（八）》废除了票据诈骗罪和金融凭证诈骗罪的死刑。2022 年 5 月起施行的《立案追诉标准（二）》第 46 条〔票据诈骗案（刑法第 194 条第 1 款）〕规定，进行金融票据诈骗活动，数额在 5 万元以上的，应予立案追诉。

2. 犯罪构成要件

（1）本罪的客体

票据诈骗罪和金融凭证诈骗罪的客体相同，均为双重客体：一是公私财产所有权，二是国家对金融票据业务管理制度。

（2）本罪的客观方面

票据诈骗罪的客观方面表现为，利用金融票据进行诈骗活动，数额较大的行

---

① 此条被《刑法修正案（九）》删去。

为。具体包含以下 5 种行为：

①明知是伪造、变造的汇票、本票、支票而使用。该情形的前提在于行为人对伪造、变造的汇票、本票、支票存在明知，且行为人以该伪造、变造的金融票据冒充真票据，骗取他人财物。其中，"伪造"既包括对票据的非法制造，也包括对票据的非法填制。非法填制在实践中较为常见，是指行为人假冒他人名义在票据上非法填写内容。"变造"是指在真实票据的基础上变造除签章以外的其他票据记载事项，擅自改变票据文义。

②明知是作废的汇票、本票、支票而使用。该情形是指利用已经作废的汇票、本票、支票进行诈骗。"作废"的票据，是指根据法律和有关规定不能使用的票据，包括过期的、无效的和被依法宣布为作废的票据。与第一种情形相同，这一情形要求行为人对票据的情况存在"明知"，即明知是已经作废的票据。

③冒用他人的汇票、本票、支票。该情形是指擅自以合法持票人的名义，支配、使用、转让自己不具备支配权的他人的汇票、本票、支票，进行诈骗。"冒用"通常表现为：一是以非法手段获取的票据，如通过欺诈、偷盗或者胁迫等手段取得的票据；二是无代理权，而以代理人名义或超越代理权限；三是利用他人委托代为保管或捡拾他人遗失的票据而使用。

④签发空头支票或者与其预留印鉴不符的支票，骗取财物。"空头支票"是指，出票人签发的支票金额超过其付款时在付款人处实有的存款金额的支票。"签发与其预留印鉴不符的支票"是指，票据签发人在其签发的支票上加盖的与其预留于银行或者其他金融机构处的印鉴不一致的财务公章或者支票签发人的名章。"与其预留印鉴不符"既可以是与其预留的某一个印鉴不符，也可以是与所有预留印鉴不符。与前述 3 个情形相比，该项增加了"骗取财物"，即对具有前述行为且骗取财物的才予以入罪，排除仅有行为而非骗取财物的情况。

⑤汇票、本票的出票人签发无资金保证的汇票、本票或者在出票时作虚假记载，骗取财物。汇票、本票的出票人是票据的当事人之一，其责任是依法定方式

制作汇票、本票并在票据上签章,并交付汇票、本票。出票人签发汇票、本票时须有资金保证,即出票人承兑票据所具有的支付能力。与第 4 项情形相同的是,该项增加了"骗取财物",从而排除不具有骗取财物故意的签发行为客观归罪。

金融凭证诈骗罪的客观方面表现为,使用伪造、变造的委托收款凭证、汇款凭证、银行存单等其他银行结算凭证的行为。根据对象不同,具体包括:①使用伪造、变造的委托收款凭证进行诈骗。委托收款,是指收款人委托银行向付款人收取款项的结算方式。行为人利用伪造、变造的委托收款凭证进行诈骗,非法取得他人财物,构成金融凭证诈骗罪。

②使用伪造、变造的汇款凭证进行诈骗。汇兑属于银行结算方式之一,是指汇款人委托银行将款项汇至其他收款人账户。行为人使用伪造、变造的汇款凭证实施诈骗,构成金融凭证诈骗罪。

③使用伪造、变造的银行存单进行诈骗。银行存单是储户向银行交存资金的财产证明,能够说明储户向银行交存了款项,上载户名、账号、存款金额、到期日、利率等。伪造银行存单实施诈骗犯罪,构成金融凭证诈骗罪。

④使用伪造、变造的其他银行结算凭证进行诈骗。

(3) 本罪的主体

这两个罪名的主体均为一般主体。另外,单位构成本罪的,可对直接负责的主管人员和其他直接责任人员进行处罚。

(4) 本罪的主观方面

这两个罪名的主观方面都是直接故意,并要求具有非法占有目的。如果行为人出于过失而使用上述金融票据或金融凭证,不构成上述两个罪名。例如,不知是伪造、变造或作废的金融票据,误签空头支票,对票据事项因过失而记载错误,不构成票据诈骗罪。

3. 刑事责任

依照《刑法》第 194 条第 2 款规定，犯金融凭证诈骗罪的，依照票据诈骗罪处罚，即进行金融凭证诈骗活动，数额较大的，处 5 年以下有期徒刑或者拘役，并处 2 万元以上 20 万元以下罚金；数额巨大或者有其他严重情节的，处 5 年以上 10 年以下有期徒刑，并处 5 万元以上 50 万元以下罚金；数额特别巨大或者有其他特别严重情节的，处 10 年以上有期徒刑或者无期徒刑，并处 5 万元以上 50 万元以下罚金或者没收财产。

根据 2022 年《立案追诉标准（二）》第 46 条的规定，进行金融票据诈骗活动，数额在 5 万元以上的，应予立案追诉。同时其第 47 条规定，使用伪造、变造的委托收款凭证、汇款凭证、银行存单等其他银行结算凭证进行诈骗活动，数额在 5 万元以上的，应予立案追诉。

上述两个罪名均存在单位犯罪。根据《刑法》第 200 条的规定，单位犯本节第 194 条、第 195 条规定之罪的，对单位判处罚金，并对其直接负责的主管人员和其他直接责任人员，处 5 年以下有期徒刑或者拘役，可以并处罚金；数额巨大或者有其他严重情节的，处 5 年以上 10 年以下有期徒刑，并处罚金；数额特别巨大或者有其他特别严重情节的，处 10 年以上有期徒刑或者无期徒刑，并处罚金。

司法精要

1. 票据诈骗罪中使用伪造、变造和作废票据行为的内容

在票据诈骗罪的 5 种行为方式中，前两种要求行为人对伪造、变造、作废的票据予以使用。构成票据诈骗罪的前两种行为方式是：（1）明知是伪造、变造的汇票、本票、支票而使用；（2）明知是作废的汇票、本票、支票而使用。相反，明知票据系伪造、变造、作废但不使用，并不构成本罪。

本罪中的"使用"，是指以获取经济性利益为目的，采用兑现、转让、设立质押、贴现等企图实现非法票据"价值"的行为。其中，基于"以获取经济性利益为目的"的要求，可以将单纯赠与、为炫耀而出示、为应付财务检查将伪造的汇票作为经营收入凭证等未获得经济性利益的行为排除在外。同时，"企图实现非法票据价值"的涵括范围较广，例如行为人居间倒卖伪造、变造的票据，虽然不是票据法意义上的使用，但行为人以获得经济性利益为目的，采用居间倒卖的方式企图实现非法票据的"价值"，也构成使用伪造、变造的票据犯罪。

典型案例 5-11：王某华、刘某等诈骗票据案[①]——使用伪造的汇票诈骗他人钱财，以票据诈骗罪论处

二审法院经审理查明：2015 年年初，上诉人王某华、刘某商定利用假银行承兑汇票实施诈骗，由王某华提供资金，刘某负责制作假承兑汇票和出票交易，并约请上诉人宋某介绍客户和提供汇票信息，违法所得由 3 人分成。为实施诈骗，王某华提供资金、租房子、安排车辆、准备作案时使用的假身份证件、银行卡、手机、手机卡等物，并召集上诉人刘某浩帮忙。刘某用王某华提供的假身份信息先后注册了"沧州茂伟辉商贸有限公司""沧州百人商贸有限公司"等公司，开立作案所用账户，并召集原审被告人王某飞在与被害单位会面交易、实施诈骗时负责驾车。由上诉人宋某介绍和提供汇票信息，王某华与刘某 2 人由刘某出面，与北京市恒心联纸浆技术有限公司做真银行承兑汇票交易取得信任后，刘某联系伪造了面额共计 400 万元的银行承兑汇票 3 张。2015 年 5 月 7 日，刘某用"刘某伟"的化名与北京市恒心联纸浆技术有限公司负责人取得联系，王某飞驾车拉载刘某前往廊坊市广阳区体育馆附近，刘某下车，用伪造的银行承兑汇票与恒心联公司的代表进行了交易。在收到北京市恒心联公司 389.6 万元转账款之后，上诉

---

① 参见河北省高级人民法院（2019）冀刑终 108 号刑事判决书。

人王某华迅即将该笔款项转往地下钱庄洗钱后隐匿。宋某收到王某华所给赃款15万元。上诉人王某华联系北京国信宏源有限公司并出资购买银行承兑汇票，由刘某出面于2015年7月用真票与对方交易三次，取得信任。刘某浩化名"王某达"参与其中一次交易。后王某华出资购买面额共计922.7745万元银行承兑汇票，刘某联系伪造了其中的7张汇票。2015年8月7日，刘某携带8张真票和7张假票，与刘某浩、宋某（在逃）驾乘奥迪轿车到廊坊市开发区。同时，王某华乘坐王某飞所驾奔驰轿车到廊坊等候。刘某化名"张某"，刘某浩化名"王某达"，在八马茶庄先以8张真票与北京国信宏源公司代表进行交易。其间，在接到王某华关于汇票转让款（共计8,978,336元）已经到账的通知后，刘某乘对方不备，将7张假票与8张真票调包，并编造谎言与刘某浩离开，同宋某驾乘奥迪轿车赶往与武清区的交界，将奥迪轿车留在路边，换乘事前留在此处的宝马轿车。王某飞受王某华指使，将奥迪轿车开走。王某华驾驶奔驰轿车与刘某、刘某浩、宋某汇合后，在武清区涛出面将8张真票以9,018,165.20元转让贴现。王某华将所骗款和真票贴现款于当日下午至次日0时12分许通过地下钱庄洗钱后隐匿。被骗单位经办、代办人员张某1和陈某1一致证明，涉案汇票系北京国信宏源有限公司（出资255.6536万元）和信辉金融公司（出资642.18万元）合资购买。

二审法院认为，上诉人王某华、刘某以非法占有为目的，相互配合，联系他人伪造汇票，使用伪造的汇票诈骗他人钱财，数额特别巨大，侵犯了公私财产的所有权和国家对金融票据的管理制度，其行为均已构成票据诈骗罪。在票据诈骗犯罪中，王某华和刘某均系主犯，王某华罪责相对最重；刘某浩和宋某起次要作用，王某飞起辅助作用，均系从犯，可以减轻处罚。

2. 不以骗取财物为目的签发空头支票行为的认定

实践中，签发空头支票的情况时有发生。票据诈骗罪属于诈骗类犯罪的特殊罪名，其成立要求行为人具有非法占有的目的。如果签发空头支票不是为了非法占有他人财物,而是为了延缓债务的履行或者其他目的,就不构成本罪。

典型案例 5-12:某被告单位、李某票据诈骗罪①——没有非法占有目的开具空头支票,不认定为票据诈骗罪

法院经审理查明,2008 年 8 月 5 日,大城县马六郎荣学有色金属加工厂(以下简称荣学金属加工厂)与天泽公司签订购销协议,协议约定:天泽公司自荣学金属加工厂购进光亮铜米,天泽公司自荣学金属加工厂提货,货到天泽公司场内 5 日后,天泽公司以转账支票支付给荣学金属加工厂货款。此后,天泽公司多次自荣学金属加工厂购进铜米,部分货款未支付,天泽公司给荣学金属加工厂开具了空头支票。被告人李某在上述购销过程中,系天泽公司直接负责的主管人员。2008 年 10 月,荣学金属加工厂名称变更为金傲金属制品厂,崔某系荣学金属加工厂和金傲金属制品厂的法定代表人。2009 年 4 月 13 日,崔某向公安机关报案,2009 年 9 月 10 日,公安机关决定对李某涉嫌票据诈骗案立案侦查。

关于天泽公司给荣学金属加工厂开具空头支票情节,经查:被告人李某辩解,天泽公司在提走荣学金属加工厂货物后,其应崔某要求给荣学金属加工厂开具了空头支票,崔某要空头支票的目的之一是证明天泽公司欠荣学金属加工厂相应货款。其与崔某讲好天泽公司账户上当时没钱,等天泽公司自银行贷出款,再通知崔某去银行存上述支票;崔某向公安机关报案时的陈述与上述李某辩解主要情节一致,但此后及庭审时的陈述改变,称当时不知是空头支票;证人王某甲(天泽公司业务员)的相应证言能印证李某供述的情节。购销协议约定,货到天泽公司场内 5 日后,天泽公司以转账支票支付给荣学金属加工厂货款。

法院认为,现有证据不足以证实:(1)天泽公司具有非法占有金傲金属制品厂(荣学金属加工厂)货物的目的;(2)天泽公司采用虚构事实或隐瞒事实真相的手段骗得金傲金属制品厂(荣学金属加工厂)财物。故公诉机关指控被告单位

---

① 参见河北省大城县人民法院(2013)大刑初字第 80 号刑事判决书。

天泽公司及被告人李某的行为构成票据诈骗罪,证据不足,指控的犯罪不能成立,据现有证据,不能认定上述被告单位及被告人有罪。

法院判决:(1)被告单位某无罪;(2)被告人李某无罪。

3. 金融凭证诈骗罪中"银行结算凭证"的认定

实践中,银行结算凭证也被称为"票证",具体范围应当结合其功能和中国人民银行的有关规定予以认定。2003年《中国人民银行关于规范支付结算业务用章和银行结算凭证使用的通知》规定:"银行结算凭证是办理支付结算的工具,是银行、单位和个人凭以记载账务的会计凭证,是记载经济业务和明确经济责任的一种书面证明。银行办理支付结算业务,必须按照《票据法》、《票据管理实施办法》和《支付结算法》的要求,使用统一规定的银行票据结算凭证和支付结算业务用章。"据此,关于银行结算凭证的认定,应做到记账形式和结算功能的统一。2008年7月《公安部经济犯罪侦查局关于银行进账单、支票存根联、支付系统专用凭证、转账贷方传票是否属于银行结算凭证的批复》指出:"经研究,并征求人民银行意见,银行进账单、支付系统专用凭证、转账贷方传票属于银行结算凭证,而支票存根联是出票人自行留存、用于核对账务的内部凭证,不属于银行结算凭证。"

另外,根据《电子支付指引(第一号)》(中国人民银行公告〔2005〕23号)第5条、第19条规定,电子支付指令与纸质支付凭证具有同等效力,但是,网上银行电子回单(包括纸质形式)作为银行对电子支付指令进行确认后,向客户提供的用以证明银行受理相关业务的单证,并非办理支付结算业务和资金划转的依据,也不能证明有关的货币给付或资金清算已经完成。据此,网上银行电子回单(包括纸质形式)既不属于结算凭证,也不属于金融票证。

典型案例 5-13：张某海等人贷款诈骗、金融凭证诈骗案①——网上银行企业客户账户查询、转账授权书属于金融凭证，行为人伪造企业网上银行转账授权书骗取资金的行为，构成金融凭证诈骗罪

法院经审理查明，2004年6月，被告人张某海、贺某安、胡某华通过被告人陈某以付高息为诱饵，诱使西安大信公司将200万元资金存入指定的西安市商业银行盐店街支行，后由被告人白某做内线，将大信公司的开户资料及预留印鉴的印模抽出复印，交给张某海及贺某安伪造相关资料和印章，再由白某对伪造的印章进行修改后，由张某海为被告人陈某提供伪造的大信公司介绍信、委托书、存款单等，由陈某出面以大信公司员工的名义将大信公司的200万元存款证实书变更为定期存款，再由张某海、陈某、陈某等人冒充大信公司法定代表人、工作人员，胡某华以华美公司会计的名义，持假资料、印鉴，虚拟借款、质押协议，将大信公司资金200万元作质押、以华美公司名义在西安市商业银行钟楼支行贷款190万元，将贷款中的184万元分别转入胡某华、陈某、陈某等人控制的银行账户提现。张某海、胡某华、陈某、白某、陈某将赃款瓜分。案发后，白某退回侦查机关10万元。

2004年10月，被告人张某海与被告人陈某商定，以帮朋友拉存款为名，引诱陕西人达公司将资金存入工商银行西影路分理处账户，后张某海指使华博公司办公室主任晏某到工商银行互助路支行开立一般账户并办理工商银行网上客户服务中心开户手续，并在工商银行西影路分理处开立一般账户，而后让陈某私刻一枚"工商银行西影路分理处"公章，张某海操纵制作了虚假的《中国工商银行网上银行企业客户账户查询、转账授权书》、客户证书档案信息资料、需增加的分支机构档案信息资料，将上述资料交给刘某，刘某与工行电子结算中心市场部任

---

① 参见《张某海等人贷款诈骗、金融凭证诈骗案——伪造企业网上银行转账授权书骗取资金的行为如何定罪处罚》，载《刑事审判参考》2007年第1集（总第54集），第424号案例。

经理的但某国共同完善以上资料后，违规为张某海办理了"网上银行下挂账户手续"，将人达公司设立在工行西影路分理处的账户下挂到华博公司设立在工行互助路支行账户名下，使张某海可对人达公司账户任意进行转账支配。当人达公司资金500万元到账后，张某海便指使晏某同陈某、刘某在银行人员的帮助下解锁，并将人达公司账户500万元中的280万余元转入华博公司工行互助路支行账户。胡某华与晏某在张某海的授意下，于2004年10月25日将其中235万元转入中行西影路支行华博公司账户，48万元转入天海公司账户。后胡某华与陈某将48万元全部提现，胡某华留了2万元的张某海原借款，将46万元给陈某。破案后从陈某处追回赃款28万元，从张某海处追回赃款217.59万余元，共计245.59万余元现已发还受骗单位。

法院认为，被告人张某海、胡某华、白某、陈某、陈某以非法占有为目的，采取拉存企业款项、伪造存款企业资料、印鉴并改变企业存款方式，冒充存款企业虚构质押贷款的手段和方法骗取银行款项，其行为分别构成贷款诈骗罪；张某海又伙同陈某、胡某华采取拉存企业款项，办理网上银行业务，私刻存款企业、银行印鉴，伪造存款企业网上银行转账授权书的手段，骗取银行资金，其行为又分别构成金融凭证诈骗罪，应数罪并罚，上述被告人贷款诈骗、金融凭证诈骗数额特别巨大，且有200余万元资金未被追回，依法均应予以惩处。

合规指引

1. 合规要求

2016年4月30日，中国人民银行、原中国银行业监督管理委员会下发《关于加强票据业务监管促进票据市场健康发展的通知》，对票据业务合规要求作出了规定，可以作为票据业务合规的参考。

2. 合规风险

银行和金融机构的合规风险主要集中于审慎经营规则，其中内部控制和票据贸易背景的审核尤为重要。《银行业监督管理法》第 46 条规定："银行业金融机构有下列情形之一，由国务院银行业监督管理机构责令改正，并处二十万元以上五十万元以下罚款；情节特别严重或者逾期不改正的，可以责令停业整顿或者吊销其经营许可证；构成犯罪的，依法追究刑事责任；……严重违反审慎经营规则的……"该法第 48 条规定："银行业金融机构违反法律、行政法规以及国家有关银行业监督管理规定的，银行业监督管理机构除依照本法第四十四条至第四十七条规定处罚外，还可以区别不同情形，采取下列措施：（一）责令银行业金融机构对直接负责的董事、高级管理人员和其他直接责任人员给予纪律处分；（二）银行业金融机构的行为尚不构成犯罪的，对直接负责的董事、高级管理人员和其他直接责任人员给予警告，处五万元以上五十万元以下罚款；（三）取消直接负责的董事、高级管理人员一定期限直至终身的任职资格，禁止直接负责的董事、高级管理人员和其他直接责任人员一定期限直至终身从事银行业工作。"

3. 合规建议

第一，结合票据业务的相关重大风险，有针对性地加强内控合规管理。深入挖掘业务问题背后的内控合规缺陷，明确风险控制点、控制要求和应对措施，完善激励机制设计。

第二，突出关键少数，狠抓重要岗位关键人员教育管理。银行和金融机构要紧盯重要岗位关键人员，严格任职履职要求，规范流程机制，形成有效的制衡和监督。强化重要岗位关键人员约束，落实好重要岗位轮换、强制休假及任职回避等监管要求，执行好绩效薪酬延期支付和追索扣回规定，建立更为严格的异常行为排查机制。对重大违规和重大风险事件建立倒查机制，对失职渎职等行为严肃追责问责。推进清廉文化建设,加强内控、风险、审计、财会、巡视与纪检监察之间的信息共享和贯通合作,严查金融风险背后的腐败问题,对从业人员腐败行为零容忍,管住人、看住钱、筑牢制度的防火墙。

第三,突出常态治理,深化内控合规"管常管长"机制建设。银行和金融机构要强化管理制度化、制度流程化、流程信息化的内控理念,将合规要求嵌入各项业务流程中。结合业务特点、风险状况和案防情况等,开展常态化的内控检查排查和内部控制评价,切实将内控评价监督作为提升风险管理和内控有效性的重要抓手,做到防患于未然。要配备充足的、具备履行职责所需知识、技能和经验的内控合规管理人员。突出绩效考核中内控合规因素的比重和正向激励,杜绝业绩考核过于激进导致合规风险隐患。深化内控合规文化建设,开展多样化的合规教育宣导,加强案件警示教育,提升规矩意识和风险意识,夯实银行保险机构稳健合规经营的根基。

第四,细化内部问责标准与流程体系。要按照教育和惩戒并重、尽职免责和违规追责并举的原则,区别违规行为的性质、情节、影响和损失情况,建立全面系统、科学精准、及时高效的问责体系,规范问责标准、程序和要求,确保责任落实到人。

监管政策和规范

商业票据是上下游企业之间一种常见的支付结算工具,市场上最主要的两类商业票据是由银行承诺兑付的银行承兑汇票和由企业承诺兑付的商业承兑汇票。除支付结算功能外,商业票据还可进行贴现、转贴现,因此被视为解决企业资金周转与融资问题的重要工具。与其他形式的应收账款相比,商业汇票具有凭证法定、账期固定、市场认可度及流动性较高等优势,在优化企业应收账款结构、提高应收账款流转与融资等方面具有重要作用。但在实践中,商业承兑汇票是以商业信用为支持，而非银行信用，加上真实性校验难度相对较大，导致其流动性和融资便利性程度较低，未能充分发挥应有的作用。

在汇票业务中，对交易背景的审查、承兑贴现资质的监管以及相关信息披露管理，是行政层面合规的核心义务。2021年8月1日施行的中国人民银行公告〔2020〕第19号——《关于规范商业承兑汇票信息披露的公告》，对商业承兑汇票信息披露作出了详细规定。

《最高人民法院关于审理票据纠纷案件若干问题的规定》（2020年修正）第66条规定："依照票据法第十四条、第一百零二条、第一百零三条的规定，伪造、变造票据者除应当依法承担刑事、行政责任外，给他人造成损失的，还应当承担民事赔偿责任。被伪造签章者不承担票据责任。"《票据法》第14条规定："票据上的记载事项应当真实，不得伪造、变造。伪造、变造票据上的签章和其他记载事项的，应当承担法律责任。票据上有伪造、变造的签章的，不影响票据上其他真实签章的效力。票据上其他记载事项被变造的，在变造之前签章的人，对原记载事项负责；在变造之后签章的人，对变造之后的记载事项负责；不能辨别是在票据被变造之前或者之后签章的，视同在变造之前签章。"《票据法》第102条对票据欺诈行为的刑事责任作出了明确规定："有下列票据欺诈行为之一的，依法追究刑事责任：（一）伪造、变造票据的；（二）故意使用伪造、变造的票据的；（三）签发空头支票或者故意签发与其预留的本名签名式样或者印鉴不符的支票，骗取财物的；（四）签发无可靠资金来源的汇票、本票，骗取资金的；（五）汇票、本票的出票人在出票时作虚假记载，骗取财物的；（六）冒用他人的票据，或者故意使用过期或者作废的票据，骗取财物的；（七）付款人同出票人、持票人恶意串通，实施前六项所列行为之一的。"第103条对票据欺诈行为的行政责任作出了明确规定："有前条所列行为之一，情节轻微，不构成犯罪的，依照国家有关规定给予行政处罚。"

《票据法》第104条就金融机构工作人员票据业务中玩忽职守的法律责任作

出了规定:"金融机构工作人员在票据业务中玩忽职守,对违反本法规定的票据予以承兑、付款或者保证的,给予处分;造成重大损失,构成犯罪的,依法追究刑事责任。由于金融机构工作人员因前款行为给当事人造成损失的,由该金融机构和直接责任人员依法承担赔偿责任。"《最高人民法院关于审理票据纠纷案件若干问题的规定》(2020年修正)第74条规定:"依据票据法第一百零四条的规定,由于金融机构工作人员在票据业务中玩忽职守,对违反票据法规定的票据予以承兑、付款、贴现或者保证,给当事人造成损失的,由该金融机构与直接责任人员依法承担连带责任。"

关于银行和金融机构所涉票据业务的行政处罚,除未尽审慎经营义务,未能通过内部控制制止员工实施票据犯罪等情形外,另一合规风险源于票据业务审查不尽职,票据业务贸易背景审查不严。从属性上看,银行承兑汇票业务是指商业银行接受承兑申请人的付款委托,承诺在汇票到期日对收款人或持票人无条件支付汇票金额的票据行为。贸易背景真实性是办理银行承兑汇票业务的基本要求,也是合规经营的基础。银行承兑汇票业务的贸易背景不真实,将会导致银行信贷规模虚增,尤其是当企业资金链断裂时,银行方面的风险敞口增加,随着风险不断暴露,一旦处理不当将会给商业银行带来巨大的经济损失。因此,加强贸易背景真实性审查,让银行承兑汇票业务建立在真实贸易背景基础之上,既是内外部监管政策的要求,也是防范票据风险的重要措施。

《票据法》及相关监管规范均对票据业务贸易背景的真实性提出了要求。例如,《票据法》第10条规定:"票据的签发、取得和转让,应当遵循诚实信用的原则,具有真实的交易关系和债权债务关系。票据的取得,必须给付对价,即应当给付票据双方当事人认可的相对应的代价。"

原银监会发布的《商业银行授信工作尽职指引》附录对主要授信种类的风险提示作出了规定:"(一)票据承兑是否对真实贸易背景进行核实;是否取得或核实税收证明等相关文件;是否严格按要求履行了票据承兑的相关程序。(二)贴现票据是否符合票据法规定的形式和实质要件；是否对真实贸易背景及相关证明文件进行核实；是否对贴现票据信用状况进行评估；是否对客户有无背书及付款人的承兑予以查实。"《商业银行表外业务风险管理指引》第11条规定："商业银行经营担保类和承诺类业务，应当对交易背景的真实性进行审核。真实交易是指真实的贸易、借贷和履约及投标等行为。"《关于银行承兑汇票业务案件风险提示的通知》第2条规定："加强对承兑申请人和贴现申请人的资信调查，实现风险关口前移。银行业金融机构要坚决按照'了解你的客户'、'了解你客户的业务'的原则，加强客户授信调查工作，严格审核票据申请人资格、贸易背景的真实性及背书流转过程合理性，严防持票人恶意串通套取银行信用。"《关于加强银行承兑汇票业务监管的通知》第1条规定："银行业金融机构要高度重视银行承兑汇票业务风险，认真落实有关监管要求。要加强客户授信调查，严格审查票据申请人资格、贸易背景真实性及背书流转过程合理性。要加强票据业务保证金、贴现资金划付和使用、查验和查询查复、重要空白凭证和业务印章等关键环节的管理。要完善业务流程，强化制度执行，切实防范票据业务风险。"《关于票据业务风险提示的通知》第2条第1项规定："高度重视票据业务风险，认真落实监管要求。银行业金融机构要将'低风险'业务全口径纳入统一授信范围，认真履行尽职调查、审核、审批职责。要全面加强票据业务风险管理，不得办理无真实贸易背景的票据业务。对已办理票据承兑、贴现的发票、单据等凭证，经办行应在原件正面注明承兑（贴现）的银行名称、日期、金额等相关信息，防止虚假交易及发票重复使用。各法人银行业金融机构要切实落实同业专营和治理要求，严格按照业务权限、交易对手准入清单和同业授信额度开展同业票据业务。"《关于加强票据业务监管促进票据市场健康发展的通知》第3条第1项规定："严格贸易背景真实性审查。银行应加强对相关交易合同、增值税发票或普通发票的真实性审查，并可增验运输单据、出入库单据等，确保相关票据反映的交易内容与企业经营范围、真实经营状况，以及相关单据内容的一致性。通过对已承兑、贴现商业汇票所附发票、单据等凭证原件正面加注的方式，防范虚假交易或相关资料的重复使用。严禁为票据业务量与其实际经营情况明显不符的企业办理承兑和贴现业务。"

相关监管政策和规范索引整理如下。

《票据法》第 14、102-104 条

《银行业监督管理法》第 46、48 条

《关于加强票据业务监管促进票据市场健康发展的通知》

《商业银行授信工作尽职指引》

《关于规范商业承兑汇票信息披露的公告》

第四节 信用证诈骗罪

第一百九十五条 【信用证诈骗罪】有下列情形之一,进行信用证诈骗活动的,处五年以下有期徒刑或者拘役,并处二万元以上二十万元以下罚金;数额巨大或者有其他严重情节的,处五年以上十年以下有期徒刑,并处五万元以上五十万元以下罚金;数额特别巨大或者有其他特别严重情节的,处十年以上有期徒刑或者无期徒刑,并处五万元以上五十万元以下罚金或者没收财产:

(一)使用伪造、变造的信用证或者附随的单据、文件的;

(二)使用作废的信用证的;

(三)骗取信用证的;

(四)以其他方法进行信用证诈骗活动的。

罪名解析

1. 法条修改情况

1995年6月30日全国人大常委会通过《金融犯罪决定》,将信用证诈骗犯罪规定为独立的罪名。1997年《刑法》第195条吸收了《金融犯罪决定》的内容,增设信用证诈骗罪。同时，《刑法》第199条①规定，犯信用证诈骗罪"数额特别巨大并给国家和人民利益造成特别重大损失的"，判处死刑；第200条规定，信用证诈骗罪可由单位构成。2011年，为进一步减少死刑在经济犯罪中的适用，《刑法修正案（八）》取消了信用证诈骗罪的死刑规定。

2. 犯罪构成要件

（1）本罪的客体

本罪侵犯的是双重客体，即国家信用证管理制度和公私财产所有权。行为人利用信用证实施诈骗行为，不仅危害信用证制度，妨害信用证在经济活动中的应用和信赖，而且会造成银行、支付机构和个人的财产损失。

（2）本罪的客观方面

信用证诈骗罪与诈骗罪之间是特别法与一般法进行规制的关系。本罪是行为人利用信用证实施诈骗犯罪，主要包括四种行为：

第一，使用伪造、变造的信用证或者附随的单据、文件，进行诈骗活动。实践中，行为人使用自己伪造、变造的信用证或者附随的单据、文件，对这一情况显然明知；但对于使用他人伪造、变造的信用证或者附随的单据、文件的情形，由于行为人存在不知情的可能，所以需要证明行为人对信用证、附随的单据、文件系伪造、变造的事实具有主观上的明知。"伪造"可分为两个层面：一是载体和内容均系伪造，二是仅针对内容进行伪造。"变造"则是指对于原始真实的信用证或者单据、文件，经挖补、涂改、剪贴等方法改变记载的内容。

第二，使用作废的信用证，进行诈骗活动。作废的信用证，是指过期的信用证、使用过的信用证、被撤销的信用证、法院发出止付令的信用证等，究其实质，此类信用证已不具有信用证的功能。并且行为人在实施使用行为时，明知信用证

---

① 该条已被《刑法修正案（九）》删去。

已作废。

第三，骗取信用证，进行诈骗活动。所谓"骗取信用证"，既可以通过欺骗手段，使开证行开具信用证或者开证申请人等人开具信用证，也可以通过欺骗手段取得他人已持有的真实有效的信用证。骗取信用证与骗取后的使用行为是密不可分的两个阶段，只有包含事后取财行为，本罪才成立既遂；否则，单纯骗取信用证而不使用，仅属于本罪的预备行为。

第四，以其他方法进行信用证诈骗活动。常见的"其他方法"包括但不限于以下方面：一是利用"软条款"进行信用证诈骗，即故意设置隐蔽性陷阱条款，使开证申请人、开证行可能随时单方面止付，骗取他人财产。二是利用远期信用证"先取货、后付款"的特点实施信用证诈骗。三是通过转让信用证进行诈骗。

(3) 本罪的主体

本罪的主体是一般主体，达到刑事责任年龄且具有刑事责任能力的自然人可构成本罪，单位也可以成为本罪主体。

(4) 本罪的主观方面

本罪的主观方面由故意构成，要求行为人具有非法占有目的。如果行为人不知是伪造、作废的信用证而使用，不以本罪论处。

3. 刑事责任

犯信用证诈骗罪，处 5 年以下有期徒刑或者拘役，并处 2 万元以上 20 万元以下罚金；数额巨大或者有其他严重情节的，处 5 年以上 10 年以下有期徒刑，并处 5 万元以上 50 万元以下罚金；数额特别巨大或者有其他特别严重情节的，处 10 年以上有期徒刑或者无期徒刑，并处 5 万元以上 50 万元以下罚金或者没收财产。

信用证诈骗罪不以诈骗数额作为入罪条件，凡实施信用证诈骗行为的，一律追诉。《立案追诉规定（二）》第 48 条规定，进行信用证诈骗活动，涉嫌下列情形之一的，应予立案追诉：(1) 使用伪造、变造的信用证或者附随的单据、文件的；（2）使用作废的信用证的；（3）骗取信用证的；（4）以其他方法进行信用证诈骗活动的。

司法精要

1. 信用证诈骗罪的主体范围

信用证诈骗罪的主体是一般主体，因此，开证银行工作人员、开证申请人、受益人等均可成立本罪。同时，鉴于本罪属于诈骗类犯罪，需要重点考察行为人是否虚构事实、隐瞒真相，使受骗者陷入错误认识。如果有该情况，且符合信用证诈骗罪的法律规定，可以认定为本罪；反之，则不符合本罪的犯罪构成。

2. 信用证诈骗罪中伪造、变造信用证的附随单据、文件

《刑法》第195条第1款第1项规定的犯罪对象除信用证外，还包括"附随的单据、文件"。关于伪造、变造行为的具体对象，既存在伪造、变造信用证和附随的单据、文件其中之一的情况，又存在同时伪造、变造上述全部材料的情况。如果行为人使用真实的信用证，仅伪造、变造附随的单据、文件，也符合本罪的犯罪构成。理由在于，在国际贸易结算领域，跟单信用证独立于使之生成的合同关系，在信用证开具后，即便不需要合同，信用证依然有效且可独立用于交易。所以，行为人利用信用证实施诈骗犯罪，不仅针对信用证进行伪造、变造，其在信用证业务中伪造附随的单据、文件，同样能够导致相对人陷入错误认识而错误处分财产。例如，银行在审查确认单据和信用证条款表面相符后，即需要依据信用证规则向受益人付款，一旦单据、文件系伪造，同样会使银行陷入错误认识。所以，行为人在使用真实信用证的同时，使用伪造、变造的附随单据、文件而骗取财物，同样构成本罪。实践中，这类附随单据、文件包含运输单据、保险单据、商业发票、出口许可证、产品质量证明书等。

典型案例 5-14：张某、周某信用证诈骗案[①]——使用伪造、变造的附随单据、文件骗取财物而构成信用证诈骗罪

法院经审理查明：2007 年 3 月至 9 月，被告人张某、周某在明知自身没有实际履行能力的情况下，利用无法议付的信用证，伪造信用证附随单据及文件，骗取对方当事人中纺联公司给付的货物，共计价值 4100 余万元，案发前被告人已支付货款 240 余万元，尚余 3900 余万元的货款未支付，案发后有四十几个货柜的货物已被追回。

法院认为，两名被告人有非法占有对方当事人货物，拒不返还的行为，应认定其具有非法占有的目的，构成信用证诈骗罪。理由如下：(1) 两名被告人承包的奉鼎公司是个空壳公司，并有大量外债，根本无力履行与中纺联公司的合同。(2) 两名被告人事先就已预谋如何造假以欺骗中纺联公司。张某虚构了外商作为买方，周某冒充外商在合同上签名，之后两名被告人又擅自更改了发货人和收货人，从而使货物完全脱离中纺联公司的控制。(3) 两名被告人称因为货物中转泰国时被扣，没有成功卖出才没有支付被害单位货款。经查，即使货物成功运到美国的几个货柜被买家提走，被害单位也未曾收到相应货款。(4) 两名被告人通过境外公司给中纺联公司支付了部分货款，也只是想诱使中纺联公司继续履行合同，从而骗取更多货物。(5) 两名被告人称被害单位的张某平知道是 LDP 模式，被告人并没有诈骗故意，但张知道并不代表中纺联公司知情，不能否定两名被告人的诈骗故意。

两名被告人伪造信用证的附随单据及文件，并使用伪造的信用证附随单据及文件进行诈骗活动，伪造行为与信用证诈骗行为之间形成刑法上的牵连关系，构成牵连犯，应当从一重罪处断，以信用证诈骗罪定罪量刑。被告人张某、周某以

---

① 上海市第一中级人民法院（2008）沪一中刑初字第 326 号刑事判决书。

非法占有为目的，在明知自身没有实际履行能力的情况下，共同使用伪造的提单等信用证附随单据及文件，隐瞒真相，骗取对方当事人财物，共计价值人民币3900余万元，其行为已构成信用证诈骗罪，且数额特别巨大；被告人周某以非法占有为目的，在签订、履行合同过程中，采用虚构事实、隐瞒真相的方法骗取对方当事人钱款，共计人民币271万元，其行为已构成合同诈骗罪，且数额特别巨大。

合规指引

1. 合规要求

在办理信用证业务的过程中，就单位而言，银行业金融机构应当坚持审慎经营，并对本机构从业人员的行为充分履行管理责任。就员工个人而言，应当在办理信用证业务的过程中符合业务操作规程，遵守职业道德规范，做到勤勉尽责，准确识别风险。

2. 合规风险

办理信用证业务的合规风险，主要是指银行等金融机构及其从业人员因没有遵守法律、规则和准则而可能遭受法律制裁、监管处罚、重大财产损失和声誉损失的风险。

3. 合规建议

（1）加强真实性审查管理，防范信用风险

贸易背景真实有效，以及贸易融资需求与企业实际相匹配，是国内信用证业务开展的基石。在信用证业务办理的过程中，应当以真实性审查为基本原则，及时发现风险隐患并有效预警,从而有效规避业务风险。

①贸易背景真实性审查。关于开证申请人贸易背景的审查,开证行应当确认信用证项下购买的货物在开证申请人的主营业务范围之内,并证申请人对购买的服务具有真实需求;所购货物或服务的数量,应与开证申请人的业务规模和实际需求相匹配。

②资信情况真实性审查。开证行应当通过对申请人的企业法人营业执照、事业单位法人证书、生产经营许可证等资料的审查,结合申请人的信用记录及贸易项下的兑付情况,确保申请人具有开出国内信用证项下的兑付能力和兑付意愿,以及经营的持续性。

③对买卖双方关联关系的审查。开证行应当对买卖双方的关联关系进行深入了解,防止买卖双方利用虚假贸易背景套取银行信用。

④对国内信用证条款及期限的审查。开证行应当对所开出国内信用证的内容进行审查,确保单据及费用等条款与贸易合同的要求相符,并根据贸易合同及开证申请书的规定,合理、审慎地设置信用证付款的期限、有效期、交单期和有效地点。

议付行应当对提交的单据进行审查,在进行表面一致性审查的同时,注重单据真实性的审查。

(2) 加强流程性审查管理,防范操作风险

①建立健全并且落实审慎的授权管理制度、内控制度、业务风险信息管理系统、财务会计制度、业务内部审计制度、案件报送制度等;

②加强从业人员培训并且建立定期培训记录台账,提高单证处理人员和营销人员的业务素质和操作技能水平,防止出现操作风险;

③加强合同文本审核与管理,在了解业务基本情况的基础上对信用证条款进行合理设置,确保手续完备与合规;

④加强银行间对于信用证业务办理经验的交流与沟通,优化信用证办理的流

程管理。

（3）加强合规性审查管理，防范法律风险

①对信用证业务办理的相关监管规范进行有效梳理，将相关要求编入员工手册中，制作员工签收及定期组织学习、培训记录台账。

②信用证业务办理应符合监管机构反洗钱、反恐怖融资及反逃税相关政策，金融机构及从业人员应严格执行监管部门关于反洗钱、反恐融资、反逃税及制裁合规管理等相关规定，相关交易环节不得涉及洗钱、恐怖融资及逃税行为，严禁为涉及洗钱、恐怖融资、逃税以及联合国和我国认定的国家和地区制裁的实体、个人、商品、国家、航运公司等办理业务。

③对信用证的业务流程进行有效梳理，通过深入研究国内外信用证的业务理论、流程、风险点和风险控制措施，将相关要求落实到内部规章制度中。

监管政策和规范

银行业金融机构属于经营特殊商品的高风险企业，其经营过程包含内在的风险，这些风险难以根除，需要加以管理和控制。银行业金融机构应该审慎经营，使其从事业务的性质、规模及承担的风险水平与其风险管理能力相匹配，从而将业务活动涉及的风险控制在可以承受的范围之内。相应地，监管机构需要基于促使银行审慎经营、控制风险的目的，制定和实施一系列的审慎经营规则，并据此对银行业金融机构进行持续性监管。

《银行业监督管理法》规定了银行业审慎经营规则以及违反后果。基于该法第21条、第37条、第46条、第48条的规定，从单位责任看，单位违反审慎经营规则，构成犯罪的，依法追究刑事责任；除承担刑事责任外，单位本身还可能被采取责令改正、罚款、责令停业整顿甚至吊销营业执照等影响正常经营的处罚措施。从个人责任看，直接负责的董事、高级管理人员和其他直接责任人员可能被采取纪律处分、警告、罚款、取消或限制任职资格等处罚措施。实际上,违反审慎经营规则,除直接影响单位及从业人员之外,还将损害股东、存款人或其他客户的合法权益,甚至影响金融行业的正常运行。

根据《国内信用证结算办法》《中国银行业协会跨行国内信用证产品指引(2020)》《商业银行授信工作尽职指引》等监管规范,银行业金融机构及从业人员在信用证业务中开展的资信情况真实性审查、贸易背景真实性审查、交易双方关联关系审查、信用证内容审查,都是审慎经营规则的具体体现。

相关监管政策和规范索引整理如下。

《银行业监督管理法》第 21、37、46、48 条

《商业银行法》第 3、44、52、60 条

《金融违法行为处罚办法》第 13 条

《国内信用证结算办法》第 5、7、13、16、50、51 条

《中国银行业协会跨行国内信用证产品指引(2020)》第 4、41-47 条

典型案例

典型案例 5-15:银行办理信用证议付业务,资金回流开证人被罚款[①]

上海浦东发展银行股份有限公司郑州分行信用证议付资金回流开证人。

根据《商业银行授信工作尽职指引》(银监发〔2004〕51号)第41条"商业银行授信实施后,应对所有可能影响还款的因素进行持续监测,并形成书面监测报告。重点监测以下内容:(1)客户是否按约定用途使用授信,是否诚实地全面履行合同;(2)授信项目是否正常进行;(3)客户的法律地位是否发生变化;(4)客户的财务状况是否发生变化;(5)授信的偿还情况;(6)抵押品可获得情

[①] 中国银监会河南银监局豫银监罚决字〔2018〕43号行政处罚决定书。

况和质量、价值等情况",《国内信用证结算办法》第 4 条 "信用证业务的各方当事人应当遵守中华人民共和国的法律、法规以及本办法的规定,遵守诚实信用原则,认真履行义务,不得利用信用证进行欺诈等违法犯罪活动,不得损害社会公共利益",《银行业监督管理法》第 46 条第 5 项 "银行业金融机构有下列情形之一,由国务院银行业监督管理机构责令改正,并处二十万元以上五十万元以下罚款;情节特别严重或者逾期不改正的,可以责令停业整顿或者吊销其经营许可证;构成犯罪的,依法追究刑事责任:……(五)严重违反审慎经营规则的",河南银监局决定罚款 50 万元。

第五节　信用卡诈骗罪

第一百九十六条　【信用卡诈骗罪】有下列情形之一，进行信用卡诈骗活动，数额较大的，处五年以下有期徒刑或者拘役，并处二万元以上二十万元以下罚金；数额巨大或者有其他严重情节的，处五年以上十年以下有期徒刑，并处五万元以上五十万元以下罚金；数额特别巨大或者有其他特别严重情节的，处十年以上有期徒刑或者无期徒刑，并处五万元以上五十万元以下罚金或者没收财产：

（一）使用伪造的信用卡，或者使用以虚假的身份证明骗领的信用卡的；

（二）使用作废的信用卡的；

（三）冒用他人信用卡的；

（四）恶意透支的。

前款所称恶意透支，是指持卡人以非法占有为目的，超过规定限额或者规定期限透支，并且经发卡银行催收后仍不归还的行为。

【盗窃罪】盗窃信用卡并使用的，依照本法第二百六十四条的规定定罪处罚。

罪名解析

1. 法条修改情况

1997年《刑法》第196条规定了信用卡诈骗罪。2005年《刑法修正案（五）》在该条第1款第1项"使用伪造的信用卡"基础上，增加"使用以虚假的身份证明骗领的信用卡"的情形，作为信用卡诈骗罪的行为方式之一。关于"信用卡"的含义，2004年12月29日全国人大常委会通过的《关于〈中华人民共和国刑法〉有关信用卡规定的解释》规定："刑法规定的'信用卡'，是指由商业银行或者其他金融机构发行的具有消费支付、信用贷款、转账结算、存取现金等全部功能或者部分功能的电子支付卡。"关于本罪中"数额较大""数额巨大"及"数额特别巨大"的标准，《妨害信用卡管理案件解释》作出了具体规定。为适应司法实践需要，该解释于2018年12月1日进行修订。2022年5月，《立案追诉标准（二）》规定了信用卡诈骗罪的追诉标准：①使用伪造的信用卡、以虚假的身份证明骗领的信用卡、作废的信用卡或者冒用他人信用卡，进行诈骗活动，数额在5000元以上的；②恶意透支，数额在5万元以上的。

2. 犯罪构成要件

（1）本罪的客体

本罪侵害的客体是复杂客体：一是国家关于信用卡的管理制度，二是银行及信用卡相关人的公私财物所有权。

（2）本罪的客观方面

本罪在客观方面表现为利用虚假的信用卡或者其他与信用卡有关的方法，进行诈骗活动，数额较大的行为。具体包括：

第一，使用伪造的信用卡实施诈骗。所谓"使用"，是指行为人明知该信用卡系伪造，而将该伪造的信用卡用以冒充真实有效的信用卡，依照信用卡通常的功能予以使用。信用卡诈骗罪属于诈骗罪的一种，因此，使用伪造的信用卡，只有造成他人产生认识错误的结果，才符合本罪的构成要件；如果行为人不知信用卡系伪造而在 ATM 等设备上使用伪造的信用卡取得财物，其行为应认定为盗窃罪，而非信用卡诈骗罪。

第二，使用以虚假的身份证明骗领的信用卡实施诈骗。该行为包含两种方式：一是行为人使用他人以虚假的身份证明骗领的信用卡，对此，行为人明知信用卡登记的持卡人身份是虚假的并加以使用该信用卡。二是行为人使用以自己的虚假身份证明骗领的信用卡，对此，行为人明知该信用卡申领登记时自己的持卡人身份是虚假的并加以使用该信用卡。

第三，使用作废的信用卡实施诈骗。使用作废的信用卡，是指使用因法定原因而丧失效用的信用卡。使用作废的信用卡的行为人既可以是持卡人本人，也可以是其他人。使用作废的信用卡实施诈骗构成犯罪，需要使行为对象陷入认识错误；在机器上使用作废的信用卡取得财物的，成立盗窃罪而非信用卡诈骗罪。

第四，冒用他人信用卡实施诈骗。冒用他人信用卡，一般表现为非持卡人以持卡人的名义使用该信用卡骗取财物。根据 2018 年《妨害信用卡管理案件解释》，具有下列情形之一的，属于冒用他人信用卡：一是拾得他人信用卡并使用的；二是骗取他人信用卡并使用的；三是窃取、收买、骗取或者以其他非法方式获取他人信用卡信息资料，并通过互联网、通讯终端等使用的；四是其他冒用他人信用卡的情形。实践中，需要注意以下几点：首先，关于行为人冒用信用卡的来源，既可能是合法途径取得，如拾得信用卡，也可能是非法途径取得，如盗窃或抢劫信用卡。不过，最高人民检察院 2008 年 4 月 18 日发布的《最高人民检察院关于拾得他人信用卡并在自动柜员机（ATM）上使用的行为如何定性问题的批复》规定："拾得他人信用卡并在自动柜员机（ATM）上使用的行为，属于刑法第一百九十六条第一款第（三）项规定的'冒用他人信用卡'的情形，构成犯罪的，以信用卡诈骗罪追究刑事责任。"该情况被规定为信用卡诈骗罪，但因不存在为使对象陷入认识错误的情形，故存在理论上的争议。其次，关于行为人冒用信用卡的意志要素，应当以持卡人明知冒用行为违反持卡人的意志为前提；行为人虽然冒用信用卡，但却不违反持卡人意志的，如朋友之间借用信用卡，行为人已事先征得持卡人同意而使用的，不构成本罪。再次，关于行为人冒用信用卡的表现形式，不需要行为人现实持有他人信用卡这一物理载体，对于任何能够实现冒用过程、冒用目的的行为，均成立本罪。例如，行为人盗取他人借记卡和身份证，记录信息后送回，并在网上设法利用账号信息进行消费和划账，其行为严重侵犯信用卡管理制度，并给被冒用人造成损失，构成信用卡诈骗罪。

第五，恶意透支。根据《刑法》第196条第2款的规定："前款所称恶意透支，是指持卡人以非法占有为目的，超过规定限额或者规定期限透支，并且经发卡银行催收后仍不归还的行为。"根据2018年《妨害信用卡管理案件解释》第6条第1款的规定："持卡人以非法占有为目的，超过规定限额或者规定期限透支，经发卡银行两次有效催收后超过三个月仍不归还的，应当认定为刑法第一百九十六条规定的'恶意透支'。"恶意透支与此前列举的行为方式存在一定区别。首先，关于行为对象，恶意透支信用卡仅限于可以被透支的信用卡，而不包括借记卡。其次，关于行为后果，行为人进行透支，需要超过信用卡管理规定设定的限额或期限。再次，关于入罪条件，行为人透支信用卡后必须经发卡银行催收而仍不归还，否则不能认定为本罪。2018年《妨害信用卡管理案件解释》第9条规定，恶意透支的数额，是指公安机关刑事立案时尚未归还的实际透支的本金数额，不包括利息、复利、滞纳金、手续费等发卡银行收取的费用。归还或者支付的数额，应当认定为归还实际透支的本金。该解释第11条规定，发卡银行违规以信用卡透支形式变相发放贷款，持卡人未按规定归还的，不认定为"恶意透支"。

（3）本罪的主体

根据刑法规定，本罪的主体为一般自然人，单位不构成本罪。

（4）本罪的主观方面

本罪的主观方面为故意，并要求行为人具有非法占有目的。根据2018年《妨害信用卡管理案件解释》第6条第2款和第3款的规定，对于是否以非法占有为目的，应当综合持卡人信用记录、还款能力和意愿、申领和透支信用卡的状况、透支资金的用途、透支后的表现、未按规定还款的原因等情节作出判断。不得单纯依据持卡人未按规定还款的事实认定非法占有目的。具有以下情形之一的，应当认定为《刑法》第196条第2款规定的"以非法占有为目的"，但有证据证明持卡人确实不具有非法占有目的的除外：①明知没有还款能力而大量透支，无法归还的；②使用虚假资信证明申领信用卡后透支，无法归还的；③透支后通过逃匿、改变联系方式等手段，逃避银行催收的；④抽逃、转移资金，隐匿财产，逃避还款的；⑤使用透支的资金进行犯罪活动的；⑥其他非法占有资金，拒不归还的情形。

3. 刑事责任

根据2018年《妨害信用卡管理案件解释》第5条的规定：使用伪造的信用卡、以虚假的身份证明骗领的信用卡、作废的信用卡或者冒用他人信用卡，进行信用卡诈骗活动，数额在5000元以上不满5万元的，应当认定为"数额较大"；数额在5万元以上不满50万元的，应当认定为"数额巨大"；数额在50万元以上的，应当认定为"数额特别巨大"。根据该解释第8条的规定，恶意透支，数额在5万元以上不满50万元的，应当认定为"数额较大"；数额在50万元以上不满500万元的，应当认定为"数额巨大"；数额在500万元以上的，应当认定为"数额特别巨大"。综上，恶意透支型信用卡诈骗犯罪的"数额较大"（5万元）、"数额巨大"（50万元）、"数额特别巨大"（500万元）标准是其他信用卡诈骗罪行为方式对应数额标准的10倍。

根据2022年《立案追诉标准（二）》第49条的规定，恶意透支，数额在5

万元以上不满 50 万元的，在提起公诉前全部归还或者具有其他情节轻微情形的，可以不起诉。但是，因信用卡诈骗受过二次以上处罚的除外。

根据《刑法》第 196 条的规定，犯信用卡诈骗罪数额较大的，处 5 年以下有期徒刑或者拘役，并处 2 万元以上 20 万元以下罚金；数额巨大或者有其他严重情节的，处 5 年以上 10 年以下有期徒刑，并处 5 万元以上 50 万元以下罚金；数额特别巨大或者有其他特别严重情节的，处 10 年以上有期徒刑或者无期徒刑，并处 5 万元以上 50 万元以下罚金或者没收财产。

司法精要

1. 信用卡诈骗罪和妨害信用卡管理罪、伪造金融票证罪的区分

《刑法》第 177 条之一规定的妨害信用卡管理罪属于破坏金融管理秩序罪的范畴，因行为人不具有非法占有目的，且在行为方式上与属于金融诈骗罪的信用卡诈骗罪有所区别，故不能将二者相混淆。但实践中，类似的行为方式存在信用卡诈骗罪和妨害信用卡管理罪不易区分的问题。根据《刑法》第 177 条之一的规定，下列四种行为构成妨害信用卡管理罪：①明知是伪造的信用卡而持有、运输的，或者明知是伪造的空白信用卡而持有、运输，数量较大的；②非法持有他人信用卡，数量较大的；③使用虚假的身份证明骗领信用卡的；④出售、购买、为他人提供伪造的信用卡或者以虚假的身份证明骗领的信用卡的。其中，方式一和方式三容易与信用卡诈骗罪方式一，即"使用伪造的信用卡，或者使用以虚假的身份证明骗领的信用卡"相混淆。对此，需要查明行为人实施犯罪的具体情况，区分情况作出处理：第一，行为人被查获时，仅有上述伪造、骗领行为，尚未实施骗取财物行为，则既符合妨害信用卡管理罪，又符合信用卡诈骗罪（预备），系一个行为同时触犯两个罪名，属于想象竞合犯，应择一重罪处断，以妨害信用卡管理罪论处。第二，行为人实施信用卡诈骗得手后，发现其使用的信用卡系伪造或者骗领的，则触犯妨害信用卡管理罪和信用卡诈骗罪，系牵连犯关系，应以信用卡诈骗罪定罪处罚。第三，行为人持有伪造、骗领的信用卡，在行骗过程中被抓获，则属于妨害信用卡管理罪和信用卡诈骗罪（未遂犯）的牵连犯，应择一重罪处断。

根据《刑法》第177条的规定，对于"伪造信用卡的"行为，应当以伪造金融票证罪定罪处罚。根据《刑法》第196条的规定，使用伪造的信用卡进行诈骗活动的，应当以信用卡诈骗罪定罪处罚。所以，区分两者的关键在于，伪造信用卡之后，行为人是否将之用于诈骗。如果行为人同时实施伪造行为和诈骗行为，则分别触犯伪造金融票证罪和信用卡诈骗罪，属于牵连犯，应择一重罪处断，即以信用卡诈骗罪论处。如果行为人没有实施诈骗活动，则仅构成伪造金融票证罪。

典型案例5-16：孙某登等分别触犯了伪造金融票证罪、妨害信用卡管理罪、信用卡诈骗罪3个罪名的处罚规则①

法院认为，被告人孙某登以非法占有为目的，伙同陈某昌、黄某明、桂某亮等9人伪造他人的信用卡，并使用伪造的信用卡骗取他人的钱款125,625元，9名被告人的行为均已触犯刑律，构成信用卡诈骗罪，公诉机关指控9名被告人犯信用卡诈骗罪的罪名成立。9名被告人实施信用卡诈骗，数额巨大，依法应当判处5年以上10年以下有期徒刑，并处5万元以上50万元以下罚金。

关于公诉机关指控9名被告人犯伪造金融票证罪、妨害信用卡管理罪，从审理查明事实看，被告人孙某登等人实施本案犯罪的流程是：用空白的信用卡写入他人的信用卡信息以伪造信用卡，再用伪造的信用卡进行余额查询和盗刷卡内现金，可见，信用卡诈骗是其犯罪目的，而持有空白的信用卡和伪造信用卡则是实施信用卡诈骗犯罪的手段行为，在9名被告人实施犯罪的过程中，其手段行为和

---

① 参见四川省眉山市东坡区人民法院（2020）川1402刑初163号刑事判决书。

目的行为分别触犯了伪造金融票证罪、妨害信用卡管理罪、信用卡诈骗罪 3 个罪名，成立牵连犯，依法应当从一重罪处罚，即以信用卡诈骗罪论处。对于 9 名被告人实施的伪造金融票证、妨害信用卡管理的行为，虽不作为单独罪名予以认定，但在量刑时作为未遂情节予以适当评价。公诉机关单独指控 9 名被告人还构成伪造金融票证罪、妨害信用卡管理罪不当，法院不予支持。

2. 透支信用卡是否存在恶意的认定

恶意透支信用卡诈骗犯罪与信用卡善意透支欠款纠纷区别的关键在于行为人主观上是否具有非法占有他人财物的目的。《妨害信用卡管理案件解释》第 6 条第 2、3 款规定，对于是否以非法占有为目的，应当综合持卡人信用记录、还款能力和意愿、申领和透支信用卡的状况、透支资金的用途、透支后的表现、未按规定还款的原因等情节作出判断。不得单纯依据持卡人未按规定还款的事实认定非法占有目的。具有以下情形之一的，应当认定为《刑法》第 196 条第 2 款规定的"以非法占有为目的"，但有证据证明持卡人确实不具有非法占有目的的除外：①明知没有还款能力而大量透支，无法归还的；②使用虚假资信证明申领信用卡后透支，无法归还的；③透支后通过逃匿、改变联系方式等手段，逃避银行催收的；④抽逃、转移资金，隐匿财产，逃避还款的；⑤使用透支的资金进行犯罪活动的；⑥其他非法占有资金，拒不归还的情形。

实践中需要注意以下事项：第一，行为人透支时客观上是否具有归还能力。行为人如果当时负债累累、拆东补西，则系其明知不具备归还能力而仍进行透支，可推定其具有非法占有目的。第二，行为人是否虚构或隐瞒自己的真实身份。凡行为人以虚构身份骗领信用卡并透支的，可推定其具有非法占有目的。第三，行为人是否在具有归还能力的情况下拒绝偿还。行为人在透支后有能力偿还透支的本息，但经催收仍然拒绝偿还的，属于逃避还款义务，可推定其具有非法占有目的。第四，行为人透支后的表现。行为人大肆透支或消费，例如用于违法犯罪活动,或在透支得手后潜逃、改变联系方式,则说明其缺乏归还意愿,可推定其具有非法占有目的。

典型案例 5-17:逾期还款后因客观原因无法还款的,不宜认定为具有非法占有目的而构成恶意透支型信用卡诈骗罪①

二审法院经审理查明,上诉人张某因经营生意失败和招商银行提前收回贷款而导致资金链断裂,故其未能按期偿还两张中国光大银行信用卡的透支款项。自 2015 年 7 月起,中国光大银行便以电话、信函、上门等方式对张某进行多次催收,张某多次称其正在出售自己的房屋,待房屋售出后再偿还所欠透支款,其间虽然有张某未接听催收电话的情况,但亦存在张某之后主动回拨催收电话并告知催收银行其出售房屋后将偿还所欠透支款的催收记录。在中国光大银行催收前的 2015 年 6 月 24 日,张某就已委托佛山市粤某福房地产代理有限公司将其所有的房屋代为出售;2016 年 6 月 13 日,招商银行佛山分行作为第三方,张某(卖方)与陶某周(买方)签订了房屋买卖合同,该合同约定陶某周应支付购房总价款 430 万元给张某,张某应将收取的购房款用于偿还所欠招商银行佛山分行贷款本息共计 3,080,155.30 元,余款退还至张某指定的银行账户,后因买方对房屋过户后的权属人登记问题存在异议而未交易成功;同年 6 月 17 日,公安机关接中国光大银行报案后将张某抓获,张某归案后一直辩称其欲通过出售房屋从而偿还涉案透支款,其无恶意透支的行为,亦无诈骗的故意。二审法院认为,虽然张某透支后逾期还款,但是其并无逃匿行为;其对银行的催收电话亦未拒绝接听,且能主动与催收银行沟通并欲通过出售房屋从而偿还透支欠款;之后其与买方协定的房屋售价款亦足以偿还其在本案中所负的全部银行债务;虽然张某最终未能偿还涉案透支款,但是该结果并非其自身主观原因所致。根据本案现有证据,按照"存疑有利于被告人"的原则,应当认定张某主观上没有非法占有的目的,客观上没

---

① 参见广东省佛山市中级人民法院(2017)粤 06 刑终 398 号刑事判决书。

有实施信用卡诈骗的行为，因此其不构成信用卡诈骗罪。原审判决认定，张某构成信用卡诈骗罪的证据不足，属客观归罪。上诉人张某构成信用卡诈骗罪的证据达不到确实、充分的证明标准，不能得出上诉人张某具有非法占有涉案透支款的目的的唯一结论，原公诉机关指控上诉人张某所犯的罪名不能成立。最终，二审法院撤销原判，宣告上诉人张某无罪。

3. 透支时不具有非法占有目的，但催收后产生非法占有目的的认定

根据《刑法》第196条第2款的规定，恶意透支，是指持卡人以非法占有为目的，超过规定限额或者规定期限透支，并且经发卡银行催收后仍不归还的行为。如果行为人在透支时不具有非法占有目的，而是具有归还的意图，但是在发卡银行催收以后才产生非法占有目的，超过透支期限仍不归还，并不符合恶意透支的含义。所以，行为人在透支后才产生非法占有目的而拒不归还的行为，不构成信用卡诈骗罪。同时，因行为人对财物的占有并不符合侵占罪的构成要件，所以，行为人通过合法手段取得贷款后经催归仍不归还的，应按照一般债务纠纷处理。当然，如果在催收后，行为人虚构事实、隐瞒真相，意图免除归还义务，则成立以财产性利益为对象的诈骗罪，应当按照诈骗罪进行处罚。

典型案例5-18：董某燕信用卡诈骗案①——行为人在透支时不具有非法占有目的，在发卡银行催收后超过透支期限仍然不归还的，不构成"恶意透支"

二审法院经审理查明：被告人董某燕于2014年7月2日在东丰县工商银行办理了一张卡号为××××的信用卡，并于2014年8月至10月共计透支12.992万元，其中通过POS机刷卡提现9.939万元，大部分被董某燕用于经营，同期董某燕还款8万元。2014年10月31日以后董某燕没有消费记录，但陆续还款11笔，计3.98万元（含报案材料中提到的2015年7月2日和2016年1月8日分别还款

---

① 参见吉林省辽源市中级人民法院（2017）吉04刑终32号刑事判决书。

3000元，共计6000元）。2014年10月31日以后董某燕被发卡银行计入账单的利息、滞纳金等费用4.551145万元。发卡银行于2014年12月13日起对董某燕进行第一次催收，同年12月16日第二次催收，直到2015年12月17日共计催收17次。后发卡银行于2016年1月21日向公安机关报案，同日董某燕被抓获。2016年2月4日董某燕通过亲友将卡内所欠本息5.6265万元全部还清。

二审法院认为：本案现有证据不能证明上诉人董某燕具有"非法占有目的"。根据《刑法》第196条第1款、第2款的规定，持卡人以非法占有为目的，超过规定限额或者规定期限透支，并且经发卡银行催收后仍不归还的行为属于"恶意透支"，构成信用卡诈骗罪。《妨害信用卡管理案件解释》第6条第1款规定，持卡人以非法占有为目的，超过规定限额或者规定期限透支，并且经发卡银行两次催收后超过3个月仍不归还的，应当认定为《刑法》第196条规定的"恶意透支"。上述规定明确了恶意透支型信用卡诈骗罪必须同时具备两个条件：第一，主观上行为人"以非法占有为目的"；第二，客观上行为人实施了"超额或者超期透支"且"经两次以上催收不还"的行为。以上两个条件缺一不可，如果持卡人仅仅是经催收不还，但没有非法占有的目的，则不是恶意透支而是善意透支；如果持卡人具有非法占有的目的，但银行没有对持卡人进行催收，或者持卡人开始透支时具有非法占有的目的，但在两次催收后3个月内已经归还，则因为不符合法定构成要件而不能认定为恶意透支。本案被告人董某燕客观上实施了超过规定期限透支且经催收不还的行为，根据《妨害信用卡管理案件解释》第6条第2款的规定，被告人被催收的次数超过两次，且超过3个月仍未全部归还，符合恶意透支型信用卡诈骗罪的客观要件。因此，本案关键在于判断被告人主观上是否具有非法占有的目的，这也是本案的争议之处。

关于恶意透支型信用卡诈骗罪中"以非法占有为目的"的具体认定，《妨害信用卡管理案件解释》第6条第2款列举了6种情况：（1）明知没有还款能力而大量透支，无法归还的；（2）使用虚假资信证明信用卡后透支，无法归还的；

(3) 透支后通过逃匿、改变联系方式等手段，逃避银行催收的；(4) 抽逃、转移资金，隐匿财产，逃避还款的；(5) 使用透支的资金进行犯罪活动的；(6) 其他非法占有资金，拒不归还的情形。虽然这 6 种情形规定得较为具体，但是实践中持卡人使用信用卡的情形较为复杂，个别情况下认定是否"以非法占有为目的"仍有争议。其中最为常见的就是本案这种将透支的信用卡款项用于合法的经营，后因资金困难导致客观上无法偿还的情形。

信用卡最主要的功能就是通过透支从而使持卡人得以购买超出自己现有支付能力的商品或者服务，银行也以各种各样的促销活动鼓励持卡人进行透支消费，因此若仅凭行为人客观上无法偿还欠款就认定为构成"以非法占有为目的"的恶意透支型信用卡诈骗，就无法将恶意透支型信用卡诈骗罪和透支不还的民事违约行为进行区分。对"以非法占有为目的"的理解仍应坚持主客观相统一的原则，综合考察行为人申领行为、透支行为、还款行为等各种因素，并重点考察以下三方面的因素：

第一，行为人申领信用卡时有无虚构事实、隐瞒真相的行为。实践中，有的行为人在申领信用卡时，其因不符合申领条件或不能得到较大的透支额，而伪造部分证明材料，如收入证明、房屋产权证明等虚构其资信能力的材料，但其基本身份如姓名、身份、住址和户籍资料等信息真实。这种情形与《刑法》第 196 条第 1 款第 1 项规定的"使用以虚假的身份证明骗领的信用卡的"情形不同，上述规定的行为是指行为人完全以虚构的身份和虚假的申请资料申领信用卡，使银行无法找到真正的持卡人。

第二，行为人透支款项的用途。法院根据资金用途判断行为人是否具有非法占有目的时，应结合全案分析行为人资金用途的主要方面。对于行为人取得资金后，部分用于非法活动，部分用于合法经营的行为，如果大部分资金用于合法经营，行为人到期不能归还资金主要是由于经营不善、市场风险等原因造成的，不宜认定"以非法占有为目的"。如果行为人利用信用卡到中介公司大额、频繁地套现，或者透支用于不符合其承受能力的奢侈品消费或密集、多次、无节制的生活消费，则可断定具有非法占有的目的。

第三，行为人透支款项时的还款态度及是否逃避催收。透支额的归还行为反映行为人的信用状况，行为人为了维护自己的信用，在透支后一般会及时还款。如果行为人在透支后对还款期限和还款额根本不关心，连续透支消费，甚至通过变更电话、住址等方式逃避银行催款，这种只透支、不还款的态度表明其不打算遵守合法使用信用卡的规定，对透支款项具有较明显的非法占有目的。但如果行为人在银行催收后有积极表态，或者积极还款，或者说明合理的不还款理由，并与银行约定推迟还款的计划等，都可以排除其具有"非法占有目的"。

在本案中，上诉人董某燕申领信用卡时没有虚构事实、隐瞒真相，银行能够联系到持卡人董某燕；涉案信用卡大部分透支款项用于董某燕个体商铺经营，小部分透支款项用于正常生活开支，而非奢侈品消费或者无节制消费。虽然董某燕因经营困难导致逾期未能归还信用卡欠款，但从涉案信用卡还款情况及董某燕应对催收的态度来看，董某燕共计透支 12.992 万元，案发前已还款 11.98 万元，余款逾期未能归还；经银行数次电话或短信催收后，董某燕表示"承诺核实后进行还款"，其亲属亦向银行表示了部分还款的想法，并且确有还款行为；且董某燕没有变更联系电话、变更地址等逃避催收的行为，本案金融机构却存在怠于行使权利，放任经济损失数额扩大的问题。综上，本案现有证据不能证明上诉人董某燕具有"非法占有目的"，董某燕的行为不构成恶意透支型的信用卡诈骗罪。本案只是一般的民事纠纷。

最终，二审法院判决：（1）撤销吉林省辽源市龙山区人民法院（2017）吉 0402 刑初 74 号刑事判决；（2）上诉人董某燕不构成信用卡诈骗罪；（3）吉林省东丰县人民法院（2015）东刑初字第 192 号刑事判决对被告人董某燕犯拒不支付劳动报酬罪判处有期徒刑 6 个月，缓刑 1 年，并处罚金人民币 5000 元的缓刑部分继续执行。

4. 行为人补办他人手机用户识别卡（SIM 卡）、利用支付宝进行信用卡套现的认定

对于行为人非法获取他人身份信息补办手机 SIM 卡，并利用支付宝进行信用卡套现的行为，应当结合其所实施犯罪的方法和侵害的法益判断行为性质。第一，行为人利用的是信用卡的电子支付功能。尽管行为人形式上是以支付宝的形式完成结算，但本质上仍是利用储户信用卡的支付功能，属于信用卡的电子支付路径。第二，行为人实施的主要行为是"冒用他人信用卡"。行为人的行为侵害的并不仅仅是公私财产，相反，其通过"冒用他人身份"使用支付宝、信用卡关联下的储户信息，核心在于利用手机卡、信用卡中特定信息的关联关系。因此，此种行为符合《妨害信用卡管理案件解释》中"窃取、收买、骗取或者以其他非法方式获取他人信用卡信息资料，并通过互联网、通讯终端等使用"的情形，应当认定为符合"冒用他人信用卡"的规定，构成信用卡诈骗罪。

典型案例 5-19：云南省昆明市中级人民法院（2016）云 01 刑终 34 号刑事裁定①——通过非法获取他人身份信息补办被害人 SIM 卡并利用支付宝信用卡功能套现的，以信用卡诈骗罪定罪；同时构成其他犯罪的，实行数罪并罚

法院经审理查明，被告人潘某勇系中国农业银行昆明斗南支行工作人员，其利用工作之便，非法获取储户个人信息，伪造身份证补办储户手机 SIM 卡，后利用手机 SIM 卡绑定支付宝，将储户信用卡内的存储现金套现。2014 年 2 月 14 日，潘某勇用以上方法将被害人王某 1 银行卡中存储的现金人民币 50,000 元转至支付宝；同月 15 日其又将该 50,000 元转回王某 1 银行卡中。2014 年 2 月 15 日至 19 日，潘某勇用同样方法将被害人贺某 1 银行卡中的存储现金人民币 120,500 元分三次转至支付宝，后用两张招商银行卡将该款项提现并套现。2014 年 1 月 22 日，潘某勇用以上方法将被害人李某 1 银行卡中存储的现金人民币 19,000 元转至支付

---

① 参见云南省昆明市中级人民法院（2016）云 01 刑终 34 号刑事裁定书。

宝，并用一张招商银行卡提现并套现。2014年1月22日、24日，潘某勇用以上方法将被害人李某2银行卡中存储的现金人民币60,000元分两次转至支付宝，并用一张招商银行信用卡将该款项提现并套现。2014年年初，为了利用支付宝实施套现，潘某勇获取施某2等8人信息，制作居民身份证8张。经鉴定，该8张居民身份证属伪造。2013年，潘某勇制作"宣威市民政局婚姻登记专用章"印章一枚、"宣威市公安局双河派出所户口专用章"印章一枚、"昆明高新技术产业开发区社会事务管理中心"印章一枚、"中国农业银行股份有限公司嵩明支行"印章一枚。经鉴定，以上4枚印章系伪造。

二审法院认为，上诉人潘某勇冒用他人的信用卡，数额巨大，其行为已构成信用卡诈骗罪；潘某勇伪造居民身份证，情节严重，伪造国家机关印章，伪造企业、事业单位印章，其行为已构成伪造身份证件罪，伪造国家机关印章罪，伪造企业、事业单位印章罪，依法应予惩处。潘某勇利用其作为农业银行柜员的便利条件，收集被害人的储蓄信息，伪造身份证后到移动、联通营业厅补办被害人手机卡，利用支付宝将被害人银行卡内资金转移到其所控制的信用卡后，已经完成犯罪行为，其行为有在案的证据充分印证。由于公安机关从潘某勇处查获的伪造居民身份证并不属于本案信用卡诈骗的被害人，因此法院依法应当以伪造身份证件罪单独定罪处罚，同时潘某勇伪造国家机关印章，伪造企业、事业单位印章的行为依法也应当单独定罪处罚。

合规指引

1. 合规要求

在办理信用卡业务过程中，就单位而言，银行业金融机构应当审慎经营，并对本机构从业人员的行为履行充分的管理责任。就员工个人而言，工作人员应当在办理信用卡业务过程中符合业务操作规程，遵守职业道德规范，坚持勤勉尽责，准确识别风险。

2. 合规风险

信用卡业务领域的合规风险，是指银行等金融机构及其从业人员因没有遵循法律、规则和准则，而可能遭受法律制裁、监管处罚、重大财产损失和声誉损失的风险。

3. 合规建议

（1）银行及从业人员办理信用卡发卡业务应执行严格的资信审批程序、授信额度管理制度

一方面，银行从业人员应注重对银行卡持卡人有效身份的确认，在发卡前必须进行详细的资信调查。第一，银行卡业务人员应尽可能了解客户的主要情况、财务管理的基本状况、消费信贷记录和还款情况等，细分并审慎选择目标客户群体，将必要的核实内容、评估情况和授信情况以适当形式记录保存，为银行卡业务风险管理提供持续稳定的基础。第二，为从源头控制风险，各发卡银行应依法对申请人提供的个人信息保密，对申请人的资信审核工作制定严格的管理制度，并可利用法定身份认证信息系统和其他外部信用信息系统等辅助管理银行卡业务风险。

另一方面，银行及从业人员办理信用卡发卡业务应遵守严格的授信额度管理制度。第一，初始额度审批及其适度调整要遵循审慎原则，根据银行卡申请人的整体资料和财务情况，综合评估其偿还能力后核定各类银行卡的授信额度。第二，对每个无担保客户，应根据对其风险状况的评估进行集中化的银行卡账户最高总授信额度管理。第三，对已持有多家银行发行的多张银行卡的无担保客户，在其账户总授信额度可能超出最高总授信额度时，发卡银行可不予核发新的银行卡。

(2) 银行及从业人员应高度重视合规性管理，将审慎经营贯彻信用卡业务办理全流程

目前信用卡领域的消费者投诉主要集中在营销宣传不规范、投诉不畅、不当采集客户信息等方面。因此，第一，银行及从业人员不得欺诈、虚假宣传、强制捆绑销售，必须充分披露用卡风险、投诉渠道和解绑程序等，并强化客户数据安全管理。第二，银行及从业人员应公开明确告知申请人须提交的主要申请资料及基本要求，并按规定进行认真审核。第三，银行及从业人员办理信用卡发卡业务必须严格执行相关操作规程，申请表必须由主卡申请人本人亲笔签名确认，不得在申请人不知情或违背申请人意愿的情况下盲目发卡。第四，对通过互联网申请的客户，发卡银行应要求客户下载填写申请表并亲笔签名后，将申请表和相关申请资料递交或邮寄到发卡银行，通过适当方式核实客户真实身份后方可发卡。第五，对于代领卡、邮寄卡等非本人领卡的银行卡发放方式，发卡银行应通过适当方式核实持卡人身份，不得激活未经签名确认、未经开卡程序确认等的银行卡。

(3) 银行及从业人员办理信用卡业务应充分利用有效的风险管理系统

银行及从业人员应及时识别、衡量和控制银行卡账户的各类风险，高度关注银行卡业务风险指标，对有信用卡交易无还款记录、涉嫌非法套现行为或已产生违约金和滞纳金等的高风险持卡人，应及时采取积极催收、降低授信额度、紧急止付等审慎措施，必要时应取消其用卡和申领新卡的资格，以有效控制银行卡业务风险水平。

(4) 银行及从业人员办理信用卡业务应严肃规范信用卡外部合作行为管理

目前部分银行存在信用卡业务合作行为不规范、管控不到位，合作双方权责边界不清晰等问题。因此，第一，办理信用卡必须通过自营网络平台办理信用卡核心业务环节，对合作机构实行统一的名单制管理，明确约定双方权责。第二，银行通过单一合作机构形成的发卡量和授信余额均需符合集中度指标限制。第三，我国应明确规定联名卡的联名单位应当是为客户提供其主营业务服务的非金

融机构，合作内容仅限于联名单位广告推介及与其主营业务相关的权益服务。

📁 监管政策和规范

目前，我国信用卡行业主要适用《银行业监督管理法》《商业银行法》等法律的原则性规定。2011年颁布实施的《商业银行信用卡业务监督管理办法》属于该领域的专门性规范。《商业银行信用卡业务监督管理办法》禁止信用卡不当营销行为，强调信用卡未经持卡人激活，不得扣收任何费用；禁止对18周岁以下未成年人发卡（附属卡除外）；对银行持卡人偿还能力下降的情况提出新规，允许银行与还款遇阻的持卡人平等协商，共同设计还款协议，但禁止不当"催收"行为。

《商业银行信用卡业务监督管理办法》要求银行对交易量突增、频繁出现大额交易、退款过多、交易额与经营状况明显不符、出现欺诈或非法交易的商户，及时进行现场调查，妥善留存交易记录等证据，并提交公安机关，将其列入黑名单，录入银行卡风险信息系统，并与银行卡组织共享风险信息，进而有效控制风险。

近年来，我国银行业金融机构的信用卡业务快速发展，在便利群众支付和日常消费等方面发挥了重要作用。与此同时，信用卡的风险审批、发行使用、机构收单与商户受理、交易清算等诸多环节出现多种风险。信用卡法律制度的不足，让参与信用卡业务各方的主体责任和权利义务缺乏具体规定，未能进行系统性的规范管理。鉴于此，有必要加快转变信用卡业务发展方式，强化审慎合规经营，提高金融服务质效，加强消费者权益保护，提升惠民便民服务质量。

1. 信用卡业务的重点监管环节

（1）经营管理

在信用卡业务的经营管理监管环节，一方面，银行需要完善战略管理、绩效考核、资产质量管理、行为管理和员工培训等方面的要求。另一方面，银行应当制定审慎稳健的信用卡发展战略；建立科学合理的绩效考核指标体系和薪酬支付机制；全面、准确、及时地反映资产风险状况；实施对重要岗位、重点人员业务行为的全流程监督；建立并完善违法违规行为问责和记录机制；加强员工的合规培训和消费者权益保护培训。

（2）发卡管理

在信用卡业务的发卡管理监管环节，一方面，银行不得直接或间接以发卡量、客户数量、市场占有率或市场排名等作为单一或主要考核指标。另一方面，银行应强化睡眠信用卡动态监测管理，连续18个月以上无客户主动交易且当前透支余额、溢缴款为零的长期睡眠信用卡数量占本机构总发卡量的比例在任何时点均不得超过20%（附加政策功能的信用卡除外），超过该比例的银行不得新增发卡。

（3）授信管理

在信用卡业务的授信管理监管环节，第一，银行应当合理设置单一客户的信用卡总授信额度上限，并纳入该客户在本机构的所有授信额度内实施统一管理。第二，在授信审批和调整授信额度时，银行应当扣减客户累计已获其他机构信用卡授信额度。第三，银行应实施严格审慎的信用卡授信额度动态管理，并强化信用卡风险模型管理，不得将风险模型管理职责外包。

（4）信用卡分期业务

在信用卡业务的分期管理监管环节，一方面，银行为客户办理分期业务应当设置事前独立申请、审批等环节；另一方面，银行应与客户单独签订合同，不得与其他信用卡业务合同（协议）混同或捆绑签订。

（5）消费者权益保护

在信用卡业务的消费者权益保护监管环节，第一，银行应当建立消费者权益保护审查制度和工作机制并充分披露用卡风险、投诉渠道和解绑程序，并确保销售行为可回溯。第二，银行应当强化客户数据安全管理，不得与违法违规进行数据处理的机构开展合作。第三，银行应落实催收管理主体责任，不得对与债务无关的第三人进行催收。

（6）外部合作行为管理

在信用卡业务的外部合作管理监管环节，一方面，银行应当对合作机构制定明确的准入、退出标准和管理审批程序，实行名单制管理。另一方面，银行应当通过自营网络平台办理信用卡核心业务环节，确保债权债务关系清晰准确。

2. 信用卡业务的监管难点

（1）粗放经营为主，精细化操作不足

信用卡业务具有明显的"规模效应"，在产业起步之初，众多发卡机构的战略重点在于"规模扩张"，致力于拓宽发卡渠道，追求规模扩张。随着信用卡市场逐渐成熟，监管机构对信用卡的风险控制逐渐强化，发卡银行改变了单纯追求客户数量增长的粗放式经营策略，开始注重完善客户服务体系，改善客户体验，提高服务品质和服务价值，经营方针向"精耕细作"转型，但是从国内信用卡产业起步至今，无论是产品功能还是服务质量，均还有很大的提升空间，发卡银行的差异化、精细化服务意识有待形成。

（2）授信风险控制机制存在漏洞

客户在各家银行获得的总体授信额度往往超出应给的合理水平。目前，各行对金卡发卡量、交易额的一般有任务要求，导致了部分金融机构迫于任务压力给客户核定了高于其保障能力的授信额度。只要客户办卡时无不良记录，给客户的授信额度就多能达到本行对该类客户的最高授信额度。由于同一客户往往在多家银行均有办卡，多家银行的同时授信使客户获得了远远高于其保障能力的授信额度，成倍放大了客户叠加的可透支额，加剧了银行资金风险。由于信用卡采用信用保障，无任何抵押，纯粹靠客户信用保证还款，对透支还款的保证能力较弱。目前信用卡形成的大量不良透支，很多是这一类型的原因造成，具有明显的多行持卡，批量不良的特征。

（3）违规操作，审查不严

部分工作人员工作责任心差，未尽到审慎审查义务，对客户的资料审查核实流于形式，未能及时发现客户提供的虚假资料，使不符合办卡条件的客户通过银行审查，办理了信用卡。

（4）利用信用卡透支功能套取银行现金

利用信用卡透支功能套取银行现金是指信用卡用户不通过正常手续提取现金，而是通过与商户协商以刷卡名义取现。具体做法就是商户刷卡后将所得金额退还给持卡人，以达到资金到现钞的转换。目前，社会出现一批金融中介公司，专门利用信用卡免息期客户可以无偿使用银行资金的特点，非法向客户收取一定金额的手续费，为客户包装申请办卡并提供套现（通过自办特约商户或合作的特约商户刷卡消费套现）、代替还款的一条龙服务，替客户利用免息期无偿使用银行资金提供便利。部分客户多头办卡，通过部分不良特约商户进行消费然后兑现现金，利用各行的免息期，循环透支、还款，大肆套取银行资金流入股市，或进行投资、经商、消费。这类被包装申请套现或多头办卡的客户往往获得了远远高于自身还款能力的透支额度，信用卡风险被成倍放大。一旦客户恶意透支或经济状况转差、无力还款，银行将承担着巨大的资金风险。

相关监管政策和规范索引整理如下。

《商业银行法》第 7、35、40、42-44、73-83 条

《金融违法行为处罚办法》第 20 条

《银行卡业务管理办法》第 5-12、16、27、41、45、51、59、61、62 条

《商业银行信用卡业务监督管理办法》第 2-6、34-41、91 条

《中国人民银行、中国银行业监督管理委员会关于防范信用卡风险有关问题的通知》

《中国银监会关于进一步规范信用卡业务的通知》

第六节　有价证券诈骗罪

第一百九十七条　【有价证券诈骗罪】使用伪造、变造的国库券或者国家发行的其他有价证券，进行诈骗活动，数额较大的，处五年以下有期徒刑或者拘役，并处二万元以上二十万元以下罚金；数额巨大或者有其他严重情节的，处五年以上十年以下有期徒刑，并处五万元以上五十万元以下罚金；数额特别巨大或者有其他特别严重情节的，处十年以上有期徒刑或者无期徒刑，并处五万元以上五十万元以下罚金或者没收财产。

罪名解析

1. 法条修改情况

1979年《刑法》第123条规定："伪造支票、股票或者其他有价证券的，处七年以下有期徒刑，可以并处罚金。"当时，有价证券的范围并不明确。1997年《刑法》第197条设立有价证券诈骗罪，将以非法占有为目的，使用伪造、变造的国库券或者国家发行的其他有价证券进行的诈骗活动规定为犯罪。2010年5月，《立案追诉标准（二）》第55条关于本罪数额较大的标准作出规定："［有价证券诈骗案（刑法第一百九十七条）］使用伪造、变造的国库券或者国家发行的其他有价证券进行诈骗活动，数额在一万元以上的，应予立案追诉。"2022年5

月，修订后的《立案追诉标准（二）》第 50 条规定，使用伪造、变造的国库券或者国家发行的其他有价证券进行诈骗活动，数额在 5 万元以上的，应予立案追诉。

2. 犯罪构成要件

（1）本罪的客体

本罪是双重客体，既侵犯他人财产所有权，又侵犯国家有价证券管理制度。"有价证券"的含义在理论上存在一定争议。本罪中的"有价证券"，区别于金融学上的概念，仅指国库券或者国家发行的其他有价证券。具体特征包括：一是以财产权利为内容，代表财产价值；二是以票面货币价值为特征表示，如无票面价值表示，则不属于有价证券；三是具有支付、汇兑、信贷、清算等融资工具功能，旨在提高结算效率。对于商品流通领域的财产证券，如仓单、提单，因其持有者只具有请求权，所以不属于本罪中的"有价证券"；对于支付领域的货币证券，如支票、本票、汇票等，因《刑法》第 194 条关于票据诈骗罪的规定已予以规制，也不属于本罪中的"有价证券"；对于资本投资领域的资本证券，如股票、债券，因股票不是由国家发行，而公司债券也非由国家发行，同样不属于本罪中的"有价证券"。只有国家发行的债券，才属于本罪中的"有价证券"。

（2）本罪的客观方面

首先，本罪表现为使用伪造、变造的国库券或者国家发行的其他有价证券进行诈骗活动，数额较大的行为。所谓"伪造"，是指仿照国家发行的真实有价证券的格式、式样、颜色、形状、面值等特征，采用印刷、复印、拓印等各种方法制作的冒充国家有价证券的假证券。所谓"变造"，是指在真实的国家有价证券上，采用涂改、掩盖、挖补、拼凑等方法加以处理，改变其内容、面值、张数。因此，"伪造"是完全的以假充真，"变造"是将全真变为不全真。如果既有"伪造"，又有"变造"，也构成本罪。所谓"使用"，是指将伪造、变造的国家有价证券用于兑换现金、抵销债务等财产性利益的活动，如将伪造、变造的国库券用于抵押进而骗取他人财物。因本罪属于诈骗罪的一种，故要求对方陷入错误认识。

其次，只有诈骗数额较大，才构成本罪。单纯伪造、变造国家有价证券，而不实施诈骗的，不以本罪论处。所谓"数额较大"，是指骗取财物的数额较大，而非国家证券的"面值"较大。实践中，骗取财物的数额和证券"面值"的数额可能相等或者不等。

（3）本罪的主体

本罪的主体是一般主体，自然人可构成本罪，单位不构成本罪。

（4）本罪的主观方面

本罪的主观方面由故意构成，且要求行为人具有非法占有目的。如果行为人对伪造、变造情况不明知，则不构成本罪。

3. 刑事责任

根据《刑法》第197条规定，构成有价证券诈骗罪，数额较大的，处5年以下有期徒刑或者拘役，并处2万元以上20万元以下罚金；数额巨大或者有其他严重情节的，处5年以上10年以下有期徒刑，并处5万元以上50万元以下罚金；数额特别巨大或者有其他特别严重情节的，处10年以上有期徒刑或者无期徒刑，并处5万元以上50万元以下罚金或者没收财产。

2011年4月8日《诈骗案件解释》第1条规定：诈骗公私财物价值3000元至1万元以上、3万元至10万元以上、50万元以上的，应当分别认定为《刑法》第266条规定的"数额较大""数额巨大""数额特别巨大"。各省、自治区、直辖市高级人民法院、人民检察院可以结合本地区经济社会发展状况，在前款规定的数额幅度内，共同研究确定本地区执行的具体数额标准，报最高人民法院、最高人民检察院备案。

根据2022年5月《立案追诉标准（二）》第50条［有价证券诈骗案（《刑

法》第 197 条)]的规定，使用伪造、变造的国库券或者国家发行的其他有价证券进行诈骗活动，数额在 5 万元以上的，应予立案追诉。本罪"数额巨大""数额特别巨大"的标准，由各省、自治区、直辖市通过出台规范性文件自主确定。例如，2012 年 11 月，浙江省高级人民法院出台的《关于部分罪名定罪量刑情节及数额标准的意见》规定，使用有价证券进行诈骗，数额在 10 万元以上不满 50 万元的，属于"数额巨大"，处 5 年以上 10 年以下有期徒刑，并处 5 万元以上 50 万元以下罚金。使用有价证券进行诈骗，数额在 50 万元以上的，属于"数额特别巨大"，处 10 年以上有期徒刑或者无期徒刑，并处 5 万元以上 50 万元以下罚金或者没收财产。2012 年 11 月，天津市高级人民法院出台的《关于刑法分则部分条款犯罪数额和情节认定标准的意见》规定，使用伪造、变造的国库券或者国家发行的其他有价证券，进行诈骗活动，数额在 10 万元以上不满 50 万元的，应当认定为《刑法》第 197 条规定的"数额巨大"；数额在 50 万元以上的，应当认定为《刑法》第 197 条规定的"数额特别巨大"。2012 年 12 月，陕西省高级人民法院出台的《关于适用刑法有关条款数额、情节标准的意见》规定，有价证券诈骗罪的数额标准分为：①数额巨大：使用伪造、变造的国库券或者国家发行的其他有价证券进行诈骗，数额在 10 万元以上；②数额特别巨大：使用伪造、变造的国库券或者国家发行的其他有价证券进行诈骗，数额在 50 万元以上。2017 年 12 月 22 日，江苏省高级人民法院、江苏省人民检察院、江苏省公安厅出台的《关于加强经济犯罪案件办理工作座谈会的纪要》规定，使用伪造、变造的国库券或者国家发行的其他有价证券，进行诈骗活动，数额在 50 万元至 200 万元之间的，一般应认定为《刑法》第 197 条规定的"数额巨大"；数额在 200 万元以上的，一般应认定为《刑法》第 197 条规定的"数额特别巨大"。

> 司法精要

证券是指各类记载并代表一定权利的法律凭证,用以证明证券持有人有权依其所持凭证记载的内容而取得应有的权益。证券作为权利凭证,表明证券持有人或第三者有权取得该证券代表的特定权益,或证明其曾经发生过的行为,证券可以采取纸面形式或证券监管机构规定的其他形式。

按证券发行主体分类,有价证券可分为政府证券、政府机构证券和公司证券;按是否在证券交易所挂牌交易分类,有价证券可分为上市证券与非上市证券;按募集方式分类,有价证券可分为公募证券和私募证券;按证券所代表的权利性质分类,有价证券可分为股票、债券和其他证券三大类。

有价证券具有以下特征:一是收益性。证券的收益性是指持有证券本身可以获得一定数额的收益,这是投资者转让资本所有权或使用权的回报。二是流动性。证券的流动性是指证券变现的难易程度。三是风险性。证券的风险性是指证券实际收益与预期收益的差异,或者说是证券收益的不确定性。四是期限性。债券一般有明确的还本付息期限,以满足不同筹资者和投资者对融资期限以及与此相关的收益率的需求。同时,债券的期限具有法律约束力,是对融资双方权益的保护。而股票没有期限,可以视为无期证券。

1. 本罪中"有价证券"的认定

本罪所指的"有价证券",包括国库券和国家发行的其他有价证券。所谓"国库券",是指为解决急需预算支出而由财政部发行的一种国家债券,其以面值发行,经过一段时间后可以依法转让,到期则由国家还本付息。所谓"国家发行的其他有价证券",是指国家发行的、除国库券之外的、载明一定财产权利的有价证券,如保值公债、国家重点建设债券、财政债券及相关凭证等。

典型案例 5-20：凭证式国债属于由国家发行的有价证券①

二审法院经审理认为：第一，上诉人陆某培以非法占有为目的，使用伪造的有价证券进行诈骗活动，并且其由于意志以外的原因，即所持的有价证券被银行查验系伪造而诈骗未得逞，数额特别巨大，其行为已构成有价证券诈骗罪，系犯罪未遂。第二，上诉人陆某培及辩护人关于陆某培始终不知道崔某平给的凭证式国债收款凭证是假的，主观上没有想使用所持有的有价证券诈骗银行贷款的理由和意愿。经查，凭证式国债是国家通过银行系统发行的、记录债权的储蓄国债，特征为等值购买，到期按票面面值及利息兑取。上诉人陆某培所持的面值为4300万元的凭证式国债，不是从银行系统等值购买开具的，而是其私下通过支付崔某平个人50万元开票保证金非法取得的，其明知该凭证式国债户名为其本人，但其并没有实际出资4300万元从银行系统购买过该凭证式国债。同时，上诉人陆某培系完全民事行为能力人，又为公司法定代表人，应当知道崔某平交给其的面值4300万元的凭证式国债是不真实的，但其不但没有到开票银行查验真伪，而且却故意持该凭证式国债从银行质押贷款。第三，关于上诉人及辩护人主张陆某培是被崔某平所骗，是过失使用崔某平伪造的有价证券的，其行为不构成有价证券诈骗罪的意见。经查，过失使用有价证券是指不明知户名为他人的有价证券系伪造而使用的行为。而本案中，陆某培持有的伪造的凭证式国债，户名并不是他人，而是陆某培本人，其持有该伪造的凭证式国债到银行质押贷款，主观上存在故意使用有价证券诈骗的目的。

2. 因有价证券诈骗被识破而未实际取得财物情形下犯罪数额的认定

随着银行等金融机构对有价证券的审查辨识能力显著提高，犯罪分子直接通过有价证券成功诈骗金融机构的可能性逐步降低。为此，在行为人实施有价证券

---

① 参见山西省太原市中级人民法院刑事裁定书，(2015) 并刑终字第440号。

诈骗过程中，存在因被识破而未得逞的情形，法院需要准确认定犯罪数额。实践中，法院不宜直接将有价证券记载的金额作为犯罪金额予以认定，并应区分情况处理。一方面，对于行为人明确提出诈骗数额的案件，法院可根据书证、口供等证据认定其意图诈骗的犯罪数额。另一方面，对于行为人未明确提出诈骗数额的，法院可根据其为实施有价证券诈骗罪支出的犯罪成本进行综合认定。

典型案例 5-21：赵某宾、苗某林有价证券诈骗罪案①

法院经审理查明，2018 年 3 月，被告人赵某宾伙同他人预谋使用伪造国债收款凭证向银行质押贷款，并以 10 万元的价格购买了伪造的票面金额为 1860 万元的国债收款凭证。2018 年 3 月 21 日，被告人苗某林与居间人河南陆华实业有限公司签订《居间服务协议》，苗某林向居间人支付 3 万元，当日 16 时许，被告人苗某林持伪造的中华人民共和国储蓄（凭证式）国债收款凭证到居间人介绍的郑州市金水区郑汴路英协路交叉口中国工商银行郑汴路支行办理质押贷款业务时被抓获。经查，被告人使用的凭证式国债收款凭证系伪造。

法院认为，被告人赵某宾、苗某林以非法占有为目的，明知是伪造的有价证券而进行诈骗活动，数额巨大，其行为已构成有价证券诈骗罪。法院对公诉机关指控二被告人犯有价证券诈骗罪罪名成立，要求处罚的意见，予以支持，但公诉机关指控数额特别巨大，证据不足，不予支持。

关于诈骗数额。经查，被告人持该凭证到银行贷款，虽未对贷款数额提出要求即被银行识破，但被告人花费 10 万余元购买票面金额 1860 万元的凭证，按照常理，其取得的利益应当超过其实际的支出，即诈骗的金额应超出其购买凭证的金额。故法院认定被告人诈骗金额属数额巨大。

---

① 参见河南省郑州市金水区人民法院（2018）豫 0105 刑初 1624 号刑事判决书。

> 合规指引

1. 合规要求

有价证券公司及其从业人员的证券经营管理行为应当符合法律法规、监管规定、公司内部管理制度以及诚实守信的道德准则。

2. 合规风险

有价证券的合规风险包括，因证券经营机构或其工作人员的经营管理或执业行为违反法律法规和准则，而使证券经营机构被依法追究法律责任，采取监管措施，给予纪律处分，并出现财产损失或商业信誉损失的风险。

3. 合规建议

（1）完善法律合规管理的内部机制，确保合规管理的内部独立性

合规管理独立性不足的情况存在已久，解决这一问题需要理顺法律合规部门和经营管理层及各职能部门的关系。第一，法律合规部门特别是合规总监的任免、薪酬、绩效考勤需要独立于经营管理层。第二，合规总监的直属上司应该是董事会，对董事会直接负责。第三，合规总监的下属部门应当由合规总监独立考核，由监事会或者董事会监督。另外，法律合规部门要加强主动合规管理，审查其他业务部门履行职责的情况，保证证券公司合规运营。

（2）明确各部门的合规管理职责，推进证券公司全员合规

证券公司的合规管理应当覆盖公司所有业务、各个部门和分支机构、全体工作人员，贯穿决策、执行、监督、反馈等各个环节。

（3）重视培养高素质的专业性法律合规人才

证券公司法律合规部门存在专业要求高，但合规人才缺乏的问题，影响合规

管理的质量。而法律合规人才的培养是长期性的工作，需要选拔具有复合型专业背景的员工，通过安排员工经历一到两年各个岗位的轮岗，再安排其到法律合规岗位。这种合规人才培养模式，既有利于法律合规人才熟悉各业务部门的流程，便于开展合规工作，也有利于提高合规部门在公司内部的影响力。

监管政策和规范

2021年7月14日，证监会发布《证券期货违法行为行政处罚办法》，共41条。主要内容包括：一是明确立案程序和执法权限。其一，中国证监会及其派出机构发现违法线索，符合相关条件的，应当立案。其二，该规章为保障行政处罚工作依法顺利开展，进一步明确、细化了执法权限和措施，包括冻结、查封、扣押、封存、限制出境、限制交易、要求有关主体报送文件资料等措施的实施，以及不配合调查的情形及后果。二是规范调查取证行为。其一，该规章进一步明确了物证、书证、当事人陈述、电子数据等主要证据类型的调查取证标准和要求，规范案件调查取证工作。其二，该规章对特定情形下的证据转换以及委托中介机构等提供专业支持作了规定。三是完善查审机制。其一，中国证监会设立行政处罚委员会，对按照规定向其移交的案件提出审理意见、进行法制审核。其二，该规章根据《行政处罚法》授权，规定行政处罚决定应当自立案之日起一年内作出，有特殊情况的，经单位负责人批准可延长，每次延长期限不得超过六个月。四是落实行政执法"三项制度"。其一，中国证监会及其派出机构通过文字记录等形式对执法全过程进行记录，归档保存，对容易引发争议的执法过程可以进行音像记录；其二，行政处罚决定作出之前，从事行政处罚决定法制审核的人员应当依法进行法制审核；其三，中国证监会及其派出机构应将行政处罚决定按照政府信息公开的规定予以公开。五是加强对当事人的权利保障和对执法人员的监督。其一，行政处罚决定作出前，中国证监会及其派出机构应当向当事人送达行政处罚事先告知书,并依法保障当事人的陈述申辩、听证、阅卷等权利。其二,执法人员必须忠于职守、依法办事、公正廉洁,不得滥用权力或利用职务便利牟取不正当利益。

相关监管政策和规范索引整理如下。

《证券公司监督管理条例》第 2、23、27-29、32、70、76、87 条

《证券期货违法行为行政处罚办法》第 3、6 条

《证券公司和证券投资基金管理公司合规管理办法》第 6、32-36 条

《中国人民银行关于统一管理有价证券印制的通知》一

第七节　保险诈骗罪

第一百九十八条　【保险诈骗罪】有下列情形之一，进行保险诈骗活动，数额较大的，处五年以下有期徒刑或者拘役，并处一万元以上十万元以下罚金；数额巨大或者有其他严重情节的，处五年以上十年以下有期徒刑，并处二万元以上二十万元以下罚金；数额特别巨大或者有其他特别严重情节的，处十年以上有期徒刑，并处二万元以上二十万元以下罚金或者没收财产：

（一）投保人故意虚构保险标的，骗取保险金的；

（二）投保人、被保险人或者受益人对发生的保险事故编造虚假的原因或者夸大损失的程度，骗取保险金的；

（三）投保人、被保险人或者受益人编造未曾发生的保险事故，骗取保险金的；

（四）投保人、被保险人故意造成财产损失的保险事故，骗取保险金的；

（五）投保人、受益人故意造成被保险人死亡、伤残或者疾病，骗取保险金的。

有前款第四项、第五项所列行为，同时构成其他犯罪的，依照数罪并罚的规定处罚。

单位犯第一款罪的，对单位判处罚金，并对其直接负责的主管人员和其他直接责任人员，处五年以下有期徒刑或者拘役；数额巨大或者有其他严重情节的，处五年以上十年以下有期徒刑；数额特别巨大或者有其他特别严重情节的，处十年以上有期徒刑。

保险事故的鉴定人、证明人、财产评估人故意提供虚假的证明文件，为他人诈骗提供条件的，以保险诈骗的共犯论处。

罪名解析

1. 法条修改情况

1979年《刑法》并未设立保险诈骗罪。1995年《保险法》和《全国人民代表大会常务委员会关于惩治破坏金融秩序犯罪的决定》相继公布实施。其中，1995年《保险法》规定，保险欺诈构成犯罪的，依法追究刑事责任。《全国人民代表大会常务委员会关于惩治破坏金融秩序犯罪的决定》第16条针对保险诈骗罪的犯罪构成及其刑罚作出详细规定。1997年《刑法》修订，在第198条规定保险诈骗罪，沿用了《关于惩治破坏金融秩序犯罪的决定》关于保险诈骗罪的规定，仅就刑罚作出适当调整。此后，《保险法》于2002年10月、2009年2月、2014年8月、2015年4月先后修订，关于保险欺诈的行政处罚日臻完善。《立案追诉标准（二）》第51条规定，进行保险诈骗活动，数额在5万元以上的，应予立案追诉。

2. 犯罪构成要件

（1）本罪的客体

本罪侵犯的客体是国家的保险制度和保险人的财产所有权。需要注意的是，2010年10月《社会保险法》实施，并于2018年12月修订。该法第94条规定，违反本法规定，构成犯罪的，依法追究刑事责任。但因社会保险属于社会保障范畴，不属于金融保险，故行为人骗取社会保险财产成立普通诈骗罪，而非保险诈骗罪。

（2）本罪的客观方面

本罪的客观方面表现为违反保险法规，采取虚构保险标的、保险事故或者制造保险事故等方法，欺骗保险人并致使其陷入错误认识，从而获得较大数额保险金，给保险人造成财产损失的行为。所谓"保险金"，是指依据保险法规，投保人根据合同的约定向保险人支付保险费，待发生合同约定内的事故后可获得的一定赔偿。根据《刑法》第198条的规定，保险诈骗罪包括5种行为方式：

第一，投保人故意虚构保险标的，骗取保险金。所谓"保险标的"，是指作为保险对象的物质财富及其有关利益，如作为保险对象的人的寿命、身体或财产等有关利益。所谓"故意虚构保险标的"，是指投保人在与保险人订立保险合同时，故意捏造不存在的保险对象，旨在日后编造保险事故并骗取保险金。常见的表现包括：不存在某一保险标的，但谎称存在该保险标的进行投保并索赔；恶意超值、超额投保；以不合格的保险标的冒充合格的保险标的；将非保险标的之物冒充保险标的进行投保等。

第二，投保人、被保险人或者受益人对发生的保险事故编造虚假的原因或者夸大损失的程度，骗取保险金。由于保险合同约定保险人只对因保险责任范围内的原因引起的保险事故承担赔偿责任，但是投保人、被保险人或受益人或者隐瞒发生保险事故的真实原因，或者将非保险责任范围内的原因谎称为保险责任范围内的原因，以骗取保险金；对确已发生保险事故造成损失的情形，故意夸大损失的程度以骗取正常额度以外的保险金。所谓"夸大损失程度"，是指投保人、被保险人或者受益人，对已经发生的保险事故所造成的损失进行夸大陈述、申报，以少充多、以小充大。不过，对于原本属于应予赔偿的保险事故，投保人等虽然编造虚假原因但仅领取理应得到的保险金的，不构成保险诈骗罪。

第三，投保人、被保险人或者受益人编造未曾发生的保险事故，骗取保险金。

所谓"编造",是指投保人与保险人签订保险合同后,投保人、被保险人或者受益人,在没有发生保险事故的情况下无中生有,捏造保险事故。

第四,投保人、被保险人故意造成财产损失的保险事故,骗取保险金。所谓"故意造成财产损失的保险事故",是指在保险合同期内,保险标的原本没有危险的情况下,投保人、被保险人人为酿成保险事故并造成财产损失,以骗取保险金。"故意造成"既包含作为方式,也包含不作为方式;既包括从无财产损失到有财产损失,又包括从较小财产损失到较大财产损失。比如,投保人、被保险人面临即将危险时,故意不采取防范措施或补救措施,使财产损失发生。但是,如果投保人、被保险人故意造成财产损失,但没有骗取保险金的,则不构成本罪。

第五,投保人、受益人故意造成被保险人死亡、伤残或者疾病,骗取保险金。这一情况特指在人身保险中,投保人、受益人为骗取保险金而制造赔偿条件,故意采用不法手段,造成被保险人的伤亡、疾病的。

保险诈骗罪实行行为的着手非常重要,只有当客观行为具有侵害法益的紧迫危险性,即只有当行为人向保险人(保险公司)索赔时,才能认为保险秩序和保险公司的财产受到侵害的危险性达到紧迫程度。所以,行为人开始向保险人(保险公司)实施索赔行为、提出支付保险金请求,是本罪实行行为的着手。

(3) 本罪的主体

根据《刑法》第198条规定,首先,保险诈骗罪的主体是特殊主体,个人和单位均可构成,其中,《刑法》第198条第3款规定了单位犯罪。保险诈骗罪的5种行为方式分别有相应的主体与之对应,不符合法定主体身份的人即便骗取了保险金,也不构成本罪。所谓"投保人",是指与保险人(保险公司)订立保险合同,并按照保险合同负有支付保险费义务的人。所谓"被保险人",是指其财产或者人身受保险合同保障,享有保险金请求权的人,投保人本人或者投保人指定的享有保险金请求权的人可以是被保险人。所谓"受益人",是指人身保险合同中由被保险人或者投保人指定的享有保险金请求权的人,投保人、被保险人可以是受益人。根据《刑法》第198条第4款,保险事故的鉴定人、证明人、财产评估人故意提供虚假证明文件,为他人诈骗提供条件的,以保险诈骗的共犯论处。

(4) 本罪的主观方面

本罪的主观方面表现为故意,且要求行为人具有非法占有保险金的目的。主观方面系过失的,不构成本罪。

3. 刑事责任

2022年5月《立案追诉标准(二)》第51条规定:进行保险诈骗活动,数额在5万元以上的,应予立案追诉。

2011年《诈骗案件解释》第1条规定:诈骗公私财物价值3000元至1万元以上、3万元至10万元以上、50万元以上的,应当分别认定为《刑法》第266条规定的"数额较大""数额巨大""数额特别巨大"。各省、自治区、直辖市高级人民法院、人民检察院可以结合本地区经济社会发展状况,在前款规定的数额幅度内,共同研究确定本地区执行的具体数额标准,报最高人民法院、最高人民检察院备案。

2012年11月9日《浙江省高级人民法院关于部分罪名定罪量刑情节及数额标准的意见》(部分失效)规定:个人进行保险诈骗,数额在10万元以上不满50万元,单位进行保险诈骗,数额在50万元以上不满250万元的,属于"数额巨大",处5年以上10年以下有期徒刑,并处2万元以上20万元以下罚金。个人或者单位进行保险诈骗,达到数额较大的标准,并具有下列情形之一的,属于"其他严重情节",处5年以上10年以下有期徒刑,并处2万元以上20万元以下罚金:①为骗取保险金而对保险公司工作人员、鉴定人、证明人、财产评估人等行贿的;②以故意造成保险事故的方式骗取保险金3次以上,尚未构成其他犯罪的;③严重情节的其他情形。个人进行保险诈骗,数额在50万元以上,单位进行保险诈骗,数额在250万元以上的,属于"数额特别巨大",处10年以上有期徒刑,并处 2 万元以上 20 万元以下罚金或者没收财产。个人或者单位进行保险诈骗，达到数额巨大的标准，并具有下列情形之一的，属于"其他特别严重情节"，处 10 年以上有期徒刑，并处 2 万元以上 20 万元以下罚金或者没收财产：①为骗取保险金而对保险公司工作人员、鉴定人、证明人、财产评估人等行贿的；②以故意造成保险事故的方式骗取保险金 3 次以上，尚未构成其他犯罪的；③特别严重情节的其他情形。根据《刑法》第 198 条的规定，犯本罪的处 5 年以下有期徒刑或者拘役，并处 1 万元以上 10 万元以下罚金；数额巨大或者有其他严重情节的，处 5 年以上 10 年以下有期徒刑，并处 2 万元以上 20 万元以下罚金；数额特别巨大或者有其他特别严重情节的，处 10 年以上有期徒刑，并处 2 万元以上 20 万元以下罚金或者没收财产。单位犯本罪的，对单位判处罚金，并对其直接负责的主管人员和其他直接责任人员，处 5 年以下有期徒刑或者拘役；数额巨大或者有其他严重情节的，处 5 年以上 10 年以下有期徒刑；数额特别巨大或者有其他特别严重情节的，处 10 年以上有期徒刑。

2017 年 12 月 22 日江苏省高级人民法院、江苏省人民检察院、江苏省公安厅《关于加强经济犯罪案件办理工作座谈会纪要》规定：个人进行保险诈骗活动，数额在 10 万元至 100 万元之间的，一般应认定为《刑法》第 198 条规定的"数额巨大"；数额在 100 万元以上的，一般应认定为《刑法》第 198 条规定的"数额特别巨大"。单位实施保险诈骗犯罪行为，上述数额标准一般按个人标准的 5 倍掌握。

司法精要

1. 自然人为保险诈骗而实施其他犯罪的处理

根据《刑法》第 198 条第 2 款的规定，进行保险诈骗活动，数额较大的，且行为符合"（四）投保人、被保险人故意造成财产损失的保险事故，骗取保险金的""（五）投保人、受益人故意造成被保险人死亡、伤残或者疾病，骗取保险金的"，同时构成其他犯罪的，依照数罪并罚的规定处罚。对于上述规定，应作如下理解：

第一，单位仅实施制造保险事故的犯罪行为，未向保险人索赔的，属于保险诈骗的预备阶段，因尚未着手，可认定成立其他犯罪，但不与保险诈骗罪进行数罪并罚。

第二，对于单位制造保险事故的情形，如果单位可以成为制造保险事故所涉犯罪的犯罪主体，则对单位实行数罪并罚；如果单位不符合主体要件，则就保险诈骗罪而言，在成立单位犯罪的同时，一并追究单位的刑事责任与直接负责的主管人员和其他直接责任人员保险诈骗罪的刑事责任。而对制造保险事故所构成的犯罪，则根据数罪并罚规定，追究直接负责的主管人员和其他直接责任人员相应的刑事责任。

第三，如果行为人涉及"（一）投保人故意虚构保险标的，骗取保险金的""（二）投保人、被保险人或者受益人对发生的保险事故编造虚假的原因或者夸大损失的程度，骗取保险金的""（三）投保人、被保险人或者受益人编造未曾发生的保险事故，骗取保险金的"等行为，同时触犯其他罪名的，对于只有一个实行行为的情形，根据想象竞合犯或法条竞合犯的处断原则，从一重罪处断；对于存在多个实行行为的情形，因多个实行行为侵犯的法益不同，应实行数罪并罚。[①]

典型案例5-22：卢某忠、陶某霞故意杀人罪、保险诈骗罪案[②]——投保人故意造成被保险人死亡、伤残或者疾病，骗取保险金，且构成其他犯罪的，对保险诈骗罪和其他犯罪实行数罪并罚

法院认为，第一，被告人卢某忠、陶某霞为骗取保险金，故意非法剥夺他人

[①] 参见张明楷：《诈骗犯罪论》，法律出版社2021年版，第1008-1012页。
[②] 参见河南省济源市中级人民法院刑事判决书，(2010)济中刑初字第10号。

生命，依照《刑法》第232条、第25条的规定，其行为已经构成故意杀人罪。第二，陶某霞作为投保人，故意制造保险事故后向保险公司报案索赔，意图骗取保险金，但在理赔过程中，因本案案发而未得逞，依照《刑法》第198条第1款第5项、第23条规定，其行为构成保险诈骗罪，系未遂。卢某忠与陶某霞共谋并积极实施制造保险事故的行为，其行为符合《刑法》第25条第1款的规定，构成保险诈骗罪的共犯。二人犯保险诈骗罪同时构成故意杀人罪，依照《刑法》第198条第2款规定，应当依照数罪并罚的规定处罚。公诉机关指控卢某忠、陶某霞犯罪的事实清楚，证据确实、充分，法院予以支持。第三，关于卢某忠的辩护人认为卢某忠不构成保险诈骗罪的意见，经查，法院认为，虽然卢某忠不具备《刑法》第198条规定的保险诈骗罪的特殊主体资格，也没有直接向保险公司索赔的行为，但其与陶某霞共谋并制造保险事故，因此构成保险诈骗罪的共犯。在保险诈骗犯罪过程中，陶某霞提出犯意、办理投保合同、事后向保险公司索赔，在保险诈骗共同犯罪中起主要作用，应为主犯；卢某忠积极配合陶某霞实施保险诈骗犯罪，起次要作用，应为保险诈骗犯罪的从犯。第四，在故意杀人犯罪过程中，卢某忠与陶某霞多次预谋，互相配合实施杀人、清理现场、焚尸、抛弃物证等活动，均起主要作用，均为主犯。卢某忠、陶某霞为骗取保险金而杀害亲属，犯罪动机卑劣，为制造保险事故而焚尸，犯罪手段残忍，罪行极其严重，应予严惩。第五，卢某忠应当判处死刑，且即使卢某忠的辩护人认为卢认罪态度好的意见符合庭审查明的情况，但仅此不足以对其从轻处罚。陶某霞论罪应当判处死刑，但考虑到其并未直接实施杀害卢××的行为，对其判处死刑可不立即执行。

2. 实际投保人利用挂靠名义投保情形下主体身份的认定

所谓"投保人"，是指与保险人（保险公司）订立保险合同，并按照保险合同负有支付保险费义务的人。不过，一些单位、个人将关系挂靠在其他单位，在投保时，其虽然是实际的投保人和被保险人，但未在合同中予以体现。对此，投保人的认定应采取实质真实的立场，从主体与保险标的是否具有直接保险利益关系角度进行认定。如果相关主体确实符合"投保人"的身份特征，即便其未以合同形式表现为投保人，依然可以成为保险诈骗罪的主体。例如，实际投保人利用所挂靠的单位，从保险公司骗得保险金，则属于隐名被保险人（实际投保人）利用显名被保险人（名义投保人）的名义实施的保险诈骗行为，应认定其构成保险诈骗罪。

典型案例5-23：徐某雷保险诈骗案[①]——被保险车辆的实际所有人利用挂靠单位的名义实施保险诈骗行为的，构成保险诈骗罪

法院认为，被告人徐某雷编造未曾发生的车辆失窃的保险事故，骗取保险金63130.97元，数额巨大，其行为已构成保险诈骗罪，依法应予惩处。本案中，第一，向保险公司投保的保险标的的实际所有人系被告人徐某雷，保险费等也实际系被告人徐某雷交纳。被告人徐某雷编造保险事故后，利用北郊运输队而实施的诈骗保险公司保险金的行为，使保险公司财产受到了损失，故被告人徐某雷构成间接正犯，应定保险诈骗罪。第二，被告人徐某雷犯罪后能主动向公安机关投案，并如实供述犯罪事实，系自首，依法可以从轻或减轻处罚。第三，被告人徐某雷在庭审中能自愿认罪，其家属已代为退出全部赃款，确有悔罪表现，依法可以从轻处罚。因此，法院根据被告人徐某雷的犯罪性质、情节及悔罪表现，决定对被告人徐某雷予以减轻处罚。

合规指引

1. 合规要求

保险公司及其保险从业人员的保险经营管理行为应当符合法律法规、监管规

[①] 参见方海明、闵仕君、范莉：《徐某雷保险诈骗案——被保险车辆的实际所有人利用挂靠单位的名义实施保险诈骗行为的，构成保险诈骗罪》，载熊选国主编：《刑事审判参考》（2008年第2集，总第61集），第479号案例。

定、公司内部管理制度以及诚实守信的道德准则。

2. 合规风险

保险行业的合规风险包括保险公司及其保险从业人员因不合规的保险经营管理行为引发法律责任、财务损失或者声誉损失的风险，以及欺诈实施者进行欺诈活动，给保险行业、保险消费者及社会公众造成经济损失或其他损失的风险。

3. 合规建议

（1）加强保险人员政治理论、法治观念和职业道德教育，建立员工谈话、教育记录台账

保险公司应引导员工树立正确的世界观和人生观，爱岗敬业，恪尽职守，提高保险从业人员队伍的整体素质。

（2）加强保险人员的业务技能培训和防骗知识培训，建立员工培训记录台账

保险公司应总结反诈骗案件正反两方面的经验教训，有针对性地开展业务技能和防骗知识培训，提高保险人员识别诈骗行为的能力，使不法分子不敢骗、不能骗、骗不成。

（3）创新运用大数据等新技术手段防范保险欺诈风险

为解决传统人工筛查欺诈线索的方式难以满足保险保单海量增长的突出矛盾，适应保险欺诈犯罪职业化、团伙化的新趋势，创新运用大数据等新技术手段防范保险欺诈风险、打击金融犯罪行为，银保监局及公安部门等多部门明确建立数据共享合作框架，完善日常案件沟通协作等机制。这有利于突破信息孤岛，探索推进跨部门数据融合。

（4）加强消费者宣教和行业自律，双管齐下，建立宣传记录台账

一是持续开展监管政策宣传和消费者教育。有关部门向广大消费者制作发布典型案例，防范诈骗风险，提醒广大市民朋友自觉抵制保险欺诈行为。二是不断

加强保险从业人员管理和行业自律。有关部门建立健全保险销售人员"灰名单"制度，扩大信息收集范围，营造"一处失信、处处受限"的规范从业氛围；明确强化关键环节管控、优化投诉处理流程、做好销售合规培训、加强客户信息管理等方面的自律要求。

📁 监管政策和规范

保险行业的产品和技术不断升级，给行业带来便利的同时，相应的新型诈骗手段不断出现，例如电信网络新型诈骗。传统上，保险欺诈数量较多的是车险和健康险。近年来，随着互联网保险快速发展，保险欺诈出现新的趋势，例如，退货运费险、航班延误险等领域经常出现保险欺诈案例。保险公司开展反欺诈的线索，主要源于对案件的抽样检查以及作业人员的经验总结，缺乏对承保理赔基础数据的充分分析，未能挖掘其中隐含的风险因子，这些因素导致保险公司难以及时发现有关的欺诈线索。而且，保险条款操作流程比较复杂，专业性要求比较高，控制难度较大。保险产品具有专业性、复杂性和低频性，为诈骗行为滋生提供了土壤。

近年来，保险业快速发展，保险诈骗手法呈现明显的团伙化、专业化、隐蔽化趋势。首先，参与者更多，专业性更强。其次，保险诈骗由伪造或拼凑事故、篡改真实情况、提供虚假资料等手段，转变为制造事故，手段更难识别。再次，职业型欺诈手段更加复杂、隐蔽。部分汽修厂、医务人员等参与协助诈骗，增加了保险机构和行业识别欺诈风险的难度。

新型保险欺诈手段的特点主要包括：一是欺诈手法多种多样甚至被联合使用，手段日趋复杂隐蔽，如伪基站等，让保险公司防不胜防。二是欺诈方式灵活多变，迭代速度快，一些专门的欺诈团伙对保险公司实时盯守，发现漏洞及时行动，被拦截后及时更改策略。三是欺诈范围遍布全球，时常会出现跨国欺诈案件，增加执法难度。四是欺诈链条完备，上下游分工明确，形成专门的产业链，包括情报获取、变现及套利等环节。

为维护保险消费者的合法权益，提升保险业欺诈风险管理的科学性和有效性，促进保险业健康可持续发展及社会诚信体系的构建，印发了《反保险欺诈指引》。

《反保险欺诈指引》共4章总计47条，旨在构建保险行业欺诈风险管理规范和反欺诈技术标准，进一步防范和化解保险欺诈风险。该文件的内容主要包括以下方面：一是明确了保险机构承担欺诈风险管理的主体责任。保险机构应建立健全管理欺诈风险的制度体系与组织架构，明确董事会及其专门委员会、监事会（监事）、管理层以及相关部门在欺诈风险管理中的作用、职责及报告路径，规范操作流程，完善基础数据和信息系统，严格考核、问责制度执行，妥善处置欺诈风险，履行报告义务。二是明确了银保监会及其派出机构的职责。银保监会及其派出机构应依法对保险机构的欺诈风险管理工作实施监管，在反保险欺诈中发挥规划、协调、指导和监督作用。银保监会及其派出机构应定期对保险机构欺诈风险管理体系的健全性和有效性进行检查和评估，并通过监管评级、风险提示、通报、约谈等方式对保险机构欺诈风险管理进行持续监管。三是明确了各单位在反欺诈协作配合机制中的职责。银保监会及其派出机构应完善部门合作、区域合作以打击和惩戒保险欺诈的协作机制，构建跨境、跨地区交流与合作的框架体系等。保险机构、行业组织、中国银保信等应在银保监会及其派出机构的指导下深入开展行业合作，构建欺诈风险数据共享和信息互通机制，深化理论研究、学术交流和国际交流，联合开展行业行动，强化风险处置协作。

《反保险欺诈指引》的发布是中国银保监会顺应国际保险监管规则的要求，强化监管制度建设，夯实科学监管基础的重要举措。下一步，银保监会将致力于指导建立涵盖欺诈风险识别、评估、监测、控制和报告的全流程风险管控体系，推动保险行业完善反欺诈工作框架，提升协作机制效能，提高社会公众对欺诈的认识，形成预防和处置保险欺诈行为的长效机制。

相关监管政策和规范索引整理如下。

《保险法》第 27、112、116、171、172、174、179 条

《中国银保监会行政处罚办法》第 2、21、85、86 条

《反保险欺诈指引》第 3、6、8、18 条

典型案例

典型案例 5-24：员工故意编造未曾发生的保险事故进行保险诈骗案①

民生人寿保险股份有限公司徐州中心支公司总经理李某华对民生人寿保险股份有限公司徐州中心支公司以下违法违规行为承担管理责任：（1）故意编造未曾发生的保险事故进行保险诈骗。2016 年 10 月，在被保险人王××理赔案件中，民生人寿徐州中心支公司客服部主管张某一人调查并形成理赔调查报告，最终赔付 11 万元。2020 年 4 月 27 日，徐州市贾汪区人民法院证实张某故意编造未曾发生的保险事故，依法判决张某犯保险诈骗罪、合同诈骗罪。根据《民生人寿保险股份有限公司理赔工作指南》的相关规定，高额案件是指赔付金额超过 10 万元的理赔案件。根据《民生人寿保险股份有限公司理赔调查工作指引》的规定，高额理赔案件专项调查严格执行双人调查，且至少有一名调查员为总公司理赔人员或总公司客户服务部指定的分公司理赔人员。民生人寿徐州中心支公司未执行上述规定。（2）内控管理不到位。第一，缺少员工职业道德培训。经查实，民生人寿徐州中心支公司对从业人员的培训缺少从业人员职业道德、思想品行教育相关内容，原员工（个人代理人）杜××、吴××、张×等 6 人犯罪被司法机关判决。第二，入职资料核实不到位。原员工杜××2014 年 7 月 1 日入职，2017 年 3 月 22 日

---

① 中国银保监会徐州银保监分局徐银保监罚决字〔2021〕19 号行政处罚决定书。

离职，2017年5月31日再次入职。经查实，民生人寿徐州中心支公司缺少对杜××入职时提供的学历真实性进行核实的相关材料。李某华作为民生人寿徐州中心支公司时任总经理，对机构上述违法行为管理不力、监督不到位，负有管理责任和监督责任。中国银保监会徐州监管分局（以下简称徐州分局）向李某华下发《行政处罚事先告知书》后，当事人提交了陈述申辩意见，徐州分局经过审核后认为：李某华本人所提出的"对高额理赔案件专项调查及内控管理不到位的违规问题免除管理责任"的申辩理由于法无据。首先，岗位职责文件证明：当事人作为总经理对理赔审核及员工入职资料审核有直接管理职责，知道或者应当知道本级或者下级机构和人员的违法行为，但未采取必要措施制止或者纠正的，应当依法承担管理责任和监督责任。其次，当事人未能提供其开展了经常性职业道德培训的证明材料。依据《中国银保监会行政处罚办法》，当事人违法违规的事实后果已经形成，不具有对机构及责任人不予处罚的情形，徐州分局已对当事人适用从轻处罚。因此，当事人的陈述申辩意见不影响该案的定性与处罚幅度，徐州分局不予采纳。上述事实，有现场检查事实确认书、《民生人寿保险股份有限公司理赔工作指南》、《民生人寿保险股份有限公司理赔调查工作指引》、理赔调查报告、刑事判决书、员工档案、刑事附带民事裁定书、调查笔录等证据证明。综上，李某华的上述行为，违反了《保险法》第116条第6款的规定，根据《保险法》第171条的规定，徐州分局给予李某华警告，并处2万元罚款。

Chapter 06

洗钱罪

第一百九十一条 【洗钱罪】

第六章 洗钱罪

第一节 洗钱罪

第一百九十一条 【洗钱罪】为掩饰、隐瞒毒品犯罪、黑社会性质的组织犯罪、恐怖活动犯罪、走私犯罪、贪污贿赂犯罪、破坏金融管理秩序犯罪、金融诈骗犯罪的所得及其产生的收益的来源和性质,有下列行为之一的,没收实施以上犯罪的所得及其产生的收益,处五年以下有期徒刑或者拘役,并处或者单处罚金;情节严重的,处五年以上十年以下有期徒刑,并处罚金:

(一) 提供资金帐户的;

(二) 将财产转换为现金、金融票据、有价证券的;

(三) 通过转帐或者其他支付结算方式转移资金的;

(四) 跨境转移资产的;

(五) 以其他方法掩饰、隐瞒犯罪所得及其收益的来源和性质的。

单位犯前款罪的,对单位判处罚金,并对其直接负责的主管人员和其他直接责任人员,依照前款的规定处罚。

罪名解析

1. 法条修改情况

我国1979年《刑法》没有对洗钱罪作出规定。1988年12月19日,联合国通过了《禁止非法贩运麻醉药品和精神药物公约》。我国政府分别于1988年12月20日和1989年9月4日签署并批准了该项国际公约。此后，我国反洗钱刑事立法正式提上议程。在国际公约和国内外反洗钱形势影响下，我国反洗钱刑事立法自创立至今，经历了一系列动态发展变化。

1990年12月28日，为应对毒品犯罪的严峻形势，通过了《全国人民代表大会常务委员会关于禁毒的决定》（已失效）。该决定第4条第1款设立了"掩饰、隐瞒毒赃性质、来源罪"，具体规定如下："……为犯罪分子窝藏、转移、隐瞒毒品或者犯罪所得的财物的，掩饰、隐瞒出售毒品获得财物的非法性质和来源的，处七年以下有期徒刑、拘役或管制，可以并处罚金。"这是我国刑事立法首次规制与洗钱有关的犯罪，但仅指向毒品犯罪的洗钱行为。

1997年《刑法》修订，考虑到洗钱犯罪并不限于毒品犯罪，因此在第191条专门设立了洗钱罪，将洗钱罪的上游犯罪拓展为毒品犯罪、黑社会性质的组织犯罪和走私犯罪，明确洗钱犯罪的内容及其表现形式，并将单位作为洗钱犯罪的主体。具体规定如下："明知是毒品犯罪、黑社会性质的组织犯罪、走私犯罪的违法所得及其产生的收益，为掩饰、隐瞒其来源和性质，有下列行为之一的，没收实施以上犯罪的违法所得及其产生的收益，处五年以下有期徒刑或者拘役，并处或者单处洗钱数额百分之五以上百分之二十以下罚金；情节严重的，处五年以上十年以下有期徒刑，并处洗钱数额百分之五以上百分之二十以下罚金：（一）提供资金账户的；（二）协助将财产转换为现金或者金融票据的；（三）通过转账或者其他结算方式协助资金转移的；（四）协助将资金汇往境外的；（五）以其他方法掩饰、隐瞒犯罪的违法所得及其收益的性质和来源的。单位犯前款罪的，对单位判处罚金，并对其直接负责的主管人员和其他直接责任人员，处五年以下有期徒刑或者拘役。"这一规定体现出洗钱罪的独特性，确立了洗钱罪的规范框架和基本要素。

为依法惩治恐怖犯罪，2001年《刑法修正案（三）》将恐怖活动犯罪纳入洗钱罪的上游犯罪，将洗钱罪的对象确定为"毒品犯罪、黑社会性质的组织犯罪、恐怖活动犯罪、走私犯罪的违法所得及其产生的收益"。同时，对于单位犯罪，增加了"情节严重"的法定刑幅度，即情节严重的，处5年以上10年以下有期徒刑。

根据洗钱犯罪的实际情况，2006年《刑法修正案（六）》再次对洗钱罪作出修订，扩张了洗钱犯罪的上游犯罪范围，将"贪污贿赂犯罪、破坏金融管理秩序犯罪、金融诈骗犯罪"纳入其中。这次刑法修改将洗钱犯罪的上游犯罪拓展为7类犯罪，其中涉及的"金融管理秩序犯罪、金融诈骗犯罪"对金融合规提出了新的要求。

为了预防洗钱活动，维护金融秩序，遏制洗钱犯罪及相关犯罪，我国2006年颁布了《反洗钱法》。该法基于刑法确定的洗钱犯罪框架，规定了反洗钱的制度安排，并且明确了金融机构的反洗钱义务。该法第3条规定，在中华人民共和国境内设立的金融机构和按照规定应当履行反洗钱义务的特定非金融机构，应当依法采取预防、监控措施，建立健全客户身份识别制度、客户身份资料和交易记录保存制度、大额交易和可疑交易报告制度，履行反洗钱义务。

2009年11月11日发布的《洗钱案件解释》第1条明确了"明知"的认定标准，第2条在《刑法》列举的4种洗钱行为基础上，对"以其他方法掩饰、隐瞒犯罪所得及其收益的来源和性质"作出具体解释。

2020年《刑法修正案（十一）》对洗钱罪进行了较大幅度的修改，主要包括：第一，删除了对于上游犯罪范围的"明知"的主观要件。第二，将"处洗钱数额百分之五以上百分之二十以下罚金"改为"处罚金"，删除了具体罚金比例。第三，删除了客观要件第2、3款中的"协助"一词。第四，将"协助将资金汇往境外"修改为"跨境转移资产"，表明资产的双向转移均被认定为洗钱行为，同时资产的范围要大于资金。第五，删除原刑罚对于单位犯洗钱罪的规定，修改为"依照前款规定处罚"。据此，单位犯洗钱罪的刑罚与个人犯洗钱罪的刑罚相统一，单位犯罪中的自然人将面临罚金处罚。这一立法修正不仅明确自洗钱行为入罪，也为洗钱罪的犯罪构成注入了新的内容。

2. 犯罪构成要件

（1）本罪的客体

关于洗钱犯罪的客体，学界存在不同的认识。单一法益说认为，洗钱罪保护的法益具有单一性，即"国家的金融管理秩序"。[1] 复杂法益说认为，洗钱罪侵害的法益是复合的，包括司法机关的活动、公共治安秩序和经济金融秩序。[2] 不确定法益说认为，本罪侵害的法益具有多重性和可变性，既可能侵害国家金融管理秩序，也可能侵害司法机关的正常活动，还可能侵害社会管理秩序。[3] 我国《刑法》把洗钱罪列入第二编第三章"破坏社会主义市场经济秩序罪"中的"破坏金融管理秩序罪"一节，这意味着，洗钱罪侵犯的主要客体是金融管理秩序。这与《反洗钱法》维护金融秩序的立法宗旨相契合。同时，洗钱行为涉及不同类型的上游犯罪，《反洗钱法》也强调遏制洗钱犯罪及相关犯罪，因此，洗钱行为侵害的法益与上游犯罪存在密切关系。根据违法所得及其收益的来源，洗钱罪可能侵犯社会治安管理秩序（如毒品犯罪、黑社会性质的组织犯罪）和国家的对外贸易管制（如走私犯罪）。[4]

（2）本罪的客观要件

根据《刑法》第191条的规定，洗钱犯罪的目的是掩饰、隐瞒特定的7类犯罪的所得及其产生的收益的来源和性质。这一核心特征体现出洗钱犯罪与相关上游犯罪的内在关联，即洗钱犯罪通过掩饰、隐瞒违法所得及其收益的非法属性，

---

[1] 参见张明楷：《刑法学（下）》（第5版），法律出版社2016年版，第793页。
[2] 参见周振想主编：《中国新刑法释论与罪案》，中国方正出版社1997年版，第861页。
[3] 参见刘宪权：《金融犯罪刑法理论与实践》，北京大学出版社2008年版，第417页。
[4] 参见赵秉志主编：《新刑法教程》，中国人民大学出版社1997年版，第493页。

为相关上游犯罪披上合法的外衣。

从行为方式看，洗钱犯罪主要表现为"掩饰"和"隐瞒"行为。所谓"掩饰"，是指行为人采取各种方式对相关上游犯罪的犯罪所得及其产生的收益的来源和性质进行遮掩、粉饰，使他人误认为是合法所得。掩饰行为既可以是行为人在司法机关尚未发现相关犯罪之前进行积极的掩饰行为，也可以是行为人在司法机关发现犯罪线索后采取各种方式进行掩饰的行为。所谓"隐瞒"，是指司法机关发现相关犯罪线索后向行为人调查时，行为人明知真实情况而故意制造假象，对相关犯罪的违法所得及其产生的收益的性质、来源提供不实陈述，企图转移司法机关人员视线，使司法机关对其提供的虚假情况信以为真。

《刑法》第191条规定了洗钱罪的5种常见行为，具体如下：

第一，提供资金账户。具体是指行为人提供本人或他人在银行或其他金融机构的资金账户的账号，用以掩饰、隐瞒相关上游犯罪的违法所得及其产生的收益的来源和性质。例如，持有合法资金账户的人有偿或无偿提供自己的账户帮助犯罪分子洗钱，金融机构及其工作人员利用职务之便提供他人的合法资金账户帮助犯罪分子洗钱，等等。因此，提供资金账户的行为主体，可能是金融机构及其工作人员，也可能是持有合法资金账户的个人。此外，借助资金账户，行为人可以存款、提款或委托开户银行向第三人办理结算。因此，本条中的"账户"应当作广义的理解，既包括真名账户和匿名账户，也包括假名账户等。

第二，将财产转换为现金、金融票据、有价证券。具体是指行为人将上游犯罪的违法所得及其收益转换为现金、金融票据、有价证券。《刑法修正案（十一）》将原条文"协助将财产转换为现金、金融票据、有价证券"中的"协助"一词删去。这一修改不仅扩大了该条款的适用范围，更重要的是将自洗钱纳入规制范围。相应地，行为人实施洗钱罪的相关上游犯罪后，将涉案财产转换为现金、金融票据、有价证券的赃款处置行为，将被认定为洗钱罪，进而和上游犯罪数罪并罚。同时，传统的第三方协助处置赃款的行为不受影响，仍然按照洗钱罪定罪处罚。

第三，通过转账或者其他支付结算方式转移资金。具体是指行为人通过转账等支付结算方式，协助上游犯罪的行为人将犯罪所得及其收益转到其他账户，或者上游犯罪的行为人通过转账或其他途径转移自己的犯罪所得及其收益，从而使犯罪资金进入合法流通领域。其中，转账结算又称银行结算或者非现金结算，是指通过银行将款项从付款单位的账户转到收款单位的账户，据以完成货币收付活动，结清债权人与债务人之间的债权债务关系。根据《国内信用证结算办法》等相关规定，结算方式主要包括：银行汇票、商业汇票、银行本票、支票、汇兑、委托收款、托收承付和国内信用证。由于结算具有资金转移快、交易量大等特点，加上银行支付系统的电子化，现已成为犯罪分子比较青睐的转移犯罪资金的手段。需要注意的是，《刑法修正案（十一）》在结算方式之外增加了"支付"方式，进一步扩大了条文的适用范围。这一规定有助于打击日益猖獗的"地下钱庄"洗钱行为。地下钱庄是指未经国家主管部门批准，擅自从事跨境汇款、资金支付结算业务等非法金融业务的民间组织。非法金融机构，是指未经中国人民银行批准，擅自设立从事或者从事吸收存款、发放贷款、融资担保等金融业务活动的机构。根据这一界定，地下钱庄属于非法金融机构的范畴。"地下钱庄"的洗钱行为，严重影响金融秩序，应当纳入刑法规制的范畴。2019年最高人民法院、最高人民检察院开始实施的《关于办理非法从事资金支付结算业务、非法买卖外汇刑事案件适用法律若干问题的解释》第5条规定，非法从事资金支付结算业务或者非法买卖外汇，构成非法经营罪，同时又构成《刑法》第120条之一规定的帮助恐怖活动罪或者第191条规定的洗钱罪的，依照处罚较重的规定定罪处罚。

第四，跨境转移资产。对于洗钱所涉的各类上游犯罪，因犯罪所得及其收益在境内容易被司法机关发现和查处，因此，一些犯罪分子选择将非法资金汇往境外，利用国内外法律制度差异和金融监管漏洞逃避国内法律制裁。同时，即使相关犯罪行为被国内司法机关发现并依法追诉，由于违法所得及其收益已被转移到其他国家，无论是案件查处还是违法所得的追缴，都涉及复杂的国际司法合作问题，面临较大的难度。这种跨境洗钱的做法通常借助专业的洗钱犯罪团伙实施，实践中还出现利用虚拟货币跨境兑换来转移资产等新型洗钱方式。值得注意的是，《刑法修正案（十一）》不仅将原条文"协助将资金汇往境外"修改为"跨境转移资产"，体现了自洗钱入罪的要求，并将洗钱的对象由"资金"扩大为资产，将地下钱庄等跨境洗钱行为纳入规制范围，还增加了资产入境的洗钱行为方式。此次修订通过将原有的单向资金出境，扩大为双向或多向的资产跨境转移，有助于加强国际反洗钱合作。

第五，以其他方法掩饰、隐瞒犯罪所得及其收益的来源和性质。鉴于洗钱手段日趋多样化，洗钱犯罪分子为规避金融监管和法律追究，不断推出新型的洗钱方式，这一"兜底"条款能够克服列举式规定的不足，将其他洗钱方法纳入刑法规制。实践中常见的其他方法包括：将犯罪所得及其收益投资服务行业以及其他日常大量使用现金的行业，从而把犯罪所得混入合法收入；使用犯罪所得及其收益购买贵重金属、艺术品、珠宝、有价证券等；将犯罪所得投资房地产等行业，用以购买不动产；将犯罪所得实物进行拍卖；用犯罪所得开办公司等，使非法财产进入合法流通领域。

（3）本罪的主体

本罪的主体是一般主体，一方面，已满16周岁具有刑事责任能力的自然人可构成本罪。《刑法修正案（十一）》将自洗钱纳入刑事规制范围，据此，毒品犯罪、黑社会性质的组织犯罪、恐怖活动犯罪、走私犯罪、贪污贿赂犯罪、破坏金融管理秩序犯罪、金融犯罪的犯罪主体以及其他自然人均可成为本罪的犯罪主体。另一方面，单位可构成本罪，同时追究单位中直接负责的主管人员和其他直接责任人员的刑事责任。除银行等金融机构被洗钱者收买和控制之外，非金融机构也可成为本罪的犯罪主体。同时，要区分单位犯罪与个人犯罪，对于金融机构工作人员实施的洗钱行为，如未体现单位意志，并非单位决策，则属自然人个人犯罪，不能认定为金融机构单位实施的行为。

(4) 本罪的主观要件

《刑法修正案（十一）》修改前，关于洗钱罪主观要件的规定，要求"明知"是相关上游犯罪的违法所得及其产生的收益，"为掩饰、隐瞒其来源和性质"而实施相应的洗钱行为，即洗钱罪的主观罪过为故意，且以"明知"为前提。2009年《洗钱案件解释》第1条第1款对"明知"的认定标准作出规定，即"……应当结合被告人的认知能力，接触他人犯罪所得及其收益的情况，犯罪所得及其收益的种类、数额，犯罪所得及其收益的转换、转移方式以及被告人的供述等主、客观因素进行认定"，同时还规定了6种推定明知的情形。司法实践中，洗钱犯罪的行为人通常辩称自己并不知晓经手资金的来源，否认自己对具体的上游犯罪属于"明知"。①2019年4月，全球反洗钱和恐怖融资政府间国际组织——金融行动特别工作组（FATF）在针对我国的第四轮互评估报告中指出，中国的洗钱罪判决数量有限，主要是由于难以证明洗钱罪成立所必需的"明知"要件，建议我国"降低明知的认定标准"。②

为有效惩治洗钱犯罪，《刑法修正案（十一）》对洗钱罪的修正删除了"明知"的要求。需要指出的是，这一修改主要是为了与自洗钱入罪相协调，并未实质性地改变洗钱罪的主观要件，洗钱罪仍然是典型的故意犯罪。在自洗钱的情形中，上游犯罪人实施上游犯罪后，实施洗钱行为时对犯罪所得及其收益，对洗钱对象的来源和性质显然有明确的认识。在其他的洗钱情形中，犯罪主体是上游犯罪分子之外的第三人，并不必然对洗钱对象的来源和性质存在明确认识，因此仍有必要对此加以证明。

---

① 参见许永安主编：《〈中华人民共和国刑法修正案（十一）〉解读》，中国法制出版社2021年版，第136页。

② FATF（2019）Anti-money laundering and counter-terrorist financing measures-People's Republic of China, Fourth Round of Mutual Evaluation Report, FATF, Paris.

3. 刑事责任

对于个人犯洗钱罪的情形，《刑法》第 191 条第 1 款根据情节轻重，规定了两个法定刑幅度：构成洗钱犯罪的，没收犯罪的所得及其产生的收益，处 5 年以下有期徒刑或者拘役，并处或者单处罚金；情节严重的，没收犯罪的所得及其产生的收益，处 5 年以上 10 年以下有期徒刑，并处罚金。对于单位犯洗钱罪的情形，《刑法修正案（十一）》将之与个人犯洗钱罪的刑罚相统一，并增加单位犯罪中自然人的罚金刑。具体言之，单位犯洗钱罪的，对单位判处罚金，并对其直接负责的主管人员和其他直接责任人员，依照第 191 条第 1 款的规定处罚。

根据 2022 年 5 月《立案追诉标准（二）》第 43 条的规定，为掩饰、隐瞒毒品犯罪、黑社会性质的组织犯罪、恐怖活动犯罪、走私犯罪、贪污贿赂犯罪、破坏金融管理秩序犯罪、金融诈骗犯罪的所得及其产生的收益的来源和性质，涉嫌法定情形之一的，应予立案追诉。

司法精要

1. 他洗钱情形下主观要件的认定

《刑法修正案（十一）》将原条文中的"明知"一词删除，但除了自洗钱的情形，即洗钱犯罪主体也是各种上游犯罪的行为主体外，对于他洗钱的情形，仍然需要证明洗钱行为人明知掩饰、隐瞒的对象是各种上游犯罪所得，据以区分洗钱罪与掩饰、隐瞒犯罪所得、犯罪所得收益罪。

一般认为，明知包括知道或应当知道。其中，"知道"可以通过犯罪嫌疑人、被告人的供述、证人证言等直接证据予以证明。在犯罪嫌疑人、被告人认罪的场合，可以结合供述和在案证据认定其知道掩饰、隐瞒的对象是各种上游犯罪所得。

对于犯罪嫌疑人、被告人不认罪,又缺乏其他直接证据的情形,则需要基于案情和在案证据,推定犯罪嫌疑人、被告人应当知道掩饰、隐瞒的对象是各种上游犯罪所得。

根据2009年《洗钱案件解释》第1条的规定,对于洗钱犯罪中的"明知",应当结合被告人的认知能力,接触他人犯罪所得及其收益的情况,犯罪所得及其收益的种类、数额,犯罪所得及其收益的转换、转移方式以及被告人的供述等主、客观因素进行认定。具有下列情形之一的,可以认定被告人明知系犯罪所得及其收益,但有证据证明确实不知道的除外:(1)知道他人从事犯罪活动,协助转换或者转移财物的;(2)没有正当理由,通过非法途径协助转换或者转移财物的;(3)没有正当理由,以明显低于市场的价格收购财物的;(4)没有正当理由,协助转换或者转移财物,收取明显高于市场的"手续费"的;(5)没有正当理由,协助他人将巨额现金散存于多个银行账户或者在不同银行账户之间频繁划转的;(6)协助近亲属或者其他关系密切的人转换或者转移与其职业或者财产状况明显不符的财物的;(7)其他可以认定行为人明知的情形。同时,被告人将《刑法》第191条规定的某一上游犯罪的犯罪所得及其收益误认为《刑法》第191条规定的上游犯罪范围内的其他犯罪所得及其收益的,不影响《刑法》第191条规定的"明知"的认定。

2. 洗钱行为方式"兜底条款"的认定

《刑法》第191条第1款列举了4种典型的洗钱行为方式,又规定了第5项"以其他方法掩饰、隐瞒犯罪所得及其收益的来源和性质的"情形。关于这一兜底条款,2009年《洗钱案件解释》第2条规定:具有下列情形之一的,可以认定为《刑法》第191条第1款第5项规定的"以其他方法掩饰、隐瞒犯罪所得及其收益的来源和性质",(1)通过典当、租赁、买卖、投资等方式,协助转移、转换犯罪所得及其收益的;(2)通过与商场、饭店、娱乐场所等现金密集型场所的经营收入相混合的方式，协助转移、转换犯罪所得及其收益的；（3）通过虚构交易、虚设债权债务、虚假担保、虚报收入等方式，协助将犯罪所得及其收益转换为"合法"财物的；（4）通过买卖彩票、奖券等方式，协助转换犯罪所得及其收益的；（5）通过赌博方式，协助将犯罪所得及其收益转换为赌博收益的；（6）协助将犯罪所得及其收益携带、运输或者邮寄出入境的；（7）通过前述规定以外的方式协助转移、转换犯罪所得及其收益的。司法解释作出的此类列举式规定，在法律规定基础上，进一步明确了常见的洗钱行为方式，能够为司法实践提供具体的依据指引。不过，随着自洗钱入罪，上述行为方式有必要作出适当的调整，不再限于"协助型"掩饰、隐瞒行为，而是应当将自洗钱的行为方式涵盖在内。同时，基于犯罪与司法的动态博弈关系，洗钱犯罪行为人可能为规避司法追究，采取法律和司法解释明确列举的行为方式之外的新型洗钱方式，例如，近年来已经出现利用比特币等虚拟货币进行洗钱的行为。这意味着，在法律和司法解释列举的常见洗钱行为方式的基础上，有必要基于类型化分析的基本方法，通过对兜底条款的有效解释，将各种新型洗钱行为方式纳入刑法的规制范围。具体言之，只要是与上述洗钱行为方式类似的，掩饰、隐瞒各种上游犯罪所得及其收益的来源和性质的行为，都可以适用《刑法》第191条第1款第5项的兜底条款，而不是机械地执行法律和司法解释的列举式规定。

3. 洗钱罪与掩饰、隐瞒犯罪所得、犯罪所得收益罪的区分

掩饰、隐瞒犯罪所得、犯罪所得收益罪与洗钱罪的犯罪对象都是犯罪所得及其产生的收益，两罪的行为方式也存在一定的相似之处。关于两罪的区分，需要注意以下方面：一是侵害法益不同。掩饰、隐瞒犯罪所得、犯罪所得收益罪规定在《刑法》第六章妨害社会管理秩序罪中的"妨害司法罪"一节，即该罪具有妨害司法的违法性。相比之下，洗钱罪规定在《刑法》第三章破坏社会主义市场经济秩序罪中的"破坏金融管理秩序"一节，即该罪侵犯的主要客体是金融管理秩

序,同时,该罪牵涉上游犯罪,也涉及妨害司法等问题。当然,洗钱行为对金融管理秩序的影响,是该罪不同于掩饰、隐瞒犯罪所得、犯罪所得收益罪的突出特征。二是行为目的不同。掩饰、隐瞒犯罪所得、犯罪所得收益罪主要表现为,行为人明知是犯罪所得及其产生的收益而予以窝藏、转移、收购、代为销售或者以其他方法掩饰、隐瞒的行为。相比之下,洗钱罪尽管也体现为掩饰、隐瞒行为,但目的是掩饰、隐瞒相关上游犯罪的所得及其产生的收益的来源和性质,行为人不仅要实施一般的窝藏等行为,还要采取"清洗、漂白"行为,即通过洗钱行为使犯罪所得及其产生的收益"合法化"。无论是《刑法》第191条第1款列举的典型行为方式,还是2009年《洗钱案件解释》第2条对法定行为方式"兜底条款"所作的解释,都体现出洗钱行为这一特殊目的。需要指出的是,自洗钱行为入罪后,相关上游犯罪的行为人可以成为洗钱罪的主体。但相比之下,掩饰、隐瞒犯罪所得、犯罪所得收益罪并不包含本犯实施掩饰、隐瞒行为的情形。换言之,本犯自己实施掩饰、隐瞒行为的,不成立该罪。三是上游犯罪不同。洗钱罪掩饰、隐瞒的对象只能是《刑法》规定的7种上游犯罪,而掩饰、隐瞒犯罪所得、犯罪所得收益罪的对象则包含所有的犯罪所得和收益。在赃物犯罪的罪名体系中,洗钱罪可被视为一个特殊罪名。

4. 洗钱罪与窝藏、转移、隐瞒毒品、毒赃罪的区分

窝藏、转移、隐瞒毒品、毒赃罪属于毒品犯罪的范畴,也是洗钱罪的上游犯罪。同时,该罪所涉的窝藏、转移、隐瞒行为,与洗钱罪的掩饰、隐瞒行为存在一定的交叉重合关系。关于两罪的区分,需要注意以下方面:一是犯罪对象的范围不同。窝藏、转移、隐瞒毒品、毒赃罪涉及的犯罪对象较广,既包括毒赃,也包括毒品。相比之下,洗钱罪针对的是毒品犯罪的所得及其产生的收益。二是侵害法益不同。窝藏、转移、隐瞒毒品、毒赃罪规定在《刑法》第六章妨害社会管理秩序罪中的"走私、贩卖、运输、制造毒品罪"一节,主要涉及的是毒品的管

制秩序。比较而言，洗钱罪侵犯的主要客体是金融管理秩序，同时，该罪也牵涉上游毒品犯罪的管制问题。三是行为目的不同。与窝藏、转移、隐瞒毒品、毒赃罪所涉的窝藏、转移、隐瞒行为相比，洗钱罪具有特殊的目的，即对于上游毒品犯罪而言，洗钱罪掩饰、隐瞒的是毒品犯罪所得及其产生的收益的来源和性质。如果行为人仅仅是窝藏、转移、隐瞒毒赃，没有掩饰、隐瞒毒赃的来源和性质，没有将毒赃清洗为合法的财产，就应该认定为窝藏、转移、隐瞒毒品、毒赃罪，而非洗钱罪。同时，窝藏、转移、隐瞒毒品、毒赃罪本质上属于包庇型犯罪。在《刑法修正案（十一）》出台前，如果走私、贩卖、运输、制造毒品的犯罪分子自己实施窝藏、转移、隐瞒毒赃的行为，一般作为不可罚的事后行为处理。《刑法修正案（十一）》将"自洗钱"入罪后，如果毒品犯罪分子的本犯掩饰、隐瞒毒品犯罪的所得及其产生的收益，则可以按照洗钱罪进行定罪处罚。

合规指引

1. 履行反洗钱义务的机构范围

反洗钱刑事合规由"规则为本"向"风险为本"转变。《反洗钱法》第3条规定："在中华人民共和国境内设立的金融机构和按照规定应当履行反洗钱义务的特定非金融机构，应当依法采取预防、监控措施，建立健全客户身份识别制度、客户身份资料和交易记录保存制度、大额交易和可疑交易报告制度，履行反洗钱义务。"据此，履行反洗钱义务的机构包括两类：一是金融机构。关于金融机构的范围，根据《反洗钱法》第34条的规定，金融机构具体包括：依法设立的从事金融业务的政策性银行、商业银行、信用合作社、邮政储汇机构、信托投资公司、证券公司、期货经纪公司、保险公司以及国务院反洗钱行政主管部门确定并公布的从事金融业务的其他机构。二是按照规定应当履行反洗钱义务的特定非金融机构。根据《中国人民银行办公厅关于加强特定非金融机构反洗钱监管工作的通知》第1条的规定，具体包括开展以下业务的特定非金融机构：①房地产开发企业、房地产中介机构销售房屋、为不动产买卖提供服务；②贵金属交易商、贵金属交易场所从事贵金属现货交易或为贵金属现货交易提供服务；③会计师事务所、律师事务所、公证机构接受客户委托为客户办理或准备办理以下业务，包括买卖不动产、代管资金、证券或其他资产，代管银行账户、证券账户，为成立、运营企业筹集资金，以及代客户买卖经营性实体业务；④公司服务提供商为客户提供或准备提供以下服务，包括为公司的设立、经营、管理等提供专业服务，担任或安排他人担任公司董事、合伙人或持有公司股票，为公司提供注册地址、办公地址或通讯地址等。

2. 以防范刑事风险为导向加强合规治理

为完善反洗钱、反恐怖融资、反逃税监管的体制机制，执行国际社会反洗钱的通行标准，需要严格落实《反洗钱法》和相关法律规定，特别要加强洗钱罪的预防和惩治，有效防范刑事风险。以《刑法修正案（十一）》的出台为标志，洗钱罪的刑法规制体系日渐完善，对上游犯罪、犯罪主体、行为方式、法律责任等事项提供了明确的规范指引。此种情况下，无论是金融机构，还是履行反洗钱义务的特定非金融机构，都应当以防范刑事风险为底线，建立健全反洗钱合规体系。

对于反洗钱合规体系的构建，需要注意以下事项：

一是关注洗钱犯罪刑法规制体系的动态发展，准确识别洗钱犯罪的构成要素。与1997年《刑法》的洗钱罪规定相比，《刑法修正案（十一）》对洗钱罪的内涵和外延进行了系统的调整，包括自洗钱入罪、洗钱行为方式的变化以及刑事责任的调整等方面。需要指出的是，此前出台的与洗钱罪相关的司法解释，仍以传统的洗钱罪的构成要件为基础；对于其中的一些解释性规定，有必要结合《刑法修正案（十一）》的新规定加以重新阐释。这种新旧规定之间的交叉重叠关系,给洗钱罪的司法适用增加了一定的难度,需要在合规体系中加以关注。

二是关注国家的反洗钱政策动态,避免新型业务隐含的洗钱风险。在国家层面,我国自从提出完善反洗钱、反恐怖融资、反逃税监管体制机制以来,一直聚焦金融领域的违法违规现象,强调健全现代金融监管体系,完善风险防范体制机制。其中,反洗钱监管被视为反洗钱、反恐怖融资、反逃税工作的重要基础。随着洗钱等非法资金活动的不断演变,反洗钱监管工作必须适应新形势,不断扩大监管范围、创新监管模式、完善监管手段、堵塞监管漏洞。相应地,针对新兴金融领域、新型金融业务的反洗钱监管,对合规体系建设提出了新的要求。金融机构在拓展金融领域和金融业务过程中,需要结合国家最新的政策和法律,有效预防洗钱风险。

三是关注反洗钱的行业规范指引,配合反洗钱监管主体的监管要求。为完善金融领域的反洗钱规范体系,中国人民银行单独和会同有关部门出台了一些规范性文件,包括《金融机构反洗钱监督管理办法(试行)》《金融机构大额交易和可疑交易报告管理办法》《中国人民银行关于加强反洗钱客户身份识别有关工作的通知》《中国人民银行办公厅关于加强特定非金融机构反洗钱监管工作的通知》《社会组织反洗钱和反恐怖融资管理办法》《互联网金融从业机构反洗钱和反恐怖融资管理办法(试行)》等。这些规范性文件针对不同领域、不同维度的监管要求,对金融机构等行业主体提出了系统的反洗钱监管要求。金融机构在合规体系建设过程中,需要结合反洗钱监管主体的监管要求,建立健全反洗钱的合规程序和合规指引,履行反洗钱的法律义务,从源头上消除洗钱风险。

3. 金融机构反洗钱合规治理的要点

现阶段,根据中国人民银行的反洗钱监管要求,金融机构普遍建立了相应的反洗钱合规体系。但实践中,一些金融机构的业务部门受业绩驱动,加上反洗钱合规体系的专业要求较高,导致反洗钱合规治理仍有一定的薄弱环节,一些业务领域和业务环节的反洗钱合规机制有待进一步实质化建设。特别是金融机构的海外分支机构，面对当地的反洗钱法律体系要求，仍然面临较大的反洗钱法律风险。根据反洗钱监管体制机制改革的要求，金融机构需要结合自身业务模式和业务结构，强化主动防控洗钱风险的意识和能力。

第一，根据国家健全反洗钱监管体制机制的要求，强化金融机构的法人监管措施，优化监管政策传导机制。作为反洗钱义务机构，具有分支机构的金融机构应当发挥法人总部的重要作用，在法人总部层面强化董事、监事、高级管理层的反洗钱履职责任，督促反洗钱义务机构加强自我管理、自主管理，建立对新产品、新业务的洗钱风险评估机制，根据风险水平采取有效防控措施。

第二，根据《金融机构反洗钱规定》的要求，金融机构及其分支机构应当依法建立健全反洗钱内部控制制度。由于反洗钱内部控制是合规体系的核心环节，金融机构需要设立反洗钱专门机构或者指定内设机构负责反洗钱工作，制定反洗钱内部操作规程和控制措施，对工作人员进行反洗钱培训，增强反洗钱工作能力。同时，金融机构的内部合规部门应当保持工作独立性，金融机构及其分支机构的负责人应当对反洗钱内部控制制度的有效实施负责。金融机构通过建立并严格执行反洗钱内部控制制度，将行业监管规则纳入金融机构日常管理体系中，构建涵盖事前、事中和事后的完整监管链条。

第三，完善反洗钱风险管理体系，健全洗钱风险自评估制度。根据《金融机构反洗钱规定》的要求，金融机构应当按照规定建立和实施客户身份识别制度，在规定的期限内妥善保存客户身份资料和能够反映每笔交易的数据信息、业务凭证、账簿等相关资料，并且按照中国人民银行的规定，报送反洗钱统计报表、信息资料以及稽核审计报告中与反洗钱工作有关的内容。为了提高反洗钱风险控制能力，金融机构需要加强对客户的洗钱风险评估，有效识别各类风险因子，有针对性地加强管控措施，确立合理的风险管理目标。根据2022年《金融机构客户尽职调查和客户身份资料及交易记录保存管理办法》第3条的规定，金融机构应当勤勉尽责，遵循"了解你的客户"的原则，识别并核实客户及其受益所有人身份，针对具有不同洗钱或者恐怖融资风险特征的客户、业务关系或者交易，采取相应的尽职调查措施。金融机构在与客户业务存续期间，应当采取持续的尽职调查措施。针对洗钱或者恐怖融资风险较高的情形，金融机构应当采取相应的强化尽职调查措施，必要时应当拒绝建立业务关系或者办理业务，或者终止已经建立的业务关系。同时，金融机构应当根据中国人民银行反洗钱局印发的《法人金融机构洗钱和恐怖融资风险自评估指引》，加强洗钱风险的自我评估，提升金融机构应对洗钱风险的防范能力。

第四，建立有效的风险识别和纠偏机制，配合监管和执法机构履行反洗钱义务。根据《金融机构反洗钱规定》的要求，金融机构在履行反洗钱义务的过程中，发现涉嫌犯罪的，应当及时以书面形式向中国人民银行当地分支机构和当地公安机关报告。金融机构及其工作人员应当依法协助、配合司法机关和行政执法机关打击洗钱活动。金融机构的境外分支机构应当遵循驻在国家或者地区反洗钱方面的法律规定，协助配合驻在国家或者地区反洗钱机构的工作。

第五，加强反洗钱的合规文化建设。洗钱犯罪属于隐蔽性、专业性很高的犯罪，为从源头上遏制洗钱犯罪，金融机构需要建立自我约束机制，避免规避政策和法律，或者打法律"擦边球"的情形。在反洗钱合规体系中，合规文化建设具有基础支撑作用。金融机构应当加强内部反洗钱的宣传培训工作，健全反洗钱的奖惩机制和追责制度，营造遵纪守法的合规文化，自觉履行反洗钱义务机构的合规职责。

监管政策和规范

近年来，为有效预防和惩治洗钱犯罪，刑法对洗钱罪的规定多次作出重大修改，扩大了上游犯罪的范围，将自洗钱行为入罪，明确了洗钱的行为方式和处罚规定，建立了比较完善的刑事规制体系。同时，为维护金融秩序，遏制洗钱犯罪及相关犯罪，我国2006年颁布了《反洗钱法》，健全了反洗钱的配套法律制度。这些法律制度以及相关的司法解释和规范性文件，为反洗钱的监管机制提供了明确的法律依据和规范指引。

在司法层面，最高人民检察院多次印发规范性文件，要求地方各级人民检察院加大对洗钱罪的追诉力度。例如，最高人民检察院2020年7月22日印发的《最高人民检察院关于充分发挥检察职能　服务保障"六稳""六保"的意见》第5条指出：……三是"加大惩治洗钱犯罪的力度。切实转变'重上游犯罪，轻洗钱犯罪'的做法，办理上游犯罪案件时要同步审查是否涉嫌洗钱犯罪，上游犯罪共犯以及掩饰、隐瞒犯罪所得、非法经营地下钱庄等行为同时构成洗钱罪的，择一重罪依法从严追诉。"最高人民检察院第三检察厅2021年下发通知，指出严格落实关于办理贪污贿赂犯罪案件必须同步审查是否涉嫌洗钱犯罪的要求，做好反洗钱以及追赃挽损工作。最高人民检察院2022年工作报告强调"从严惩治非法集资、洗钱等金融犯罪"。

为系统治理洗钱违法犯罪，中国人民银行、公安部、国家监察委员会、最高人民法院、最高人民检察院、国家安全部、海关总署、国家税务总局、银保监会、证监会、国家外汇管理局2022年1月26日联合印发《打击治理洗钱违法犯罪三年行动计划（2022-2024年）》，从2022年1月至2024年12月在全国范围内开展为期三年的打击治理洗钱违法犯罪行动。

在反洗钱监督管理层面，中国人民银行单独和会同有关部门出台了一系列反洗钱的法规政策。伴随2006年《反洗钱法》的出台，中国人民银行同年出台《金融机构反洗钱规定》，其中第2条规定，本规定适用于在中华人民共和国境内依法设立的下列金融机构：①商业银行、城市信用合作社、农村信用合作社、邮政储汇机构、政策性银行；②证券公司、期货经纪公司、基金管理公司；③保险公司、保险资产管理公司；④信托投资公司、金融资产管理公司、财务公司、金融租赁公司、汽车金融公司、货币经纪公司；⑤中国人民银行确定并公布的其他金融机构。从事汇兑业务、支付清算业务和基金销售业务的机构适用本规定对金融机构反洗钱监督管理的规定。同时，《金融机构反洗钱规定》明确了中国人民银行的反洗钱监督管理职责，规定中国人民银行设立中国反洗钱检测分析中心；要求金融机构按照规定建立和实施客户身份识别制度，在规定的期限内，妥善保存客户身份资料和能够反映每笔交易的数据信息、业务凭证、账簿等相关资料，并按照规定向中国反洗钱监测分析中心报告人民币、外币大额交易和可疑交易。同时，金融机构在履行反洗钱义务过程中，发现涉嫌犯罪的，应当及时以书面形式向中国人民银行当地分支机构和当地公安机关报告。金融机构及其工作人员应当依法协助、配合司法机关和行政执法机关打击洗钱活动。2007年，中国人民银行印发《反洗钱调查实施细则（实行）》，其中第4条规定，中国人民银行及其省一级分支机构实施反洗钱调查时，金融机构应当予以配合，如实提供有关文件和资料，不得拒绝或者阻碍。金融机构及其工作人员拒绝、阻碍反洗钱调查，拒绝提供调查材料或者故意提供虚假材料的，依法承担相应法律责任。调查人员违反规定程序的，金融机构有权拒绝调查。第5条规定，中国人民银行及其省一级分支机构工作人员违反规定进行反洗钱调查或者采取临时冻结措施的，依法给予行政处分；构成犯罪的，依法移送司法机关追究刑事责任。2012年，中国人民银行印发《支付机构反洗钱和反恐怖融资管理办法》。2014年，中国人民银行印发《金融机构反洗钱监督管理办法（试行）》（已失效）。

2017年，国务院办公厅出台《国务院办公厅关于完善反洗钱、反恐怖融资、反逃税监管体制机制的意见》。在2002年建立的跨部门反洗钱工作部际联席会议基础上，反洗钱义务机构已覆盖银行业、证券业、保险业和非银行支付等行业，形成了较完整的反洗钱工作体系。该意见在加强反洗钱监管方面提出了多项政策措施：一是强调反洗钱行政主管部门与金融监管部门之间的协调配合，进一步发挥金融监管部门作用，强化对反洗钱义务机构准入环节的合法性审查，加强反洗钱日常合规监管，在行业监管规则中嵌入反洗钱监管的相关要求，构建涵盖事前、事中和事后的完整监管链条。二是提出适时扩大反洗钱监管范围。统筹考虑监管资源保障，要重点研究建立对非营利组织、房地产中介机构、贵金属销售机构、会计师事务所、律师事务所和公证机构的反洗钱监管制度，探索适应非金融领域的反洗钱监管模式。三是进一步完善反洗钱监管模式。强化法人监管措施，优化监管政策传导机制，突出反洗钱义务机构法人总部的重要作用，在法人总部层面强化董事、监事、高级管理层的反洗钱履职责任，督促反洗钱义务机构加强自我管理、自主管理，建立对新产品、新业务的洗钱风险评估机制，根据风险水平采取有效防控措施。四是采取多种方式提升监管工作效率。突出防控风险为本的原则，通过开展国家洗钱风险评估查找高风险领域和薄弱环节，有针对性地加强监管投入，提高监管工作效能，促进监管信息的互通共享。同时，该意见要求严惩违法犯罪活动应做到以下几点：一是持续开展预防、打击利用离岸公司和地下钱庄转移赃款专项行动。二是严厉打击涉恐融资犯罪活动。三是高度重视、强力推动打击涉税违法犯罪工作。

此外，为持续加强反洗钱监管工作，中国人民银行出台了一些专门性文件。2018年，中国人民银行办公厅印发《中国人民银行办公厅关于进一步加强特定非金融机构反洗钱监管工作的通知》和《中国人民银行办公厅关于进一步加强反洗钱和反恐怖融资工作的通知》。同年，中国人民银行会同民政部印发《社会组织反洗钱和反恐怖融资管理办法》，会同银保监会、证监会发布《互联网金融从业机构反洗钱和反恐怖融资管理办法（试行）》。2021年，中国人民银行反洗钱局印发《法人金融机构洗钱和恐怖融资风险自评估指引》。综上，反洗钱监管的制度体系不断完善，基本上涵盖了预防和治理洗钱活动的主要领域。

典型案例

典型案例 6-1：许某洗钱案①

被告人许某于 2017 年 6 月至 2018 年 8 月，在明知范某（另处）利用上海 A 有限公司收取贿赂的情况下，仍利用其负责或者参与经营的上海××中心、上海 C 有限公司及上海 D 有限公司的名义，采用虚开服务费发票或通过他人购买预付费卡的方法，为范某套现人民币 1300 余万元，并从中收取好处费。

法院认为，被告人许某明知系他人贿赂犯罪所得财产，为掩饰、隐瞒其来源和性质，协助将财产转换为现金，情节严重，其行为已构成洗钱罪。上海市虹口区人民检察院指控被告人许某犯洗钱罪的罪名成立。

典型案例 6-2：程某洗钱案②

被告人程某系上海××集团宝山××有限公司、上海市 C 事务所有限公司综合办资产项目主管吴某（另案处理）的朋友，于 2015 年至 2017 年，提供个人银行账户，用于吴某接收贪污款项，共计人民币 1000 余万元，并协助转账、取现。另查明，2021 年 10 月 28 日，被告人程某接到民警电话通知后，主动至公安机关，如实供述上述犯罪事实。

法院认为，被告人程某明知是贪污犯罪的所得及其产生的收益，为掩饰、隐瞒其来源和性质，提供资金账户、协助资金转移，其行为已构成洗钱罪，且情节严重，依法应予处罚。

典型案例 6-3：李某林洗钱案③

根据黎川县人民检察院指控，2021 年 4 月 3 日晚上 9 时许，被告人李某林和陆某（另案处理）、王某（已起诉）三人驾驶李某林父亲的粤 D8××××汽车从抚

---

① 参见上海市虹口区人民法院（2021）沪 0109 刑初 874 号刑事判决书。
② 参见上海市宝山区人民法院（2021）沪 0113 刑初 1490 号刑事判决书。
③ 参见江西省黎川县人民法院（2021）赣 1022 刑初 124 号刑事判决书。

州上高速到南昌市区，与贩卖毒品的男子见面后，跟着该男子又从南昌上高速到九江市濂溪区的一处，由李某林下车单独与该男子进行毒品交易，其中，李某林现金支付 13,000 元人民币购买三包氯胺酮。之后，三人开车返回抚州，每人各得到一包氯胺酮，其中李某林出资 3000 元人民币购得 4 克左右氯胺酮。同年 4 月 12 日、4 月 14 日，李某林先后两次通过微信收取 1700 元、300 元，分别将此次购得的氯胺酮约 1.5 克、0.3 克贩卖给王某。2021 年 3 月 1 日 23 时 39 分至 2 日凌晨，被告人李某林为掩饰、隐瞒毒品犯罪交易所得的来源，通过付某的微信先后收取江某 8000 元、10,000 元人民币毒资，在抚州市高速路口附近将 10 余克氯胺酮卖给江某。3 月 2 日凌晨，李某林又通过付某的微信将该 18,000 元毒资转入自己的微信账号，后将部分提现及转入他人账户。2021 年 7 月 9 日晚，被告人李某林为掩饰、隐瞒毒品犯罪交易所得的来源，通过张某的微信先后收取 2950 元、50 元人民币毒资，在抚州市高速路口附近将约 1.8 克氯胺酮卖给江某。

法院认为，被告人李某林伙同他人从外地购买氯胺酮运输回抚州，且多次向他人贩卖氯胺酮，情节严重，其行为构成贩卖、运输毒品罪，且在运输毒品犯罪中，系共同犯罪；被告人李某林为掩饰、隐瞒毒品犯罪所得的来源，使用他人微信进行转账用于收取、转移毒资，其行为已构成洗钱罪。公诉机关指控被告人犯贩卖、运输毒品罪、洗钱罪的事实及罪名成立，法院予以确认。

典型案例 6-4：张某燕非法吸收公众存款案①

2016 年 5 月左右，夏某明（已判决）通过他人介绍接触到服务器设在境外的"能量铜"投资平台（www.cfquantum.org）。2016 年 6 月，夏某明指派夏某峰、姜某刚（均已判决）等人赴香港与平台方张某（身份不明）洽谈，之后平台方张某到杭州市富阳区与夏某明等人见面，双方商定在国内推广能量铜投资平台的相关事宜。

---

① 参见浙江省绍兴市上虞区人民法院（2020）浙 0604 刑初 484 号刑事判决书。

在能量铜投资平台非法运营期间，毛某永（已判决）多次以团队负责人的身份，与夏某明等人在绍兴等地召开推广会、交流会，以铜平台投资产生高额回报的理由进行宣传，并积极组织搭建以马某勇（另案处理）等人为骨干的推广团队，发展团队人员，向社会不特定人员吸收资金，共涉及投资人111名，投资金额5681.30万元，造成实际损失金额4556.93万元。

2017年上半年，郭某美（已判决）经毛某永安排，申请作为铜平台的会员银商，为能量铜平台的投资人提供资金兑付结算服务。出于逃避资金监管的需要，毛某永、郭某美进行资金兑付结算所使用的部分银行卡，系由被告人张某燕提供，上述银行卡收取的投资金额在4000万元以上。

关于起诉书对被告人张某燕犯有洗钱罪的指控。经查，被告人张某燕向上线人员毛某永、郭某美提供能量铜平台资金兑付结算服务所需的银行卡，是冠信公司非法吸收公众存款的过程中，能量铜平台与投资人之间的资金结算工具，并非用于掩饰、隐瞒非法吸收公众存款所得及其产生收益的来源和性质。故张某燕提供银行卡的行为是与毛某永、郭某美等人非法吸收公众存款属于同一犯罪事实下的共同犯罪，不应单独评价为洗钱罪。

Chapter 07

外汇类犯罪

第一百九十条　　【逃汇罪】
单行刑法　　　【骗购外汇罪】

第一节 逃 汇 罪

第一百九十条 【逃汇罪】公司、企业或者其他单位,违反国家规定,擅自将外汇存放境外,或者将境内的外汇非法转移到境外,数额较大的,对单位判处逃汇数额百分之五以上百分之三十以下罚金,并对其直接负责的主管人员和其他直接责任人员,处五年以下有期徒刑或者拘役;数额巨大或者有其他严重情节的,对单位判处逃汇数额百分之五以上百分之三十以下罚金,并对其直接负责的主管人员和其他直接责任人员,处五年以上有期徒刑。

罪名解析

1. 法条修改情况

1979年《刑法》并未规定逃汇罪,但在第117条对违反外汇管理法规的投机倒把行为作出规定:"违反金融、外汇、金银、工商管理法规,投机倒把,情节严重的,处三年以下有期徒刑或者拘役,可以并处、单处罚金或者没收财产。"1988年1月,《全国人民代表大会常务委员会关于惩治走私罪的补充规定》第9条第1款将逃汇作为走私犯罪处理:"全民所有制、集体所有制企业事业单位、机关、团体违反外汇管理法规,在境外取得的外汇,应该调回境内而不调回,或者不存入国家指定的银行,或者把境内的外汇非法转移到境外,或者把国家拨给的外汇非法出售牟利的，由外汇管理机关依照外汇管理法规强制收兑外汇、没收违法所得，可以并处罚款，并对其直接负责的主管人员和其他直接责任人员，由其所在单位或者上级主管机关酌情给予行政处分；情节严重的，除依照外汇管理法规强制收兑外汇、没收违法所得外，判处罚金，并对其直接负责的主管人员和其他直接责任人员，处5年以下有期徒刑或者拘役。"1997年《刑法》第190条规定："国有公司、企业或者其他国有单位，违反国家规定，擅自将外汇存放境外，或者将境内的外汇非法转移到境外，情节严重的，对单位判处罚金，并对其直接负责的主管人员和其他直接责任人员，处五年以下有期徒刑或者拘役。"1998年，亚洲金融危机爆发，全国人民代表大会常务委员会于1998年12月发布《全国人民代表大会常务委员会关于惩治骗购外汇、逃汇和非法买卖外汇犯罪的决定》，将《刑法》第190条修改为："公司、企业或者其他单位，违反国家规定，擅自将外汇存放境外，或者将境内的外汇非法转移到境外，数额较大的，对单位判处逃汇数额百分之五以上百分之三十以下罚金，并对其直接负责的主管人员和其他直接责任人员处五年以下有期徒刑或者拘役；数额巨大或者有其他严重情节的，对单位判处逃汇数额百分之五以上百分之三十以下罚金，并对其直接负责的主管人员和其他直接责任人员，处五年以上有期徒刑。"相应地，逃汇罪的犯罪主体范围由单纯的国有性质扩大至国有和非国有性质，法定刑由一个幅度增至两个幅度，最高刑由有期徒刑5年提至有期徒刑15年，并明确了罚金标准。

2. 犯罪构成要件

（1）本罪的客体

本罪侵犯的客体是国家外汇管理制度。犯罪对象仅限于外汇。根据《外汇管理条例》第3条的规定，外汇是指下列以外币表示的可以用作国际清偿的支付手段和资产：①外币现钞,包括纸币、铸币；②外币支付凭证或者支付工具,包括票据、银行存款凭证、银行卡等；③外币有价证券,包括债券、股票等；④特别提款权;⑤其他外汇资产。

(2) 本罪的客观方面

本罪的客观方面表现为以下两种方式：

第一，违反国家规定，擅自将外汇存放境外，数额较大。该情形是指单位违反国家有关外汇管理的规定，将应调回国内的外汇不调回国内而存放于境外。根据国家外汇管理局《境外外汇账户管理规定》第8条规定，境内机构应当以自己名义在境外开立外汇账户。未经外汇局批准不得以个人或者其他法人名义在境外开立外汇账户。

第二，违反国家规定，将境内的外汇非法转移到境外，数额较大。该情形是指单位未经批准，将境内外汇通过非法途径转移到境外。根据《外汇管理条例》第14条的规定，经常项目外汇支出，应当按照国务院外汇管理部门关于付汇与购汇的管理规定，凭有效单证以自有外汇支付或者向经营结汇、售汇业务的金融机构购汇支付。《外汇管理条例》第39条规定，有违反规定将境内外汇转移境外，或者以欺骗手段将境内资本转移境外等逃汇行为的，由外汇管理机关责令限期调回外汇，处逃汇金额30%以下的罚款；情节严重的，处逃汇金额30%以上等值以下的罚款；构成犯罪的，依法追究刑事责任。据此，单位将外汇从境内转移至境外，须严格遵守外汇管理部门的有关规定，如未经批准而非法将外汇转移至境外，数额较大，将构成本罪。

(3) 本罪的主体

本罪是纯正的单位犯罪，主体限于公司、企业或者其他单位。因单位实行双罚制，如果单位构成本罪，则对单位处以罚金，并对直接负责的主管人员和其他直接责任人员追究刑事责任。鉴于本罪的主体不能是自然人，故对实践中自然人为实施逃汇违法犯罪行为而设立相关贸易公司的情形，依然以单位构成本罪进行处理，不能以自然人为主体认定成立本罪。

另外，根据1998年《全国人民代表大会常务委员会关于惩治骗购外汇、逃汇和非法买卖外汇犯罪的决定》第 5 条的规定，海关、外汇管理部门以及金融机构、从事对外贸易经营活动的公司、企业或者其他单位的工作人员与逃汇的行为人通谋的，将其认定为共犯。此类主体非因本单位构成本罪而承担刑事责任，而是因与逃汇行为人通谋而成立共犯。

（4）本罪的主观方面

本罪的主观方面由故意构成，过失不构成本罪。

3. 刑事责任

公司、企业或者事业单位实施逃汇罪犯罪行为，数额较大的，对单位判处逃汇数额 5% 以上 30% 以下罚金，并对其直接负责的主管人员和其他直接责任人员，处 5 年以下有期徒刑或者拘役；数额巨大或者有其他严重情节的，对单位判处逃汇数额 5% 以上 30% 以下罚金，并对其直接负责的主管人员和其他直接责任人员，处 5 年以上有期徒刑。根据《立案追诉标准（二）》第 41 条的规定，公司、企业或者其他单位，违反国家规定，擅自将外汇存放境外，或者将境内的外汇非法转移到境外，单笔在 200 万美元以上或者累计数额在 500 万美元以上的，应予立案追诉。

对于共犯，1998 年《全国人民代表大会常务委员会关于惩治骗购外汇、逃汇和非法买卖外汇犯罪的决定》第 5 条规定，海关、外汇管理部门以及金融机构、从事对外贸易经营活动的公司、企业或者其他单位的工作人员与逃汇的行为人通谋的，以共犯论处，依照本决定从重处罚。

司法精要

1. 逃汇罪和骗购外汇罪中"从一重处断"的认定

实践中，可能存在行为人在实施逃汇行为的同时实施骗购外汇行为的情形，通说认为，此种情形没有实行数罪并罚的必要，但如何"从一重处断"，存在一定的争议。

第一，应当严格依照犯罪构成要件，正确界定犯罪性质。逃汇罪强调外汇非法外流，而外流的外汇可以是行为人自身合法持有的外汇，也可以是以欺骗手段获取的外汇，只有后一种情形才与骗购外汇存在关联。骗购外汇罪则是行为人在不具有购买外汇资格的情况下，采取欺骗手段或使用虚假文件骗购外汇，其所购买的外汇并不一定会以非法方式转移出境。

第二，应当根据骗购外汇、逃汇的金额、情节，准确甄别重罪与轻罪。1998年9月1日施行的《最高人民法院关于审理骗购外汇、非法买卖外汇刑事案件具体应用法律若干问题的解释》第1条第1款规定："以进行走私、逃汇、洗钱、骗税等犯罪活动为目的，使用虚假、无效的凭证、商业单据或者采取其他手段向外汇指定银行骗购外汇的，应当分别按照刑法分则第三章第二节、第一百九十条、第一百九十一条和第二百零四条等规定定罪处罚。"也就是说，以逃汇为目的而实施骗购外汇行为的，依据《刑法》第190条规定认定为逃汇罪，鉴于此，单位以虚假、无效的单证骗购银行外汇，与将外汇非法转移至境外的逃汇之间，属于"手段与目的"的牵连关系，应"从一重处断"。但是，该解释的施行时间早于全国人民代表大会常务委员会设立骗购外汇罪的时间。1998年12月29日，全国人大常委会发布《全国人民代表大会常务委员会关于惩治骗购外汇、逃汇和非法买卖外汇犯罪的决定》规定，骗购外汇罪的法定最高刑为无期徒刑，逃汇罪的最高刑为有期徒刑15年。同时，骗购外汇罪的法定刑幅度有3档，逃汇罪仅有2档。据此，所谓"重罪"并不必然是逃汇罪。所以，对于个案中可能构成的骗购外汇罪、逃汇罪，应当分别考虑应判处的刑罚，比较之后确定重罪和轻罪，并依法作出相应的处理。

典型案例 7-1：上海亚东国际货运有限公司、王某等逃汇案①——**公司骗购外汇后又逃汇的，以逃汇罪定罪，不实行数罪并罚**

一审法院认为，被告单位上海亚东公司违反国家外汇管理条例，虚构货运业务，将境内外汇非法转移到境外，数额巨大，构成逃汇罪；被告单位上海亚东公司以虚假的交易单证向售汇银行骗购外汇，数额巨大，构成骗购外汇罪。被告人王某系被告单位犯罪直接负责的主管人员，被告人沈某捷系被告单位犯罪的其他直接责任人员，被告单位及二被告人的行为均分别构成逃汇罪、骗购外汇罪，依法两罪并罚。在本案单位犯罪中，作为主管人员的王某处于决策、指挥实施犯罪的地位，对于整体犯罪活动负责，系主犯；被告人沈某捷作为单位犯罪的直接责任人员，对其具体实施的行为负责，且其系在王某的安排下协助被告单位逃汇、骗购外汇，可认定为从犯；被告人王某、沈某捷到案后能如实供述犯罪事实，被告单位及二被告人均具有坦白情节。法院综合考量上述情节，对被告单位、被告人王某所犯两罪均依法从轻处罚，对被告人沈某捷所犯两罪均依法减轻处罚。被告单位、被告人沈某捷认罪认罚，对被告单位、被告人沈某捷可适用认罪认罚从宽制度。

宣判后，上诉单位上海亚东公司及其辩护人提出，法院对单位判处罚金过高，并希望分期缴纳罚金。上诉人王某及其辩护人提出，本案存在真实的贸易背景，未对国家外汇造成实质性损失；本案中既有直接逃汇行为，也有骗购外汇后再逃汇的行为，对后者依法应当从一重罪处断。

二审时，检察机关提出，原判认定上诉单位上海亚东公司，上诉人王某、沈某捷犯逃汇罪、骗购外汇罪事实清楚，证据确实、充分，适用法律正确，量刑适当，审判程序合法，建议驳回上诉，维持原判。

二审法院经审理认为，第一，上诉单位上海亚东公司及该公司的主管人员王

---

① 参见上海市第二中级人民法院（2021）沪02刑终779号刑事判决书。

某和其他直接责任人员沈某捷,违反国家外汇管理条例,虚构货运业务,将境内自有外汇及采用虚构交易单证向指定外汇银行骗购的外汇非法转移到境外,数额巨大。上诉单位上海亚东公司及上诉人王某、沈某捷的行为均构成逃汇罪,依法予以处罚。第二,上诉人王某及其辩护人提出上诉单位上海亚东公司及上诉人王某、沈某捷将在境内骗购的外汇非法转移至境外,其行为分别触犯了骗购外汇罪和逃汇罪,应择一重罪即逃汇罪定罪处罚的意见正确,法院予以采纳。

最终,二审法院判决:(1) 撤销原判。(2) 上诉单位(原审被告单位)上海亚东公司犯逃汇罪,判处罚金人民币3600万元。(3) 上诉人(原审被告人)王某犯逃汇罪,判处有期徒刑7年。(4) 上诉人(原审被告人)沈某捷犯逃汇罪,判处有期徒刑3年。

典型案例7-2:北京辰源创新电气工程有限公司、孙某波骗购外汇案[①]——**公司骗购外汇后,逃汇且有回流的,以骗购外汇罪定罪,不实行数罪并罚**

法院经审理查明,被告单位北京辰源创新电气工程有限公司(以下简称辰源公司)成立于2003年6月,法定代表人孙某波,主要经营货物进出口、代理进出口、技术进出口等业务。2011年8月至2013年6月,经孙某波决定,辰源公司利用孙某波在境外注册并实际控制的香港成功有限公司(英文名 HONOUR ACHIEVE LIMITED),虚构两家公司之间的进口贸易业务,以进口阀门等跨境全额预付款的名义,由辰源公司员工自制采购合同、发票等材料向银行办理多笔美元购付汇业务,将骗购的272.54万美元(折合人民币17,280,586元)汇至香港成功有限公司的境外账户,用于经营孙某波投资的境外公司。为做平账目,2012年12月至2013年11月,孙某波多次指使辰源公司员工虚构两家公司之间的退款退货业务,实现资金全部回流。2009年11月,被告人孙某波在经营北京科林测计电力设备有限公司(以下简称科林公司)过程中,虚构科林公司与香港成功有

[①] 参见浙江省宁波市中级人民法院(2019)浙02刑初152号刑事判决书。

限公司的进口贸易业务,以进口阀门等跨境全额预付款的名义,由科林公司员工自制相关采购合同、发票等材料向银行办理港元购付汇业务,将骗购的 680 万港元(折合人民币 6,003,856 元,美元约 87.73 万元)汇至香港成功有限公司的境外账户,用于家庭投资移民香港。为做平账目,2010 年 5 月至 10 月,孙某波先后两次指使科林公司员工虚构两家公司之间的退款退货业务,分别实现 60 万美元、92 万港元(折合美元约 11.86 万元)回流,另有价值约 15.87 万美元的外汇至今流失境外。

法院认为,被告单位辰源公司以虚假的交易单据骗购外汇,数额较大,被告人孙某波系该公司直接负责的主管人员;被告人孙某波另外以虚假的交易单据骗购外汇,数额较大,被告单位辰源公司和被告人孙某波的行为均已构成骗购外汇罪。公诉机关指控的罪名成立。被告人孙某波到案后能如实供述自己的罪行,愿意接受处罚,对其可以从轻处罚。公诉机关的量刑意见适当。辩护人就此提出的意见,法院予以采纳。被告单位和被告人用于骗购外汇的资金应予没收,上缴国库。

2. 虚构转口贸易转移从境外获取的外汇是否构成逃汇罪

所谓"转口贸易",是指国际贸易中的货物不在生产国与消费国之间直接买卖,而是通过中转国进行买卖。虽然货物最终从生产国交易至消费国,但由于双方国家并不直接建立贸易关系,中转国通常是必不可少的交易环节。根据《外汇管理条例》第 12 条第 1 款的规定,经常项目外汇收支应当具有真实、合法的交易基础。经营结汇、售汇业务的金融机构应当按照国务院外汇管理部门的规定,对交易单证的真实性及其与外汇收支的一致性进行合理审查。根据《外汇管理条例》第 14 条的规定,经常项目外汇支出,应当按照国务院外汇管理部门关于付汇与购汇的管理规定,凭有效单证以自有外汇支付或者向经营结汇、售汇业务的金融机构购汇支付。我国作为贸易中转国的情况下,境内企业法人通过转口贸易从境外收取外汇资金，仍属于我国外汇管理的范畴。如果转口贸易主体提供虚假提单，或者付汇依据不真实，例如，非法转移外汇至境外离岸账户后又转到国内，数额较大，其行为就将构成逃汇罪。

典型案例7-3：上海大乾同实业有限公司逃汇案[①]**——虚构转口贸易向银行申请外汇融资，将外汇非法转移至境外的，构成逃汇罪**

法院认为，被告单位大乾同公司、昊祥公司虚构转口贸易，致使境内外汇被非法转移至境外，其中大乾同公司涉及金额为2.9亿余美元，昊祥公司涉及金额为6259万余美元，数额巨大，被告单位大乾同公司、昊祥公司均构成逃汇罪；被告人王某财系被告单位大乾同公司、昊祥公司直接负责的主管人员，其行为构成逃汇罪。关于昊祥公司涉嫌逃汇事实的性质，经查，银行办理付款保函业务必须基于真实的贸易背景，而本案中王某财所办理的昊祥公司与交通银行之间的6笔付款保函业务均没有真实的贸易背景；票据到期后必然由境内银行即交通银行根据境外银行的索偿要求，通过保函履约的方式垫款对外支付，故尽管此事实中的向境外支付外汇系在本案案发之后，但这不影响对逃汇性质的认定。另外，本案中被告单位及被告人的逃汇行为均已实施完毕，属犯罪既遂，之后被告单位未再实施逃汇犯罪不影响之前的犯罪状态。

3. 逃汇行政监管与刑事处罚的衔接

第一，行政处罚与刑罚针对的主体不一致，导致个人逃汇案件不能被移送立案。行政违法上的涉事主体可以是个人，接受处罚的也可以是个人，但是具体到刑法上的逃汇罪，只有单位才是适格主体。对于个人，只有当涉案公司、企业或者其他单位的直接负责的主管人员或其他直接责任人员涉罪，其才因单位犯罪而面临处罚。

---

① 参见上海市浦东新区人民法院（2014）浦刑初字第2299号刑事判决书。

第二,行政机关和刑事司法机关关于是否移送案件的标准把握不一,外汇管理局对于逃汇、骗购外汇、非法买卖外汇等行为,往往根据涉案金额确定是否将案件移送至公安机关;但刑事上的外汇违法犯罪认定,要考虑刑事违法性,刑法适用谦抑性等问题。

为解决上述问题,我国需要加强行政监管和刑事司法衔接机制的建设,通过移送程序法定化,包括案件移送范围、移送程序、移送时间、移送和接收部门、移送后司法机关的审查以及反馈情况等,确保移送内容、标准的规范化。另外,对于在行政执法过程中收集的证人证言、当事人陈述等证据,行政执法机关需要在移送司法机关后,及时根据《刑事诉讼法》和司法解释的要求重新制作笔录,确保有关证据资格符合法定要求。

4. 自贸区外汇改革下的逃汇违法或逃汇犯罪的甄别

第一,审查贸易的真实性。转口贸易的真实性和行为的实质违法性是取证工作的重心,因此,办案机关需要对收付汇的转口贸易背景是否真实存在,贸易资金流、货物流是否具有客观证据证实等事项进行重点审查。从国家外汇管理局公布的案例看,银行在审查企业使用无效提单、重复提单、虚假提单办理转口贸易付汇业务时,对于涉案企业的客户、业务了解得非常不充分,对业务真实合规性的审核难以做到位,最终导致不法企业虚构交易进行非法套汇,资金转移的行为得以实施。

第二,审查资金流与货物流。逃汇的目的多在于牟利,即便存在符合形式要件的合同用以证实贸易背景,也要通过甄别涉案外汇资金的性质、套取方式和种类、数额、留存地点进行判断。同时,有关部门还要根据单据情况,重点审查公司之间的贸易合作关系及与案件合同所涉货物相对应的货物流,进而判断公司是否具有真实货物所有权。第三方机构出具的仓单原件或货权凭证,有助于说明上游公司与境内公司的货权转移情况。

第七章　外汇类犯罪

> 合规指引

1. 合规要求

(1) 外汇留存境外的合规要求

《外汇管理条例》第 9 条规定，境内机构、境内个人的外汇收入可以调回境内或者存放境外；调回境内或者存放境外的条件、期限等，由国务院外汇管理部门根据国际收支状况和外汇管理的需要作出规定。《货物贸易外汇管理指引实施细则》第 22 条规定，企业将出口收入存放境外应当具备下列条件：（1）具有出口收入来源，且在境外有符合本细则规定的支付需求；（2）近两年无违反外汇管理规定行为；（3）有完善的出口收入存放境外内控制度；（4）外汇局规定的其他条件。根据以上规范性文件，企业将外汇留存于境外并非一律予以禁止，凡满足相关条件要求的，企业可以决定将外汇收入存放于境外；相反，企业不满足条件而将外汇存放于境外就属于违法行为，即"存放型逃汇"。

(2) 外汇转移境外的合规要求

实践中常见的逃汇是将境内的外汇非法转移到境外。因我国外汇管理实行"经常项目可兑换，资本项目部分管制"的制度，形成经常项目与资本项目区别管理的架构。《外汇管理条例》第 12 条规定："经常项目外汇收支应当具有真实、合法的交易基础。经营结汇、售汇业务的金融机构应当按照国务院外汇管理部门的规定，对交易单证的真实性及其与外汇收支的一致性进行合理审查。外汇管理机关有权对前款规定事项进行监督检查。"因此，只要真实的国际交易支付和转移存在，经常项目外汇收支就是合法合规的。但是，对于资本项目外汇管理，则存在事前审批和事后备案两重管理机制。相应地，风险较大、管制政策较紧的资本项目，即便符合真实性原则，也有可能不予批准。《外汇管理条例》第 17 条规定："境内机构、境内个人向境外直接投资或者从事境外有价证券、衍生产品发行、交易,应当按照国务院外汇管理部门的规定办理登记。国家规定需要事先经有关主管部门批准或者备案的,应当在外汇登记前办理批准或者备案手续。"《外汇管理条例》第 19 条规定:"提供对外担保,应当向外汇管理机关提出申请,由外汇管理机关根据申请人的资产负债等情况作出批准或者不批准的决定;国家规定其经营范围需经有关主管部门批准的,应当在向外汇管理机关提出申请前办理批准手续。申请人签订对外担保合同后,应当到外汇管理机关办理对外担保登记。经国务院批准为使用外国政府或者国际金融组织贷款进行转贷提供对外担保的,不适用前款规定。"所以,企业对于资本项目的外汇转移,除保证信息、项目的真实性外,应当依据《外汇管理条例》的要求进行申请、登记、备案,接受更为严格的外汇管制。

2. 合规风险

(1) 金融机构及其工作人员的合规风险

办理外汇业务的金融机构及其工作人员的风险,主要来自未尽审查职责。一旦金融机构及其工作人员未能履行审查职责的要求,不论故意或者过失,都可能面临处罚风险。

第一,关于刑事处罚。《全国人民代表大会常务委员会关于惩治骗购外汇、逃汇和非法买卖外汇犯罪的决定》第 7 条规定,金融机构、从事对外贸易经营活动的公司、企业的工作人员严重不负责任,造成大量外汇被骗购或者逃汇,致使国家利益遭受重大损失的,依照《刑法》第 167 条的规定定罪处罚。相应地,《刑法》第 167 条规定,国有公司、企业、事业单位直接负责的主管人员,在签订、履行合同过程中,因严重不负责任被诈骗,致使国家利益遭受重大损失的,处 3 年以下有期徒刑或者拘役;致使国家利益遭受特别重大损失的,处 3 年以上 7 年以下有期徒刑。

第二,关于行政处罚。《外汇管理条例》第 47 条规定,金融机构有下列情形之一的，由外汇管理机关责令限期改正，没收违法所得，并处 20 万元以上 100 万元以下的罚款；情节严重或者逾期不改正的，由外汇管理机关责令停止经营相关业务：①办理经常项目资金收付，未对交易单证的真实性及其与外汇收支的一致性进行合理审查的；②违反规定办理资本项目资金收付的；③违反规定办理结汇、售汇业务的；④违反外汇业务综合头寸管理的；⑤违反外汇市场交易管理的。

第三，关于行政处分和纪律处分。《国务院关于骗购外汇、非法套汇、逃汇、非法买卖外汇等违反外汇管理规定行为的行政处分或者纪律处分暂行规定》第 6 条规定，经批准经营外汇业务的金融机构、国有外经贸企业的工作人员，有下列逃汇行为之一，数额不满 10 万美元的，给予撤职处分；数额在 10 万美元以上不满 100 万美元的，给予留用察看处分；数额在 100 万美元以上的，给予开除处分。①违反国家规定，擅自将外汇存放在境外的；②不按照国家规定将外汇卖给外汇指定银行的；③违反国家规定将外汇汇出或者携带出境的；④未经外汇管理部门批准，擅自将外币存款凭证、外币有价证券携带或者邮寄出境的；⑤明知用于逃汇而提供人民币资金或者其他服务的；⑥以其他方式逃汇的。单位有前款行为之一的，对负有直接责任的主管人员和其他直接责任人员，依照前款规定给予纪律处分。第 9 条规定，经批准经营外汇业务的金融机构在办理结汇、售汇、付汇和开户业务中，因过失导致他人骗购外汇、非法套汇或者逃汇，对负有直接责任的主管人员和其他直接责任人员给予纪律处分，数额不满 10 万美元的，给予警告、记过或者记大过处分；数额在 10 万美元以上不满 100 万美元的，给予降级或者撤职处分；数额在 100 万美元以上的，给予留用察看或者开除处分。第 10 条规定，国家公务员有本规定所列骗购外汇、非法套汇、逃汇或者非法买卖外汇等违反外汇管理规定行为之一的，给予降级、撤职或者开除处分。第 11 条规定，海关、外汇管理等部门的国家公务员与骗购外汇、非法套汇、逃汇或者非法买卖外汇的行为人通谋，为其提供便利，或者明知是伪造、变造的凭证和单据而为其提供服务，或者有其他滥用职权、徇私舞弊行为造成他人骗购外汇、非法套汇或者逃汇后果的，给予开除处分。海关、外汇管理等部门的国家公务员，玩忽职守，造成他人骗购外汇、非法套汇或者逃汇的，给予降级或者撤职处分；情节严重的，给予开除处分。

(2) 企业合规风险

企业违反外汇法律法规，不仅可能被处以巨额罚款，处罚信息还将纳入中国人民银行征信系统，导致未来进行融资或跨境收付时遇到困难。如果违规逃汇的数额、情节达到法定条件，则企业涉嫌构成逃汇罪。

①经常项目外汇跨境风险。在经常项目领域，货物贸易和服务贸易已实现自由结售汇，企业可根据实际需要在银行自行办理。《外汇管理条例》对于经常项目结售汇的核心要求集中体现在第12条，即经常项目外汇收支应当具有真实、合法的交易基础，且交易单证与外汇收支具有一致性。因此，企业在经常项目下的付汇合规风险主要集中在"真实、合法的交易基础"和"单证与收支一致"两个方面。

第一，关于外汇非法出境。违规企业大多利用虚假单证虚构贸易背景，从而实现外汇资金非法流出。最常见的手段是企业虚构转口贸易背景，提交虚假提单或利用重复单证对外付汇，以此实现非法资金转移，或获取定期存款与外汇贷款资金成本之间的利差。后一种情形表现为境内企业以虚假材料向银行申请外汇贷款并提供银票等担保质押，将保证金存入银行保证金账户，正常获取定期存款利息。银行审核通过后，企业假借转口贸易形式，将外汇资金汇至企业控制的境外公司账户，随后再假借转口收汇，将境外公司外汇电汇至境内账户，结汇后取回保证金、银票；外汇贷款到期后，银行会向境内公司支付保证金的定期存款利息。从上述资金流转模式可知，企业虚构贸易背景赚取内外利率差、汇率差，并不必然造成外汇损失，其通过外汇再次流入境内可以弥补出境的损失，但是上述行为使得外汇监管处于失控风险之中，系外汇违法行为。

第二，关于收付汇违反"一致性"原则。企业在真实贸易中进行的正常收付汇行为，也可能引发合规风险。即便企业的外汇收支具有真实、合法的交易基础，也可能因违反"一致性"原则而遭遇合规审查。例如，在大宗货物国际贸易保证金履行过程中，考虑到保证金汇款的效率和成本等因素，境外出口方会委托其境内关联公司代为完成保证金的收取和退还，而关联公司代收、代还保证金的方式可能被认定为违反"一致性"原则；一旦境内进口方违约，境外卖方的境内关联公司再汇出保证金，就涉嫌违反外汇监管规定。再如，在经常项目下代为收付汇过程中，如果委托出口方和代理方产生争议，一旦代理方在货物已进口的情况下拒绝付汇，则委托方要么违约，要么违规付汇。

②资本项目外汇跨境风险。在资本项目领域，由于我国针对外汇跨境流动的监管政策纷繁复杂，许多企业涉汇资本项目未能全面、及时地跟进和符合国家监管政策，从而造成各类合规风险。更有甚者在遇到资金跨境流动障碍时，选择以虚构贸易、单据的方式实现商业目的，由此面临相应的行政、刑事制裁。

第一，境外投资缺乏必要前置手续。在我国现行监管制度中，企业对境外直接投资汇出的相关资金，通常会面临较为严格的监管措施。境内企业通过银行办理境外投资相关的外汇资金汇出手续前，必须通过国家发展和改革委员会和商务部的前置审批。如果企业意图调回境外投资所得的利润，需要办理相关外汇入境手续。然而，实践中有一部分企业因历史原因，此前未依据《企业境外投资管理办法》等规定办理审批、备案手续。例如，有的企业在未办理境外直接投资相关必要手续的情况下，通过境外中介登记注册离岸公司，导致境内企业需要向境外汇出资金时，会遇到监管障碍。同时，因手续不足，境外投资所得同样无法依法合规地汇入境内。由于发改委前期投资手续很难补办，企业无法办理直接投资外汇登记手续，无奈之下，就可能会选择绕开合规路径，通过虚构咨询服务费等方式实现资金境内外流动。

第二，企业在投资过程中未履行合规义务。企业要注意监管政策对企业投资的合规要求，不仅要注意项目启动前的审核、审批，还要注意整个跨境资本项目的各个环节。需要特别指出的是，企业要及时办理变更登记，如实披露企业信息，如未及时履行上述合规义务，可能随时面临合规风险。例如，《境内机构境外直接投资外汇管理规定》第 9 条第 2 项规定，已登记的境外企业发生名称、经营期限、合资合作伙伴及合资合作方式等基本信息变更，或发生增资、减资、股权转让或置换、合并或分立等情况，境内机构应就上述变更情况办理境外直接投资外汇登记变更手续。例如，《国家外汇管理局关于境内居民通过特殊目的公司境外投融资及返程投资外汇管理有关问题的通知》第 7 条规定，特殊目的公司完成境外融资后，融资资金如调回境内使用的，应遵守中国外商投资和外债管理等相关规定。返程投资设立的外商投资企业，应按照现行外商直接投资外汇管理规定办理相关外汇登记手续，并如实披露股东的实际控制人等有关信息。该通知第 15 条第 2 款规定，境内居民未按规定办理相关外汇登记、未如实披露返程投资企业实际控制人信息或虚假承诺的，如果发生资金流出，应当依照《外汇管理条例》第 39 条进行处罚。

3. 合规建议

（1）金融机构合规建议

对金融机构来说，为了在外汇跨境流出业务中规避合规风险，需要注意以下事项：第一，全面准确了解外汇管理规定，理顺创新与合规的关系，避免业务创新违反监管要求，逾越规范底线；第二，建立和落实内控管理制度，及时制定、更新业务操作流程，最大限度地发挥内控制度的效能；第三，建立科学考核机制，不鼓励员工仅注重业绩指标而忽略遵守外汇管理规定；第四，加强教育监督，定期做好法律法规、职业道德培训，关注员工的思想动态、异常行为，对关键岗位、关键人员定期排查隐患。

（2）企业合规建议

①坚持贸易真实性、合规性的底线，不虚构交易，不伪造单据。

第一，从事转口贸易的企业在向上游公司付汇或向下游公司收汇时，尽量采取同一币种结算，避免汇率波动风险，降低非法套汇空间。第二，企业应坚持"谁出口谁收汇、谁进口谁付汇"原则，在涉及外汇资金汇出时，确保专人审查相应的货物流。第三，企业应定期自查或聘请专业机构进行合规审查，核对进出口数据、外汇收支数据和财务数据，核查报关与外汇收支。第四，若因超过规定期限预收货款、预付货款、延期收款以及延期付款等原因，导致货物进出口数据与贸易外汇收支不匹配的，企业应及时主动报告国家外汇管理部门。

②开展境外资本项目时，敦促业务部门及时全面办理相关手续。

第一，在项目启动前，企业应当全面掌握政策变化，及时办理相关手续，如"前期费用登记手续""发展和改革委员会核准/备案手续""商务部门核准/备案手续""境外投资外汇登记手续"等。第二，在项目进行中，企业要关注监管过程环节的要求，在自身状态发生变化后应当及时登记。第三，企业应如实披露返程投资企业实际控制人信息。第四，企业在进行跨境担保等特殊资本项目时，应按规定履行登记义务。

③定期组织合规培训，及时掌握最新政策。

外汇管理政策专业性较高，法律法规较为零散，对企业提出了较高的合规要求。企业不仅要主动拒绝违规，更应当及时掌握最新政策动向，例如，外商直接投资需要商务主管部门核准批复；QFII[1]进入我国资本市场，需要证监会进行市场准入审定；QDII从事境外银行、证券和保险投资业务，分别需要由银保监会、证监会进行市场注入审定，等等。企业管理人员和合规部门应定期组织内训学习，提升工作人员的专业水平与合规意识。

---

[1] QFII，"Qualified Foreign Institutional Investor"的首字母所写，即合格的境外机构投资者，是指外国专业投资机构到境内投资的资格认定制度。

监管政策和规范

逃汇罪属于法定犯、行政犯。行政法上的逃汇是指境内机构或者个人将外汇擅自存放境外、擅自汇出或带出境外，逃避我国外汇管制的行为。对逃汇进行行政规制的依据主要包括：《外汇管理条例》《个人外汇管理办法》《结汇、售汇及付汇管理规定》《境内外汇账户管理规定》等。其中，2008年修订的《外汇管理条例》最为重要。该条例规定，境内机构、境内个人的外汇收入可以调回境内或者存放境外；不过，调回境内或者存放境外的条件、期限等，由国务院外汇管理部门根据国际收支状况和外汇管理的需要作出规定。对于违反规定将境内外汇转移境外，或者以欺骗手段将境内资本转移境外等逃汇行为的情形，由外汇管理机关责令限期调回外汇，处逃汇金额30%以下的罚款；情节严重的，处逃汇金额30%以上等值以下的罚款；构成犯罪的，依法追究刑事责任。

只有当行政法上的构成逃汇的，在主体、行为方式、数额等方面均符合《刑法》第190条规定，即只有公司、企业或者其他单位，违反国家规定，擅自将外汇存放境外，或者将境内的外汇非法转移到境外，数额较大的情形，才会升级为刑事犯罪。

上海自由贸易试验区改革试点，引发了各界对惩治外汇犯罪必要性的热议。在自贸区范围内，随着人民币和外汇可以自由兑换、自由进出，逃汇罪在自贸区内的适用空间已逐步压缩，但自贸区的探索实践具有试验性质。从全国范围看，外汇管制力度并未放松，外汇管理法规体系并未发生实质变化。

首先，从试验角度看，上海自贸区范围内的外汇新规仍在不断放宽。2015年10月，中国人民银行、商务部、中国银监会、中国证监会、中国保监会、国家外汇管理局、上海市人民政府联合发布《进一步推进中国（上海）自由贸易试验区金融开放创新试点 加快上海国际金融中心建设方案》，一方面提出率先实现人民币资本项目可兑换，其中包括进一步拓展自由贸易账户功能；规范自由贸易账户开立和使用条件，严格落实银行账户实名制；研究启动合格境内个人投资者境外投资试点；允许或扩大符合条件的机构和个人在境内外证券期货市场投资；建立健全自贸试验区内宏观审慎管理框架下的境外融资和资本流动管理体系；创新外汇管理体制，探索在自贸试验区内开展限额内可兑换试点。另一方面，该方案提出进一步扩大人民币跨境使用，拓宽境外人民币投资回流渠道，促进人民币资金跨境双向流动。2019年7月，国家外汇管理局上海市分局颁布《进一步推进中国（上海）自由贸易试验区外汇管理改革试点实施细则（4.0版）》，放宽货物贸易电子单证审核条件，允许在区内试点实施资本项目外汇收入支付便利化业务，支持区内非投资性外商投资企业在真实、合规的前提下，按实际投资规模将资本项目外汇收入或结汇所得人民币资金依法用于境内股权投资。

其次，从全局角度看，全国范围严打逃汇违法的力度并未降低。国家外汇管理局2017年5月25日对部分企业、个人外汇违规案例进行通报，其中涉及宁波大程国际贸易有限公司逃汇案、上海大新华物流控股（集团）有限公司逃汇案、山西籍耿某个人分拆逃汇案等，案例大致包含3种类型：一是企业、单位违反《外汇管理条例》第12条、第14条关于贸易真实性要求的规定，采用虚构贸易背景，伪造提单、发票或者重复使用合同发票的方式，将境内资金非法转移至境外。二是企业、单位违反上述规定，通过重复使用已作废的海关进口报关单，套用其他公司进口报关单，伪造对应合同、发票的方式，将境内资金非法转移至境外。三是个人违反《个人外汇管理办法》第7条有关真实性要求的规定，采用将境内资金分散至多个个人账户，或以地下钱庄控制下的个人账户的方式，非法转移至境外。对此，外汇管理部门都予以严厉打击。

> 典型案例

典型案例 7-4：保利文化集团股份有限公司逃汇案

2021 年 7 月 29 日，国家外汇管理局北京外汇管理部就保利文化集团股份有限公司违反规定将境内外汇转移境外的行为，处以 2375 万元罚款。同时，参与发行 QDII① 产品的中信信托也一并被处罚。监管部门认为，保利文化集团股份有限公司在 2019 年通过中信信托（QDII）投资数字王国集团有限公司（港股 00547.HK）定向发行的股票，在境外投资资金汇出境外前，未从国家发展改革委员会取得有效核准文件或备案通知书（ODI②），违反了《外汇管理条例》第 10 条、第 17 条以及《企业境外投资管理办法》第 32 条的规定。与之相伴随的问题，是 2017 年网银在线对于部分商户在准入环节上出现监管疏失，个别外部不法商户利用相关交易通道进行违规交易，导致资金出境被滥用；问题发生后，相关商户已被清退。鉴于保利文化集团股份有限公司在投资渠道的选择上构成实质性违规，监管部门依据《外汇管理条例》第 39 条的规定，按照逃汇违法行为对其进行处罚。该案之所以未上升到刑事犯罪的程度，主要是考虑涉案单位所使用的金融机构 QDII 额度渠道是正规渠道，但其错在未使用发改委 ODI 渠道。两者是并行关系，择一即可，但是 QDII 多用于海外二级市场投资，而 ODI 更多用于境外投资新设或者并购企业，所以，保利文化集团股份有限公司的行为属于违法违规，而非典型意义上的逃汇犯罪。

---

① QDII，即"Qualified Domestic Institutional Investor"的首字母缩写，即合格境内机构投资者，是指在人民币资本项目不可兑换、资本市场未开放条件下，在一国境内设立，经该国有关部门批准，有控制地，允许境内机构投资境外资本市场的股票、债券等有价证券投资业务的一项制度安排。

② ODI，即"Outbound direct investment"的首字母缩写，即对外直接投资，是指我国企业、团体在国外及港澳台地区以现金、实物、无形资产等方式投资，并以取得国（境）外企业的经营管理权为核心的经济活动。

典型案例7-5：乡村基（重庆）投资有限公司逃汇案

2007年李某夫妇在开曼群岛设立了特殊目的公司——开曼群岛特殊目的公司。该公司在2010年于美国纽交所上市，李某夫妇并通过某国际餐饮连锁集团有限公司（香港公司）返程投资而持有乡村基（重庆）投资有限公司100%股权。彼时，李某夫妇仍然是中国国籍。2012年，李某夫妇移民新加坡，未按规定办理境外投资外汇登记及变更登记。2016年11月至2017年3月，乡村基（重庆）投资有限公司向境外母公司汇出利润，金额合计885.99万美元。依据2014年《国家外汇管理局关于境内居民通过特殊目的公司境外投融资及返程投资管理有关问题的通知》第9条规定，因转股、破产、解散、清算、经营期满、身份变更等原因造成境内居民不再持有已登记的特殊目的公司权益的，或者不再属于需要办理特殊目的公司登记的，应提交相关真实性证明材料及时到外汇局办理变更或注销登记手续。另依据2008年国家外汇管理局《外汇管理条例》第16条第1款的规定，境外机构、境外个人在境内直接投资，经有关主管部门批准后，应当到外汇管理机关办理外汇登记。所以，外汇管理部门认为正是因为李某夫妇办理了移民，使其不再符合返程投资的相关规定，其设立的企业性质同时发生了变更，应适用外商直接投资的相关规定。李某夫妇未按照规定办理外商直接投资登记和相关外汇管理手续，则外汇管理部门认定乡村基（重庆）投资有限公司向其境外母公司汇出利润的行为，违反了《外汇管理条例》第16条，构成逃汇。外汇管理部门根据《外汇管理条例》第39条的规定，对该公司处以罚款人民币302万元。

第二节　骗购外汇罪

【骗购外汇罪】一、有下列情形之一，骗购外汇，数额较大的，处五年以下有期徒刑或者拘役，并处骗购外汇数额百分之五以上百分之三十以下罚金；数额巨大或者有其他严重情节的，处五年以上十年以下有期徒刑，并处骗购外汇数额百分之五以上百分之三十以下罚金；数额特别巨大或者有其他特别严重情节的，处十年以上有期徒刑或者无期徒刑，并处骗购外汇数额百分之五以上百分之三十以下罚金或者没收财产：

（一）使用伪造、变造的海关签发的报关单、进口证明、外汇管理部门核准件等凭证和单据的；

（二）重复使用海关签发的报关单、进口证明、外汇管理部门核准件等凭证和单据的；

（三）以其他方式骗购外汇的。

伪造、变造海关签发的报关单、进口证明、外汇管理部门核准件等凭证和单据，并用于骗购外汇的，依照前款的规定从重处罚。

明知用于骗购外汇而提供人民币资金的，以共犯论处。

单位犯前三款罪的，对单位依照第一款的规定判处罚金，并对其直接负责的主管人员和其他直接责任人员，处五年以下有期徒刑或者拘役；数额巨大或者有其他严重情节的，处五年以上十年以下有期徒刑；数额特别巨大或者有其他特别严重情节的，处十年以上有期徒刑或者无期徒刑。

五、海关、外汇管理部门以及金融机构、从事对外贸易经营活动的公司、企业或者其他单位的工作人员与骗购外汇或者逃汇的行为人通谋，为其提供购买外汇的有关凭证或者其他便利的，或者明知是伪造、变造的凭证和单据而售汇、付汇的，以共犯论，依照本决定从重处罚。

罪名解析

1. 法条修改情况

对骗购外汇行为的追责，起源于对套汇行为的惩治。总体上看，套汇经历了犯罪化—非犯罪化—犯罪化的立法过程。所谓"套汇"，是指利用同一种货币在不同外汇市场、不同交割时间上的汇率差异进行低买高卖，从中套取差异利润的交易活动。1988年《全国人民代表大会常务委员会关于惩治走私罪的补充规定》（已失效）第9条第2款将套汇行为规定为犯罪，对于"企业事业单位、机关、团体或者个人非法倒买倒卖外汇牟利，情节严重的"情形，依法追究刑事责任。1993年12月28日，中国人民银行公布《中国人民银行关于进一步改革外汇管理体制的公告》，指出开展外汇体制改革，旨在形成以市场供求为基础的浮动制汇率，允许人民币在经常项目下有条件可兑换。1996年年底，我国接受《国际货币基金组织协定》有关条款，人民币被列入经常性可兑换货币。考虑到加入世贸组织以后，我国会进一步放宽购汇，终将实现人民币自由兑换，因此在修订1997年《刑法》时未将套汇规定为犯罪。然而，1998年亚洲金融危机爆发后，社会上出现大量套汇行为，尤以假单证购买外汇为最多，骗购外汇严重侵害国家外汇管理制度，严重危害金融安全，具有严重的社会危害性，有必要进行刑事规制。1998年12月29日，《全国人民代表大会常务委员会关于惩治骗购外汇、逃汇和非法买卖外汇犯罪的决定》颁布实施，增设骗购外汇罪。目前，骗购外汇罪是唯一由单行刑法规定的罪名。

另外，根据《外汇管理条例》第40条的规定，"有违反规定以外汇收付应当以人民币收付的款项，或者以虚假、无效的交易单证等向经营结汇、售汇业务的金融机构骗购外汇等非法套汇行为的，由外汇管理机关责令对非法套汇资金予以回兑，处非法套汇金额30%以下的罚款；情节严重的，处非法套汇金额30%以上等值以下的罚款；构成犯罪的，依法追究刑事责任"，即骗购外汇行为与套汇行为的关系是后者包含前者。也就是说，套汇的概念涵盖骗购外汇的概念，骗购外汇仅是套汇的方式之一，而且，仅数额较大的骗购外汇行为以骗购外汇罪追究刑事责任；骗购外汇以外的其他套汇行为不成立骗购外汇罪。

2. 犯罪构成要件

（1）本罪的客体

本罪的犯罪客体是外汇管理制度，具体是指外汇管理制度中的售汇制度。本罪的犯罪对象是外汇。

（2）本罪的客观方面

本罪的客观方面表现为骗购外汇，数额较大的行为。根据《全国人民代表大会常务委员会关于惩治骗购外汇、逃汇和非法买卖外汇犯罪的决定》的规定，具体表现为三种情形：

第一，使用伪造、变造的海关签发的报关单、进口证明、外汇管理部门核准件等凭证和单据。所谓"伪造、变造"，既包括对凭证、单据等载体的伪造，又包括对签字、公章等内容的伪造，以及通过涂改、挖补、剪切方式对上述载体真实内容的非法变更。所谓"海关签发的报关单"，主要包含两种形式：一是进、出口货物报关单，即进出口单位向海关申报货物进、出口的单证，这是海关查验和审批货物进、出口的主要单证。二是登记手册，具体是指进料加工登记手册，以及加工装配、中小型补偿贸易进出口货物登记手册。所谓"进口证明"，是指进口许可证、进口批件等。所谓"外汇管理部门核准件"，是指经外汇管理局或其分局、支局核发的售汇通知单、外汇担保登记证等。

第二，重复使用海关签发的报关单、进口证明、外汇管理部门核准件等凭证和单据。外汇指定银行为客户办理售付汇业务后，会在凭证、单据上加盖"已供汇"或"付讫"印章，如果银行工作人员因故意或过失未加盖印章，就将给犯罪分子以可乘之机。该种行为方式要求重复使用的凭证、单据必须是真实的凭证、单据。

第三，以其他方式骗购外汇。例如，行为人虚构特定事项，欺骗外汇管理部门同意售汇；与海关、外汇管理部门，金融机构，从事对外贸易经营活动的公司、企业或者其他单位的工作人员串通，后者提供有关凭证、单据骗购外汇，等等。

(3) 本罪的主体

本罪的犯罪主体为一般主体，包括自然人和单位。单位主体既包括有进出口经营权的公司，又包括无进出口经营权的公司。

根据1998年《全国人民代表大会常务委员会关于惩治骗购外汇、逃汇和非法买卖外汇犯罪的决定》第5条规定，海关、外汇管理部门以及金融机构，从事对外贸易经营活动的公司、企业或者其他单位的工作人员与骗购外汇的行为人通谋的，以共犯论处，依照本决定从重处罚。

(4) 本罪的主观方面

本罪的主观方面表现为直接故意，要求主体知道自己使用伪造、变造或者重复的凭证和单据骗购外汇，并希望该行为发生危害外汇管理秩序的后果。动机不影响本罪成立。

3. 刑事责任

行为人骗购外汇，数额较大的，处5年以下有期徒刑或者拘役，并处骗购外汇数额5%以上30%以下罚金；数额巨大或者有其他严重情节的，处5年以上10年以下有期徒刑，并处骗购外汇数额5%以上30%以下罚金；数额特别巨大或者有其他特别严重情节的，处 10 年以上有期徒刑或者无期徒刑，并处骗购外汇数额 5% 以上 30% 以下罚金或者没收财产。伪造、变造海关签发的报关单、进口证明、外汇管理部门核准件等凭证和单据，并用于骗购外汇的，依照上述规定从重处罚。

单位犯骗购外汇罪，数额较大的，判处骗购外汇数额 5% 以上 30% 以下罚金，并对其直接负责的主管人员和其他直接责任人员，处 5 年以下有期徒刑或者拘役；数额巨大或者有其他严重情节的，处 5 年以上 10 年以下有期徒刑；数额特别巨大或者有其他特别严重情节的，处 10 年以上有期徒刑或者无期徒刑。

海关、外汇管理部门以及金融机构，从事对外贸易经营活动的公司、企业或者其他单位的工作人员与骗购外汇的行为人通谋的，以共犯论处，依照本决定从重处罚。

按照 2022 年 5 月《立案追诉标准（二）》第 42 条的规定，骗购外汇，数额在 50 万美元以上的，应予立案追诉。

目前，法律和司法解释对本罪"数额巨大""数额特别巨大"的标准未作出明确规定。

司法精要

1. 骗购外汇罪中"其他方式"的认定

骗购外汇罪的第 3 种行为方式，应当与第 1 种、第 2 种行为方式具有同质性，即具有欺骗性质。行为人通过虚构事实、隐瞒真相，使外汇指定银行工作人员陷入错误认识，为行为人操作完成购买外汇的行为。例如，行为人虚构特定事项，骗取外汇管理部门同意售汇；与海关、外汇管理部门、金融机构、从事对外贸易经营活动的公司、企业或者其他单位的工作人员串通，后者提供有关凭证、单据进行骗购外汇等。实践中，有的行为人利用其掌控的他人的银行账户，借用他人名义购买外汇并汇往境外,该行为构成骗购外汇罪。

典型案例 7-6:刘某辉、丁某骗购外汇案①——个人利用多个银行卡以虚构理由购汇并汇往境外,达到数额较大程度的,属于以其他方式骗购外汇的行为

一审法院判决认定:

1. 被告人丁某伙同刘某杰、刘某辉等人,于 2017 年以来在许昌市区,通过使用代某意提供的银行卡(44 张)或者身边亲朋好友在许昌市建设银行魏文路支行开的银行卡,用卡主身份在网银上以因私外出旅游为由购买外汇并转至香港,在香港地下黑市兑换人民币谋取利益,丁某团伙每使用一张代某意提供的卡,代某意可分成 700-800 元。经调查,丁某团伙共计骗购外汇 118 次,折合美元共计 590 万余美元。案发后被告人刘某辉家属主动退回违法所得 5 万元人民币。

2. 被告人刘某、刘某华自 2017 年以来,在许昌市区通过使用亲朋好友在许昌市建设银行魏文路支行等处开办的银行卡,用卡主身份在网银上以因私外出旅游为由购买外汇并转至香港,在香港地下黑市兑换人民币谋取利益。经调查,刘某二人共计骗购外汇 45 次,折合美元共计 225 万美元。

3. 被告人李某涛、董某然自 2017 年以来,在许昌市区通过使用亲朋好友在许昌市建设银行魏文路支行等处开办的银行卡,用卡主身份在网银上以因私外出旅游为由购买外汇并转至香港,在香港地下黑市兑换人民币谋取利益。经调查,二人共计骗购外汇 40 次,折合美元共计 200 余万美元。案发后被告人李某涛、董某然家属分别主动退回违法所得各 3 万元人民币。

一审法院认为,被告人刘某辉、丁某、刘某杰、代某意、刘某、刘某华、李某涛、董某然以因私外出旅游为由,冒用他人名义骗取外汇,数额较大,其行为均已构成骗购外汇罪。结合本案相关证据以及被告人的供述,刘某杰、代某意的行为均符合 1998 年 12 月 29 日《全国人民代表大会常务委员会关于惩治骗购外

---

① 参见河南省许昌市中级人民法院(2019)豫 10 刑终 175 号刑事判决书。

汇、逃汇和非法买卖外汇犯罪的决定》中"以其他方式骗购外汇"的情形。法院遂判决：(1) 被告人丁某犯骗购外汇罪，判处有期徒刑 3 年，并处罚金人民币 300 万元。(2) 被告人刘某杰犯骗购外汇罪，判处有期徒刑 3 年，并处罚金人民币 300 万元。(3) 被告人刘某辉犯骗购外汇罪，判处有期徒刑 2 年 8 个月，并处罚金人民币 300 万元。(4) 被告人代某意犯骗购外汇罪，判处有期徒刑 2 年，并处罚金人民币 210 万元。(5) 被告人刘某犯骗购外汇罪，判处有期徒刑 1 年 8 个月，并处罚金人民币 130 万元。(6) 被告人刘某华犯骗购外汇罪，判处有期徒刑 1 年 8 个月，并处罚金人民币 130 万元。(7) 被告人李某涛犯骗购外汇罪，判处有期徒刑 1 年 6 个月，并处罚金人民币 100 万元。(8) 被告人董某然犯骗购外汇罪，判处有期徒刑 1 年 6 个月，并处罚金人民币 100 万元。(9) 随案移送的赃款 37.73 万元以及电脑、银行卡、U 盾等物品予以没收，上缴国库。

二审法院经审理查明的事实与原判认定的事实一致，不过，二审对于各原审被告人的量刑予以了调整并改判。

2. 为骗购外汇犯罪提供资金支持的行为定性

根据《全国人民代表大会常务委员会关于惩治骗购外汇、逃汇和非法买卖外汇犯罪的决定》第 1 条的规定，明知用于骗购外汇而提供人民币资金的，以共犯论处。该刑法规范的立法模式属于"明知型共犯"，不仅要求行为人的主观心态达到明知程度，而且严格限制了构成共犯的行为方式，即限于骗购外汇。根据片面共犯理论，作为共犯的行为人只要单方面认识到自己系帮助行为（故意与他人共同犯罪）即可成立犯罪，不以被帮助的行为人明知为前提。本罪中，"明知用于骗购外汇而提供人民币资金的"行为人属于片面共犯，其成立骗购外汇罪，不需要被提供人民币支持且被骗购外汇的行为人明知。当然，如果"明知用于骗购外汇而提供人民币资金的"行为人，与具体实施骗购外汇的行为人进行意思联络，无疑也符合骗购外汇罪共犯的认定标准。

典型案例 7-7：李某铧、郑某、郑某明、李某、黄某平骗购外汇案[①]——行为人明知用于骗购外汇而提供资金，构成骗购外汇罪

一审法院判决认定：被告人李某铧系Z公司（以下简称Z公司）、上海A有限公司（以下简称A公司）、上海B有限公司（以下简称B公司）、上海C有限公司、上海D有限公司、上海E有限公司、上海F有限公司、W公司（注册地香港，以下简称W公司）、中国××集团有限公司（注册地香港，以下简称××公司）的实际控制人。被告人郑某自2015年8月起在B公司任职学习贸易知识，在工作中知晓Z公司、A公司、W公司、××公司等公司均由李某铧控制使用，同时知道通过虚假转口贸易可以套取汇率差的情况。后李某铧与郑某、郑某明经过协商达成合意，由郑某明陆续提供人民币约6000万元（以下除特别注明外，均为人民币）作为资金，由李某铧提供上述公司作为虚假的转口贸易公司，由郑某负责控制资金并具体操作，采用虚假转口贸易向境内银行申购美元，划转至境外兑换成人民币的方式，从中赚取汇率差价，获利后由李某铧和郑某、郑某明按比例分成。被告人黄某平在明知伪造提单系用于非法用途的情况下，仍按照被告人李某的授意，提供伪造的V公司（以下简称V公司）海运提单并收取好处费；李某在明知伪造的提单用于非法套汇的情况下，仍将上述提单提供给李某铧使用并从中收取费用。2015年12月至2016年2月，被告人李某铧在取得上述提单后，指使被告人郑某根据提单记载事项，将其控制的Z公司、W公司、××公司等作为转口贸易中间商、供货商、购货商，制作虚假转口贸易合同、形式发票、购汇申请书等材料，以转口贸易支付货款为名，向华夏银行上海分行申请购买美元支付给境外供货商。银行付汇成功后，郑某会根据李某铧提供的另一份提单，将李某铧控制的公司作为中间商、供货商、购货商，制作另一套虚构的转口贸易材料；并利用自身控制的供货商公司网银密钥将美元兑换成人民币，后将人民币汇入境内楷某等

[①] 参见上海市第一中级人民法院（2017）沪01刑终1402号刑事判决书。

公司的银行账户；除获利部分按照约定分成外，其他钱款继续采用同样方式进行循环操作。其间，被告人李某铧等人采用上述手段，向华夏银行上海分行购汇28笔，共计美元20,216.81万余元，非法获利共计人民币1370.98万元。其中李某铧获利232.11万元，被告人郑某、郑某明共获利598.48万元，被告人李某获利80.29万元，被告人黄某平获利58.17万元，后黄某平将部分钱款支付给上家沈某。

一审法院以骗购外汇罪分别判处被告人李某铧有期徒刑6年，罚金人民币8000万元；判处被告人郑某有期徒刑6年，罚金人民币8000万元；判处被告人郑某明有期徒刑3年6个月，罚金人民币7500万元；判处被告人李某有期徒刑2年6个月，罚金人民币7500万元；判处被告人黄某平有期徒刑2年，罚金人民币7500万元；扣押在案的违法所得依法予以没收，不足部分继续予以追缴或责令退赔。

一审宣判后，5名上诉人提出上诉，主要的意见包括：(1) 主观上不明知海运提单系伪造，事先也没有共谋骗购外汇。(2) 即使上诉人的行为构成犯罪，也应认定系单位行为。

二审检察机关认为，一审判决认定上诉人李某铧、郑某、郑某明、李某、黄某平构成骗购外汇罪，适用法律正确。本案骗购外汇虽以李某铧控制的单位名义实施，但违法所得均归李某铧、郑某、郑某明等个人所有，一审判决认定本案系个人犯罪于法有据。关于郑某明参与犯罪的数额，一审判决认定用于骗购外汇的1亿元资金中，有部分系郑某明提供，故其只应对该部分数额承担责任。同样，一审判决认定的28份伪造的海运提单中，只有20份是V公司海运提单，李某、黄某平也只应对该部分数额承担罪责。此外，一审判决适用1998年《全国人民代表大会常务委员会关于惩治骗购外汇、逃汇或者非法买卖外汇犯罪的决定》，对包括3名从犯在内的5名上诉人均判处骗购外汇数额5%以上30%以下的罚金，所处的罚金刑偏高。

二审法院经审理查明的事实和证据与原判相同,并就本案评判如下:

第一,关于5名上诉人的行为是否构成骗购外汇罪、上诉人郑某是否系从犯。其一,经查,各名上诉人到案后所作的供述,相关的证人证言,上诉人李某铧、郑某、郑某明相互之间的手机聊天记录,以及本案在操作骗购外汇过程中的一些细节,均可以反映出李某铧、郑某、郑某明曾就骗购外汇的可行性、利益分配等进行过商议;5名上诉人对涉及本案的海运提单的真实性或明知是伪造、或对真假持放任的主观心态。原判根据5名上诉人的主观故意和客观行为及涉及的购汇金额,认定5名上诉人构成骗购外汇的共同犯罪,且属数额巨大是正确的。其二,上诉人郑某经与李某铧等人商议后,不仅说服其父亲郑某明出资用于购汇,还负责根据提单的内容制作贸易合同、发票,办理申请购买外汇、网银转账、货币兑换、获利分配等业务,系共同犯罪中起主要作用的主犯。

第二,关于本案是否构成单位犯罪。经查,上诉人李某铧、郑某、郑某明相互印证的供述以及证人范某的证言,上海××事务所有限公司出具的司法鉴定意见书证实,郑某、郑某明与李某铧曾就购买外汇获利后的利益分配进行过商议。每次购汇获利后,郑某明父子按约获取应得部分,其余则通过范某的个人账户转入李某铧的个人账户。虽然本案购、结外汇包括虚构贸易背景均以李某铧实际控制的公司名义实施,但非法利益并未归属上述单位,而是由李某铧、郑某等个人分配占有,本案不符合单位犯罪的基本特征,应认定系李某铧等人的个人犯罪。

最终,二审法院判决:(1)维持上海市浦东新区人民法院(2017)沪0115刑初4438号刑事判决的第六项,即扣押在案的违法所得依法予以没收,不足部分继续予以追缴或责令退赔。(2)撤销上海市浦东新区人民法院(2017)沪0115刑初4438号刑事判决的第一项、第二项、第三项、第四项、第五项,即以骗购外汇罪分别判处被告人李某铧有期徒刑6年,罚金人民币8000万元;判处被告人郑某有期徒刑6年,罚金人民币8000万元;判处被告人郑某明有期徒刑3年6个月,罚金人民币7500万元;判处被告人李某有期徒刑2年6个月,罚金人民币

7500万元；判处被告人黄某平有期徒刑2年，罚金人民币7500万元。（3）上诉人（原审被告人）李某铧犯骗购外汇罪，判处有期徒刑6年，并处罚金人民币3000万元。（4）上诉人（原审被告人）郑某犯骗购外汇罪，判处有期徒刑6年，并处罚金人民币3000万元。（5）上诉人（原审被告人）郑某明犯骗购外汇罪，判处有期徒刑3年，缓刑3年，并处罚金人民币1500万元。（6）上诉人（原审被告人）李某犯骗购外汇罪，判处有期徒刑2年，并处罚金人民币500万元。（7）上诉人（原审被告人）黄某平犯骗购外汇罪，判处有期徒刑1年8个月，并处罚金人民币400万元。上诉人（原审被告人）郑某明回到居住的社区后，应当遵守有关的法律、法规，服从监督管理，接受教育，完成公益劳动，做一个有益于社会的公民。

3. 行为人利用空壳公司骗购外汇的行为定性

1999年《最高人民法院关于审理单位犯罪案件具体应用法律有关问题的解释》第2条规定，个人为进行违法犯罪活动而设立的公司、企业、事业单位实施犯罪的，或者公司、企业、事业单位设立后，以实施犯罪为主要活动的，不以单位犯罪论处。该规定"揭开单位犯罪的面纱"，认定自然人的刑事责任。因此，对于行为人利用空壳公司骗购外汇，数额较大的，可直接认定为个人构成骗购外汇罪。突破空壳公司的单位形态，不将其作为单位犯罪处理，有利于实现罪责刑相适应。对利用空壳公司实施骗购外汇犯罪行为的认定，关键在于审查行为人在取得外汇过程中，如何使用虚假手段，以及如何使银行等金融机构产生认识错误。

典型案例7-8：王某骗购外汇案[①]——**个人为谋取非法利益，利用空壳公司在无真实货物交易情况下进行虚假转口贸易，骗购外汇且数额较大，构成骗购外汇罪**

法院经审理查明，被告人王某系乌鲁木齐A贸易有限公司、乌鲁木齐B商贸

[①] 参见新疆维吾尔自治区乌鲁木齐市中级人民法院（2019）新01刑初265号刑事判决书。

有限公司、乌鲁木齐C商贸有限公司、乌鲁木齐D商贸有限公司（均为境内空壳公司）的实际控制人。2012年9月至2013年7月，被告人王某虚构转口贸易背景、购买虚假海运提单、按照提单记载事项制作虚假转口贸易单证，以转口贸易需支付货款为由，向交通银行新疆区分行申请办理付汇业务。银行将外汇转入被告人王某实际控制的香港离岸公司E有限公司，被告人王某通过其实际控制的空壳公司，在无真实贸易背景前提下，累计向交通银行新疆分行骗购外汇35笔，共计8370.6155万美元。

法院认为，第一，被告人王某为谋取非法利益，在无真实货物交易的情况下，利用其成立的多家空壳公司，进行虚假转口贸易，骗购国家外汇8370.6155万美元，数额巨大，其行为已构成骗购外汇罪。第二，被告人王某成立公司的目的是实施犯罪，而且公司成立后，以实施骗购国家外汇为主要活动，故不以单位犯罪论处。第三，被告人王某在没有实际货物交易的情况下，为骗购国家外汇，虚构转口贸易，无论涉案货运提单是否真实，其所进行的货物交易是虚构的，所以王某是否明知货运提单真假不影响其主观恶性的认定，况且王某供述其做的转口贸易没有真实的贸易背景，说明王某明知货运提单是虚假的。第四，本案中，被告人王某利用虚假转口贸易，取得外汇，造成国家外汇储备的损失，判断其是否构成骗购外汇罪与其是否归还境外贷款没有关系。骗购外汇罪侵犯的客体是国家外汇管理制度，损害的是国家外汇储备，被告人王某的行为从形式上看没有对国家造成直接的经济损失，但在实质上影响了国家的外汇储备和相应汇率，损害了正常的外汇管理制度和管理秩序，具有较大的社会危害性。

综上，法院判决：被告人王某犯骗购外汇罪，判处有期徒刑7年，并处罚金人民币2592万元。

4. 骗购外汇所涉行政法领域的竞合

对于骗购外汇行为，行政法领域存在竞合情况，即行为人的一个行为触犯了两个或者以上不同的行政法规定，在处罚种类、幅度上存在差别。以骗购外汇行政违法为例，以虚假、无效的交易单证等向银行骗购外汇后向境外汇出的行为，同时触犯《外汇管理条例》第 39 条和第 40 条规定，两者之间存在竞合关系。以虚假的文件向银行骗购外汇的"套汇行为"属于手段，向境外汇出的"逃汇行为"属于目的，具有牵连关系，应参照刑法理论关于"牵连犯"的规定，择一重处断。不过，《外汇管理条例》第 39 条和第 40 条的罚则，都是对当事人处逃汇金额/非法套汇金额 30% 以下的罚款；情节严重的，处逃汇金额/非法套汇金额 30% 以上等值以下的罚款；构成犯罪的，依法追究刑事责任。所以，在行政法层面上，很难区分轻重，也无法根据"牵连犯"的规则进行处理。对此，建议考虑以行为人已实际骗购外汇所得的数额、实际逃汇的数额进行比较，根据数额、情节的严重程度，择一重处理。

5. 骗购外汇非犯罪化处理后的行政处罚

对于将涉嫌骗购外汇案件线索移送公安机关开展侦查的案件，如果公安机关决定不予立案或撤销案件，或者检察院作出不予起诉决定，或者法院作出无罪判决或免予刑事处罚判决，此后外汇管理部门仍可重新启动行政处罚程序，对当事人违反外汇管理的骗购外汇行为适用行政处罚。这种做法有助于保证违法行为依法受到应有惩处，整顿和规范外汇市场秩序。

但对于已作出刑事处罚的案件，外汇管理部门原则上不再进行行政处罚。对于移送公安机关之前作出的行政处罚，外汇管理部门应将行政处罚决定一并移交公安机关，由司法机关根据《行政处罚法》第 28 条和《行政执法机关移送涉嫌犯罪案件的规定》统一考量，对于已进行罚款的行政处罚，如法院判处罚金，则应予以抵扣。但是，外汇管理部门做出的警告、责令停业整顿、吊销许可证或停止经营相应业务的行政处罚，不因移送司法机关而停止执行。

第七章 外汇类犯罪

> 合规指引

1. 合规要求

一般而言，外汇管制主要涉及外汇汇兑环节和交易环节，两个环节密不可分。当交易环节被禁止时，汇兑后的外汇无法完成跨境流动；而当汇兑环节被禁止时，境内主体无法获得外币进行交易。在交易环节，我国禁止非法逃汇行为；在汇兑环节，我国禁止骗购外汇行为。

我国实行的是严格银行结售汇制度，即境内机构和居民个人只能向经批准允许经营结汇、售汇业务的金融机构购买外汇，国家禁止私自买卖外汇、变相买卖外汇、倒买倒卖外汇或者非法介绍买卖外汇。因此，汇兑监管政策集中于境内主体向金融机构购汇的环节，由于我国尚未开放人民币与外汇间的完全可兑换，所以，无论是境内企业还是个人，均存在一定的购汇限制。购汇主体申请购买外汇时，需要向银行说明外汇用途，还需要提交报关单、进口证明、外汇管理部门核准件等凭证和单据，以此满足汇兑环节的合规要求。

总体而言，现行政策框架下关于汇兑环节的监管，主要体现为对交易真实性的审查。基于经常性项目和资本性项目的区分，对企业购汇的监管依据分布在《外汇管理条例》《结汇、售汇及付汇管理规定》《境内机构境外直接投资外汇管理规定》等规范性文件之中。

（1）经常性项目购汇合规要求

对于经常性项目，我国已实现"经常项目可兑换"。根据《外汇管理条例》第14条的规定，企业经常项目外汇支出，应当按照国务院外汇管理部门关于付汇与购汇的管理规定，凭有效单证以自有外汇支付或者向经营结汇、售汇业务的金融机构购汇支付。目前，境内企业在经常项目下不存在购汇额度限制，一般可根据经营所需，用自有资金进行购汇，不过，购汇用途大多会受到国家外汇管理局详细审查。

(2) 资本性项目购汇合规要求

我国对资本性项目的外汇流转尚未完全开放,因此,以资本项目为用汇目的的购汇需求仍处于较为严密的监管之下。企业资本项目下的购汇监管原则,主要依据《外汇管理条例》。其第 22 条规定:"资本项目外汇支出,应当按照国务院外汇管理部门关于付汇与购汇的管理规定,凭有效单证以自有外汇支付或者向经营结汇、售汇业务的金融机构购汇支付。国家规定应当经外汇管理机关批准的,应当在外汇支付前办理批准手续。依法终止的外商投资企业,按照国家有关规定进行清算、纳税后,属于外方投资者所有的人民币,可以向经营结汇、售汇业务的金融机构购汇汇出。"其中,"国务院外汇管理部门关于付汇与购汇的管理规定"散见于各规范性文件中。例如,《外国投资者境内直接投资外汇管理规定》第 10 条第 2 款规定,因受让外国投资者所持外商投资企业股权需向境外汇出资金的,境内股权受让方在外商投资企业办理相应登记后,可在银行办理购汇及对外支付。再如,《境内机构境外直接投资外汇管理规定》第 13 条、第 14 条规定,境内机构在进行境外直接投资,需要汇出前期费用时,必须向其所在地外汇局提出申请、递交材料,在取得外汇局出具的核准件后,方可凭核准件到外汇指定银行办理购付汇手续。

综上,在银行结售汇制度下,不论是经常项目购汇还是资本项目购汇,汇兑环节的核心合规内容集中指向交易背景真实性,外汇用途直接影响购汇许可。"真实、合法"的表述在相关规范性文件中屡见不鲜,例如《经常项目外汇业务指引(2020 年版)》第 54 条、《外汇管理条例》第 12 条等。

2. 合规风险

(1) 企业在购汇过程中"规避真实性管理",涉及合规风险

所谓骗购,是指以虚构事实、隐瞒真相的方法使金融机构陷入错误认识,从

而违规购得外汇或超额购得外汇。1998年《全国人民代表大会常务委员会关于惩治骗购外汇、逃汇和非法买卖外汇犯罪的决定》规定的骗购外汇罪犯罪手段包括"使用伪造、变造的海关签发的报关单、进口证明、外汇管理部门核准件等凭证和单据"以及"重复使用海关签发的报关单、进口证明、外汇管理部门核准件等凭证和单据"两种，以上两种手段均发生在海关管理过程中，同属进出口贸易领域。近年来，随着对外贸易复杂多样，实践中，行为人采取法条明示的上述方式骗购外汇的情况较为少见。此外，"以其他方式骗购外汇的"条款可以包含与上述两种方式同质化的行为。根据《外汇管理条例》第40条的规定，只要是凭虚假、无效的交易单证等欺骗经营结汇、售汇业务的金融机构而购买外汇的，均属于骗购外汇。

（2）企业以虚假转口贸易名义违规购汇，涉及合规风险

传统转口贸易可以突破贸易壁垒，降低交易成本，以收支差额作为利润来源。同时，针对转口贸易的真实性审核较为困难。虽然资金流通是通过境内中间商进行的，但货物流却未曾经到达境内，监管部门无法通过匹配货物流（海关报关数据）与资金流（外管局国际收支申报系统）实现对境内进出口企业的"总量核查"。同样，银行也无法通过报关数据判断贸易背景真实性，因此，转口贸易真实性核查主要依靠企业提交的货权凭证。

当前，利用转口贸易骗购外汇的典型模式如下：行为人向银行提交伪造的海运提单、虚假转口贸易合同、发票等材料，申请购买外汇支付给境外供货商。行为人付汇成功后，再在境外将外汇兑换回人民币，通过虚构的贸易将人民币汇回境内账户。如此反复操作，行为人可通过境内外人民币汇率差价牟取巨额非法利润。尽管以虚假转口贸易的名义实施骗购外汇较为隐秘，不易察觉，企业也无法做到"天衣无缝"。企业提交的虚假材料、企业银行账户异动表现，都可能成为查明事实的突破口，大数据监管的日益完善也为发现虚假转口贸易提供了支持。

(3) 企业在货物进口时利用海关估价单超额购付汇，涉及合规风险

在进口贸易中，由海关签发的进口货物报关单既是企业报关进口、海关收缴关税的依据，又是企业购付汇和核销的凭证。根据《结汇、售汇及付汇管理规定》第 13 条第 3 项的规定，境内机构用汇款方式结算贸易进口的，须持进口合同、进口付汇核销单、发票、正本进口货物报关单、正本运输单据，才能从其外汇帐户中支付或者到外汇指定银行兑付。通常情况下，进口货物报关单的报关功能和购汇功能是完全一致的，即企业进口一定价值的货物，可同时购买、支付同等金额的外汇。但是，如果进口企业故意或者过失低报价格，那么海关出于对国家利益保护的考虑，可能以较高价格重新估价，从而产生估价征税关单。因为正常签发的关单和海关估价征税后的关单并无区别，如果企业获得标价较高的报关单，便可购买、汇出报关单显示额度的全部外汇，但却只对境外卖方支付其中一部分，通过这种方式，企业得以实现套汇、逃汇的目的。该行为一旦被发现，企业将会面临相应的行政处罚和刑事制裁。

(4) 实施帮助他人骗购外汇的行为，涉及合规风险

根据《全国人民代表大会常务委员会关于惩治骗购外汇、逃汇和非法买卖外汇犯罪的决定》第 1 条第 3 款的规定，行为主体明知用于骗购外汇而提供人民币资金的，以共犯论处。实践中，企业可能因忽略这一规定而面临风险。与典型的虚构事实型骗购不同，提供资金型骗购，只要求行为主体明知他人用于骗购外汇而提供人民币资金，就符合共同犯罪规定，构成骗购外汇罪。因此，企业应当重点审查出借、拨付资金的实际去向，以免因不当提供资金而陷入合规风险。

(5) 私下买卖外汇、变相买卖外汇，涉及合规风险

实践中，有的企业因无合法手续而希望多购外汇，或因汇率风险等利益考虑而选择非正规途径购汇，这些都是违法行为。《外汇管理条例》第 45 条规定，私自买卖外汇、变相买卖外汇、倒买倒卖外汇或者非法介绍买卖外汇数额较大的，由外汇管理机关给予警告，没收违法所得，处违法金额30%以下的罚款；情节严重的，处违法金额30%以上等值以下的罚款；构成犯罪的，依法追究刑事责任。所谓"构成犯罪的"，是指根据《全国人民代表大会常务委员会关于惩治骗购外汇、逃汇和非法买卖外汇犯罪的决定》第5条和《刑法》第225条的规定，依法认定为非法经营罪。非法经营外汇是近年来增长较快的外汇犯罪类型，涉及购入外汇、持外币待售、实际交付等环节。根据国家外汇管理局《个人本外币兑换特许业务试点管理办法》的相关规定，境内非金融机构拟经营特许业务须向国家外汇管理局分局、外汇管理部申请并取得《个人本外币兑换特许业务经营许可证》。据此，境内非金融机构在未获得许可情况下，私自买卖外汇、变相买卖外汇，将涉嫌非法经营买卖外汇的风险。

3. 合规建议

（1）依托真实背景购汇、付汇，注意核实单据信息

第一，企业在购汇、付汇时，应坚守真实性底线，不虚构贸易背景，不伪造、变造单据。第二，企业对发现的监管政策漏洞，如海关出具高于实际付款数额的估价征税关单，要与相关机关和联系人进行确认核实。第三，企业对银行依据专业审查提出疑问的手续、单据，要重点复核，通过专业审查，助力发现购汇环节漏洞。

（2）事前做好专业咨询和购汇登记，定期进行自查

第一，购汇环节准备单证较多、法律责任大，企业在购汇前应通过专业咨询，并由企业专人负责对购汇的情况做详细记录。第二，外汇监管部门一旦发现购汇问题，会进行调查，并作出责令停业整顿、吊销许可证或停止经营相应业务的决定，该措施不以企业是否被追究刑事责任为先决条件。企业为了正常经营，要定期核查购汇台账登记情况，并对外汇监管部门依据调查所提意见充分重视、积极沟通，争取找到问题和原因，积极应对而不被采取停产停业措施。

(3) 通过正规途径购汇，发挥金融衍生品管理功能，规避汇兑风险

随着外汇储备上升和银行服务不断升级，企业的正常购汇需求基本都能得到满足。因此，企业不应为了商业利益或为规避汇率风险，而通过非正规渠道购汇。第一，企业应树立购汇中性理念，对中央银行稳定汇率操作抱以信心。第二，企业如担心远期外汇掉期交易可能导致亏损，可考虑利用远期、期权等外汇衍生产品管理汇率风险。第三，企业应增加外汇套保比重，降低外汇风险敞口，规避潜在的汇兑风险。

监管政策和规范

骗购外汇罪属于法定犯、行政犯。《外汇管理条例》第 40 条规定，有违反规定以外汇收付应当以人民币收付的款项，或者以虚假、无效的交易单证等向经营结汇、售汇业务的金融机构骗购外汇等非法套汇行为的，由外汇管理机关责令对非法套汇资金予以回兑，处非法套汇金额 30% 以下的罚款；情节严重的，处非法套汇金额 30% 以上等值以下的罚款；构成犯罪的，依法追究刑事责任。

根据外汇管理的相关规定，我国除对骗购外汇行政违法和犯罪进行打击外，还通过行政处罚、纪律处分等手段，严厉处罚金融机构、外汇管理部门等单位的工作人员。同时，骗购外汇使用的资金具有违法性，依照有关规定予以没收。

第一，对于海关、银行、外汇管理部门工作人员而言，如其行为符合《全国人民代表大会常务委员会关于惩治骗购外汇、逃汇和非法买卖外汇犯罪的决定》的规定，将构成骗购外汇罪的共犯。《全国人民代表大会常务委员会关于惩治骗购外汇、逃汇和非法买卖外汇犯罪的决定》第 5 条规定，海关、外汇管理部门以及金融机构，从事对外贸易经营活动的公司、企业或者其他单位的工作人员与骗购外汇或者逃汇的行为人通谋，为其提供购买外汇的有关凭证或者其他便利的，或者明知是伪造、变造的凭证和单据而售汇、付汇的，以共犯论，依照本决定从

重处罚。

第二,其他主体违反有关规定的,应给予行政处分、纪律处分。例如,2011年《国务院关于骗购外汇、非法套汇、逃汇、非法买卖外汇等违反外汇管理规定行为的行政处分或者纪律处分暂行规定》第4条规定,经批准经营外汇业务的金融机构、国有外经贸企业的工作人员,有下列骗购外汇行为之一,数额不满10万美元的,给予留用察看处分;数额在10万美元以上的,给予开除处分:(1)伪造、变造海关报关单、进口证明、外汇管理部门核准件等凭证和单据的;(2)使用、买卖伪造、变造的海关报关单、进口证明、外汇管理部门核准件等凭证和单据的;(3)重复使用海关报关单、进口证明、外汇管理部门核准件等凭证和单据的;(4)明知用于骗购外汇而提供人民币资金或者其他服务的;(5)以其他方式骗购外汇的。单位有上述行为之一的,对负有直接责任的主管人员和其他直接责任人员,依照前款规定给予纪律处分。第8条规定,国有外经贸企业在代理进口业务中,因过失导致他人骗购外汇或者非法套汇,对负有直接责任的主管人员和其他直接责任人员给予纪律处分,数额不满10万美元的,给予警告、记过或者记大过处分;数额在10万美元以上不满100万美元的,给予降级或者撤职处分;数额在100万美元以上的,给予留用察看或者开除处分。

第三,关于骗购外汇的资金和违法所得,规定给予没收。1998年《最高人民法院关于审理骗购外汇、非法买卖外汇刑事案件具体应用法律若干问题的解释》第7条规定:"根据刑法第六十四条规定,骗购外汇、非法买卖外汇的,其违法所得予以追缴,用于骗购外汇、非法买卖外汇的资金予以没收,上缴国库。"

上述规范说明,我国外汇领域的综合治理样态,旨在预防骗购外汇的行政违纪、违法和刑事不法行为。

2015年12月16日,国家外汇管理局上海市分局发布《进一步推进中国(上海)自由贸易试验区外汇管理改革试点实施细则》,考虑到:第一,区内企业(不含金融机构)外债资金实行意愿结汇。外汇局综合考虑资产负债币种、期限等匹配情况以及外债和货币政策调控需要，合理调控境外融资规模和投向，优化境外融资结构，防范境外融资风险。允许区内符合条件的融资租赁收取外币租金。第二，进一步简化经常项目外汇收支手续。在真实、合法的交易基础上，区内货物贸易外汇管理分类等级为A类的企业外汇收入无须开立待核查账户。银行按照"了解客户""了解业务""尽职审查"等展业原则办理经常项目收结汇、购付汇手续，并加大对于外汇收支风险较大业务的真实性、合规性审核。第三，支持发展总部经济和结算中心。放宽跨国公司外汇资金集中运营管理的准入条件。进一步简化资金池管理，允许银行审核真实、合法的电子单证办理经常项目集中收付汇、轧差净额结算业务。第四，支持银行发展人民币与外汇衍生产品服务。对于境外机构按规定可开展即期结售汇交易的业务，注册在区内的银行可以为其办理人民币与外汇衍生产品交易。相关头寸纳入银行结售汇综合头寸管理。第五，加强跨境资金流动风险防控。外汇试点业务应当具有真实合法交易基础，不得使用虚假合同等凭证或构造交易办理业务。银行应当建立健全内控制度，完善真实性和合法性审查机制，严格履行数据及异常可疑信息报送义务。外汇局加强非现场监测与现场核查检查，完善预警指标，探索主体监管，实施分类管理，依法处罚违规行为；必要时调整试点政策，采取临时性管制措施。总体来说，在不放松监管、核查力度的同时，上海试点更加注重提升外汇结算支付的便利性，充分体现紧跟市场变化和区内经贸需求的务实考量。

上海市人民检察院关于2017年度中国检察学研究会金融检察专业委员会课题的阶段性研究报告显示，① 2013年以来，上海地区骗购外汇案件数量较少，2016年司法机关仅受理2件，涉及6人。截至2022年，全国范围内骗购外汇刑事案件的数量始终处于低位。与骗购外汇罪案件数量较少的情况相比，非法经营外汇犯

---

① 参见杨玉俊等：《外汇犯罪新问题研究》，载《上海法学研究》集刊（2019年第8卷，总第8卷）。

罪却呈现逐年上升趋势，上海地区 2015 年共出现此类案件 8 件，涉及 9 人，2016 年出现 15 件，涉及 25 人，案件数和人数分别上升 88% 和 178%。这一动向值得关注。

典型案例

典型案例 7-9：哈尔滨市凯兰贸易有限公司骗购外汇案①

哈尔滨市凯兰贸易有限公司于 2014 年 9 月 26 日在哈尔滨市南岗区市场监督管理局登记成立，主要经营批发兼零售、货物进出口等业务。因该公司以虚假、无效的交易单证等向经营结汇、售汇业务的金融机构骗购外汇，2017 年 7 月 6 日，国家外汇管理局黑龙江省分局依据《外汇管理条例》第 40 条，对该公司处以罚款人民币 146.06 万元。

典型案例 7-10：江苏龙腾鹏达机电有限公司骗购外汇案②

2016 年 6 月至 2017 年 5 月，江苏龙腾鹏达机电有限公司以虚假、无效的交易单证等向经营结汇、售汇业务的金融机构骗购外汇，金额合计 212.87 万美元。2017 年 10 月 12 日，国家外汇管理局启东市支局依据《外汇管理条例》第 40 条，对该公司处以罚款人民币 97 万元。

---

① 国家外汇管理局黑龙江省分局黑汇检罚〔2017〕08 号行政处罚决定书。
② 国家外汇管理局启东市支局启汇检罚〔2017〕1 号行政处罚决定书。